U0534655

本书为国家社会科学基金青年项目"土耳其正义与发展党执政理念与实践研究"(13CSS020)的结项成果,得到国家社会科学基金重大项目"伊斯兰教视域下的宗教对话资料整理与研究"(18ZDA234)、辽宁省"兴辽英才计划"项目"土耳其民族宗教问题及其对我国的启示研究"(XLYC2004007)的资助,特此致谢!

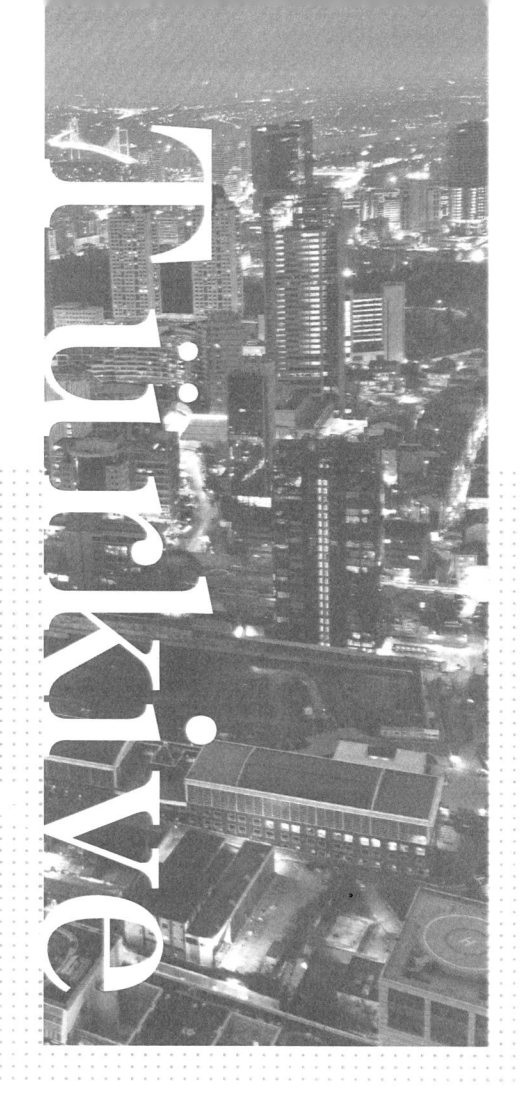

土耳其正义与发展党执政理念及实践研究

李艳枝 著

中国社会科学出版社

图书在版编目（CIP）数据

土耳其正义与发展党执政理念及实践研究 / 李艳枝著. -- 北京：中国社会科学出版社，2025.1. -- ISBN 978-7-5227-4731-6

Ⅰ.D737.464

中国国家版本馆 CIP 数据核字第 20256AP074 号

出 版 人	赵剑英	
责任编辑	李庆红	
责任校对	李　莉	
责任印制	郝美娜	

出　　版	中国社会科学出版社	
社　　址	北京鼓楼西大街甲 158 号	
邮　　编	100720	
网　　址	http://www.csspw.cn	
发 行 部	010-84083685	
门 市 部	010-84029450	
经　　销	新华书店及其他书店	
印　　刷	北京明恒达印务有限公司	
装　　订	廊坊市广阳区广增装订厂	
版　　次	2025 年 1 月第 1 版	
印　　次	2025 年 1 月第 1 次印刷	
开　　本	710×1000　1/16	
印　　张	32.75	
字　　数	536 千字	
定　　价	168.00 元	

凡购买中国社会科学出版社图书，如有质量问题请与本社营销中心联系调换
电话：010-84083683
版权所有　侵权必究

目 录

绪 论 ··· 1

第一章 土耳其正义与发展党兴起的历史逻辑 ············· 50

    第一节 土耳其主导意识形态的变化 ·················· 50
    第二节 土耳其政治体制的探索与实践 ··············· 60
    第三节 土耳其政党政治的演进 ························ 70
    第四节 土耳其经济模式的变迁 ························ 84

第二章 土耳其正义与发展党的执政理念 ·················· 100

    第一节 正义与发展党的政治精英 ···················· 100
    第二节 正义与发展党的意识形态 ···················· 122
    第三节 正义与发展党的组织结构 ···················· 147
    第四节 正义与发展党的政党性质 ···················· 166

第三章 土耳其正义与发展党的选举政治 ·················· 178

    第一节 正义与发展党的历次选举 ···················· 179
    第二节 正义与发展党的社会基础 ···················· 205

第四章 土耳其正义与发展党的执政实践 ·················· 223

    第一节 正义与发展党政府的政治治理与修宪实践 ····· 224
    第二节 正义与发展党政府的经济实践 ··············· 249
    第三节 正义与发展党政府的宗教文化实践 ·········· 277
    第四节 正义与发展党政府的外交实践 ··············· 342

第五章　土耳其正义与发展党政府的治理危机 …………… 409
　　第一节　正义与发展党的内部危机 …………………… 409
　　第二节　正义与发展党的执政危机 …………………… 421
　　第三节　正义与发展党同军方的权力博弈 …………… 457

结语　关于正义与发展党执政模式的思考 ………………… 484

参考文献 ……………………………………………………… 508

后　记 ………………………………………………………… 521

绪　　论

政党和政党制度是现代政治生活的重要支柱。政党是现代社会中最发达、最成熟和最为重要的政治组织，在政治生活中发挥着重要的作用。"在社会发展到资本主义替代王权的阶段后，政党在国家政治和社会生活中居于主导地位，成为国家与社会相联系的纽带，这便是现代政党政治的逻辑。"① 政党作为现代政治体系中最为重要的政治组织，虽然不是作为国家政治制度的直接组成部分存在，许多国家的宪法中也未明确规定政党在国家政治制度中的地位，但现代政治制度的运转都离不开政党。政党承载很多种功能，但"无论是革命性政党还是议会民主性政党，执政才是政党从事政治活动的最高形式"②。诸多政党通过选举程序进入权力核心，通过组建政府而实现国家秩序的有序运转。"对政党来说，政府也是一种资源——控制了政府，便为政党推行其公共政策提供了途径，政党也可借此增强自身力量。例如，执政党可把它的支持者安插进它可以发挥影响力的行政机构或准行政机构之中，以增强政党势力。政府作为一项资源，其对政党的重要性因政体不同时期不同而有不同。"③ 政党政治是指一个国家通过政党来行使国家政权的一种形式，是当今世界的普遍社会现象，政党政治与现代民主政治关系密切。"政党创造了民主制度，除却政党，现代民主政治是不可想象的。"④ 政党政治的运行模式构成政党制度。具体来讲，政党制度是一个国家的各个政党在政治生活中所处的地位，政党同国家政权的关系，政党对政治生活的影响，政党如

---

① 张冬冬：《比较视野下的政党组织——成员形态研究》，上海人民出版社2018年版，第95页。
② 周淑真：《政党政治学》，人民出版社2011年版，第23页。
③ ［英］艾伦·威尔：《政党与政党制度》，谢峰译，北京大学出版社2011年版，第334页。
④ Elmer Eric Schattschneider, *Party Government: American Government in Action*, New Jersey: Transaction Publishers, 2004, p.207.

何实现自身的运转、行使国家政权、干预政治生活的活动方式、方法、规则和程序，是各个政党在争取对于国家政权支配时逐渐形成的权力和地位划分的模式。所以，执政党在国家政治制度中的地位显而易见。执政党作为掌握国家政权的政党，为完成执政使命而进行领导国家、社会与提高自身生机和活力的理论及实践活动，这在很大程度上决定国家现代化建设方向和发展道路的选择。从晚期奥斯曼帝国开始，在吸收西方政党制度模式的基础上，土耳其政党政治逐渐产生、发展和完善，形成目前正义与发展党主导的多党制模式，成为非西方国家寻求政治发展道路的典型案例。本书力图以现代政党政治和执政党建设的基本理论为指导，将正义与发展党的执政理念及实践置于土耳其政治社会变革的宏大背景下，探索执政党上台执政的历史基础、执政理念、执政实践以及面临的危机和挑战，从政治、经济、文化和外交四个维度深入剖析埃尔多安及其领导的正义与发展党的理念及实践，这不仅有助于厘清土耳其政治发展模式、道路选择和逻辑必然，而且解决政治治理难题和推动民主政治发展的经验教训也将对包括中国在内的众多发展中国家以启示和借鉴，还将对准确研判土耳其参与"一带一路"建设和强化中土战略伙伴关系提供重要参考。

一 选题缘起与研究意义

土耳其是中东地区世俗化、民主化程度最高的伊斯兰国家，自正义与发展党于2002年上台执政以来，土耳其的政党政治乃至政治现代化进程都实现了长足发展，尤其是2010年中东变局发生后，土耳其内政外交呈现全新的发展态势，因而将正义与发展党的执政理念及实践作为个案研究显得极为必要。

第一，土耳其是非西方国家探索政治发展道路的典型个案，对正义与发展党执政理念及实践的研究将有助于阐明现代民族国家政治发展道路的生成逻辑。土耳其位于欧亚大陆的交界处，凭借独特的地缘政治地位、复杂的历史文化传统和不断调适的政治模式而成为中东地区世俗化、民主化程度最高的伊斯兰国家，这与其政党政治的相对成熟密切相关。早在奥斯曼帝国晚期，接受西方思想的奥斯曼帝国精英先后成立青年奥斯曼党和青年土耳其党，推动了从传统封建帝国向现代民族国家的转变。在20世纪以来的中东政治舞台上，土耳其以凯末尔主义为基础的现代民族国家建构，建立共和人民党的一党制威权政治体制，引领了诸多新生民族国家的政治现代化尝试；土耳其从一党制到多党制的转变，政治动荡和军事干预的频繁发生，凸显了西方国家影响下后发现代化国家的民主化进程的曲折艰难。2002年，正义与发展党上台后，继续推进新自由主义经济政策，土耳其经济开始呈现探底回升、快速发展的势头，各项经济指标显示其进入健康稳定而且长期高速发展的轨道，被赋予"新钻国家""薄荷四国"和"灵猫六国"的美誉。所以，无论从政治还是经济角度，土耳其都可被视为后发现代化国家的典型案例。2010年底以来的中东变局把中东地区拖入动荡、转型和重塑时期，中东诸国纷纷寻求政治变革的范式。作为中东地区世俗化和民主化程度最高的伊斯兰国家，土耳其凭借"伊斯兰+民主"的政治模式和快速的经济增长不仅保持了相对稳定的政治形势，而且作为中东地区大国对于地区反恐、叙利亚战后重建甚至中东和平进程等产生了一定影响，许多学者开始探讨正义与发展党的统治模式及其适用于中东国家的可能性。美国学者赛义德·瓦里·纳斯尔（Seyyed Vali Reza Nasr）指出，穆斯林民主形成于以土耳其正义与发展党为代表伊斯兰政党的政治塑造过程，因为其对穆斯林世界产生更为广泛的影响而提供了务实变化的榜样。① 正义与发展党连续六次执政和推动土耳其从议会制到总统制的转变，既体现了执政党的选举霸权，又在一定程度上体现了民众的选择。所以，土耳其的政党建设、政党制度和政党政治在后发现代化国家颇具代表性，是探索后发展国家政党政治发展和政治制度②转型的鲜活例子，将对研究其他地区的政党统治模式和政治发展道路提供重要参考。

第二，正义与发展党的执政实践带来土耳其政治、经济、社会、文化和外交等领域的深刻变化，"土耳其新模式"成为全世界关注的焦点。在20世纪的中东政治舞台，土耳其实现从基于凯末尔主义的"土耳其模式"到基于埃尔多安主义的"土耳其新模式"过渡。正义与发展党自2002年上台以来尤其是中东变局以来，无论是在制度建设、国家治理、

---

① Seyyed Vali Reza Nasr, "The Rise of 'Muslim Democracy'", *Journal of Democracy*, Vol. 16, No. 2, 2005, pp. 13-27.

② 有学者指出，"狭义的政治制度主要指政体，是国家政权的组织和管理形式以及有关国家政治活动的制度，不仅包括国家政权的形式，还包括与国家政权相联系的其他组织和政治行为的制度（如政党制度、选举制度等）"。参见袁东振《理解拉美主要国家政治制度的变迁》，《世界经济与政治》2017年第10期。本书采用此种观点来界定政治制度。

文化重塑和外交领域都呈现新特征，其政治发展道路因被冠以"土耳其新模式"而被众多伊斯兰国家视为谋求政治变革的范本。埃尔多安领导正义与发展党先后六次赢得选举，实现土耳其从议会制到总统制的转变，而成为足以媲美土耳其国父凯末尔的奇理斯玛式领袖，人们也越来越多地以"埃尔多安时代"来命名正义与发展党执政下的土耳其。自由主义倾向的学者和作家将正义与发展党的执政时期视为土耳其历史的转折点，因为具有伊斯兰背景的政治家将带来基督教—民主改革，将终结国内世俗主义者和伊斯兰主义者之间的斗争。他们坚持认为由埃尔多安和居尔领导的伊斯兰政党改革派将导致土耳其走上改革道路和带来社会经济与政治进步。其他人则持谨慎观点，小心评判正义与发展党对土耳其社会经济和政治未来的影响。① 但是，2013年塔克西姆广场的盖齐抗议事件引发政治动荡、2015年的击落俄罗斯战机造成的外交危机、2016年的未遂军事政变带来政治的清洗、2018年的里拉危机导致土美关系触底等都充分说明土耳其在国内和国际政治中面临着诸多挑战，促使学界从不同角度反思"土耳其新模式"的利弊。当前土耳其所遭遇的内外挑战，既有后发现代化国家探索现代化发展道路的问题，也有处理传统宗教文化与现代政治理念冲突的难题；既有化解长期存在的中心与边缘、精英与民众、传统与现代的二元对立矛盾问题，也有厘清国内政治治理模式与地区大国身份关系的问题。研究土耳其正义与发展党的执政理念及实践，有助于全面把握21世纪以来土耳其政治发展的历史逻辑和深层根据，也有助于准确判断土耳其未来政治发展的历史走向，还有助于为其他国家提供重要借鉴。

第三，土耳其作为"一带一路"建设的重要参与国，厘清执政党的执政理念及实践将为推进"一带一路"建设提供重要参考。"一带一路"倡议契合了中土两国的国家战略和发展需求。早在2008年，土耳其联合阿塞拜疆、伊朗、格鲁吉亚、哈萨克斯坦以及吉尔吉斯斯坦发起"丝绸之路倡议"。2009年，时任总统居尔访华时表示"希望通过两国政府的共同努力，重新振兴古丝绸之路"。② 2013年10月25日，时任中共中央宣

---

① Birol Yeşilada and Barry Rubin, "Introduction", in Birol Yeşilada and Barry Rubin eds., *Islamization of Turkey under the AKP Rule*, London and New York: Routledge, 2011, p. 1.
② 《"一带一路"土耳其板块已见雏形》，《光明日报》2015年4月19日，http://news.gmw.cn/2015-04/19/content_15407700.htm。

传部部长刘奇葆访问土耳其时,就"丝绸之路经济带"和居尔总统交谈。居尔总统认为,习近平主席提出的共建"丝绸之路经济带"意义重大,土方愿与中方携手谱写"丝绸之路"文明发展新篇章。① 2014 年 12 月 12 日,"共建'一带一路':历史启示与时代机遇国际研讨会"在伊斯坦布尔召开,时任总理达武特奥卢在贺信中指出,"一带一路"倡议与土耳其有共同的期许,土耳其愿承担振兴丝绸之路的历史使命。2015 年 6 月,土耳其政府专门设置了对接"一带一路"倡议的协调员,规划了多个与"一带一路"对接的具体项目。11 月 14 日,习近平主席出席 G20 安塔利亚峰会时,与埃尔多安总统签署共同推动"一带一路"建设的谅解备忘录。② 2017 年 5 月 14 日,埃尔多安总统在"一带一路"国际合作高峰论坛上表示,"一带一路"倡议将为提高沿线国家基础设施和技术水平,开拓连接各大洲的陆路、海路和空中交通走廊做出重要贡献,土耳其会不遗余力地参与并支持"一带一路"建设。土耳其非常高兴能与中国一起来共同实现这个具有历史意义的伟大计划。他强调,土耳其是"一带一路"沿线重要国家,具有重要的区位优势。土耳其已经提出了"中间走廊"③ 的倡议,可以跟"一带一路"倡议进行很好的对接。④ 2018 年 6 月 15 日,土耳其外交部部长恰武什奥卢访问中国,接受新华社记者专访时宣称:"地处欧亚大陆交通要道的土耳其是古丝绸之路重要门户,今天仍愿成为'一带一路'上连接欧亚的桥梁。""充分对接'一带一路'和'中间走廊',无疑将为土中各领域合作带来巨大机遇,造福两国人民。"⑤ 2018 年 8 月 1 日,土耳其驻华大使约南在北京表示,习近平主席 2013 年提出的"一带一路"倡议展现了共同发展的新愿景。作为亚洲东西两端天然的合作伙伴,中土在"一带一路"框架下展开广泛合作将促进沿线 60 多个国家、20 多亿人口的共同发展。土耳其正在通过落实具体

---

① 《刘奇葆会见土耳其总统居尔》,新华网,http://news.xinhuanet.com/politics/2013-10/25/c_117878286.htm。

② 《习近平会见土耳其总统签署 "一带一路"谅解备忘录》,新华网,http://news.xinhuanet.com/fortune/2015-11/15/c_128430116.htm。

③ 土耳其拟议的"中间走廊"旨在通过土耳其将欧洲、中亚和中国连在一起,起点在土耳其,沿途经过格鲁吉亚、阿塞拜疆、里海、土库曼斯坦、哈萨克斯坦、乌兹别克斯坦、阿富汗、巴基斯坦,最终到达中国。

④ 《土耳其总统埃尔多安:"一带一路"是共赢之路》,《中国经济周刊》2017 年 5 月 29 日。

⑤ 《土耳其愿成为"一带一路"上连接欧亚的桥梁》,新华网,http://www.xinhuanet.com/world/2018-06/15/c_1122992592.htm。

项目来支持"一带一路"倡议。① 作为重要的战略合作伙伴，土耳其的政治稳定和长治久安对于"一带一路"倡议的推进、中土关系的健康稳定发展极为重要。所以，探索执政党的执政理念与实践，将为我们研判土耳其政治发展形势、制定有助于互利共赢的双边外交政策提供重要参考。

二 文献梳理与学术回顾

土耳其作为中东地区现代化程度最高的伊斯兰国家，其政党政治因与西方国家联系密切而成为学术界研究的热点问题，研究土耳其正义与发展党的执政理念及实践的资料可谓卷帙浩繁，全世界诸多学术机构每年都有大量的论著问世，所以本研究存在的问题并不是资料太少而是资料太多。本书旨在将现有研究成果加以系统梳理，将多学科、多领域和多主题研究按照内在逻辑进行关联延伸，进而揭示土耳其政治发展道路选择及其深远影响，所以系统的文献梳理和学术总结是本书研究的基础所在。

（一）国内研究现状

就国内研究现状而言，大致可以分为如下几类：

1. 对正义与发展党政治属性及其意识形态的研究。正义与发展党与伊斯兰政党的历史关联影响其政党属性的定位。20世纪70年代以来，土耳其政坛相继出现以"民族观"为指导思想的伊斯兰政党——民族秩序党、民族拯救党、繁荣党、美德党等，正义与发展党源于美德党内部改革派与保守派的分化，所以对正义与发展党属性及其特征的研究需要追溯其前身。

一是对正义与发展党政治属性的研究。很多学者从政党属性角度来定义正义与发展党。敏敬在《土耳其正发党与繁荣党的差异比较研究》一文中指出，繁荣党和正义与发展党是明显亲伊斯兰的政党，但二者在主导意识形态和加入欧盟等关键问题上意见相左，正义与发展党坚持温和世俗主义基础上的政教分离原则，提倡民主宽容，肯定欧盟的进步价值。② 李玉东认为，正义与发展党作为前伊斯兰政党的延续，其单独组阁意味着土耳其伊斯兰色彩的强化。③ 朱水飞认为，正义与发展党的执政实

---

① 《土耳其驻华大使：土正通过落实具体项目支持"一带一路"》，一带一路网，https：// www.yidaiyilu.gov.cn/xwzx/roll/61860.htm。
② 敏敬：《土耳其正发党与繁荣党的差异比较研究》，《西亚非洲》2009年第8期。
③ 李玉东：《"正义发展党"：伊斯兰色彩的异军突起》，《世界知识》2002年第22期。

践证明其努力在宗教和世俗之间寻求平衡。① 郭亚敏指出，2002年大选使伊斯兰温和派政党——正义与发展党成为土耳其的执政党，逐渐淡化宗教色彩，与邻为善，加入欧盟，修复与美国的战略伙伴关系，体现了其政治定位和角色。② 王林聪认为，正义与发展党虽有浓厚的伊斯兰背景却不属于伊斯兰政党，执政以来奉行温和、务实的政策，以"民主保守党"自居，积极推动土耳其民主化进程，在宗教与世俗之间寻求平衡，在不改变国家政权世俗性质的前提下维护伊斯兰文化传统和习俗。③ 昝涛、张信刚认为，正义与发展党把握时代的脉搏，利用原来传统宗教的草根基础组织把全球化的受益者和失败者都容纳进来。一方面在执政过程中实现了土耳其的经济繁荣，另一方面化解了凯末尔主义、世俗主义所造成的精神性的社会紧张，今天的土耳其走向了更为健康、常态的现代化。④ 刘义指出，正义与发展党的统治既强调伊斯兰教的价值，又认同西方的民主制度。这引起了关于土耳其模式和新奥斯曼主义的讨论。在全球化和后现代的背景下，土耳其却面临一个分裂的社会。⑤ 朱传忠认为，正义与发展党是中右的保守民主政党，支持自由市场经济，同时强调下层民众的利益和社会公平分配；积极寻求政治、经济领域的变革，但在社会和文化领域趋向保守。正义与发展党代表边缘力量对来自边缘诉求的积极回应。⑥ 还有为数不少的学者从伊斯兰运动的视角来定位正义与发展党。杨晨认为，正义与发展党已经成为一个后伊斯兰主义或新伊斯兰主义的政党，是对政治伊斯兰运动的超越。⑦ 王佳尼将正义与发展党归于政党伊斯兰运动的范畴，由于在政治机会结构把握、组织形态运作效率

---

① 朱水飞：《在宗教与世俗间寻求平衡——土耳其正义与发展党执政经验》，《当代世界》2005年第11期。
② 郭亚敏：《令人关注的土耳其正义与发展党》，《当代世界》2003年第11期。
③ 王林聪：《论正义与发展党执政下的土耳其"民主模式"》，《西亚非洲》2009年第8期。
④ 昝涛、张信刚：《从威权到民主——土耳其百年转型》，2012年5月14日，http://gongfa.net.cn/html/gongfazhuanti/xianzhengzhuanxing/20120514/1870.html。
⑤ 刘义：《伊斯兰教、民族国家及世俗主义——土耳其的意识形态与政治文化》，《世界宗教文化》2015年第1期。
⑥ 朱传忠：《土耳其正义与发展党及其执政实践研究》，博士学位论文，西北大学，2014年。
⑦ 杨晨：《土耳其的宗教、政党与政治——以伊斯兰政党的兴起为中心》，博士学位论文，上海大学，2017年。

以及策略制定灵活性等方面占有的优势，最终主导了土耳其的伊斯兰运动。①

二是对正义与发展党执政理念的研究。朱传忠指出，作为正义与发展党的主要政治指导理念，保守民主理念涉及国家观、政府观、政治观、民主观、世俗主义观、宗教观、社会观、经济观等多个方面。②俞海杰从土耳其政党政治发展进程中意识形态的历史嬗变出发，从政治观、社会观、经济观和外交观四个领域，结合正义与发展党的理论主张、理论来源和内涵及其执政实践，对正义与发展党以"保守民主"思想为核心的意识形态进行全面深入的分析，其能否有效协调政权稳定与政治民主、社会多元以及经济发展之间的关系，以实现其所追求的政治民主、社会多元、经济自由和外交大国地位，尚需要在理论和实践中不断探索。③

2. 对正义与发展党执政实践及其面临挑战的研究。自2002年以来，正义与发展党连续六次赢得议会选举。国内学者多从选举、修宪、军政关系、治理危机等角度探讨正义与发展党的执政实践、挑战及其对土耳其政治转型的影响。本主题的研究大致分为三个维度：

一是关于正义与发展党历次选举与民主巩固的研究。哈全安、周术情的《土耳其共和国的政治民主化进程研究》一书对正义与发展党自身状况及参与2002年、2007年议会大选情况进行简要分析，认为正义与发展党虽然具有明显的伊斯兰主义倾向，但并非纯粹的伊斯兰政党，采取温和的执政路线，推动土耳其加入欧盟，发展国内经济，促进土耳其民主发展和政党结构的变化。④朱传忠在《土耳其正义与发展党研究》一书中对2002年以来的五次议会选举、三次地方选举和2014年总统选举进行详细解读，指出正义与发展党成功构建跨阶级、跨阶层联盟，塑造了"中右保守民主政党"形象。尽管其执政实践成效显著，但面临困境，充分说明土耳其政治发展面临长期结构性困境。⑤曹鹏鹏、韩隽、王乐的《总统制下土耳其大选：多视角分析》一文指出，"总统制"后的首次大

---

① 王佳尼：《社会运动理论视角下的土耳其伊斯兰运动研究》，博士学位论文，上海外国语大学，2017年。
② 朱传忠：《土耳其正义与发展党的保守民主理念与政治改革探析》，《西亚非洲》2015年第4期。
③ 俞海杰：《土耳其正义与发展党意识形态研究》，博士学位论文，上海外国语大学，2018年。
④ 哈全安、周术情：《土耳其共和国的政治民主化进程研究》，上海三联书店2010年版。
⑤ 朱传忠：《土耳其正义与发展党研究》，社会科学文献出版社2018年版。

选从根本上改变了土耳其的政治权力架构，国内政治生态将因中左翼势力的上升、威权统治及其"圈子关系"等变得更加复杂，新自由主义经济理念的失灵与政府对经济的过分干预将加剧经济治理模式的脆弱性，库尔德问题的跨界与复杂性则会使其国内政局持续动荡，加之外交政策转型乏力，都将是埃尔多安新政府面临的重大挑战。① 李游、韩隽认为，正义与发展党通过修宪改变议会制的权力结构失衡、政府更迭频繁和制度脆弱等弊病，但总统制形成总统强、议会和司法弱的政治权力结构，推动土耳其再伊斯兰化和加剧社会撕裂、政治极化，还将强化埃尔多安个人权威和正义与发展党选举霸权，增添土耳其内政外交不确定性。② 王凤指出，在政治体制由议会制转为总统制后，埃尔多安顺利当选总统，正义与发展党主导的竞选联盟在议会选举中获胜。埃尔多安总统将全力打造强势政府和议会，继续打击库尔德分离主义势力，着力解决经济难题，更加重视地区关系发展，以实现"2023"百年目标。③ 朱传忠在《土耳其正义与发展党修宪政治研究》一文中指出，正义与发展党上台后提出多个宪法修正案，既有成功经验，亦有失败教训。从2011年10月开始，土耳其宪法政治从修宪阶段进入制宪阶段，新宪法能否出台取决于国内各种力量之间的谈判、议价与妥协。④ 李智育在其博士学位论文《正发党执政期间土耳其民主巩固研究（2002—2014）》中，从制度、行为者、政治文化层面分析正义与发展党执政期间土耳其的民主巩固问题，阐释修宪制度、议会体制、政党政治体制，政党、利益集团、葛兰运动、库尔德人和媒体、中心与边缘、文军关系等因素对民主巩固的影响；说明尽管土耳其部分实现民主巩固，但由于存在复杂的博弈，民主巩固道路还有很长的路要走。⑤

二是关于正义与发展党政治治理危机的研究。近年来，国内学术界认真反思埃尔多安的强势政治、政治发展中权力结构变化和遭遇的治理危机等。朱传忠指出，2016年未遂政变后的一年多时间内，正义与发展

---

① 曹鹏鹏、韩隽、王乐：《总统制下土耳其大选：多视角分析》，《亚太安全与海洋研究》2019年第1期。
② 李游、韩隽：《土耳其修宪转向总统制的动因及影响》，《国际论坛》2018年第6期。
③ 王凤：《政治体制变革下土耳其首次大选及政策走向》，《当代世界》2018年第8期。
④ 朱传忠：《土耳其正义与发展党修宪政治研究》，《阿拉伯世界研究》2015年第2期。
⑤ 李智育：《正发党执政期间土耳其民主巩固研究（2002—2014）》，博士学位论文，北京外国语大学，2015年。

党政府为解决政变遗留问题，巩固权力，实施并数次延长国家紧急状态，稳定政局，保持高压态势和压缩反对派的活动空间。① 郭长刚认为，近年来土耳其国内政治变化不断，抗议、政变、肃清、公投、选举、体制转换、紧急状态等不一而足；外交方面，土美矛盾日趋加剧，土欧之间阴晴交织，土俄之间关系时好时坏；土耳其充满"不确定性"。② 李秉忠、菲利普·罗宾斯指出，埃尔多安政权的国家治理表现为基于经济增长基础上的社会繁荣，借力宗教获取选民支持，置军队于文官政府的控制之下，通过欧盟践行政治议程和推行"零问题"睦邻外交等。2011 年以来土耳其政治治理暴露出脆弱性，折射中东内生问题、土耳其自身结构性问题及对局势的误判。③ 埃尔多安时代的国家治理显示出强烈的独立性和矛盾性，实质是根据土耳其的宗教、历史和国际格局变迁，对内政外交完成某种"纠偏"。④ 另外，还有张树军的《多重困境下的土耳其正义与发展党》⑤、王国乡的《权力失衡的土耳其》⑥、孙兴杰的《埃尔多安主义的土耳其》⑦ 等文章都提到正义与发展党统治下的土耳其危机问题。奥斯曼·埃罗尔（Osman Erol）的博士学位论文《土耳其执政党（正义与发展党）与大众媒体关系研究（2002—2016）》认为，近年来正义与发展党各个领域的政策都出现戏剧化的失误。自 2013 年盖齐公园抗议和 12 月的反腐调查风暴之后，埃尔多安总统针对反对声音实施高压政策，一方面将私人媒体转交到亲政府商人手中，并将其变成政府的统治工具；另一方面限制媒体的言论自由。⑧

　　三是关于正义与发展党经济政策及其危机的研究。近年来涉及正义

---

① 朱传忠：《2016 年未遂军事政变后的土耳其政局及其走向》，载黄民兴主编《中东形势与战略（2018）》，社会科学文献出版社 2018 年版。
② 郭长刚：《多变中的不变：当前土耳其局势分析》，《人民论坛·学术前沿》2018 年第 10 期（上）。
③ 李秉忠、[英] 菲利普·罗宾斯：《土耳其埃尔多安政权的强势治理及其脆弱性》，《现代国际关系》2016 年第 11 期。
④ 李秉忠、吉喆：《埃尔多安时代土耳其的国家治理及西方的误读》，《欧洲研究》2018 年第 2 期。
⑤ 张树军：《多重困境下的土耳其正义与发展党》，《当代世界》2014 年第 3 期。
⑥ 王国乡：《权力失衡的土耳其》，《社会观察》2014 年第 2 期。
⑦ 孙兴杰：《埃尔多安主义的土耳其》，《中国经营报》2017 年 4 月 24 日第 E03 版。
⑧ Osman Erol：《土耳其执政党（正义与发展党）与大众媒体关系研究（2002—2016）》，博士学位论文，河北大学，2016 年。

与发展党经济政策和实践的文献主要为昝涛等著的《重新发现土耳其》①、张丽君主编的《土耳其经济》② 等。田文林在其专著《困顿与突围：变化世界中的中东政治》中详细分析土耳其经济私有化，全面介绍正义与发展党执政以来经济私有化带来的问题和危机，有助于我们深入理解土耳其经济的发展理论和现实危机。③ 魏敏在《土耳其里拉危机的成因及其警示》一文中指出，土耳其作为新兴经济体国家，经济增长面临前所未有的挑战，政治体制的变革和土美关系危机的计划对里拉汇率形成巨大冲击，导致货币危机爆发。正义与发展党治下的"埃尔多安经济学"的经济政策加剧了土耳其经济增长的不确定性。④

3. 针对正义与发展党民族宗教文化政策及其实践的研究。正义与发展党上台后，围绕库尔德问题、阿拉维派、非穆斯林少数民族、伊玛目—哈提普学校和头巾问题等出台一系列政策，成为其执政实践的重要组成部分，体现了土耳其世俗主义和伊斯兰主义的博弈和斗争。

一是关于正义与发展党和库尔德问题关系的研究。李秉忠指出，库尔德问题与土耳其现代化和民主政治关系密切，实际是认同问题与公民权的可转化性问题，出路是在宪法保障公民权的背景下调解认同问题和公民权之间的矛盾。⑤ 他的专著《土耳其民族国家建设和库尔德问题的演进》对土耳其库尔德问题进行了系统研究，尤其对正义与发展党政府的库尔德政策进行了详细梳理，指出正义与发展党政府于2009年公布解决库尔德问题的民主动议综合方案，但库尔德工人党的暴力行动和中东变局使库尔德民主动议未能得以顺利推进，尽管正义与发展党政府重启与厄贾兰的谈判，但叙利亚局势的恶化使土耳其再次失去解决库尔德问题的有利时机。⑥ 郑东超认为，土耳其为加入欧盟采取的一系列改革措施在很大程度上对解决库尔德问题起到推动作用，但不足以从根本上解决库尔德问题。土耳其对库尔德人的法令修改有很大保留，仅仅是纸面上的

---

① 昝涛、易鹏、李玲飞等著：《重新发现土耳其》，西南财经大学出版社2016年版。
② 张丽君主编：《土耳其经济》，中国经济出版社2016年版。
③ 田文林：《困顿与突围》，社会科学文献出版社2016年版。
④ 魏敏：《土耳其里拉危机的成因及其警示》，《人民论坛·学术前沿》2018年第10期（上）。
⑤ 李秉忠：《土耳其库尔德人问题研究述评》，《世界民族》2010年第4期。
⑥ 李秉忠：《土耳其民族国家建设和库尔德问题的演进》，社会科学文献出版社2017年版。

妥协，具有一定象征性和欺骗性。①

二是关于正义与发展党宗教少数派和少数族裔政策的研究。安娜、徐卉的《土耳其的宗教自由与基督徒——以正义与发展党执政时期为例》一文分析了正义与发展党统治时期宗教少数派的地位，指出正义与发展党强调恢复宗教自由的必要性，承认基督徒的合法性及其生存问题，促进基督徒与政府间的对话。但对奥斯曼传统和关于穆斯林是民族精华的论调引发了基督徒关于未来前景的担忧。②杨玉龙的《土耳其阿莱维问题的历史演变及其和解进程》指出，正义与发展党执政后启动阿拉维问题和解进程，从法律层面推动阿拉维派组织的合法化，建立了阿拉维问题的和解对话机制，从国家层面承认阿拉维问题的存在，并在关键性议题上展现出努力推动和解进程的积极姿态。③

三是关于正义与发展党执政时期政教关系的研究。昝涛在《延续与变迁：当代土耳其的政教关系》一文中指出，正义与发展党执政期间，土耳其政教关系发生了新变化：一方面，正义与发展党借助政权的力量不断"试水"世俗主义；另一方面，在正义与发展党控制下，土耳其宗教事务局日趋"伊斯兰化"。埃尔多安和正义与发展党的执政实践体现政治伊斯兰的历史延续性，土耳其既有的政教关系并未发生实质性改变。④刘义的《伊斯兰教与女性主义：土耳其的性别政治问题》一文认为，土耳其加入欧盟的进程推动性别平等。尽管头巾问题在2013年得以解决，但社会中影响性别平等的深层问题依然存在，性别问题仍将是土耳其社会—政治的一个重要因素。⑤

4. 对正义与发展党外交战略及其实践的研究。国内学者对正义与发展党外交战略及其执政实践中外交转型的研究相对较多，并将这种转变与埃尔多安的新奥斯曼主义相结合，关于正义与发展党外交实践的研究大致可以分为三个方面：

一是对正义与发展党外交战略和指导思想的分析。昝涛的《从历史

---

① 郑东超：《土耳其申请加入欧盟视角下的库尔德问题》，《西亚非洲》2011年第9期。
② 安娜、徐卉：《土耳其的宗教自由与基督徒——以正义与发展党执政时期为例》，《世界宗教文化》2015年第1期。
③ 杨玉龙：《土耳其阿莱维问题的历史演变及其和解进程》，《阿拉伯世界研究》2019年第1期。
④ 昝涛：《延续与变迁：当代土耳其的政教关系》，《西亚非洲》2018年第2期。
⑤ 刘义：《伊斯兰教与女性主义：土耳其的性别政治问题》，《世界宗教文化》2018年第4期。

角度看土耳其的多边主义战略》一文指出，在正义与发展党执政时期，土耳其走向多边主义、更加强调全方位平衡的对外战略已基本定型。① 张向荣在《"新奥斯曼主义"：历史嬗变与影响》一文中指出，肇始于厄扎尔时期的"新奥斯曼主义"从正义与发展党的第三个任期开始，谨慎、理性的"新奥斯曼主义"逐渐演变为狂热、冒进的"新奥斯曼主义"，其对土耳其政治外交影响不会轻易消失。② 马细谱的《新奥斯曼主义与土耳其外交战略布局》一文指出，土耳其欲凭借新奥斯曼主义政策建立以土耳其为核心的"一体化走廊"，以推广其经济发展和民主经验模式，强调土耳其是欧亚的中心、邻国的可靠伙伴，主张同美国特别是同欧盟进行平等对话，实行软实力外交，并不是要否定凯末尔主义和共和主义，而是要完善和补充上述原则。③ 宋斌的《从泛突厥主义到新奥斯曼主义——论冷战后土耳其外交政策调整》一文指出，正义与发展党执政后调整外交政策，推行新奥斯曼主义外交政策，强调泛突厥主义和新奥斯曼主义服务于国家利益，体现了土耳其追求大国地位和谋求地区霸权的实质。④ 苏闻宇的研究成果指出，"帝国历史"总是或强或弱地体现在周边外交过程中，帝国遗留的诸多"遗产"既可成为土耳其周边外交进程中的"助推器"，也可成为"绊脚石"；土耳其在周边外交中所展现出的"帝国意识"的强弱，与某一时段的周边结构存在密切关系；土耳其周边外交具有较强的"主体性意识"，继而表现为独立自主和灵活多元相结合的周边外交风格。⑤ 这些观点为分析"新奥斯曼主义"提供了重要参考。

二是对正义与发展党外交转型的研究。李秉忠与涂斌在《埃尔多安时代土耳其外交的转型及其限度》一文中指出，土耳其外交以2002年、2011年和2015年为界上演了拾阶而上式转型，国内军政关系和阶级基础的变化、经济境况的改善、土耳其与美国等西方国家利益的直接冲撞，以及中东变局引致的持续地区动荡共同促成土耳其的外交转型。⑥ 李秉忠在《土耳其"宝贵孤独"外交及其走向》一文中指出，2011年中东剧变

---

① 昝涛：《从历史角度看土耳其的多边主义战略》，《阿拉伯世界研究》2015年第1期。
② 张向荣：《"新奥斯曼主义"：历史嬗变与影响》，《新疆社会科学》2018年第2期。
③ 马细谱：《新奥斯曼主义与土耳其外交战略布局》，《人民论坛·学术前沿》2016年第3期。
④ 宋斌：《从泛突厥主义到新奥斯曼主义——论冷战后土耳其外交政策调整》，《南京师大学报》（社会科学版）2018年第3期。
⑤ 苏闻宇：《土耳其周边外交的特征与演进逻辑》，博士学位论文，华东师范大学，2018年。
⑥ 李秉忠、涂斌：《埃尔多安时代土耳其外交的转型及其限度》，《西亚非洲》2018年第2期。

以来，土耳其外交政策从"零问题"外交转变为"宝贵孤独"，冒险性的政治目标、宏大的区域抱负与其实力并不相符，导致土耳其外交捉襟见肘。对中东变局的误读、对库尔德问题复杂性的低估、土耳其版本的"阿拉伯之春"、土耳其与美国在中东问题上的歧异是导致土耳其外交转向的主因。① 另外，还有李秉忠的《"中东波"以来土耳其外交的调整》②、郑东超的《土耳其外交新政辨析》③、邓红英的《土耳其外交转型析论》④、胡雨的《土耳其"东向"外交与其深层逻辑》⑤ 等论及土耳其外交政策调整、转型以及东向外交实践等，有助于了解正义与发展党上台后，尤其是中东变局发生后土耳其的外交转型。

三是对正义与发展党外交走向及困境的探讨。唐志超、张瑞华在《迷失在中东漩涡中的大国梦——土耳其内政外交现实困境》一文中指出，自"阿拉伯之春"以来，土耳其外交面临一系列挑战：地区"零问题外交"面临全面失效的风险，深陷叙利亚战争难以自拔，"伊斯兰国"困境难解，难民危机日益加深等。⑥ 李秉忠认为，土耳其外交政策自 2011 年以来呈现两大持续性特征：与大国关系的异动和强势回归中东，安全诉求和地缘政治抱负是土耳其外交政策调整的主要动力，土耳其能够为中东地区提供何种安全保障架构以及被地区国家的接纳程度将决定土耳其外交政策调整的限度。⑦ 李鹏涛认为，伊斯兰主义政党意识到主张入盟能为自己赢得更多支持，多元主义、法治和民主等现代政治话语能为自己在世俗化环境中赢得生存空间，而欧盟对这些政治话语的呼吁有助于实现土耳其向民主制度的转变。正义与发展党对欧盟政策不止是为了应对凯末尔主义国家机构的一时之需，更反映出土耳其伊斯兰主义对民主、人权、全球化等概念的深刻反思。⑧

5. 对正义与发展党执政模式和土耳其政治发展道路的研究。2011 年

---

① 李秉忠：《土耳其"宝贵孤独"外交及其走向》，《现代国际关系》2014 年第 3 期。
② 李秉忠：《"中东波"以来土耳其外交的调整》，《现代国际关系》2012 年第 4 期。
③ 郑东超：《土耳其外交新政辨析》，《亚非纵横》2011 年第 6 期。
④ 邓红英：《土耳其外交转型析论》，《现代国际关系》2010 年第 10 期。
⑤ 胡雨：《土耳其"东向"外交与其深层逻辑》，《现代国际关系》2011 年第 4 期。
⑥ 唐志超、张瑞华：《迷失在中东漩涡中的大国梦——土耳其内政外交现实困境》，《当代世界》2015 年第 12 期。
⑦ 李秉忠：《土耳其外交政策调整的动力：安全诉求和地缘政治抱负》，《当代世界》2018 年第 11 期。
⑧ 李鹏涛：《土耳其伊斯兰主义政党对欧洲态度的转变》，《西亚非洲》2009 年第 4 期。

以来,中东诸多国家陷入政治动荡和国家秩序重塑的状态,土耳其风景这边独好引起学界关于其统治模式及其示范作用的思考。国内学者将正义与发展党执政实践中的"土耳其新模式"与凯末尔主义主导下的"土耳其模式"进行对比研究。但是,随着 2016 年未遂军事政变的发生和土耳其从议会制向总统制的转变,国内学术界开始反思"土耳其新模式"能否实现土耳其的持久稳定发展。王林聪的《论正义与发展党执政下的土耳其"民主模式"》认为,正义与发展党的兴起源于广泛的社会基础,其以"民主保守党"自居,在宗教与世俗间寻求平衡,强调伊斯兰价值观的重要性,其主导下的民主模式对土耳其政治发展道路有重大影响,但宗教与世俗间的较量决定这种民主模式内涵的模糊性和不确定性。[①] 他在另两篇论文中进一步指出,历史发展重塑并改变土耳其模式的基本内涵,显示土耳其伊斯兰主义温和性以及伊斯兰与民主的相容性,并为政治转型中的阿拉伯诸国提供示范和借鉴。[②] 昝涛的《"土耳其模式":历史与现实》一文认为,土耳其模式可划分为两个阶段:基于凯末尔主义的激进世俗化模式和以世俗民主制度为基础的温和伊斯兰主义模式,政教关系的发展反映了土耳其模式的动态性。[③] 李秉忠在《"土耳其模式"刍议》一文中指出,土耳其模式包含政治上民主制度与伊斯兰教成功的嫁接,经济多元化和积极融入区域及世界经济,平衡外交基础上追求具有全球抱负的区域领袖政治理想等。政教分离的世俗主义传统,与西方的制度性联系,坚持政治、经济、社会改革是其三根支柱。土耳其模式处于完善发展过程中,机遇和风险同在。[④] 朱传忠指出,在保守民主理念指导下,正义与发展党政府实施一系列关于 1982 年宪法、普通法、司法制度、行政机构、文军关系的政治改革,巩固民主的同时也受到非议,"土耳其模式"在中东其他国家不可复制。[⑤] 刘义在《埃尔多安"新土耳其"论与"土耳其模式"的危机》一文中指出,2016 年的未遂军事政变

---

① 王林聪:《论正义与发展党执政下的土耳其"民主模式"》,《西亚非洲》2009 年第 8 期。
② 王林聪:《"土耳其模式"给动荡中东的启示》,《人民论坛》2011 年第 21 期;王林聪:《"土耳其模式"的新变化及其影响》,《西亚非洲》2014 年第 2 期。
③ 昝涛:《"土耳其模式":历史与现实》,《新疆师范大学学报》(哲学社会科学版) 2012 年第 2 期。
④ 李秉忠:《"土耳其模式"刍议》,《欧洲研究》2012 年第 5 期。
⑤ 朱传忠:《土耳其正义与发展党的保守民主理念与政治改革探析》,《西亚非洲》2015 年第 4 期。

标志着埃尔多安倡导的"新土耳其"论与"土耳其模式"同时陷入危机。作为一种政治主张,"新土耳其"论的主要内容包括强势民主、活力经济和积极外交等思想主张,背后隐藏的却是伊斯兰主义的回归。正义与发展党连续数次选举成功后,伊斯兰民主逐步演化为以民粹主义为基础的选举霸权;经济发展和地缘政治变动扩大了土耳其扩张主义的野心,在土耳其与大国的新一轮博弈中,埃尔多安再次表现出反复无常的特性。未来土耳其的政治走向已成为影响中东地区乃至全球政治的一个重要变量。① 李秉忠在《土耳其的不确定性及其对世界的影响》一文中指出,土耳其的不确定性与"新土耳其"相伴随,值得世界期待。埃尔多安正在塑造"新土耳其",进一步巩固了权力的埃尔多安时代赋予"新土耳其"全新意蕴的同时,也增添了更多不可预期的因素。②

笔者近年来和本书相关的研究成果主要涉及土耳其宗教政治与世俗政治的博弈,正义与发展党的政治属性,正义与发展党执政期间的文军关系、政治体制转轨、民族宗教处境、能源外交与地区外交、土耳其政治发展道路等问题③,试图从不同视角来透视正义与发展党的执政实践及其面临的挑战,说明土耳其仍然面临政治治理的困境和现代化发展的难题,但构建稳定的现代民主政治则是包括土耳其在内的诸多后发现代化国家的终极目标。

(二)国外研究现状

国外学术界对政党政治研究已经形成较为系统的理论,对正义与发展党的个案研究也相对深入,成果繁多。大体来看,国外学术界主要将

---

① 刘义:《埃尔多安"新土耳其"论与"土耳其模式"的危机》,《阿拉伯世界研究》2017年第1期。
② 李秉忠:《土耳其的不确定性及其对世界的影响》,《人民论坛·学术前沿》2018年第10期(上)。
③ 《20世纪中东政党政治的历史演进、制约因素及发展趋势》(《当代世界与社会主义》2015年第3期)、《中东剧变与穆斯林民主政党的兴起》(《国际论坛》2013年第2期)、《晚期奥斯曼帝国世俗政治与宗教政治的博弈及其历史影响》(《世界宗教研究》2017年第4期)、《土耳其的宗教少数派——阿拉维派》(《世界宗教研究》2015年第3期)、《试析土耳其现代化进程中的非穆斯林少数民族》(《世界宗教》2014年第6期)、《市民社会视域下的土耳其"居伦运动"述评》(《阿拉伯世界研究》2019年第1期)、《土耳其的总统制:修宪结果与不确定性未来》(《人民论坛·学术前沿》2018年第10期)、《正义与发展党修宪与土耳其民主政治的发展》(《阿拉伯世界研究》2016年第2期)、《试论正义与发展党执政以来的土耳其修宪公投》(《外国问题研究》2017年第3期)、《土耳其政治发展道路的反思与启示》(《西亚非洲》2018年第4期)。

正义与发展党与土耳其政治社会变革相结合,集中对正义与发展党执政期间的土耳其政治体制、意识形态、外交政策和民族文化宗教政策等进行深入研究,具体包括宪法体制、议会选举、宗教政策、教育政策、市民社会、世俗主义、库尔德问题、加入欧盟、宗教少数派等问题的系统研究,具体可分为如下几个方面:

1. 关于正义与发展党兴起的历史背景和政党基础的研究。正义与发展党的兴起和上台执政是土耳其政治社会发展的逻辑必然,可以追溯至土耳其建国以来的百年历史,大批关于土耳其通史著作和研究专著可为本书提供直接参考。出于主题集中的考虑,本书对这部分研究现状予以省略,关于正义与发展党历史基础的研究聚焦土耳其政党政治的演变和政治伊斯兰运动的变迁。政党政治是土耳其政治现代化进程中的核心问题,国外学术界关于该主题研究成果丰富,诸多学者从政党制度、政治文化、选举制度、民众政治参与视角强调政党政治对土耳其政治民主化的重要贡献,正义与发展党的兴起和土耳其政党政治的发展密切相关。

国外学者关于土耳其政党发展的研究具体如下:凯末尔·卡尔帕特(Kemal H. Karpat)认为,一党制到多党制的转变体现土耳其的政治发展,政权按照民众意愿和平过渡体现民主的形式与精神,标志着土耳其政治史上崭新时代即将开始。① 阿里·萨勒贝伊(Ali Yaşar Sarıbay)认为,"民主党的上台是土耳其历史上的重要转折点"。② 恰拉尔·凯德尔(Çağlar Keyder)在《土耳其的国家与阶级》中指出:"1950 大选构成土耳其历史的分水岭。实行多党制之后的选举政治改变过去权力在国家精英之间更替的局面,而使议会成为一个争论的场所,执政党想保持权力就得依靠民众,他们都自称是民众的代表。"③ 乌斯吞·埃尔居德尔(Üstün Ergüder)将土耳其多党制时代的到来视为"'边缘'对抗'中心'的胜利",诸多政

---

① Kemal H. Karpat, *Turkey's Politics: The Transition to a Multi-party System*, Princeton: Princeton University Press, 1959, p. 242.

② Ali Yaşar Sarıbay, "The Democratic Party, 1946 – 1960", in Metin Heper and Jacob M. Landau, *Political Parties and Democracy in Turkey*, London: I. B. Tauris & Co Ltd, 1991, p. 119.

③ Çağlar Keyder, *State and Class in Turkey: A Study in Capitalist Development*, London: Verso, 1987, pp. 117–140.

党的崛起在一定程度上抑制了处于中心地位的军队和官僚精英权力。① 梅廷·海珀（Metin Heper）、萨伯里·萨亚瑞（Sabri Sayari）的《土耳其的政治领导人和民主》一书对20世纪70年代以来活跃在土耳其政坛的主要政党领导人的生平、政治生涯、个人品质与执政风格进行叙述，探析其领导的政党对土耳其民主化进程的影响。② 伊斯美特·阿卡萨（İsmet Akça）、艾哈迈特·贝克蒙（Ahmet Bekmenand）和巴里斯·阿尔普·厄兹登（Barış Alp Özden）的《土耳其重构：形成新自由主义霸权》③ 指出，土耳其诸多政党为取得领导权所做的一系列努力，对厄扎尔领导的祖国党在政治方面的策略与方法研究有助于了解土耳其的政治走向。梅廷·海珀和艾哈迈特·艾文（Ahmet Evin）的《民主与军队：20世纪80年代的土耳其》一书指出，1965-1975年，土耳其政党与其社会基础的联系比较脆弱，导致土耳其政治出现以"政党为中心"的状况。土耳其国家与社会直接联系的权力结构使国家权力与社会之间缺少中介，影响20世纪80年代以后政治体制、政党发展以及总统、议会地位与权力的发展变化等。④ 梅廷·海珀的《土耳其的伊斯兰教、保守主义和民主：图尔古特·厄扎尔和埃尔多安的比较》一文将厄扎尔和埃尔多安个人魅力和执政实践进行比较，指出厄扎尔的保守主义倾向对正义与发展党的连续执政奠定重要基础。⑤

国外学者对土耳其选举制度的研究成果较多。土耳其现行的比例代表制选举体制始于1961年，存在包括违反公平投票原则、没有实现代表公正等问题。特别是1982年宪法规定参选政党必须在全国范围内获得10%以上的选票突破10%的门槛限制，这构成土耳其选举制度的最大缺

---

① Üstün Ergüder, "The Turkish Party System and the Future of Turkish Democracy", in Çiğdem Balım and Ersin Kalaycıoğlu eds., *Turkey: Political, Socail and Economic Changes in the 1990s*, Leiden: E. J. Brill, 1995, p.61.

② Metin Heper and Sabri Sayari, *Political Leaders and Democracy in Turkey*, Lanham: Lexington Books Publishing House, 2002.

③ İsmet Akça, Ahmet Bekmenand, Barış Alp Özden, *Turkey Reframed: Constituting Neoliberal Hegemony*, London: Pluto Press, 2014.

④ Metin Heper and Ahmet Evin eds., *State, Democracy and the Military: Turkey in the 1980s*, New York: Walter de Gruyter, 1988.

⑤ Metin Heper, "Islam, Conservatism and Democracy in Turkey: Comparing Turgut Özal and Erdoğan", *Insight Turkey*, Vol.15, No.2, 2013.

陷。丹克沃特·罗斯托（Dankwart A. Rustow）指出，在土耳其经常变换的选举制度中，1983年实行的制度与美国的单一选区相对多数制最相似，从某种意义上说扩大了执政党的代表权，使得厄扎尔的祖国党以45%的选票占据53%的议席。在1987年选举中，祖国党则以36%的选票赢得65%的议席。① 哈克·塔斯（Hakkı Taş）的《土耳其——从监国体制到代议制民主》一文从土耳其的代议制民主出发，界定代议制民主的三个基本特征：反制度主义、反政治议程和庇护主义，这三个特征对土耳其的议会制度产生了深远影响。②

国外学界对土耳其经济自由化改革研究是厘清正义与发展党自由市场经济体制改革的历史依据。20世纪80年代，厄扎尔政府的经济自由化改革对土耳其影响深远，正义与发展党政府的经济成就和经济危机都是经济自由化的产物。穆罕默德·奥的坎（Mehmet Odekon）的《土耳其经济自由化的代价》一书，聚焦20世纪90年代以来的经济自由化实践，指出新自由主义的核心思想是经济自由化和生产、贸易、金融市场的国际化，但经济自由化政策并没有促进土耳其和其他发展中国家的持续经济增长，反而带来不平等和贫困加剧，高失业率和通货膨胀，使发展中国家对西方国家的依赖程度加深，导致土耳其政治更迭频繁和正义与发展党探索对新自由主义政策的可能替代方案。③ 耶尔迪兹·阿塔索（Yıldız Atasoy）的《伊斯兰教与土耳其新自由主义国家转型的联姻》一书认为，土耳其构建新自由主义的经济模式，既是一种官方操纵的重建土耳其政治权力机构的行为，又是旨在转变经济发展模式的行为，为我们厘清正义与发展党政府的经济政策提供了重要参考。④ 森科·奥兹贝（Cenk Ozbay）等主编的《新自由土耳其的形成》探索20世纪80年代以来土耳其新自由主义政策的不同方面，不同学者围绕环境、健康、公众文化、经济政策、女性主义、阶级和男性话语等主题探讨它们对新自由

---

① Dankwart A. Rustow, "Political Parties in Turkey: An Overview", in Metin Heper and Jacob M. Landau, eds., *Political Parties and Democracy in Turkey*, pp. 10-23.
② Hakkı Taş, "Turkey from Tutelary to Delegative Democracy", *Third World Quarterly*, Vol. 36, No. 4, 2015, pp. 776-791.
③ Mehmet Odekon, *The Costs of Economic Liberalization in Turkey*, New Jersey: Lehigh University Press, 2005.
④ Yıldız Atasoy, *Islam's Marriage with Neoliberalism-State Transformation in Turkey*, London: Palgrave Macmillan, 2009, p. 76.

主义和政府治理的影响，进而加深对土耳其新自由主义全球化经济的认识。①

国外学者还关注与土耳其民主化进程相关的军方、国家精英等主题。加雷斯·詹金斯（Gareth Jenkins）的《背景与环境：土耳其军方与政治》一书指出，土耳其军方作用是特定历史背景和环境造成的，是议会民主政治失败的表现。军方退出政治舞台是一个缓慢的、逐渐发展的过程，取决于土耳其政治文化以及对安全威胁的认知。② 阿里·阿斯兰（Ali Arslan）在《谁统治土耳其：土耳其的权力精英》一书中将土耳其权力精英分为政治精英、传媒精英、商业精英、军事精英等类别，他们决定社会政治和经济决策，并界定土耳其社会的未来走向。③ 卡门·罗德里格兹（Carmen Rodriguez）、安东尼奥·阿瓦洛斯（Antonio Avalos）、哈坎·耶尔马兹（Hakan Yılmaz）等主编的《土耳其的民主化进程》利用林茨和斯蒂潘的解释框架来评估土耳其民主化过程。该框架考虑土耳其政治中五个相互作用的特征：潜在的法律和社会经济环境是否有利于自由和参与型社会的发展，一个相对自治的政治社会是否存在，是否由法律保障公民的自由，是否存在民主政府使用的国家官僚机构，土耳其经济发展类型和速度是否有助于这个过程等。④

正义与发展党作为具有伊斯兰背景的政党，与伊斯兰运动的兴起密切相关。国外学者从伊斯兰主义与政党政治互动的角度分析正义与发展党前身的发展。穆罕默德·亚萨尔·盖伊克达戈（Mehmét Yaşar Geyikdaği）的《土耳其的政党：伊斯兰教的角色》分析了伊斯兰教在不同历史发展阶段对土耳其政党政治所发挥的不同作用。⑤ 萨伯里·萨亚瑞（Sabri Sayari）和耶尔马兹·艾斯摩尔（Yilmaz Esmer）主编的《土耳其政治、政党和选

---

① Cenk Ozbay, Maral Erol, Aysecan Terzioglu and Z. Umit Turem eds., *The Making of Neoliberal Turkey*, Burlington: Ashgate Publishing Company, 2016.

② Gareth Jenkins, *Context and Circumstance: The Turkish Military and Politics*, New York: Oxford University Press, 2001.

③ Ali Arslan, *Who Rules Turkey: The Turkish Power Elite*, Berlin: Lap Lambert Academic Publishing, 2011.

④ Carmen Rodriguez, Antonio Avalos, Hakan Yılmaz and Ana I. Planet eds., *Turkey's Democratization Process*, London and New York: Routledge, 2013.

⑤ Mehmét Yaşar Geyikdaği, *Political Parties in Turkey: The Role of Islam*, New York: Praeger, 1984.

举》一书提到伊斯兰教影响选民的选举行为，各政党动员选民时更多利用了选民的宗教和民族倾向。① 博那·图纳姆（Berna Tunam）的《伊斯兰教和国家之间：参与的政治》一书论述了伊斯兰力量和国家之间从冲突到协作的互动过程，指出这个过程经历了从争论、协商到调适、协作、结盟的转变。② 宾纳兹·托普拉克（Binnaz Toprak）指出，伊斯兰教对选民的投票倾向产生重要影响，"可以确信的是，伊斯兰教将继续对土耳其选民的选举行为产生重要的影响，这种影响从 1950 年就已经开始了。……伊斯兰教是影响选举的重要因素之一，但不是造成不稳定的因素"③。他承认伊斯兰教对土耳其社会与政治的影响，伊斯兰教作为一种政治力量是土耳其政治模式的组成部分，是动员民众的重要工具。由于土耳其长期实行世俗主义政策，伊斯兰教已经被整合进土耳其的选举政治中，这一点与其他的穆斯林国家不同。④ 托普拉克认为，伊斯兰教还会受到社会经济变化的影响，从而发挥各种社会和政治功能。民族独立运动中，伊斯兰教是民族团结和反对外国的工具；土耳其共和国成立后，伊斯兰教成为反对一党统治、反对独裁的工具；一党制向多党制转变过程中，伊斯兰教成为民众动员及建立反对党的重要工具；20 世纪 60 年代中期以后，伊斯兰教通过政党政治发挥作用。⑤ 珍妮·怀特（Jenny B. White）在《政治动员：土耳其的地方政治研究》中提出，"伊斯兰政党如繁荣党用传统的宗教的方式践行民主，繁荣党的平民主义并不是领导的性格，而是政党源于地方文化的特征，这是其发展与存在的方式"。⑥ 大卫·夏克伦（David Shankland）认为，伊斯兰复兴并非源于繁荣党及其继任者与国家之间的冲突，国家的民主制度、政党等在一定程

---

① Sabri Sayari and Yilmaz Esmer eds., *Politics, Parties, and Elections in Turkey*, Boulder: Lynne Rienner Publishers, 2002.

② Berna Turam, *Between Islam and the State: The Politics of Engagement*, Stanford: Stanford University Press, 2007.

③ Binnaz Toprak, *Islam and Political Development in Turkey*, Leiden: E. J. Brill, 1981, p. 122.

④ Binnaz Toprak, "The State, Politics and Religion in Turkey", in Metin Heper and Ahmet Evin eds., *State, Democracy and the Military: Turkey in the 1980s*, Berlin: Walter de Gruyter, 1988, p. 135.

⑤ Binnaz Toprak, *Islam and Political Development in Turkey*, Leiden: E. J. Brill, 1981.

⑥ Jenny B. White, *Islamist Mobilization in Turkey: A Study in Vernacular Politics*, Seattle: University of Washington Press, 2002.

度上为伊斯兰教提供生存空间①。托普拉克还认为,伊斯兰复兴并不能成为指责土耳其走非民主化道路的理由,"土耳其是中东地区唯一在法律制度方面彻底世俗化的穆斯林国家。它的伊斯兰复兴背后是土耳其共和国数十年的世俗化传统"②。泽诺·巴伦(Zeyno Baran)的《分裂的国家:世俗主义和伊斯兰主义之间的土耳其》一书论述政治伊斯兰的兴起和正义与发展党的关系,通过分析正义与发展党的政治胜利和恢复伊斯兰教来说明其认同重塑过程,进而发出伊斯兰主义是否将会取代凯末尔主义的疑问。③ 耶尔迪兹·阿塔索的《伊斯兰教与新自由主义的联姻:土耳其的国家转变》一书基于新自由主义的全球化框架和伊斯兰政治话语背景研究土耳其国家的转变,显示两个截然不同但又交织在一起的国家建构——世俗主义和伊斯兰主义如何继续影响今天的土耳其政治。④

国外学术界对与正义与发展党具有历史传承性的伊斯兰政党研究也较多。安杰尔·拉巴萨(Angel Rabasa)和史蒂芬·拉若比(Stephen Larrabee)在《土耳其政治伊斯兰的兴起》一书中从历史角度对土耳其政治伊斯兰的载体、发展历史以及正义与发展党执政后在内政与外交中所体现的伊斯兰因素及其未来发展走向进行深入分析,阐释政治伊斯兰对土耳其的非穆斯林少数民族,库尔德问题,文官政治与军人政治,以及土耳其与欧美大国关系的影响等。⑤ 宾那兹·托普拉克的《土耳其伊斯兰教与政治发展》对伊斯兰拯救党在20世纪70年代两次大选中的表现进行详尽分析。关于繁荣党的研究主要着眼于埃尔巴坎的人生经历、⑥ 繁荣党

---

① David Shankland, *Islam and Society in Turkey*, Huntingdon: The Eothen Press, 1999, pp. 169-174.

② Binnaz Toprak, "Islam and the Secular State in Turkey", in Çiğdem Balım and Ersin Kalaycıoğlu eds., *Turkey: Political, Social and Economic Challenges in the 1990s*, p. 90.

③ Zeyno Baran, *Torn Country: Turkey between Secularism and Islamism*, Stanford: Hoover Institution Press, 2010.

④ Yıldız Atasoy, *Islam's Marriage with Neoliberalism: State Transformation in Turkey*, p. 9.

⑤ Angel Rabasa, F. Stephen Larrabee, *The Rise of Political Islam in Turkey*, Santa Monica: Corporation, 2008.

⑥ Elisabeth Özdalga, "Necmettin Erbakan: Democracy for the Sake of Power", in Metin Heper and Sabri Sayari eds., *Political Leaders and Democracy in Turkey*, Lanham: Lexingtox Books, 2002.

的社会基础①、繁荣党的兴盛与衰落②等。从繁荣党到美德党的发展意味着伊斯兰复兴运动分化,巴里·鲁宾（Barry Rubin）和梅廷·海珀主编的《土耳其政党》强调了美德党内部保守派与改革派的分野,指出伊斯兰政党试图弥合精英与民众之间的界限,代表土耳其民主化的发展方向,应该在民主的框架内实现很好的发展。③ 也有学者认识到从繁荣党到美德党的转变体现了伊斯兰运动向务实开放方向的转变,正是伊斯兰政党的分裂造成正义与发展党的兴起④,这为正义与发展党个案及其执政实践的研究提供了重要参考。乌米特·齐兹（Ümit Cizre）主编的《世俗和伊斯兰政治：土耳其正义与发展党的形成》和雅乌兹主编的《新土耳其的出现：民主和正义与发展党》重点揭示了正义与发展党的社会、经济和历史渊源,认为其由半个世纪以来的伊斯兰民族观运动演变而来,内外部力量的共同作用促进政治伊斯兰的转化而使其成为保守的民主政党,还讨论了土耳其新自由主义经济政策的影响,提供了解读伊斯兰运动成功转变的视角和洞察力。⑤

2. 关于正义与发展党性质、执政理念和社会基础的研究。正义与发展党作为土耳其伊斯兰主义和右翼思想意识的继承者,其政党属性及其执政理念与保守主义社会思潮联系密切,引起学术界的关注。博拉·坎拉

---

① Haldun Gulalp, "Globalization and Political Islam: The Social Base of Turkey's Welfare Party", *International Journal of Middle East Studies*, Vol. 33, No. 3, August 2001.

② Haldun Gulalp, "Islamist Party Poised for National Power in Turkey", *Middle East Report*, No. 194/195, May–August 1995. Haldun Gulap, "Political Islam in Turkey: The Rise and Fall of Refah Party", *The Muslim World*, Vol. XXXIX, No. 1, January 1999. M. Hakan Yavuz, "Political Islam and the Welfare (Refah) Party in Turkey", *Comparative Politics*, Vol. 30, No. 1, October 1997. Mehran Kamrava, "Pseduo-Democracy Politics and Populist Possibilities: The Rise and Demise of Turkey's Refah Party", *British Journal of Middle Eastern Studies*, Vol. 25, No. 2, 1998. Ahmet Yildiz, "Political-Religious Discourse of Political Islam in Turkey: The Parties of National Outlook", *The Muslim World*, Vol. 93, No. 2, April 2003.

③ Barry Rubin and Metin Hepereds, *Political Parties in Turkey*, London, Portland: Frank Cass, 2002.

④ R Quinn Mecham, "From the Ashes of Virtue, a Promise of Light: The Transformation of Political Islam in Turkey", *Third World Quarterly*, Vol. 25, No. 2, 2004. Birol A. Yesilada, "Realignment and Party Adaptation: The Case of the Refah and Fazilet Parties", in Sabri Sayari and Yilmaz Esmer eds., *Politics, Parties, and Elections in Turkey*, Boulder: Lynne Rienner Publishers, 2002.

⑤ Ümit Cizre ed., *Secular and Islamic Politics in Turkey: The Making of the Justice and Development Party*, New York: Routledge, 2008. M. HakanYavuz ed., *The Emergence of a New Turkey: Democracy and the AK Parti*, Salt Lake City: University of Utah Press, 2006.

(Bora Kanra) 在《土耳其的伊斯兰教、民主与对话：分裂社会的思考》一书中利用社会学理论，研究土耳其各种社会思潮之间的互动关系，包括凯末尔主义与民族主义、自由左派话语、伊斯兰主义之间的共性与差异，强调在一个分裂的社会中发展民主对话的重要性，并试图在土耳其确立伊斯兰和世俗话语交流的框架。① 阿里·恰拉科奥卢（Ali Çarkoğlu）和埃尔森·卡拉伊杰奥卢（Ersin Kalaycıoğlu）的《土耳其保守主义思潮的兴起》一书论述了后冷战时期保守主义的发展及其对土耳其政治的影响，阐释土耳其政治文化、经济和民主制度中出现的张力，从定性和定量两个维度研究土耳其保守主义思潮的兴起、发展和主要表现。② 他们认为，从集合了各种意识形态和务实主义的角度来看，正义与发展党与20世纪80年代初期的祖国党相似，更像是由保守人士和自由的中右翼传统力量的结合体，而非团结的精英组织。③ 布哈纳亭·杜兰（Burhanettin Duran）指出，正义与发展党自成立以来就坚称是追求西方式宗教自由的保守民主政党，不会走伊斯兰政党的老路；其关于"保守的民主"提法抹去了土耳其伊斯兰主义的本质和教条主义的特性，强化务实开放的一面。④ 乌米特·厄兹达（Ümit Özdağ）在《第二个一党制时期：正义与发展党的温和霸权政党性质剖析》中，以官僚、媒体、司法审判、资本、社会帮助、工会、大学、国民教育、反对派、市民社会、警察与情报、公共外交宣传机制、反对党的压力等作为指标参数对正义与发展党进行研究，将其定性为"温和的霸权政党"。⑤ 凯汉·德莱巴斯（Kayhan Delibas）的《土耳其政治伊斯兰的兴起：城市穷人、草根行动主义和伊斯兰原教旨主义》一书将正义与发展党视为伊斯兰政党，指出伊斯兰政党在2002年、2007年和2011年议会选举中胜利反映了政治伊斯兰教在中东地区的崛起，正

---

① Bora Kanra, *Islam, Democracy, and Dialogue in Turkey: Deliberating in Divided Society*, Farnham, Burlington: Ashgate, 2009.
② Ali Çarkoğlu and Ersin Kalaycıoğlu, *The Rising Tide of Conservatism in Turkey*, New York: Palgrave Macmillan, 2009.
③ Ali Çarkoğlu and Ersin Kalaycıoğlu, *Turkish Democracy Today: Elections, Protest and Stability in an Islamic Society*, London and New York: I. B. Tauris, 2007.
④ Burhanettin Duran, "JDP and Foreign Policy as an Agent of Transformation", in M. Hakan Yavuz eds., *The Emergence of a New Turkey: Democracy and the AKP Parti*, pp. 281-305.
⑤ Ümit Özdağ, İkinci Tek Parti Dönemi: AKP'nin Yumuşak Hegemon Parti Anatomisi, Ankara: Kitaplar, 2011, pp. 18-22. 转引自李智育《正发党执政期间土耳其民主巩固研究（2002—2014）》，博士学位论文，北京外国语大学，2015年，第12页。

义与发展党的成功源于民众对日益严重的不平等,普遍的腐败,失业、贫困和缺乏基本服务的不满。① 乌米特·齐兹主编的《土耳其的世俗和伊斯兰政治:正义与发展党的形成》一书指出,自 2002 年上台以来,正义与发展党塑造党的性质及其轨迹的关键动力是认同问题,正义与发展党采用保守的民主认同实现对西方化、世俗主义、民主和伊斯兰角色的全新理解,揭示其从积极改革到趋于保守的转变过程,这种转变深受全球伊斯兰力量、世俗当局和政治与非政治领域伊斯兰主义者的影响以及外国力量的干预。② 哈坎·雅乌兹(M. Hakan Yavuz)的《土耳其的世俗主义与穆斯林民主》一书从正义与发展党的政治和经济起源出发,分析其意识形态、组织机构和世俗主义模式等,进而阐释正义与发展党与库尔德问题、外交政策和议会选举的关系。③ 他还指出,正义与发展党并不是一个伊斯兰政党,而是一个努力提供更好服务的政党,并不致力于阐明其伊斯兰或其他身份,而是努力使土耳其融入新自由主义经济和政治领域。④

不少成果论及正义与发展党的社会基础。埃尔甘·厄兹布敦(Ergun Özbudun)在《土耳其的政党政治与社会分野》一书中阐述了政党政治与社会分野之间的关系,为研究正义与发展党崛起的背景和土耳其的社会分层和社会结构提供了不可多得的参考资料。⑤ 阿勒维·秦纳(Alev Çınar)的《正义与发展党:土耳其伊斯兰教、民主自由主义和世俗主义》一文从正义与发展党作为保守的民主政党出发,分析其并不反对世俗主义和民主化,指出正义与发展党的执政模式尽管存在缺点和不足,将为寻求民主政治的中东各国提供示范。⑥ 威廉姆斯·黑尔(William

---

① Kayhan Delibas, *The Rise of Political Islam in Turkey: Urban Poverty, Grassroots Activism and Islamic Fundamentalism*, London · New York: I. B. Tauris, 2015.

② Ümit Cizre ed., *Secular and Islamic Politics in Turkey: The Making of the Justice and Development Party*, London and New York: Routledge, 2008.

③ M. Hakan Yavuz, *Secularism and Muslim Democracy in Turkey*, New York: Cambridge University Press, 2009.

④ M. Hakan Yavuz, "Introduction: The Role of the New Bourgeoisie", in M. Hakan Yavuz eds., *The Emergence of a New Turkey: Democracy and the AKP Parti*, pp. 1–22.

⑤ Ergun Özbudun, *Party Politics and Social Cleavages in Turkey*, London: Lynne Rienner, 2013.

⑥ Alev Çınar, "The Justice and Development Party: Turkey's Experience with Islam, Democracy Liberalism and Secularism", *International Journal of Middle East Studies*, Vol. 43, No. 3, 2011.

Hale) 与埃尔甘·厄兹布敦的《土耳其的伊斯兰主义、民主与自由主义——正义与发展党的个案研究》一书通过对正义与发展党意识形态、社会基础和执政实践的解读,阐释伊斯兰教、伊斯兰主义和民主之间的关系,指出其尽管植根于深厚的伊斯兰背景,但作为保守的民主政党致力于民主、自由市场经济和推动土耳其加入欧盟。① 迈克尔·乌瑟里奇(F. Michael Wuthrich)的《土耳其的国家选举:民众、政治和政党制度》指出,在中右的、宗教保守的正义与发展党控制土耳其政府和国家权力的情况下,政权的民主资质遭到质疑,许多人试图了解该党在选举中取得成功的原因。许多学者认为,土耳其选举结果可以通过社会或文化分裂得以解释,但是,作者利用政治精英的竞选演说,国家和省级选举数据以及对选民动员战略的考察,解释 1950 年以来土耳其选举行为的重大转变,揭示 2007 年之后政治环境的变化促使选举政治呈现选举新范式和新发展。② 居尔·阿瑞坎·阿克达(Gül Arıkan Akdağ)的《土耳其的种族和选举:政党政治与摇摆选民的动员》一书从土耳其选举的族裔基础和社会基础出发来解读正义与发展党的动员战略,剖析其巩固和扩大摇摆选民支持的举措,分析正义与发展党对库尔德裔选民的具体战略,阐释选举话语中的竞争属性以通过客户网络动员选民及提升政党支持基础的有效性条件。③ 比罗尔·耶伊拉达(Birol Yeşilada)和巴里·鲁宾主编的《正义与发展党统治下的土耳其伊斯兰化》一书系统考察了正义与发展党的意识形态、支持基础、政府行动和政治目标,指出正义与发展党的崛起及其选举胜利正在创造一个新体系,在国内通过购买传媒机构和修改宪法甚至制定新宪法来巩固统治;在国际上已经从西方和以色列转向中东国家,但其意图和能力仍不明朗。④ 西蒙·瓦尔德曼(Simon A. Waldman)等的《新土耳其及其不满》一书分析正义与发展党作为平民政党的崛起策略,通过对城市发展、达武特奥卢外交、库尔德问

---

① William Hale and Ergun Özbudun, *Islamism, Democracy and Liberalism in Turkey: The Case of the AKP*, New York: Routledge, 2010.

② F. Michael Wuthrich, *National Elections in Turkey: People, Politics, and the Party System*, New York: Syracuse University Press, 2015.

③ Gül Arıkan Akdağ, *Ethnicity and Election in Turkey: Party Politics and the Mobilization of Swing Voters*, London and New York: Routledge, 2015.

④ Birol Yeşilada and Barry Rubin eds., *Islamization of Turkey under the AKP Rule*, London and New York: Routledge, 2011.

题等分析指出，土耳其政治发展具有进步性，但也呈现两极化和言论不自由等问题。①

另外，《土耳其透视》《土耳其研究》《中东政策》《穆斯林世界》《中东杂志》《外交》等刊物也登载大批与正义与发展党执政理念相关的研究论文。曼德勒斯·西纳尔（Menderes Cinar）的《正义与发展党统治下的土耳其社会变化》和弗亚·阿塔坎（Fulya Atacan）的《解释处于十字路口的宗教政治：正义与发展党—幸福党》两文通过分析正义与发展党执政带来的社会变化以及正义与发展党和幸福党的区别来说明政治伊斯兰话语的转变，指出由于正义与发展党并不将建立伊斯兰国家作为终极目的，所以，只能在现存的制度框架下制定相应的政策，但其民主化和面向欧洲的政党纲领预示其内在属性的变化。② 多数学者认为，正义与发展党是对传统伊斯兰政党的背离，其似乎更符合保守的中右政党的社会定位，因而反映了现代化背景下伊斯兰力量的思想与立场的转变，其连续执政实践和民族宗教政策实践体现了新威权政治的发展趋向。③

3. 关于正义与发展党执政实践的多维度研究。自 2002 年上台以来，正义与发展党的内政外交都呈现全新的态势，六次蝉联执政引起全世界的关注，所以关于正义与发展党选举政治、宪法修订、经济举措、宗教文化政策的研究成果为本书提供了重要资料来源和理论参考。

第一，国外学术界关于正义与发展党政治层面执政实践的研究成果较多，主要关注宪法和司法改革、政党政治、选举制度、政府制度等。埃尔甘·厄兹布敦与奥马尔·甘奇卡亚（Ömer F. Gençkaya）在《土耳其的民主化与制宪政治》一书中强调宪法制定与政治制度的关系，指

---

① Simon A. Waldman and Emre Caliskan, *The New Turkey and Its Discontents*, London: Hurst, 2016.

② Menderes Cinar, "Turkeys' Transformation under the AKP Rule", *The Muslim World*, Vol. 96, No. 3, January 2006. Fulya Atacan, "Explaining Religious Politics at the Crossroad: AKP-SP", in Ali Carkoglu and Barry Rubineds., *Religion and Politics in Turkey*, London and New York: Routledge, 2006.

③ Metin Heper and Şale Toktaş, "Islam, Modernity and Democracy in Contemporary Turkey: The Case of Recep Tayyip Erdogan", *The Muslim World*, Vol. 93, April 2003. David Shankland, "Islam and Politics in Turkey: The 2007 Presidential Elections and Beyond", *International Affairs*, Vol. 83, No. 1, 2007.

出 1982 年宪法在军方监管下制定，排斥了所有政党和市民社会组织等，所以修宪乃至制定一部新宪法以适应土耳其政治发展成为现实需要。① 阿里·查克奥卢和埃尔辛·卡拉伊哲奥卢的《今天的土耳其民主：伊斯兰社会的选举、抗议与稳定》主要根据 2002 年大选情况从民主选举的角度论证土耳其选举政治的特征，分析伊斯兰民主政党的兴起及其对于政治稳定和民主治理的重要意义，并为预测未来发展趋势提供理论框架。② 坚基兹·埃尔辛（Cengiz Ersin）和保罗·库比塞克（Paul Kubicek）等主编的《土耳其民主巩固：宏观与微观挑战》探讨了 21 世纪初以来土耳其的民主实践，根据 2015 年议会选举分析其历史演变，认识到巩固民主需要政治价值观、宽容、认同等微观基础和政治经济、政党竞争及制度发展等宏观基础，这为研究土耳其的民主化提供了独特视角。③ 阿达·库姆若兹巴茨（Arda Can Kumbaracibasi）的《土耳其政治与正义与发展党的兴起：制度化困境与领导策略》一书从政党组织和政治领导权的理论解释框架出发，结合现代政党政治的制度化理论、关于政党和选举的基本法律，着眼于"制度化"及其两个主要维度——自治和"系统性"的概念分析，指出正义与发展党要比土耳其历史上具有伊斯兰背景的其他政党更为成功，通过对相关数据的定量分析和访谈考察，分析了正义与发展党的组织性质、内部权力机构、意识形态、选举环境、选举策略和国际环境等，阐释了其长期执政的深层逻辑。④ 美国国会报告对正义与发展党上台以来的历次议会选举都有涉及，有关土耳其研究的基金会和智库组织也有关于正义与发展党议会选举的分析，诸如土耳其经济与社会研究基金会（TESEV）、土耳其政治、经济与社会研究基金会（SETA）等；还有相当多的报刊媒体对土耳其历次大选尤其是 2011 年以来的历次选举进行详细报道，这都为本书研究正义与发展党的运行机制、选举政治和政治治理提供了

---

① Ergun Özbudun and Ömer F. Gençkaya, *Democratization and the Politics of Constitution Making in Turkey*, Budapest and New York: Central European University Press, 2009.

② Ali Çarkoğlu and Ersin Kalaycıoğlu, *Turkish Democracy Today: Elections, Protest and Stability in an Islamic Society*, London and New York: I. B. Tauris, 2007.

③ Cengiz Ersin and Paul Kubicek eds., *Democratic Consolidation in Turkey: Micro and Macro Challenges*, London and New York: Routledge, 2016.

④ Arda Can Kumbaracibasi, *Turkish Politics and the Rise of the AKP: Dilemmas of Institutionalization and Leadership Strategy*, New York: Routledge, 2009.

直接参考。

第二，关于正义与发展党政府社会经济政策的研究成果相对较多，但大多散见于不同主题的著作中，个案性研究相对较少。土耳其各部委及相关部门的统计数据和相关报告为解读正义与发展党的经济政策和实践等提供了直接资料来源。沙农·布莱南（Shane Brennan）和马克·赫尔佐格（Marc Herzog）主编的《土耳其和民族认同政治：社会、经济和文化转化》一书指出，21世纪初的头十年，土耳其经历了一系列非凡的变革，经历经济危机后国际货币基金组织的管理而成为世界上经济增长速度最快的经济体之一，在国际舞台上成功地提升了自己的地位，作为欧盟候选国和举足轻重的地区大国，能够决定和发展其外交政策。通过对政治、经济、社会、文化和历史的分析，提供土耳其民族认同的转化的新视角及其对中东地区的影响。① 伊斯梅特·阿卡（İsmet Akça）、艾哈迈特·贝克曼（Ahmet Bekmen）和巴勒什·厄兹登（Barış Özden）主编的《重构土耳其：新自由主义霸权》一书从霸权政治和社会问题导向两个维度分析了土耳其在1980年之后尤其是21世纪新自由主义时期的变化和重塑，指出在这一激进变革时期，正义与发展党依托伊斯兰中产阶级在政治、外交、社会服务等方面采用的有争议战略及其保守倾向为了解土耳其的政治转型提供了重要视角和参考。② 齐亚·厄尼什（Ziya Öniş）主编的《全球化与土耳其经济自由化》《危机中的土耳其经济》是研究土耳其经济转轨和正义与发展党经济自由化政策的代表。③ 苏比代·陶干（Sübidey Togan）的《经济自由化与土耳其》一书认为，经济自由化是影响土耳其申请加入欧盟的关键因素，通过探讨土耳其经济自由化的影响及其消除贸易壁垒的方法，指出土耳其的经验、自由化的方法和消除贸易壁垒的措施是一个有用的模式。④ 塔莫尔·基廷（Tamer Çetin）和福阿特·奥居兹（Fuat Oğuz）主编的《土耳其监管的政治经济

---

① Shane Brennan and Marc Herzog eds., *Turkey and the Politics of National Identity: Social, Economic and Cultural Transformation*, New York: I. B. Tauris, 2014.

② İsmet Akça, Ahmet Bekmen and Barış Özden, *Turkey Reframed: Constituting Neoliberal Hegemony*, London: Pluto Press, 2014.

③ Ziya Öniş and Barry Rubin, *The Turkish Economy in Crisis*, London: Frank Cass, 2003. Ziya Öniş and F. Şenses, *Turkey and the Global Economy: Neo-liberal Restructuring and Integration in the Post-Crisis Era*, London: Routledge, 2009.

④ Sübidey Togan ed., *Economic Liberalization and Turkey*, New York: Routledge, 2010.

学》一书考察了土耳其经济监管机构的运行规则及其在航空、电力、天然气、电信和环境等行业的运行，进而揭示市场过程的特征以及政府在这些行业中的作用，通过与东欧和中美洲国家的比较来揭示土耳其监管机构的变化及其对被监管行业未来发展的影响。① 西蒙特·科沙尔（Simten Coşar）等主编的《沉默的暴力：土耳其的新自由主义、伊斯兰政治与正义与发展党的岁月》论文集以正义与发展党长达十年的执政实践为研究对象，使用新自由资本主义对伊斯兰政治进行问题化分析，提供对当代土耳其政治的另类批判性解读。不同作者从对正义与发展党政治经济、社会文化到外交政策的分析，来理解土耳其新自由主义秩序的变化，说明沉默的暴力对伊斯兰政治和新自由主义政策的影响。② 正义与发展党政府的新自由主义经济体制改革是恢复经济秩序和实现经济发展的重要基础，当前的经济危机和发展颓势意味着需要对其进行更为深入研究。

第三，关于正义与发展党民族宗教文化政策的研究也日渐增多，主要聚焦正义与发展党政府的民族政策、宗教政策、头巾政策和教育政策等，涉及土耳其阿拉维派、非穆斯林少数民族、库尔德问题和头巾禁令等主题。上述有关正义与发展党执政理念与实践的书籍中都或多或少提及其宗教政策，在坚持凯末尔主义立国原则的基础上强调宗教信仰自由。诸如博纳·图拉姆（Berna Turam）主编的《世俗国家与宗教社会：土耳其两种力量的博弈》认为，土耳其的宗教因素和世俗社会具有内在冲突性，但二者也相互塑造，形成了正义与发展党的宗教政策。③

国外学界有关土耳其库尔德问题的研究成果非常丰富，主要围绕土耳其库尔德问题起源、库尔德民族主义以及国家认同等主题进行系统研究，强调土耳其社会在库尔德问题定义及其实质存在深刻分歧，指出这种不确定性长期以来表现在对库尔德问题完全否认，或者指责政治对手

---

① Tamer Çetin and Fuat Oğuz eds., *The Political Economy of Regulation in Turkey*, Berlin: Springer, 2011.
② Simten Coşar and Gamze Yücesan-Özdemir eds., *Silent Violence: Neoliberalism, Islamist Politics and the AKP Years in Turkey*, Ottowa: Red Quill Books Ltd., 2012.
③ Berna Turam ed., *Secular State and Religious Society: Two Forces in Play in Turkey*, New York: Palgrave Macmillan, 2012.

的分裂主义乃至库尔德工人党的"叛国"倾向等,所以形成不同结论,这体现在米歇尔·冈特、马丁·范·布鲁尼森(Martin van Bruinessen)、罗伯特·奥尔森等学者的研究成果中。① 还有相当多的研究成果论及正义与发展党政府的库尔德政策演变进程,从强调穆斯林兄弟情谊,到提出"库尔德开放"倡议,再到库尔德和平进程的过渡。哈坎·雅乌兹认为,土耳其在两种选择之间摇摆不定。尽管正义与发展党通过其经济政策提升土耳其公民的生活水平,特别是库尔德人聚居区的生活水平,但未能将更多社会群体融入国家而导致不同认同群体的分化加剧。土耳其局势的恶化加剧了应对库尔德问题的困难。② 塔尔哈·高斯(Talha Köse)的《正义与发展党库尔德和平倡议的起落》一文指出,正义与发展党政府为解决库尔德问题提出和解倡议,并启动和解进程,但土耳其政治权力角逐和叙利亚内战给库尔德问题解决带来新机遇的同时也面临诸多不确定性,区域动荡特别是叙利亚和伊拉克内战是阻碍库尔德和解进程的决定因素。③ 耶尔马兹·恩萨格鲁(Yilmaz Ensaroğlu)在《土耳其的库尔德问题与和平进程》一文中指出,库尔德和平进程带来前所未有的希望,但复杂的国际国内形势带来很多隐忧,而且过去的教训阴影也给问题的解决带来很多困难。④《你我的自由:土耳其埃尔多安时代的厄贾兰与库尔

---

① Michael M. Gunter, *Historical Dictionary of the Kurds*, Lanham: Scarecrow Press 2011. Michael M. Gunter, *The Kurds and the Future of Turkey*, New York: St. Martin's Press, 1997. Henri J. Barkey and Graham E. Fuller, *Turkey's Kurdish Question*, Lanham: Rowman and Littlefield, 1998. Martin Van Bruinessen, *Kurdish Ethno-Nationalism versus Nation-Building States*, Istanbul: ISIS, 2000. Martin Van Bruinessen, *Kurds and Identity Politics*, London: I. B. Tauris, 2001. Robert Olson, *Bloods, Beliefs and Ballots: The Management of Kurdish Nationalism in Turkey*, 2007-2009, California: Mazda Publishers, 2009. Robert Olson, *The Kurdish Nationalist Movement in Turkey* 1980-2011, California: Mazda Publishers, 2011. Marlies Casier and Joost Jongerden eds., *Nationlisms and Politics in Turkey: Political Islam, Kemalism, and the Kurdish Issue*, London and New York: Rouledge, 2011. Ömer Taşpınar, *Kurdish Nationalism and Political Islam in Turkey: Kemalist Identity in Transition*, London and New York: Routledge, 2005. H. Akin Ünver, *Turkey's Kurdish Question: Discourse & Politics Since 1990*, London and New York: Routledge, 2015.

② M. Hakan Yavuz and Nihat Ali Özcan, "Turkish Democracy and the Kurdish Question", *Middle East Policy*, Vol. XXII, No. 4, Winter 2015.

③ Talha Köse, "Rise and Fall of the AK Party's Kurdish Peace Initiatives", *Insight Turkey*, Vol. 19, No. 2, 2017.

④ Yilmaz Ensaroğlu, "Turkey's Kurdish Questionand the Peace Process", *Insight Turkey*, Vol. 15, No. 2, 2013.

德问题》一书以回溯库尔德问题开篇，论及土耳其库尔德开放政策实行及其和平进程失败，不仅为理解土耳其与库尔德人的冲突提供历史背景，而且从文件和报告出发，探析正义与发展党库尔德和平进程的失败表现与根据。① 还有为数不少的发表在《土耳其透视》《土耳其研究》等期刊论文也集中阐释库尔德开放政策效果及其遭到的抵制情况②，此处不再赘述。另外，部分学者还论及亲库尔德政党的参政情况以及西欧的库尔德移民。妮可·瓦茨（Nicole F. Watts）的《办公室的行动主义者：土耳其的库尔德政治与抗议》在对土耳其选举数据、回忆录、法庭记录和采访进行研究的基础上，指出过去二十年间数千名库尔德政治活动家被起诉和监禁，数百人因维护库尔德政治和文化权利而被谋杀，但是亲库尔德的政党取得巨大进展。这些政党积极利用合法的政治制度，在面对暴力、镇压的国家时，推动其具有高度争议性的库尔德人国家议程。③《好战的库尔德人：自由的双重战略》一书对库尔德人问题提出颇具见地的观点，通过鼓励库尔德特殊利益集团的形成和加强政治游说努力，对"欧洲的库尔德问题政治化"进行了非常有见地的分析，"德国正处于这个跨国网络的震中，因为大多数参与政治活动的库尔德人居住在那

---

① Thomas Jeffrey Miley and Federico Venturini eds., *Your Freedom and Mine: Abdullah Öcalan and the Kurdish Question in Erdogan's Turkey*, Montréal: Black Rose Books, 2018.
② Cuma Çicek, "Elimination or Integration of Pro-Kurdish Politics: Limits of the AKP's Democratic Initiative", *Turkish Studies*, Vol. 12, No. 1, March 2011. E. Fuat Keyman, "The CHP and the 'Democratic Opening': Reactions to AK Party's Electoral Hegemony", *Insight Turkey*, Vol. 12, No. 2, 2010. Ödül Celep, "Turkey's Radical Right and the Kurdish Issue: The MHP's Reaction to the 'Democratic Opening'", *Insight Turkey*, Vol. 12, No. 2, 2010. Ofra Bengio, "The 'Kurdish Spring' in Turkey and Its Impact on Turkish Foreign Relations in the Middle East", *Turkish Studies*, Vol. 12, No. 4, 2011. Michael M. Gunter, "The Kurdish Spring", *Third World Quarterly*, Vol. 34, No. 3, 2013. Özlem Kayhan Pusane, "Turkey's Kurdish Opening: Long Awaited Achievements and Failed Expections", *Turkish Studies*, Vol. 15, No. 1, 2014. Cengiz Sandar, "The Kurdish Question: The Reasons and Fortunes of the 'Opening'", *Insight Turkey*, Vol. 11, No. 3, 2009. Önder Aytac, "The Democratic Initiative and the Kurdish Issue in Turkey in Turkey since 2009", *Turkish Policy Quarterly*, Vol. 9, No. 1, 2009. Rabia Karakaya Polat, "The Kurdish Issue: Can the AK Party Escape Securitization?" *Insight Turkey*, Vol. 10, No. 3, 2008. Ruşen Çakır, "Kurdish Political Movement and the 'Democratic Opening'", *Insight Turkey*, Vol. 12, No. 2, 2010.
③ Nicole F. Watts, *Activists in Office: Kurdish Politics and Protest in Turkey*, Seattle: University of Washington Press, 2010.

里"①，库尔德工人党建立了一个包括法律专家、人权活动家和环境专家网络，确立与学者、媒体人士和库尔德移民技术熟练人员的联系，从一个主要在土耳其实施游击战的组织转变为一个在欧洲建立平行政治结构的组织。② 这些研究成果进一步丰富了本书关于正义与发展党政府应对库尔德问题的实践内容。

近年来，正义与发展党政府针对宗教少数派和非穆斯林少数族裔的政策也引起学界关注，研究主题涉及土耳其的阿拉维派、犹太人、基督徒和东正教徒等，他们的处境改善也是正义与发展党文化开放政策的试金石。关于阿拉维派的研究历史悠久，马丁·范·布鲁尼森的《土耳其的库尔德人、土耳其人和阿拉维派复兴》一文指出，激进的左翼土耳其阿拉维派倾向于将库尔德工人党看作他们的盟友。③ 泰瑞·埃尔曼（Tahire Erman）和艾玛哈·库克（Emrah Göker）的《当代土耳其的阿拉维派政治》认为，阿拉维派的特殊性和差异性未必会创造出一个更加多元化的政治体系，并且对阿拉维派身份对于土耳其民主政治的贡献持怀疑态度。④ 卡拉姆·奥克特姆（Kerem Öktem）的《边缘的穆斯林：阿拉维派与正义发展党》指出，正义发展党对阿拉维派的忽视造成了阿拉维社区和组织民众的不满，正义与发展党关于阿拉维派的新政策不是基于对差异性的肯定和对过去错误的承认，而是想要同化阿拉维派。"阿拉维派开放"为土耳其认同政治的发展提供了一个独特的案例，这在土耳其历史上首次得到官方承认而进入政治议程，而且被具有逊尼派基础的执政党所掌控也意义重大。⑤ 诸多文章揭示执政党将阿拉维派问题整合进政治

---

① Versa Eccarius-Kelly, *The Militant Kurds: A Dual Strategy for Freedom*, New York and London: Praeger Publishers, 2011, p. 181.
② Versa Eccarius-Kelly, *The Militant Kurds: A Dual Strategy for Freedom*, p. 20.
③ Martin van Bruinessen, "Kurds, Turks and the Alevi Revival in Turkey", *Middle East Reports*, Vol. 200, Summer 1996.
④ Tahire Erman, Emrah Göker, "Alevi Politics in Contemporary Turkey", *Middle Eastern Studies*, Vol. 36, No. 4, October 2000.
⑤ Kerem Öktem, "Being Muslim at the Margins: Alevis and the AKP", *Middle East Report*, No. 246, Spring 2008.

进程的背后动力和欧盟因素。① 穆罕默德·巴达奇（Mehmet Bardakci）等主编的《土耳其的宗教少数派：阿拉维派、亚美尼亚人和叙利亚人及其寻求宗教自由的斗争》一书指出，欧盟支持的民主化改革导致正义与发展党政府取消对非穆斯林和宗教少数派宗教参与限制，使其扩大人权和自由。但由于他们与埃尔多安政府之间互不信任，再加上根深蒂固的社会偏见，土耳其的宗教少数派处境依然艰难。② 另外，还有多篇学术论文谈及土耳其的非穆斯林少数族裔及其在正义与发展党统治时期的权利、自由和政治社会处境，分别发表在《政治科学季刊》《历史科学杂志》《土耳其透视》《杨百翰大学法律评论》等期刊上。③

关于正义与发展党政府教育政策的研究也逐渐增多，德米特·鲁库斯鲁（Demet Lüküslü）的《打造虔诚的下一代：土耳其正义与发展党的青年和教育政策》分析了2011—2014年正义与发展党政府的青年和教育政策、凯末尔主义者和正义与发展党之间青年政策的连续性和断裂性，剖析了埃尔多安的政治言论以及正义与发展党政府的青年教育政策，表

---

① 参见 Talha Kose, "Between Nationalism, Modernism and Secularism: The Ambivalent Place of 'Alevi Identity'," *Middle Eastern Studies*, Vol. 49, No. 4, 2013. Stefan Martens, *Being Alevi in Turkey: Discursive Unity and the Contestation of Communal Boundaries*, 1980-2009, B. A., Simon Fraser University, 2005. Mehmet Bardakci, Annette Freyberg-Inan, Christoph Giesel, Olaf Leisse, *Religious Minorities in Turkey: Alevi, Armenians, and Syriacs and the Struggle to Desecuritieze Religious Freedom*, London: Palgrave Macmillan, 2017. Murat Borovali and Cemil Boyraz, "The Alevi Workshops: An Opening Without an Outcome", *Turkish Studies*, Vol. 16, No. 2, 2015. Bayram Ali Soner and Şule Toktaş, "Alevis and Alevism in the Changing Context of Turkish Politics: The Justice and Development Party's Alevi Opening", *Turkish Studies*, Vol. 12, No. 3, 2011. Mehmet Bardakci, "The Alevi Opening of the AKP Government in Turkey: Walking a Tightrope between Democracy and Identity", *Turkish Studies*, Vol. 16, No. 3, 2015. Derya Özkul, "Alevi Opening and Politicization of the Alevi Issue during the AKP Rule", *Tukrish Studies*, Vol. 16, No. 1, 2015.

② Mehmet Bardakci, Annette Freyberg-Inan, Christoph Giesel, Olaf Leisse, *Religious Minorities in Turkey: Alevi, Armenians, and Syriacs and the Struggle to Desecuritize Religious Freedom*, New York: Palgrave Macmillan, 2017.

③ 这些期刊文章具体如下：Sule Toktas and Bulent Aras, "The EU and Minority Rights in Turkey", *Political Science Quarterly*, Vol. 124, No. 4, Winter 2009/2010. Ilhan Yildiz, "Minority Rights in Turkey", *Brigham Young University Law Review*, 2007. 3. Niyazi Öktem, "Religion in Turkey", *Brigham Young University Law Review*, 2002. 2. Talip Küçükcan, "State, Islam, and Religious Liberty in Modern Turkey: Reconfiguration of Religion in the Public Sphere", *Brigham Young University Law Review*, 2003. 2. Kerem Karaosmanoğlu, "Reimagining Minorities in Turkey: Before and After the AKP", *Insight Turkey*, Vol. 12, No. 2, 2010. Sule Toktas, "Citizenship and Minorities: A Historical Overview of Turkey's Jewish Minority", *The Journal of Historical Sociology*, Vol. 18, No. 4, Delember 2005.

明其重塑青年一代的努力。① 扎弗·塞里克（Zafer Çelik）等在《正义与发展党时期土耳其的教育政策（2002—2013）》一文中系统阐释正义与发展党政府的教育政策及其对国家政治变革的影响。② 在《土耳其新自由主义教育转型：正义与发展党时代教育改革的政治思想分析》一书中，不同作者讨论了正义与发展党政府的教育政治政策，分析了正义与发展党执政期间的教育改革、教育投入和教育联盟等，揭示正义与发展党政府在教育领域的新保守主义重塑过程，是研究正义与发展党政府教育政策不可或缺的参考资料。③《来自土耳其的伊斯兰教育模板：伊玛目—哈提普学校》一文探讨了伊玛目—哈提普学校的发展历史及其基本特征，在正义与发展党教育政策影响下，这些学校的数量、结构、学生和校友情况引起广泛争议。④ 迪伦·奇克马克（Diren Çakmak）的《土耳其的亲伊斯兰公共教育：伊玛目—哈提普学校》在解释凯末尔主义教育改革的基础上，记录伊玛目—哈提普学校成立的时间、原因和方式，并评估这些学校是否构成对世俗主义原则的威胁，这些学校的毕业生已经形成了新一代的伊斯兰主义者，他们要求国家伊斯兰化，从而形成对正义与发展党宗教政策和教育政策的重要挑战。⑤

关于头巾问题的研究也凸显了正义与发展党执政期间伊斯兰主义与世俗主义的博弈，对解读正义与发展党政府的宗教政策提供了重要视角。米尔维·卡瓦克西（Merve Kavakci）的《土耳其的头巾政治——后殖民主义的阅读》将头巾作为研究个案，质疑土耳其在世俗背景下提升女性代表权的角色榜样地位，而头巾政治的兴起则是对该观念的反动。⑥ 苏梅

---

① Demet Lüküslü, "Creating a Pious Generation: Youth and Education Policies of the AKP in Turkey", *Journal of Southeast European & Black Sea Studies*, Vol. 25, No. 4, 2016.

② Zafer Çelik, Bekir S. Gur, "Turkey's Education Policy During the AK Party Era (2002 - 2013)", *Insight Turkey*, Vol. 15, No. 4, 2013.

③ Kemal İnal and Güliz Akkaymak, eds., *Neoliberal Transformation of Education in Turkey: Political and Ideological Analysis of Educational Reforms in the Age of AKP*, New York: Palgrave Macmillan, 2012.

④ Ibrahim Aslamaci, Recep Kaymakcan, "A Model for Islamic Education from Turkey: The Imam-Hatip Schools", *British Journal of Religious Education*, Vol. 39, No. 3, 2016.

⑤ Diren Çakmak, "Pro-Islamic Public Education in Turkey: The Imam-Hatip Schools", *Middle Eastern Studies*, Vol. 45, No. 5, September 2009.

⑥ Merve Kavakci Islam, *Headscarf Politics in Turkey, A Postcolonial Reading*, New York: Palgrave Macmillan, 2010.

耶·泽奈普·阿布鲁特（Sümeyye Zcynep Akbulut）的博士学位论文《土耳其头巾禁令和穆斯林妇女的主体性》以1997—2010年在土耳其高校和公共机构经历戴头巾限制的穆斯林妇女为研究对象，论及头巾禁令所蕴含的凯末尔主义话语，妇女对头巾禁令的突破体现了她们个人对伊斯兰教的新理解。① 艾斯·阿亚塔（Ayşe Güneş Ayata）和法蒂玛·图吞库（Fatma Tütüncü）在《正义与发展党的政党政治（2002-2007）与土耳其西方主义、伊斯兰主义与女权主义话语交叉的女性困境》一文中，论述了正义与发展党的女性政治家及其在性别平等和两性关系方面的政策，主要从女性的代表性、政治意识形态和政治辞令的变化、政党组织对女性需求的适应三个方面对正义与发展党女权政策进行分析。② 这都体现了正义与发展党执政期间宗教文化政策的创新。

第四，正义与发展党政府的外交政策是学术界研究的热点议题，国外学者主要从外交思想和外交实践两方面展开研究，研究成果丰富多样，笔者目前查到与本主题相关的有30余部专著和50余篇学术论文。达武特奥卢曾作为埃尔多安的外交智囊，其战略纵深思想主导了正义与发展党政府的平衡东西方外交理念，达武特奥卢的下台体现了土耳其从零问题外交的理想主义色彩向积极现实主义的过渡。有关本主题的研究可细分如下：

第一，关于正义与发展党政府外交政策及其指导思想的研究。目前看到多部著作从建构主义视角分析土耳其外交政策的转变。马丁纳·瓦宁（Martina Warning）的《认同与外交政策：文化主义影响下的土耳其外部关系》论述了土耳其的身份认同及其对冷战后外交政策的影响，以祖国党、繁荣党和正义与发展党政府为例说明土耳其寻求在全球秩序中的新地位过程，目前内部和全球发展导致正义与发展党政府谋求更为积极的地区性外交政策。③ 于杰尔·博兹达戈卢（Yücel Bozdağlioğlu）的《土耳其外交政策与土耳其身份：建构主义视角》一书认为，对土耳其外交

---

① Sümeyye Zcynep Akbulut, *Banning Headscarves and Muslim Women's Subjectivity in Turkey*, A dissertation of University of Washington, 2011.

② Ayşe Güneş Ayata, Fatma Tütüncü, "Party Politics of the AKP (2002-2007) and the Predicaments of Women at the Intersection of the Westernist, Islamist and Feminist Discourses in Turkey", *British Journal of Middle Eastern Studies*, Vol. 35, No. 3, 2008.

③ Martina Warning, *Identity and Foreign Policy: Turkey's External Relations under Culturalist Influence*, Saarbrücken: VDM Verlag Dr. Müller, 2011.

政策的充分描述需要对土耳其的身份进行分析,因为其与外交政策制定密切相关。尽管土耳其在冷战期间和冷战后有充分的机会制定其独立外交政策,因为土耳其决策者认为只有获得西方的认同才能最大化土耳其的收益,所以亲西方的外交政策须基于土耳其的身份界定。① 在外交指导思想方面,国外学者主要分析达武特奥卢提出的"战略纵深思想"和"与邻国零问题"外交实践,诸多对正义与发展党外交政策研究的著作和文章都会提及达武特奥卢主义。

第二,关于正义与发展党政府的地区外交政策研究。正义与发展党政府的地区外交主要包括与中东、中亚、高加索、巴尔干地区国家的政策与实践。柯南·阿克苏(Kenan Aksu)主编的《土耳其:地区大国的形成》指出,土耳其作为东西方之间的桥梁,在冷战结束以后成为地区大国和重要的全球参与者,已经成为社会、政治和经济等各方面成功的范例。该书分析了土耳其与欧盟、中东等地区国家与巴基斯坦、中国和韩国等双边关系的发展,多维视角解读了土耳其成为地区大国的必然性。② 艾米特·拜因(Amit Bein)认为,奥斯曼帝国的历史遗产影响了土耳其与中东国家的关系。土耳其在提升地区影响力方面做出积极努力,积极与中东地区新独立国家建立外交关系,并努力使土耳其成为中东和欧亚运输、贸易枢纽,安卡拉也努力打造其作为非西方国家现代化的模板形象,这影响了今天正义与发展党政府的中东地区政策。③ 康平今井(Kohei Imai)指出,为了实现满足土耳其国家利益的地区与世界和平稳定,埃尔多安强调从消极的朋友关系向积极的睦邻外交过渡。达武特奥卢的战略目标基于现实主义考虑,其政策实施则基于自由主义原则。在达武特奥卢零问题外交政策下,土耳其实施几项自由政策以促进地区和国际社会的和平与繁荣。④ 胡舒夫·塔巴克(Husrev Tabak)等主编的《新土耳其的国内和地区不确定性》指出,土耳其在过去二十年面临诸如

---

① Yücel Bozdağlıoğlu, *Turkish Foreign Policy and Turkish Identity: A Constructivist Approach*, New York: Routledge, 2003.

② Kenan Aksu ed., *Turkey: A Regional Power in the Making*, Newcastle upon Tyne: Cambridge Scholars Publishing, 2013.

③ Amit Bein, *Kemalist Turkey and the Middle East: International Relations in the Interwar Period*, Cambridge: Cambridge University Press, 2017.

④ Kohei Imai, *The Possibility and Limit of Liberal Middle Power Policies: Turkish Foreign Policy toward the Middle East during the AKP Period* (2005-2011), Lanham: Lexington Books, 2018.

巴尔干半岛、高加索地区和中东地区战争、冲突和摩擦的威胁，这些事件对土耳其外交政策、民事和经济干预构成巨大挑战，也证明诸多学者所宣扬的"土耳其模式"既有成功也有失败，造成土耳其区域政策和外交政策发展的断层。① 还有部分著作谈及土耳其与中东不同国家间的双边关系发展②，苏莱曼·埃里克（Süleyman Elik）认为，土耳其与伊朗关系对于理解中东政治至关重要，从"阿拉伯之春"到伴随"伊斯兰国"兴起带来的伊斯兰政党的极端化，威胁着中东地区的大部分国家。伊朗和土耳其的关系既密切又复杂多样，共同面对西方国家和"现代化"的挑战，具有一定的温和亲和力。③ 也有诸如《土耳其研究》《英国中东研究杂志》《外交政策分析》等杂志刊载有关正义与发展党中东外交政策的专题文章④，都为研究正义与发展党政府的地区外交提供了重要参考。

第三，关于正义与发展党政府与西方国家关系的研究。尽管正义与发展党政府奉行平衡东西方国家的外交战略，但土耳其与欧盟、美国和俄罗斯的关系仍然在外交实践中举足轻重。20世纪80年代以来，从土耳其寻求加入欧共体到启动入盟谈判，土耳其与欧盟的关系是土耳其与欧洲关系的重要组成部分。据不完全统计，西方学者关于土耳其与欧盟关系主题的著作有20余部⑤，相关学术论文不胜枚举。阿里·泰金（Ali

---

① Husrev Tabak, Ozgur Tufekci and Alessia Chiriatti eds., *Domestic and Regional Uncertainties in the New Turkey*, Newcastle upon Tyne: Cambridge Scholars Publishing, 2017.

② 这些著作主要有 Robert W. Olson, *Turkey-Iran Relations*, 1979-2004: *Revolution, Ideology, War, Coups, and Geopolitics*, Costa Mesa: Mazda Publishers, 2004. Umut Uzer, *Identity and Turkish Foreign Policy: The Kemalist influence in Cyprus and the Caucasus*, London: I. B. Tauris, 2011. E. Fuat Keyman, *Turkey and Iran: Approaches to Engagement in the Middle East*, Abu Dhabi: Emirates Center for Strategic Studies and Research, 2013.

③ Süleyman Elik, *Iran-Turkey Relations 1979-2011: Conceptualising the Dynamics of Politics, Religion and Security in Middle Power States*, Abingdon: Routledge, 2011.

④ Nikolaos Raptopoulos, "Rediscovering Its Arab Neighbours? The AKP Imprint on Turkish Foreign Policy in the Middle East", *Les Cahiers du RMES*, No. 1, July 2004. Meliha B. Altunişik, Lenore G. Martin, "Making Sense of Turkish Foreign Policy in the Middle East under AKP", *Turkish Studies*, Vol. 12, No. 4, December 2011. Ryan Kennedy, Matt Dickenson, "Turkish Foreign Policy and Public Opinion in the AKP Era: Has There been a Shift in the Axis?" *Turkish Policy Quarterly*, Vol. 11, No. 3, January 2012. Cenk Saraçoğlu, Özhan Demirkol, "Nationalism and Foreign Policy Discourse in Turkey Under the AKP Rule: Geography, History and National Identity", *British Journal of Middle Eastern Studies*, Vol. 42, No. 3, 2014.

⑤ Firat Cengiz and Lars Hoffmann eds., *Turkey and the European Union: Facing New Challenges and Opportunities*, Abingdon: Routledge, 2014.

Tekin）和艾琳·格尼（Aylin Güney）的《土耳其欧洲化：政体与政治》全面评估了土耳其自1999年启动入盟实质进程后土耳其政体和政治诸多方面发生变化的性质和程度，指出加入欧盟的现实需要启发土耳其的改革努力，继而使土耳其的主要政治机构、行为规范和文化契合欧盟标准①，这进一步扩大了土耳其主题的研究范围。阿里·查克奥卢和埃尔辛·卡拉伊哲奥卢认为，正义与发展党支持土耳其加入欧盟，一是他们意识到只有欧盟巩固的民主制度可以为一个更加温和的新伊斯兰政党提供生存空间；二是经济问题使得土耳其的生存与欧盟联系更密切。② 近年来，中东政治动荡造成土耳其与欧盟关系时断时续，但该主题仍然是学界研究的热点。

国外学术界对土耳其与美国的关系研究相对较多，既有对土美关系的历史回溯③，又有关于正义与发展党执政时期土美新兴伙伴关系的深刻探析，玛德琳·奥尔布赖特（Madeleine K. Albright）和斯蒂芬·哈德利（Stephen J. Hadley）认为，土耳其是一个正在崛起的地区和全球大国，面临中东政治转型、叙利亚流血冲突和伊朗寻求核武器的挑战。因此，美国和土耳其领导人有责任定义双方的新型伙伴关系，以使战略关系成为现实。④ 库比莱·亚多·阿林（Kubilay Yado Arin）基于土耳其与美国和欧盟关系的背景看待外交政策的变化，认为其在过去几年发生根本性转变，积极谋求更大范围内的关键性地位。该书重点关注美国支持土耳其申请欧盟成员国资格，并在叙利亚国内冲突导致政治转型和区域危机之际重塑外交政策议程。⑤ 也有土美两国关于地区和能源合作而发展的外交

---

① Ali Tekin and Aylin Güney, *The Europeanization of Turkey: Polity and Politics*, London and New York: Routledge, 2015.
② Ali Çarkoğlu and Ersin Kalaycıoğlu, *Turkish Democracy Today: Elections, Protest and Stability in an IslamicSociety*, London and New York: I. B. Tauris, 2007.
③ Ekavi Athanassopoulou, *Strategic Relations between the US and Turkey, 1979-2000: Sleeping with a Tiger*, Abingdon and New York: Routledge, 2014.
④ Madeleine K. Albright and Stephen J. Hadley, *U.S.-Turkey Relations: A New Partnership*, New York: Council on Foreign Relations, 2012.
⑤ Kubilay Yado Arin, *Turkey, the US and the EU: The New Foreign Policies*, London and New York: I. B. Tauris, 2018.

关系解读，还有关于土美关系发展面临挑战的探索。① 土耳其与俄罗斯的关系主要基于能源外交和叙利亚内战的视角来加以探究②，强调能源与外交关系的相互依存关系③，以及土耳其与俄罗斯之间较为复杂的双边关系的发展历程④。

4. 关于正义与发展党执政模式与民主化进程关系的研究。自从土耳其启动多党制以来，关于政党政治与民主化进程的关系就引起学术界的广泛关注。

一是关于政党政治与民主关系的研究。克莱门特·多德（Clement H. Dodd）宣称，土耳其为自由民主的发展提供了足够的框架。⑤ 凯木尔·卡尔帕特（Kemal H. Karpat）认为，"土耳其目前的政治制度符合土耳其对待权力与威权的传统，是代表各种社会经济力量的综合体，因此得到民众广泛支持。土耳其在历史上首次接近民主的边缘"⑥。米歇尔·丹尼尔森（Michael N. Danielson）等认为，土耳其有长时期民主的经历，经过二十多年的一党制政治，于1946年打开多党制的大门，此后土耳其

---

① Kurt Hanson ed., *Turkey's Central Role in the Middle East*, *Evolving Global Ties*, *and U.S. Relations*, New York: Nova Science Publishers, 2014. Samantha N. Boothe and Ryan Hickman eds., *Turkey and the U.S.*: *Alliances*, *Relations and Defense Cooperation*, New York: Nova Science Publishers, 2012.

② Şener Aktürk, "Toward a Turkish-Russian Axis? Conflicts in Georgia, Syria, and Ukraine, and Cooperation over Nuclear Energy", *Insight Turkey*, Vol. 16, No. 4, 2014.

③ 参见如下著作：Mirja Schröder, Marc Oliver Bettzüge, Wolfgang Wessels eds., *Turkey as an Energy Hub? Contributions on Turkey's Role in EU Energy Supply*, Baden-Baden: Nomos, 2017. Remziye Yilmaz, *Interdependence between Energy and Foreign Policy*: *Russia and Turkey as Case Studies*, Saarbrücken: Lap Lambert Academic Publishing, 2011。

④ Duygu Bazoğlu Sezer, "Turkish-Russian Relations: The Challenges of Reconciling Geopolitical Competition with Economic Partnership", *Turkish Studies*, Vol. 1, No. 1, 2000. Şener Aktürk, "Turkish-Russian Relations after the Cold War (1992-2002)", *Turkish Studies*, Vol. 7, No. 3, 2006. Emre Erğen, "Turkish-Russian Relations in the New Century," in Özden Zeynep Oktav ed., *Turkey in the 21st Century*: *Quest for a New Foreign Policy* Burlington: Ashgate, 2011. Ziya Öniş and Şuhnaz Yılmaz, "Turkey and Russia in a Shifting Global Order: Cooperation, Conflict and Asymmetric Interdependence in a Turbulent Region", *Third World Quarterly*, Vol. 37, No. 1, 2016.

⑤ Clement H. Dodd, "Political Modernization, the State, and Democracy: Approaches to the Study of Politics in Turkey", in Metin Heper and Ahmet Evin eds., *State*, *Democracy and the Military*: *Turkey in the 1980s*, p. 21.

⑥ Kemal H. Karpat, "Military Interventions: Army-Civilian Relations in Turkey Before and After 1980", in Metin Heper and Ahmet Evin eds., *State*, *Democracy and the Military*: *Turkey in the 1980s*, p. 158.

政府基本上是有着广泛基础的民选政府。① 大卫·夏克伦认为，"土耳其是伊斯兰世界取得世俗化和民主成功的国家。伊斯兰国家中，土耳其保持着潜在的稳定和盛行西方的平民主义政治民主……土耳其是世俗主义与伊斯兰主义的混合。由于土耳其的世俗主义改革，民众的活动受到影响，当实行民主制度时，政府试图迎合民众的要求"②。梅廷·海珀在分析土耳其政治参与的基础上，认为土耳其民主有了极大发展，但在政治统治方面的民主化程度还不够，尤其是某些政党的民主化程度非常低。军队干预是民主的威胁，但是这种威胁并不会永远存在。③ 安德鲁·曼戈（Andrew Mango）认为，"土耳其是穆斯林国家中的例外，作为唯一的世俗的穆斯林国家，由自由选举的议会管理国家，实行自由的市场经济制度，与西方民主国家保持着良好的关系。虽然发生几次军队干政事件，但军方掌权时间很短。土耳其温和的力量超过激进力量，其稳定的民主发展虽然赶不上西方，但是有很强的动力"④。克莱门特·多德在《土耳其的政治与政府》中充分肯定土耳其政党在政治民主化进程中的作用。他从政治参与的角度分析土耳其政党在动员民众方面所起到的积极作用，认为土耳其的政党并非形同虚设的政治游戏组织。⑤ 埃尔甘·厄兹布敦肯定政党政治在土耳其政治民主化进程中的积极作用，认为竞争性政治能够产生制约效应，政党为吸引选民会出台一些有利于民主发展的政策。政党只有在各自利益得到满足的时候才能达成一致意见，比如降低投票者的年龄，增加议员席位等，民主化在这种环境下更容易取得进步。⑥ 丹克沃特·罗斯托认为，土耳其民主需要面对的困难是周期性的军队干预。随着土耳其选民的不断成熟，政治领导人的能力不断增强，将军将会向

---

① Michael N. Danielson and Ruşen Keleş, *The Politics of Rapid Urbanization*: *Government and Growth in Modern Turkey*, New York: Holmes & Meier Publishers, 1985, p. 8.
② David Shankland, *Islam and Society in Turkey*, Huntingdon: The Eothen Press, 1999.
③ Barry Rubin and Metin Heper, *Political Parties in Turkey*, London: Frank cass, 2002, p. 138.
④ Andrew Mango, *Turkey*: *The Challenge of a New Role*, Westport: Praeger Publishers, 1994, p. 4.
⑤ Clement H. Dodd, *Politics and Government in Turkey*, Berkeley: University of California Press, 1969.
⑥ Ergun Özbudun, "Democratization of the Constitutional and Legal Framework", in Metin Heper and Ahmet Evin eds., *Politics in the Third Turkish Republic*, Boulder, Col: Westview Press, 1994, pp. 41–48.

选票屈服，军事干预也将可以避免。① 福阿特·凯曼（Fuat E. Keyman）在《重塑土耳其：全球化、替代现代性与民主》一书中说明土耳其如何在穆斯林社会环境中实现现代化与民主的可能性，认为身份的冲突和公民的参与、经济和全球进程都对土耳其的现代性和民主带来重大挑战。② 伊万吉利娅·阿西阿利斯（Evangelic Axiarlis）的《土耳其的政治伊斯兰与世俗国家：民主、改革和正义与发展党》一书对正义与发展党所代表的伊斯兰运动与世俗国家之间的紧张关系进行了详细深刻的论证，包括军方角色、库尔德问题、人权和头巾问题的争论等，并对伊斯兰政治与民主的兼容性进行全面审视，说明政治伊斯兰教有利于穆斯林世界的进步和发展。③ 乌米特·齐兹（Ümit Cizre）主编的《土耳其正义与发展党及其领导人：批评、反对和异议》一书揭示了正义与发展党政府的角色、轨迹、政策和领导风格在多大程度上受到反对派和异议者的影响。正义与发展党经历2015年议会选举、两次全民公投和总统选举的相对失利后，破除了许多关于土耳其政治和执政党本身的神话。④ 这些关于政党政治与民主化进程的关系研究有助于探析土耳其的民主发展程度以及土耳其政治模式的基本内涵，为深入解读正义与发展党执政实践与民主化进程的关系提供了理论支撑。

二是对正义与发展党执政期间土耳其模式及其影响进行研究。国外学者有关土耳其模式的文章散见于各种杂志和媒体评论中。艾哈迈特·库鲁（Ahmet Kuru）、休·波普（Hugh Pope）、阿尔珀·德德（Alper Y. Dede）、格尼尔·托尔（Gonul Tol）、博纳·图拉姆、凯末尔·科利斯杰（Kemal Kirişci）等都曾论述过土耳其模式。⑤ 胡里·提尔桑（Huri Türsan）指出，土耳其的民主模式是一种"循环模式"，在民主与专制之

---

① Dankwart A. Rustow, "Transitions to Democracy: Turkey's Experience in Historical and Comparative Perspective", in Metin Heper and Ahmet Evin ed., *State, Democracy and the Military: Turkey in the 1980s*, pp. 242–243.

② Fuat E. Keyman, *Remaking Turkey: Globalization, Alternative Modernities, and Democracies*, Lanham: Lexington Books, 2007.

③ Evangelic Axiarlis, *Political Islam and the Secular State in Turkey: Democracy, Reform and the Justice and Development Party*, London: I. B. Tauris, 2014.

④ Ümit Cizre ed., *The Turkish AK Party and its Leader: Criticism, Opposition and Dissent*, London and New York: Routledge, 2016.

⑤ 李秉忠：《"土耳其模式"刍议》，第136—150页；Berna Turam, *Between Islam and the State: The Politics of Engagement*, Stanford: Stanford University Press, 2007。

间徘徊，土耳其在实行多党制之后的 60 年中，政治制度呈现周期性动荡的特征，国家在文官半竞争性的统治和军人（直接或间接的）统治之间摇摆，至今政治统治还存在从一种模式到另一种模式的逆转。① 在中东变局背景下，有学者还专门探讨了"土耳其正义与发展党模式"对突尼斯、摩洛哥、埃及等国的"示范效应"和"溢出效应"。② 吉汗·图格尔（Cihan Tuǧal）在《土耳其模式的衰落：阿拉伯起义如何击败伊斯兰自由主义》一书中将土耳其模式的兴衰置于中东变局的政治环境下，指出伊斯兰自由主义构成了 2002 年以来正义与发展党的统治优势，实现新自由主义与民主的结合形成对伊朗模式的回应，但却随着埃尔多安趋于威权政治而使伊斯兰自由主义的问题更为广泛和深刻，引发政治矛盾。土耳其模式在国内的失败使其很难在动荡的阿拉伯世界成功输出，但埃及和突尼斯有可能成为土耳其模式的效仿者。③

三是对正义与发展党治下的土耳其民主政治发展及其挑战的研究。西蒙·瓦尔德曼（Simon A. Waldman）、塔希尔·阿巴斯（Tahir Abbas）和尼卡蒂·波拉特（Necati Polat）的研究成果表明，在埃尔多安的领导下，西方的"自由民主"模式可能不是土耳其道路的最终目的地，而是众多可能的选择之一。在正义与发展党统治下的土耳其经历了三个阶段变迁：经济奇迹与伪民主化（2002—2007）；政权更迭（2007—2011）；独裁倾向和伊斯兰民族主义的兴起（2011 年至今）。这种转变导致"新"土耳其的悖论：伊斯兰与民族主义（伊斯兰民族主义）在国家—社会关系中的坚持，土耳其—欧盟关系和改革对民主化进程的影响，以及土耳其共和主义的未来。埃尔多安的独裁倾向再加上国内的非自由民主，将

---

① Huri Türsan, *Democratisation in Turkey: The Role of Political Parties*, Brussels: P. I. E. -Peter Lang, 2004.

② Stefano Maria Torelli, "The 'AKP Model'and Tunisia's al-Nahda: From Convergence to Competition?", *Insight Turkey*, Vol. 14, No. 3, 2012. Feriha Perekli, "The Applicability of the 'Turkish Model'to Morocco: The Case of the Parti de la Justice et du Développement (PJD) ", *Insight Turkey*, Vol. 14, No. 3, 2012.

③ Cihan Tuǧal, *The Fall of the Turkish Model: How the Arab Uprisings Brought Down IslamicLiberalism*, London: Verso, 2017.

对土耳其的外交政策产生严重影响。① 福阿特·凯曼、赛博内·古穆斯坎（Sebnem Gumuscn）的《土耳其的民主、认同与外交政策：转型的霸权》一书通过对正义与发展党统治下土耳其转型的批判性分析，探讨了国内政治转型与全球动态之间的关系，阐释正义与发展党的霸权统治与民主巩固的关系，讨论了土耳其转型与阿拉伯起义之间的关系以及土耳其案例对阿拉伯世界政权过渡的影响。② 埃尔甘·厄兹布敦在《当代土耳其政治、民主巩固的挑战》中解读了土耳其的民主转型、军队干政、政党和政党体制、市民社会及土耳其民主巩固面临的挑战。他认为，土耳其民主巩固面临的第一个问题是政党体制的去制度化，第二个问题是现行宪法对基本权利和自由、司法的独立性、军方权力的规定而招致的批评，第三个问题是对土耳其民主巩固最大的威胁是伊斯兰主义者和库尔德民族主义者。③ 博那·图纳姆的《伊斯兰教和国家之间：参与的政治》论述了伊斯兰力量和国家之间从冲突到协作的互动过程，指出这个过程经历了从争论、协商到调适、协作、结盟的转变。伊斯兰教和国家之间的接触案例展现了宗教和政治之间的成功协商。④

国外学术界将2013年"盖齐抗议运动"后的土耳其政治发展视为新威权主义的崛起和民主模式的陷落。乌穆特·厄兹科瑞里（Umut Özkırımlı）的《土耳其抗议运动的形成：占领盖齐》从盖齐公园改造引发的和平静坐到全国性抗议运动入手，揭示土耳其十年来遭遇的最严重政治危机，表明国家已经深陷两极分化。该书力图回答"我们如何解释抗议活动？""谁是抗议者？""为什么正义与发展党政府选择压制抗议而不是满足抗议者的要求？""盖齐抗议活动与世界其他地区的抗议运动有什

---

① Simon A. Waldman and Emre Caliskan, *The New Turkey and Its Discontents*, London: Hurst, 2016. Tahir Abbas, *Contemporary Turkey in Conflict: Ethnicity, Islam and Politics*, Edinburgh: Edinburgh University Press. 2017. Necati Polat, *Regime Change in Contemporary Turkey: Politics, Rights, Mimesis*, Edinburgh: Edinburgh University Press, 2016.

② E. Fuat Keyman and Sebnem Gumuscn, *Democracy, Identity, and Foreign Policy in Turkey, Hegemony through Transformation*, New York: Palgrave Macmillan, 2014.

③ Ergun Özbudun, *Contemporary Turkish Politics: Challenges to Democratic Constitution*, Boulder: Lynne Rienner Publishers, 2000.

④ Berna Turam, *Between Islam and the State: The Politics of Engagement*, Stanford: Stanford University Press, 2007.

么联系?"等问题,开启对正义与发展党政府治理危机的思考。① 法赫尔丁·阿尔顿(Fahrettin Altun)分析了盖齐抗议运动期间针对埃尔多安的抗议行动升级,尽管盖齐抗议行动并非源于具有单一政治认同的社会群体,但抗议者则拥有借助民众抗议策略来迫使政府下台的共同目的,这充分凸显了土耳其在中东变局背景下的内部危机以及治理难题。② 梅特普·瑟伊莱尔(Mehtap Söyler)的《土耳其深度国家:国家巩固、文军关系和民主》一书指出,深度国家是土耳其政治中最关键的问题,该书追溯深度国家的起源和发展轨迹,民主政权的正规安全部门的非正式与威权机构的意义与功能,国家对有组织犯罪的卷入,武装冲突、腐败和大规模侵犯人权行为等,揭示国家与政权之间的关系,并阐述民主巩固的条件,回溯了从奥斯曼帝国到土耳其共和国的深层国家依赖性及其轨迹对国家—社会关系的影响,还着眼有关正义与发展党政府的最新发展,包括加入欧盟进程、军民关系、政变审判、库尔德问题以及在深层国家背景下的葛兰运动等③,是对正义与发展党执政实践与困境的全景展现。另外,《土耳其透视》杂志也围绕土耳其总统制和一党独大执政体制等问题刊发一系列论文,揭示了土耳其总统制的历史选择、威权主义的内在特征和正义与发展党遭遇的执政危机。

总之,研究土耳其正义与发展党的执政理念与实践的资料可谓卷帙浩繁,全世界诸多学术机构每年都有大量的论著问世,所以本研究面临的并不是资料太少而是资料太多的问题。作为一个至今仍在执政并热点频现的执政党,其一举一动都引起全世界的关注,尽管正义与发展党在2019年的地方选举中支持率有些下降,但在土耳其政坛仍然具有反对党难以撼动的执政优势,实现总统制后的埃尔多安极力为巩固执政优势进行政治外交政策的调整,所以本主题研究仍处于动态的发展过程中。系统研究正义与发展党的执政理念与实践,将现有研究成果加以系统梳理和批判吸收,将多学科、多领域和多主题研究按照内在逻辑进行关联延伸,进而

---

① Umut Özkırımlı, *The Making of a Protest Movement in Turkey: Occupygezi*, New York: Palgrave Macmillan, 2014.
② Fahrettin Altun, "Rising Criticism of Erdoğan during the Gezi Protests", in Ümit Cizre ed., *The Turkish AK Party and its Leader: Criticism, Opposition and Dissent*, London and New York: Routledge, 2016.
③ Mehtap Söyler, *The Turkish Deep State: State Consolidation, Civil-Military Relations and Democracy*, London and New York: Routledge, 2015.

揭示土耳其政治发展道路选择及其深远影响则是本书努力的方向。

三 研究思路与特色

本书基于历史唯物主义和辩证唯物主义的基本立场，在充分占有相关文献资料的基础上，从土耳其现代民族国家建构和政治社会变革的长时段视角出发，探析正义与发展党的历史基础、政治理念、执政实践和面临的挑战，既以历史演进为序探析执政党自身的建设与发展，也从全球视野探析执政党纲领与实践的调整，分析正义与发展党构建的"土耳其新模式"的基本特征，剖析伊斯兰教与民主的兼容、土耳其对中东诸国的示范效应，阐释土耳其模式对发展中国家经济建设、政治治理、民族国家构建以及国际关系处理的启示与借鉴意义，下文主要围绕研究思路方法和创新点来说明本书的研究特色。

第一，坚持政党政治的理论指导。政党政治的发展与近代西方国家的现代化转型密切相关，伴随着殖民主义的全球扩张而成为全世界的普遍现象，并构成现代政治的基本要素。长期以来，西方学术界掌握政治学和政党政治研究领域的话语权，诸多后发现代化国家无论从理论还是实践领域都将西方理论奉为圭臬。本书在批判吸收借鉴西方政党政治理论的基础上，根据西方政治视域中的政治谱系划分法，将正义与发展党定义为中右政党；从政党体制制度化[①]的研究维度考察正义与发展党的社会根基、合法性和组织机构；从功能主义的研究视角出发，将正义与发展党作为公民与国家、政府之间的一种联系工具，一种具有一定政治参与和政策制定的功能的工具，强调其在国家和社会之间所发挥的不同功能。"政党的功能体现在政党与其所处社会整体机构的互动之中。政党与国家的互动使得政党的政策实施成为其功能，政党与社会的互动使得政党的代表选民成为其必要，政党与政府的互动使得政党的占据公职成为

[①] 美国学者斯科特·迈沃林从拉丁美洲的民主化经验出发，提出相对完整的政党体制制度化的考察维度。一是政党间关系模式的稳定性。在制度化的政党政治中，政党竞争关系模式具有相当程度的稳定性。二是政党的社会根基。政党必须有一定的社会根基以支撑正常的竞选，这是政党体制制度化的一个标志。三是政党的合法性。在制度化的政党体制下，政治行动者赋予了政党合法性。即使他们对特定的政党持批评态度，甚至是对所有政党持怀疑态度，但依然把政党看作民主政治必要的组成部分。四是政党的组织机构。在制度化的政党体制下，政党组织发挥着重要的作用。政党组织机构稳固，覆盖的地域广阔，组织良好并拥有自己的资源。转引自叶麒麟《从类型到制度化——西方民主政治场域中政党体制研究的视角转移》，《教学与研究》2011年第12期。

其需求。"① 本书力图全方位呈现正义与发展党前身在土耳其的演进过程，并从政党合法性、政党组织机构、政党制度化、政党选举、执政党建设等理论视角探析正义与发展党的执政理念和实践，揭示执政党自身发展对土耳其政治发展的深远影响，从而形成中国关于正义与发展党执政理念与实践的学术话语。

第二，注重定性分析与实证性研究的有机结合。本书采用定性分析的方法，通过对现有政党研究类型学和政党组织构成的分析，基于对正义与发展党的发展历史、社会环境和执政实践的分析和研究，试图从政党与国家社会关系层面对执政党与政府的关系进行类型学的探讨。本书的研究从政党政治理论和执政党建设出发，在参考借鉴国内外研究成果的基础上，对执政党意识形态、执政党统治模式相关理论进行总结，综合运用政党政治、民族国家构建、现代化、政治发展等理论探讨土耳其正义与发展党的执政理念、实践、遭遇的挑战及其对中东诸国的影响，进而揭示对其他国家政党政治发展影响以及历史道路选择的历史启示，体现对后发现代化国家执政模式的初步探索。

第三，注重历史分析与文献解读的有机统一。历史分析抑或历史主义的路径认为，政党的发展从其演进来说，表现为一个持续的、渐进的过程，在不同时期呈现不同的政党组织形态，所以正义与发展党的形成和发展与土耳其的历史演进密切相关。本书基于历史的长时段视角，分析正义与发展党的生成逻辑和历史基础，并通过历史回溯分析其上台执政的历史必然；在分析正义与发展党进行全新的意识形态塑造时，将其置于伊斯兰政治文化传统和现代伊斯兰复兴运动的历史背景下来加以解读。针对正义与发展党的执政实践，结合学术文献、政党纲领、选举统计数据、媒体报道、领导人讲话稿等文本文献，聚焦单次选举结果和执政区间进行深入剖析，以揭示土耳其政党政治基本特征和发展路径的历史选择。

第四，坚持宏观与微观、共性与个性的逻辑统一。现代政治发展内含宏观、中观、微观三个维度的统一，凸显共性与个性的差异，土耳其也概莫能外。法国学者马太·杜甘曾经指出，"知识的积累是从通过特殊

---

① 高奇琦：《国外政党与公民社会的关系——以欧美和东亚为例》，中央编译出版社 2011 年版，第 100 页。

到一般,再带着新的假设和更加完善的概念从一般回到特殊的运动过程来实现的"①。这同样适用于政治的发展。土耳其正义与发展党作为现代伊斯兰主义在现行政治框架下,通过合法途径参与乃至执掌国家政权的政治伊斯兰主义力量的代表,其执政理念与实践既体现了伊斯兰主义的时代创新和发展,又代表了现代政党政治与本土文化的调适与整合,因而在分析过程中,既注重政治伊斯兰与文化伊斯兰的对比研究,又基于土耳其的个案探究现代伊斯兰主义的不同表象;既对比穆斯林民主政党与基督教民主政党的共性与差别,又从现实背景出发揭示正义与发展党的挫折与挑战;还从个别命题,如土耳其模式、经济模式变革、保守的民主、多元主义、新奥斯曼主义、库尔德新政等出发,多维度剖析土耳其的现代化转型,借以剖析中东乱象和准确判断中东局势的未来走向。

第五,坚持多学科研究方法的综合应用。跨学科研究是当今学术研究的发展方向,多种研究方法的综合应用使得诸多课题研究愈益深刻。本书将借鉴政治学、经济学、社会学、宗教学和国际关系学等学科的研究理论和方法,对正义与发展党的政党属性、经济举措、民族立场、宗教文化政策和外交战略等进行深入剖析,探析"土耳其新模式"的历史必然及其现实困境,进而探析伊斯兰教与民主、多元主义与民族主义、全球化与现代化的辩证关系,突出史论结合、学科交叉的研究特色。这其中既包括使用借鉴结构分析方法,从意识形态、政治变革、经济模式与文化传统等方面分析研究正义与发展党兴起的历史基础;又包括使用行为者分析方法来剖析正义与发展党遭遇的挫折与挑战;也包括使用历史比较法分析正义与发展党和西方基督教民主政党的异同;还包括依托案例研究法分析正义与发展党的修宪实践。正义与发展党的执政是历史发展的必然,现代土耳其的政治文化具有鲜明的精英与民众二元对立的显著特征,尽管现代化进程通过广泛的政治动员实现边缘与中心的整合,但民众向精英阶层的流动则是现代化进程的突出特征。在正义与发展党执政期间,作为精英阶层的行为者进行广泛的政治动员,实现宪法的修改、司法系统的改革、重塑文军关系、推行总统制等都体现了行为者主体的作用,从零问题外交的理想主义到积极干预的现实主义也体现了行

---

① [法]马太·杜甘:《国家的比较:为什么比较,如何比较,拿什么比较》,文强译,社会科学文献出版社2010年版,第23页。

为者主体的选择，因此采用多学科研究方法对正义与发展党的执政理念与实践进行系统研究具有重要意义。

正义与发展党仍然是当今土耳其具有独特优势的执政党，尽管在2019年地方选举中遭到共和人民党的冲击，但短期内仍拥有其他政党难以撼动的执政优势。近年来，土耳其国内政治复杂多变、中东形势云谲波诡、西方国家的中东政策变动不居，因而很难对一个仍然处于执政状态的政党形成较为全面和客观的结论，所以，本书对正义与发展党执政理念和实践的研究注重过程分析，而非着眼结论性观点的阐释；重点聚焦历次大选及其执政实践和从议会制向总统制的转变过程，来阐释其政治转轨、新模式的形成及对其他国家的重要启示和借鉴。

第一章　土耳其正义与发展党兴起的历史逻辑

正义与发展党自 2002 年上台以来连续六次执政，实现从议会制向总统制的转变，体现了土耳其现代政治发展的必然结果和民众的现实选择，但其生成逻辑和执政基础需要从厚重的历史基础和多变的政治背景中追寻。"政党不仅是对选民看法作出回应的机构，也是其行动可能受到其成立之时便已有的很古老的信仰和价值所影响的机构。这些信仰和价值对各党影响的强弱程度有所不同，但它们的存在表明，在分析政党时，我们不应仅从检视政党今天在空间维度中的位置开始，而应该从考察不同政党的起源着手。"① 从凯末尔主义向埃尔多安主义的过渡，从议会制到总统制的转变，从一党制到多党制的变迁，从国家主义到自由市场经济的转轨，以及现代化进程中民众的广泛政治参与和从边缘到中心的渗透，都为伊斯兰主义作为意识形态参与政治治理和经济建设、重塑道德伦理等铺平了道路，从而为正义与发展党在土耳其政坛的兴起奠定了政治、经济、社会与文化基础。

第一节　土耳其主导意识形态的变化

当今世界，意识形态是执政党治国理政的理论依据，并成为衔接国家与社会的重要纽带。"政党作为特定意识形态的代表者和承载者，往往会依据特定的意识形态提出有关社会发展总方向或基本的政策主张，并以此教化、感召和激励党员和大众，向着特定的方向共同努力。"② 意识形态是政党执政合法性的重要来源，强大的意识形态力量是社会凝聚、

---

① ［英］艾伦·韦尔：《政党与政党制度》，谢峰译，第 8 页。
② 周敬青：《国外一些执政党意识形态、执政理念和治党原则的矛盾与调整》，《学术界》2012 年第 12 期。

稳定和发展的保证，意识形态的迷失和瓦解直接导致政党执政合法性的危机。① 因为政党意识形态发挥着重要的政治动员和社会凝聚作用，当执政党的意识形态上升为国家意志并依此进行国家治理时，意识形态不仅为执政党执政提供合理性和合法性依据，又为整个国家的政治、经济和社会的发展指明方向，成为国家政治发展的基本思想指导。显然，土耳其主导意识形态的变化对政党政治的发展产生了重要影响。

一 凯末尔主义的主导意识形态

土耳其共和国在奥斯曼帝国的废墟上涅槃重生，"由阿塔图克的话和改革带来的新的思想体系和新的（生活）道路构成了阿塔图克主义"②。"在哲学层面上，凯末尔主义革命是一场启蒙运动，是一项文化和知识变革的教育事业，旨在将国家从中世纪带入新时代。"③ 凯末尔主义为土耳其共和国的建立和发展奠定意识形态基础，包括世俗主义、共和主义、民族主义、国家主义、革命主义和平民主义六项原则，使土耳其走上具有鲜明世俗主义色彩的政治发展道路。在包括土耳其在内的中东诸国在现代民族国家构建过程中，世俗主义与民族主义的结合构成主导意识形态的基本要素。现代民族国家的政治建构和凯末尔主义的立国之基决定了凯末尔主义者推行以土耳其民族主义为基础的国家控制宗教的世俗主义模式。沃森认为，"民族主义运动寻求两大目标：一是民族独立，即建立一个以本民族为主体的主权国家；二是民族统一，即一国疆域内所有的民族团体（这些民族团体或者自称、或者被声称属于同一个民族）融合成一个民族。尽管现实世界并非全都如此，但在许多情况下，民族主义者还承担着进一步的任务：即在一个独立主权的国家里构建一个新民族"④。"在民族国家建构的过程中，伊斯兰主义者、库尔德主义者和非穆斯林少数民族都成为凯末尔主义精英提防乃至防范的对象。因为土耳其人永志不忘协约国在安纳托利亚地区建立独立的亚美尼亚和库尔德人国家的企图，库尔德问题隐含着帝国主义对土耳其的领土阴谋，这样一种

---

① 周敬青等：《中外执政党治党与理政研究论纲》，上海人民出版社2017年版，第135页。
② ［美］凯马尔·H.卡尔帕特编译：《当代中东的政治和社会思想》，陈和丰等，中国社会科学出版社1992年版，第501页。
③ ［土耳其］悉纳·阿克辛：《土耳其的崛起（1789年至今）》，吴奇俊、刘春燕译，社会科学文献出版社2017年版，第247页。
④ ［英］休·希顿-沃森：《民族与国家——对民族主义起源与民族主义政治的探讨》，吴洪英、黄群译，中央民族大学出版社2009年版，第4页。

对国家领土完整高度敏感的情结一直延续到现代土耳其。"① 自土耳其共和国建立,凯末尔主义精英便致力于打造单一的民族国家,推行民族同化政策,否认库尔德人的语言、文化和存在,禁止学校中使用库尔德语。1934年通过的《姓氏法》规定每个家庭只有一个土耳其语姓氏,且姓氏中不能出现职务、官衔以及显示种族、民族身份的字眼,这一努力体现了凯末尔精英从法律角度构建单一的同质民族国家的努力,但是土耳其国家精英依靠强力自上而下对公民生活的干预和介入不可避免导致国家—族裔关系的严重对立和冲突,包括库尔德人在内的民众反抗就具有挑战官方主导意识形态的意蕴。"库尔德民族主义并非简单地表达不同意见,而是对土耳其民族国家建构前提的挑战。"②

排斥教界势力也是构建单一民族意识形态的重要尝试。凯末尔政权的世俗化改革将19世纪以来的现代化改革推向顶峰,并将世俗主义渗透到政治、法律、教育、文化、社会生活等领域,实现从奥斯曼主义到土耳其民族主义的意识形态转变。伊斯兰教、民族国家及世俗主义构成了理解现代土耳其的三角结构。③ 凯末尔的世俗化改革实质上是限制、剥夺传统的教界权威以建立威权政治权力基础的过程。凯末尔精英宣称:"真正的宗教表达可以通过运用大家都能理解的土耳其语而非阿拉伯语礼拜,将《古兰经》翻译成土耳其语。历史上新教徒反对罗马天主教就提供了先例。通过宗教的净化,没有神秘主义,没有圣人,没有独立的宗教机构,而实现国家对宗教的严密控制。"④ "对凯末尔党人来说,他们要把国家从伊斯兰教的束缚中解放出来,实现宗教与国家政权分离,并把宗教的解释权控制在现代国家及其领导者手中,还要以服务于国家现代化的体制内的'公务员'取代传统的宗教人士,并剥夺和终结后者在政治、社会及文化事业中所具有的那种传统权威。"⑤ 托普拉克认为,凯末尔世俗化改革的结果是双重性的:第一,产生支持拥护者,使伊斯兰教在公

---

① 参见李秉忠《浅析土耳其境内的库尔德人问题》,《世界民族》2008年第3期。
② Asa Lundgren, *The Unwelcome Neighbour: Turkey's Kurdish Policy*, London and New York: I. B. Tauris, 2007, p. 40.
③ 参见刘义《伊斯兰教、民族国家及世俗主义——土耳其的意识形态与政治文化》,《世界宗教文化》2015年第1期,第38—40页。
④ David Shankland, *Islam and Society in Turkey*, p. 23.
⑤ 昝涛:《现代国家与民族建构:20世纪前期土耳其民族主义研究》,生活·读书·新知三联书店2011年版,第349—350页。

共生活中的影响降到最小。这些拥护者包括学者、受过世俗教育的公众、官僚阶层、专业技术人员、商人、主流媒体、司法部门,最重要的还包括军队。第二,产生反对者,这一部分人由于反对世俗化改革或拥有宗教背景而失去政治权力、社会地位和学术影响力而日趋边缘化。① 虽然研究者认为土耳其通过世俗化政策使伊斯兰教局限于私人信仰而不影响公共事务,但并不完全如此,国家尽力发挥宗教的社会整合作用,为国家的道德发展做出重要贡献。实际上,土耳其官方宗教机构的设立,包括宗教事务局、神学院和伊玛目—哈提普学校,后来在小学中学中设立宗教必修课、官方的古兰经课程等,都是土耳其宗教发展的表现。所有这些宗教机构都由官方资助和国家管理,这表明土耳其国家世俗主义的有限特征。②

土耳其世俗主义的核心内容是国家体制的世俗化和官方意识形态的非宗教化,强调土耳其不存在官方的宗教抑或国家的宗教,强调宗教信仰的个人化和非政治化,强调公共生活的非宗教化和国家对宗教机构的绝对控制。③ 基于凯末尔世俗化改革的世俗主义构想并不同于西方严格实行政教分离的世俗主义,而是国家对宗教严格控制的世俗主义。内务部曾对此解释说:"我们说……宗教应该局限于意识和信仰领域,而不能与物质生活和世界事务相混淆。"④ 一般认为,政教分离的原则是排斥国家对宗教生活的干预,就此意义而言土耳其是一个半世俗的国家,它所倡导的世俗主义具有一定的独特性。⑤ 凯末尔曾经指出:"世俗主义从来不是无神论,而是打开错误的信仰和迷信的大门,允许发展真正的宗教,那些将世俗主义与无神论混淆的人是反对进步的敌人和东部的部落狂热分子。"⑥ 在凯末尔世俗化改革中,民族主义的激情和意识主导部分穆斯林的思想意识。"民族主义者日益变得狂热是与宗教信仰的下降有着因果

---

① 参见 Binnaz Toprak, "Islam and Democracy in Turkey", *Turkish Studies*, Vol. 6, No. 2, January 2005, pp. 167–186。

② Andrew Davison, "Turkey, A 'Secular'State? The Challenge of Description", *The South Atlantic Quarterly*, Vol. 102, No. 2/3, 2003, pp. 333–349.

③ 哈全安:《中东国家的现代化历程》,人民出版社 2006 年版,第 83 页。

④ Şerif Mardin, "Tukish Islam and Westernization", in Carlo Caldarola ed., *Religion and Societies: Asia and the Middle East*, Berlin: Mouton, 1982, p. 180.

⑤ Binnaz Toprak, *Islam and Political Development in Turkey*, p. 47.

⑥ David Shankland, *Islam and Society in Turkey*, p. 24.

关系。民族主义已经变成一种宗教替代物。在民族主义者看来，民族是一个替代的神灵。"① 凯末尔政权希望用民族主义填补排斥伊斯兰教的官方意识形态地位后留下的空白，所以土耳其民族主义就具有了"公民宗教"的意义。凯末尔世俗化改革自上而下推行，尽管官方抑或上层领域的世俗化改革在如火如荼地进行，但很少触及普通民众的生活，民众仍然保留了他们的传统信仰。卡尔帕特曾说："乡村和城镇……继续保持他们基本的伊斯兰传统和习俗，世俗主义的文化目标只在部分意义上得以完成。"② 这为伊斯兰主义兴起埋下了伏笔。

二 "土耳其—伊斯兰一体化"思想

在凯末尔威权政治时期，凯末尔主义者隔离民族主义与伊斯兰教，伊斯兰教的蛰伏状态体现官方的强力控制和民众建设新国家的热情。"一旦国家政治权力的基础发生变化，凯末尔党人所建构起来的那一套进步—民族主义的政策、原则和话语——'被管理的现代性'——必然受到挑战。"实际上，即使是在凯末尔党人当政时期，这种挑战也未停止过。这是宗教势力对民族主义的反抗。③ 随着民族国家建构的历史任务基本完成和凯末尔威权政治弱化，宗教作为传统文化的内核逐渐复苏。世俗主义温和派认为，激进的世俗化政策破坏了民众的宗教认同，弱化了土耳其的民族意识，导致道德沦丧与文化认同危机，因而应重新解释民族主义，重新评价宗教的社会和文化功能。伊斯兰主义与民族主义的关系逐渐发生变化。保守的民族主义代表哈姆杜拉·苏非·坦里奥弗尔（Hamdullah Suphi Tanriöver）重申奥斯曼帝国历史是土耳其民族的力量源泉，伊斯兰教是土耳其社会的精神基础。④ 从20世纪60年代起，政府修建寄宿学校，将库尔德儿童与家庭环境隔离开来。在左右翼意识形态激烈斗争的背景下，左翼思潮的崛起和民族主义情绪的激发导致越来越多的土耳其人担心无神论对世俗民族主义意识的消解，强烈要求民族主义回归伊斯兰文化，这促进了伊斯兰教与土耳其民族意识的结合。

---

① ［英］休·希顿-沃森：《民族与国家——对民族起源与民族主义政治的探讨》，吴洪英、黄群译，第610页。
② Kemal H. Karpat, *Turkey's Politics: The Transition to a Multi-party System*, p. 271.
③ 昝涛：《现代国家与民族建构：20世纪前期土耳其民族主义研究》，第390页。
④ 转引自 Gokhan Cetinsaya, "Rethinking Nationalism and Islam: Some Preliminary Notes on the Roots of 'Turkish–Islamic Synthesis' in Modem Turkish Political Thoughts", *The Muslim World*, Vol. LXXXIX, No. 3-4, July-October, 1999, p. 368.

1962年，右翼知识分子建立"知识分子俱乐部"，希望在右翼旗帜下把民族主义——土耳其主义和伊斯兰主义结合起来。1970年，知识分子家园的建立进一步推进了"土耳其—伊斯兰一体化"（TIS）① 进程。1973年，由保守的民族主义者组成的"启蒙之家"正式提出"土耳其—伊斯兰合一论"的意识形态体系，标志着保守民族主义终于完成了思想理论的建构工作。② 这种思想的基本理论前提是土耳其和伊斯兰教是民族文化的两个核心组成部分，伊斯兰教是最适合土耳其文化和认同的宗教。土耳其人选择伊斯兰教是最好的、最具理性的选择，也是唯一的选择，因为土耳其人一旦选择其他宗教将会立即失去其民族文化和认同。伊斯兰教是唯一的、土耳其文化能够找到最好和最正确表达的宗教。因此，伊斯兰教是成为和仍然成为土耳其人的前提。没有伊斯兰教，土耳其文化将不能生存；没有土耳其人，伊斯兰教将不会巩固和传播。土耳其人愿意接受伊斯兰教并迅速成为其捍卫者，他们升华了伊斯兰教并将其传到安纳托利亚和巴尔干地区。③ "土耳其—伊斯兰一体化"应该被视为一种并不仅仅聚焦《古兰经》价值的意识形态化了的伊斯兰教，而且强调回归整合土耳其与伊斯兰教的土耳其民族文化。在这种整合中主导因素是伊斯兰主义而非民族主义。④ "土耳其—伊斯兰合一论是当代土耳其思想界对凯末尔民族主义和世俗主义做出的重大理论修正。"⑤ 随后，该思想意识通过各种场合被加以宣扬，并契合了20世纪70年代重现奥斯曼帝国辉煌和反对政治动荡的时代主题。实际上，"土耳其—伊斯兰一体化"思想旨在以将右翼力量团结在共同的伊斯兰主义和土耳其民族主义纲领周围以阻止左翼运动的兴起，终止土耳其20世纪60年代以来快速的政治经济变化所造成的社会动荡，并以此来恢复法律和秩序。"土耳其—伊斯兰一体化"思想使得土耳其主义者和伊斯兰主义者精英能够直接干预70年

---

① 国内有学者将Turkish Islamic Synthesis翻译为"土耳其—伊斯兰合一论"，笔者将其翻译为"土耳其—伊斯兰一体化"，除了引文外，本书统一使用"土耳其—伊斯兰一体化"。
② 敏敬：《转型时期的政治与宗教：土耳其—伊斯兰合一论及其影响》，《北方民族大学学报》（哲学社会科学版）2014年第1期。
③ Sami Zubaida, "Turkish Islam and National Identity", *Middle East Report*, No. 199, April-June 1996, pp. 10-15. Erkin Akin and Ömer Karasapan, "The 'Turkish Islamic Synthesis'", *Middle East Report*, No. 153, July-August 1988, p. 18.
④ Mustafa Şen, "Transformation of Turkish Islamism and the Rise of the Justice and Development Party", in Birol Yeşilada and Barry Rubin eds., *Islamization of Turkey under the AKP Rule*, p. 60.
⑤ 敏敬：《转型时期的政治与宗教：土耳其—伊斯兰合一论及其影响》，第123页。

代的动荡多变的政坛，积极支持极右的民族行动党和伊斯兰民族拯救党参与联合政府，这是由德米雷尔领导的正义党于1975年组建的第一个民族阵线政府。实际上，第一任民族阵线政府试图推行"土耳其—伊斯兰一体化"思想意识的部分内容，但由于短命而未能付诸实践。在正义党领导下实现土耳其主义者和民族主义者的结合在第二任民族阵线政府得以重现，他们为1980年军事政变后中右政党主导国家政权提供了意识形态和政治基础，实现了土耳其民族主义、伊斯兰主义和中右思想的整合。

1980年军事政变为"土耳其—伊斯兰一体化"思想的实施提供了千载难逢的机会。军方认为，1980年之前的社会政治动荡是偏离民族文化不可避免的结果。对于政变领导人而言，其主要目标是解决20世纪70年代的领导权和理性危机，唯一的方法是终止社会政治冲突，规范工人阶级和工会，压制高度政治化的青年运动，阻止左翼和社会主义运动的兴起以恢复民族统一和团结。为了重塑民族统一和团结，军方试图围绕民族文化和伊斯兰道德重新组织社会和政治。70年代对"土耳其—伊斯兰一体化"思想的宣传使得土耳其人意识到解决土耳其遇到的各种问题的唯一途径是回归民族文化，坚信这是民族国家真正的不可更改的本质所在。这就将土耳其社会普遍存在的政治社会问题归于文化缺失，也有助于缓和政治危机及其造成的严重对立。这种认识也有助于消除民众对军方政权合法性的怀疑，使用威权主义的方式来解决土耳其社会的去政治化和社会政治动荡分裂也容易使人接受。1980年军事政变在很大程度上将左翼力量、社会民主主义者甚至左翼的凯末尔主义者清除出国家机构、军界和大学，促使"土耳其—伊斯兰一体化"思想的支持者填补重要的国家职位，特别是在内务部、教育部、司法部和文化部等，土耳其伊斯兰教获得难以想象的机会空间。比尔泰克（Faruk Birtek）和托普拉克指出，20世纪80年代，土耳其共和国早期的极端世俗主义让位于"传统主义、宗教和解和道德社会精神"，使国家从西方自由的、启蒙传统重新扎根于具有民族精神的保守主义。①

1980年军事政变后，以凯末尔主义捍卫者自居的军方强化逊尼派伊

---

① Faruk Birtek and Binnaz Toprak, "The Confluctual Agendas of Neo-Liberal Reconstruction and the Rise of Islamic Politics in Turkey: The Hazards of Rewariting Modernity", in Faruk Birtek and Binnaz Toprak eds., *Essays in Honor of Şerif Mardin: The Post-modern Abyss and the New Politics of Islam: Assabiyah Revisited*, Istanbul: Istanbul Bilgi University Press, 2011, p. 18.

斯兰教在社会中的地位和作用。凯南·埃夫伦（Kenan Evren）将军利用《古兰经》争取民众对军方政权的支持，宣称没有宗教国家和民族不可能存在，宗教捍卫国家和民族统一，世俗主义并不意味着无神论和缺乏宗教，那些忠诚宗教的人不可能背叛国家和民族。① 军方认为，国内社会动荡和政局不稳的根本原因是"民族文化"的倒退，只有加强"民族统一与团结"才能结束政治动荡、意识形态分离和道德沦丧的局面，再加上对苏联共产主义的恐惧，积极推行"土耳其—伊斯兰一体化"思想，用"民族文化"和"伊斯兰价值观"来改造政治与社会。"土耳其—伊斯兰一体化"思想具有强烈的政治使命意识，希望推动宗教与国家、政府与军队的联合，以伊斯兰教为建设社会的基础。② 随后军方发布有关"土耳其—伊斯兰一体化"的民族文化报告，指出家庭、清真寺和兵营是土耳其的三大支柱，这三个支柱将会创造一个强大的、统一的、和谐的国家。显然军方着眼于利用宗教和传统纽带来实现社会稳定和民族统一，通过"土耳其—伊斯兰一体化"思想来强化土耳其人的认同和统一，通过建立一种将奥斯曼、伊斯兰和土耳其文化有机结合的意识形态为其统治提供合法性论证，并借用伊斯兰教的文化和社会因素来抵消左翼共产主义思想的影响。"这种一体化的目的是集权而不是建立伊斯兰国家，在这里宗教仅被视为文化和控制社会的核心，将宗教在教育系统而非政治系统内得以扶植。"③ "土耳其—伊斯兰一体化"思想在一定程度上改变了土耳其世俗主义发展方向，但却忽略了社会中多种文化交织的现实，对逊尼派伊斯兰教义的复兴引起阿拉维派的不满；对土耳其民族主义的强调引起库尔德人的质疑，这些边缘群体的离心倾向进一步增强。1982 年宪法规定，土耳其的官方语言为土耳其语。1983 年 4 月颁布的 2820 号法令规定，各政党不得使用土耳其语以外的语言；同年 10 月颁布的第 2932 号法令规定，所有公民的母语都是土耳其语。这些法律和法令规定旨在排斥库尔德语的使用，政府希望通过语言和文化限制来否认库尔德民族的存

---

① Mustafa Şen, "Transformation of Turkish Islamism and the Rise of the Justice and Development Party", in Birol Yeşilada and Barry Rubin eds., *Islamization of Turkey under the AKP Rule*, p. 65.
② 参见 Birol Ali Yeşilada, "Problems of Political Development in the Third Turkish Republic", *Polity*, Vol. 21, No. 2, Winter 1988, pp. 345-372。
③ Richard Tapper, "Introduction", in Richard Tapper ed., *Islam in Modern Turkey: Religion, Politics and Literature in a Secular State*, London · New York: I. B. Tauris, 1991, p. 16.

在。这也与"土耳其—伊斯兰一体化"思想相一致。1983年军方还政文官政府后,祖国党政府被视为新保守主义和新自由主义力量崛起的标志①,延续军方所主导的"土耳其—伊斯兰一体化"思想,积极致力于伊斯兰教与民族文化和民族主义的融合②。"正是在20世纪80年代祖国党统治时期,土耳其—伊斯兰合一论终于完成从知识思潮到政治运动,再到国家意识形态和右翼党派执政理念的巨大转变,使土耳其形成了政治上严守政教分离、文化上回归传统和伊斯兰教的基本格局。"③

三 伊斯兰主义与世俗主义的调和

随着全球化浪潮和多元主义思潮的兴起,以同质民族利益和民族意识为号召力、实现从多民族国家中的分离或跨越国界的民族聚合、谋求建立单一民族国家的民族主义思潮出现退潮,全球化则在全球范围内最大限度地打破地域界限和民族壁垒,促进人类社会的经济、政治、文化交往和沟通,进而实现多种思想意识的交汇融通,因而文化多元主义开始出现,并与"土耳其—伊斯兰一体化"思想一起影响世纪之交的土耳其政治发展。

20世纪90年代,政治伊斯兰力量角逐国家政权,库尔德工人党好战的分离倾向,海湾战争、后冷战时期的新秩序都对土耳其社会产生了威胁,诸多力量将阿塔图尔克作为国家现代化的象征,强调凯末尔主义作为民族政治纲领的重要意识形态地位和作用,但对凯末尔主义的同质化民族国家建构有所超越。1991年1月,祖国党政府向大国民议会提交一个议案,允许集中居住在13个省份的库尔德人讲本民族语言。该议案在议会中引起激烈争论,最后在厄扎尔总理的努力下,土耳其取消了禁止讲库尔德语的2932号法令。但这并不意味着土耳其主导意识形态的变化,因为政府此举旨在与库尔德工人党争取民众支持,而且政府继续对库尔德人村庄采取强制移民措施,以阻断库尔德民众与库尔德工人党之间的联系。1992年厄扎尔就任总统后,公开批评凯末尔精英的政策,第一次

---

① Meral Özbek, "Arabesk Culture: A Case of Modernization and Popular Identity", in Sibel Bozdoğan and Reşat Kasaba eds., *Rethinking Modernity and National Identity in Turkey*, Washington: University of Washington Press, 1997, p. 231.

② Hugh Poulton, *Top Hat, Grey Wolf and Crescent: Turkish Nationlism and the Turkish Republic*, London: Hurst & Company, 1997, p. 184.

③ 敏敬:《转型时期的政治与宗教:土耳其—伊斯兰合一论及其影响》,第126页。

使用"库尔德问题"的字样,表现了官方对库尔德问题政治立场的转变。库尔德问题是凯末尔现代化政策的产物。多年来库尔德人和其他种族群体被迫接受土耳其的道德价值和文化而非形成他们的地方认同。基于此,库尔德民族分离运动兴起,土耳其政府采取军事措施对抗库尔德群体以镇压他们的反抗。厄扎尔总统首次接受库尔德问题的存在现实而非将其界定为种族分离主义运动,建议采取社会、政治和文化措施作为军事行动的补充。[1] 这是土耳其多元主义的重要体现。

1980年军事政变后,几乎所有的右翼政府都或明或暗地接受了"土耳其—伊斯兰一体化"思想。尽管正义与发展党的领导骨干是前民族观运动的追随者,但政党也包括了中右政党,诸如厄扎尔时代的祖国党领导人;一些著名的政治家,例如艾丁拉·欧卡伊(Aydınlar Ocağı)在20世纪90年代末加入美德党,此为民族阵线政府、祖国党政府和正义与发展党政府具有内在关联的证据。正义与发展党表现出其是80年代祖国党的延续,50年代民主党保守自由遗产的复活。所以,正义与发展党上台执政不是例外,而是20世纪70年代以来整合不同右翼力量的祖国阵线政府的逻辑结果。[2] 20世纪90年代末期,中右翼政党开始根据人权自由等普世性概念来重新界定其思想意识,由繁荣党骨干组成的美德党坚持社会保守主义、文化民族主义、文化多元主义、自由市场经济,主张现代化、民主、人权、全球化和加入欧盟。这说明传统的伊斯兰主义者已经突破单纯的宗教民族狭隘而趋于务实开放,诸多右翼政党的政治纲领也发生重要变化,历届政府在库尔德问题上更为务实开放。申请加入欧盟是土耳其政府解决库尔德问题、少数民族政策和促进民主发展人权的重要催化剂。穆斯塔法·杰纳(Mustafa Şena)认为,正义与发展党上台执政是三种力量相互作用的结果,一是伊斯兰运动的兴起,二是宗教领域的迅速扩大,三是新自由主义的持续前进。[3] 这也是土耳其主导意识形态转变赖以存在的政治与社会基础。

---

[1] Ertan Efegil, "Analysis of the AKP Government's Policy towards the Kurdish Issue", *Turkish Studies*, Vol. 12, No. 1, March 2011, p. 27.

[2] Mustafa Şen, "Transformation of Turkish Islamism and the Rise of the Justice and Development Party", in Birol Yeşilada and Barry Rubin eds., *Islamization of Turkey under the AKP Rule*, pp. 62-63.

[3] Mustafa Şena, "Transformation of Turkish Islamism and the Rise of the Justice and Development Party", in Birol Yeşilada and Barry Rubin eds., *Islamization of Turkey under the AKP Rule*, pp. 57-82.

纵观土耳其主导意识形态的演进，世俗主义和伊斯兰主义的博弈、整合、调和与融合的过程，可以看到意识形态的选择与国家政治道路的选择密切相关。无论是采取世俗主义思想意识，还是"土耳其—伊斯兰一体化"思想，以及在伊斯兰文化传统的基础上重新解读世俗主义，体现了从移植西方思想意识到立足本国文化传统的转变，也体现了执政党对意识形态主导权、话语权的把握和控制。作为掌权者强化统治地位的手段和措施，世俗主义和伊斯兰主义都服务于土耳其政治发展的需要，体现了独特的土耳其模式在精神层面的塑造。

第二节 土耳其政治体制的探索与实践

现代土耳其政治体制由宪法确定，政治体制的改变与宪法变迁密切相关。从晚期奥斯曼帝国开始，土耳其人通过颁布宪法来确定国家政权形式，1876年宪法、1924年宪法、1961年宪法和1982年宪法即为明证。宪法作为政治利益博弈、权力对比的产物，确定土耳其的基本性质和政权形式，宪法变迁①促进了土耳其从君主立宪制到议会共和制再到总统制的变迁。

一 1924年宪法与共和制确立

宪法的制定和颁布是确立现代政治体制的法理基础，促进土耳其从传统社会向现代社会的过渡。晚期奥斯曼帝国的统治危机促使以青年奥斯曼党、青年土耳其党为代表的帝国精英通过在制度层面植入西方的宪政体系，逐步实现从传统封建帝国向现代民族国家的转型，1876年宪法的颁布和立宪君主制政体的建立是制度层面转型的重要表现。1876年宪法赋予奥斯曼苏丹拥有比西方国家的立宪君主大得多的权力，但这"至少在理论上标志着奥斯曼帝国从独裁君主制转变为立宪君主制，苏丹不再享有绝对权力，民众分享政府的权力得到确认，尽管这样的权力可能

---

① 德国学者耶林令克将宪法变迁定义为"宪法条文在形式上没有发生变化而继续保持其原来的存在形态，在没有意图、没有意识的情况下基于事态变化而发生的一种变更"。宪法变迁主要有五种方式：一是因议会、政府及裁判所的解释而发生的变迁；二是因国家权力的不行使而发生的变化；三是因政治上的需要而发生的变化；四是因宪法惯例而发生的变化；五是因宪法的根本精神而发生的变化。参见秦前红《论宪法变迁》，《中国法学》2001年第2期。

受到种种限制"。① 1876年宪法还包含自由、平等、选举、司法独立和权力制约等现代政治要素,打破传统的臣民秩序和依附关系,有助于塑造奥斯曼帝国民众的现代意识。哈米德二世假借支持宪政运动来巩固权力,随之以俄土战争失败为由宣布议会休会,加剧了帝国统治危机,使青年奥斯曼党的立宪革命成果消失殆尽。青年土耳其革命终结了哈米德二世的专制统治,并对1876年宪法进行系统修订,旨在建立一个能够维护领土完整的立宪政府,确立西方意义上的君主立宪制的制度框架。青年土耳其党建立议会、内阁和政府职能部门引入现代官僚机构和民众参与的政治机制,新苏丹穆罕默德五世成为名义上的国家元首,西方意义上的代议制政府初具规模。

"一战"后,以凯末尔为首的民族主义者肩负反抗外来侵略和捍卫民族主权的双重使命,建国理念逐渐明晰。1921年,大国民议会通过具有临时宪法功能的《基本组织法》,规定国家主权属于人民,大国民议会行使最高立法权、司法权和行政权,议员由国民选举产生,总统由议员选举产生,政府各部门由议会选出的代表管理,政府对议会负责,议长兼任政府总理,国家主权和全能议会的原则颇具议会共和制的雏形。《基本组织法》作为土耳其民族独立战争时期制定的临时宪法,并未对土耳其政治机构加以完全确定,所以并不是完全意义上的宪法。土耳其共和国成立后,需要一部新宪法来完成现代民族国家的政治建构。1924年,大国民议会以超过2/3的多数通过新生的共和国宪法——1924年宪法。1924年宪法保留了1921年临时宪法的国家主权和人民主权等原则,可谓1921年临时宪法观念的延续。

1924年宪法规定,土耳其实行共和制和一院制,规定大国民议会是国家最高权力机关,议员由选举产生,任期四年,可连选连任。总统由议会选举产生。1924年宪法第31条针对总统选举特别规定如下:"土耳其总统由大国民议会在其议员中间选举产生,任期一届。总统任期持续到新总统选举产生。可以连选连任。"② 总理由总统从议员中任命,其他政府部长由总理从议员中挑选,再由总统批准提交议会,议员不得兼任

---

① Robert Devereux, *The First Ottoman Constitutional Period, a Study of the Midhat Constitution and Parliament*, Baltimore: Johns Hopkins Press, 1963, p.60.

② Engin Şahin, "From the Declaration of the Republic to Present Presidential Election Methods in Turkey", *Turkish Journal of Politics*, Vol.4, No.2, Winter 2013, p.91.

政府和军队职务。总统做出的所有决定都由总理和部长签字，议会通过的法律须经总统批准方可生效，总统有权在十天内要求议会重新审定已经通过的法律；议会无权批准政府，但政府需要得到议会的信任票；议会在任何时间都可以监督政府、解散政府，政府对议会负责且无权解散议会。由此可见，大国民会议作为最高权力机关囊括立法、行政、司法权力，缺乏必要的权力制衡。1924年宪法规定公民享有平等的法律地位、政治自由和信仰自由，私有财产受法律保护；年满18岁的男性公民具有选举权，年满30岁的男性公民具有被选举权。1924年宪法是卢梭式"主权在民"政治理论在土耳其的实践，确立了一个基于立法权和行政权统一的多数主义政府，但凯末尔凭借奇理斯玛权威，借助共和人民党控制政府和议会，逐步建立起一党制的威权主义政治体制，显然在一定程度上适应了凯末尔政权建立同质化民族国家和推行世俗化改革的需要。"单从法律条文看，这部宪法构建了议会内阁制政体。然而，由于克里斯玛型领袖凯末尔的崇高威望，他通过当时唯一的政党亦即执政党（共和）人民党控制大国民议会，实际的政治运行是（共和）人民党一党独大，凯末尔总统大权在握，成为事实上的总统（集权）制。"① 埃尔甘·厄兹布敦指出，"在一党制（1925—1946）时期，缺乏宪法制衡并不构成重大问题，因为一党制本身就意味着政府权力的集中。而且，可以合理地认为权力的分立和不服从的政治制度几乎不能实行凯末尔时代的现代化改革。"② 1924年宪法确立了土耳其议会制的国家制度框架，凯末尔凭借奇理斯玛权威，依托共和人民党控制国家权力，建立基于凯末尔主义的威权政治体制。

二 宪法更新与政治框架的调整

宪法更新是现代政治发展的时代需要，土耳其的宪法更新折射了政治体制的变迁。凯末尔去世后，1924年宪法服务于威权政治体制的色彩日益弱化，1946年宪法修正案改大国民议会议员的间接选举为直接选举，尽管借助民主选举上台执政的民主党延续了1924年宪法的政治框架，但伊斯兰思潮复苏、民主党政府的独裁倾向和军人权力的被剥夺导致1960年军事政变的发生。军方依靠民族团结委员会掌控政治秩序，出台1961

---

① 毕健康、郑佳：《近三十年来国内土耳其研究概览》，《西亚非洲》1983年第6期，第67页。
② Ergun Özbudun and Ömer F. Gençkaya, *Democratization and the Politics of Constitutional-Making in Turkey*, Budapest: Central European University Press, 2009, p. 13.

年宪法，提交全民公投获得通过。1961 年宪法呈现如下特征：（1）确立两院制议会制。1961 年宪法以两院制取代一院制，参议院为上院，共设 150 席，议员任期 6 年，每两年改选其 1/3，民族团结委员会成员和卸任总统为永久议员，总统可提名 15 位参议员；下议院为国民议会，共设 450 席，议员根据比例选举制由直接选举产生，任期为四年；上议院和下议院统称"土耳其大国民议会"，上议院有权以 2/3 的多数票否决下议院的决议。议会正副议长均由议员选举产生，且不得参与政党活动。议会选举由独立于政府的最高选举委员会和地方选举委员会实施监督，政府不得干预选举程序。（2）确定总统选举制度和职权范围。1961 年宪法规定，总统由大国民议会从议员中选举产生，需要 2/3 的议员多数通过，任期 7 年，不得连选连任；总统当选后，须脱离其所属政党、军籍和大国民议会议员身份。"总统由大国民议会在年满 40 岁和接受高等教育的议会成员中选举产生，由 2/3 的议员经过秘密投票获得通过，任期 7 年且不可连任，当选总统后辞去政党和议员身份。"① 总统有权向参议院提名和任命 15 位参议员，任命大选中多数票的政党领袖为总理，总理组建政府，任期 5 年。（3）建立新的具有制衡色彩的司法机构。建立国家安全委员会、宪法法院、最高上诉法院、国务议会（相当最高行政院）、司法上诉法院、最高法官与检察官委员会、最高军事法院和最高军事行政法院等机构促使司法机构更为完善。（4）赋予民众新的权利和自由。1961 年宪法规定，公民除了享有 1924 年宪法规定的权利外，享有言论、出版和结社自由，禁止利用宗教压制社会公正和思想自由；承认工人具有罢工、集体谈判和结社等权利。1961 年宪法首次在议会中确立了多元政治倾向，从多数选举制向比例代表制的转变给予所有小政党进入议会的机会。在 1961 年宪法体制下，土耳其变得更为合宪了。1961 年 7 月 9 日，针对 1961 年宪法的全民公投结果表明，近 40% 的人反对新宪法，17% 的公民弃权②，这说明 1961 年宪法并未赢得民众的广泛认可。1961 年宪法反映了权力的新平衡和支持这种平衡的力量在制度上的妥协。……官僚知识分子以及新宪法制定者反对权力集中和功用化。结果权力分散，官

---

① Engin Şahin, "From the Declaration of the Republic to Present Presidential Election Methods in Turkey", p. 93.
② Feroz Ahmad, *The Making of Modern Turkey*, London: Routledag Taylor & Francis Group, 1993, p. 129.

僚之间的平衡控制建立起来以反对政党的权力。① 1961年宪法一定程度上代表了共和人民党和军方的宪法思想，是土耳其政治集团之间斗争妥协的产物。从政治路径选择的维度来看，土耳其完全照搬西方的宪法体系和政权形式，在一定程度上造成了西方价值体系与土耳其传统价值体系的冲突，使精英与民众、城市与乡村、主流意识形态和民众信仰之间的二元对立更加凸显，议会制实施过程中的诸多问题愈益突出。

由于政府上台需要得到议会信任投票、议会还拥有倒阁权，因此议会制容易使政府变得不稳定。20世纪六七十年代，土耳其政坛存在多党联合执政局面，频繁的政府更迭严重影响到经济、政治和社会稳定。从1961年宪法颁布到1980军事政变发生，土耳其出现21届联合政府，政府组阁困难且更迭频繁促使部分政党提及总统制。民族秩序党、民族拯救党提出总统制构想。民族秩序党的政治纲领宣称："为了我们土耳其的服务更有效率、迅速和有力地进行，土耳其应该发展得更快一些……总统应该由普选产生，行政秩序应该按照总统制来组织。"② 民族拯救党的选举纲领呼吁采用总统制："总统或国家元首将与总理或政府首脑融合，以使行政机构更为强大、高效和迅捷。国家将通过单轮选举推选总统。这样，国家和民众将自然是统一的、一体化的，也不会给那些在总统选举中可能拖垮我们政权的国内、国际投机以空间。"③ 由于民族拯救党仅仅是1973年联合政府的参与者，所以其政治纲领并没能在政权层面实践而仅仅是设想。民族行动党也是总统制的坚定支持者，其创立者阿尔帕斯兰·图尔克斯（Alparslan Türkeş）在《九条光线》中宣称："强大而迅捷的行政执行只有单个人的行政权力集中才有可能。因此，根据我们的历史和传统，我们支持总统制。"④ 在图尔克斯看来，行政机构一分为二将削弱行政权威，总统和总理应该整合为单一的国家元首，即确定一个

---

① İlkay Sunar and Sabri Sayarı, "Democracy in Turkey: Problems and Prespects", in O'Donnell, Schmitter and Whitehead eds., *Transitions from Authoritarian Rule: Southern Europe*, Baltimore: The Johns Hopkins University Press, 1985, p. 174.

② Serdar Gülener, "The Constitutional Amendment Draft: The End of Debates on Change in the Turkish Political System?" *Insight Turkey*, Vol. 18, No. 4, 2016, p. 110.

③ 转引自 Burhanettın Duran and Nebı Mış, "The Transformation of Turkey's Political System and the Executive Presidency", *Insight Turkey*, Vol. 18, No. 4, 2016, p. 13。

④ Burhanettın Duran and Nebı Mış, "The Transformation of Turkey's Political System and the Executive Presidency", p. 13.

人为国家行政首脑，"如果我们的想法，我们所说的总统制付诸实践，国家元首将由国家以全民公投的方式产生。因而，国家的民主得以确立，通过民众参与政府和参加利益攸关的决策而使民主成为可能"①。这说明坚持民族观的埃尔巴坎和倡导极端民族主义的图尔克斯都支持通过总统制强化中央集权，以解决脆弱的联合政府无力应对政治动荡的问题。左右翼势力的激烈斗争使得1961年宪法所捍卫的民主政治伴随着联合政府更迭频繁和暴力行动频仍而黯然失色，军方以捍卫秩序为名发动1980年军事政变。"面对迅速动员起来的下层民众，当政者由于害怕被马克思主义式的革命暴力或在选举中被推翻，所以压制社会动员的扩展，由此掀起一波右翼军人的夺权浪潮，导致很多新兴国家刚刚发展起来的民主政治被打压下去，取而代之的是寡头和威权统治。"②

1980年军事政变结束了政治动荡的局面，以埃夫伦将军为首的军方通过制定新宪法来恢复文官统治。军方主导下制定和颁布的1982年宪法恢复一院制政体，强调"任何与土耳其民族利益、领土与国家完整、历史与道德价值或民族主义原则、阿塔图尔克现代主义相违背的思想或观念都不能得到保护"③。1982年宪法坚持立法、司法和行政的分权制原则，立法权属于代表国民全体的大国民议会，行政权及其职能由共和国总统和内阁按照宪法和法律行使，司法权由独立法院以土耳其人民的名义行使，全体公民在法律面前一律平等。1982年宪法重申总统由大国民议会选举产生，任期7年且不能连选连任。总统在必要时有权召集议会开会，宣布大选以选举新的议会；宣布议会通过的法律，必要时可将法律退回议会复议；可将议会通过的宪法修正案提交全民公投等。总理由总统从议员中任命，部长由总理从议员或具有当选议员资格的人中提名，由总统任命，之后政府成员名单将提交议会讨论，议会将在听取政府施政纲领后进行信任投票。总统有权召集部长委员会会议，任命高等教育委员会成员和大学校长，主持召开国家安全委员会会议等。总统有权任

---

① Burhanettın Duran and Nebı Mış, "The Transformation of Turkey's Political System and the Executive Presidency", p. 14.
② [美]霍华德·威亚尔达：《非西方发展理论——地区模式与全球趋势》，董正华等译，北京大学出版社2006年版，第46页。
③ Michael M. Gunter, "Turkey: The Politics of a New Democratic Constitution", *Middle East Policy*, Vol. XIX, No. 1, Spring 2012, p. 120.

命武装部队总参谋长，在议会闭会或休会期间如遇突发事件，总统有决定使用武装部队的权力；经过与部长委员会协商，总统可以宣布国家实行戒严和进入紧急状态，批准和公布国际条约；代表国家派遣驻外使节、会晤外国使节等。总统有权任命宪法法院的所有成员，最高行政法院 1/4 成员，最高军事法院和最高法官与检察官委员会部分成员等。1982 年宪法赋予总统如此大的权力，"没有一个法定权威部门作为申诉机构，包括宪法法院在内的所有决定和命令都是依据总统个人的判断力进行"①。总统权力的膨胀使有的学者认为，"该宪法改变总统的选举办法，扩大总统的权力，但尚未达到实行总统制国家的总统所拥有的那些权力，而对内阁的权力加以限制。从上述可知，土耳其政体已演变为多党制半总统制。"② 实际上，1982 年宪法框架下的政府制度仍然属于议会制范畴，但总统拥有比西方议会制国家总统更大的政治权力。1982 年宪法进一步限制公民的言论、新闻、结社自由和公民权利，"出于预防犯罪行为，惩处犯罪分子，保守国家机密，维护他人名誉或权利，保守个人和家庭生活的秘密或法律规定的职业秘密，或履行正当的司法职责等目的，上述自由（言论、新闻、结社自由）可以受到限制"③。大国民议会随后颁布的政党法和议会选举法对政党政治和议会选举制度做出明确规定，特别是为了防止议席过于分散，议会选举法规定了"10%的门槛"④ 限制。1982 年宪法体现了对 1961—1980 年国家混乱和无政府状态的总结和反思，且对民众权利、言论自由和政党活动进行严格限制，存在强化中央集权的趋向，这就有违宪政主义的目的——保护公民权利与维护国家权力良性运行的统一，所以 1982 年宪法包含诸多与西方民主政治相悖的特征，修订宪法就成为此后土耳其入盟进程中的重要努力方向。

三 1982 年宪法与宪法修订

宪法修订伴随着激烈的政治力量博弈，凸显了民主巩固与集权专制

---

① Frank Tachau & Metin Heper, "The State, Politics, and the Military in Turkey", *Comparative Politics*, Vol. 16, No. 1, 1983, p. 29.

② 陈德成：《土耳其的多党制半总统制政体》，《西亚非洲》2000 年第 2 期。

③ "The Constitution of Republic of Turkey", Article 26, 2011: 12. 详情参见 http://www.ilo.org/dyn/natlex/docs/ELECTRONIC/39950/112944/F1991929622/TUR39950%20Eng2.pdf.

④ 土耳其议会选举法规定，只有在地方选举和议会大选中支持率超过 10% 才能进入议会，并根据比例代表制原则获得相应议席。表面上看，此规定是为了防止重现联合政府更迭频繁的局面，但实际上却限制了小党参与国家政治生活，忽视了部分民众的选票，因而遭到很多批评。

的悖论。宪法修订是宪法变动的主要形式，主要是对宪法部分内容进行修改，这体现在土耳其的宪法实践中。1924年宪法先后修改了7次，最重要的有3次宪法修正案。1928年大国民议会通过的宪法修正案，删除了1924年宪法中"伊斯兰教是土耳其共和国国教"的条款，彻底确立了官方层面的世俗主义意识形态。1934年，大国民议会将宪法中关于公民选举权的部分条款做出修改，将选民年龄由最初的18周岁提高至22周岁[1]，同时赋予妇女选举权和被选举权。1937年，大国民议会通过宪法修正案将凯末尔主义正式加入宪法条款中，确立了凯末尔主义的国家主导意识形态地位，并被1961年、1982年宪法所秉承。1961年宪法被视为形式上最为民主的宪法，但持续的宪法修改也伴随着政治发展进程。1971年，土耳其军方主导通过了备忘录政变，迫使正义党政府下台，建立了军方主导的新政府，并于1973年通过宪法修正案：（1）限制某些公民自由，限制法院的审查权力；（2）加强行政机关权力，特别是让立法机关给予执法权；（3）增加军队的自治权，使其免除民事行政法院和法院审查。但该宪法修正案并未能终结联合政府的频繁更迭和无政府主义、分离主义、恐怖主义暴力活动肆虐的局面，处于社会危机中的土耳其亟须一部新宪法来调和公民权利和政治稳定之间的关系。

1982年宪法带有保护军方权威和监护式民主的色彩，随着民选政府的恢复，通过修订宪法以突破1982年宪法框架成为国家治理中的突出主题。祖国党执政后，厄扎尔总理曾表示，1982年宪法过于详细和教条化，阻碍了政府的活力。[2] 随着伊斯兰政治势力的崛起和民众政治意识的觉醒，1982年宪法越来越不适应民主发展进程，祖国党政府推动了1987年宪法修正案的出台。1987年宪法修正案将公民投票年龄从21岁降低到20岁，将大国民议会议员总数从400人增加到450人；废除1982年宪法中禁止1980年军事政变之前政党领导人参政的条款；对通过宪法修正案做出规定：如果大国民议会以超过3/5但不到2/3的议员多数通过宪法修正案，那该宪法修正案获得全民公决通过就可以生效；如果大国民议会以2/3的议员多数通过宪法修正案，总统有权提交全民公投。1987年宪法修正案通过扩大全民公投的范围来扩大政党对宪法修订的控制权，通过

---

[1] Mehmét Yaşar Geyikdaği, *Political Parties in Turkey: The Role of Islam*, p. 4.
[2] Ergun Özbudun and Ömer F. Gençkaya, *Democratization and the Politics of Constitutional-Making in Turkey*, p. 31.

议会简单多数就可以修改宪法。1987年宪法修正案的出台可谓土耳其解决经济转型困境以及祖国党面临内部分裂以寻求新的政治认同和维护政治合法性的结果，不仅未能维持政治的稳定，反而带来20世纪90年代政治形势的动荡加剧。

1991年10月20日议会大选后，坚持中右立场的正确道路党和坚持中左立场的社会民主平民党组建了联合政府，基于对1982年宪法的强烈不满，两党同意废除1982年宪法中的临时条款。① 由于厄扎尔总统去世和德米雷尔继任总统等政治环境变化，联合政府于1993年通过关于宪法第133条的修改，废除国家对广播和电视的垄断，赋予私营传媒机构的合法地位。1994年春，两党联合政府在大国民议会议长侯赛因·金杜鲁克（Hüsamettin Cindoruk）的倡议下又就剩余条款进行商议，正确道路党、祖国党与社会民主平民党最终达成协议，并于1995年6月通过宪法修正案，改变了1982年宪法的14个条款：（1）废除序言部分涉及1980年军事政变必要性与合法性的两款。（2）废除对工会、协会、基金会、社团、公职人员组织政治活动的禁令，允许政党与市民社会组织合作。（3）将选民合法投票年龄从19岁降低到18岁，将大国民议会议员数从450人增加到550人，赋予旅居海外的土耳其公民以投票权。（4）承认公职人员的工会会员身份，允许大学教师和学生参与政党，党员合法年龄从21岁降低到18岁。允许政党在国外建立妇女和青年分支机构、基金会和外围组织；重新界定取缔政党的理由和限制条件。这进一步扩大了政党政治的活动空间。

20世纪90年代末，土耳其在维护多党议会制的基础上，主要出于加入欧盟的需要和弱化军方权力而推动修宪进程。1999年4月大选后，民主左翼党、民族行动党和祖国党组建联合政府。6月，组建联合政府的各政党领导人和342名代表签字提交了针对消除军方在政府中影响的宪法修正案。6月18日，议会通过了关于宪法第143条的修正案，以取消国家安全法院中的军事法官。7月20日，各政党领导人和282名代表签署新的宪法修正案，涉及宪法第47条、第125条和第155条。8月13日，该

---

① 该宪法修正草案由社会民主平民党提出，包括第13条基本权利和自由的限制，第26条言论自由，第28条新闻自由，第30条保护印刷设施，第33条结社自由，第67条投票权，第68条发起当事方，第69条关于政党活动的规则，第76条成为议会成员的资格，第81条成为议会成员的誓言，第92条授权使用武装部队和第133条广播和电视广播。

宪法修正案经过简单修改后获得议会通过，主要修订内容如下：一是将"宪法"第47条的标题修改为"国有化和私有化"，并增加了两个关于私有化的新段落。二是在"宪法"第102条第一款之前增加"只有在涉及外国当事人的情况下，才有可能进行国际仲裁"，并增加新的一段话来介绍国家和国际仲裁作为解决公共服务特许权纠纷的机制。三是修正关于国家安全委员会审查特许权合同的权限，强调国家对特许权合同审查的咨询性质，并将此类审查限制在两个月内。这使得1982年宪法条款更具针对性和可操作性。

世纪之交的宪法修订主要围绕土耳其加入欧盟而展开。1999年12月，欧洲理事会赫尔辛基峰会接受土耳其的欧盟候选成员国地位。2000年7月，土耳其政府通过了德米罗克报告，阐述了为适应欧盟标准必须进行的政治改革。土耳其自1999年大选以来，创建由各议会政党的两名成员组成的全党议会协商委员会（The All-Party Parliamentary Accord Committee），以促使议会各政党就宪法修正案达成共识。2001年6月，议会内部各政党就51项宪法修正案中的37项达成共识。9月9日，由288位代表署名的宪法修正案草案提交给大国民议会议长。10月，该宪法修正案获得通过。① 2001年宪法修正案进一步扩大公民的基本权利和自由，重塑国家权力机关以及削弱军方政治权力，根据欧盟要求开展司法层面改革。宪法修正案修改了宪法第67条题为"投票权、被选举权和从事政治活动权"的条款，将投票权利进一步扩展到被判犯有疏忽罪的监狱中的罪犯②；废除宪法第87条中"宣布实行大赦或特赦，但犯有宪法第14条列举的罪行而被判刑者除外"，增加"多数人的决定为土耳其大国民议会议员总人数的3/5"；修改1982年宪法第89条"总统将他认为不宜颁布的法律附上说明理由的文书退还大国民议会重新审议"为"如果总统认为部分条款不适合，大国民议会只能审议那些被认为不合适的条款"。宪法修正案修改了国家安全委员会的基本构成③，规定"国家安全委员会

---

① Ergun Özbudun and Ömer F. Gençkaya, *Democratization and the Politics of Constitutional-Making in Turkey*, p. 62.
② 修正案进一步规定，"选举法修正案不适用于自修正生效之日起一年内举行的选举"，这项规定是为了防止议会多数党的最后一次选举操纵。
③ 1982年宪法第118条第1款指出："国家安全委员会由总理、总参谋长、国防部长、内政部长、外交部长、陆海空三军司令和宪兵司令组成，由总统担任主席。"

由总理、总参谋长、副总理、国防部长、内政部长、外交部长、司法部长、陆军司令、空军司令、海军司令、宪兵司令在总统的领导下组成",增加了文官在国家安全委员会成员中的数额,削弱了军方对国家安全委员会的控制。宪法修正案还通过了废除临时条例(1980-1983年军方颁布的过度性质的临时条例)第15条第3款使宪法法院的审查权限扩大到国家安全委员会通过的法规。① 宪法修正案规定,宪法法院在取缔政党的诉讼案件中,应听取有关政党的口头辩护,且必须达到宪法法院成员的3/5多数支持才可以被取缔。宪法法院可以决定剥夺一个政党全部或部分资助经费,而不是根据侵权行为的严重程度永久关闭政党。② 宪法修正案对宪法中死刑进行了限定,对第38条第7款增加了"除迫在眉睫的战争和恐怖罪行之外不应判处死刑"。宪法修正案还根据欧盟人权法院的判例标准将"审前拘留"由原来的"十五天"改为"四天"。2001年宪法修正案体现了土耳其在申请加入欧盟背景下的民主化进步,被认为是消除1982年宪法的不自由、非民主因素的关键步骤③,为正义与发展党政府的持续修宪奠定了基础。

宪法变迁是土耳其政治发展史上的重要内容,不仅确立了现代民族国家的政治框架,而且顺应了土耳其民主政治和政党政治的发展需要进行了相应的转变。有学者认为,"超越变迁界限的宪法变动不具有正当的基础……缺乏界限的宪法变迁是一种会给整体的宪法秩序带来全局性损害的现象,构成宪法破坏或宪法废止"④。显然,这同样适用于土耳其政治发展历程,也对正义与发展党上台后的制宪和修宪历程产生重要影响。

第三节　土耳其政党政治的演进

对于现代民族国家而言,不仅要创建成熟的政治制度,更要建立有

---

① Ergun Özbudun and Ömer F. Gençkaya, *Democratization and the Politics of Constitutional-Making in Turkey*, p. 63.
② Ergun Özbudun and Ömer F. Gençkaya, *Democratization and the Politics of Constitutional-Making in Turkey*, p. 58.
③ Levent Gönenç, "The 2001 Amendments to the 1982 Constitution of Turkey", *Ankara Law Review*, Vol. 1, No. 1, 2004, p. 90.
④ 韩大元:《宪法变迁理论评析》,《法学评论》1997年第4期。

效的政党体系。政党制度指的是一个国家通过政党进行政治活动的方式或状态，涵盖政党执政、参政的方式和党际关系等。亨廷顿认为，"为了尽量减少政治意识和政治参与的扩大酿成政治动荡的可能性，必须在现代化进程的早期就建立现代的政治体制，即政党制"①。政党制度既是政治稳定的一大支柱，又是现代政治建设的重要主体，还是现代政治发展的重要组成部分。政党政治作为现代政治制度的重要载体，源于近代以来的西方政治转型，伴随着殖民主义的全球扩张而渗透到东方国家，所以晚期奥斯曼帝国出现具有鲜明民族特色的政党——青年奥斯曼党和青年土耳其党，它们作为现代意义上的政治组织推动了现代政治模式的构建。土耳其在完成现代国家的制度建构后，以政党政治的形式对国家进行政治治理，从进行选举、组织政府，到管理国家、制定政策，都由政党来实现。"在土耳其历史上，政党起着非常重要的作用，阿塔图尔克创建的共和人民党扮演着现代化土耳其保护者的角色。自凯末尔时代开始，政党治理始终是土耳其政治建构的主流形式。"② 所以政党政治发展和正义与发展党的执政实践联系密切。

一 共和人民党的一党制统治

凯末尔通过共和人民党一党制统治确立土耳其威权政治模式，但奇理斯玛权威的丧失导致威权政治的松动和一党制向多党制的转变。土耳其共和国成立后，凯末尔通过世俗化改革完成现代民族国家的政治建构，建立共和人民党来控制国家权力和管理国家。"在这些新生的民族国家中，政党由于其历史功绩和广泛的组织体系而具有很大的政治影响力；与此同时，新建立的国家政权也具有自身的合法性源泉，并建立了全国的政权组织。"③ 1923 年 4 月，凯末尔在安纳托利亚和鲁米利亚"保卫权利协会"的基础上组建了人民党。1924 年 11 月，人民党改名为共和人民党，其成员包括城市与乡村、传统与现代、宗教与世俗的诸多社会成分抑或社会阶层，是典型的民族主义政党。共和人民党的基本纲领为全部

---

① [美] 塞缪尔·P. 亨廷顿：《变化社会中的政治秩序》，王冠华等译，生活·读书·新知三联书店 1989 年版，第 368 页。

② A. Kemal, "Military Rule and the Future of Democracy in Turkey", *MERIP Reports*, Vol. 122, 1984, p. 12.

③ 郭定平：《当代中国政党与国家关系模式的重构：比较的视野》，《社会科学研究》2009 年第 1 期。

政权集中于国家，议会是国家最高权力机构，保卫国家安全，改善司法制度和诉讼程序，发展国民经济，健全政府体制，鼓励私人投资经济建设，这完全渗透在1924年宪法中。有学者指出："政党发挥一种监督、协调和指导作用，这种作用的成功发挥依靠政党对非政党机构的控制。……政府内和其他重要机构内的几乎每一个重要职位都由政党成员担任……"① 所以政党与政府政治关系密切。凯末尔通过一党制统治确立起典型的威权政治体制，像科尔文·罗宾斯（Kevin Robins）所指出的，"民主生活必需的多样性和多元主义从一开始就被抑制了"②。凯末尔作为一个奉行脱亚入欧战略的领导人，曾经推行多党制的尝试。1924年底，侯赛因·劳夫领导的22名右翼温和派议员宣布脱离共和人民党，组建进步共和党，获得批准。进步共和党倡导西方自由主义模式，反对凯末尔的激进世俗化改革举措以及国家主义政策，主张权力制衡和保障公民自由的原则，具有改良主义的浓厚色彩。③ 鉴于进步共和党日益增强的威胁，共和人民党政府以涉嫌卷入赛义德叛乱的借口在其成立6个月后将其取缔，并通过颁布《秩序法》从法律意义上取消其合法地位。1930年8月，凯末尔委托共和人民党的温和派成员费特希·奥克亚尔组建自由共和党，作为反对党来制约伊诺努总理。自由共和党作为议会内部的反对党，激烈抨击伊诺努政府的经济政策。自由共和党创建初期仅仅拥有议会15个席位，但在同年10月的议会选举中获得30个席位④，这引起了共和人民党的震惊。11月，自由共和党迫于共和人民党的压力在成立99天后宣告解散。⑤ 凯末尔最终确立共和人民党的政治统治。"强有力的一党制向来都是自下而上为夺权而战的民族主义运动或革命运动的产物。"⑥ 1931年，共和人民党第三次代表大会确立党国合一体制，共和人民党主席担任共和国总统，副主席担任政府总理。1935年，共和人民党

---

① Joni Lovenduski and Jean Woodall, *Politics and Society in Eastern Europe*, Basingstoke: Macmillan, 1987, pp. 197-198.

② Kevin Robins, "Interrupting Identities: Turkey/Europe", in S. Hall and P. du Gay eds., *Questions of Cultural Identity*, London: Sage, 1996, p. 70.

③ Erik J. Zürcher, *Turkey: A Modern History*, p. 176.

④ Walter F. Weiker, *Political Tutelage and Democracy in Turkey: The Free Party and Its Aftermath*, Leiden: Brill, 1973, p. 115.

⑤ Erik J. Zürcher, *Turkey: A Modern History*, p. 187.

⑥ [美] 塞缪尔·P. 亨廷顿：《变化社会中的政治秩序》，王冠华等译，第386页。

召开第四次代表大会,明确规定凯末尔主义的六大原则,民族主义、共和主义、世俗主义、平民主义、国家主义和革命主义是共和人民党的纲领,并决定实行共和人民党与政府部门的一体化,共和人民党总书记兼任政府的内务部长,共和人民党地方组织的负责人兼任省长①,政党政治与政府政治浑然一体。1937年,凯末尔主义被写入宪法成为立国之基,形成"一个政党、一个民族、一个领袖"和"国家政党化"②局面,威权政治的强化是凯末尔时代土耳其政党政治的重要表现。

凯末尔威权政治体制与奇理斯玛式权威密切相关,政党、议会和政府构成威权政治的主要工具。凯末尔去世后,尽管伊诺努沿袭凯末尔政权的威权政治模式,但党政合一政治体制呈现松动迹象。1939年,共和人民党第五次代表大会启动政党组织与政府机构的分离,并允许反对党的存在,党和政府的任命不再互相结合,另外在议会的共和人民党议员中组成一个"独立团体",以发挥议会中反对党的作用。1944年11月,伊诺努总统在议会发表演讲,强调宪法赋予的议会权力,允诺实行民主政治和承认反对派政党的合法存在,以缓解日益加剧的国内矛盾。1945年6月7日,共和人民党议员杰拉尔·拜亚尔、阿德南·曼德列斯、福阿德·科普鲁卢(Fuad Köprülü)和雷菲克·考拉尔坦联名向大国民议会提出《关于修改党章若干细则的建议》,要求建立反对党、取消经济限制。③ 11月1日,伊诺努总统在议会宣称,"为了适应国家的需要,在适当的民主自由气氛中,有可能建立另一个反对党"④。允许反对党的存在"是发展我国政治生活的正当途径,而且也是促进民族福利和政治成熟的更具建设性的办法。我们必须尽自己最大的努力,来防止因政治上见解

---

① C. H. Dodd, *Politics and Government in Turkey*, Berkeley: University of California Press, 1969, p. 44.
② 国家政党化是指国家权力完全为执政党所掌握,国家机器的每个方面都被视为党派机构的延伸,并从属于政党机构。其基本特征为:(1)执政党一党独大,执政地位异常坚固;(2)由此其他政党或被禁止,或居于体制之外,或参政;(3)对执政党权力的制约和监督无效或薄弱。从根本上说,国家从属于政党,政党组织即是政党体制的蓝本,政党机构与政府机构相生相伴。参见雷斌、雷鸿《政党国家化与国家政党化——以近代欧美政党政治为中心》,《北京工业大学学报》2005年第3期。
③ Ali Yaşar Sarıbay, "The Democratic Party, 1946-1960", in Metin Heper and Jacob M. Landau eds., *Political Parties and Democracy in Turkey*, p. 120.
④ Feroz Ahmad, *The Turkish Experiment in Ddemocracy*, 1950-1975, London: Royal Institute of International Affairs, 1997, p. 53.

不同而形成同胞之间的彼此敌视"①。1946 年 1 月 7 日,凯末尔主义精英阶层创建民主党。民主党迅速壮大,对共和人民党构成严峻挑战,共和人民党随即在第六次代表大会上提出实行党内的民主化改革,废除党内领袖的终身制,规定共和人民党主席由选举产生和任期四年的组织原则,同时宣布 1946 年 7 月举行议会选举,取消间接选举,实行直接选举。② 1946 年 7 月,成立不久的民主党仓促参加议会选举,结果共和人民党赢得议会 465 个席位中的 396 个,民主党作为反对派赢得 62 个议席,独立候选人赢得 7 个席位。③ 1947 年 1 月,民主党召开第一次代表大会,发表自由宪章,肯定凯末尔在实现民族独立和改造社会方面的历史功绩,宣布致力于民主政治的建设,在 1920 年民族宪章基础上完成凯末尔的未竟事业。④ 会议期间,民主党主席拜亚尔提出著名的三项要求,即修改选举法、总统与执政党主席职位分离、废除违背宪法和民主原则的相关法律条款。⑤ 同年 7 月,伊诺努宣布承认反对派政党的合法地位,赋予工人组织工会的合法权利,"在一个多党制国家里,总统应该置身于政党政治之上,应该是一个无党派的国家元首,并且对于各个政党都负有同样的义务"⑥。随后,伊诺努与共和人民党政府总理佩克尔、民主党主席拜亚尔发表联合声明,宣布政党组织与政府机构分离⑦,为 1950 年大选结果埋下伏笔。另外,在 1945—1950 年,土耳其先后成立 27 个政党,主要有社会公正党、工农党、一切为祖国党、纯洁与保卫党、捍卫伊斯兰党、理想主义党、纯民主党、自由民主分子党、土地财产自由企业党以及由苦力和工人、社会主义者和自由主义者所组成的形形色色的党派⑧,这些政党既体现了土耳其民众意识形态选择的分化,也加速了土耳其从一党制向多党制的转变,但由此带来土耳其二十余年的政府更迭频繁和政治

---

① Feroz Ahmad, *The Turkish Experiment in Democracy 1950-1975*, p. 9.
② Kemal H. Karpat, *Turkey's Politics: The Transition to a Multi-Party System*, pp. 153-154.
③ H. B. Sharabi, *Governments and Politics of the Middle East in the Twentieth Century*, Weatport: Greenwood Press, 1962, p. 53.
④ Erik J. Zurcher, *Turkey: A Modern History*, p. 223.
⑤ Irvin C. Schick & Ertuğrul A. Tonak eds., *Turkey in Transition*, Oxford: Oxford University Press, 1987, p. 105.
⑥ Kemal H. Karpat, *Turkey's Politics: The Transition to a Multi-Party System*, p. 192.
⑦ Erik J. Zurcher, *Turkey: A Modern History*, p. 225.
⑧ [英]伯纳德·刘易斯:《现代土耳其的兴起》,范中廉译,商务印书馆 1982 年版,第 404 页。

动荡局面。

二 从一党制到多党制的转变

"二战"后，冷战的开启促使全世界迅速形成社会主义和资本主义两大阵营，土耳其的西方化战略促使其认同西方的多党制。伊诺努总统启动的多党制选举为民主党赢得1950年大选而上台执政铺平了道路。1950大选中，民主党获得议会487个议席中的408席，共和人民党获得69席，民族党获得1席，独立候选人获得9个议席。① 萨勒贝伊认为，"民主党上台执政是土耳其历史的重要转折点"②。这次选举真正开启了土耳其从一党制到多党制的过渡。民主党执政期间，努力打击共和人民党的势力和削弱其作为反对党的政治影响来巩固自身统治。在1954年5月的议会选举中，民主党获得515万张选票，占选票总数的56.6%；共和人民党获得316万张选票，占选票总数的34.8%；民主党在议会中的席位从420个增至505个，共和人民党的议席从63个降至31个，民族党获得5个议席。③ 1954年之后，由于经济形势的恶化和民主党的专制倾向，民主党加强党内控制，清除党内反对派，导致许多人退出后组建自由党，自由党与共和人民党、民族党一起成为议会反对派，并试图组建竞选联盟来挑战民主党统治。1957年9月初，民主党决定提前举行大选，并颁布法令禁止不同政党建立竞选联盟。④ 9月4日，民主党再次赢得选举，但仅赢得47.3%的选票和424个议席；而共和人民党赢得40.6%的选票和178个议席；自由党获得3.8%的选票和4个议席；民族党获得7.25%的选票和4个议席。⑤ 针对此次选举，科普鲁卢声称："这次选举是整个民族反对一个人复活一个政党、一个领导体制的斗争。"⑥ 这预示着民主党的执政危机。民主党政府复兴伊斯兰文化的举措和对共和人民党、军方的压制导致社会不满增加，示威游行盛行。陆军总司令杰马勒·古尔塞勒（Cemal Gursel）将军曾建议国防部部长采取措施恢复秩序，建议无效后军方于1960年5月27日宣布接管政府，古尔塞勒将军领导的"民族团结委员

---

① Metin Heper, *Political Parties and Democracy in Turkey*, p. 121.
② Ali Yasar Sarıbay, "The Democratic Party, 1946–1960", p. 119.
③ Stanford J. Shaw & Ezel Kural Shaw, *History of the Ottoman Empire and Modern Turkey*, Cambridge: Cambridge University Press, 2002, Vol. 2, pp. 406–407.
④ Irvin C. Schick & Ertuğrul A. Tonak eds., *Turkey in Transition*, p. 113.
⑤ Feroz Ahmad, *The Turkish Experiment in Democracy*, 1950–1975, p. 57.
⑥ Irvin C. Schick & Ertuğrul A. Tonak eds., *Turkey in Transition*, p. 115.

会"控制国家权力，结束了民主党的统治。罗斯托提出，民主党统治继承凯末尔政权的一党制传统，民主党领导人通过赢得选举而占据议会绝对统治席位，直接导致曼德勒斯执政后期的专制独裁倾向。①

1960年军事政变终结了民主党统治，相对宽松的政治环境促成政党广泛建立，但1961年宪法框架下的政党政治呈现碎片化特征。1961年10月15日，议会选举正式举行，共和人民党、正义党、共和农民民族党和新土耳其党凭借36.7%、34.8%、14%、13.7%的选票而分别赢得下议院173席、158席、54席、65席。② 共和人民党未能获得绝对多数席位，最终与正义党组成第一届联合政府。复杂的社会形势和两党矛盾，再加上未遂的军事政变③冲击，导致伊诺努总理于1962年5月31日辞职和联合政府垮台。6月，共和人民党、新土耳其党、共和农民民族党组建第二届联合政府，但该联合政府仅仅持续到1963年12月。随后伊诺努和独立派议员组建了第三届联合政府，持续到1965年2月12日。2月20日，以过渡政府著称的第四届联合政府成立，无党派参议员苏阿特·哈伊利·于尔古普吕（Suat Hayri Ürgüplü）任总理，维持到1965年议会选举。在1965年议会选举中，正义党获得52.9%的选票和240个议席，共和人民党获得28.6%的选票和134个议席，民族党获得6.3%的选票和31个议席，共和农民民族党获得2.2%的选票和11个议席，土耳其工人党获得3.0%的选票和14个议席，新土耳其党获得3.7%的选票和19个议席④，德米雷尔受命组建新政府。20世纪60年代后半期，共和人民党和正义党基于意识形态分歧而斗争激烈，政党内部分化加剧，出现诸如土耳其劳工党、信任党等新政党。在1969年大选中，正义党获得46.5%的选票和256个议席，共和人民党获得27.4%的选票和143个议席，其他政党的选票在2.2%—6.6%徘徊，议席数从1—15席不等。⑤ 与此同时，深受两极

---

① Dankwart A. Rustow, "Political Parties in Turkey: An Overview", in Metin Heper and Jacob M. Landau eds., *Political Parties and Democracy in Turkey*, pp. 10-23.

② Sabri Sayarı and Yılmaz Esmer, *Politics, Parties and Elections in Turkey*, p. 190.

③ 1962年2月22日晚，1960年军事政变中发挥积极作用的安卡拉军官学校、坦克学校、宪兵学校的学员包围议会大厦、总统府和广播电台。但暴乱很快被军队镇压，约有300名军官被捕，69人被解除职务。参加此次行动的青年军官是激进的改革派，他们不满新政府举措而打算通过政变解决国内部分问题，以推动经济进步，但以失败告终。

④ Sabri Sayarı and Yılmaz Esmer, *Politics, Parties and Elections in Turkey*, p. 190.

⑤ Sabri Sayarı and Yılmaz Esmer, *Politics, Parties and Elections in Turkey*, p. 190.

格局的影响，土耳其左翼力量与极端民族主义力量的暴力斗争加剧了政局动荡，社会各界对正义党政府产生怀疑，军方对德米雷尔政府无力控制局势而感到恼怒。1971年3月12日，土耳其武装部队在蒙督赫·塔马齐（Memduh Tağmaç）、法鲁克·居莱尔（Faruk Gürler）、穆赫辛·巴图尔（Muhsin Batur）领导下发表一份备忘录，要求政府立即开展改革，宣称如果政府拒不执行，军队将接管政权。① 德米雷尔总理随之被迫辞职，此为"备忘录政变"。卡尔帕特认为，1971年军事政变表面上在于保护宪法免受反世俗主义者和伊斯兰主义者的威胁，实际上在于阻止军队左派和马克思主义倾向的文官掌权。② "备忘录政变"后，大国民议会选举产生一个技术专家政府。3月19日，尼哈特·埃里姆（Nihat Erim）受命组阁，此即土耳其历史上著名的"智囊团"政府，实际权力掌握在总参谋长手里。由于正义党拒绝加入，尼哈特·埃里姆的新政府仅仅包括独立人士和原属共和人民党的退伍军人和保守派成员。③ 军方成立"国家安全委员会"以对埃里姆政府施加影响并维持其正常运转。1971年"备忘录政变"后，只有土耳其工人党和民族秩序党被宪法法院取缔，其他政党仍然相当活跃，多党选举制度得以延续。尽管德米雷尔总理被政变终止，但有学者认为，这次政变对于德米雷尔和正义党而言则是一个胜利，因为政变不但使他们免受左派的威胁，而且完成了他们通过民主方式不可能完成的任务。④

埃里姆政府试图进行部分社会经济方面的改革以赢得民众支持，却遭到议会中右翼势力的激烈反对，1972年4月17日，埃里姆总理被迫辞职，技术专家政府解体。5月15日，苏奈总统授权费立特·梅林组建内阁，梅林成立正义党、信任党、共和人民党三党联合政府，承诺维护凯末尔主义和世俗化原则，恢复法律与秩序，以反对专制与共产主义，实行土地改革。政府施政纲领获得议会通过，该联合政府持续到1973年

---

① Frank Tachau and Metin Heper, "The State, Politics, and the Military in Turkey", *Comparative Politics*, Vol. 16, No. 1, 1983, p. 23.

② Kemal H. Karpat, *Studies on Turkish Politics and Society: Selected Articles and Essays*, Leiden: Brill, 2004, pp. 20-21.

③ Kemal H. Karpat, "Domestic Politics", in Kemal H. Karpat, ed., *Studies on Turkish Politics and Society: Selected Articles and Essays*, p. 128.

④ Peter B. Koelle, "The Inevitability of the 1971 Turkish Military Intervention", *Journal of South Asian and Middle Eastern Studies*, Vol. 24, No. 1, Fall 2000, p. 54.

大选。

在 1973 年总统候选人的争夺中，法赫里·科鲁蒂尔克（Fahri Korutürk）击败军方提名的总统候选人——1971 年备忘录政变领导人法鲁克·居莱尔将军，当选为第六任总统。尽管军方通过 1973 年大选还政于文官政府，但军方干预和左右翼力量的激烈角逐仍然继续，意识形态的激烈斗争导致政党数目增加，诸多小党获得与其自身力量不相称的影响力，其对政治权力的参与导致联合政府因缺乏相对统一的纲领和目标而更迭频繁。法赫里·科鲁蒂尔克总统任期内更换了 8 任总理。1973 年 10 月 14 日的大国民议会选举中，共和人民党赢得 33.3% 的民众支持率和 185 个议席，正义党赢得 29.8% 的民众支持率和 149 个议席，民主党赢得 11.9% 的民众支持率和 45 个议席，民族拯救党赢得 11.8% 的民众支持率和 48 个议席。① 由于议席最多的两个大党并未达到单独组阁的法定席位，所以只能组建联合政府。正义党拒绝与其他右翼政党组成联合政府，10 月 28 日，法赫里·科鲁蒂尔克总统要求埃杰维特组建新政府，最终共和人民党和民族拯救党组建联合政府，并于 1974 年 1 月 26 日获得总统批准。但由于两党意识形态分歧严重，9 月 18 日，埃杰维特宣布辞去总理职务。11 月 13 日，总统任命参议员沙迪·艾尔马克（Sadi Irmak）组建新政府，艾尔马克总理提交总统的 26 名部长名单中包括 15 名非议会成员。11 月 29 日，新政府纲领在大国民议会中以 358∶17 的投票结果被否决，新政府流产。12 月 13 日，四个右翼政党正义党、民族拯救党、共和信任党、民族行动党商讨组建选举联盟。12 月 18 日，四党一致同意组建祖国阵线联盟。由于法赫里·科鲁蒂尔克总统要求埃杰维特组建新政府遭拒绝，转而要求德米雷尔组建政府，并得到祖国阵线联盟的支持。1975 年 4 月 1 日，德米雷尔向总统提交新政府名单并获得批准，新政府的 3 位副总理由祖国阵线联盟的其余三党领导人担任，30 名部长中正义党占 16 名、民族拯救党占 8 名、共和信任党占 4 名、民族行动党占 2 名（而其在议会中仅有 3 个议席）。4 月 12 日，议会以 222∶218 的微弱优势通过了德米雷尔政府，第一届祖国阵线政府宣告成立。该政府一直持续到 1977 年。1977 年议会大选中，共和人民党赢得 41.4% 的民众支持率和 213 个议席，正义党赢得 36.9% 的民众支持率和 189 个议席，民族行动党

---

① Sabri Sayarı and Yılmaz Esmer, *Politics, Parties and Elections in Turkey*, p. 190.

赢得6.4%的民众支持率和16个议席，民族拯救党赢得8.6%的民众支持率和24个议席。① 由于共和人民党找不到联合组阁的对象，于是以德米雷尔为首的第二届民族阵线政府成立，但这个联合政府极为短命，由于国内严重的政治民族冲突和经济危机，不久便宣告解体。1978年1月，埃杰维特与独立人士组建联合政府，由于政治局势动荡，仅仅延续至1979年10月16日便宣告垮台。1979年11月，德米雷尔在民族拯救党、民族行动党和独立人士支持下组建正义党领导的少数派政府。由于总统职位悬空，宗教民族冲突日趋升级，1980年9月12日，凯南·埃夫伦将军发动的军事政变推翻了德米雷尔总理领导的少数派政府，土耳其1961年宪法框架下的多党政治宣告结束。

三 全球化背景下政党政治的调适

1980年军事政变造成民主框架的理性收缩，土耳其政党政治的固有弊端造成短期平稳发展后联合政府再次更迭频繁。面对伊斯兰主义和极端民族主义的冲击，埃夫伦将军领导土耳其军方发动军事政变推翻民选政府，以整饬秩序为名对政党进行重新洗牌，随后颁布新宪法，确立带有军方监管色彩的议会政治体制。1982年11月，埃夫伦将军当选为总统。1983年5月，国家安全委员会废除政党禁令，在军方严格审查下，部分与1980年军事政变后被取缔的政党具有延续关系的政党，包括正确道路党、繁荣党、民族工作党（不久恢复原名民族行动党）、民主左翼党和社会民主平民党等未能参加议会选举，15个政党参与议会选举。② 图尔古特·苏纳勒普（Turgut Sunalp）领导的民族民主党（Nationalist Democracy Party）获得23.3%的民众支持率和71个议席③，纳杰代特·贾勒普（Necdet Calp）领导的平民党（Populist Party）获得30.5%的民众支持率

---

① Sabri Sayarı and Yılmaz Esmer, *Politics, Parties and Elections in Turkey*, p.190.
② 15个被允许参加1983年大选的具体政党信息参见 ErikJ. Zürcher, *Turkey: A Modern History*, London · New York: I. B. Tauris & Co. Ltd, 2017, p.287。关于12个不同政党遭审查和取缔的命运具体参见 Birol AliYesilada, "Problems of Political Development in the Third Turkish Republic", *Polity*, Vol. 21, No. 2, 1988, pp.360-361。
③ 退休将军图尔古特·苏纳勒普（Turgut Sunalp）于1983年5月16日组建右翼倾向的民族民主党，与军方关系密切，完全采取了国家安全委员会的政策，主张对私有组织的活动进行限制，吸收外国资本，以及用新的共和国的民族原则和精神教育青年；主张建立基于自由竞争的经济体系，强调工业尤其是出口工业的发展，抑制通货膨胀，创造更多的就业机会。1985年加入祖国党。

和117个议席①，图尔古特·厄扎尔（Turgut Özal）领导的祖国党（Motherland Party）获得45.1%的民众支持率和211个议席。尽管祖国党的意外胜出让军方措手不及，但最终允准祖国党组建一党制政府，这表明土耳其已经回归多党政治的发展轨道。图尔古特·厄扎尔通过一系列政治手段和推行"土耳其—伊斯兰一体化"思想意识而逐渐控制权力和巩固执政党统治地位，但由此导致祖国党内部分裂和反对党崛起。20世纪80年代，土耳其政坛的主要反对党有正确道路党、社会民主平民党②、民族工人党（The Nationalist Work Party）和繁荣党，它们被视为正义党、共和人民党、民族行动党和伊斯兰拯救党的继承者。随着正确道路党的崛起，解除德米雷尔、埃杰维特③等人的政治禁令成为祖国党和反对派之间争论的焦点。厄扎尔认为解除政治禁令是引发军事干预暴力和混乱的噩梦。④ 不过，厄扎尔在面对反对派的压力时，提出将包括取消参政禁令在内的宪法修正案提交全民公投。1987年9月6日举行的全民公投以微弱的多数（50.1%）通过废除政治领导人的政治禁令。⑤ 前政党领导人纷纷重返政坛，德米雷尔、埃杰维特、埃尔巴坎和突尔克斯随之担任正确道路党、民主左翼党⑥、繁荣党和民族行动党的领导人。厄扎尔为挽救祖国党支持率的下滑局势作出两项动议。一是提前举行1987年议会选举，二

---

① 乌鲁苏总理的秘书纳杰代特·贾勒普（Necdet Calp）于1983年5月20日组建具有左翼倾向的平民党，主张促进社会正义与安全，提高生活水平，提高工人待遇，实行国家主义，主要和社会民主党争取前共和人民党成员和选民。

② 社会民主平民党成立于1985年，由平民党和社会民主党（The Social Democracy Party）融合创立。1987—1995年是土耳其政坛第二大政党，在1991年议会选举后与中右的正确道路党组建联合政府而掌控国家权力。1995年加入共和人民党。

③ 1980年军事政变后共和人民党被取缔，比伦特·埃杰维特被判处监禁1个月。1982年4月，再次被捕并被判刑关押，禁止从政。1985年，埃杰维特的妻子拉赫姗·埃杰维特创立民主左翼党，埃杰维特在1987年参政禁令被解除后出任民主左翼党主席。

④ Feroz Ahmad, *The Making of Modern Turkey*, London: Routledge, 1993, p. 196.

⑤ Ergun Özbudun and Ömer F. Gençkaya, *Democratization and the Politics of Constitutional-Making in Turkey*, p. 33.

⑥ 民主左翼党是1980年军事政变之前的共和人民党的主要继承者，由伊斯梅特·伊诺努的儿子埃尔戴勒·伊诺努领导，其主要由1980年军事政变之前挑战埃杰维特领导权、由巴伊卡尔领导的部分共和人民党成员组成，主张割裂与共和人民党的传统关系，按照现代欧洲的社会民主路线重组共和人民党。1992年9月，巴伊卡尔领导部分成员和18名议员一起组建新的共和人民党，1995年两党合并后成为土耳其政坛最大的中左政党。

是修改选举法。1987 年议会选举实行超过 10% 全国配额的地区级配额制。① 1987 年 11 月 29 日，由于选举制度的修改，祖国党在获得较少选票的情况下获得更多议席：祖国党在此次议会选举中获得 36.29% 的选票和 292 个议席，而在 1983 年议会选举中获得 45.1% 的选票，却获得 211 个议席。② 社会民主平民党获得 24.7% 的选票和 99 个议席，正确道路党获得 19.1% 的选票和 59 个议席③，其他诸如民族行动党、繁荣党、民主左翼党等未突破 10% 的门槛限制而未能获得议席。尽管祖国党赢得 1987 年议会选举的胜利，但政府官员的腐败引发了民众对祖国党政府的信任危机，经济与政治的双重困境给执政党带来巨大压力。居高不下的通货膨胀率和反对党的猛烈抨击给厄扎尔制造了不小的麻烦，祖国党内部不和则动摇了其执政根基。祖国党的执政危机在 1989 年 3 月 26 日的地方选举中表现得淋漓尽致，伊斯坦布尔市市长贝德雷丁·达兰（Bedrettin Dalan）拒绝以祖国党名义参加选举；转而有谣言称祖国党伊斯坦布尔支部拒绝为贝德雷丁·达兰提供竞选支持，导致其在竞选中意外失败的结局，不能继续担任市长；祖国党在很多城市的分支组织通过抵制竞选表示对厄扎尔日趋专制的领导方式的不满，结果祖国党的支持率骤降到 21.8%，在 67 个市中仅仅赢得了两个市的选举。④ 另一个困扰祖国党的问题是党内对于厄扎尔的反对从未停止，媒体常常提及在大国民议会中，祖国党有一个"四十五人集团"，如果厄扎尔宣布竞选总统，这 45 位祖国党的议会代表不会支持厄扎尔的总统候选人身份。⑤ 无休止的内耗削弱了祖国党的实力。1989 年，凯南·埃夫伦卸任总统职务；10 月 31 日，厄扎尔在大国民议会第三轮投票中被选为第八任总统，担任总统后的厄扎尔宣布脱离祖国党，祖国党的选举优势更为下降。

20 世纪 90 年代以来，祖国党的相对衰落，繁荣党、正确道路党的兴起和民主左翼党的壮大导致民众支持率更为分散，政治分化使土耳其重

---

① Sabri Sayari and Yilmaz Esmer, *Politics, Parties, and Elections in Turkey*, p.61. 地区层次的配额是根据针对各选取议席的有效选票的简单比例计算的。任何候选人要赢得议会席位，他们的政党必须获得超过全国选票的 10%，而且政党的名单也必须获得地区这一级的配额，这对于小的政党进入议会是毁灭性的打击。

② Feroz Ahmad, *The Making of Modern Turkey*, London: Routledge, 1993, p.196.

③ Sabri Sayari and Yılmaz Esmer, *Politics, Parties and Elections in Turkey*, p.191.

④ Üstün Ergüder, "The Motherland Party, 1983-1989", p.161.

⑤ Üstün Ergüder, "The Motherland Party, 1983-1989", p.162.

新回到多党联合政府的时代，政治意识迥异的政党组成联合政府，右翼政党的相对衰落和伊斯兰政党的崛起成为这一时期的显著特征。从1991年大选到1999年大选，很少有联合政府任满一届，而且伴随着伊斯兰主义和库尔德民族主义的兴起，世俗的中右政党、民族主义政党和伊斯兰主义政党呈现合流的趋势，土耳其政坛再次呈现以共和人民党为代表的中左政党与以繁荣党和民族行动党为代表的中右政党的意识形态分歧。1991年议会选举中，正确道路党获得27.1%的选票和178个议席，祖国党获得24%的选票和115个议席，社会民主平民党获得20.8%的选票和88个议席，以繁荣党为首的选举联盟①获得16.9%的支持率和62个议席，民主左翼党获得10.7%的支持率和7个议席。② 德米雷尔领导的正确道路党成为议会第一大党，但并未达到单独组阁所需的相对多数。经过复杂协商后，正确道路党与社会民主平民党组建联合政府，祖国党沦为反对党。1993年4月17日，厄扎尔总统去世，德米雷尔当选为总统，坦苏·奇莱尔（Tansu Çiller）随之担任正确道路党领导人和联合政府总理。联合政府当政期间，其面临的主要问题是如何调适私有化与民主化政策。由于正确道路党坚持将国有企业卖给私人，而这造成高失业率，遭到社会民主平民党反对，双方意见分歧导致两党罅隙发生。再加上社会民主平民党的内部分化③，联合政府沦为仅得到225名议员支持的少数派政府，少数派政府的危机以组建正确道路党—共和人民党联合政府而得以化解。1995年9月21日，奇莱尔作为议会第一大党的领导人，被任命组建新一届政府，由于坚持组建一个由民族行动党和民主左翼党支持的少数派政府而招致党内外的反对，党内的反对以12名部长的辞职和脱离正

---

① 由民族行动党、繁荣党和改革民主党（Reformist Democracy Party）三个极右的小党组成选举联盟，其最终获得16.9%的支持率而成为议会第四大政治力量。

② Nilufer Narli, "The Rise of the Islamist Movement in Turkey", *Middle East Review of International Affairs*, Vol. 3, No. 3, September 1999, p. 40. 又见 Sabri Sayarı and Yılmaz Esmer, *Politics, Parties and Elections in Turkey*, p. 191。

③ 社会民主平民党中的相当一部分组织在Gürkan周围形成党内的左翼派别，占有该党53个议席中的35席，坚决支持采用民主化战略，指出其对联合政府的支持以联合政府实现政治制度的民主化为前提。由于民主化纲领并没有被联合政府贯彻，他们认为参与联合政府损害了该党的选举基础。

确道路党达到顶峰。12月,社会民主主义者在共和人民党①的旗帜下重新团结起来并选举德尼兹·巴伊卡尔为共和人民党领导人,加速了正确道路党—共和人民党联合政府的终结,但该联合政府持续到1995年大选之后。

1995年12月24日的议会选举,繁荣党赢得21.4%的选票和158个议席,祖国党赢得19.7%的选票和132个议席,正确道路党赢得19.2%的选票和135个议席,民主左翼党赢得14.6%的支持率和76个议席,共和人民党赢得10.7%的支持率和49个议席,其他参选政党由于未能突破10%门槛限制而未能获得议席。② 尽管繁荣党是议会第一大党,其组阁却遭到军方抵制。1996年3月,马苏特·耶尔玛兹(Masut Yilmaz)领导的祖国党与坦苏·奇莱尔领导的正确道路党组建少数派联合政府,耶尔玛兹任总理,奇莱尔任副总理。不久,繁荣党在议会中发起针对政府的不信任投票,该联合政府维持了11周便宣告解体。德米雷尔总统授权埃尔巴坎组建新政府,在耶尔玛兹拒绝与埃尔巴坎结盟后,身处窘境的奇莱尔为改变被动局面而同意与埃尔巴坎联合,组建以埃尔巴坎为总理的联合政府。1996年6月29日,繁荣党—正确道路党联合政府成立。尽管新政府宣称坚持凯末尔主义和世俗国家的既定方针政策,但埃尔巴坎政府遭到军方的质疑和反对,其复兴伊斯兰文化的举措引起军方不满,于是军方发动后现代政变,迫使正确道路党退出联合政府,埃尔巴坎被迫辞职。随后耶尔玛兹在德米雷尔总统的授权下联合埃杰维特组建联合政府。1998年11月,由于支持耶尔玛兹的商业贸易公司涉嫌违法操作,耶尔玛兹因面临指控而被迫辞职。美德党作为议会第一大党理应成为组阁的首选对象,但德米雷尔总统和军方却授权埃杰维特组建少数派联合政府。1999年4月18日,议会选举提前举行,民主左翼党获得22.2%的选票和134个议席,民族行动党获得17.9%的支持率和126个议席,美德党获得15.4%的支持率和102个议席,祖国党获得13.2%的支持率和88个议席,

---

① 1994年地方选举的结果对社会民主平民党和共和人民党产生很大触动,激发了他们统一的动力。1994年6月,社会民主平民党和共和人民党的2/3市长启动"基层统一运动"(Grass-Roots Unification movement)。1995年2月18日,在基层统一运动的压力下,社会民主平民党与共和人民党合并,Hikment Cetin当选合并后的政党领导人。但针对政党领导权的斗争此起彼伏,直到10月9日巴伊卡尔当选政党领导人。

② Sabri Sayarı and Yilmaz Esmer, *Politics, Parties and Elections in Turkey*, p. 191.

正确道路党获得 12.0% 的支持率和 88 个议席，其他参与竞选政党由于未能突破 10% 门槛限制而未能获得议会席位。① 此次选举体现了土耳其政坛的政治分化、中右政党正确道路党和祖国党的影响力的下降，土耳其人用"民主"的方式表达自己不满，把选票分别投给最不受欢迎，并在意识形态上处于反对派立场的民主左翼党和民族行动党，此即土耳其选举中的所谓"保护性投票"。② 议会选举之后，民主左翼党与民族行动党、祖国党组建联合政府，新政府从一开始就充满矛盾，各方在经济政策和政府工作的分配问题上、加入欧盟的民主化进程问题上、妇女是否戴头巾等问题上意见难以统一。③ 新政府成立后即面临严重的经济危机，为了尽快摆脱危机的困扰，联合政府采纳国际货币基金组织的稳定战略，但由于未能得到公众支持，导致其社会支持率下降。此时大国民议会内部议席的政党分布发生变化：1999 年大选后有 5 个政党在议会中拥有议席，美德党、民主左翼党的瓦解和新政党的形成使得到 2002 年 9 月议会中拥有议席的政党数目达到 11 个，新成立的正义与发展党和幸福党分别拥有 59 个和 46 个议席，民主左翼党的议席数量锐减到 58 席，59 名议员加入新成立的新土耳其党（The New Turkey Party）。当埃杰维特由于健康状况和严重的经济危机而导致民主左翼党—民族行动党—祖国党联合政府难以为继时，执政当局决定提前举行大选，这就为正义与发展党通过选举上台执政提供了重要条件。

第四节　土耳其经济模式的变迁

经济基础决定上层建筑，土耳其的政治转型和民主化进程与经济模式变革密切相关。亨廷顿认为，"向民主的过渡必定主要发生在那些中等

---

① Sabri Sayarı and Yılmaz Esmer, *Politics, Parties and Elections in Turkey*, p. 191.
② Frank Tachau, "Turkish Political Parties and Elections: Half a Century of Multiparty Democracy", *Turkish Studies*, Vol. 1, No. 1, 2000, p. 142.
③ Meltem Müftüler-Bac, "The Never-Ending Story: Turkey and the European Union", in Sylvia Kedourie ed., *Turkey before and after Atatürk: Internal and Ecternal Affairs*, London: Frank Cass Publishers, 1999, pp. 248-250.

经济发展水平的国家"①。土耳其现代化进程中的经济改革，实现从国家主义向进口替代的工业化模式再到出口导向的市场经济模式转型，逐步减少国家对经济活动的参与。新生民族国家的政治建构需要国家自上而下的强力推动，所以经历短暂的自由经济之后，需要实行国家主义的经济政策来维持凯末尔政权的威权政治特征。多党制启动后，为推动工业化发展而推行进口替代的经济模式，但持续的政治动荡和进口替代模式的固有弊端导致其经济发展缓慢，催生了伊斯兰经济实体的兴起和自由市场经济体制的推进，为正义与发展党的兴起提供了制度、人力和社会基础。

一 从国家主义向进口替代模式的转变

晚期奥斯曼帝国曾经进行经济现代化改革的尝试，但在西方入侵下并未建立民族工业体系，直到土耳其共和国成立，大部分地区仍然保持封建土地所有制的国有经济形式。土耳其共和国成立后，凯末尔政权在伊兹密尔召开了具有重大历史意义的经济会议，通过了《经济宣言》，强调实行资本主义制度；实施进口替代战略，立足国内原料建立和发展本国的轻、重工业；鼓励民族工商业发展，奖掖并保护本国的幼稚工业；对在国内的外资企业一律实行国有化；实现关税自主；发展金融事业，建立国营银行，对外资吸收和限制并用，但以限制西方垄断资本为主。②该宣言体现了新生的民族国家抵制西方控制和捍卫民族经济独立的立场，积极发展民族工业和强化基础设施建设的倾向，并在此后的经济实践中得以贯彻。尽管该宣言含有国家主义的基本要素，但也体现了对西方自由放任的经济政策的接纳，旨在为新生的共和国培养民族资本和民族资产阶级。为了迅速恢复民族经济，凯末尔政权采取私有化和国有化并举的措施和自由主义经济政策大胆吸引外资，以弥补资金和技术上的不足，并通过了在伊斯坦布尔设立自由贸易区的议案。由于外债负担过重，以及世界经济危机的冲击，私有部门发展十分缓慢，不得不放弃经济自由化的努力，回归贸易保护主义政策和国家主义的经济战略。

随着凯末尔政权的日趋巩固和世俗化改革的逐步推进，再加上席卷

---

① ［美］塞缪尔·亨廷顿：《第三波——20世纪后期民主化浪潮》，刘军宁译，生活·读书·新知三联书店1998年版，第70页。

② 参见姜明新《土耳其经济政策从自由主义到国家主义的演变》，《阿拉伯世界研究》2014年第6期。

全球的经济危机的冲击，土耳其逐渐放弃带有古典自由主义特征的经济政策，效仿苏联的计划经济模式，实行国家主义的经济政策，即经济由国家来控制。① 凯末尔指出："我们的国家主义不是 19 世纪社会主义思想家提出的政策。我们的国家主义产生于土耳其的需要，是适应土耳其特性的制度。"② 1929 年资本主义经济大危机爆发后，凯末尔政权及时推出国家主义政策，果断中止偿付奥斯曼帝国旧债，严控进口，实行外汇管制，并成立银行团保护持续贬值的里拉，以确保国家金融稳定。③ 与此同时，凯末尔政权重点在农业、金融和外贸领域调整政策。在农业领域，限制外国农产品进口，对国内主要农产品小麦实施价格保护，成立农产品管理局以保护价收购农产品，并对农产品收购和出口拨款补贴。在金融方面，大国民议会于 1930 年 2 月通过《稳定土耳其货币价格法》，授权政府干预汇率；3 月成立外汇管理局以稳定汇价；6 月成立土耳其中央银行，收回英国资本控制的奥斯曼银行的各项权力，实现金融民族独立和自主。在对外贸易方面，1929 年收回关税自主权后强化对外商的监管力度，规定凡是本国能够制造的商品一律禁止或限制进口，本国不能制造的征收 50% 的高关税，本国不能制造但属急需的予以免税。1932 年，土耳其设立对外贸易管理局，建立对外贸易清算制度，对贸易对象国实施配额管理。④ 这些举措既使土耳其能够应对经济危机的冲击，又加速境内外资企业的国有化，为国家主义的全面实施打下牢固基础。伊诺努政府在苏联专家帮助下制定五年发展计划，实现国家主义对经济建设的主导。"苏联从 1928 年开始的五年计划建设所取得的令世人瞩目的成就，使当时苏联的声势如日中天，而这时甚至连资本主义的西方也明显违背了自己的原则，依靠加强国家对社会经济事务的干涉来解救他们的危机。"⑤ 凯末尔政权在工矿业领域全面推进五年发展计划，投资兴建国营企业，发展消费品生产，赎买国内外资企业，推动交通运输等基础设施建设，减少进口以平衡外贸。1935 年，凯末尔对国家主义的经济政策做出如下说明："我们正在实行的中央集权下的经济统制是由土耳其本身需

---

① 黄维民：《凯末尔与国家主义》，《西北大学学报》（哲学社会科学版）1994 年第 4 期。
② 转引自王彤主编《当代中东政治制度》，第 489 页。
③ 姜明新：《土耳其经济政策从自由主义到国家主义的演变》，第 33 页。
④ 本部分参考姜明新《土耳其经济政策从自由主义到国家主义的演变》，第 34 页。
⑤ 彭树智主编、黄维民著：《中东国家通史·土耳其卷》，商务印书馆 2002 年版，第 223 页。

要促成的，是一种特有的制度。它意味着，在承认私人企业是主要基础的同时，也认识到许多活动没有开展起来，国家必须被赋予对经济的控制以应付一个很大的国家和一个伟大的民族的一切需求……国家要在尽可能短的时间内开展某些尚未由私人企业开展的经济活动，结果它成功地这样做了……我们选择遵循的道路是一种区别于经济自由主义的体制。"① 国家主义作为凯末尔威权政治体制的经济基础，为土耳其民族经济的发展做出突出贡献，但其推行过程中也遭到广泛争议。作为实行资本主义的国家，土耳其国家主义政策的实施导致强大的国家资本主导经济生活和市场竞争，这不仅导致国家资本对市场的垄断和权力寻租现象，而且导致生存空间大大缩小的私人资本的不满。在共和人民党内部也存在争议，伊诺努总理推崇苏联的快速工业化模式，认为只有尽快实现工业化才能保障国家安全。而凯末尔则坚持西方国家的自由主义经济政策，认为国有化政策与共和国成立后走向资本主义道路的扶植民族资本和民族资产阶级的政策定位不符。为了平息争议，凯末尔政权于1937年发布第3125号法令，对国家主义做出进一步解释："在经济和制造业领域，在私人投资感到困难时，则以国家经营的形式及更大的力量来从事。即在允许私人经营的同时，凡关系到公共生活及国家的和更高的利益所及的行业，由国家经营之。"② 这体现了对国家主义经济政策的调整。由于伊诺努总理与凯末尔总统的政见分歧，伊诺努在多方压力下被迫辞职，杰拉勒·拜亚尔接任总理职位，逐步恢复自由经济。1938年11月凯末尔去世后，伊诺努当选总统，重新引入国家主义经济政策。"凯末尔时期的经济政策，无论是早期从自由主义向国家主义转变，还是后期向自由主义短暂回归，都是土耳其领导人在复杂的国际背景下做出的理性选择。"③ 经济模式的转变顺应了凯末尔政权的经济发展需要，保证了凯末尔威权政治体制的稳定发展。但随着国际形势的变化，国家经济政策也不得不进行与时俱进的调整。在土耳其现代化进程中，政治层面的一党制向多党制的转变与经济层面的国家主义向自由主义转变表现为同步的趋向，国家主义逐渐让步于自由主义的经济模式，但是由于凯末尔政权时期并没有完全实现高度的国有化，所以这个转化过程中并没有出现大

---

① ［美］凯马尔·H. 卡尔帕特编：《当代中东的政治和社会思想》，陈和丰等译，第511页。
② 杨兆钧：《土耳其现代史》，云南大学出版社1990年版，第159页。
③ 姜明新：《土耳其经济政策从自由主义到国家主义的演变》，第39页。

规模的非国有化运动，所有制的混合结构，即私人经济与国有经济长期并存，构成土耳其共和国初期工业化进程的突出特征。

"二战"期间，土耳其由于大量出口战略物资而对外贸易兴盛，政府的庞大支出使商人、资本家大发其财，民族资产阶级迅速发展壮大，他们对国家主义的经济政策和经济上的家长制统治表示不满。"二战"后，土耳其国有资本经历了与国内私人资本及外国资本融合的过程，进而在国有经济领域形成一定程度的混合所有制。在国际格局变动的大环境下，土耳其逐渐开启融入世界体系的经济发展战略，进口替代的经济模式逐渐取代国家主义。土耳其政府采取的举措包括工业补贴、工业减税、限制进口、对欧美工业品征收高关税及控制汇率，旨在消除外国工业品对本国工业品的竞争。发展进口替代工业的重要形式是建立合资企业，由外资提供技术和原材料，本国提供资金和劳动力。进口替代战略在一定程度上刺激了土耳其民族工业的发展，加强了独立发展经济的能力，减少了经济的对外依赖程度，培养了部分专门技术人才和熟练劳动力，政府部门从中也获得了管理经济的经验和知识，从而推动了本国工业化的进步。但是，进口替代政策实施进口许可证制度，高关税政策和配额制，极大地限制了自由贸易的发展。20世纪六七十年代，土耳其的经济发展战略属于内向发展型，国家对经济的宏观调控比较严格，经济结构中国营经济的比重较大，经济发展较为迅速。

20世纪70年代的第一次石油危机导致石油价格上涨，倚重西方国家的土耳其贸易受到影响，频繁更迭的土耳其政府未能采取有效措施，导致国家的金融状况恶化。再加上土耳其经济过于依赖进口，亟须原材料、半成品和资本货物，而且它用于支付进口的外汇数额受到有限的出口创汇能力制约，国内生产总值中出口比例仅占4%—5%，导致经济易受内部和外部环境突发事件的冲击。与此同时，土耳其对贷款的需求大幅度增加。1973年，土耳其国营企业的贷款需求为2%，到1977年达到11%。而预算赤字的增加又带来通货膨胀，70年代后期的通货膨胀率从1975年的16%增加到1977年的68%[①]，紧接着就是国家紧缩银根，放慢经济增长速度几至于零。1977年年末，为了改变恶化的经济状态和维持收支平衡，土耳其求助国际货币基金组织和外国信用机构。1978年年初，国际

[①] 王鸿：《土耳其经济改革综述：从国家经济迈向经济自由化》，《经济师》1995年第3期。

货币基金组织实行债务清偿方案,将短期私人贷款(占总债务的 60%)转化成中长期贷款,考虑到 75% 的短期贷款都是私人贷款,国家的债务清偿能力进一步降低,1978—1980 年土耳其推迟清偿的债务占第三世界推迟清偿债务的 70%。① 伴随着严重的政治动荡,土耳其在 1979 年年底经历一次非常严重的外汇危机,无力进口原油等战略基础物资,通货膨胀加剧,失业率攀升。于是采取国际货币基金组织的方案,将其发展模式改为出口导向的工业化战略,以促进土耳其经济结构的调整和适应全球化发展的基本要求。1980 年 1 月 24 日,德米雷尔政府试图实施国际货币基金组织和世界银行支持的"结构调整和稳定纲领",减少政府对生产活动的干预,加强了市场的调节作用,推行出口型战略,大量吸收外资,具体措施包括:允许汇率、利率浮动,放松进口控制,鼓励出口和外国投资。6 月,国际货币基金组织同意土耳其实施经济自由化政策,要求其放开价格、修改汇率;放弃关税壁垒,停止赤字拨款,建立金融自由市场,为外国资本敞开国内市场;放弃国家定价的商品机制,实行私营企业商品价格的自由化,缩减农产品的收购补贴等,这些新政策抑制了通货膨胀,实现了国民生产总值的略微回升,但军事政变的发生使经济发展遭到冲击。

二 出口导向经济体制与经济危机

1980 年军事政变后成立的军方政权重组了国家与经济、国家与社会、社会与经济的关系。耶尔迪兹·阿塔索认为,土耳其发展模式的新自由主义重构既是受政治和官僚操纵、重新构建土耳其政治权力结构的过程,也是旨在转变其经济模式的行为。② 从 20 世纪 80 年代初开始,市民社会组织和社会运动都在为权利而斗争,以求重新诠释社会现实、重塑社会文化以及自我全新定位。土耳其政府推出经济稳定与自由化的一揽子方案,依据市场规律,利用经济工具进行改革。其一,利用汇率工具刺激出口。1981 年 5 月,中央银行开始实施每日汇率调整,土耳其里拉逐渐贬值,刺激了出口,遏制了进口。其二,尝试利率自由化。1980 年 7 月,政府开始放开利率,大量资金涌入金融领域,务实的利率政策加上务实

---

① M. Celasun and D. Rodrik, "Turkish Experience with Debt: Macroeconomic Policy and Performance", in Jeffrey D. Sachs ed., *Developing Country Debt and the World Economy*, Chicago: University of Chicago Press, 1991, p. 193.

② Yıldız Atasoy, *Islam's Marriage with Neoliberalism-State Transformation in Turkey*, p. 76.

的汇率政策，逆转了资本外流的趋势。其三，实施自由定价。军政府配合经济稳定增长的需要进行了配套的价格改革，取缔了价格控制局，允许自由定价，扭转了国有企业长期亏损的局面。其四，实行进出口贸易自由化改革。1981 年，对工业品出口商实行额外奖励及退税政策，减少对进口的限制，政府取消了全球配额。其五，开启国有企业的私有化进程。这标志着土耳其开始从国家主导的进口替代型经济模式向新自由主义市场经济的出口导向①模式的转变。具体措施包括进出口贸易自由化、鼓励出口导向的工业化和逐渐放松外汇限制等，以降低通货膨胀率和失业率，吸引外国直接投资和实现经济快速增长和收支平衡②。1982 年宪法保证私人所有制不受侵犯，规定国有企业的活动不应该破坏以私营企业为基础的市场经济模式，指出混合经济才是土耳其的经济发展模式，这为土耳其市场经济改革奠定了基调。1983 年恢复文官政府统治后，厄扎尔作为市场经济的设计师③推动自由市场经济模式在土耳其的实践。在价格改革方面：一是取消官方限价，着手进行价格改革，把部分国营企业卖给私人，并大力扶植私营企业；二是以高利率抑制通货膨胀；三是实行外币兑换自由和自由浮动汇率政策。在对外贸易方面：一是取消补贴出口政策，使出口商的商品机会均等，并根据出口商品的质量和出口量在税率上分别给予 5%—20% 减税优待；二是扩大给出口商的贷款，中央银行给出口商的贷款低于给其他部门的 7%；三是赋予出口商更多自由，减少针对他们的出口限制；四是鼓励给商品出口部门的投资倾斜；五是实行里拉对美元的贬值，以利于土耳其商品的出口。在引进外资方面，土耳其鼓励外国投资者积极地在土耳其投资建厂，政府在建厂和提供原材料方面给予优惠。1983—1984 年，土耳其通过一系列法律同意国有企业实行股份制和出租给私有公司经营。土耳其国营公司还发行营利股票，国家设立专业银行信贷机构——社会股份基金，通过鼓励居民积极储蓄

---

① 所谓出口导向战略是指采取各种放宽贸易限制和鼓励出口的措施积极引进外国资本和先进技术，充分利用本国优势条件，大力发展工业制成品和半制成品的出口以代替传统的初级产品出口，增加外汇收入，带动国内工业和经济的发展。

② Tevfik F. Nas, "Problems and Prospects: A Commentary", in Tevfik F. Nas and Mehmet Odekan eds., *Liberalization and the Turkish Economy*, New York: Greenwood Press, 1988, p. 185.

③ 厄扎尔作为新自由主义经济政策的制定和实践者，主张引入基于竞争的私人企业机制，实现私人利益的最大化。厄扎尔与土耳其的大资本家、美国政府和诸如国际货币基金组织、世界银行等国际机构联系密切。

来为国家的基础建设筹备必要的资金（如修路、桥梁和大型发电站等）。

祖国党政府的国有企业私有化战略遭到反对党质疑，认为此举将有可能使外国资本成为最大买家，导致国家重要经济领域处于外国控制之下。尽管如此，企业私有化仍然是祖国党执政期间经济发展的重要任务。国营公司的股份化得以逐步推进，1987年通过"拯救公司法"，规定无偿还贷款能力的公司要实行部分私有化，如果公司无能力偿还贷款，银行就可以成为股东，当银行占公司的股份达到15%的时候，就有权将超过部分的股票卖给第三方，这样逐步实现企业的股份化。还有股票转让的股份化形式，在住宅建设和社会股份董事会的一些家族公司之间互相交换国营企业、公司的股票，部分公司也实现了股权化。厄扎尔政府还于1984年1月出台鼓励出口的决议，规定了出口企业的优惠税率、低息贷款（为正常贷款利息的一半），出口单位获得可以购买用于偿还总数50%的优惠外汇，以及用于购买生产出口产品的先进国外设备所必需的外汇，那些最大的出口企业（年出口总额达3000万美元以上）还享有进口商品的特权。对合资企业制定有强制性的出口限额，如对载重汽车的出口限额为25%，小汽车为40%，食品为30%，家具为40%，服装为50%，同时还通过了"关于保护土耳其外汇汇率的规定"，所有出口单位必须在收到进款后不迟于3个月将80%的外汇存入土耳其银行。① 伊斯坦布尔证券交易所成为各类股票和证券交易的活跃市场，在动员和配置本国与外国资金方面发挥了重要作用。厄扎尔政府的政策实现了土耳其经济发展的根本性转变，从保护民族工业和限制进口到鼓励出口以赢得在世界市场上的竞争地位，使里拉贬值以增强土耳其产品的竞争力，实行高利率以打击通货膨胀，减少消费需要，实现低效率的国有企业的逐步私有化，政府投资大规模的基础设施项目，如博斯普鲁斯海峡第二大桥，爱琴海的石油开发项目，安纳托利亚的项目等，还有底格里斯河和幼发拉底河上的大坝和电力项目等，但通货膨胀率仍为40%。② 厄扎尔政府时期，土耳其经济从国家控制的保护主义经济模式向准市场经济过渡，市场经济体制基本确立。罗德里克（Dani Rodrik）认为，20世纪80年代土耳其经济相对成功的原因有：一是多边贷款机构——世界银行和国际货币基金

---

① 王鸿：《土耳其经济改革综述：从国家经济迈向经济自由化》，第25页。
② Douglas A. Howard, *The History of Turkey*, London: Greenwood Press, 2001, p.166.

组织鼓励土耳其以市场导向的改革,尤其支持其实行更加务实的汇率政策、贸易自由化、提高国内利率及国企管理的合理化。二是土耳其知识分子普遍认为,此间国内政治的走向及对工人权利自由的压制影响了土耳其经济发展。三是国际因素的影响,伊朗巴列维王朝的衰落,两伊战争期间土耳其商品大量出口伊朗和伊拉克等都创造了经济发展的机会。① 实际上,自由市场经济改革带来土耳其结构性改革,最直接结果是资本在经济和社会政策确定过程中的作用大大加强,国家对于经济的干预朝着有利于资本的方向重新调整,中央政府从生产者变为调整者,政府的部分职责转移到一些高级别的调整型机构,如金融调整和管理委员会(BDDK)等,以及一些涉及能源、电信、烟草等行业的相关机构。②

尽管祖国党并非伊斯兰政党,但厄扎尔在整合伊斯兰主义与民族主义的基础上,认为土耳其的经济发展应该建立在传统道德文化和伊斯兰教的合法性基础上,因此祖国党内部出现强大的亲伊斯兰力量,这对于建立伊斯兰文化观念与新自由主义发展项目之间的联系至关重要,也影响新兴伊斯兰经济实体的出现。③ 土耳其实施出口导向的自由市场化政策后,企业家与政府的关系发生急剧变化,一些成功的私人企业家占据管理层的关键位置。土耳其商界与外界的联系增加,积极开发外国市场。这些变化使土耳其新兴企业家阶层在制定政策方面更有话语权,逐渐成为土耳其现代化和民主化进程中一支有影响的力量。④

自由市场经济在释放土耳其经济活力的同时,也带来其自身无法避免的经济危机,所以,经济危机爆发频仍是 20 世纪 80 年代以来土耳其经济发展的痼疾。一方面,20 世纪 80 年代的土耳其自由主义经济从本质上来说是不稳定的,经济呈现巨额财政赤字和长期的高通胀率特征,其金融体系也不规范。⑤ 国际经济组织对土耳其经济自由化改革的参与为经济

---

① Dani Rodrik, "External Debt and Economic Performance in Turkey", in Tevfik F. Nas and Mehmet Odekan eds., *Liberalization and the Turkish Economy*, pp. 161-162.
② 李智育:《正发党执政期间土耳其民主巩固研究(2002—2014 年)》,第 66 页。
③ 参见 Yıldız Atasoy, *Islam's Marriage with Neoliberalism: State Transformation in Turkey*, pp. 77-100。
④ Mehmet Odekon, *The Costs of Economic Liberalization in Turkey*, pp. 143-144.
⑤ 参见 Ziya Öniş & Caner Bakir, "Turkey's Political Economy in the Age of Financial Globalization: The Significance of the EU Anchor", *South European Society & Politics*, Vol. 12, No. 2, June 2007, pp. 147-164。

的迅速发展创造机会，但也给土耳其经济带来潜在的危机。"这些国际机构（国际货币基金组织、世界银行和经济合作与发展组织）没有意识到，自由化政策加深了土耳其民众收入的不平等和社会分化，强化了宗教组织的社会影响，产生了强大的社会效应。"① 由于外债和贸易逆差增加，土耳其经济从80年代末陷入停滞：经济对短期资本流入过度依赖，结构性调整导致公共部门规模的缩小以及社会保障体系和劳工法的调整。经济自由化导致社会收入分配结构的变化，工人实际收入下降，失业率上升，许多人陷入贫困境地，经济上的不满催生伊斯兰经济获得较大市场，部分失业的工人和边缘化的小企业家对倡导正义秩序的伊斯兰政党颇有好感，部分被边缘化的中小资产阶级也将目光投向伊斯兰经济联合体和伊斯兰政党。

从20世纪80年代开始，厄扎尔政府积极推行国际货币基金组织的自由化政策，努力实现向市场经济转型，但由于缺少长期的出口促进战略，资本账户自由化导致投机性短期资本流入等，致使土耳其通货膨胀和失业率居高不下，这严重损害了中小资产阶级和下层民众的利益，加剧了国内不平等和两极分化状况。通货膨胀和两极分化加剧导致国家税收减少，卫生、教育和失业福利的公共投入相应不足。国际货币基金组织和世界银行等继续要求土耳其深化自由经济改革，要求政府紧缩开支，这就进一步牺牲了民众的利益。社会上的贫富分化和经济上的不平等导致民众对公平秩序的向往，对免费的教育、医疗和社会服务的渴望，这就增加了伊斯兰政党和伊斯兰宗教群体的吸引力。国家对社会组织权利自由的限制使处于社会底层民众在经济上更趋边缘化，社会不平等现象加剧。到20世纪90年代，土耳其经济深受通货膨胀的困扰，通货膨胀率经常保持在100%左右，外贸进出口不断恶化，作为农业大国却时常出现面包和黄油乃至烟草、食糖短缺的情况；旅游业又因恐怖活动而收入锐减，其他行业亦在世界石油价格上涨和经济紧缩政策的双重压力下日趋低迷；连续两次大地震的破坏性冲击更使得经济雪上加霜。经济的颓势引发了投资者和民众对政府驾驭经济能力的不信任，信心的丧失又反作用于经济，造成经济低迷的恶性循环。另外，国家高度保护的金融市场也存在垄断集中、效率低下的痼疾，造成外资和其他资金进入门槛的提高，金

---

① Mehmet Odekon, *The Costs of Economic Liberalization in Turkey*, p. 18.

融自由化改革的迟滞等。从 1991 年开始，土耳其进入新自由主义政策的主导性削弱、经济停滞、政治不稳定的时期。但由于新自由主义改革之前土耳其的银行业已经呈现寡头垄断的局面，且或多或少得到政府政策支持，造成外资和其他资金进入难度的提高，加上改革方案在实际推行中仍受到非政府设立的法律、规章等其他障碍的阻力，使土耳其金融自由化改革并未如设计者希望的那样实现"充分自由化"。相反，原有垄断者效率低下和缺乏竞争的弊端并未得到扭转，国有银行机构臃肿、人浮于事的现象特别严重。部分因被市场所淘汰的金融机构在政府或明或暗的补助下得以喘息，市场结构被大大扭曲，金融市场总体抗风险能力极弱。1994 年、1999 年和 2001 年经济危机背后的增长不稳定危机造成的恶性循环主要是脆弱的金融因素造成的，其并不能承载交易调停者的角色。20 世纪 90 年代，大约有 80 多家私人银行出现在金融领域。国家发行一年期的短期政府债务利率较高，到 1998 年，债券占国内债务的 50% 以上。① 私有银行和控股公司向国际市场借钱并将其贷给国家，获利 19%—30% 不等，远高于国际市场 10% 的盈利额。1980 年国债总数为 89230 亿美元，到 1999 年，国家为债券和短期国库券分别支付 1160 亿美元和 2420 亿美元，包括利息支出。预算支出的利息支付从 1980 年的 3.5% 增加到 2000 年的 52%。② 1999 年 2 月 22 日，土耳其政府宣布放弃对土耳其里拉的汇率管制后，土耳其里拉出现意料之中的崩盘局面，从 69 万里拉兑 1 美元暴跌到 100 万里拉兑 1 美元，这造成主要经济支柱之一的外贸进出口不断恶化，2000 年全年的经常账户赤字超过 100 亿美元。2000 年年末，土耳其爆发了严重的金融危机，普通民众、工薪阶层以及中小企业主损失惨重，很多受过良好教育的技术工人失业，中小企业的破产率飙升，土耳其首次出现小工匠、小店主、小企业主上街游行的情况。正义与发展党正是得益于民众对新自由主义经济政策造成的严重的经济危机不满，赢得了民众的广泛支持而走上政治舞台的核心。

三 伊斯兰经济实体的兴起与发展

土耳其的现代化过程伴随着经济模式变革和新社会阶层的出现。凯

---

① Mehtap Söyler, *The Turkish Deep State: State Consolidation, Civil-Military Relations and Democracy*, p. 149.

② Mehtap Söyler, *The Turkish Deep State: State Consolidation, Civil-Military Relations and Democracy*, p. 150.

末尔通过世俗化改革实现权力重构和国家重组，并培养出服务于新生国家发展需要的民族资产阶级。在国家主义的经济模式下，这些新兴民族资产阶级在掌握国家政权的同时控制了大部分社会财富，逐渐发展成为以凯末尔主义作为主导思想的工业家集团，后来成为工商业联合会（TUSIAD）①的核心力量。多党民主制启动后，随着经济模式的变革和政党政治的发展，安纳托利亚地区逐渐出现具有浓厚伊斯兰背景的小资产阶级阶层，他们借助宗教群体表达自己的政见，以增加对国家政治的影响力。不过，在国家主义和进口替代经济模式下，他们并没有发展壮大起来。厄扎尔领导的祖国党对土耳其政治社会的最大影响是通过经济自由化改革而催生一批新兴企业家。支持经济改革的企业家阶层将社会上的保守群体与正在改变的政治结构联系起来，这些新兴企业家阶层在一定程度上重塑了土耳其的政治蓝图。②"土耳其发展模式的新自由主义倾向不仅在于改变国家经济发展的模式，而且在于重构国家政治权力结构。"③ 经济自由化是新自由主义的延伸，是一种建立在资本—劳动关系上的意识形态，使财富和收入更多地集中到经济精英手中。④ 这些新兴企业家大多受惠于厄扎尔新自由经济政策，幼年时在相对落后的安纳托利亚地区生活，曾在努尔库运动、葛兰运动和纳格什班迪教团设立的宿舍和学习中心接受教育，并在大城市接受高等教育，因而保持了浓厚的伊斯兰认同。他们成年后在安纳托利亚地区建立了自己的中小型企业，对土耳其政府与大企业之间的关系感到不满，因为政府愿意让坚持凯末尔主义的大企业家承揽相应项目而排斥他们，将伊斯坦布尔的大资本家视为国家保护垄断的权力寻租者。厄扎尔政府的出口导向自由市场经济改革逐渐改变了新兴企业家文化和经济上的边缘化地位。正如雅乌兹所言，全球化浪潮为伊斯兰经济角色的演变和巩固打开了新的空间，新自由主义经济政策产生了新的伊斯兰角色，反之，这些角色产生了新的伊斯兰

---

① 土耳其工商业联合会成立于1971年，主要由以伊斯坦布尔为大本营的约300家大公司组成，是土耳其大企业构成的联合会组织，坚持凯末尔主义原则，与军方关系密切，支持土耳其加入欧盟，在土耳其经济发展中发挥重要作用。
② M. Hakan Yavuz, *Secularism and Muslim Democracy in Turkey*, pp. 267-268.
③ Yıldız Atasoy, *Islam's Marriage with Neoliberalism: State Transformation in Turkey*, p. 76.
④ Mehmet Odekon, *The Costs of Economic Liberalization in Turkey*, p. 146.

话语和实践。① 新兴的安纳托利亚企业家依托穆斯林身份对国家政策进行挑战，穆斯林身份被他们当作攫取市场份额的工具。

　　新兴安纳托利亚企业家也被视为新商业精英，他们大多出生于安纳托利亚地区的乡镇，父辈大多是小店主、小商人、农业资本家和公务员，他们通过在大城市接受高等教育跨入中产阶级的行列。新商业精英的迅速出现和快速发展体现了新自由主义政策带来的政治、经济和文化转变，支持了私人企业家精神和企业文化。雅乌兹指出，安纳托利亚新商业精英是建构土耳其伊斯兰政治话语的主要力量，他们借助伊斯兰话语应对关于民族身份、国家与社会关系等话语，整合传统伊斯兰主义与西方思想，通过开办双语学校、出版报刊、开办电台和电视台，对坚持凯末尔主义的世俗精英对经济、文化和教育领域的垄断提出挑战，并成为其强有力的竞争对手。② 20 世纪 80 年代，新商业精英纷纷成立中小规模的企业，这些公司号称"安纳托利亚之虎"（Anotaolian Tigers），他们组成独立工商业联合会（MÜSİAD）③ 来争取相应的权利和利益，抗衡世俗商业精英控制的大企业组成的"土耳其工商业联合会"。尽管组成独立工商业联合会的部分公司起源可以回溯至 20 世纪 70 年代，但近一半的独立工商业联合会公司成立于 20 世纪 80 年代，1/3 成立于 20 世纪 90 年代，这说明新自由主义政策为这些企业发展提供了沃土。这些公司大多是家庭所有的中小规模企业，雇用不超过 100 名员工。20 世纪 90 年代后期，其总资产约占国民生产总值的 10%，投资额大约为 25 亿美元。④ 大部分公司在伊斯坦布尔开展经济活动，近一半的公司位于安纳托利亚地区的省会城市和城镇，特别是科尼亚（Konya）、开塞利（Kayseri）等宗教氛围相对浓厚的城市。这些公司在劳动密集型的领域，诸如纺织业、皮革业、

---

① M. Hakan Yavuz, "Introduction: The Role of the New Bourgeoisie", in M. Hakan Yavuz ed., *The Emergence of a New Turkey: Democracy and the AK Parti*, pp. 4-6.

② M. Hakan Yavuz, *Islamic Political Identity in Turkey*, New York: Oxford University Press, 2003, pp. 265-274.

③ 土耳其独立工商业联合会由虔诚的伊斯兰商人埃洛勒·亚拉（Erol Yarar）筹建成立于 1990 年 5 月 5 日，主要由源于安纳托利亚的中小企业组成，亚拉担任联合会主席至 1999 年 5 月，此后由阿里·拜拉谟鲁（Ali Bayramolu）接任主席一职。独立工商业联合会的第一个字母缩写为 M，通常被视为代表"Muslim"（穆斯林）而非"mustakil"（独立）。有些学者将独立工商业联合会翻译为独立工商业协会，本书在引文中使用原作者的用法，并没有统一为独立工商业联合会。

④ Ayşe Buğra, "Class, Culture and State: An Analysis of Interest Representation by Two Turkish Business Associations", *International Journal of Middle East Studies*, Vol. 30, No. 4, 1998, p. 529.

服装业、建筑业、食品加工业和运输业等表现更为突出,这些行业由于出口导向工业化战略的实施而增长迅速。20世纪90年代中期,这些公司开始聚焦食品杂货零售业、家具制造业、计算机和电子产品、建筑、汽车、旅游、传媒和伊斯兰银行业,发展国际联系和整合进国际市场。

独立工商业联合会利用对逊尼派伊斯兰教的解释将不同的商业群体凝聚在一起,明确表示保护欠发达地区小企业的利益,主张自由贸易;将伊斯兰教作为所有成员协作和统一的基础,认为伊斯兰教是创建安全市场和投资来源的重要途径。独立工商业联合会经常组织研讨会、发布技术和与市场相关的信息,组织国际贸易博览会,建立与外国的进出口联系,参加国际贸易博览会,组织诸如外语、现代管理等方面的培训,培养成员间的团结意识,建立彼此之间的联系网络。① 独立工商业联合会最多时汇聚了大约3000名成员,代表1000多家分布在不同地区、具有不同规模附属于伊斯兰力量的企业,其不仅仅是经济参与者,而且是从事社会和经济活动与功能的宗教实践者,还是国营企业的私有化和商业化的积极推动者。独立工商业联合会的话语不仅使自由市场政策合法化,而且使其成为对抗世俗精英的重要力量。独立工商业联合会要求其成员在不牺牲伊斯兰道德的前提下尽一切努力参与市场经济,代表了新的边缘化商业阶层的利益,体现了他们联合起来应对世俗商业精英挑战的信心和勇气。作为支持伊斯兰复兴的经济组织,尽管独立工商业联合会与伊斯兰政党和伊斯兰组织并没有直接联系,但其利用雄厚的经济实力支持伊斯兰政党的竞选,对伊斯兰政党的选举胜利提供了经济保障,并推动政治和文化领域伊斯兰复兴运动的高涨。"(独立工商业联合会)协会的发展与政治伊斯兰运动的发展并行不悖。协会努力把资本主义的经济体制原则与伊斯兰信仰和生活方式相结合,其成员支持政治伊斯兰,也得到了政治伊斯兰的支持。协会的很多成员都曾就读于一流的国家公立大学,这使得他们有机会向上流动。同时,协会的大部分成员有些是从附近的古兰经学校,有些是从家庭成员那里接受过非正式的宗教教育。宗教道德教育帮助他们思考经济活动中的经济理性与个人利益和伊斯兰伦理间的关系。……协会成员在工业关系中强调伊斯兰和谐及兄弟情谊,

---

① Haldun Gulalp, "Globalization and Political Islam: The Social Base of Turkey's Welfare Party", *International Journal of Middle East Studies*, Vol. 33, No. 3, August 2001, p. 439.

以战胜潜在的经济利益冲突。"①

20世纪90年代，独立工商业联合会以支持"伊斯兰经济""无息金融"等经济模式支持繁荣党的"正义秩序"口号以吸引下层民众。繁荣党的口号是"重建伟大的土耳其"，试图依靠安纳托利亚资本建立民族工业，让处于国家边缘的"安纳托利亚小虎"取代凯末尔主义中心的经济力量。通过国内外的穆斯林资金，繁荣党较快地组织起支持自己的企业家阶层，培养了穆斯林知识分子和媒体。这些以前被世俗主义精英边缘化的传统力量进入国家中心体系，赢得了政治权力、社会地位和学术威信。在新兴伊斯兰资金的支持下，之前一直被边缘化的苏非教团和伊斯兰社团通过新颖的社会网络、印刷技术、大众传媒为宣传自己的思想和纲领创造出很大的机会空间，伊斯兰政治话语通过这些空间和媒介而逐渐成熟且影响日趋广泛。在繁荣党与正确道路党联合政府短暂的执政时期，独立工商业联合会成员经常陪埃尔巴坎总理出访伊斯兰国家，并通过政府代表团获得不少外贸合同。在分配国际货币基金组织贷款额时，联合政府甚至给予独立工商业联合会成员优先分配的待遇，这些贷款对于独立工商业联合会企业的发展产生了促进作用。在1997年的"2·28进程"中，独立工商业联合会也成为被攻击的目标，很多成员被列入贸易黑名单，从此开始强调其贸易身份地位而避免提及伊斯兰身份。独立工商业联合会努力在现有条件下，在经济和政治结构与社会结构之间、特别是与宗教结构之间建立平衡，以缓解与执政党之间的紧张关系。独立工商业联合会的变化带来两个后果：一是开始接受新自由主义模式，放弃以前的"伊斯兰经济"；二是导致美德党中的改革派与保守派分裂后组建了正义与发展党。所以正义与发展党从建党之始放弃寻找替代新自由主义的伊斯兰模式，努力与自由市场模式以及国际金融机构保持和谐，因此得到独立工商业联合会的支持，部分独立工商业联合会成员还曾作为正义与发展党的代表进入议会。

由于独立工商业联合会也将市场经济作为追求的目标，融入世界市场和实现利润的最大化也是其终极追求，所以当市场经济体制逐渐趋于成熟时，工商业联合会和独立工商业联合会的界限日益模糊。尽管独立工商业联合会在1997年"后现代政变"之后与各个政党保持一定距离，

---

① 李智育：《正发党执政期间土耳其的民主巩固研究2002—2014》，第138页。

然而该组织的主导思想与正义与发展党的政治纲领出现重合,完全支持其正义与发展、民主与秩序的纲领。近年来,独立工商业联合会支持正义与发展党政府的入盟战略,支持其推行的民主化改革,认可政府在加入欧盟和解决塞浦路斯问题方面所采取的政策,承认政府在财政稳定、控制通货膨胀和后危机时代的经济恢复方面取得的成绩。在全球化背景下,正义与发展党的社会基础出现重新洗牌的现象,独立工商业联合会和工商业联合会也出现交融的趋势。这充分说明随着经济模式的日渐成熟,土耳其伊斯兰主义者的主导话语、社会基础和政治纲领都发生了相应的变化,这也充分体现了市场经济发展对社会阶层分化和社会结构重塑的影响。

第二章　土耳其正义与发展党的执政理念

"执政理念是政党执掌国家政权所持有的一系列价值观念的总和。包括执掌政权的宗旨、目的和执政的主要任务，以及实现任务所需要的执政方针、方略及主要方法等。"① 执政理念作为政党指导思想，指引政党组织系统的各个方面。有学者认为，一个政党组织系统应该包括五个方面的要素：一是设置合理的组织机构，二是明确的政党纲领，三是信仰坚定的政党成员，四是具有号召力的政党领袖，五是完善的政党制度安排。② 所有这些要素都可以作为政党执政理念内涵与外延的逻辑延伸，正义与发展党也同样如此。正义与发展党成立以来，政治精英对于政党发展不可或缺，其通过党内政治精英的权力角逐和复杂斗争而逐步确立埃尔多安的威权统治地位，确立"保守的民主"的主导意识形态，逐步巩固其社会基础和完善其组织机构，成为伊斯兰世界寻求民主的新兴政党，其治国理念和执政实践一度成为诸多国家谋求政治变革的模板。大体而言，正义与发展党努力通过塑造社会主流意识形态而逐步实现价值引领功能、巩固合法性功能、凝聚人心功能和政治约束功能，这在强化其统治地位的同时也带来诸多挑战。

第一节　正义与发展党的政治精英

尽管土耳其民主化进程实现了一定程度上的政治动员，扩大了民众的政治参与，但国家政治生活中精英与民众的二元对立仍然存在，鲜明的精英政治色彩延续至今。对于执政党而言，无论是加强政党的中央组

---

① 周敬青等：《中外执政党治党与理政研究论纲》，第7页。
② 参见黄大熹、周娟、田松柏《政党组织机构的基本要素解析》，《中共浙江省委党校学报》2009年第5期。

织权威，还是拓展基层组织的政治功能，都要落实到党员的行动上，因此，塑造一支能力过硬、具有凝聚力和政治影响力的党员队伍是保持政党执政能力的重要活动。在党员队伍中，培养政治精英无疑是政党自身发展乃至执掌国家政权的关键。米尔斯把精英界定为政治、经济和军事集团内部能够对国家事务做出决策的人。① 当今社会，精英有不同的分类，按照土耳其政治发展的传统分类一般分为国家精英和政治精英。国家精英主要包括军队、文官僚、高级司法机构人员等；政治精英则包括执政精英和反对党精英。正义与发展党意识形态的形成、执政理念的确立、选举优势的奠定等与党内政治精英的推动密切相关。自 2001 年正义与发展党成立以来，为数不多的政治精英垄断着国家权力，履行着政治职能，影响着土耳其政治发展方向。以雷杰普·埃尔多安、阿卜杜拉·居尔、艾哈迈德·达武特奥卢、比纳利·耶尔德勒姆为代表的政治精英为正义与发展党的执政理念形成、蝉联执政和实现总统制发挥了不可或缺的作用，所以探索政治精英的人生经历、政治理念对于剖析正义与发展党的执政理念和实践具有重要意义。

一　雷杰普·埃尔多安

雷杰普·埃尔多安可谓现代土耳其历史上颇具个人魅力的政治家，也是当代中东政治舞台上颇具争议的人物，当选美国《时代》杂志 2011 年度人物，被《经济学家》称为"新时代的苏丹"。从 2003 年担任总理以来到 2018 年获得实权制总统位置，已经执掌权柄二十余年，被诸多媒体认为其在土耳其的影响和地位仅次于国父凯末尔。埃尔多安及其领导的正义与发展党政府实现了土耳其政治经济的高速发展，但复杂的权力斗争和政治角逐又给土耳其的发展带来诸多挑战。

1954 年 2 月 26 日，埃尔多安出生于黑海沿岸里泽市（Rize）的普塔米亚（Potamya），13 岁时举家迁往伊斯坦布尔市的卡西姆帕夏区（Kasımpaşa）。他的父亲是国家海事局的一名舰长，母亲是家庭主妇。埃尔多安童年时走街串巷卖过柠檬汁、香料、面包和纯净水等，较早体会到下层民众的疾苦；在伊玛目—哈提普学校接受过中学教育。他曾说："我所有的一切都得益于伊玛目—哈提普学校，我的生活轨迹在那时已经确定下来，我在那里学会爱国、爱他人、服务国家、信仰安拉、礼

---

① ［美］美尔斯·赖特·米尔斯：《权力精英》，徐荣、王崑译，南京大学出版社 2004 年版。

拜、团结他人等。"① 从伊玛目—哈提普学校毕业后，埃尔多安进入伊斯坦布尔马尔马拉大学经贸学院，1980年获得学士学位。他精通阿拉伯语，略懂英语，曾在不同的私营食品公司做过行政管理工作。埃尔多安所居住的卡西姆帕夏区邻里关系融洽。埃尔多安曾说，"我的男子汉气概，勇敢和守纪律的品质都来自于本地文化的影响。"② "有两个人应该尊敬，一个是传授知识的导师，另一个是父亲。婴儿也应该被尊敬，因为他们是希望的象征。"③ 埃尔多安的小学教师曾推荐他就读毗邻卡西姆帕夏区的金角（Golden Horn）伊玛目—哈提普学校，这为培养其虔诚的信仰创造了重要条件。埃尔多安经常吟咏带有苏非主义色彩的诗歌来抒发感情，曾在1973年《伊斯坦布尔日报》举行的学生诗歌朗诵比赛中获得冠军。

埃尔多安于1969年开始参加民族秩序党和民族拯救党的智囊团组织——民族观协会，后加入伊斯坦布尔地区的民族拯救党青年组织，1984年成为繁荣党贝伊奥卢（Beyoglu）区民族拯救党的青年组织领导人，1986年当选为繁荣党中央行政委员会委员，1989年作为繁荣党候选人竞选贝伊奥卢区长一职，但未能成功。他曾要求向穆斯林开放圣索菲亚（Ayasofya）④ 的礼拜，宣称如果当选市长将邀请皮尔卡丹公司（Pierre Cardin）进行戴头巾的时装展览。1994年3月，埃尔多安代表繁荣党当选伊斯坦布尔市市长，大力推进伊斯坦布尔的市政发展。他曾告诫左右："不要忘记，我们并非单一社团，而是政党。我们是土耳其的政党，因而应该向每个人伸出自己的双手。"⑤ 这体现了政治家的手段。

埃尔多安担任伊斯坦布尔市市长期间，表现出强烈的伊斯兰倾向。1997年，他主张在伊斯坦布尔的塔克西姆广场建造一座清真寺，后由于遭到世俗主义者批评而放弃。同年在锡尔特（Siirt）的演讲中，埃尔多安

---

① Metin Heper and Şale Toktaş, "Islam, Modernity and Democracy in Contemporary Turkey: The Case of Recep Tayyip Erdogan", *The Muslim World*, Vol. 93, No. 2, April 2003, p. 162.

② Metin Heper and Şale Toktaş, "Islam, Modernity and Democracy in Contemporary Turkey: The Case of Recep Tayyip Erdogan", p. 162.

③ Metin Heper and Şale Toktaş, "Islam, Modernity and Democracy in Contemporary Turkey: The Case of Recep Tayyip Erdogan", p. 161.

④ Ayasofya 即拜占庭帝国时期的圣索菲亚大教堂，1453年奥斯曼帝国攻克伊斯坦布尔后将其改为清真寺，1934年，土耳其将其改为国家博物馆。2020年7月10日，土耳其最高行政法院废除将其改为博物馆的决定，埃尔多安总统下令将其变为清真寺。

⑤ Metin Heper and Şale Toktaş, "Islam, Modernity and Democracy in Contemporary Turkey: The Case of Recep Tayyip Erdogan", p. 166.

开头引用格卡尔普的诗歌:"宣礼塔是刺刀,穹顶是头盔,清真寺是兵营,信徒是士兵",指出"从马拉兹格瑞特(Malazgrit,塞尔柱苏丹 Alparslan 打败拜占庭帝国的地方)到恰纳卡莱(Canakkale,"一战"中土耳其人成功阻止协约国军队的地方),我们祖先取得连续胜利的动力是信仰统一和团结。居住在土耳其的所有兄弟彼此接受而不被歧视,将来也会如此。我们拥有同样的道德,我们都是土耳其公民……对我们而言只有唯一的祖国"。① 他想借这些诗句和言论表达对祖国的深厚感情,但军方和世俗主义者将其视为试图实施沙里亚法的证据而将其逮捕。在受审期间,图尔汗·尤斯(Turhan Tufan Yuce)指出:"对他(埃尔多安)激发民众宗教仇恨的指控只是反对者的一个策略,因而是非法的。"② 尽管如此,国家安全法院以埃尔多安煽动民众的宗教仇恨和试图建立伊斯兰国家的罪名判处其一年零四个月监禁,后缩短为十个月,并禁止其五年内参政。

繁荣党解散后,埃尔多安加入美德党,逐渐成为伊斯兰改革派领导人物。美德党被取缔后,埃尔多安联合改革派和中右政治力量组建正义与发展党,由于仍然处于被禁止参与政治活动的状态,所以将阿卜杜拉·居尔推上总理职位。2003年,埃尔多安通过居尔政府的修宪活动当选总理,并在2007年、2011年大选后蝉联总理职位。2014年,埃尔多安当选总统;2018年,埃尔多安赢得总统制下的首次大选而担任总统;2023年,再次赢得总统大选。埃尔多安的执政实践是其政治理念逐步完善和实施的过程,根据对埃尔多安言论和研究成果的分析,大体将其政治理念概括为如下四个方面。

一是埃尔多安坚持宗教的道德塑造功能,但反对利用宗教实现政治目的。埃尔多安强调将伊斯兰教作为个人道德的唯一来源和日常生活的指导,最初认为沙里亚法是一种穆斯林日常生活的规范,是穆斯林日常信仰的组成部分,"赞念真主,我们都来自沙里亚法"③。埃尔多安认为,99%的土耳其人都将伊斯兰教作为一种生活方式,古兰经和圣训并非关于

---

① Metin Heper and Şale Toktaş, "Islam, Modernity and Democracy in Contemporary Turkey: The Case of Recep Tayyip Erdogan", p. 172.
② Metin Heper and Şale Toktaş, "Islam, Modernity and Democracy in Contemporary Turkey: The Case of Recep Tayyip Erdogan", p. 172.
③ 转引自 Zeyno Baran, *Torn Country: Turkey between Secularism and Islamism*, p. 45。

国家性质的规定,而是关于统治者如何进行统治的规定。① 他经常运用伊斯兰术语,如他将父亲把家从黑海地区迁到伊斯坦布尔比作徙志;在担任伊斯坦布尔市市长时,宣称自己是城市中的伊玛目,并辩解道:"当你们听到伊玛目这个词语时,你只是想到清真寺的领拜人,而在伊斯兰教中,伊玛目指的是拥有权威进行统治的人。"② 埃尔多安还强调伊斯兰教对于重塑社会道德价值的重要性:(1)强调政治中道德、信任和品质的重要性;(2)认为宗教是最重要的人本主义制度之一;(3)宣称忠诚于共和国的宪政主义原则;(4)认为世俗主义是指导国家而非个人的原则,这样世俗主义是自由与社会和谐的手段和对意志自由的保证;(5)反对利用宗教和道德来谋取政治利益;(6)承诺实现民族道德以及与世界的平衡;(7)强调政治生活中互相尊敬、和平共处和协作的重要性;(8)谴责个人统治,强调集思广益、群策群力;(9)将联合国宪章和欧洲联盟基本权利宪章作为保护人权和基本自由的准则。③ 但当埃尔多安担任正义与发展党领导人时逐渐摒弃了伊斯兰立场,并及时调整其思想。"利用宗教来实现政治利益是不合适的,我们相信宗教是实现个人幸福的手段。同样,宗教是人们得以表达思想和信仰的艺术手段……然而我反对为了此目的而实现宗教政治化。"④ 在服刑结束后,他指出:"我们现在不应将宗教象征用于政治实践中,而是指导信徒如何参与政治。也就是说,不再运用导致世俗政权反感的宗教话语。"⑤ 他还支持土耳其加入欧盟,这说明其逐渐调整宗教立场而逐渐趋于务实开放。

二是埃尔多安主张伊斯兰教与民主的调和。埃尔多安作为坚持中右立场的政治家,努力谋求调和伊斯兰传统与现代政治理念。他认为民主是拯救众生的手段,来源于伊斯兰教的舒拉(shurah),"我认为自己是一

---

① Metin Heper and Şale Toktaş, "Islam, Modernity and Democracy in Contemporary Turkey: The Case of Recep Tayyip Erdogan", p. 170.
② Metin Heper and Şale Toktaş, "Islam, Modernity and Democracy in Contemporary Turkey: The Case of Recep Tayyip Erdogan", p. 164.
③ Metin Heper and Şale Toktaş, "Islam, Modernity and Democracy in Contemporary Turkey: The Case of Recep Tayyip Erdogan", p. 176.
④ Metin Heper and Şale Toktaş, "Islam, Modernity and Democracy in Contemporary Turkey: The Case of Recep Tayyip Erdogan", p. 171.
⑤ Metin Heper and Şale Toktaş, "Islam, Modernity and Democracy in Contemporary Turkey: The Case of Recep Tayyip Erdogan", p. 175.

个民主主义者,我的信仰和思想是与民主相符合的。在我看来,民主即为尽可能广泛地征求意见和协商"①。"我们相信民主从来不是目标,其仅仅是工具。"② 他指出民主不仅仅是选举,还包括指导和监督那些当权者。他认为真主的允准是至关重要的,因为真主是所有善行的来源。"对我而言,最重要的事情不是成为别人的奴隶,而是奉行真主的意愿"③。他认为,人们之间应该互相爱护,这样才能得到真主的赏识和允准。在埃尔多安看来,土耳其首先应该建立强大的经济基础和捍卫真正的民主,确立基于法治原则的民主和以人为本的政治,民主和道德、现代化和人道主义同等重要。他又认为,"将民主视为不可缺少的生存前提的想法是错误的,每种制度的好与坏取决于掌权的人,例如在一些王国也存在民主……"④ 他还倡导"一人、一票、一次"。上述论述说明埃尔多安的民主观是混乱的,其诸多话语基于宣传和动员的需要,并没有形成系统的理论,这也导致正义与发展党的意识形态处于不断的调适中。需要指出的是,埃尔多安尊重土耳其的运行规则。在1998年被判入狱时,他批评法院而非政府,"原则上我们尊重司法统治,但这并不意味着我们全盘接受非公正的法院判决……另一方面,我们将在民主框架下行使自己的全部权利,同时要求其追随者通过民主选举的形式推翻现任政府"⑤。

三是埃尔多安主张重新解释世俗主义。埃尔多安没有触碰土耳其世俗主义的红线,因为凯末尔主义作为1982年宪法的前三个不可更改的条款是不可违背的,但他要求根据时代需要重新解释世俗主义。他认为,世俗主义对民主而言是必要的,但它不应该界定民主的界限。⑥ "作为穆斯林,我试着履行宗教义务。我对安拉负责,安拉创造了我,我试着完成宗教义务。然而现在我试着使他远离我的政治生活,使其成为个人私事。政党不能信仰宗教,信仰是个人的事情。个人不能利用宗教,宗教

---

① Metin Heper and Şale Toktaş, "Islam, Modernity and Democracy in Contemporary Turkey: The Case of Recep Tayyip Erdogan", p. 167.
② 转引自 Zeyno Baran, *Torn Country: Turkey between Secularism and Islamism*, p. 45。
③ Metin Heper and Şale Toktaş, "Islam, Modernity and Democracy in Contemporary Turkey: The Case of Recep Tayyip Erdogan", p. 169.
④ Metin Heper and Şale Toktaş, "Islam, Modernity and Democracy in Contemporary Turkey: The Case of Recep Tayyip Erdogan", p. 167.
⑤ Metin Heper and Şale Toktaş, "Islam, Modernity and Democracy in Contemporary Turkey: The Case of Recep Tayyip Erdogan", p. 167.
⑥ 朱传忠:《土耳其现任总理埃尔多安》,《国际资料信息》2012年第12期。

如此神圣所以不能被利用。"① 他强调世俗主义就是要效仿西方使宗教信仰成为公民个人的私事，而非凯末尔主义框架下国家对宗教的控制，他还寻求重构凯末尔主义框架下的世俗主义。塞泽尔总统在2004年9月24日的一次研讨会上宣称："世俗主义应该是一种由个人选择的生活方式，一个世俗的人应该是将宗教置于意识的神圣地位，并不允许其信仰影响这个世界。"② 埃尔多安对此回应道，"阿塔图尔克没有提出或许诺一种意识形态，也没有把一种意识形态强加给人民。理性是其世界观基础，旨在通过理性和现代生活的现实建立现代文明。……共和主义、民族主权、民族国家和世俗主义是土耳其国家的基本原则"。③ 这种世俗主义的定位和立场直接影响了正义与发展党的施政纲领。

四是埃尔多安坚持强烈的民粹主义立场。埃尔多安出身于草根阶层，早年的生活经历使他体会到精英与民众的二元对立。尽管本人已通过大学教育跨入社会精英阶层，但其与普通民众之间的密切关系使其能够体察民众疾苦。他曾说："在这个国家有黑土耳其人和白土耳其人之分，你们的兄弟Tayyip属于黑土耳其人。"④ 这就使他与具有强烈精英背景的政治家形成鲜明对比。他在1998年被监禁之前说："我希望体察民间疾苦和冤枉，而这些通常隐瞒在家中……因为我是你们中的一员，我希望听到你们的声音。我不后悔自己所做的事情，因为这是我们共同努力的结果。"⑤ 他由此赢得一大批中下社会阶层的支持，也得到与其具有相似社会经历的阶层支持，这是正义与发展党上台后推行一系列服务民生举措的原因之一。他还具有强烈的民族情怀，为了解决世纪之交的经济危机，土耳其政府聘请世界银行的经济学家凯末尔·德瑞斯（Kemal Derris）来帮助恢复经济，埃尔多安对土耳其人不能解决经济危机而感到懊悔。他支持土耳其加入欧盟，但强调加入欧盟的同时不能抛弃自己的文化传统，

---

① M. Hakan Yavuz, *Secularism and Muslim Democracy in Turkey*, p. 133.
② Ahmet T. Kuru, "Reinterpretation of Secularism in Turkey: The Case of the Justice and Development Party", in M. Hakan Yavuz ed., *The Emergence of a New Turkey: Democracy and the Ak Parti*, p. 136.
③ M. Hakan Yavuz, *Secularism and Muslim Democracy in Turkey*, pp. 133-134.
④ Metin Heper and Şale Toktaş, "Islam, Modernity and Democracy in Contemporary Turkey: The Case of Recep Tayyip Erdogan", p. 162.
⑤ Metin Heper and Şale Toktaş, "Islam, Modernity and Democracy in Contemporary Turkey: The Case of Recep Tayyip Erdogan", p. 164.

宣称"全球视角，本地立场"。所有这些都使得埃尔多安在21世纪的中东政治舞台独树一帜，也影响了正义与发展党政府的政策方针。

二 阿卜杜拉·居尔

阿卜杜拉·居尔（Abdullah Gül）是正义与发展党执政期间举足轻重的政治人物，既是埃尔多安的得力助手，又是土耳其政治转型的重要推动者，后期因与埃尔多安的政见歧异遭排挤而退出政治舞台。

1950年10月29日，阿卜杜拉·居尔出生于安纳托利亚地区开塞利省的一个虔诚的穆斯林家庭。他的父亲艾赫麦特·哈米迪·居尔对伊玛目和苏非长老非常尊重，因而给儿子取名为阿卜杜拉，意为"真主的仆人"。1968年，居尔考入伊斯坦布尔大学，作为右翼力量的代表积极参与对抗左翼团体的政治斗争。居尔接受伊斯兰诗人内斯普·法兹尔·基萨库雷克（Necip Fazil Kisakurek）的思想，认为土耳其的西方化破坏了传统文化精神和道德价值，只有重现辉煌才能解决当前社会问题。居尔在伊斯坦布尔大学攻读博士学位期间，获得伊斯兰基金组织的资助前往伦敦和埃克塞特进行科学研究，正是这种经历为居尔抛却狭隘的宗教民族主义而走向多元主义奠定了基础。访学结束后回到土耳其参加萨卡里亚大学工业工程学院创建工作，并于1983年获得伊斯坦布尔大学博士学位。1983—1991年供职于吉达的伊斯兰发展银行。1991年开始步入政坛，1993年担任繁荣党主管外交事务的副主席，1991—1995年任议会计划和预算委员会委员，1995年任议会外事委员会委员，1996年6月至1997年6月任土耳其内务部长，1992—2001年担任议会欧洲事务委员会委员，2001年8月和埃尔多安一起组建正义与发展党，2002年11月至2003年3月任政府总理，2003年3月起任副总理兼外交部部长，2007年8月28日当选总统，2014年总统任期届满后离开政坛。

首先，居尔是伊斯兰政党中的改革派。自1991年代表繁荣党当选土耳其议员，居尔就在政坛崭露头角。他在政治方面奉行致力于民族复兴和道德发展的公正秩序；在经济方面坚持市场经济发展的同时关注民族工业的发展，扶植安纳托利亚地区民族企业的发展壮大；在文化方面强调土耳其传统文化的价值性，认为"重现伟大的土耳其"是解决当前土耳其问题的关键；在外交方面实行中西方之间的平衡，改变长期以来的指向西方的一边倒的外交政策，强调与突厥国家和伊斯兰国家的传统文化和宗教纽带；在社会生活方面关注社会福利和边缘化人群的利益，实现社会收入和资源分配的公平。① 这也是繁荣党在20世纪90年代奉行的意识形态，居尔作为埃尔巴坎的副手和重要的幕僚，参与了繁荣党执政时期的相关政策的制定和贯彻，但居尔并没有盲从埃尔巴坎，而是认为埃尔巴坎过于浓厚的伊斯兰思想有可能会激起军方和反对派的排斥，因而在繁荣党入主内阁之后曾要求其摒弃极端伊斯兰政策：反对土耳其加入欧盟，缔造发展中八国集团，发展与伊朗的友好关系，推行颇为务实的外交政策。他认识到繁荣党内部缺乏民主是制约其发展的关键因素，因而反对埃尔巴坎的党内专权行为，坚持认为实现党内民主是构建民主政府的关键，导致政党内部保守派与改革派的分化初露端倪。

埃尔巴坎被迫辞职后，繁荣党内部埃尔巴坎的亲信重建美德党，相对保守的库坦于1997年担任美德党领导人。美德党强调坚持保守主义、民族主义、文化多元主义、自由市场经济和加入欧盟等，但内部分歧愈益明显。以居尔和埃尔多安为代表的改革派挑战库坦的统治地位，认为美德党在1999年大选中沦为议会第三大党且未能参与组建联合政府的原因在于领导人的失察和党内民主的缺乏，且没能根据全球化的发展需要对政党纲领做出相应的调整，因而应该根据欧洲基督教民主政党模式构建美德党内部民主秩序，取缔埃尔巴坎对美德党的暗中操纵，公开挑战库坦的领导人地位。1999年，库坦在美德党代表大会上以633∶521的微弱优势当选主席，引起改革派的更加不满。2001年6月，宪法法院宣布取缔美德党；7月，以库坦为代表的保守派组建幸福党，宣称国家的福祉来自精神的自我实现，很多人将其视为埃尔巴坎重返政坛的跳板。而以埃尔多安和居尔为代表的改革派则组建正义与发展党，宣称将与腐败的过去决裂，主张在世俗化框架内协调传统与现代、信仰与理性。居尔和埃尔多安从繁荣党的覆灭中汲取教训，弱化宗教色彩，强化政党功能，极力否决宗教政党的指控，竭力树立保守的中右政党的形象，宣称已经从繁荣党和美德党被取缔的严酷事实中汲取了足够的经验教训，将在具体的实践中极力维持宗教和世俗之间的平衡。② 2002年11月，正义与发展党赢得大选，由于埃尔多安仍然受到参政限制，所以居尔代表正义与

---

① Haldun Gulalp, "Political Islam in Turkey: The Rise and Fall of the Refah Party", *The Muslim World*, Vol. XXXIX, No. 1, January 1999, pp. 22-41.

② 参见 R. Quinn Mecham, "From the Ashes of Virtue, a Promise of light: The Transformation of Political Islam in Turkey", *Third World Quarterly*, Vol. 25, No. 2, 2004。

发展党组建政府。2003年2月，正义与发展党议员通过修改宪法增补埃尔多安为议员，随后获得组建政府的合法资格。在埃尔多安组建政府后，居尔担任副总理兼外交部部长，积极推行埃尔多安的外交智囊——达武特奥卢的"战略纵深"外交策略，成为埃尔多安的有力助手，组建成为类似俄罗斯政坛的普京与梅德韦杰夫的战略同盟。

其次，居尔是颇有建树的外交家。居尔自1995年担任繁荣党主管外交事务的副主席开始在外交领域崭露头角，他基于繁荣党的民族主义立场，一是反对土耳其加入欧盟。他认为欧盟是基督教国家俱乐部、富国联盟，如果土耳其成为欧盟成员国，外国资本将大量涌入土耳其并控制民族工业；欧盟所倡导的人权平等以及赋予库尔德人自治权利的诉求将会导致国家分裂，也将成为干预土耳其政治事务的借口。美德党成立后，居尔顺应形势转向民主、人权、多元主义，认为欧盟已成为代表民主和人权的政治共同体。当问及转变的原因时，居尔指出，后冷战时期见证了一个多元的、跨文化的、宽容的欧洲对不同文化背景国家的包容，因而加入欧盟意味着土耳其将会创立一个多元主义的政权，能创造出捍卫基本人权和宗教自由的国内政治环境。在担任外交部部长期间，居尔倡导改革现行政治经济法律体系，提高国内的人权，改善库尔德人和亚美尼亚人、非穆斯林少数民族的地位，逐渐满足哥本哈根标准，于2005年10月正式启动入盟谈判。2007年11月，居尔当选总统不久，欧盟委员会主席巴罗佐致电祝贺，宣称相信居尔将以对国家和人民高度负责的精神成功履行总统职务，欧盟诸国也称此是"民主的胜利"。二是强化与中东国家的关系。作为埃尔多安外交政策的执行者，居尔利用横跨欧亚大陆的地缘政治优势缓和土耳其与叙利亚、伊朗等国的关系，消除同这些国家的积怨，尤其是与叙利亚关系进入蜜月期；通过参与伊拉克战争和排斥美国取道土耳其北部，提升在中东地区的声望；在巴勒斯坦问题上，居尔表示，"中东的持久和平对于整个世界的和平与稳定至关重要，然而不幸的是，中东缺乏和平的状况已经对世界其他地方造成了严重和负面的悲剧性后果，尤其是巴勒斯坦问题，如果不能够结束加沙地带的人道悲剧，实现持久和平的努力就举步维艰。"[①] 针对以色列制造的马尔马拉

---

① 《土耳其总统：以色列应对袭击国际救援船队事件道歉赔偿》，https://news.un.org/zh/story/2010/09/137832。

号事件①，居尔指出："以色列武装部队今年五月底在公海上袭击国际援助船队，导致严重的平民伤亡，这是不可接受的明显违反国际法的行为。根据国际法，土耳其的期望是得到一个正式的道歉，死难者和受伤者悲伤的家庭得到赔偿。"② 由此可见，土耳其在实现中东和平和调停地区事务方面发挥了一定作用。三是审时度势发展与美国关系。长期以来，作为北大西洋公约组织的成员国和反苏的前沿阵地，土耳其是美国在中东的战略支柱国家。随着后冷战时代地缘战略地位的重塑，土耳其逐步改变过去亦步亦趋顺从美国的态度。在伊拉克战争期间，土耳其不允许美军通过其领土开辟"倒萨"北方战线，多次强调必须维护伊拉克的领土完整，提醒美国不要帮助库尔德人在伊北部地区独立，并屯重兵于土伊边境，反对将伊拉克北部视为"安全区"。对于美国所谓"驻军伊拉克是防范伊朗"的说法，埃尔多安政府和居尔坚持认为伊朗发展核能是出于和平目的。但随着土耳其议会批准向美军开放领空、提供空中走廊，美国国务卿访土，土耳其同意为美军提供后勤支持，双方关系开始回升。居尔极力弥合与美国的关系，这体现了其务实主义的外交战略，这些努力得到美国的认可，美国也对居尔当选总统表示支持。2007 年 11 月，居尔担任总统后，作为名义上的国家元首力图保持中立立场，旨在维持土耳其内部分歧和政治力量的平衡。

最后，居尔是致力于平衡国内政治力量的总统。居尔作为正义与发展党内部相对温和的政治力量，在与军方的力量博弈中被推选为总统候选人，尽管其当选总统的过程一破三折，但最终赢得了总统职位，使得正义与发展党控制了土耳其的立法、司法和行政权力。在当选总统的过程中，居尔遭到共和人民党的抵制，共和人民党的主席德尼兹·巴伊卡尔（Deniz Baykal）曾说，具有浓厚伊斯兰背景的居尔不能担任总统候选人，因为他的形象与土耳其的社会现实不符合，作为被宪法法院取缔的

---

① 以色列在 2010 年 5 月袭击了联合国为加沙提供物资的国际援助船队，当船队行至距离加沙海岸 40 多海里的公海上时，以色列武装部队对船队进行拦截，并在与船上救援人员发生冲突的过程中导致九人死亡，十多人受伤，死者几乎全部是土耳其人，导致了惨重的人员伤亡，其中土耳其蒙受的损失最严重。在联合国大会 9 月 23 日上午的一般性辩论中，土耳其总统阿卜杜拉·居尔称以色列的行为明显违反国际法，他要求以色列对此事件道歉，并且赔偿受害者家庭。这一事件在国际社会引起了轩然大波，在土耳其国内更是引发了大规模的抗议示威。

② 《土耳其总统：以色列应对袭击国际救援船队事件道歉赔偿》，https：//news. un. org/zh/story/2010/09/137832。

伊斯兰政党的后继者，他有可能使土耳其成为伊斯兰极端主义运动的核心。居尔当选总统后，极力维护土耳其现行政治体制，在就职典礼上表示要捍卫宪法以及凯末尔所制定的世俗制度，保护和强化土耳其的民主制度和世俗政体，独立于各政党之上保持中立。作为土耳其政治舞台上的调节阀，居尔在2007—2014年担任总统期间主要调节了正义与发展党和军方以及反对党之间的矛盾。2010年，部分军官策划的代号为"大锤行动"的军事政变计划被公开，正义与发展党政府逮捕了包括原空军司令、海军司令在内的多名退役或在职军方高官，并根据实际需要进行了军事力量调整，8月9日，居尔总统批准任命时任陆军司令厄舍克·科沙内尔为土耳其总参谋长。2011年7月29日，总参谋长厄舍克·科沙内尔和陆海空三军司令集体辞职，以抗议政府逮捕大批将领和军官的做法。随后居尔总统与埃尔多安总理连夜召集会议，任命唯一没有请辞的军方高层将领——宪兵司令内杰代特·厄泽尔为新的陆军司令，代理总参谋长一职。2013年12月25日，当正义与发展党政府遭遇腐败指控时，埃尔多安在与总统居尔会晤后宣布改组内阁，更换当天宣布辞职的包括内政部部长、经济部部长、环境和城市化部部长在内的10名部长。居尔也努力改变正义与发展党执政过程中的被动局面，但其与日渐强权的埃尔多安的政见歧异。埃尔多安通过修宪宪法推动土耳其从议会制向总统制的改变，再加上其本身的集权倾向，所以居尔与埃尔多安的关系日渐微妙。2014年埃尔多安当选总统后，邀请居尔重回正义与发展党，但居尔并没有明确表态。针对2016年未遂军事政变后的紧急状态一再延长，居尔也颇有微词。总之，居尔对埃尔多安的配合与协作的十余年是正义与发展党逐步确立其一党独大地位的关键时期，随着居尔退出而来的是埃尔多安的日趋集权。囿于资料限制，尚不能有效判断居尔对埃尔多安究竟发挥了多大制约作用。

三　艾哈迈德·达武特奥卢

艾哈迈德·达武特奥卢（Ahmet Davutoğlu）凭借埃尔多安的外交智囊身份步入政坛，先后担任正义与发展党政府的外交部部长、总理，后与埃尔多安政见分歧而辞职，其参政历程见证了正义与发展党执政理念与实践的变化。

1959年2月26日，艾哈迈德·达武特奥卢出生于安纳托利亚地区的科尼亚省，在伊斯坦布尔完成中学教育。1983年，毕业于博斯普鲁斯大学，获得经济与管理科学学院的政治科学与经济学双学位，后又获得公共管理学硕士和政治科学与国际关系学博士。1990 年，达武特奥卢成为马来西亚国际伊斯兰大学助理副教授；1995—2004 年，他担任伊斯坦布尔贝肯特大学（Beykent University）教授，其间曾在马尔马拉大学（Marmara University）访学，并任职于马尔马拉大学中东研究所、保险与银行研究所等；1998—2002 年，担任军事学院和战争学院（the Military Academy and the War Academy）客座教授；2002 年大选后，被任命为总理首席顾问，先后为 58、59、60 届政府提供外交咨询服务。达武特奥卢出版和发表了多部关于土耳其外交的专著和文章，并被翻译成日语、葡萄牙语、俄语、阿拉伯语、波斯语和阿尔巴尼亚语等语言。①

埃尔多安在 2003 年 3 月担任总理后，设立由达武特奥卢担任领导的新土耳其外交政策中心。在亚历山大·穆林森（Alexander Murinson）看来，埃尔多安将达武特奥卢办公室从"向总理提供日常咨询的小部门提升为给新外交政策提供战略思想和意识形态支持的机构"②。2009 年 5 月 1 日，达武特奥卢被任命为外交部部长，直接实践其战略深度理念。由于中东变局和叙利亚危机，达武特奥卢逐渐改变睦邻外交政策而趋于积极主动的外交努力，有学者称其为"宝贵孤独"的外交③。达武特奥卢主要作为埃尔多安的外交智囊和得力助手出现，是正义与发展党政府的外交政策设计师和理论家。2014 年 8 月 14 日，埃尔多安当选为总统，达武特奥卢在党内提名投票中获得多数支持，大部分党员认为其是接任政党领袖和总理的最佳人选。埃尔多安视其为亲密盟友和接班人，期望他能组建一个效忠总统的政府；8 月 21 日，达武特奥卢被正义与发展党中央执行委员会宣布为党主席人选，后在正义与发展党特别代表大会上成功当选，埃尔多安授权达武特奥卢组建政府；8 月 27 日，达武特奥卢当选总理后表示"将与埃尔多安总统手牵手、肩并肩，打造一个新的土耳其，我们不会让土耳其面临奥斯曼帝国那样的灾难"④，还承诺制定土耳其新

---

① 有关达武特奥卢的生平经历介绍主要参考土耳其外交部网站，http://www.mfa.gov.tr/ahmet-davutoglu.en.mfa。
② Alexander Murinson, "The Stratigic Depth Doctrine of Turkish Foreign Policy", *Middle Eastern Studies*, Vol. 42, No. 6, 2006, p. 947.
③ 李秉忠：《土耳其"宝贵孤独"外交及其走向》，《现代国际关系》2014 年第 3 期。
④ 《土耳其现任外长将出任新总理承诺将制定新宪法》，http://world.huanqiu.com/exclusive/2014-08/5120252.html? agt = 15438。

宪法。达武特奥卢不愿成为顺从的总理甚至傀儡,其与埃尔多安之间推进总统制的分歧逐渐凸显。2015年2月,当达武特奥卢试图推行"透明度法"时,被埃尔多安以"时机未到"而不予通过。2015年议会选举之前,埃尔多安和达武特奥卢曾各自拟定了一份候选人名单,这说明埃尔多安偏离了总统无政党立场的传统。2016年4月下旬,正义与发展党中央决策与管理委员会投票决定剥夺总理任命地方官员的权力,将该权力交由中央决策与管理委员会,显然是对达武特奥卢的钳制。"鹈鹕文件"[①]的泄露使得二者的分歧公开化,因为向媒体泄露的"鹈鹕文件"主要说明达武特奥卢在正义与发展党内部组织自己力量以削弱埃尔多安的影响力,职务还揭露了达武特奥卢试图在国家各部门组建平行组织等。面对复杂的形势,在党内缺乏权力基础的达武特奥卢举步维艰。2016年5月5日,达武特奥卢突然宣布将在5月22日举行的特别代表大会上卸任正义与发展党主席职务,这就意味着其将辞去总理职务。达武特奥卢在总理任期未满之时突然辞职,显然与执政党内部的权力斗争有关。达武特奥卢同时表示不会退出正义与发展党,也不会分裂政党另立新党,"我对于任何人都没有不满、责骂或者愤怒"[②],仍然保留了正义与发展党的党员身份。

达武特奥卢是当代土耳其政坛不可多得的外交家,其外交思想被学术界冠以"达武特奥卢主义",本部分主要通过分析达武特奥卢的著作及其相关研究成果探析其战略纵深主义思想。目前有关达武特奥卢外交思想主要体现在其专著《战略纵深:土耳其国际地位》[③]和发表在《土耳其透视》[④]

---

① "鹈鹕文件"在2016年4月泄露,其中详细介绍了埃尔多安与达武特奥卢之间关于国家和党内政治发展的若干问题的分歧,共涉及27个项目,主要包括埃尔多安反对并废止的透明度法,2013年政府部部长腐败丑闻事件,有关库尔德问题的政策冲突问题,达武特奥卢试图建立自控媒体以及审查亲埃尔多安的媒体等。

② 《土耳其总理宣布辞去执政党党首职务,土总统进一步集权》,http://world.huanqiu.com/exclusive/2016-05/8862537.html。

③ Ahmet Davutoğlu, *Startejik Derinlik: Türkiye'nin Uluslarasi Komumu*, Istanbul: Küre, 2001.

④ 2008年,达武特奥卢在《土耳其透视》杂志发表《土耳其的外交政策构想:2007年评估》一文,提出关于土耳其外交政策的五项指导原则:安全与民主的平衡(balance between security and democracy)、与邻国零问题外交(zero problems with the neighbors)、积极防御的和平外交(proactive and pre-emptive peace diplomacy)、多维度外交(multi-dimensional foreign policy)、有节奏的外交(rhythmic diplomacy)。

《外交》① 及相关杂志的专访②，还有大批关于达武特奥卢外交思想的研究著作和学术论文③等。在达武特奥卢看来，一个国家的地缘政治深度应该被视为历史深度的一部分。"土耳其并不仅仅是一个地中海国家。区别土耳其与所谓的罗马与希腊的重要特征是土耳其同时是一个中东和高加索国家。与德国不同，土耳其像一个欧洲国家和它像一个亚洲国家同样多。实际上，土耳其是一个黑海国家和地中海国家。这种地缘深度使土耳其正好处于许多颇具影响力的地缘政治区域的中心。"④ 达武特奥卢将文明置于其历史—地缘政治层面，他指出，"当我们现在估测整个图景时，我们看到土耳其不仅面临许多危险，而且也有许多好处。在这种情况下应该强调这些好处和宣告，也应该分析这些好处和宣告而并不诉诸爱国、口头承诺。这是我们在这里所做的"⑤。他所谓的纵深基于土耳其独特且重要的地缘政治地位和悠久厚重的历史传统，包括地理纵深和历史纵深。就地理纵深而言，与土耳其关系密切的区域有：巴尔干、中东和高加索等陆地区域；黑海、亚得里亚海、地中海、红海、波斯湾、里海等海洋区域；欧洲、北非、南亚、中东和东亚等大陆区域。⑥ 对于每一

---

① 2010 年，达武特奥卢在《外交政策》发表《土耳其的零问题外交政策》一文，提到土耳其整体外交政策包括三个主导思想，并重申五个基本原则。三个主导思想为：一是要用长远的战略眼光代替冷战时形成的"危机导向性"思维方式；二是土耳其外交政策着眼世界的连贯而系统的框架；三是充分利用土耳其在中东地区不断扩展的软实力，选择新的交流与外交方式发展与邻国关系。五个基本原则主要包括：一是平衡安全与民主，强调民主是土耳其所具有的软实力；二是继续坚持"零问题"外交政策，深化与邻国在多领域的合作；三是采取积极的、有前瞻性的和平外交，做好地区内的危机预判，降低危机程度；四是坚持多元外交政策；五是奉行有节奏的外交，提升土耳其的国际地位。参见 Ahmet Davutoğlu，"Turkey's Zero Problems Foreign Policy"，*Foreign Policy*，May 20，2010，http：//www.foreign policy.com/anficles/2010/05/20/turkeys_problems_foreign_policy 2014-12-6。

② 2013 年，《巴勒斯坦研究》杂志对达武特奥卢作了题为《新阿拉伯合法性或地区冷战》的专访，达武特奥卢对战略纵深主义、与邻国零问题外交、中东地区形势以及土耳其与中东国家的关系等表达其观点。参见 Michel Nawfal and Cengiz Çandar, "Interview with Turkish Foreign Ministers Ahmet Davutoğlu: New Arab Legitimacy or Regional Cold War?" *Journal of Palestine Studies*, Vol. XLII, No. 3, Spring 2013, pp. 92-102。

③ 参见 Alexander Murinson, "The Strategic Depth Doctrine in Turkish Foreign Policy", *Middle Eastern Studies*, Vol. 42, No. 6, November 2006, pp. 945-964。

④ 转引自 Birol Yeşilada and Barry Rubin eds., *Islamization of Turkey under the AKP Rule*, p. 107。

⑤ Ahmet Davutoğlu, "The Power Turkey Does not Use is that of Stratigic Depth", *Turkish Daily News*, June 14, 2001。

⑥ 转引自李智育《土耳其正义与发展党政权的外交政策成因分析》，《阿拉伯世界研究》2012 年第 5 期。

个地区来说，土耳其都需要重塑外交方式，这种新外交不应排斥这种独特的地理特征，严格的洲际地理界定是一种限制。① 土耳其应该基于独特的地缘地位发挥更大作用，也应在欧亚大棋局中尤其是在欧亚能源问题上发挥重要作用。从历史纵深来看，土耳其处在多个"地缘文化带"（geocultural basins）中，如中东和伊斯兰世界、西方（包括美国和欧洲）和中亚。土耳其的前身奥斯曼帝国曾经统一穆斯林世界，具有成为伊斯兰世界超级大国的潜质，也会基于共同的历史文化而形成与巴尔干、中东及中亚地区的密切联系。"土耳其人拥有许多来自邻近地区的元素：我们比波斯尼亚拥有更多的波斯尼亚人，比阿尔巴尼亚拥有更多的阿尔巴尼亚人，比阿布哈兹拥有更多的阿布哈兹人，比车臣尼亚拥有更多的车臣人，比伊拉克和叙利亚拥有更多的库尔德人。我们还有为数不太多的阿拉伯人。土耳其是来自这些地区的人的熔炉。"② 在一些人看来，这是负担；但在我看来，这并非负担而是财富。我们应该从积极外交政策视角而非防御视角看待这一历史。否则，我们就不能保卫我们的国界。③ 土耳其不应将其仅仅定位为连接东西方的桥梁，这是太过于被动的外交姿态，要争取成为世界政治中承载资源和历史责任的"积极贡献者"和"中心国家"。④ 土耳其应该从冷战时期的两翼国家变成后冷战时代强大的中心/支轴国家和未来的全球行为体。"土耳其不仅仅是任何旧的地中海国家。一个重要的将土耳其与所谓的罗马、希腊相区别的特征是土耳其也是一个中东和高加索国家。与德国不同，土耳其像欧洲国家与其像亚洲国家一样多。土耳其是黑海国家也是地中海国家。地缘战略深度使土耳其正好处于颇具影响力的地缘政治领域核心。"⑤

基于上述定位，达武特奥卢提出指导外交政策的五项原则：一是自由和安全之间的平衡；二是与邻居的零问题；三是多元的、多轨的政策；

---

① Michel Nawfal and Cengiz Çandar, "Interview with Turkish Foreign Ministers Ahmet Davutoğlu: New Arab Legitimacy or Regional Cold War?" pp. 94-95.

② Michel Nawfal and Cengiz Çandar, "Interview with Turkish Foreign Ministers Ahmet Davutoğlu: New Arab Legitimacy or Regional Cold War?" p. 95.

③ Michel Nawfal and Cengiz Çandar, "Interview with Turkish Foreign Ministers Ahmet Davutoğlu: New Arab Legitimacy or Regional Cold War?" p. 95.

④ 郑东超：《论土耳其埃尔多安政府的外交政策》，《阿拉伯世界研究》2012 年第 5 期，第 72 页。

⑤ Ahmet Sözen, "A Paradigm Shift in Turkish Foreign Policy: Transition and Challenges", in Birol Yeşilada and Barry Rubin eds., *Islamization of Turkey under the AKP Rule*, p. 107.

四是基于稳定灵活性的新外交话语；五是有节奏的外交。① 这奠定了其外交构想的基调。首先，土耳其位于东西方文明之间，与埃及、美索不达米亚、希腊、地中海和波斯高原文明有着密切联系。对于达武特奥卢而言，这将提升土耳其的贡献和地位，"当我们现在评判整个图景时，我们在土耳其看到的是一个不仅面临许多危险而且有许多伟大优势的国家。在这种情况下，我们需要强调这些优势，也需要充分分析这些优势，但这种宣言并不诉诸爱国主义和不切实际的言辞。这些是我们在这里已经做过的"②。其次，达武特奥卢要求基于特定的历史和现实考虑"与邻国零问题"，即与邻国关系正常化。虽然实现与每位兄弟的零问题是不可能的，但需要心理转变和范式转型，放弃敌对思维和土耳其精英的认知，"俄国人是敌人，希腊人是敌人，阿拉伯人背叛了我们，亚美尼亚人背叛了我们"③。再次，达武特奥卢强调中东地区需要构建新秩序，其基础是共同安全框架、经济相互依存与合作、文化和谐与宽容、政治对话。为实现这一目标，需要在中东国家之间建立战略协商机制。我们已与叙利亚、伊拉克、希腊、突尼斯、利比亚和埃及等国建立起这样的机制。④ 中东地区新秩序不能是纯粹的阿拉伯联盟，因为这里有非阿拉伯民族——土耳其人、库尔德人和伊朗人；不能是纯粹的伊斯兰联盟，因为埃及、叙利亚、土耳其和整个地区有基督徒；也不能是奥斯曼主义，因为奥斯曼主义作为过去（思想）不能涵盖当下；更不是新阿拔斯或新伍麦叶，他们代表过去；而是全球环境下的地区新秩序。⑤ 最后，达武特奥卢强调外交的节奏性。"如果条件是不断变化的，国家仍然屹立不动，将不会适应变化的形势。每个人需要采取不断变化的外交战略。那是我称之为有节奏的外交原因。换句话说，即使什么都没有发生，每个人也不得不活

---

① Ahmet Sözen, "A Paradigm Shift in Turkish Foreign Policy: Transition and Challenges", in Birol Yeşilada and Barry Rubin eds., *Islamization of Turkey under the AKP Rule*, p. 108.

② Ahmet Davutoğlu, "The Power Turkey Does Not Use is that of Strategic Depth", *Turkish Daily News*, June 14, 2001.

③ Michel Nawfal and Cengiz Çandar, "Interview with Turkish Foreign Ministers Ahmet Davutoğlu: New Arab Legitimacy or Regional Cold War?", p. 95.

④ Michel Nawfal and Cengiz Çandar, "Interview with Turkish Foreign Ministers Ahmet Davutoğlu: New Arab Legitimacy or Regional Cold War?", p. 96.

⑤ Michel Nawfal and Cengiz Çandar, "Interview with Turkish Foreign Ministers Ahmet Davutoğlu: New Arab Legitimacy or Regional Cold War?", p. 97.

跃起来。"①

达武特奥卢主义标志着土耳其外交范式的重大转变，是冷战后面对西方的"文明冲突论"和"历史终结论"的喧嚣，是由东方的一些穆斯林学术精英经过深入思考而作出的理论回应。② 战略纵深主义不主张土耳其平等地对待西方和伊斯兰世界；土耳其作为"核心国家"、枢轴国家能够充当地区稳定的推进器、争端的调节者和地区事务的引领者，凭借日益增强的经济、政治实力能够成为地区事务的主要行为体，并有望成为全球行为体。这种定位引起西方的质疑，美国安全战略专家奥马尔·塔斯皮那（Omar Taspiner）将达武特奥卢主义称为新奥斯曼主义，认为（达武特奥卢的外交战略）提醒土耳其人，他们曾经拥有一个多民族的帝国，该帝国统治过中东、北非、巴尔干和部分中欧地区，如此强调帝国遗产已超出了土耳其伊斯兰化及土耳其外交战略。③ 达武特奥卢当然否定新奥斯曼主义的说法，他认为，土耳其共和国是一个建立在与本地区国家平等相处基础上的现代国家，我们可以平等地与曾属于奥斯曼帝国版图内的大小国家发展外交关系，这是现代外交的诉求，我从未使用过这种说法（新奥斯曼主义），我们也不可能接受土耳其国内使用"新奥斯曼主义"这一说法。④ 实际上，达武特奥卢主义本身存在着理想与现实、认同与利益的矛盾。作为理想主义者的达武特奥卢，其外交思想基于三种假设前提：伊斯兰文明拥有不同于西方的认识论和本体论差异；土耳其是伊斯兰文明的一部分，如果能够领导伊斯兰文明的复兴就能够占据世界舞台上的正确位置；土耳其通过融入全球进程和领导伊斯兰国家地区

---

① Gürken Zengin, CNN Turk Special Editorial, Febrary 17, 2004. 转引自 Ahmet Sözen, "A Paradigm Shift in Turkish Foreign Policy: Transition and Challenges", in Birol Yeşilada and Barry Rubin eds., *Islamization of Turkey under the AKP Rule*, p. 116.

② 黄民兴：《历史的轮回与帝国情结——战后土耳其外交的三次转型与"阿拉伯之春"》，《西北大学学报》（哲学社会科学版）2014 年第 1 期。

③ Omar Taspiner, "Turkey's Middle East Policies: Between Neo-Ottomanism and Kemalism", Carnegie Endowment for International Peace Report, September 2008. 转引自苏闻宇《从"战略纵深"看土耳其"零问题"外交政策的转变——兼谈土耳其的国际身份定位》，《国际论坛》2013 年第 6 期。

④ "I am not a Neo-Ottoman, Davutoğlu says", Today's Zaman, 25 November 2009. 转引自苏闻宇《从"战略纵深"看土耳其"零问题"外交政策的转变——兼谈土耳其的国际身份定位》，第 69 页。

集团应该能够克服其双重认同问题。① 然而，这更多是土耳其一厢情愿的设想，欧盟对土耳其的动摇不定，美国与土耳其的关系沉浮，中东变局对土耳其的考验等，都使土耳其的零问题外交和核心国家定位不断调整。土耳其基于现实利益考虑，不断地调整理想与现实、身份认同与国家利益之间的矛盾。与此同时，"土耳其力图成为地区大国的'宏愿'也使大国、地区国家对其真正的目的产生怀疑或疑问，使战略纵深主义成为一个矛盾的统一体"②。所以，在中东变局发生后，土耳其外交向积极现实主义过渡是必然选择。

四　比纳利·耶尔德勒姆

比纳利·耶尔德勒姆（Binali Yıldırım）作为正义与发展党的资深党员，其政治重要性在居尔和达武特奥卢与埃尔多安分裂后逐渐凸显，作为重要的补位者成为埃尔多安的左膀右臂和推行新政策的试水者。

1955年12月20日，比纳利·耶尔德勒姆出生于埃尔津詹省的雷法希耶（Refahiye）小镇。耶尔德勒姆先后在伊斯坦布尔理工大学海事学院获得学士学位，瑞典世界海事大学获得理学硕士学位，伊斯坦布尔技术大学获得博士学位，先后被授予吉尔内美国大学、约兹加特博佐克大学、阿纳多卢大学、埃尔津詹大学、克拉克利大学、德国柏林理工大学、帕莫卡莱大学、世界海事大学的荣誉博士学位。1978—1993年，耶尔德勒姆先后在土耳其航运总局、土耳其喀迈提（Camialtı）造船厂从事管理工作，曾在斯堪的纳维亚港口工作6个月。1994—2000年，担任伊斯坦布尔快速轮渡公司总经理，并使其成为土耳其最大的商业海运公司，组织建设伊斯坦布尔—亚洛瓦和伊斯坦布尔—班迪尔玛的轮渡航线来缓解伊斯坦布尔的交通堵塞问题，监督29个渡轮码头的建立。凭借突出的海运行业成就于1999年被斯卡尔国际集团授予海军运输和旅游业现代化优质奖章。在担任伊斯坦布尔快速轮渡公司总经理期间，因与埃尔多安关系密切，参与了正义与发展党的创建。2002年11月，耶尔德勒姆作为伊斯坦布尔第一选区的议员进入议会，先后担任居尔政府和埃尔多安政府交通部部长，积极推进公路、高速列车、隧道、机场和桥梁等基础设施建设，塑造了自身重大项目建设者的形象。2011年议会大选中，耶尔德勒

---

① M. Hakan Yavuz, *Secularism and Muslim Democracy in Turkey*, p. 233.
② 朱传忠：《土耳其正义与发展党研究》，第343页。

姆代表伊兹密尔市再次当选大国民议会议员，担任正义与发展党政府交通、海事和通信部部长。2013 年 12 月，埃尔多安迫于"2013 年 12 月 17—25 日的反腐败调查"① 压力改组政府，耶尔德勒姆被迫离职。2014 年 6 月，耶尔德勒姆被任命为埃尔多安总理的特别顾问。2015 年 11 月 24 日，耶尔德勒姆以伊兹密尔第一选区代表身份当选为大国民议会议员，再次被达武特奥卢总理任命为交通、海事和通信部部长。2016 年达乌特奥卢总理突然辞职，耶尔德勒姆被推上前台；5 月 22 日，耶尔德勒姆在正义与发展党第二次特别代表大会上当选为主席，埃尔多安总统随之授权耶尔德勒姆组建新内阁；5 月 24 日，耶尔德勒姆被正式任命为土耳其总理，受命组建政府。2018 年 8 月，总理职位被废除，耶尔德勒姆被任命为大国民议会议长。在 2019 年地方选举期间，耶尔德勒姆再次被委以重任，竞选伊斯坦布尔市市长，经过两次选举②仍不敌共和人民党候选人埃克雷姆·伊马姆奥卢（Enkrem Imamoglu）。③ 尽管这对于正义与发展党而言是前所未有的失败，但也说明耶尔德勒姆对于正义与发展党和埃尔多安的特殊意义。本部分主要分析耶尔德勒姆作为埃尔多安的得力助手推动总统制的实行，进而说明其对正义与发展党执政实践的影响。

达武特奥卢因为推行总统制不力，与埃尔多安产生罅隙而辞职，埃尔多安推出耶尔德勒姆来收拾残局。就耶尔德勒姆而言，从政以来长期担任边缘化的部长职务，作为技术专家在存在争议的重大问题上很少有鲜明的政治立场，却有着实干务实的清誉。有分析称，耶尔德勒姆是一个"工作得多，但说话很少"的"完美人物"④，因而得到埃尔多安的信

---

① 2013 年 12 月 17 日，土耳其警方和司法部门联合发起"反腐风暴"，调查发现数百名官员及其亲属涉嫌滥用职权、骗取政府招标和收受贿赂，正义与发展党政府经济部部长扎菲尔·恰拉扬、内政部部长穆阿迈尔·居莱尔、环境城市规划部部长埃尔多安·巴伊拉克塔尔因牵涉其中，于 2013 年 12 月 25 日宣布辞职。

② 在 2019 年 3 月底举行的土耳其地方选举中，共和人民党候选人伊马姆奥卢以微弱优势战胜耶尔德勒姆赢得伊斯坦布尔的市长职位，正义与发展党随后申诉选举过程违规，最高选举委员会同意该市举行重新选举。在 6 月 23 日举行的重新选举中，伊马姆奥卢进一步将领先优势从 1.4 万张选票增加至 77.5 万张。据非官方统计，伊马姆奥卢得票率达到 54%，耶尔德勒姆以 45%屈居第二，随后承认失败。

③ 《土耳其在野党共和人民党候选人当选伊斯坦布尔市市长》，2019 年 4 月 19 日，http：//www.xinhuanet.com/world/2019-04/19/c_1210112767.htm？baike。

④ Do you Rreally Need to Know the New Turkish PM? https：//www.al-monitor.com/pulse/originals/2016/05/turkey-yildirim-new-prime-minister-replace-davutoglu.html.

任。确实，耶尔德勒姆担任总理后，充分发挥了埃尔多安的传声筒和决议执行者的作用。2016 年 5 月 24 日，耶尔德勒姆在受命组建政府后宣称："埃尔多安是一个有目的的人，一个来自于人民的人，一个伟大土耳其的孜孜不倦捍卫者。我们可以骄傲地宣布我们是埃尔多安的同志……你的激情就是我们的激情，你的事业就是我们的事业，你的道路就是我们的道路。"① 耶尔德勒姆被新闻界称为埃尔多安最亲密、最忠实的支持者，其政府部长由效忠埃尔多安的人担任，包括经济部部长尼特·泽贝克奇、国防部部长纳雷廷·卡尼克等，可谓名副其实的"总统内阁"，而耶尔德勒姆俨然是总统办公室的秘书。作为埃尔多安指令的执行者，他全力推进从议会制向总统制的转变。2017 年的宪法修正案由耶尔德勒姆领导的正义与发展党提出，并推动其诉诸全民公投获得通过。尽管 2017 年的宪法公投遭到共和人民党和人民民主党的反对，但耶尔德勒姆总理认为，那些投票支持宪法修正案的选民开启了土耳其民主的新时代。他还表示，一旦宣布正式（宪法修正案）结果，埃尔多安将被邀请加入该党。② "我们将邀请我们的创始主席参加我们的晚会，我们会感到很高兴。"③ 显然这也是埃尔多安所追求的，所以在宪法公投通过后，耶尔德勒姆将正义与发展党主席职位交给了埃尔多安。在 2018 年 6 月实行的首次议会和总统选举中，耶尔德勒姆坚定地和埃尔多安站在一起。埃尔多安赢得总统选举后，他旋即辞去总理职位。在事关正义与发展党地方选举胜利关键的伊斯坦布尔市市长竞选中，埃尔多安再次推出耶尔德勒姆，并前往其竞选现场宣传造势。

耶尔德勒姆在反恐问题、库尔德问题和修改反恐法等方面也与埃尔多安总统保持一致。耶尔德勒姆政府不仅拒绝修改反恐法，而且拟通过恢复死刑来严厉打击恐怖主义。他宣称政府的首要任务是打击恐怖主

---

① "Erdogan's Ally, Binali Yildirim Takes over as Turkish PM", http：//yalibnan.com/2016/05/23/erdogans-ally-binali-yildirim-takes-over-as-turkish-pm/.

② 土耳其 1961 年宪法规定总统当选以后须脱离所属政党，脱离军籍，并终止议员资格。1982 年宪法沿用了这一原则。

③ "Turkey PM Binali Yildirim Calls on Opposition to Respect Referendum", http：//www.news18.com/news/world/turkey-pm-binali-yildirim-calls-on-opposition-to-respect-referendum-1376979.html.

义，并明确表示将坚决平息土耳其东南部库尔德地区的冲突。① 2015 年 6 月，亲库尔德的人民民主党进入议会以来，埃尔多安多次通过武装镇压和越境打击库尔德工人党；7 月，土耳其政府以反恐之名展开大规模打击库尔德武装行动，并在库尔德聚集区实行宵禁和戒严等措施。埃尔多安和耶尔德勒姆强烈反对恢复与库尔德工人党（PKK）谈判，耶尔德勒姆曾在一次象征性访问位于东南部的主要库尔德城市——迪亚尔巴克尔时誓言要"去除土耳其的恐怖主义灾难"②。尽管库尔德问题是土耳其的世纪难题，也是正义与发展党政府面临的主要挑战，但打击库尔德分离主义则是埃尔多安和耶尔德勒姆的共同目标。在打击葛兰运动方面，耶尔德勒姆也与埃尔多安保持高度一致。2016 年 7 月 15 日，未遂政变发生后，埃尔多安总统和耶尔德勒姆政府认为，其幕后主使为法图拉·葛兰，随之宣布国家进入无限期紧急状态，并在全国范围内开展一系列清洗行动，成千上万名国家公职人员因被怀疑与葛兰运动有染而被撤职或逮捕，大批学校（有宗教背景的学校）、集体宿舍和大学被取缔，许多传媒组织和协会被关闭，大批记者因涉嫌侮辱国家元首或与葛兰运动和库尔德工人党等有牵连被逮捕监禁。③ 耶尔德勒姆政府利用这次大清洗严厉打击政治反对派，对东南部库尔德聚居省的 68 个地区共计 106 名人民民主党的地方官员进行全面调查④，包括萨拉赫丁·德米尔塔什（Selahattin Demirtaş）和费根·玉克塞克达（Figen Yüksekdağ）等在内的 12 名人民民主党议员，他们因涉嫌与库尔德工人党有勾连和从事恐怖主义罪名而被捕。⑤ 作为埃尔多安的得力助手，耶尔德勒姆发挥了不可或缺的补位者角色的作用，从埃尔多安为耶尔德勒姆竞选伊斯

---

① "Turkey's Ruling AKP？Names Binali Yildirim as Party Leadership Candidate", http：//www.nasdaq.com/investing/advanced-investing.aspx.

② "New Turkish PM Binali Yildirim to Consolidate Power for Erdogan", http：//www.theaustralian.com.au/news/world/new-turkish-pm-binali-yildirim-to-consolidate-power-for-erdogan/news-story/d912eccfc14d323bf3c6754e4ebd5acc.

③ 李艳枝：《试论正义与发展党执政以来的土耳其修宪公投》，《外国问题研究》2017 年第 3 期。

④ "More than 100 Municipalities Probed, Ten Mayors Jailed in Turkey's Southeas", http：//www.hurriyetdailynews.com/more-than-100-municipalities-probed-ten-mayors-jailed-in-turkeys-southeast.aspx？pageID＝238&nID＝93408&NewsCatID＝338.

⑤ "Turkey's HDP Suspends Parliamentary Activities", http：/aa.com.tr/en/politics/turkeys-hdp-suspendsparliamentary-activities/679664.

坦布尔市市长的努力来看，在可预见的未来，他们仍将是土耳其政坛不可多得的伙伴。

第二节 正义与发展党的意识形态

"政党执政的基础，从根本上说来自政党的权威，即合法性，来自任命对政党的信赖而产生的自愿的支持和认同。这种权威及对权威的支持和认同是建立在一套思想理念和信仰体系之上的。它为社会正义提供某种价值取向，为人们对政党的支持和服从提供理论依据和伦理依据。这套思想信念和信仰体系，就是我们通常所说的意识形态。"① "政党意识形态是一个政党所代表的阶级意识形态的集中表现，是一个政党的世界观、价值观、理想信念、政治情感、执政宗旨等意识形态主要元素的集中反映，是政党行动的旗帜，其核心是政党所持的主要政治立场、政治观念、政治价值观体系和政治目标等。"② "意识形态在某种程度上也可以称作一个政党的'政治灵魂'，因为意识形态反映了一个政党的政治信仰、价值、目标，以及其行动纲领战略和政治动员的吸引力。一个政党的意识形态多集中表达在其纲领章程中。"③ 执政党意识形态作为一种思想层面的上层建筑，植根于国情和传统文化基础，应用于经济和社会的广阔现实，表征为党的基本功能和执政成效的完善。④ 所以，分析正义与发展党的意识形态需要从其纲领章程出发，分析其价值理念、政治信念和主导思想，进而阐释其与其他政党的区别。正义与发展党提出"保守的民主"作为主导意识形态，本部分通过分析"保守的民主"的缘起、内涵和影响来对其进行较为全面的解读。

一 "保守的民主"的思想缘起

"意识形态建设是政党的灵魂，其集中体现为政党党纲宣传的理念或'主义'如何在党内产生聚能的效应，进而提升一个政党的行动效能。任

---

① ［美］西摩·马丁·李普塞特：《政治人：政治的社会基础》，张绍宗译，上海人民出版社1997年版，第50页。
② 刘红凛：《政党政治与政党规范》，上海人民出版社2010年版，第43页。
③ 周敬青等：《中外执政党治党与理政研究论纲》，第2—3页。
④ 参见李俊伟《执政党意识形态建设影响因素分析》，《中共中央党校学报》2018年第4期。

何一个政党凝聚政治力量的主要工具是这个政党政治意识形态中的价值理念与政治信仰。"① 正义与发展党的"保守的民主"的意识形态来源于其对伊斯兰政党历史演进的深思、对土耳其政治保守主义思想的传承和对世俗主义的全新解读。

1. 正义与发展党对伊斯兰传统的反思。作为由美德党改革派组建的新政党，正义与发展党显然与坚持民族观念的政党有着承袭关系，但其极力否认与前伊斯兰政党的联系，因为其从繁荣党、美德党被取缔的案例中汲取教训，意识到一个具有伊斯兰话语和倡导伊斯兰政策的政党将不可避免遭遇被取缔的结局。正义与发展党保守的民主的政治定位是对民族观运动政党发展轨迹反思的结果，其领导人认识到要避免重蹈覆辙，新政党要掩饰伊斯兰形象，取缔伊斯兰话语和提出新的思想意识，"我们不应该与军方相悖或发生冲突"②。"伊斯兰主义者意识到合法性权力和民主的价值……看到他们只能在民主倾向、尊重公民和政治权利、融入西方世界特别是欧盟的国家里生存……从反西方向亲欧的转变是基于这样的观察：土耳其与西方尤其是欧盟越疏远，将伊斯兰力量视为威胁的军方的控制越强。"③ 民主并不是此前伊斯兰政党考虑的主题，它将伊斯兰道德和正义秩序作为追求的目标，只有到了美德党时期才真正认识到只有民主才能赢得生存的权利，但是美德党的反对派地位决定其并没有将民主理念贯彻到实践中。正义与发展党认识到只有民主才能使政党赢得合法性权力，所以将民主程序和民主参与作为获取政治合法性的来源。正义与发展党所坚持的"保守的民主"似乎接近于盎格鲁-撒克逊的保守主义，其比欧洲大陆的保守主义更为自由和温和，保守的民主被视为全球化世界中一种地方倾向的立场。欧麦尔·卡哈（Omer Caha）指出，正义与发展党根据国际政治和立法规则，出于保护服务于民主需要的地方机构来塑造其对政治的理解。塑造正义与发展党政治身份的三个来源是

---

① 周敬青等：《中外执政党治党与理政研究论纲》，第 24 页。
② Ümit Cizre and Menderes Çınar, "Turkey 2002: Kemalism, Islamism and Politics in the Light of the February 28 Process", *South Atlantic Quarterly*, Vol. 102, No. 2/3, 2003, p. 326.
③ İhsan Dağı, "Rethinking Human Rights, Democracy, and the West: Post-Islamist Intellectuals in Turkey", *Critique: Critical Middle Eastern Studies*, Vol. 13, No. 2, Summer 2004, pp. 142-143.

"国际规则、传统的价值和世俗主义所影响的官方的结构"①。

正义与发展党避免使用伊斯兰话语既是避免被取缔的悲剧,又是意识到伊斯兰国家在土耳其不能被接受的现实,因为其深知选民不可能把票投给宣称建立伊斯兰国家的政党。正义与发展党领导人正确地意识到这个目标(建立伊斯兰国家)仅仅是先前推行自上而下世俗主义的国家模式的翻版。与凯末尔主义和伊斯兰主义相比,正义与发展党将其自身界定为新的政治运动,支持自由、保守和民主原则。② 穆拉特·索梅尔(Murat Somer)指出,正义与发展党的纲领和话语反映了其与伊斯兰政党的区别。一是正义与发展党的缔造者认识到他们应该将与世俗国家机构,诸如军方和司法部门的摩擦降到最低。二是在政治领域应该尽量少地使用宗教和宗教话语。三是市民社会发展而非国家转变将是发展政治伊斯兰事业的更好方法。四是个人自由、法治而非选举将是民主最重要的方面。五是融入全球市场经济和跨国政治机制,诸如欧盟将是土耳其经济政治发展所期待的,1997年的"2·28进程"促使伊斯兰主义者重新判定其意识形态地位,拥有更具全球化的视野,更能理解西方的民主和政治自由。③ 正义与发展党采用新的意识形态是时代使然,也是伊斯兰主义者吸收民主化成就而自我选择的结果。正义与发展党摒弃明显的伊斯兰政治话语并不意味着完全反对伊斯兰原则,只是用保守主义取代政治伊斯兰。正义与发展党将土耳其民族的保守主义认为是理所应当的。《金融时代》曾援引埃尔多安的话语:"我们并不认为混淆宗教和政治是合适的……我们不是穆斯林民主主义者,我们是保守的民主主义者。一些西方人将我们描述为穆斯林民主主义者,但是我们的保守的民主概念是将我们与我们社会道德价值中的基于家庭的习俗和传统结合起来。这是一

---

① Omer Caha, "Turkish Election of November 2002 and the Rise of 'Moderate' Political Islam", *Alternatives: Turkey Journal of International Relations* 2, Spring 2003, p. 108.

② Haldun Gülalp, "Islam and Democracy: Is Turkey an Exception of a Role Model", in Akbar S. Ahmed and Tamara Sonn eds., *The Sage Handbook of Islamic Studies*, Los Angeles, London: SAGE Publications Ltd, 2010, p. 8.

③ Murat Somer, "Moderate Islam and Secularist Opposition in Turkey: Implications for the World, Muslims and Secular Democracy", *Third World Quarterly*, Vol. 28, No. 7, October 2007, pp. 1271-1289.

个民主的话题,而不是一个宗教的话题。"① 这进一步确定了正义与发展党作为中右政党而非宗教政党的定位,也将保守主义和民主思想有机结合起来。

2. 正义与发展党对保守主义思想的继承与发展。"保守主义是与现代世界同步发生的。1789 年的法国大革命这一旷世巨变,才使保守主义真正成了一股强大的思想和政治势力。它所面对的不但是一个变化的世界,而且支持变化的观念和推动变化的技术手段与民族国家的力量相结合,也使其规模与强度与往昔不可同日而语。它既清除陈旧的束缚与压迫,也能斩断一切凝聚社会的纽带。保守主义自觉与之对抗的便是'现代性'这种充满危险的一面,但它本身也是现代思想体系重要的一环。"② 一般而言,保守主义并不是维护特定阶层的利益,而是追求一种稳定的社会秩序模式。保守主义是相对于激进而言的,其并不反对进步,只是反对激进的进步,在尊重传统的基础上重视已建立之体制并试图加以维护,所以对秩序和稳定的强调就成为保守主义的重要标签。就土耳其而言,经历了凯末尔政权疾风暴雨式改革和两极格局下意识形态的激烈斗争,保守主义成为以中右政党为载体的国家意识形态的重要组成部分。阿里·恰拉科奥卢和埃尔森·卡拉伊杰奥卢认为,保守主义在土耳其的兴起是政治现代化、工业化,社会动员的加速以及后冷战时代国际体系变化导致的地区长期动荡的结果③,民主是导致其兴起的首要因素④。哈坎·雅乌兹在《世俗主义和穆斯林民主在土耳其》一书中指出,土耳其的保守主义从未反对现代性或现代化,中右政党或者那些批评凯末尔主义主导现代化进程的政党支持经济发展,但强调以伊斯兰教、传统和民族主义为基础的文化保守主义。⑤ 土耳其的保守主义并非是反国家主义的,而是亲民族、亲国家的,特别是亲奥斯曼—伊斯兰传统的,旨在融合民族、国家和宗教观念。⑥ 穆斯塔法·申(Mustafa Sen)认为,新自由

---

① İştar Gözaydın, "Religion, Politics, and Politics of Religion in Turkey", in Dietrich Jung and Catharina Raudvere eds., *Religion, Politics and Turkey's EU Accession*, New York: Palgrave Macmillan, 2008, p. 173.
② 冯克利:《保守主义是文明成长的要件》,"西方保守主义经典译丛"总序,江西人民出版社。
③ Ali Çarkoğlu and Ersin Kalaycıoğlu, *The Rising Tide of Conservatism in Turkey*, p. 141.
④ Ali Çarkoğlu and Ersin Kalaycıoğlu, *The Rising Tide of Conservatism in Turkey*, p. 94.
⑤ M. Hakan Yavuz, *Secularism and Muslim Democracy in Turkey*, pp. 83–84.
⑥ M. Hakan Yavuz, *Secularism and Muslim Democracy in Turkey*, p. 87.

主义和保守主义的兴起是平行的，民族主义、保守主义、伊斯兰主义是土耳其右派的三种表现形式。① 勒曼·斯内姆、托普库奥卢（Leman Sinem Topcuoğlu）认为，正义与发展党将其置于从进步共和党、民主党、正义党和祖国党承袭而来的政治传统中，试图围绕新的社会共识来实现自由和保守趋势的融合。保守主义在土耳其，连同自由主义、民族主义和伊斯兰思潮是右翼政治的主动脉之一，是右翼政治不可或缺的组成部分。② 这就在一定程度上可以说正义与发展党意识形态是保守主义思想和右翼政治实践相结合的产物，保守主义发展到正义与发展党时期，与伊斯兰传统和现代民主理念相结合，演变成为"保守的民主"。

正义与发展党的理论家雅尔琴·埃克多安（Yalçın Akdoğan）在《保守民主政治认同的含义》一文中写道，"20世纪是以意识形态著称的世纪，自由主义、法西斯主义、共产主义和社会主义在全世界不同时期成为世界性潮流，获得新能量。一些思想家认为保守主义是能够与自由主义和社会主义相媲美的重要意识形态，虽然其基本哲学和构成要素仍处于持续争论中"③。在土耳其社会文化结构内部，正义与发展党重新建构了保守主义概念。④ 埃克多安认为，"我们所理解的保守主义并非保护所有现有的制度和关系，而只是其中的一部分。保守并不意味着反对变革和进步，而是在不失去本性的前提下适应变化"⑤。这表明正义与发展党否定盲目反对传统和现代，强调实现二者之间整合的必要性。"很有必要完全接受现代化，特别是其在进步的技术、高等教育、城市化等方面。然而，其哲学基础、个人主义、世俗化、理性和物质主义应该首先与他

---

① Mustafa Sen, "Tranformation of Turkish Islamism and the Rise of the Justice and Development Party", in Birol Yeşilada and Barry Rubin, eds., *Islamization of Turkey under the AKP Rule*, pp. 57-82.

② Leman Sinem Topcuoğlu, "The 'Conservative Democracy' Identity of the Justice and Development Party in the Turkish Center-Right Tradition", Middle East Technial University Thesis, December 2006.

③ Yalçın Akdoğan, "The Meaning of Conservative Democracy Political Identity", in M. Hakan Yavuz, ed., *The Emergence of a New Turkey: Democracy and the AK Parti*, pp. 49-63.

④ Leman Sinem Topcuoğlu, "The 'Conservative Democracy' Identity of the Justice and Development Party in the Turkish Center-Right Tradition", p. 116.

⑤ Sultan Tepe, "A Pro-Islamic Party? Promises and Limits of Turkey's Justice and Development Party", in M. Hakan Yavuz ed., *the Emergence of a New Turkey: Democracy and the AK Parti*, p. 121.

们错误的实践区分开来,然后才能与本地的价值结合起来。"① 家庭、奥斯曼历史和虔诚是正义与发展党保守主义的三个维度,这决定其既能够整合虔诚的乡村民众,又能吸引具有宗教背景的新中产阶级,还能得到西方国家的支持。保守主义在埃尔多安看来是一种强调道德、家庭和秩序变化的政治认同,强调宗教在界定好的生活方式方面的角色。② 格雷厄姆·富勒(Graham Fuller)认为,正义与发展党的保守主义等同于伊斯兰原则,"在界定其自身为保守的政党时,正义与发展党实际上回应了许多土耳其信众的广泛期望,伊斯兰教和奥斯曼遗产应该被承认和尊重而非镇压。尽管并不是正义与发展党纲领的正式组成部分,但这种期望内化于大多数正义与发展党支持者的行动与话语中"③。哈坎·雅乌兹认为,埃尔多安的保守主义是强调道德、家庭和有序变革的政治认同,是信仰保守主义(Fideistic Conservatism),强调宗教在界定美好生活中的作用。④ 还有学者将正义与发展党的保守主义定义为一种强调共同意识、谨慎和逐渐变化的意识形态,支持意识形态的理性主义和逐渐的变化。⑤ 2004 年 1 月,埃尔多安正式宣布正义与发展党支持保守主义,保守主义包括多元主义和宽容。⑥ 福阿特·凯曼认为,正义与发展党一方面将民主等同为议会制多数主义实现政治工具化,另一方面将宗教权利和自由凌驾于他人之上,是保守主义潮流兴起的重要来源。⑦ 勒曼·斯内姆·托普库奥卢认为,理解保守的民主可以分为两个维度:一是保守,二是民主。⑧ 正义与发展党所理解的保守主义奠定了"保守的民主"意识形态的

---

① Sultan Tepe, "A Pro-Islamic Party? Promise and Limits of Turkey's Justice and Development Party", p. 122.

② M. Hakan Yavuz, *Secularism and Muslim Democracy in Turkey*, pp. 83-84.

③ Graham Fuller, *The New Turkish Republic: Turkey as a Pivotal State in the Muslim World*, Washington D. C: United States Institute of Peace, 2008, p. 53.

④ M. Hakan Yavuz, *Secularism and Muslim Democracy in Turkey*, pp. 83-84.

⑤ Ahmet T. Kuru, "Reinterpretation of Secularism in Turkey: The Case of the Justice and Development Party", in M. Hakan Yavuz ed., *The Emergence of a New Turkey: Democracy and the Ak Parti*, p. 142.

⑥ William Hale, "Christian Democracy and the JDP: Parallels and Constrasts", in M. Hakan Yavuz ed., *the Emergence of a New Turkey: Democracy and the AK Parti*, p. 66.

⑦ E. Fuat Keyman, "Modernization, Globalization and Democratization in Turkey: The AKP Experience and Its Limits", *Constellations*, Vol. 17, No. 2, 2010, p. 325.

⑧ Leman Sinem Topcuoğlu, "The 'Conservative Democracy' Identity of the Justice and Development Party in the Turkish Center-Right Tradition", p. 85.

基调，这也影响了正义与发展党在"保守的民主"意识形态指引下对宗教文化的认识和对宗教文化政策的创新与发展。

3. 正义与发展党对世俗主义的全新解读。世俗主义是凯末尔主义的六大原则之一，历次宪法明确界定土耳其是坚持凯末尔主义的世俗国家，所以，世俗主义是理解土耳其政治发展史的关键词之一。土耳其政界、学界关于世俗主义存在不同解读，这影响了正义与发展党"保守的民主"意识形态的定位。前文已述，凯末尔主义的民族国家构建需要形成以国家控制宗教为典型特征的世俗主义模式，阿塔图尔克及其同僚将世俗主义作为新生国家的主要支柱之一。1923—1950年的一党制期间，共和人民党通过将宗教局限于私人层面而倾向于坚定的世俗主义。1950年民主党上台执政后开启了针对世俗主义的讨论，给予社会更多的宗教自由，亲伊斯兰主义的政治力量主张采用被动的世俗主义来取缔凯末尔的积极世俗主义立场，在现行政治框架下允许伊斯兰主义参与政治，几乎所有的中右政党都采取类似立场，促使伊斯兰主义日趋高涨。20世纪90年代，伊斯兰政党主导联合政府及其下台的经历和国际社会全球化浪潮的兴起，促使伊斯兰力量思考世俗主义和伊斯兰主义的关系问题。在取缔繁荣党的宪法判决中，宪法法院认为世俗主义并不是宗教与国家的分离，而是宗教和世俗事务的分离……意味着社会生活、教育、家庭、经济、法律、礼仪、服饰等从宗教分离。其超越政权，是土耳其的哲学生活。① 尤其是1997年后现代政变后，坚持民族观运动的青年一代改变其意识形态传统，包括埃尔多安、阿林奇和居尔都强调支持民主和世俗主义。正义与发展党上台前后，埃尔多安及其智囊团对世俗主义进行全新解读，"我们政党将宗教视为人类最重要的制度之一，将世俗主义视为民主的前提、宗教和意识自由的保证。它也反对将世俗主义解释或歪曲为宗教的敌人。一般而言，世俗主义是一种允许所有宗教和信仰的民众实践其宗教、表达其宗教信条和相应生活的原则，也允许没有信仰的民众相应地生活。从这个意义上来说，世俗主义是一个自由与社会和平的原则"②。正义与发展党坚信世俗主义旨在捍卫民族国家，也希望通过重新

---

① William Hale and Ergun Özbudun, Islamism, *Democracy and Liberalism in Turkey: The Case of the AKP*, p. 22.
② 转引自 Evangelic Axiarlis, *Political Islam and the Secular State in Turkey: Democracy, Reform and the Justice and Development Party*, p. 72。

解读世俗主义而得到更多穆斯林的支持。埃尔多安曾经在一次访谈中指出:"世俗主义作为社会和平与民主的保障,是一个具有双重维度的概念。第一个维度是国家不应该依照宗教法律组建,需要一个标准的、统一的、不可分离的法律秩序。第二个维度是国家应该把持中立,与各种宗教信仰保持同等距离,且是个人宗教和信仰自由的保障。宪法第二条解释世俗主义的内容,世俗主义并不是无神论,相反,意味着每个人拥有自己信仰或所在教派的权利,有实践宗教的权利,有在法律面前被平等对待的权利。基于这些特征,世俗主义是共和国的立国之基和组成原则。穆斯塔法·凯末尔的正确决定和反映这些决定的概念也内化于我们民族之中,我们必须坚决捍卫这些融合的概念。我认为我们必须谨慎地避免将这些融合的概念(世俗主义)变成'社会不满'的领域。对我们来说,保护这些概念的含义及其精神是十分必要的。"[1] 这体现了埃尔多安对土耳其立国原则的全新解读,这种解读和实践也说明执政党在执政初期的审慎态度。阿林奇认为,世俗主义在土耳其应该以一种更为自由的方式加以解释,这种解释应强调个人宗教权利和自由。这种新的世俗主义版本应强调土耳其处于文明十字路口的事实。一方面,土耳其是西方的组成部分;另一方面,土耳其绝大多数人口是穆斯林,土耳其的世俗主义应该考虑这种双重社会文化背景。[2] 阿林奇还在议会中声称世俗主义是社会和平与妥协的机制,要求国家对各种信仰保持中立态度。[3] 正义与发展党强调忠诚于世俗主义原则,其纲领所描述的世俗主义为保护宗教和意识自由,反对对世俗主义的歪曲、将其视为宗教的敌人。利用宗教来谋取政治、经济和其他利益或对那些运用宗教来思考和生活的人施加压力的行为是不能被接受的。[4] 埃尔多安经常强调国家对所有宗教和原则持中立立场,以此来深化其对世俗主义的理解。埃克多安认为世俗主义需要通过民主变强大,以更好地保护宗教自由,"将世俗主义理解为一个铁板一块的、独一的和雅各宾派的思想意识或生活方式将会导致冲突

---

[1] M. Hakan Yavuz, *Secularism and Muslim Democracy in Turkey*, p. 159.

[2] Leman Sinem Topcuoğlu, "The 'Conservative Democracy' Identity of the Justice and Development Party in the Turkish Center-Right Tradition", pp. 95–96.

[3] M. Hakan Yavuz, *Secularism and Muslim Democracy in Turkey*, p. 161.

[4] Ahmet T. Kuru, "Reinterpretation of Secularism in Turkey: The case of the Justice and Development Party", in M. Hakan Yavuz ed., *The Emergence of a New Turkey: Democracy and the Ak Parti*, p. 142.

而非社会和平"①。"世俗主义允许所有宗教和信仰的民众和平实践他们的宗教，表达他们的宗教信条，并相应地生活；也允许没有宗教信仰的民众以他们自己的方式组织他们的生活"②。但由于针对土耳其世俗主义并没有形成统一的意见，所以关于世俗主义的解读给正义与发展党的意识形态留下了极大的空间。

与多数中右政党一样，正义与发展党认为，世俗主义并非旨在塑造公民的日常生活或认同的公共政策。相反，世俗主义是设计用来保护宗教自由和实践不受国家影响的宪法原则。③ 与此同时，正义与发展党的政治家还认为，世俗主义在土耳其已经内化，凯末尔所确立的立国原则必须坚决予以捍卫。矛盾的是，埃尔多安宣称捍卫凯末尔主义世俗主义的同时经常强调，"国家对各种宗教和主义中立"，是对世俗主义的解读。埃尔多安强调其欢迎民主的甚至西方模式的世俗主义体制，宣称"国家能够是世俗的，但不是个人的"。④ 正义与发展党并不反对、实际上还完全支持将宗教事务与国家事务相分离的世俗主义作为政治原则，但是坚决反对将世俗主义视为土耳其民族认同和公众生活不可或缺的组成部分，赞同美国类型的世俗主义。正义与发展党的议员阿里·阿亚认为，"正义与发展党反对世俗主义版本，依照该版本国家在公共领域中支持世俗价值观，旨在把宗教限制在私人领域。"⑤ 尽管正义与发展党欣赏美国的世俗主义，但是并不准备将美国的世俗主义作为一个整体打包进口，只是根据其内容模仿美国的模式——特别是强调宗教自由——而非其结构。实际上，出于执政的需要和权力限制，正义与发展党并不能真正贯彻其强调的世俗主义。正义与发展党权力受限制的主要原因是凯末尔主义精

---

① Ahmet T. Kuru, "Reinterpretation of Secularism in Turkey: The Case of the Justice and Development Party", in M. Hakan Yavuz ed., *The Emergence of a New Turkey: Democracy and the Ak Parti*, p. 143.

② William Hale and Ergun Özbudun, Islamism, *Democracy and Liberalism in Turkey: The Case of the AKP*, p. 21.

③ M. Hakan Yavuz, *Secularism and Muslim Democracy in Turkey*, p. 160.

④ 转引自 Leman Sinem Topcuoğlu, "The 'Conservative Democracy' Identity of the Justice and Development Party in the Turkish Center-Right Tradition", p. 95. William Hale, "Christian Democracy and the JDP: Parallels and Constrasts", in M. Hakan Yavuz ed., *The Emergence of a New Turkey: Democracy and the AK Parti*, p. 78。

⑤ Leman Sinem Topcuoğlu, "The 'Conservative Democracy' Identity of the Justice and Development Party in the Turkish Center-Right Tradition", p. 96.

英——塞泽尔、共和人民党、宪法法院和军方——颇具影响力的传媒群体和土耳其工商业联合会的抵制。这些个人和机构将世俗主义视为宪法不可更改的原则,塞泽尔强调说,土耳其不可更改的世俗主义宪政原则只有宪法法院才能解释,其他机构包括大国民议会都无权解释它。2004年9月24日,塞泽尔总统在一次研讨会上宣称,"世俗主义应该是一种由个人选择的生活方式,一个世俗的人应该是将宗教置于意识的神圣地位,并不允许其信仰影响这个世界"①。这与埃尔多安等人认为世俗主义是国家的宪政原则而非个人的思想意识形成鲜明对比,二者的意见分歧影响正义与发展党的执政效果。正义与发展党捍卫的世俗主义原则却不同于激进世俗主义,而是土耳其版本的世俗主义,这种对世俗主义的解读和利用也体现了执政党的实用主义态度和实际做法。

二 "保守的民主"的内涵特征

正义与发展党成立后,宣称是所有中右翼政党的支持者,将"保守的民主"作为主导意识形态,以服务于国家政治治理和强化统治的需要。埃尔多安曾经说道:"我们政党明确拒绝成为一个将某种意识形态施加给国家的政党,也不会将宗教道德用于政治领域。"②"正义与发展党正在试图用一种健康的方式来塑造宗教与民主、传统与现代、国家和社会之间的关系。"③ 2004年1月,埃尔多安在访问华盛顿发表演说时强调:"我们不是以抽象的方式,而是以具体的、实实在在的方式着手于一种新理念(保守民主)……土耳其社会渴望采取一种不反对传统的现代性理念……一种能够理解并重视精神意义的理性主义……保守民主就是对土耳其民众渴望的一种回答。"④ 这种民主模式奉行在尊重宗教自由前提下的世俗主义和民主化,并且将宗教自由作为民主化的重要内容。⑤ 为进一

---

① Ahmet T. Kuru, "Reinterpretation of Secularism in Turkey: The Case of the Justice and Development Party", in M. Hakan Yavuz ed., *The Emergence of a New Turkey: Democracy and the Ak Parti*, p. 136.

② Yalcin Akdogan, "The Meaning of Conservative Democratic Political Identity", in M. Hakan Yavuz ed., *The Emergence of a New Turkey: Democracy and the Ak Parti*, p. 54.

③ Kenan Cayir, "The Emergemce of Turkey's Contemporary 'Muslim Democrats'", in Umit Cirzre ed., *Secular and Islamic Politics in Turkey: The Making of the Justice and Development Party*, London and New York: Routledge, 2008, p. 76.

④ Sultan Tepe, "Turkey's AKP: A Model 'Muslim——Democratic' Party?" *Journal of Democracy*, Vol. 16, No. 3, 2005, p. 76.

⑤ 王林聪:《论正义与发展党执政下的土耳其"民主模式"》,第24页。

步扩大"保守的民主"理念国际影响力,正义与发展党于2004年1月10—11日在伊斯坦布尔举行"保守民主与世界政治"国际会议,埃尔多安强调正义与发展党对民主的理解并不意味着保持现存的机构和关系,而是在寻求进步的同时保护重要的价值和原则;将宗教作为政治工具是对社会和平、政治多样性和宗教本身的损害。在他看来,正义与发展党旨在整合本土与普遍的价值、传统和现代、道德和理性。① 布哈纳亭·杜兰认为,正义与发展党通过放弃建立伊斯兰国家改变土耳其的伊斯兰政治,但仍保持诸如正义、进步与伊斯兰文明等基本理念。其将现代民主与保守的(伊斯兰)观念结合起来,创造出新的合成品,这种合成品即是在保守民主掩盖下的伊斯兰文明的理念。② "保守的民主"是正义与发展党对凯末尔主义的威权意识形态和伊斯兰主义对其反映的补救方案。在土耳其的语境下,"保守的民主"是改革主义与保守主义的独特混合,自由主义、文化伊斯兰主义和多元主义的整合。③ "(正义与发展党保守的民主的核心价值)限制政府,主张法治、个人中心主义、自由市场经济、强大的市民社会、普遍的人权、对话和宽容的重要性……比保守的意识形态更为自由。"④ 正义与发展党的施政纲领全面渗透了"保守的民主"的执政理念。正义与发展党"保守的民主"包含民主观、多元主义、社会变革和世俗主义,呈现模糊杂糅的特征,但又是其化解伊斯兰主义与世俗主义冲突的思想依据。本书通过对正义与发展党基本纲领、选举宣言、领导人讲话和研究成果的分析,从国家、政治、民主、宗教政治、社会文化和社会经济等维度剖析"保守的民主"的基本内涵及其影响。⑤

1. 国家观。正义与发展党的国家观是在坚持民族国家立场的基础上,根据时代需要融合宪政国家、福利国家等概念构建现代国家体系。正义与发展党尊重宪法所规定的凯末尔主义立国之基,指出阿塔图尔克是共

---

① Ahmet T. Kuru, "Reinterpretation of Secularism in Turkey: The Case of the Justice and Development Party", in M. Hakan Yavuz ed., *The Emergence of a New Turkey: Democracy and the Ak Parti*, p. 142.

② Burhanettin Duran, "JDP and Foreign Policy as an Agent of Transformation", in M. Hakan Yavuz eds., *The Emergence of a New Turkey: Democracy and the Ak Parti*, p. 285.

③ Evangelic Axiarlis, *Political Islam and the Secular State in Turkey: Democracy, Reform and the Justice and Development Party*, p. 67.

④ William Hale and Ergun Özbudun, *Islamism, Democracy and Liberalism in Turkey: The Case of the AKP*, p. 14.

⑤ 本部分参考朱传忠《土耳其正义与发展党研究》,第116—129页。

和观念之源,理应是"我们最坚实的基础","土耳其共和国的立国原则是共和主义、国家主权、民族国家和世俗主义"。① 宗教、种族、地区民族主义是不可僭越的正义与发展党的"红线"。② 正义与发展党党纲曾五次提及福利国家概念,"作为福利国家理念的前提,国家有义务承担社会福利的职责"。③ 埃尔多安指出,"国家应在社会政策(制定和实施)中积极活跃,而私人部门应该领导经济运行"④。因此国家必须实施社会保险、社会救助和社会服务等项目,压缩社会第三部门的活动空间。哈坎·雅乌兹认为,埃尔多安与厄扎尔一样,认为国家是改善日常生活的公共服务的工具。⑤ 在2002年选举宣言中,正义与发展党宣称国家干预这些制度和价值观(家庭、学校、财产、宗教和道德)会导致冲突和失序。也就是说,国家不应该干预这些制度和价值观。⑥ 正义与发展党领导人提及"国家权力"时强调"受限制的政治权力",强调国家必须由公民来定义、塑造和管理。⑦ 这影响了正义与发展党执政后的社会福利政策。在土耳其民主框架下,正义与发展党承认多数统治原则,政治合法性应以人民主权为基础。政治权威的第一要素是"民族意志",以人民意愿为基础;政治权威通过人民意愿传达自己和表达自己的组织认同。也就是说,国家确定的法律规则和价值观应该符合时代需要和反映人民意愿。正义与发展党坚持中央政府权威的同时,主张地方分权,以扩大地方政府的权力和财政来源,这也是对抗凯末尔国家主义遗产的重要工具。这体现在雅尔琴·埃克多安对"保守的民主"的界定中,认为"保守的民主"赞同有限的、界定清晰的政治权力形式,不能接受导致压迫国家的威权或极权实践;"保守的民主"认为,政治合法性的基础是人民主权和

---

① M. Hakan Yavuz, *Secularism and Muslim Democracy in Turkey*, p. 134.
② William Hale and Ergun Özbudun, *Islamism, Democracy and Liberalism in Turkey: The Case of the AKP*, p. 25.
③ 正义与发展党党纲之公共行政部分。
④ Engin Yıldırım, "Labor Points or Achilles Heel: The Justice and Development Party and Labor in Turkey", in M. Hakan Yavuz ed., *The Emergence of a New Turkey: Democracy and the AK Parti*, p. 239.
⑤ M. Hakan Yavuz, *Secularism and Muslim Democracy in Turkey*, p. 82.
⑥ 转引自 William Hale, "Christian Democracy and the JDP: Parallels and Constrasts", in M. Hakan Yavuz ed., *the Emergence of a New Turkey: Democracy and the AK Parti*, p. 78。
⑦ M. Hakan Yavuz, *Secularism and Muslim Democracy in Turkey*, p. 91.

法治，政治领导人通过承认全民意志来获得合法性。①

2. 政治观。"保守的民主"所涵盖的政治观折射了正义与发展党的政治立场和治国理念。朱传忠曾结合《2030年愿景》文件将其总结为九种不同类型的政治，即妥协政治、团结政治、正常化政治、有原则的政治、改革主义政治、高级政治、现实主义政治、服务政治、清廉政治②，本书以此为基础加以概述。

一是强调宽容、团结、秩序和原则。"保守的民主"理念认为，"政治应该建立在和解、融合和宽容而非冲突、拉帮结派和极化的基础上。为推动整个结构的渐进变革，有必要保留现有结构的部分价值观和特征"③。这是正义与发展党延续传统，与军方和反对党保持相对克制的重要原因。"保守的民主"强调国家的统一和不可分割，通过继承不同政治文化遗产而呈现团结合作和相对宽容开放的政治文化政策。正义与发展党认为，把宗教、派别或族群认同置于其中心纲领的认同政治将会导致政治极化，其试图通过支持不同社会群体的团结而成为土耳其团结稳定和政治统一的保障。"保守的民主"还追求实现土耳其政治的正常化，通过赢得选举而重塑诸多社会关系，包括宗教与政治、传统与现代、民族主义与多元主义的关系等，进而实现政治制度的稳定和正常化。正义与发展党宣称，实施真正的、规范的政治，遵循有原则的、一致的政治，以在原则、传统、事件和真正政治之间建立联系，作出符合价值观的政策选择，并在治理面前坚持原则立场。

二是强调改革与务实并举。"保守的民主"并不反对改革，而是反对激进的变革，主张渐进的变革和社会的进步。"采用极权手段和强力方式改变社会是不被接受的，因为这些方式在历史上曾造成负面的社会经济、文化和政治影响。保守的民主赞同渐进的进步转型，以实现有利于社会的重要的甚至革命性的变革。"④ 埃尔多安认为，基于保守主义的变革将

---

① Yalçın Akdoğan, "The Meaning of Conservative Democracy Political Identity", in M. Hakan Yavuz ed., *The Emergence of a New Turkey: Democracy and the AK Parti*, pp. 49-63.
② 详见土耳其正义与发展党《2030年愿景》文件，转引自朱传忠《土耳其正义与发展党研究》，第119页。
③ Yalçın Akdoğan, "The Meaning of Conservative Democracy Political Identity", p. 51.
④ Yalçın Akdoğan, "The Meaning of Conservative Democracy Political Identity", p. 51.

为正义与发展党创造独特的政治空间，也将土耳其引向新的政治道路。① 正义与发展党总结以往政治失范的历史经验，基于实用主义来对待政治，贯彻赢得社会信任的党纲、施政纲领和紧急行动计划，有力驳斥了那些针对其拥有"隐藏议程"（hidden agenda）的怀疑。强调"现实主义政治"不仅促进正义与发展党政治决策的可操作性，又巩固其在土耳其政治中的合法性地位。

三是强调政治的服务性。正义与发展党认为，政治是服务社会的工具，也就是四种政治概念或观点当中的"作为公共事务的政治"。② 服务政治与福利国家的概念一脉相承。在埃尔多安看来，政治是与服务、改善日常生活和阐述人民诉求有关。③ 国家旨在服务于民众的需要，其主要任务是清除实现个人潜力的障碍。他认为基本的道德价值是人类本身，国家的主要任务是为人类服务。"那些利用国家权威机构的首要任务和基本职责是服务民众。在我们看来，行政机构不应该是特权和豁免权。国家公职人员不应该轻视社会，不应该使事情更为复杂，而是应该成为公仆，就像西方所界定的，也就是为公众利益服务。"④ 埃尔多安也称，正义与发展党的纲领提供的是服务而非认同。⑤ 在这个意义上，人们可以看到土耳其自由政治的实现，一个政治运动不再参与倾向于冲突和对抗的认同政治，而是参与以妥协与合作为基础的服务政治。⑥ 埃尔多安担任伊斯坦布尔市市长的经历影响了其对政治的理解，他坚信民众渴望的是服务（hizmet），而非意识形态或大的思想体系。这是他初期能够与坚持服务的葛兰运动合作的基础。在这种理念主导下，埃尔多安创立了正义与

---

① Yalçın Akdoğan, "The Meaning of Conservative Democracy Political Identity", p. 52.
② 燕继荣主编：《发展政治学：政治发展研究的概念与理论》，北京大学出版社2006年版，第32—33页。在一般的政治学教科书中，政治被归纳为四种概念或观点，即作为政治艺术的政治、作为公共事务的政治、作为妥协和同意的政治、作为权利和资源分配的政治。这四种定义反映了认识政治的四个不同角度或思路，也规定了不同的政治发展观念。从妥协和同意的角度认识政治，政治又可以被看作解决争端的特别手段。在这种定义下，冲突或争端不是通过强力和赤裸裸的权力来解决，而是通过妥协、安抚和谈判来加以解决。政治就是选择妥协而不是选择暴力和强迫来安排秩序问题的解决方案。
③ M. Hakan Yavuz ed., *The Emergence of a New Turkey: Democracy and the AK Parti*, p. 18.
④ Speech at the TBMM, May 6, 2003. 转引自 M. Hakan Yavuz, *Secularism and Muslim Democracy in Turkey*, p. 83。
⑤ Yalçın Akdoğan, "The Meaning of Conservative Democracy Political Identity", p. 52.
⑥ M. Hakan Yavuz ed., *The Emergence of a New Turkey: Democracy and the AK Parti*, p. 3.

发展党以为民众提供服务,"正义"与"发展"的字眼即是这种思维模式的体现。

四是强调政治清廉。政治腐败导致20世纪90年代联合政府更迭频繁,导致诸多中右政党在2002年大选中被民众抛弃。正义与发展党将"廉洁政治"作为其制度认同基础,这是因为其认识到,公众对政治制度、政治家和政党信任的下降源于政治道德的沦丧和政治腐败的普遍存在。①"廉洁政治"是正义与发展党领导层呼吁的"新政治风格"的一种,也是其吸引民众的重要原因,但后期却深陷腐败的指控,不免发人深思。

3. 民主观。民主是正义与发展动员民众的重要旗号,是结合伊斯兰传统和西方民主观念的再创造。埃尔多安曾经指出:"土耳其在走向建立和制度化民主的道路上已经很久,这个民主要整合多元主义和宽容,而非自我标榜的民主。其理想模式不是仅仅退化为选举和某些机能的机构化民主,而是流行于行政、社会和政治领域的民主。我称之为深度的民主。"②所以民主观是正义与发展党"保守的民主"意识形态的核心,包含以下几个方面:

第一,民主及其内涵。正义与发展党认为,权利、自由、平等、宽容是当代民主价值观念的核心理念,民主、法治、人权、透明、问责(answerability)是人类共享的普遍价值。在居尔看来,"这些价值观是普世的,因为没有能够声称专享作为文明共同遗产的人类价值观"③。正义与发展党的纲领和选举口号中多次提及这些理念。正义与发展党的布尔萨议员埃尔图格鲁尔·雅尔琴巴耶莱认为,"文明从互动中收获良多。沟通和对话是和平与妥协之路。未能融入世界的国家,不能内化普世价值观和发展像民主、人权和法治概念的国家,会被孤立"④。正义与发展党强调自由是民主的基础,任何个人和组织遭受压迫是不可接受的。尊重

---

① Güliz Dınc Belcher, "Journey from Islamism to Conservative Democracy: The Politics of Religiuous Party Moderation in Turkey", p. 240.

② Recep Tayyip Erdoğan, "Conservative Democracy and the Globalization of Freedom", in M. Hakan Yavuz ed., *The Emergence of a New Turkey: Democracy and the AK Parti*, p. 336.

③ Leman Sinem Topcuoğlu, "The 'Conserative Democracy' Identity of the Justice and Development Party in the Turkish Center-Right Tradition", p. 100.

④ Leman Sinem Topcuoğlu, "The 'Conserative Democracy' Identity of the Justice and Development Party in the Turkish Center-Right Tradition", pp. 100-101.

个人权利和自由是实现社会安定、民众能够接受民主制度的基本条件。毫无疑问，正义与发展党采用现代的基于民主、人权和法制的政治语言使其赢得合法性地位。大体而言，正义与发展党的民主观是多元主义的，土耳其社会的异质性能够丰富多元主义民主①。正义与发展党认为，不同政治选择之间的竞争是健康的民主体制不可或缺的前提条件，多数人的意志并不是绝对的。② 不过，正义与发展党所追求的不仅仅是一般意义上的民主，更追求发达的民主。在《2023年愿景》中，正义与发展党把发达民主定义为"一种制度化的、自由的民主，个人不可或缺的、不可转移的、不受侵犯的，权利和自由能够实现和得到保护，且不受各种国家权威的侵害。发达民主是一种公民意志对国家制度有直接影响的民主，公民不仅通过选举而且通过公共生活实施决策和管理的民主。"③ 这种民主由于得到制度支持而成为强大民主的样板。

第二，民主的实现途径。正义与发展党认为，民主是一个推动和促进民众广泛政治参与的过程。埃尔多安认为，真正的民主政治是一个所有的社会问题都被涉及和讨论，所有的社会诉求都由自己的声音表达，社会项目能够被检验和修正的社会领域。④ 显然，正义与发展党的民主仍然未能突破西方选举政治的窠臼，强调民众的动员和参与，这也是其在历次选举中强调选举动员的重要原因。对民众参与的强调使正义与发展党更加重视全民公投这种方式，并在执政实践中将全民公投这种民主的手段用到极致。

第三，民主实现的难题。正义与发展党正视土耳其民主政治发展中存在的问题，力图寻求自己的解决方法；认为民主缺乏深度、政治腐败是土耳其目前存在的最大问题；针对腐败治理，正义与发展党纲领提出制定多部法律和修改《信息获取法》《协会和基金会法》和《公共采购法》（Public Procurement Law），加入国际反腐败公约，并从修订宪法和启动一系列法律改革将其设想付诸实践。不过，正义与发展党未能有效破解民主政治的难题，这也使其在执政过程中因缺乏民主而饱受诟病。

---

① Yalçın Akdoğan, "The Meaning of Conservative Democracy Political Identity", pp. 50-51.
② William Hale and Ergun Özbudun, *Islamism, Democracy and Liberalism in Turkey*: *The Case of the AKP*, p. 21.
③ 土耳其正义与发展党：《2023年愿景》，第9页。
④ Yalçın Akdoğan, "The Meaning of Conservative Democracy Political Identity", pp. 50-51.

4. 宗教观。正义与发展党肯定伊斯兰教作为传统道德价值的重要作用。雅乌兹认为，对正义与发展党的领导层来说，伊斯兰教是土耳其人的民族认同、道德源泉以及国家的合法性基础。换言之，伊斯兰教是民族纽带、国家认同和政治合法性的主要渊源。① 正义与发展党认为，宗教（伊斯兰教）是"社会实体和传统的一部分"，与民主是兼容的，正义与发展党重视"作为社会实体和传统一部分"的伊斯兰教与民主的兼容性。② 珍妮·怀特认为，正义与发展党同意宗教是核心的私人事务，强调宗教能够整合进公共和政治范围而不违背世俗国家制度。③ 埃尔多安强调正义与发展党对民主的理解并不意味着保持现存的机构和关系，而是意味着在寻求进步的同时保护重要的价值和原则，强调利用宗教作为政治工具将会损害社会和平、政治多样性和宗教本身。所以，正义与发展党旨在整合本土与普遍的价值、传统和现代、道德和理性。④

正义与发展党希望在社会领域保持其与伊斯兰教的联系，但在政治纲领中慎重使用宗教字眼。不过，埃尔图格鲁尔·雅尔琴巴耶莱曾经宣称，正义与发展党的目标是以这样一种方式改造文化价值观，即作为政治认同的伊斯兰教是能够接受的，而非仅仅把宗教降为意识形态。⑤ 但对于正义与发展党大多数成员来说，利用宗教达到政治、经济和其他利益，以及利用其作为镇压不同信仰民众的工具是不可接受的。埃尔多安指出，正义与发展党强调宗教作为社会道德价值的重要性，并不支持基于宗教的政治，国家基于意识形态基础的转变和基于宗教象征的组织。基于宗教的政治、利用宗教作为工具和以宗教名义寻求排他性政策都将损害社会和平和政治多元主义以及宗教。⑥ "正义与发展党的前身以'政治共同体'形式，以意识形态为基础，只吸引这种意识形态的支持者。这种政治是危险政治，因为它导致两极化，划清了宗教与政治的界限。以宗教

---

① M. Hakan Yavuz, *Secularism and Muslim Democracy in Turkey*, p. 96.
② 朱传忠：《土耳其正义与发展党研究》，第 127 页。
③ Jenny B. White, *Islamist Mobilization in Turkey: A Study in Vernacular Politics*, p. 114.
④ Ahmet T. Kuru, "Reinterpretation of Secularism in Turkey: The Case of the Justice and Development Party", in M. Hakan Yavuz ed., *The Emergence of a New Turkey: Democracy and the Ak Parti*, p. 142.
⑤ Leman Sinem Topcuoğlu, "The 'Conserative Democracy' Identity of the Justice and Development Party in the Turkish Center-Right Tradition", p. 79.
⑥ William Hale and Ergun Özbudun, *Islamism, Democracy and Liberalism in Turkey: The Case of the AKP*, p. 22.

之名成立政党对宗教是不公正的,解决这一问题的办法应该是维持世俗体制。"① 图科内认为,"正义与发展党明确远离伊斯兰政治的深层根据是他们决心摆脱凯末尔主义精英和国际机构的压力。只有在基于保护个人权利的西方普世法律体系下,才能永久解决有效保护穆斯林的社会、政治和经济权利的问题"②。这决定正义与发展党的宗教政策仅仅在文化层面而非政治层面出现,所以说关于其拥有隐匿的政治目标的指控也是站不住脚的。

5. 社会文化观。"保守的民主"包含多元主义要素,这体现在承认社会的多样性和异质性。正义与发展党纲领和历次大选的选举平台以及领导人的言论都强调普遍的价值,诸如民主、人权、法治、有限的政府、多元主义宽容和尊重多样性等,认为民众意愿、法治、理性、科学、经验、民主、基本权利和自由、道德等是其社会文化观念的主要参考。正义与发展党承认和尊重所有人的生存权,诸如拥有不同的信仰、思想、种族、语言、表达权、结社权和生存权。正义与发展党强调个人言论自由,各种社会文化集团能够参与政治,以由民主多元主义产生的宽容政治的形式为给公共辩论增加多样性,通过把这些不同的集团和声音包容进政治过程,参与民主得以提升。③ 正义与发展党的纲领强调民主、人权和法治,确认自由组成民主的基础,尊重个人权利和自由是建立社会和平与幸福感以及民众接受民主政权的基础条件。承诺将把《联合国人权宣言》(The Universal Declaration of Human Rights)、《欧洲人权公约》(The European Convention of Human Rights)、《巴黎宪章》(Paris Charter)和《赫尔辛基协定》(Helsinki Final Act)所设定的人权标准带到土耳其,特别强调思想和表达自由、信息权利、寻求正义和平等审判的权利。正义与发展党的民主观更趋多元主义,更强调宽容、对话和尊重少数民族权利。正义与发展党纲领经常提及需要强化市民社会组织,提升它们在中央和地方层次参与政策制定的功能。

"保守的民主"所包含的社会文化观还包括对家庭道德和公民社会地

---

① Leman Sinem Topcuoğlu, "The 'Conservative Democracy' Identity of the Justice and Development Party in the Turkish Center-Right Tradition", p. 80.
② 转引自 Leman Sinem Topcuoğlu, "The 'Conservative Democracy' Identity of the Justice and Development Party in the Turkish Center-Right Tradition", p. 80。
③ Yalçın Akdoğan, "The Meaning of Conservative Democracy Political Identity", p. 50.

位的强调。埃尔多安宣称,"对我党而言,家庭是神圣的制度。家庭越强,民族越强。如果家庭被削弱了,民族注定会毁灭"①。这说明其认识到家庭对于社会发展的重要性。正义与发展党希望激发市民社会活力,因为市民社会的发展有利于推动土耳其的民主化进程。"市民社会是一个相对有活力的概念,但被广泛所指的是超过政府或商业范畴的第三部门。……发达的市民社会是民主多元主义不可或缺的部分,表明民主的成熟和政治制度足以满足自我与和平认可。"② 居尔在伊斯兰市民社会组织(The International Conference of Islamic Civil Society Orgization)的国际会议上发表演讲时指出,"为了实用和持久,变化的过程应该回应社会的期望,必须被他们所拥有。市民社会在实现该行为方面扮演了不可或缺的角色。保持他们自身认同的同时适应我们时代现实,只有在积极卷入市民社会时才是可能的。作为政府和民众的桥梁,市民社会组织具有促进改革进程的巨大潜力"③。正义与发展党的市民社会指的是宗教组织,显然忽略了非宗教的市民社会组织,而聚焦宗教保守的利益群体。不过,小政府大社会的理念意味着国家不能过于干预公民的私人生活,实际上在威权政治逐渐强化的土耳其也只能是一种理念而已。

6. 社会经济观。"保守的民主"视域下的经济观服务于民主的发展。正义与发展党旨在确立自由市场经济,承认国家在经济中的角色仅仅是规范和监管作用。④ 在埃尔多安看来,为建设繁荣的共和国和保卫民主,土耳其首先需要强大的经济,需要处理的最紧急的问题有经济衰退、失业、不平等收入分配、政治自由、社会保险和医疗保障体系的不完备。基于此,正义与发展党提出三大战略:一是通过加快私有化和吸纳外国投资"实现土耳其经济与世界市场的一体化";二是清除国家经济体系中的国家主义遗存,实施去官僚化是具体的经济战略;三是基于道德主义

---

① M. Hakan Yavuz, *Secularism and Muslim Democracy in Turkey*, p. 168.
② Kerim Yıldız, *The Kurds in Turkey: EU Accession and Human Rights*, London: Pluto Press, 2005, p. 54.
③ Today's Zaman, 6 May 2005. 转引自 Evangelic Axiarlis, *Political Islam and the Secular State in Turkey: Democracy, Reform and the Justice and Development Party*, p. 95。
④ William Hale and Ergun Özbudun, *Islamism, Democracy and Liberalism in Turkey: The Case of the AKP*, p. 20.

需要优先考虑"社会维度"和"社会正义"。① 这成为指导正义与发展政府经济政策的基本理论,实际上其经济体制改革是沿着这个方向继续前进的。

三 "保守的民主"的思想评析

正义与发展党"保守的民主"理念引发学术界和政界的广泛讨论,赞同和反对者都为数不少,"赞同者以正义与发展党的领导层、议员以及亲伊斯兰运动的学者为主,反对者以左派、自由派记者和知识分子以及亲世俗的学者为主"②。艾哈迈特·耶尔迪兹(Ahmet Yıldız)认为,"保守的民主"并不寻求领导或指导党的政策,而是消除外部国家的怀疑,特别是美国和欧盟的怀疑。正义与发展党的保守民主试图为他者定义该党身份,而非为该党自己提供一个指导性的意识形态。③ 这说明了"保守的民主"的工具性特征,所以说针对该意识形态尚需要深入分析。

1. 学术界针对"保守的民主"存在诸多争论和分歧。"保守的民主"思想意识引起学术界广泛争论,由于存在对"保守的民主"的误读,再加上概念本身的模棱两可,所以存在两种截然不同的观点。

一是批评"保守的民主"的模糊性和混杂性。伊斯兰知识分子阿里·布拉克(Ali Bulac)坚决反对使用该概念,认为没有人有权将这种不优雅的名词作为一种政治身份应用到穆斯林身上。④《新晨报》(*Yeni Safak*)的专栏作家阿里·拜财拉莫奥卢(Ali Bayramoğlu)认为,把保守主义和民主放在一起创造新的政治认同是矛盾的,这是一个误导人的标签,相关文献中没有保守的民主概念。⑤ 苏尔坦·泰普认为,保守的民主的混杂性说明正义与发展党领导层拒绝盲目反对传统和现代性,而是强调两者之间的融合,但保守的民主未能回答土耳其伊斯兰主义者所面临

---

① Leman Sinem Topcuoğlu, "The 'Conserative Democracy' Identity of the Justice and Development Party in the Turkish Center-Right Tradition", pp. 109–100.
② 朱传忠:《土耳其正义与发展党研究》,第 130 页。
③ M. Hakan Yavuz, "The Role the New Bourgeoisie in the Transformation of the Turkish Islamic Movement", in M. Hakan Yavuz ed., *The Emergence of a New Turkey: Democracy and the Ak Parti*, p. 10.
④ Ahmet Yıldız, "Problematizing the Intellectual and Political Vestiges: From 'Welfare' to 'Justice and Development'" in Ümit Cizre ed., *Secular and Islamic Politics in Turkey*, London and New York: Routledge, 2007, p. 45.
⑤ Yalçın Akdoğan, "The Meaning of Conservative Democracy Political Identity", p. 55.

的长期问题：地方价值观能否和如何与现代性的实践结果融合。"保守的民主"服务于三大目标：（1）以一种不具威胁性的方式向国家和社会定义该党认同；（2）以与中右政治传统结盟的方式引起世俗民众的关注；（3）为确保其核心支持者而使伊斯兰教继续在政党政策中发挥重要作用。然而，保守的民主还存在三大缺陷：（1）远未成为社会转型计划的蓝图；（2）通过引入一系列内在的传统价值观削弱伊斯兰教的政治作用；（3）引发有关伊斯兰教能否融入土耳其公共领域且不被边缘化的辩论。① 在阿里·拜拉莫奥卢看来，这不仅仅是误用，而且对正义与发展党那些位于改革倾向选区的政治家不公平，他们试图寻求新的机会空间来反对威权政治的当局而致力于政治民主化和伊斯兰因素现代化的斗争。② 伊滕·马库普扬（Etyen Mahçupyan）认为，正义与发展党使用"保守主义人士"标签，仅仅是因为该党党员不能把自己定义为"穆斯林民主人士"，"在一个把威权世俗主义变成官方意识形态的国家使用穆斯林一词是不容易的。特别是一个希望避免任何对抗的个案……另一方面，可以认为土耳其的保守主义包含伊斯兰元素"③。埃劳拉·凯亚也认为，保守的民主并不必然地反映在该党的政策中，而是寻求外部合法性的工具。④

二是肯定"保守的民主"的必要性和进步性。部分学者认为，正义与发展党使用"保守的民主"仅仅因为不想将其界定为穆斯林民主主义者。⑤ 亚伊拉（Yayla）认为，"保守的民主是否能够成为政治学中被接受的术语，只能寄希望于未来。可能是5—10年，可能是50年……虽然自由民主这一术语规定了政府类型，它有时也被用于界定意识形态标签（如自由民主人士）"⑥。曾担任正确道路党议员的正义与发展党议员艾

---

① Sultan Tepe, "A Pro-Islamic Party? Promises and Limits of Turkey's Justice and Development Party", in M. Hakan Yavuz ed., *The Emergence of a New Turkey: Democracy and the AK Parti*, p. 122.
② Ahmet Yıldız, "Problematizing the Intellectual and Political Vestiges: From 'Welfare' to 'Justice and Development'", p. 45.
③ 转引自 Yalçın Akdoğan, "The Meaning of Conservative Democracy Political Identity", p. 58; Leman Sinem Topcuoğlu, "The 'Conserative Democracy' Identity of the Justice and Development Party in the Turkish Center-Right Tradition", pp. 75-76。
④ M. Hakan Yavuz, *Secularism and Muslim Democracy in Turkey*, p. 89.
⑤ Yalçın Akdoğan, "The Meaning of Conservative Democratic Political Identity", p. 58.
⑥ Yalçın Akdoğan, "The Meaning of Conservative Democracy Political Identity", p. 56; Leman Sinem Topcuoğlu, "The 'Conserative Democracy' Identity of the Justice and Development Party in the Turkish Center-Right Tradition", p. 74.

哈迈特·敦勒吉尔（Ahmet Dulger）指出，"保守的民主的这种全新理解是在经得住时间考验的保守主义原则基础上提出的，其取决于我国人民的社会文化传统。我们的目标是以政治保守主义的普遍标准来复制我们根深蒂固的价值观体系。我们支持现代的、对变革开放的保守主义，而非维持现状的保守主义"①。齐纳尔认为，正义与发展党主要强调土耳其政治的制度建设，指出自上而下或"官僚国家主义"结构的问题，保守的民主是对伊斯兰主义和世俗主义之间意识形态冲突的回答。② 欧麦尔·恰哈则认为，塑造正义与发展党政治认同的三大渊源是"国际规范、传统价值观和官方制度，尤其是共和国催生的世俗主义"。③ 杜兰则认为，一方面，正义与发展党试图以新的社会共识来实现自由与保守在土耳其的融合，力图把自己置于共和进步党、民主党和祖国党的政治传统序列上；另一方面，依然保留着曾经是土耳其伊斯兰主义核心的文明话语，强调正义和进步发展概念对土耳其伊斯兰主义话语演变的贡献。④ 这触及了"保守的民主"的思想内核。

正义与发展党以"保守的民主"作为主导意识形态，主张将伊斯兰教所激发的传统生活方式与基于自由市场和全球化的西方自由主义价值观相结合，"保守的民主基于对土耳其民族作为一种理想模式——逊尼派—哈乃斐派—土耳其一体化实体，并不考虑文化或阶级差别——特定理解，强调国家内部的统一。民主并不是完全内在化的，仍然是大多数人的民主，有着强烈的威权倾向"⑤。"保守的民主将不接受导致高压性国家的威权或专制实践，将政治合法性基于全民主权和宪法与普遍接受的法律原则上，这是政治权力合法性的基础，政治领导人通过接受国家的意愿而赢得合法性。政治合法性基于共同接受的民族认同。"⑥ 所以说这种意识形态能够得到民众的认可和支持。

---

① Leman Sinem Topcuoğlu, "The 'Conservative Democracy' Identity of the Justice and Development Party in the Turkish Center-Right Tradition", p. 85.
② Leman Sinem Topcuoğlu, "The 'Conservative Democracy' Identity of the Justice and Development Party in the Turkish Center-Right Tradition", p. 94.
③ 转引自 M. Hakan Yavuz ed., *The Emergence of a New Turkey: Democracy and the AK Parti*, p. 284。
④ M. Hakan Yavuz ed., *The Emergence of a New Turkey: Democracy and the AK Parti*, pp. 284-285.
⑤ M. Hakan Yavuz, *Secularism and Muslim Democracy in Turkey*, p. 100.
⑥ Yalçın Akdoğan, "The Meaning of Conservative Democratic Political Identity", p. 50.

2. "保守的民主"是正义与发展党对多种思想意识的整合。正义与发展党将来自国家干预的小国家和自由（自由主义）、真正文化认同的复兴（伊斯兰教）和社会文化多元性的承认（多元主义）整合在一起而形成其政党意识形态——"保守的民主"①，体现了对自由主义、伊斯兰主义、多元主义和改革主义思想的整合。"保守的民主"是一种拥有双重目标的意识形态，一方面能够减轻凯末尔主义行政当局干预的影响，另一方面能够抵消流行在土耳其社会中的极端伊斯兰主义情绪，位于互相冲突的凯末尔主义和伊斯兰主义的中间立场。②"保守的民主"提供凯末尔主义和伊斯兰主义的替代品，凯末尔主义被视为土耳其非民主实践和军事干预的来源，而伊斯兰主义被指控为威权的、反自由的、反个人主义的、教条主义的，甚至专制主义的，正义与发展党超越上述弊端而实现对多种思想的整合。

保守的民主整合了自由主义的要素。正义与发展党认为，自由是一个运行良好和公正的民主政权的基本需要和前提。"该文件（正义与发展党的宣言《保守的民主》）强调，土耳其内部作为传统民主基石的穆斯林文化认同的重要性，反对自上而下的极端革命性现代化模式。在保守的民主概念更为宽泛的讨论中，该理论阐释了自由政治理论原则。实际上，正义与发展党所界定的世俗主义概念与自由主义的原则和概念并行。"③ 正义与发展党提倡自由的纲领——小国家和国家机构对私人公民事务的更少干预——因为其将此认为是有助于形成宽容、平等和自由环境。④ 正义与发展党将多元主义视为对凯末尔主义单一文化、同质和世俗民族认同的解毒剂，其诸多针对不同种族和文化群体的政策可谓多元主义理念的直观实践；承认种族和宗教群体的多元性构成，并为不同的种族和宗教群体的文化承认、政治自主和政治参与铺平道路，但反对滥用

---

① Evangelic Axiarlis, *Political Islam and the Secular State in Turkey: Democracy, Reform and the Justice and Development Party*, p. 111.

② Evangelic Axiarlis, *Political Islam and the Secular State in Turkey: Democracy, Reform and the Justice and Development Party*, p. 93.

③ Haldun Gülalp, "Islam and Democracy: Is Turkey an Exception of a Role Model", p. 14.

④ Savante E. Cornell and Halil M. Karaveli, "Prospects for a 'Torn' Turkey: A Secular and Unitary Future?" A Silk Road Paper Published by the Central Asia-Caucasus Institute & Silk Road Studies Program, Washington D. C. and Stockholm, 2008, p. 13. 转引自 Evangelic Axiarlis, *Political Islam and the Secular State in Turkey: Democracy, Reform and the Justice and Development Party*, p. 100。

种族和宗教感情于政治目的。根据正义与发展党的纲领，除了承认库尔德少数民族地位外，其多元主义还包括土耳其公民有实践宗教信仰的自由和不信教的自由，允许对伊斯兰教进行不同解释，而非将逊尼派伊斯兰教作为唯一的标准。正义与发展党还在政治话语中发展多元主义原则，认为应该给曾经被边缘化的宗教和民族群体合法的政治代表，来抵消土耳其世俗主义的威权属性。正义与发展党还将保守主义融入改革主义。厄尼斯指出，"正义与发展党代表改革主义与保守主义的独特整合，它能够在国内外巩固其权力，甚至通过实施财政纪律和新自由主义经济改革来展现实用主义的混合、实施欧盟的相关政治改革而进一步巩固自身，其结果是带来经济复苏和为土耳其民主参与提供更为开放的政治空间"①。"保守的民主"还融合了民族主义的内容。耶尔迪兹·阿塔索认为，20世纪80年代的土耳其—伊斯兰一体化思想是正义与发展党意识形态的重要支柱，民族行动党的理想民族主义和尼基普·法兹·克萨库雷克（Necip Fazıl Kısakürek）的土耳其—伊斯兰民族主义都对正义与发展党意识形态的塑造产生重要影响。② 正义与发展党还将伊斯兰主义整合进"保守的民主"的意识形态，强调伊斯兰教的道德价值作用。伊斯兰教对于正义与发展党而言，用埃尔多安的话来说，是"我们自己真正的道德价值体系"，是我们深深植根的思想传统基础，与当前普遍的道德标准相融合，这些普遍的道德标准包括"自由民主原则、个人自由和人权等"③。正义与发展党把伊斯兰教作为传统文化组成部分来重塑道德价值，从这个意义上说与伊斯兰政党一脉相承。但正义与发展党的伊斯兰主义并不是致力于将土耳其国家转变为伊斯兰国家，或者用伊斯兰体系取代政治和法律体系的世俗基础，或者将社会和公共生活伊斯兰化，其旨在重塑土耳其的民族认同。在这里，伊斯兰教成为界定和巩固民族认同的黏合剂，取代此前的种族土耳其主义。④ 正义与发展党的伊斯兰主义并不是坚持伊

---

① Ziya Öniş, "Globalization and Party Transformation: Turkey's Justice and Development Party in Perspective", in Peter J. Burnell ed., *Globalising Democracy: Party Politics in Emerging Democracies*, Abingdon: Routledge, 2006, p. 17.

② Yıldız Atasoy, *Islam's Marriage with Neoliberalism: State Transformation in Turkey*, pp. 97–100.

③ Yıldız Atasoy, *Islam's Marriage with Neoliberalism: State Transformation in Turkey*, p. 11.

④ Alev Çınar, "The Justice and Development Party Turkey's Experience with Islam, Democracy Liberalism and Secularism", *International Journal of Middle East Studies*, Volume 43, Issue 3, August 2011, p. 540.

斯兰教是土耳其民族身份自然组成部分的土耳其—伊斯兰一体化的土耳其伊斯兰教，而是所谓的伊斯兰民族主义。① 所以正义与发展党坚持的伊斯兰主义既非基于经济政策，也非基于其所采取的司法和政治改革，而是其民族意识形态，这明显体现在其外交战略和社会文化政策方面，体现了保守与民主的有机融合。

3. "保守的民主"意识形态体现了保守主义与民主的整合和自身矛盾性。"保守的民主"意识形态不能简单视为保守主义与民主的整合，其是在吸收传统道德价值和伊斯兰文化观念基础上推行现代民主政治。"正义与发展党认为，土耳其民族性格中的最重要方面是穆斯林身份，否认土耳其的伊斯兰属性是否定和反对土耳其的核心认同。"② 埃尔多安宣称正义与发展党代表一种基于妥协与协商的政治，取代基于冲突的政治，他将民主、保守主义视为弥合国家与社会、统一中心与边缘的重要手段，认为共和与民主道德之间并没有冲突，宗教、民主和地区的民族主义是正义与发展党的红线。③ 这也点明了正义与发展党的保守主义是伊斯兰道德与民主的整合。正义与发展党政府通过"保守的民主"驳斥反对者的言论，展示伊斯兰教和民主既不是统一的体系，也不是不相融合的，一个亲伊斯兰的、保守的政党扛起自由民主的旗帜在土耳其政治发展中颇具讽刺意味。"正义与发展党的成功是土耳其所追求的：一个能够给伊斯兰世界其他国家提供现代、民主、世俗模板，存在能够实验成功的要素。"④ 为了掌控国家，正义与发展党不得不掩饰或改变其语言来适应全球化的新自由主义需要，接受保守的民主作为其身份认同，满足哥本哈根标准作为管理的指南来克服他人的怀疑，变化和保守在正义与发展党那里是悖论性的存在。在艾哈迈特·耶尔迪兹看来，执政党的"保守的民主"形象要在土耳其政治的中右潮流中开辟出空间来减少世俗主义者的怀疑，寻求与伊斯兰倾向的大众的联系，所以依托"保守的民主"试

---

① Alev Çınar, "The Justice and Development Party Turkey's Experience with Islam, Democracy Liberalism and Secularism", p. 540.
② Evangelic Axiarlis, *Political Islam and the Secular State in Turkey: Democracy, Reform and the Justice and Development Party*, p. 112.
③ William Hale and Ergun Özbudun, Islamism, *Democracy and Liberalism in Turkey: The Case of the AKP*, p. 25.
④ Soli Özel, "Turkey at the Polls: After the Tsunami", *Journal of Democracy*, Vol. 14, No. 2, April 2003, p. 93.

图向他人界定政党身份而非作为自身的指导性意识形态。① 尽管这不无偏颇，也说明了正义与发展党"保守的民主"思想意识存在功利性的倾向和自身无法化解的矛盾。

总体来看，正义与发展党"保守的民主"的政治纲领具有模糊性特征。土耳其所有的中右政党都试图整合自由和传统的道德价值，并没有形成一种具有内在凝聚力的意识形态，正义与发展党也延续该传统。正义与发展党捍卫消极的世俗主义仅仅是现实主义政策，避免与大部分土耳其人的期望相冲突，但这也并不意味着正义与发展党不会将宗教事务带入政治领域，并将其作为基本权利的组成部分。一般认为，正义与发展党代表"第三条道路"，"自从其试图形成保守的民主认同，政党在作为社会认同和传统组成部分而非意识形态的伊斯兰教与民主的相容性方面倾注更多精力"②。这直接体现在正义与发展党上台后的执政实践中。正义与发展党"保守的民主"意识形态不仅有利于在现行的政治框架范围内捍卫传统的道德和价值，而且依托它所倡导的民主手段来实现伊斯兰主义者所追求的政治经济利益，因而具有更强的生命力。

第三节　正义与发展党的组织结构

"政党是一种特殊的政治组织，相对于一般的社会组织而言，政党的组织具有结构完整、成员相对稳定的特点。"③ 在迪韦尔热看来，现代政党的组织机构主要有三种形式：核心会议（the caucus）、分部（the branch）和支部（细胞，the cell）。④ 核心会议主要是希望赢得选举，是即时性、短期的政治目的；建立分部则希望通过与民众结成稳定的联盟，长期赢得选举；支部在赢得选举的目标之外，还可能承担推翻现存制度

---

① 转引自 M. Hakan Yavuz, *Secularism and Muslim Democracy in Turkey*, p. 89。
② Simten Coşar and Aydin Özman, "Center-right Politics in Turkey after November 2002 General Election: Neo-Liberalism with a Muslim Face", *Contemporary Politics*, Vol. 10, No. 1, March 2004, pp. 64–67.
③ 周敬青等：《中外执政党治党与理政研究论纲》，第 3 页。
④ Maurice Duverger, Translated by Barbara and Robert North, *Political Parties: Their Organization and Activity in the Modern State*, New York: John Wiley & Sons, Inc., 1954, p. 17.

的功能。① 还有学者指出，"一般而言，政党的组织层级包含中央组织、地方组织（又称中间组织）和基层组织。中央组织是政党的大脑，是政党的指挥部。纵观世界政党，不论何种类型的政党，一般都以本党的全国人民代表大会为行使党内最高权力的机关。通常，政党的全国人民代表大会有制定党的章程和纲领、决定党各历史阶段的行动目标、选举党内领导层的职权。地方组织是处于基层组织之上的区域性党组织。而基层组织则是招募党员、联系民众、筹集经费、参与议会选举等实际行动的一线组织。政党正是通过这些组织来具体地实现政党的各种政治活动。因此，对于自身组织的建设与调适便成为政党进行内部治理的重要基础。"② 这是本书分析正义与发展党组织结构③的主要参照。土耳其政党法颁布于1983年，不仅包括政党禁令，还包括政党组织、注册、成员、任命、纪律和政党经费的规定。④ 厄兹布敦指出，土耳其所有政党都表现出相同的组织特征，因为政党法提出几乎整齐划一的政党模式。⑤ 本部分主要根据正义与发展党党章⑥及其相关研究成果，对正义与发展党的基本架构进行横剖面的解析，并对其组织建设进行较为全面解读。正义与发展党的组织结构可谓国家地方行政组织机构的翻版，省区镇的组织在结

---

① Maurice Duverger, Translated by Barbara and Robert North, *Political Parties: Their Organization and Activity in the Modern State*, pp. 35-36.
② 周敬青等：《中外执政党治党与理政研究论纲》，第3—4页。
③ 本书关于正义与发展党的组织机构的论述主要参考正义与发展党党章、朱传忠《土耳其正义与发展研究》，第136—158页，以及 Ergun Özbudun, *Contemporary Turkish Politics: Challenges to Democratic Consolidation*, Boulder: Lynne Rienner, 2000 和 Arda Can Kumbaracibaşı, *Turkish Politics and the Rise of the AKP: Dilemmas of Institutionalization and Leadership Strategy*, New York: Routledge, 2009 的相关内容。
④ 土耳其政党法规定政党的核心机构是代表大会（The Grand Congress）、政党领导人、中央行政委员会（The Central Executive Committee）、中央纪律委员会（The Central Disciplinary Committee）。代表大会是最高决策机构，选举政党领导人、中央行政委员会和中央纪律委员会。地方组织包括省市区组织。在省市层次，政党领导人和行政委员会由选举产生，相应地由各省市代表大会选举。就议会代表的任命，政党法第37条将候选人的选择交给政党法令。几乎所有政党的候选人都由行政委员会选举产生，当然政党领导人的影响也是非常大的。政党法第27条规定议会群体可以采取集体决议，第28条指出决议关于对政府部部长的信任或不信任票。尽管政党的中央行政委员会并没权投信任票，但两者联系紧密，且在很大程度上都由政党领导人控制。
⑤ Ergun Özbudun, *Contemporary Turkish Politics: Challenges to Democratic Consolidation*, Boulder: Lynne Rienner, 2000, p. 83.
⑥ 党章内容详见正义与发展党网站 https://www.akparti.org.tr/。下同。

构上极为相似。①

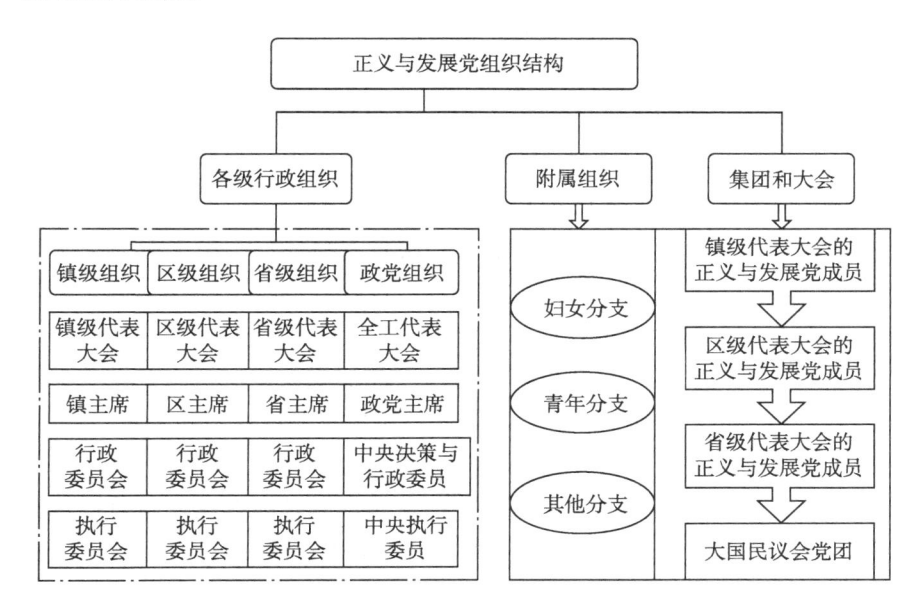

图 2-1　正义与发展党组织结构

一　正义与发展党的基本架构

1. 正义与发展的党员构成。党员是组成政党的第一个基本要素，任何政党都首先拥有党员。"党员作为政党最基本的组成单位，是政党作为一个组织必不可少的要素。只有具备了一定数量和质量的党员群体，政党才能够具有强大的动员和组织能力，才能够发动民众、获取众多的政治和社会资源，从而在夺取和巩固政权中具有强大的战斗力。"② "对于政党来说，党员的作用体现在两个方面：作为连接国家和社会的重要中介和获取资源的工具。"③ 在现代政治中，除了作为选举胜利的保障，党员的另一重要作用就是作为大众参与的重要角色出现，因为党员要比普通选民更多关注和参与政治，不仅可以作为选民表达政治意图的渠道，而且可以组织动员选民参与政治选举。党员对于政党的有用性主要体现在

---

① Arda Can Kumbaracibaşi, *Turkish Politics and the Rise of the AKP: Dilemmas of Institutionalizationand Leadership Strategy*, p. 127.
② 张冬冬:《比较视野下的政党组织——成员形态研究》，第 27 页。
③ 张冬冬:《比较视野下的政党组织——成员形态研究》，第 51 页。

三个方面：选票、财政资助和合法性支持。政党领袖都将直接或间接的金钱贡献视为党员对政党的基本义务，以及政党招募党员的一个最主要原因。党员是政党获取政权和赢得选举的重要人力资源保障。党员除了财政上的支持，更是政党合法性的重要表现。① 对于现代政党来说，拥有数量庞大的组织成员是其合法性的重要表现，一个没有众多成员支持的政党是不可能成为一个强大的和有能力的政党的。正义与发展党寻求政治合法性也从招募党员入手，但由于并没有明确规定党员义务包括支付党费等，所以很难对政党成员和支持者进行区分，这给统计党员人数带来一定困难。

正义与发展党党章第二章对党员作出详细规定，包括入党条件、入党和退党程序、党员资格认定、党员资格终止、党员权利和义务、处罚、党员类型等。第6条规定，除了那些根据政党法和其他法律被禁止参加政党的公民，每名土耳其公民只要符合条件，通过审查程序就可以成为正义与发展党党员；第7、第8条规定了申请入党的文件及其批准过程；第9条对党员退党作出具体规定；第10条规定了居住在国外的土耳其公民的申请入党程序；第13条规定，如果正义与发展党党员出现死亡、退党、加入其他政党或为其他党工作（即使还未注册成为该党党员）等情况终止其党员资格。

正义与发展党党员包括创始党员、普通党员和荣誉党员三种类别。创始党员是指2001年8月14日正义与发展党成立时的74人，他们组成创始党员委员会，确定党的基本文件制定和组织机构。荣誉党员是对政党有突出贡献的人的褒奖。就2002年刚刚成立时的情况来看，正义与发展党党员主要来自前美德党、正确道路党、祖国党、民族行动党。政党人数也呈现逐年增多的趋势，根据有关统计，2003年10月，正义与发展党举行第一次党员大会时，共有党员1327817人；2006年11月，举行第二次党员大会时，增至2794123人。② 妇女党员人数增加也很显著，正义与发展党的74名创始党员中有女性党员13名，占比18%。③ 从目前掌握的选举统计数据结果来看，2002年大选后正义与发展党的女性议员为13

---

① 参见张冬冬《比较视野下的政党组织——成员形态研究》，第52—53页。
② Banu Eligür, *The Mobilization of Political Islam in Turkey*, p. 246.
③ Güliz Dınc Belcher, "Journey from Islamism to Conservative Democracy: The Politics of Religiuous Party Moderation in Turkey", pp. 253-254.

名，2007 年为 30 名。2004 年地方选举后，正义与发展党有 333 名女性市议会议员和 30 名省议会议员。① 2004 年，正义与发展党拥有女性党员 516000 人；2006 年则增加到 721000 人。②

在土耳其，市民要在市级层面登记，也就是说，要在市级层面获得政党成员身份。只有加入正义与发展党，才能允许加入其附属组织，诸如青年组织、妇女组织等。正义与发展党在发展过程中，党员数量是变动不居的，经常会为进入议会而在大选之前临时加入正义与发展党；在大选后脱党加入其他政党，如在 2002 年大选后，正义与发展党议员加入祖国党 9 人，加入正确道路党 1 人；还有其他政党成员加入正义与发展党的情况，如 2012 年人民声音党主席努曼·库尔图鲁姆什加入正义与发展党。领导层还积极吸纳青年学生加入；但也出现党员因涉嫌腐败等问题被迫退党的情况，或因对领导人不满而主动退党，或自立新党而自动退出。如 2013 年的腐败调查案迫使埃尔多安重新组阁，几名重量级党员选择退出另立新党，比如伊德里斯·巴里（İdris Bal）于 2014 年 11 月 4 日组建民主进步党，以抗议正义与发展党的经济措施不力和埃尔多安的不民主行为，不过该党在 2015 年 3 月 31 日宣布解散。2014 年 11 月 19 日，曾担任内政部部长的伊德里斯·沙辛（İdris Naim Şahin）组建民族正义党。另外，居尔和达武特奥卢在退出正义与发展党领导层后也对埃尔多安表示不满，后者组建未来党。

2. 正义与发展党的中央组织。正义与发展党的中央组织包括全国代表大会（特别大会）、政党主席、中央决策与行政委员会（The Central Decision-Making and Executive Committee）、中央执行委员会，以及为政党提供咨询建议的顾问委员会。

（1）全国代表大会。正义与发展党的最高决策机构是全国代表大会，代表大会由各省代表会议选举的代表和当然代表组成，最多有 1100 名。当然代表有政党领导人、中央决策与行政委员会成员、政党主席、中央纪律委员会成员和党内民主仲裁委员会（The Intra-Party Democracy Arbitration Committee）成员、党内元老、担任总理和部长的党员等。全国代

---

① Sultan Tepe, "A Pro-Islamic Party? Promises and Limits of Turkey's Justice and Development Party", in M. Hakan Yavuz ed., *The Emergence of a New Turkey: Democracy and the AK Parti*, p. 117.
② Banu Eligür, *The Mobilization of Political Islam in Turkey*, p. 246.

表大会是政党的最高决策实体，选举政党主席、中央决策与行政委员会、中央执行委员会、中央纪律委员会和党内民主仲裁委员会，监管政党的账户、预算计划，修订政党纲领，作出关于公共事务和政党政策的有约束力和无约束力的决议、决定解散政党等。全国代表大会包括例行大会和特别大会，党章第60—72条对召开例行大会的时间、议程、代表等程序进行了详细规定，规定至少每两年召开一次；特别大会主要处理与政党关系密切的突发事件，党章第60条和第70条作出了明确规定。比如2014年总统选举之后，正义与发展党召开特别大会选举达武特奥卢担任政党主席。2016年5月22日，达武特奥卢辞去总理职务和党主席职务后，正义与发展党再次召开特别大会选举比纳利·耶尔德勒姆为党主席。2017年5月20—21日，正义与发展党又举行特别大会，选举埃尔多安为政党主席，以为修宪后总统制的推行做准备。

（2）政党主席。政党主席由全国代表大会选举产生，是政党的代表，对全国代表大会负责。正义与发展党党章第75—78条规定了政党主席提名的条件、选举和任期、责任和授权以及主席的空缺等。党章第75条规定党主席由大会全体代表以简单多数的无记名投票方式产生，主席任期不能超过四届。第76条则规定，如果没有候选人在前两轮投票中达到简单多数，第三轮投票由前两轮投票中得票居前两位的候选人参加，在这轮投票中得票最多的候选人当选政党主席。党章第77条规定了政党主席的职责和授权：一是除了党内的仲裁者和纪律委员会，管理政党组织和活动；二是在法院中代表政党；三是根据宪法和法律监管政党的运作和活动；四是管理组织和骨干的有效运转；五是开展建议、商议、问责和信息服务等。党章第78条规定，如果主席位置空缺，中央决策与行政委员会将在一天内开会并选举其一名成员担任副主席，还应决定选举新的党主席的特别大会会议的会期、时间和地点，选举政党主席的特别大会需在主席空缺后的45天内举行。

（3）中央决策与行政委员会。中央决策与行政委员会是政党的第二权力机构，由全国代表大会代表通过秘密投票选举产生50名成员，由政党主席主持，至少每月开会一次，行使职责直到下次全国代表大会召开，特别大会召开除外。该委员会一旦出现人员空缺，政党主席要邀请候补成员参加委员会。该委员会职责和权限包括执行党的政策、决定与党组织有关的事务、制定党的纲领、组织政府和离开联合政府等。党章第74

条规定了该委员会的16项职能：一是执行党的章程、纲领和大会决定，采取促进和谐、效率和能力的措施以使政党有效运转，保证各级政党组织的必要协调；二是准备和制定党的政策所需的必要文件，成立特别委员会和工作机构，决定其行动原则和方式，授权中央执行委员会在其框架内行使职责；三是采取各种必要措施以确保各级党组织和机构依据民主原则组建；四是计划、实施成立组织所需要的活动，推动和传播党的基本原则和目标；五是开展各种合法政治活动和倡议以发展土耳其和全世界的民主文化；六是决定党对土耳其和世界某些问题的立场，并向公众解释该立场，与党的大国民议会党团举行联合会议；七是规划党的工作和活动，准备必要的支出预算；八是审议和解决来自各级组织的提议，追踪不属于其职责的建议并通知相关组织；九是作出有关选举的必要决定，行使有关议会、市长、市政和省级议会提名的权力和授权；十是阐明各种选举机制以及与选举有关的工作办法和战略，开展与选举相关的活动；十一是审议和批准工作报告、年度预算、最终账户和账单、其他议程，并提交全国代表大会；十二是决定政党的动产和不动产收购、出售和经营；十三是在因暴力事件不能召开全国代表大会的情况下终止政党活动，作出各种必要决定；十四是遵照政党主席的相关建议，增加或减少中央执行委员会以及低一级执行委员会的人数；十五是依照相关法律决定党的国际组织成员资格，依据党章第20条决定成立海外办事处；十六是实施在两次全国代表大会期间符合党和国家利益的决定等。另外，在选举之前，中央决策与行政委员会决定政党是否参选，审查政党所有候选人申报表格是否符合选举法的要求。

（4）中央执行委员会。在中央决策与行政委员会内部，由政党主席、副主席、秘书长、议会党团主席和副主席组成的中央执行委员会负责行使政党的日常职能（党章第79—82条）。政党主席是中央行政委员会的领导人，决定其议事规则。中央执行委员会内部遵循多数投票原则，至少每周举行一次会议，会上确定下次开会时间。政党主席有权撤换中央执行委员会的全部或部分成员，这些成员的撤换也可以由中央决策与行政委员会的投票结果来决定，但需要至少三分之二的成员支持，辞职或被除名的成员则由新成员接任。中央执行委员会成员可配备足够数量的助理或专家以协助工作，这些助理和专家可以从党的大国民议会党团、中央决策与行政委员会成员或那些通过党内选举没有担任行政职务的党员中任命。这些助理和专家可以参加中央执行委员会会议，但没有投票权。一般而言，中央执行委员会执行全国代表大会和中央决策与行政委员会的决议，确定中央决策与行政委员会的议程，监管党内不同政党机构的互动和关系，以及与市民社会机构、政府、国际组织和其他政党的关系，代表政党的决议和战略，向政党主席和中央决策与行政委员会负责，向低级政党组织宣告这些决议，负责安排政党的教育项目，监管省级代表大会的活动和决定代表等。

所有中央组织机构都在政党总部办公，依照不同职能划分由 1 名副主席领导。这些部门分别是政治和法律事务办公室、组织选举事务办公室、公共与媒体事务办公室、对外关系和驻外代表处、地方事务办公室、社会事务办公室、经济事务办公室、公共关系办公室、财政与管理事务办公室、妇女支部办公室、青年支部办公室、研究与发展办公室等 12 个机构。① 政党与国家的联系主要通过党员和政党在议会和政府中的党员来进行，多数情况下，议会党团中的党员和党中央机构中的成员是政党组织中的核心成员，他们在政党与国家关系中发挥重要作用。

（5）中央顾问委员会。《正义与发展党章程》对顾问委员会及下属机构作了专门规定。第 141 条规定，"党的中央决策与行政委员会应召集顾问委员会会议，以向党组织和公众澄清党的活动或重要政治、经济和社会发展活动以及制定党的政策决议等。顾问委员会会议不作出行政决定"②。顾问委员会会议提出的观点、得出的结论如有必要将以书面形式向公众宣布。章程第 142 条规定了顾问委员会的组成人员，包括政党主席、创始党员、中央决策与行政委员会的全体成员、党议会党团成员、省政党主席、中央一级附属机构的主席和执行委员会成员、附属机构的省主席、担任市长的党员、省和市政议会的议会党团副主席，以及那些满足中央执行委员会要求的个人。③ 章程第 143 条对正义与发展党的省级和区级顾问委员会作出具体规定，第 144 条对附属机构的顾问委员会作出了规定，第 145 条规定了顾问委员会主席可以任命多名顾问。如果收到主席的邀请，顾问可以参加中央决策与行政委员会和中央执行委员会的会议，但不享有投票权。顾问委员会的工资和津贴由中央执行委员会决定，从党的预算中支出。

---

① 《正义与发展党章程》第 81 条。
② 《正义与发展党章程》第 141 条。
③ 《正义与发展党章程》第 142 条。

3. 地方组织。政党与普通公民之间的联系主要依赖党员和党的基层组织，对于广大公民而言，一个政党普通成员的行为是判断政党形象及其生命力的重要指标，所以包括正义与发展党在内的诸多政党都建立了体系完备的地方组织。正义与发展党的地方组织包括三个等级，即省、区、镇。① 与党的中央机构类似，每级组织都包括大会、主席、决策与行政委员会和执行委员会，每级组织成员都由选举产生。每级大会通过一轮选举选择政党主席和决策与行政委员会成员。同样，镇级大会选择区级代表大会代表，区级大会选择省级代表大会代表，省级大会选择全国代表大会代表。服务于各级选举的需要，正义与发展党的基层组织还包括代表政党活动和运转的选区。

（1）省级组织。正义与发展党的省级组织和中央组织相对应，包括省代表大会、省主席、决策与行政委员会和执行委员会四大机构。省代表大会是党的省级组织的最高决策和监督机构；由选举代表（区大会选举）和当然代表组成，最多600名②；省代表大会选举省政党主席，省执行委员会和纪律委员会的正式和候补成员，代表本省的党代表大会正式和候补成员以及省民主仲裁委员会的成员；讨论和决定议程内容。省主席由省代表大会以无记名投票方式选举产生，确保省级党组织活动和工作的协调和实施，代表党的省级组织。省主席的任期一般不超过三届。③ 省决策与行政委员会由包括省政党主席在内的20—50名成员组成，在省代表大会上选举产生。省执行委员会是执行机构，最多由50名成员组成，由省政党主席领导其在该省开展活动，其成员由主席从省决策与行政委员会成员中任命。

（2）区级组织。正义与发展党的区级组织由代表大会、党主席、决策与行政委员会和执行委员会组成。区代表大会是区级组织的最高决策与监督机构；由选举代表和当然代表组成，最多400名。区代表大会选举

---

① 土耳其行政区划分为中央和地方两个序列。中央序列包括省、县、村；地方序列分为都市、市、区，一个都市可能包括几个县，而市只能建立在县治或建成区人口在5000人以上的城市，市可进一步分为区。本书根据相关资料，将政党的地方组织层级划分为省、区、镇三个级别，与国家的行政序列基本吻合。

② 《正义与发展党章程》第35条规定，选举产生的代表人数不超过600名；每个区可产生5名代表。2009年10月3日创始委员会的决定写入党章，该省议员、担任省长和大城市的市长的该党党员、省执行委员会和纪律委员会的主席和正式成员是省代表大会的当然代表。

③ 《正义与发展党章程》第36条。

区政党主席以及区执行委员会的正式和候补成员,亦选举参加省代表大会的正式和候补代表,讨论和决定区级议程。① 区政党主席由区大会代表以无记名投票方式选举产生,确保区级党组织活动和工作的协调与合作,任期不得超过三届。② 区决策与行政委员会由包括主席在内的7—30人组成,由区代表大会选举产生。③ 区执行委员会在区政党领导下开展区一级活动。区执行委员会成员由区主席在区决策与行政委员会成员中任命,最多由30名成员组成。区政党主席依照《正义与发展党章程》第81条规定安排区执行委员会成员的职责,区执行委员会为区决策与行政委员会会议准备议程,执行区政党主席分配的任务,确保区代表大会和决策与行政委员会决定的实施。④

（3）镇级组织。正义与发展党的镇级组织由镇代表大会、政党主席、决策与行政委员会和执行委员会组成。镇代表大会是镇一级组织的最高决策和监督机构,由选举代表和当然代表组成,最多100名。镇代表大会2—3年举行一次,会期由区决策与行政委员会在区代表大会会前的适当时间安排。镇代表大会选举镇政党主席以及镇决策与行政委员会的正式成员和候补成员,选举参加区代表大会的镇级代表。党章第46条同样适用于镇代表大会。2009年10月3日,正义与发展党第三次全国代表大会通过的决议规定人口不足5000人的镇不召开代表大会,这些镇的政党主席由所在省的执行委员会考虑所在区政党主席的建议任命;而这些镇的决策与行政委员会由所在区的执行委员会考虑镇政党主席的建议任命。撤销也遵循相应程序。⑤ 镇政党主席由镇代表大会以无记名投票方式选举产生;镇政党主席应确保镇一级党组织工作和活动的协调和实施,并负有监督职责;代表镇组织;任期不得超过三届。⑥ 镇决策与行政委员会由镇大会选举产生的包括镇主席在内的3—20人组成,其由省决策与行政委员会在听取区决策与行政委员会的意见后成立。⑦ 镇决策与行政委员会通常每月举行两次会议,全体成员简单多数参加为有效,

---

① 《正义与发展党章程》第29、第30条对区代表大会的代表及其选举作出了具体规定。
② 《正义与发展党章程》第31条。章程第22、第23条对镇代表大会的代表作出了具体规定。
③ 《正义与发展党章程》第32条。
④ 《正义与发展党章程》第33条。
⑤ 《正义与发展党章程》第21条。
⑥ 《正义与发展党章程》第24条。
⑦ 《正义与发展党章程》第25条。

由参加会议的成员绝对多数作出决议。应镇政党主席或至少三分之一的镇决策与行政委员会要求可以召开特别会议，但在特别会议上只讨论相关议程内容。镇决策与行政委员会选举镇执行委员会的成员，完成镇代表大会安排或章程规定适用的或上一级机构安排的任务和职责，还为本镇居民提供党的政策和活动的相关信息。① 镇执行委员会在镇政党主席的领导下进行工作，向所在的区执行委员会报告，其成员由镇政党主席从镇决策与行政委员会中提名，职责由镇政党主席负责分配。镇执行委员会准备会议议程，完成镇政党主席分配的任务和职责，确保以既定方式完成镇政党大会和镇决策与行政委员会分配的任务和作出的决定。② 镇执行委员会成员要履行章程第82条第1、2、3款规定的职责。同时，在人口不到5000人的镇不设镇执行委员会。而且，镇政党主席必要时可以在任何时候依照组织内部规定的适用条款向镇决策与行政委员会分配任务。

（4）服务于选举的组织。党的基层组织是在街道、村、投票站和选区设立的代表和委员会。《正义与发展党章程》第19条规定，街道、村、选区是政党活动和机构运转的最基层组织。区和镇的决策与行政委员会可以任命村、街道和选区的代表，或成立至少由党员中选举产生的3人组成的代表委员会以发展政党、开展活动，执行党的相关职责和任务。

出于选举的需要，正义与发展党在市级以下，在城市郊区、乡村和选区层面得以任命政党代表或代表委员会。选区代表委员会由1名主席和9名成员组成，其中3名来自主要的政党组织，3名分别来自妇女和青年组织，选区政党主席充当选举日的选举观察员。投票站地区委员会（Polling Booth District Committees）是能够达及普通选民的末端组织。每个委员会成员负责30—35名选民，旨在联系所有选民而不考虑他们的政党倾向。投票站地区委员会每月见面一至两次。另外，为了宣传政党的目标和活动，省级执行委员会成立选举委员会来开展选举活动，设立特定的代表委员会和选举委员会，甚至根据中央执行委员会的决议，在境外设立海外代表办公室（Foreign Representative Offices）。

4. 议会党团组织及相关办公室。正义与发展党在土耳其各级议会设立党团组织和系列办公室作为参与政治的重要载体。正义与发展党的党

---

① 《正义与发展党章程》第26条。
② 《正义与发展党章程》第27条。

团主要由大国民议会党团、省议会党团和市政议会党团组成。议会党团最少 20 名成员，政党主席领导该党团并任命其发言人。议会党团也包括中央执行委员会、主席、副主席、行政委员会、监督人和纪律委员会。中央执行委员会包括所有议会议员，政党领导人为主席，4 位副主席在议员中选举产生；每周集会一次，负责开展议会内部的活动和作出决议。中央执行委员会负责当前事务和预算计划，为集会提供计划，监管立法程序，根据政党法令实施决议。

（1）大国民议会党团。章程第 89—94 条规定，正义与发展党大国民议会党团的构成、主席、副主席和执行委员会、副主席的职责、党团成员的责任、秘密投票问题和党团的内部管理规定。大国民议会党团中央执行委员会由所有该党议员组成，政党主席担任委员会主席，并从议员中选举产生 5 名副主席。大国民议会党团中央执行委员会由选举产生的 13 名成员组成，每周举行一次会议，负责开展活动和作出相关决定。

（2）省和市政议会党团。章程第 95、第 97 条对正义与发展党的省、市政议会党团作出具体规定。省议会党团由省议会中的党员组成。省议会党团至少由 3 名党员组成，至少选举 1 名副主席，负责党组织和党团之间的协调。省议会党团依照党的章程和纲领讨论主题和问题，作出的决定需要得到省议会的尊重。市政议会党团由市长、党市政议会议员组成。3 人以上才能组建市政议会党团，至少选举 1 名副主席和书记。副主席负责党组织和党团之间的协调。市政议会党团依照党的章程和纲领讨论问题，所作出的决定应得到议会尊重。

（3）系列办公室。在议会之外，正义与发展党还成立 12 个实体来支持政党总部，它们由政党副主席和议会党团成员领导，主要包括：政治和司法事务办公室（Office of Political and Judicial Affairs）、政党组织办公室（Office of Party Organization）、选举事务办公室（Office of Electoral Affairs）、新闻和媒体事务办公室（Office of Presentation and Media Affairs）、外交关系办公室（Foreign Relations Office）、社会事务办公室（Office of Social Affairs）、地方行政办公室（Office of Local Administrations）、公共关系办公室（Public Relations Office）、财政和行政事务办公室（Office of Fiscal and Administrative Affairs）、青年支部办公室（Office of Youth Branches）、妇女支部办公室（Office of women's Branches）、研究和发展办公

室（Office of Research and Development），① 以保证政党组织的顺利运行和及时处理相关事务。

5. 正义与发展党的纪律监察和仲裁机构。正义与发展党设立纪律监督和仲裁机构来规范党内纪律和解决党内冲突。《正义与发展党章程》规定，党的纪律委员会由中央纪律委员会、省纪律委员会、大国民议会党团纪律委员会、联合纪律委员会组成，纪律委员会应成立由无记名投票方式选举产生的主席、副主席和书记组成的执行委员会；一名党员不能同时担任两个纪律委员会或同时担任不同级别纪律委员会职务；除党的代表大会代表和议会党团成员外，他们不能在党内任何机构担任职务；配偶或有血缘或婚姻关系的一代和二代亲属不能同时参加同一纪律委员会，也不能参与任何他们涉嫌的违纪审查或决定；党的纪律委员会和党之间没有服务关系，任何成员不从政党获得收入；一旦纪律委员会空缺，委员会主席应召集一名立即可用的候补成员递补等。② 纪律委员会还就党员的违纪行为作出决定。关于各级纪律委员会的任期，章程第111条专门作出了规定，各级纪律委员会的任期在新委员会产生时自动终止。四级纪律委员会之间存在上下级关系，章程规定中央纪律委员会是最高纪律委员会，省纪律委员会的撤销决定需要通过中央纪律委员会的审批，中央纪律委员会所审查的违纪行为的级别明显高于省纪律委员会。

（1）中央纪律委员会。中央纪律委员会是正义与发展党的最高纪律委员会，由全国代表大会选举产生的11名正式委员和5名候补委员组成，审查对省纪律委员会的反对意见以及省纪律委员会作出的撤销决定，并以内部决定形式解决这些问题；审查包括创始党员、政党主席、中央决策与行政委员会的正式和候补委员会、党的总会计，省决策与行政委员会、省纪律委员会的主席和正式成员，省级附属机构负责人，中央纪律委员会主席，大国民议会的前议员，正义与发展党政府成员的违纪行为，通过内部手续以有约束力的形式解决违纪问题。③

（2）省纪律委员会。《正义与发展党章程》第104—105条对省纪律委员会作出专门规定。省纪律委员会由5名正式成员和5名候补成员组

---

① Arda Can Kumbaracibaşi, *Turkish Politics and the Rise of the AKP: Dilemmas of Institutionalizationand Leadership Strategy*, p. 133.
② 《正义与发展党章程》第111条。
③ 《正义与发展党章程》第107条。

成,由省代表大会依据适当的选举办法选举产生,处理管辖权限内的有关党员违纪行为。纪律委员会的决定应是最终决定,除非在规定期限内有反对意见。即使省纪律委员会通过了相关撤销决定,该委员会主席应在15天内向中央纪律委员会提交相关文件,只有在中央纪律委员会获得批准后撤销决定才能生效。

(3) 大国民议会党团纪律委员会。议会党团纪律委员会应由党的议会党团依照党团决策与行政委员会的原则和办法,从正义与发展党党员中通过无记名投票选举产生的5名成员组成,并以同样方式选择3名候补成员。议会党团纪律委员会主要处理和解决正义与发展党议会党团内部法规所规定的违纪行为。

(4) 联合纪律委员会。联合纪律委员会由中央纪律委员会和大国民议会党团纪律委员会共同组建。中央纪律委员会的主席、副主席、书记应组成联合纪律委员会的执委会。联合纪律委员会要行使违纪审查,根据大国民议会党团议员的行为决定其永久或临时开除,以内部手续作出有约束力的决定。中央纪律委员会和大国民议会党团纪律委员会的原则和办法适用于联合纪律委员会。

(5) 党内民主仲裁委员会。正义与发展党中央和各省设立党内民主仲裁委员会,赋予其寻找友好解决成员和组织冲突方式的权力。章程第99条规定,在省级和中央成立党内民主仲裁委员会,由3名正式成员和2名候补成员组成。省级党内民主仲裁委员会由省代表大会选举产生,中央民主仲裁委员会由全国代表大会选举产生。如果省级民主仲裁委员会缺失或其成员因死亡、辞职等原因空缺,中央党内民主仲裁委员会任命2名正式成员和2名候补成员,经过中央执行委员会同意后上任。

《正义与发展党章程》第100条规定了党内民主仲裁委员会成员的资格和资格的保障。原则上,被提名的党内民主仲裁委员会成员年龄不低于40岁,且应接受过高等教育,特殊情况下高中毕业生或同等学历的毕业生也被允许提名。党内民主仲裁委员会应在所有成员参加的情况下开会,以绝对多数通过决定。如果1名正式成员缺席,应由1名候补成员参加补位。党内民主仲裁委员会针对政党活动和责任的分歧仲裁应作出书面决定,该决定对分歧双方都有约束力。

6. 正义与发展党的外围组织。正义与发展党还包括诸多外围组织,包括妇女支部、青年支部,特别委员会和其他附属机构等,它们不仅提升了政党在特定社会群体的影响力,也是其赢得选举的重要社会基础。

(1)妇女支部和青年支部。正义与发展党特别重视发挥妇女的作用,是土耳其唯一拥有全国性妇女组织的政党。章程鼓励妇女入党,并在各级组织中安排女性成员。章程第83条规定了妇女和青年支部的成员资格及登记问题。第84条规定了妇女和青年支部的组织构成,和党内组织一样设有中央、省、区、镇四级妇女和青年支部,每级又包括大会、主席、决策与行政委员会和执行委员会四大机构。第85条规定了妇女和青年支部代表和举行大会的程序。第86条规定了妇女和青年支部主席和机构成员的职责和权限。第87条则规定了妇女和青年支部的撤销问题。妇女和青年支部的组织结构是整个层级的缩影,省、区、镇级的妇女和青年支部与中央组织的建制相同,主要负责教育培训活动、宣传党的意识形态、扩大选举宣传和前期准备、促进公共交流等。这些支部不仅为正义与发展党培养了后备军和强大支持力量,也为成员参与政治提供了平台和空间。

(2)特别委员会。正义与发展党成立永久或暂时的特别委员会来处理健康、教育、经济、社会事务、地方问题、老人和残疾人等问题,中央政府、省级政府和地方机构提供针对上述问题的社会福利项目,以将食物、煤和现金以及其他形式的资助提供给需要的家庭,并不一定必须是正义与发展党家庭。正义与发展党通过这些活动,扮演了指导、通知、调解和提供便利的角色,进一步扩大了影响力。

(3)其他附属机构。《正义与发展党章程》第20条、第88条规定了其他附属机构,主要包括海外联络处办公室(Foreign Liaison Offices),工作小组和委员会、研究中心、委员会和工作小组、办公室和沟通中心等。①海外联络处办公室。海外联络处办公室主要设在与土耳其公民或国际实体和关系达到代表水平的国家和地区。②研究中心。章程第146条规定,党的各级组织在中央相关机构指导下可以成立研究中心、地方或海外办事处及其他相关机构。③工作小组和委员会。章程第88条规定,必要时在党的各级组织按照党章、规定、纲领和决议成立工作小组,从党员或独立专家中任命,以制定有关地区、国家或全球问题的研究计划、方案和战略,发行定期或不定期出版物。④办公室和沟通中心。章程第147条规定,应该成立法律办公室、媒体办公室、选举办公室等办公室或中心。正义与发展党在全国81个省和主要大都市设立了沟通中心(The

AKP Communication Centre）。

二　正义与发展党的自身建设

王长江认为，任何政党在实现特定政治目标的活动中都有一个自身建设的问题。① 只有持续坚持自身建设，才能在激烈的政党竞争中立于不败之地。政党自身建设主要包括政党经费的筹集和管理、党员招募与提升、党内民主建设、政党形象塑造等，本部分主要围绕上述诸方面来阐释正义与发展党的自身建设。

1. 政党经费筹集和管理。经费是政党活动的基础，政党经费大体有四个来源：一是党员党费，二是社会捐助，三是国家资助，四是经营收入。《正义与发展党章程》第134条、第135条规定，政党经费来源主要包括党费、销售宣传品和出版物的收入、社会经营活动收入、候选人被提名缴纳特殊党费、党的资产出售、社会捐赠、财政补助等，所有收入必须登记、总会计处予以跟踪等。"成员党费并不定期上交，因而不能形成政党收入的重要组成部分。根据1971年的宪法修正案，政党由国家补贴资助，只要在最近一次选举中赢得7%以上的民众支持就可以得到国家对政党按照选民支持比例的补贴。私人捐助也是重要的收入来源。"② 就目前来看，正义与发展党的收入主要来自国家的资助拨款，这是土耳其政党的共同特征。根据正义与发展党的纲领，30%的政党国家资助分发给低级的政党组织。国家对政党的资助使包括正义与发展党在内的所有政党能够形成高度职业化的组织，开展来自政党中央机构的技术复杂运动，弱化对底层组织金融支持和捐助的依赖。政党收入尤其是在选举期间除了国家资助外，主要来自捐助。政党对捐助的依赖塑造了政党的政策——无论是执政党还是在野党——所有的政党都要回馈商人和非政府组织的支持，而非着眼于国家和公众的利益。第136条宣称，党的全部支出要以党的名义进行，如果超过规定限额，要以凭证或发票等书面文件加以证明。③ 第138条规定了党的预算和决算原则。宪法法院监管政党捐助及其支出。一个政党接受单次捐助有最大数额限制，捐助数额应该向宪法法院和上诉法院（The Court of Cassation）报告。国家赋予政党的自

---

① 王长江：《政党政治原理》，第136页。
② Ergun Özbudun, *Contemporary Turkish Politics: Challenges to Democratic Consolidation*, p. 81.
③ 《正义与发展党章程》第136条。

主权使得他们与特定利益集团和金融团体的关系非常广泛。匿名捐助使得国家对捐助数额的限制形同虚设。宪法法院发布了有关政党的金融监管条例,但这些监管条例通常是不系统的、草率的、滞后的,很难进入公众领域。非政府组织在监管政党金融方面也非常有限,所以说包括正义与发展党在内的土耳其政党的经费筹集与管理很不成熟。

2. 党员队伍建设。现代政党作为一种对大众进行选举动员的规范性组织,其主要活动是"选举动员以及作为组织吸纳其成员而直接进行宣传鼓动"。[①] 加强党员队伍建设,坚定党员政治理想信念,增强党员党性修养,全面提高党员素质是保持政党竞争力和生命力的重要手段,党内教育和培训是实现这一目标的重要途径。正义与发展党非常重视党内教育和引导,且走在前列。一名政党副主席负责研究和开展活动,为地方组织成员、市长和市长候选人、议员和政党成员组织特定的培训和教育项目。正义与发展党的大量教育培训活动和研讨会不仅聚焦"保守的民主"认同、政党组织机构、政党作用和组织原则、公共关系,而且关注国家政府政策。该党希望组织中每个人都能负起责任,地方组织的主要责任是承担政府和选民之间的沟通者角色。正义与发展党认为,地方组织被认为是"有活力的有机体",是"党的支柱"。[②] 正义与发展党在2003—2007年的主要活动证明了这一点。(1) 2003年12月5—25日组织了一场省级培训会,来自全国81个省份的2081名省级和副省级领导人参加,这些领导人包括省主席、省执行委员会成员、妇女和青年组织主席,副省级组织的主席。课程内容是关于基本权利和政治原则、经济、公共行政、社会政策、外交政策、政党组织、有效的沟通方式和身体语言等。(2) 2004年4月30日至5月10日,举行正义与发展党新任市长培训会,课程内容是关于"保守的民主"、战略计划、市政法、城市文化、公共管理改革法和地方政府草案法。(3) 2004年1—6月,组织了面向议员的培训会,主题是关于领导权、有效的沟通和身体语言等。(4) 2005年4月30日至6月12日,在12个不同地区举行省级研讨会,主题是关于经济和

---

① [德] 罗伯特·米歇尔斯:《寡头政治的铁律:现代民主制度中的社会学》,任军等译,天津人民出版社2002年版,第317页。

② Güliz Dınc Belcher, "Journey from Islamism to Conservative Democracy: The Politics of Religious Party Moderation in Turkey", Dissertation of the University of Massachusetts Amherst, February 2012, p. 243.

社会政策、外交政策、正义与发展党的政治认同和政党组织等。来自全国81个省的1861名省级领导人参加了为期两天的培训会。（5）2004年7月23日至9月23日举行的培训会主要面向该党中心办公室的成员。（6）2006年6月12日至8月8日，召开省级组织的培训会，吸纳1022名成员参加。（7）2006年9月16—22日，组织一场"教育教育者"的培训会，大约500名成员参加，提供有关经济和社会政策、政党政治认同、外交政策、选举和政党组织的书和CD等，旨在使他们的培训在各省和副省级地区推广，达到培养200000名成员的目的。（8）2008年2月，正义与发展党发起"政治技术——地方政府纲领"（Political Academy—Local Government Programme）项目，来培训候选人和其他对地方政府职位感兴趣的人，提供关于土耳其政治和行政结构、地方政府、市级政府历史、地方政府的法律规定、市级金融管理、投票行为和地方选举中的政治沟通、城市化问题、管理道德、公共关系、城市计划、环境管理等主题。该项目第一轮培训结束后大约5000人获得培训证书，其中30%是妇女。该项目还提供资助，并向非党员开放。①

党内教育也是地方政党活动的重要内容。正义与发展党除了提供给投票站地区委员会代表关于选举事务的课程外，也给政党活动家提供常规性课程以提升他们与选民的沟通能力，这些课程聚焦政党哲学和政策，主要由大学教授和政党资深成员开设，大多由副省级、街区委员会和市政委员会成员参加。副省级咨议委员会包括大约600名活动家，每月会面一次，来讨论组织和其他地区事务。这是正义与发展党在历次选举中能够迅速吸引选民支持的重要原因。

3. 党内民主建设。党内民主建设是正义与发展党自身建设的重要内容，党内民主体现在《正义与发展党章程》中，确保了党内形式上的民主；规定党的各级代表大会由党员选举产生，确定各级党组织的政党主席任期；执行委员会由决策与行政委员会成员以无记名投票方式选举产生；成立党内民主仲裁委员会，确保党员和机构之间分歧的和平解决；规定中央决策与行政委员会有权决定政党是否参加或部分参加选举，而且部分参加选举需由该委员会至少三分之二的成员同意。《正义与发展党

---

① 此部分参考 William Hale and Ergun Özbudun, *Islamism, Democracy and Liberalism in Turkey: The Case of the AKP*, pp. 48-49。

纲领》也对党内民主作出原则性规范。前言部分规定，"必须提高党内民主，确保个人和持少数观点的人享有公平竞争的法律和民主权利"；"实现党内民主和透明"；"党内民主竞争要在完全竞争环境下进行"。① 《正义与发展党纲领》宣称，"我党致力于带给土耳其一种新的政治认知，首先在组织内部实践这一观念，为其他政党树立榜样。为实现党内民主和透明，我党的优先选择是实行全员参与的预选。为实现基于原则的政治，政党主席和议员任期应该在党的章程中有所规定"②。这就确保了该党形式上的民主。

党内民主的缺乏是土耳其政党政治的普遍特征，在具体实践过程中，正义与发展党的党内民主并没有得到有效贯彻。政党主席的权力逐渐增强，埃尔多安的奇理斯玛权威是实现党内民主的最大障碍，党内的权力斗争愈益激烈。居尔政府的副总理埃尔图格鲁勒·雅尔琴拜亚尔（Ertuğrul Yalçınbayır）曾称，党内民主偏离其最初路线，成为排斥不同声音的"不理睬"民主（brush off）。一些议员则认为，埃尔多安的魅力型领导导致其他成员严重边缘化，为违反党内民主协商基本原则的决策和政治提名条件铺平道路③，也造成任用亲信和排斥党内民主的现象出现。正义与发展党议员图兰·切梅兹（Turan Çömez）曾经批评政党内部缺乏民主，"我们并不是玩偶士兵。我们希望能够为政府议案举手表决"④。这不仅给正义与发展党的自身建设带来负面影响，也为其执政实践带来重要危机。

4. 政党形象塑造与竞选运动。政党形象由多方面的要素构成，政治文化是构成政党形象的核心要素，是立党的精神支柱。⑤ 正义与发展党通过宣传"保守的民主"政治文化而塑造了保守的中右民主政党形象，填补了民众基于对传统中右政党涉嫌腐败而不满所留下的真空，正义与发展党的主题迎合了民众对政治动荡和经济危机的不满，成为其连续赢得民众支持的重要原因。而且，正义与发展党极力塑造埃尔多安的草根形象和打造民粹主义政党的亲民形象都是政党形象塑造的重要例子。归根

---

① 《正义与发展党纲领》第二部分第 2、3 小节。
② 《正义与发展党纲领》第二部分第 3 小节政治架构。
③ Sultan Tepe, "A Pro-Islamic Party? Promises and Limits of Turkey's Justice and Development Party", in M. Hakan Yavuz ed., *The Emergence of a New Turkey: Democracy and the AK Parti*, p. 116.
④ Milliyet, December 9, 2005. 转引自 M. Hakan Yavuz, *Secularism and Muslim Democracy in Turkey*, p. 100。
⑤ 陈金龙：《党内政治文化是评价政党形象的尺度》，《光明日报》2017 年 9 月 15 日。

结底，政党的影响力取决于政党在公众心目中的形象，取决于公众对政党及其行为的认同。① 正义与发展党的执政实践有效地证明了这一点。

正义与发展党还通过有效的竞争性战略来维持其一党独大的优势。自从多党制启动以来，中右政党统治土耳其政治。祖国党和正确道路党两个中右政党的地位弱化为正义与发展党提供了极好的机会空间，正义与发展党成为中右政治力量的唯一代表，所以能够连续赢得大选而单独执政至今。与其他政党一样，正义与发展党特别强调选举运动组织的重要性，并发行了多本关于选举指导的小册子，拉近与选民的距离，保持与地方非政府组织的密切联系，从而赢得更为广泛的支持。土耳其的选举近年来越来越凸显政党领导人的个性和特征，尤其是正义与发展党。埃尔多安在历次选举中发挥了非常重要的作用，作为强有力的奇理斯玛领袖和"人民的人"的形象极大地影响了正义与发展党的选举成功。

总之，正义与发展党的组织和政党构成由政党法和议会选举法所确立的法律框架来型塑，有着相对完备的组织结构和相对成熟的组织建设，但是高度的中央集权和政党领袖的个人魅力，过于集权的等级机构，政党组织通常被视为领导者的财产，党内民主缺乏等是包括正义与发展党在内的土耳其政党的普遍特征。随着土耳其现代化进程的推进，土耳其政党开始从精英政党向民众政党过渡，正义与发展党一方面积极推进民粹主义思想，使其具有民众政党的显著特征；另一方面强化埃尔多安的奇理斯玛式形象，党内民主越来越受限；呈现悖论式的发展倾向，既给正义与发展党带来严峻挑战，也是其在未来发展中需要不断完善提升的重要方面。

第四节 正义与发展党的政党性质

对正义与发展党执政实践的反思，更需要对正义与发展党的政党属性进行全面阐释。实际上，政党类型学自政党出现以来就引起国内外学术界的广泛探讨，并对政党作出不同的类型划分。"一个国家政党的出现，以及政党所采用的组织机制、活动方式都有其存在的历史背景和特

---

① 王长江：《政党政治原理》，第142页。

定的社会政治经济环境。政党类型与此密切相关。只有把这些因素都考虑在内，才有可能对政党现象有一个中肯的认识。"[1] 所以对正义与发展党的分析也要基于特定的历史背景和政治经济环境。长期以来土耳其政党深受西方政党政治的影响，多党制的政治实践带有西方政党的显著痕迹。正义与发展党的兴起是伊斯兰文化与西方文化碰撞的结果，形成"保守的民主"的政治认同，不同学者站在不同视角形成对政党属性的不同看法。

一 学术界关于正义与发展党性质的争论

正义与发展党的兴起和上台执政代表土耳其伊斯兰主义的异化和转型，"保守的民主"概念模糊性和执政实践的摇摆造成学术界关于其政党属性的不同看法。正义与发展党对传统伊斯兰政党的超越也在土耳其和西方学术界引发关于政党身份的讨论，有学者将其界定为"名字上伊斯兰的，实践上自由的，态度上民主的，方向上西化的"[2]。一些持怀疑态度的人称埃尔多安为伊斯兰主义者或至少是温和的伊斯兰主义者，而大部分人认为需要将埃尔多安和其同僚定为"世俗伊斯兰主义者""第三条道路模式的欧洲社会民主党成员"[3]，"革命的保守主义者""穆斯林民主主义者"[4]，或土耳其的欧式基督教民主主义者。[5] 本部分根据相关研究成果将其归类为伊斯兰政党、中右民主政党、第三条道路党，但这种划分存在概念交叉。由于正义与发展党自身定位对于分析其政党属性也非常重要，本书也放在这里加以分析。

1. 伊斯兰政党。由于正义与发展党从美德党分化而来，尽管宣称"保守的民主"政治立场，但坚持世俗主义立场的学者仍然将其界定为伊斯兰政党，这大多聚焦于正义与发展党执政初期，随着时间推进，甚至同一学者的认识也发生变化。

一是称正义与发展党为伊斯兰主义政党。在 2002 年议会选举之前，许多西方媒体对这个新政党并不完全了解，认为其是 20 世纪 90 年代伊斯

---

[1] 王长江:《政党政治原理》，第 64 页。
[2] M. Hakan Yavuz, *Islamic Political Identity in Turkey*, Oxford: Oxford University Press, 2003, p. 260.
[3] Ziya Öniş and E. Fuat Keyman, "Turkey at the Polls: A New Path Emerges", *Journal of Democracy*, Vol. 14, No. 2, April 2003, p. 102.
[4] Gareth Jenkins, "Muslim Democrats in Turkey?" *Survival* 45, Spring 2003, pp. 45–66.
[5] John Esposito, "Beyond the Headlines: Changing Perceptions of Islamic Movements", *Harvard International Review*, Vol. 25, No. 2, Summer 2003, p. 18.

兰运动高涨情况下伊斯兰主义政党的延续，称其为"伊斯兰主义政党"，随着大选胜利和"保守的民主"的意识形态出炉，诸多媒体称其为"伊斯兰主义者政党"（Islamist party）或"伊斯兰政党"（Islamic party）。正义与发展党积极推动法律改革以满足哥本哈根标准，《经济学家》杂志称其为"改革的伊斯兰主义者政党"（Reformed Islamist Party）。2007年大选后，《经济学家》杂志又称其为"温和的伊斯兰主义政党"。① 欧洲学者也将其归入伊斯兰主义政党范畴。② 尤其是在2004年议会讨论有关通奸法时，欧洲媒体使用"伊斯兰的"或"伊斯兰主义的"字眼来描述正义与发展党。诸多土耳其国内的反对者认为，正义与发展党是一个有着"隐匿的伊斯兰目标"（hidden Islamist intentions）的政党。③

坚持自由主义立场的学者科萨尔（Cosar）和奥兹曼（Ozman）认为，正义与发展党是"民族观点传统的分支"，而非彻底转型，两者唯一"区别"是"政治风格和政治话语"。④ 巴奴·埃里居尔（Banu Eligür）宣称正义与发展党是一个反对民主的伊斯兰主义政党。⑤ 比罗尔·耶伊拉达认为，正义与发展党是一个制度导向的伊斯兰主义政党（a system-oriented Islamist party）。⑥ 伊曼纽尔·希万（Emmanuel Sivan）认为，正义与发展党的选举胜利是土耳其伊斯兰主义的崛起和巩固。⑦ 格雷厄姆·福勒认为，正义与发展党是"一个公开的宗教政党……尽管其小心谨慎地避免宣传宗教基础"⑧。珍妮·怀特则将其描述为"形式上的伊斯兰主义者"，或者称正义与发展党为"伊斯兰教的体现"。⑨ 哈坎·雅乌兹在《土耳其

---

① M. Hakan Yavuz, *Secularism and Muslim Democracy in Turkey*, p. 1.

② Senem Aydin and Ruşen Çakir, "Political Islam in Turkey", *CEPS Working Document*, No. 265, April 2007.

③ Murat Somer, "Moderate Islam and Secularist Opposition in Turkey: Implications for the World, Muslims and Secular Democracy", *Third World Quarterly*, Vol. 28, No. 7, October 2007, p. 1283.

④ 转引自 Leman Sinem Topcuoğlu, "The 'Conservative Democracy' Identity of the Justice and Development Party in the Turkish Center-Right Tradition", p. 89。

⑤ Banu Eligür, *The Mobilization of Political Islam in Turkey*, New York: Cambridge University Press, 2010, p. 11.

⑥ Birol Yeşilada, "The Virtue Party", p. 78.

⑦ Emmanuel Sivan, "The Clash within Islam", *Survival*, Vol. 45, No. 1, Spring 2003, p. 30.

⑧ Graham E. Fuller, "Turkey's Strategic Model: Myths and Realties", *Washington Quarterly*, Vol. 27, No. 3, 2004, p. 52. M. Hakan Yavuz, *Secularism and Muslim Democracy in Turkey*, p. 1.

⑨ Jenny White, "The End of Islamism", in Robert W. Hefner ed., *Remaking Muslim Politics*, Princeton: Princeton University Press, 2005, pp. 85-111.

的世俗主义与穆斯林民主》一书中并不认为，正义与发展党是民族观运动的延续而是分离，且将这种分离归于安纳托利亚新资产阶级的兴趣、公共领域的扩展和新穆斯林知识分子的出现、欧盟的哥本哈根标准和1997年的后现代政变，不过"因为宗教和政治与规范秩序、集体认同与合法权威等密切相关，它们不可分离"①。雅乌兹认为正义与发展党不是一个身份政党，而是一个努力提供更好服务的政党。并不致力于发展或阐明伊斯兰或其他身份，而是努力使国家融入新自由经济和政治领域。②

二是称正义与发展党为伊斯兰倾向政党。诸多学者从正义与发展党的伊斯兰背景出发，宣称其是具有伊斯兰倾向的新政党。博拉·坎拉认为，正义与发展党是一个伊斯兰倾向的政党（an Islamic-leaning party）。③ 土耳其宗教事务局局长穆罕默德·艾登（Mehmet Aydın）认为，正义与发展党并不将其视为温和的伊斯兰主义者，而是将其视为包含温和的伊斯兰主义者的政党。④ 哈桑·温德（Hasan Ünder）认为，正义与发展党是一个具有伊斯兰主义根基的政党（an Islamist-Rooted political party）。⑤ 努兰·萨瓦沙坎·埃克多安（Nuran Savaskan Akdogan）将正义与发展党界定为一个有伊斯兰根基的、保守的、亲伊斯兰主义政党（a conservative pro-Islamist party）。⑥ 乌米特·齐兹雷称正义与发展党是对伊斯兰友好的政党（A Islam-Friendly Party）。⑦ 奥利维尔·鲁瓦（Olivier Roy）在《全球化的伊斯兰：寻找新的乌玛》一书中认为，正义与发展党的出现是"伊

---

① M. Hakan Yavuz, *Secularism and Muslim Democracy in Turkey*, p. xi.

② M. Hakan Yavuz, "Introduction: The Rise of the New Bourgeoisie in the Transformation of the Turkish Islamic Movement", in M. Hakan Yavuz ed., *The Emergence of a New Turkey: Democracy and the AK Parti*, p. 4.

③ Bora Kanra, *Islam, Democracy, and Dialogue in Turkey: Deliberating in Divided Society*, p. 35.

④ 转引自 Graham Fuller, *The New Turkish Republic: Turkey as a Pivotal State in the Muslim World*, Washington D. C: United States Institute of Peace, 2008, p. 52。

⑤ Hasan Ünder, "Consructivism and the Curriculum Reform of the AKP", in Kemal İnal and Güliz Akkaymak, eds., *Neoliberal Transformation of Education in Turkey: Political and Ideological Analysis of Educational Reforms in the Age of AKP*, New York: Palgrave Macmillan, 2012, pp. 33-34.

⑥ Nuran Savaskan Akdogan, "Secularism and Islamism in Turkey: Understanding the 2007 Election", in M. A. Mohamed Salih ed., *Interpreting Islamic Political Parties*, New York: Palgrave Macmillam, 2009, p. 208.

⑦ Ümit Cizre ed., *Secular and Islamic Politics in Turkey: The Making of Justice and Development Party*, p. 2.

斯兰主义政党正常化和民主化（结果）"，是这一进程的顶点。① 耶尔迪兹·阿塔索认为，正义与发展党从未表现出反凯末尔主义、反世俗主义立场，其政策旨在重新组织凯末尔国家，通过采用更加自由民主的政治立场和新自由主义经济模式来实现塑造其政治联盟结构。即使伊斯兰教并不直接主导其政策选择或意识形态立场，正义与发展党仍然将穆斯林传统文化道德取向与欧美道德价值相融合作为意识形态的重要组成部分。② 伊赫桑·达厄认为，正义与发展党的保守民主是新伊斯兰主义（new Islamism），是后伊斯兰主义政党（post-Islamist party），寻求伊斯兰教在社会领域的存在，不能被称为伊斯兰主义者，因为它代表伊斯兰与西方共存的新阐释。③ 在正义与发展党赢得2002年大选后，伊斯兰知识分子阿里·布拉克指出，政党领导与公众期望存在一定差距，公众反对纯粹的伊斯兰方案，但仍然支持以伊斯兰教为思想基础的带有民主倾向的政党。④

2. 中右民主政党。众多学者从左右翼政治光谱的角度来划分正义与发展党，认为其属于土耳其政坛的中右政党。正义与发展党因为融合了意识形态导向和实用主义倾向，更像20世纪80年代的祖国党。该政党更像是保守的联盟和中右传统中的自由主义力量，而非统一的、内在团结的精英集团。⑤ 克里斯丁·法比（Kristin Fabbe）认为，正义与发展党是中右政党。⑥ 穆拉特·苏美尔（Murat Somer）亦认为正义与发展党属于中右政党，坚持温和伊斯兰主义，是有活力的。⑦ 穆拉特·索梅尔（Murat Somer）指出，正义与发展党的创始人自政党成立以来就强调新形式，体现伊斯兰政治的转型，因此把党的新政治主张命名为"保守民主"，把其

---

① Olivier Roy, *Globalized Islam: The Search for a New Ummah*, New York: Columbia University Press, 2004, p. 61.

② Yıldız Atasoy, *Islam's Marriage with Neoliberalism: State Transformation in Turkey*, p. 9.

③ Ihsan D. Dagi, "Rethinking Human Rights, Democracy and the West: Post-Islamist Intellectuals in Turkey", *Critique: Critical Middle Eastern Studies*, Vol. 13, No. 2, 2004, pp. 135-151.

④ Graham E. Fuller, "Turkey's Strategic Model: Myth and Relations", *Washington Quarterly*, Vol. 27, No. 3, 2004, p. 52.

⑤ Ali Çarkoğlu and Ersin Kalaycıoğlu, *Turkish Democracy Today: Elections, Protest and Stability in an Islamic Society*, p. 219.

⑥ Kristin Fabbe, "Doing More with Less: The Justice and Development Party (AKP), Turkish Elections, and the Uncertain Future of Turkish Politics", *Nationalities Papers*, Vol. 39, No. 5, September 2011, p. 659.

⑦ Murat Somer, "Moderate Islam and Secularist Opposition in Turkey: Implications for the World, Muslims and Secular Democracy", *Third World Quarterly*, Vol. 28, No. 7, October 2007, pp. 1271-1289.

视为保守民主党。① 艾哈迈特·尹塞乐（Ahmet Insel）则指出，正义与发展党倡导文化保守运动，支持强威权倾向和有活力的民族主义主张。这种威权主义折射出植根于土耳其土壤的家庭传统，以传统主义形式反映在正义与发展党精英的价值观和行为中。② "为了得到更多选民支持，正义与发展党重新界定政治立场，削弱了伊斯兰色彩，强调民主、法律、公正等理念；推进入盟进程，表示愿意与国际货币基金组织继续合作，与过去的伊斯兰政党划清界限；强调与北约及美国的伙伴关系，注重以色列对土耳其国家安全的重要性。简言之，正义与发展党努力把自己定位为保守的民主政党。"③ "正义与发展党不能通过自己的意愿来界定其演化的最后形式。深信伊斯兰运动不能在政治层面得以实现，于是界定为中右的政党。"④ 但在政党纲领中明确规定："我们的政党旨在提供国家问题的原始的和永久的解决方案，与世界现实合拍，汇集了过去和传统的内容，使公共服务成为基本目标，在当代政治价值而非意识形态的平台上实施政治活动。……正确性、现实主义和实用性则是我们政党政策的突出特征。"⑤ 采用"保守的民主"作为其思想支点使得正义与发展党与极端思想保持一定距离，并表现出具有传统根基的民众政党形象。"执政的正义与发展党已经表现出没有隐匿的目标来实现土耳其社会的伊斯兰化。而且，他们着力解决社会经济和政治问题。"⑥ 这都体现其延续中右政党的传统做法。不过，巴奴·埃里居尔（Banu Eligür）认为，伊斯兰主义和世俗主义相互冲突，正义与发展党旨在建构公民国家，希望终止世俗、民主制度，所以拒绝将正义与发展党视为民主政党。⑦

---

① Leman Sinem Topcuoğlu, "The 'Conserative Democracy' Identity of the Justice and Development Party in the Turkish Center-Right Tradition", p. 78.
② Ahmet Insel, "The AKP and Normalizing Democracy in Turkey", *The South Atlanti Quarterly*, Vol. 102, No. 2/3, 2003, pp. 293-308.
③ Zeyno Baran, *Torn Country: Turkey between Secularism and Islamism*, pp. 46-47.
④ Sultan Tepe, "A Pro-Islamic Party? Promise and Limits of Turkey's Justice and Development Party", p. 129.
⑤ Sultan Tepe, "A Pro-Islamic Party? Promise and Limits of Turkey's Justice and Development Party", p. 120.
⑥ David Ghanim, "Turkish Democracy and Political Islam", *Middle East Policy*, Vol. 16, No. 1, Spring 2009, pp. 7-8.
⑦ Banu Eligür, *The Mobilization of Political Islam in Turkey*, New York: Cambridge University Press, 2010, p. 11.

在关于正义与发展党属于中右政党的论述中,威廉姆斯·黑尔与埃尔甘·厄兹布敦的结论似乎更具说服力。他们认为,正义与发展党是土耳其政治中保守政党的延续,始于20世纪50年代的民主党,历经正义党、祖国党、正确道路党,而非仅仅回溯至民族拯救党和繁荣党。这种保守的谱系以整合土耳其民族主义、传统和伊斯兰道德和致力于技术现代化为特征。[①] 正义与发展党自2002年上台以来执政实践表现出一个"西方民主之下的穆斯林保守政党"特征。[②] "基于此前分析,有充分理由证明很难把正义与发展党定义为伊斯兰主义,或者'亲伊斯兰主义''新伊斯兰主义''温和伊斯兰主义'政党。"[③] 正义与发展党是西方民主制度中保守民主政党的穆斯林对应物。[④]

还有学者没有明确其属于中右的民主政党,但阐明了其中右政党的历史基础。拉齐纳尔(Laciner)认为,正义与发展党与80年代的祖国党和50年代的民主党相似,特别是在其选举基础方面吸引了穷人和受压迫者。[⑤] 艾哈迈特·库鲁分析土耳其的两种世俗主义之后指出,正义与发展党并不是反世俗的伊斯兰组织,而是世俗主义可替代模式的捍卫者。正义与发展党采取了支持消极世俗主义的中右政党传统。[⑥] 欧文·马修斯(Owen Matthews)和查尔拉·鲍威尔(Carla Power)则认为,正义与发展党是"世俗伊斯兰主义者"(secular Islamist)[⑦],显然属于右翼政党的范畴。伊赫桑·耶尔马兹分析土耳其伊斯兰主义的历史演变之后认为,正

---

① William Hale and Ergun Özbudun, *Islamism, Democracy and Liberalism in Turkey: The Case of the AKP*, p. 25.
② William Hale and Ergun Özbudun, *Islamism, Democracy and Liberalism in Turkey: The Case of the AKP*, p. 148.
③ William Hale and Ergun Özbudun, *Islamism, Democracy and Liberalism in Turkey: the case of the AKP*, p. 29.
④ William Hale and Ergun Özbudun, *Islamism, Democracy and Liberalism in Turkey: the case of the AKP*, p. 148.
⑤ Leman Sinem Topcuoğlu, "The 'Conserative Democracy' Identity of the Justice and Development Party in the Turkish Center-Right Tradition", p. 83.
⑥ M. Hakan Yavuz ed., *The Emergence of a New Turkey: Democracy and the AK Parti*, p. 154.
⑦ Owen Matthews and Carla Power, "Europe Stumbles; By Rights, the EU Should Celebtrating. Instead, It's Ensnarled in Debate Over Turkey and Its Own Identity", Newsweek, December 2, 2002, p. 19. 转引自 Burhanettin Duran, "JDP and Foreign Policy as an Agency of Transformation", in M. Hakan Yavuz ed., *The Emergence of a New Turkey: Democracy and the AK Parti*, p. 284。

义与发展党是"非伊斯兰主义者"(Non-Islamist)。① 齐纳尔也认为，正义与发展党是非意识形态、非伊斯兰主义政党，其目标总体是服务人民，并不将议程限于宗教问题和宗教信徒。② 哈坎·雅乌兹认为，在土耳其个案中，我们看到后伊斯兰主义进程或从认同政治向服务政治的转型。因此，正义与发展党并非认同性政党，而是努力为人民提供更好服务的政党。③ 这也揭示了现代政党的某些实质。

3. 第三条道路党。土耳其政党政治以西方国家为范本，在西方政党政治的研究框架下，诸多学者从比较视角来看待正义与发展党的政党属性。一些研究者将正义与发展党的经历视为全球第三条道路政策的反映，"试图建立国家、经济与社会正义之间的纽带"④。"第三条道路"的设想似乎介于中间立场，即国家干预经济和自由市场经济之间，尽管正义与发展党做得并不是太好，但在多数选民看来其是唯一致力于社会正义和公平分配的政党，其实现财富的再分配举措类似于第三条道路党。有学者指出，在建造跨文化联盟方面，埃尔多安重新定义了伊斯兰道德立场以适应第三方党的形象，这有点类似于托尼·布莱尔、比尔·克林顿和格哈德·施罗德。⑤ 齐亚·厄尼什和福阿特·凯曼认为，正义与发展党是"第三条道路类型的欧洲社会民主党"。⑥ 玛西·巴顿（Marcie J. Patton）认为，正义与发展党融合了新自由主义和社群主义，"埃尔多安的第三条道路"是土耳其自由主义的新阶段。⑦ 与所有第三条道路主义者一样，埃尔多安是新自由资本主义改革的坚定支持者，其所在政党与祖国党持共同的价值观，致力于新自由主义改革、土耳其融入全球市场、宗教保守主义和认同于中右政党。史密斯认为，正义与发展党成功地把传统认同和社会分配正义问题与全球国家主义经济和不受约束的资本主义之间的

---

① Ihsan Yilmaz, "Influence of Pluralism and Electoral Participation on the Transformation of Turkish Islamism", *Journal of Economic and Social Research*, Vol. 10, No. 2, 2008, p. 56.

② Medres Cinar, "Turkey's Transformation Under the AKP Rule", *The Muslim World*, Vol. 96, No. 3, 2006, p. 475.

③ M. Hakan Yavuz, *Secularism and Muslim Democracy in Turkey*, pp. 115-116.

④ 转引自 M. Hakan Yavuz ed., *The Emergence of a New Turkey: Democracy and the AK Parti*, p. 239。

⑤ Yıldız Atasoy, *Islam's Marriage with Neoliberalism: State Transformation in Turkey*, p. 109.

⑥ Ziya Öniş and Emin Fuat Keyman, "A New Path Emerges", p. 102.

⑦ Marcie J. Patton, "The Synergy between Neoliberalism and Communitarianism: 'Erdoğan's Third Way'", *Comparative Studies of South Asia, Africa and the Middle East*, Vol. 29, No. 3, 2009, pp. 438-449.

"第三条道路"联系在一起。① 齐亚·厄尼斯明确指出,与共和人民党相比,正义与发展党看上去更像欧洲类型的主张第三条道路的社会民主党。② 就正义与发展党的纲领而言,其与西方的传统的保守政党几乎没有区别。就其强调社会正义、更为平等分配收入、人权和多元主义,甚至可以和欧洲奉行第三条道路的社会民主党相对比。③

4. 正义与发展党的自我定位。正义与发展党自从成立起,反对称其为任何民族观政党的延续,宣称是所有中右政党的继承者。埃尔多安多次在公开场合否认与民族观点传统和政治伊斯兰主义的联系,强调正义与发展党是保守的民主政党:在2002年大选后的第一次记者招待会上,埃尔多安强调正义与发展党不是以宗教为核心的,而是保守的、民主的政党④;宣称正义与发展党已经成为"唯一的、无可争议的中右力量";⑤ 也强调正义与发展党在其政治话语和表达方面是中间政党,反对任何将其界定为伊斯兰或穆斯林政党的指控。正义与发展党将其界定为曼德勒斯和厄扎尔遗产的继承者,希望通过提供新的历史渊源来与其伊斯兰根源和埃尔巴坎保持距离,来克服国内对伊斯兰主义的恐惧。虽然有着伊斯兰背景,正义与发展党拒绝承认是伊斯兰政党,或者有伊斯兰目标。尽管其领导人都是虔诚的穆斯林,他们拒绝在其政治话语中使用伊斯兰语言,政党本身也拒绝支持伊斯兰言辞或术语。"否认将其界定为伊斯兰主义者,正义与发展党领导人宣称他们努力形成对政治的新理解,其将远离宗教政治化、平民主义和腐败……新政治寻求土耳其社会不同方面的新联系。在这个意义上,其实际在很大程度上基于改革的愿望和

---

① T. W. Smith, "Between Allah and Ataturk: Liberal Islam in Turkey", *The International Journal of Human Rights*, Vol. 9, No. 3, 2005, p. 322.

② M. Hakan Yavuz ed., *the Emergence of a New Turkey: Democracy and the AK Parti*, p. 210.

③ Ziya Önis, "The Political Economy of Islam and Democracy in Turkey: From the Welfare Party to the AKP", in Dietrich Jung ed., *Democratization and Development: New Political Strategies in the Middle East*, London: Palgrave Macmillan, 2006, pp. 114–115. Ziya Önis and E. Fuat Keyman, "A New Path Emerges", pp. 100–101.

④ Ihsan D. Dagi, "The Justice and Development Party: Identity, Politics, and Human Rights Discourse in the Search for Secularity and Legitimacy", in M. Hakan Yavuz ed., *the Emergence of a New Turkey: Democracy and the AK Parti*, p. 89.

⑤ William Hale and Ergun Özbudun, *Islamism, Democracy and Liberalism in Turkey: The Case of the AKP*, p. 24.

保守的文化敏感的整合。"① 这也说明在政党上台初期，其要面对的是所有对自己不利的指控。实际上经过近二十年的发展，正义与发展党越来越淡化政党属性，也向全能型政党迈进。

为了扩大其选民基础，正义与发展党领导人重塑其话语，限制伊斯兰教的口号而强调民主、法治和政治。他们将土耳其入盟整合进话语平台，承诺继续加强土耳其与国际货币基金组织的协作，标志着与过去的伊斯兰政党割裂。正义与发展党努力将其界定为保守的民主政党，类似于欧洲的基督教民主政党。也有学者指出，正义与发展党的意识形态战略在很大程度上类似于西欧许多穆斯林民主政党所采取的方式。② "保守的民主"和浓厚的伊斯兰色彩使许多学者认为，正义与发展党作为伊斯兰世界的民主政党似乎与西欧的基督教民主政党有着异曲同工之妙。正义与发展党组阁不久，埃尔多安在接受采访时说："一些人可能会有不同的看法，他们对欧洲的基督教民主政党抱有好感，但这些政党植根欧洲特定的历史，我们与他们的条件和背景不同。"③ 这些看法也给我们更多的思考。

二 正义与发展党的属性界定

经过二十年的执政实践，正义与发展党促进土耳其民主化进程的纵深发展，不仅整合大多数右翼力量，而且扩大在土耳其库尔德人中间的影响力，打造了穆斯林民主的新模式，有效地驳斥了西方国家所宣扬的"伊斯兰例外论"，成为伊斯兰民主模式的重要探索者。加雷斯·詹金斯认为，正义与发展党是"穆斯林民主人士"（Mulsim Democrats）。④ 苏尔坦·泰普（Sultan Tepe）认为，正义与发展党是"穆斯林民主政党"。⑤ 威廉·哈勒也认为正义与发展党经常被认为是基督教民主党的穆斯林"对应物"，尽管

---

① Menderes Çınar and Burhanettin Duran, "The Specific Evolution of Contemporary Political Islam in Turkey and Its Difference", in Ümit Cizre ed., *Secular and Islamic Politics in Turkey: The Making of the Justice and Development Party*, p. 82.

② Arda Can Kumbaracibaşi, *Turkish Politics and the Rise of the AKP: Dilemmas of Institutionalizationand Leadership Strategy*, p. 187.

③ William Hale, "Christian Democracy and the AKP: Parallels and Contrasts", in Ali Carkoglu and Barry Rubin eds., *Religion and Politics in Turkey*, p. 151.

④ Gareth Jenkins, "Muslim Democrats in Turkey?" *Survival*, Vol. 45, No. 1, Spring 2003, pp. 45-66.

⑤ Sultan Tepe, "Turkey's AKP: A Model 'Muslim-Democratic' Party?", *Journal of Democracy*, Vol. 16, No. 3, July 2005, pp. 69-82.

二者之间在诸多方面存在差异。① 阿里·亚萨尔·萨利贝伊（Ali Yasar Saribay）把正义与发展党描述为"名称上是伊斯兰的，实践中是自由主义的，态度上是民主主义的，方向上是西方主义的"②。奥利维尔·鲁瓦（Oliver Roy）则认为，正义与发展党是西欧基督教民主党的翻版。③ 所以，在这里借鉴诸多学者的研究成果，将其界定为穆斯林民主政党。

学术界将正义与发展党界定为穆斯林民主政党与"保守的民主"意识形态密切相关。一些人认为，正义与发展党之所以采用"保守的民主"的标签仅仅在于其成员不能称自己为穆斯林民主主义者，因为保守本身暗含了伊斯兰教的内容，所以既能安抚世俗主义者，又能对虔诚的穆斯林选民有所交代，这似乎有些合理。但是，究其根源则是正义与发展党所处的社会形势使然，中间立场的民众基础的存在决定其不能采取左右翼的立场，而只能迎合普通民众的需要。所以，正义与发展党极力将其打造成一个保守的民主政党，其成员和支持者认为宗教价值而非伊斯兰政治是重要的，整合边缘群体也需要正义与发展党采取他们能够认可的意识形态。正义与发展党代表了边缘群体的期望和要求，在它看来，以前的边缘性政党失败不是由于他们对中心的排斥，而是在于他们不能将选民的需要转化为适合中心的语言。④ 正义与发展党将中心和边缘的需要整合起来，其解决中心和边缘矛盾的举措不仅影响政党本身，而且影响土耳其政治的未来走向。就政治话语而言，正义与发展党是一个中心的政党，其广泛的民众基础有助于其与顽固的意识形态认同区别开来。作为一个民众的政党，其比其他边缘性政党有更多的机会来表达选民的需要。正义与发展党通过考虑普通民众需要和表达的政治语言和政策成功地团结了中心和边缘群体，并将边缘性群体的需要整合进中心领域。所以说，正义与发展党在一定程度上是对现行政治秩序的屈服。现在民众中间逐渐形成以下共识：政党竞争是实现民主的重要途径，非民主的政府最终将会被人民抛弃，复杂的市场经济也会支持民主制度，民主的崩

---

① William Hale, "Christian Democracy and the JDP: Parallels and Constrasts", in M. Hakan Yavuz ed., *the Emergence of a New Turkey: Democracy and the AK Parti*, pp. 66-67.

② William Hale and Ergun Özbudun, *Islamism, Democracy, and Liberalism in Turkey: The Case of the AKP*, p. 27.

③ Oliver Roy, *Globalized Islam*, New York: Columbia University Press, 2004.

④ Yalcin Akdogan, "The Meaning of Conservative Democratic Political Identity", p. 60.

溃不仅导致土耳其资本的流失以及随之而来的土耳其里拉的贬值，还会导致外国直接投资的减少以及土耳其经济增长率的下降，最近几年土耳其的发展即为明证。正义与发展党也认识到非民主政权也不能在国际层面获得认可，不民主的土耳其在入盟问题上将会面临更多的困难，将会遭到美国的反对，成为威权主义在现代的逻辑延伸。正义与发展党宣称致力于内部民主和机构的透明来实现其政治目标，"只有通过保证个人和那些少数派享有平等的立法和民主权利才能提升党内民主。"① 实际上，政党纲领也承诺限制政党领导人和议员控制政党。"我们政党注定给土耳其带来新的政治观念，并将这种观念在其组织主义内付诸实施，这样就为其他政党树立了榜样。为了确立党内民主和透明，我们应该优先举行所有成员参加的预选。"② 在土耳其政治中，政党首次对其领导者进行限制和监督，并设立一个关于党内民主的委员会，无疑这是民主的发展催生政党内部的变化，体现了土耳其政党政治的重要进步。

综上所述，作为穆斯林民主政党，正义与发展党呈现多重身份。从政党定位来看，极力塑造中右保守民主政党的形象；从党的招募手段和宣传策略来看，正义与发展党作为全能型政党，宣称代表全体民众的利益和诉求；从党的地位来看，正义与发展党已成为主导型政党，具有其他政党难以撼动的执政优势；从党的社会基础看，正义与发展党代表多重社会力量的整合，历次大选中50%左右的民众支持率凸显其强大的社会基础；但作为执政党出于巩固执政地位的需要，与民族行动党的结盟也体现了执政理念的变化。所以，正义与发展党在发展过程中也不断完善自身的执政理念，扩大其社会基础，实现更为广泛的社会结盟。我们必须辩证地看待其执政理念内涵与外延的变化，从而界定其政党性质。

---

① Sultan Tepe, "A Pro-Islamic Party? Promise and Limits of Turkey's Justice and Development Party", in M. Hakan Yavuz ed., *The Emergence of a New Turkey: Democracy and the Ak Parti*, p. 115.

② Sultan Tepe, "A Pro-Islamic Party? Promise and Limits of Turkey's Justice and Development Party", p. 115.

第三章 土耳其正义与发展党的选举政治

"政党无论是作为公开性的力量还是隐蔽性的力量，国家权力舞台成为政党施展执政艺术的重要场所。从体制外的控制到体制内的任命，从国家权力部门的构成到运作体系的构建，无不渗透着政党的影子。政党因有效控制国家权力，向世人不断展示着政治胜利者的姿态，甚至在有的国家，国家黯淡无光，政党熠熠夺目。控制国家展示了政党最原始的政治期望。"① 尽管政党作为现代政治生活中最主要的组织载体，承担着很多功能，但"无论是革命性政党还是议会民主性政党，执政才是政党从事政治活动的最高形式"②。所以掌控政权是执政党的首要目标。土耳其作为选择西方政治模式的后发现代化国家，其政党执掌政权的过程是从参与选举入手，正义与发展党的执政实践也要从参与民主选举谈起。因为"政党是使民主成为可能的必要的组织和领导制度，政党追求执政的过程就是追求权力的过程"③。政党"通过提名候选人并使他们通过选举进入政府，从而实现政府对政府的控制功能，它的目标是通过赢得选举获得权力"④。本部分通过分析土耳其的选举制度，说明正义与发展党如何依托选举政治，通过历次选举来为其执掌国家政权赢取合法性基础。

---

① 林尚立：《执政的逻辑：政党、国家与社会》，载刘建军、陈超群主编《执政的逻辑：政党、国家与社会》，上海辞书出版社2005年版，第2页。
② 周淑真：《政党政治学》，第23页。
③ 张冬冬：《比较视野下的政党组织——成员形态研究》，第3页。
④ [美] E.E.谢茨施耐德：《半主权的人民：一个现实主义者眼中的美国民主》，任军锋译，天津人民出版社2000年版，第10—11页。

第一节 正义与发展党的历次选举

自从土耳其于1950年启动多党制，民主选举即是政党进入权力核心的主要途径。正义与发展党成立后，积极参加2002年议会选举既为其争取了合法性基础，又为其上台执政铺平了道路。正义与发展党的选举政治主要体现在2002年以来的议会选举和总统选举中。本部分将以时间为序，探索正义与发展党的历次选举情况及其对土耳其政治发展的影响。

一 2002年议会选举与正义与发展党政府成立

2002年议会选举标志着土耳其新政治生活的开启。2002年，埃杰维特政府在国际货币基金组织和世界银行的干预下，任命凯末尔·德尔维什（Kemal Deviş）主导经济治理，但联合政府内部针对经济危机治理举措的不满而陷入分裂，因议员辞职而失去议会多数席位，再加上埃杰维特健康状况恶化，排除共和人民党组建新政府的诉求在中右政治力量中愈益强烈，议会选举提前举行。"2002年提前举行的议会选举源于联合政府管理的危机。"① 在2002年议会选举中，正义与发展党赢得34.3%的选票和363个议会席位，几乎占大国民议会议席总数的2/3。具体结果如表3-1所示。

表3-1　　　　2022年参与议会选举的政党及投票结果

政党名称	总票数（票）	比例（%）	议席数（席）
民主左翼党（DSP）	384009	1.2	0
民主人民党（DEHAP）	1960660	6.2	0
国家党（YP）	294909	0.9	0
民族行动党（MHP）	2635787	8.4	0
正确道路党（DYP）	3008942	9.5	0
民族党（MP）	68271	0.2	0
伟大统一党（BBP）	322093	1.0	0

---

① Gokhan Bacik, "The Parliamentary Election in Turkey, November 2002", *Electoral Studies*, Vol. 23, No. 4, 2004, p. 822.

续表

政党名称	总票数（票）	比例（%）	议席数（席）
祖国党（ANAP）	1618465	5.1	0
自由民主党（LDP）	89331	0.3	0
幸福党（SP）	785489	2.5	0
独立土耳其党（BTP）	150482	0.5	0
自由和团结党（ÖDP）	106023	0.3	0
土耳其共产党（TKP）	59180	0.2	0
青年党（GP）	2285598	7.3	0
工人党（İP）	159843	0.5	0
共和人民党（CHP）	6113352	19.4	178
正义与发展党（AKP）	10808229	34.3	363
新土耳其党（YTP）	363869	1.15	0
独立候选人	314251	1.0	9

资料来源：M. Hakan Yavuz, *Secularism and Muslim Democracy in Turkey*, New York: Cambridge University Press, 2009, p. 80.

从宏观角度来看，土耳其在过去三十年间见证了社会政治经济的巨大发展，一是伊斯兰运动的持续发展，二是宗教领域的迅速扩大，三是新自由主义的发展。这为正义与发展党上台执政提供了巨大的机会空间。正义与发展党在大选中获胜被《伊斯坦布尔日报》称为"安纳托利亚革命"①，代表了亲伊斯兰的、保守的、潜在的、反现行体制的选举基础正在安纳托利亚中部地区兴起。②支持正义与发展党的选民包括从城市边缘化的穷人到安纳托利亚的保守农民再到外省的企业家，其选举成功是多种因素综合作用的结果，上台执政体现了土耳其多元社会发展的需要。

首先，正义与发展党借助经济危机、政治动荡和腐败频仍的历史契机树立了健康的政党形象。冷战结束后，土耳其政府深陷政治不稳定泥淖，内政外交政策缺乏连贯性。2000—2001年的经济衰退、通货膨胀和高失业率使相当多的民众处于贫困的边缘。联合政府应对经济危机不力，

---

① Feroz Ahmad, *Turkey: The Quest for Identity*, p. 181.
② Ali Çarkoğlu, "The Rise of New Generation Pro-Islamist in Turkey: The Justice and Development Party Phenomenon in the November 2002 Election in Turkey", in M. Hakan Yavuz ed., *The Emergence of a New Turkey: Democracy and the Ak Parti*, p. 136.

而且卷入腐败丑闻，引起民众不满。实际上选民的选择并未考虑到未来的发展，主要是对联合政府应对危机不力的消极反抗，民主左翼党的支持率从1999年大选的22%下降到2002年的1.2%即可证明，民众投票支持正义与发展党并不能说明其完全认可埃尔多安及其政治纲领。而且，土耳其在过去十多年里一直是多党联合执政，难以形成稳定的内外政策，因此民众希望出现一个奉行现实主义路线、讲求国家实际利益的强有力政府来挽救危局。埃尔多安在正义与发展党获得议会选举胜利后，公开表示其领导的政党将在执政期间恪守国家的基本原则，加快土耳其入盟进程，继续履行前政府对国际金融机构做出的改革承诺，促进土耳其与世界经济的一体化。这对那些经济上无所适从的人，那些对市场力量反应敏捷的商业精英，那些失去工作、投资和积蓄的人，那些遭受通货膨胀袭击的公务员和工人等具有较强的吸引力，所以说正义与发展党是凭借支持基础的政治经济期望而得以顺利上台执政的。况且，正义与发展党的前身美德党由于被排斥在联合政府之外，这一时期的腐败问题、经济危机和联合政府的孱弱都与其无关，反而使民众对其后继政党抱有很大期望。

其次，正义与发展党不失时机地与前伊斯兰政党划清界限，弱化世俗主义者对其的反对和质疑。美德党被取缔后，继之成立的幸福党和正义与发展党都被视为继承者，但库坦的美德党领导人身份很容易使人判定幸福党是埃尔巴坎倡导的民族观运动的继承者，而改弦更张的正义与发展党似乎有机会避免这种嫌疑。正义与发展党在2002年大选中的成功很大程度上得益于修改了政党形象、话语以及政党纲领。尽管大部分正义与发展党成员和支持者都是虔诚的穆斯林，但其领导人强调坚持凯末尔主义，宣称是"保守的民主政党而非伊斯兰政党，还极力树立政党的中庸形象以吸引更多中右势力的支持。正义与发展党避免使用对现状进行挑战的话语，吸收不戴头巾的女议员，积极支持巴勒斯坦的独立斗争；抛弃前美德党领导人的极端话语，避免重蹈繁荣党的覆辙；在选举运动中对宗教问题的关注让步于对经济和反腐败主题的倡导，并一再重申坚持世俗主义制度及相关原则；认识到穆斯林的社会、政治和经济权利只有在保护个人权利的法律体系下才能得到有效保护"。[①] 这样调和西方与

---

① Bora Kanra, "Democracy, Islam and Dialogue: The Case of Turkey", *Government and Opposition Ltd* 2005, p. 529.

传统的尝试使其获得较高的期望。正义与发展党能冲击权力核心还在于其能汲取前任的经验教训，在具体实践中极力维持宗教与世俗之间的平衡，以代表更为广泛的社会群体的利益。大选之后，埃尔多安在接受《华盛顿邮报》采访时说："我们政党并非伊斯兰政党，并不以宗教为基础，不是伊斯兰主义者政党，也不可能为伊斯兰教服务。伊斯兰教是一种宗教，而政党仅仅是一个政治组织。"① 这不仅在土耳其国内而且在西方澄清了对正义与发展党的怀疑。不过，正义与发展党为了抚慰党内的伊斯兰主义者，没有完全摒弃宗教倾向，而是将宗教追求内化在执政实践中，这主要表现在执政后对伊斯兰文化的强调。

最后，正义与发展党对选民基本利益的关注和实用主义的斗争策略都为其攒足了人气。2002年大选胜利后，埃尔多安声称："从现在开始，土耳其的一切将有所不同。"② 正义与发展党建立的网络平台使民众将其视为寄托变化的力量，埃尔多安所倡导的社会福利政策向人们传达了温和的改革信息，承诺优先解决关乎民生的问题而非军方所强调的安全威胁，填补了土耳其社会生活中出现的福利真空。雅乌兹宣称正义与发展党的成功是政治和公共领域另一个机会空间的结果；选民将寻求一个基于社会正义、人权和全球民主原则的新社会联系，正义与发展党将是一个机会空间和社会动员的希望。③ 瑟瑞夫·马丁（Serif Martin）根据其组织机构来衡量正义与发展党的成功："最成功的事情之一是建立一个人的网络空间——这是处于虚弱地位的战略。我们仅仅谈论埃尔多安对周围人群的吸引力，但是这也在于他们擅长建立的组织网络机构。不过，他们在政策制定能力方面并不强，这来源于他们的组织背景。"④ 在正义与发展党上台之前，民众深受经济危机、腐败、管理不善和社会危机之害，导致土耳其国际声誉一落千丈，政治制度也失去合法性，土耳其需要一个获得广泛民众支持的全新政党来收拾残局，所以说正义与发展党的成功并不在于其纲领多么先进或是政党的政绩多么卓著，而是在于民众对

---

① Lally Weymouth, "A Devout Muslim, A Secular State", *The Washington Post*, A3, 8th November, 2002.
② R. Quinn Mecham, "From the Ashes of Virtue, a Promise of Light: The Transformation of Political Islam in Turkey", p. 339.
③ Edibe Sozen, "Gender Politics of the JDP", p. 263.
④ Edibe Sozen, "Gender Politics of the JDP", pp. 263-264.

现行政治体系的不满。正义与发展党的全新定位和政治纲领令民众眼前一亮，选民抱着对土耳其的理想：一个资本主义的、民主的和多元主义的实体。在这里，世俗主义不再是国家捍卫的意识形态，而是快速增长的社会经济形势，所以正义与发展党代表新土耳其和新声音。①

而且，土耳其反对库尔德恐怖主义的斗争接近尾声，消耗了相当多的能源和金融资源。具有正确道路党背景，在2002—2007年担任正义与发展党议员的穆罕默德·杜尔戈（Mehmet Dülger）在接受采访时指出，正义与发展党的成功主要是借助如下努力而成为土耳其政治中的新颖因素：一是通过吸纳不同政治背景尤其是中右政党背景的成员；二是形成一个保守的、温和的伊斯兰意识形态，与传统的、反制度的伊斯兰政党形成鲜明对比；三是通过组织实现自我更新和呈现全新的形象，且不受当时腐败政党的沾染。更重要的是，除了新成立的正义与发展党之外，民众并没有更好的选择，反对党也不能构成威胁。② 反对党、共和人民党和民族行动党都未能提出更具吸引力的选举纲领，他们仅仅是批评正义与发展党的选举纲领而未能有效地提出替代方案，并不能对正义与发展党形成挑战。所以说，多种因素的综合作用促使正义与发展党走向权力中心。

2002年议会选举呈现全新特征，对土耳其政党制度产生重要影响。一是本次议会选举的最大特点是选民换党现象突出，导致政党政治呈现极大的波动性。二是所有的反对党，诸如共和人民党和民族行动党都未能提出针对土耳其选民的替代性方案，他们只是批评正义与发展党未能提供明确的政策方案，所以未能影响选民的选择。三是10%的门槛限制和高比例的未投票者（46.3%）使正义与发展党成为选举的最大受益者。本次选举引起广泛争论，因为21%的有效投票者（8671982人）并没有行使投票权，3.9%的投票者被宣布投票无效，46%的选民由于10%的门槛限制并没有在议会中得以反映。也就是说，2600万选民在议会中没有被代表。③ 本次选举结束了十余年来联合政府掣肘的局面而建立了一党单独执政的政府。

---

① M. Hakan Yavuz, *Secularism and Muslim Democracy in Turkey*, p. 80.
② Arda Can Kumbaracibaşi, *Turkish Politics and the Rise of the AKP: Dilemmas of Institutionalizationand Leadership Strategy*, p. 145.
③ M. Hakan Yavuz, *Secularism and Muslim Democracy in Turkey*, p. 80.

尽管正义与发展党赢得了大选，但由于禁止埃尔多安参政的禁令并没有解除，所以并不能组织新政府。在埃尔多安的提议下，正义与发展党副主席阿卜杜拉·居尔获得塞泽尔总统授权组织政府，1/4 的居尔政府成员都是前祖国党成员，其他的是前繁荣党成员。① 居尔政府成立不久，政府成员的伊斯兰背景引起世俗主义者的惊恐，总参谋长希勒米·厄兹柯克（Hilmi Özkok）宣称武装力量将时刻保护国家以反对伊斯兰极端主义。塞泽尔总统在纪念阿塔图尔克的活动中说："必须捍卫国家的世俗主义原则，我想强调的是，针对试图推翻民主和世俗共和国的运动的斗争还将继续。"② 不过这些警告并没有阻止居尔政府推动议会修改宪法，进而解除了埃尔多安的从政禁令。2003 年 3 月 9 日，埃尔多安在锡尔特省举行的议会补缺选举中当选为议员；3 月 11 日，居尔辞职，埃尔多安受命组建政府，居尔担任外交部部长。埃尔多安政府初期，执政党努力通过打造保守的民主政党形象来赢得国内外的广泛支持，居尔和埃尔多安主要聚焦经济改革和发展、土耳其加入欧盟等主题。正义与发展党政府也经受了凯末尔·德尔维什改革计划和国际货币基金组织的考验。土耳其经济稳定增长深化了商业精英对正义与发展党的支持，在国外也赢得了美国和欧洲领导人的赞誉，认为其作为一个新政治运动能够证明伊斯兰教与民主的相容。正义与发展党在第一个任期内主要从赢得政治合法性和巩固权力基础来进行统治。相关政策实践将在本书后面章节进行论述。

二　2007 年总统选举和议会选举

2007 年是正义与发展党执政期间最为关键的一年，总统选举和议会选举同年进行。从 2007 年 3 月开始，世俗主义精英极力阻止正义与发展党候选人参与即将来临的总统选举。担任凯末尔思想者联盟（Kemalist Thought Association）领导人的谢内尔·埃尔乌戈尔（Şener Eruygur）在 3 月 13 日会见共和人民党领导人德尼兹·巴伊卡尔，以获得其对拟议的街头聚会支持。世俗主义者害怕正义与发展党占据总理、议会议长和总统职位，担心亲伊斯兰的正义与发展党政府拥有一个将会改变政治制度世俗属性的秘密计划。他们呼吁军方"履行职责"，必要时发动一次军事政

---

① Muammer Kaylan, *The Kemalist: Islamic Revival and the Fate of Secular Turkey*, pp. 414-415.
② Muammer Kaylan, *The Kemalist: Islamic Revival and the Fate of Secular Turkey*, p. 414.

变,大规模的民众集会抗议此起彼伏。当正义与发展党支持者在伊兹密尔等地举行小规模集会时,世俗主义的支持者举行更大规模集会。4月14日,大约有150万抗议者走上安卡拉街头高呼支持土耳其的世俗和民主原则,要求埃尔多安不能竞选总统。他们挥动土耳其国旗和标语,高呼诸如"土耳其是世俗的,将仍然是世俗的","我们不需要一个沙里亚国家"。① 面对世俗主义者的抗议,4月24日,正义与发展党推出相对温和的外交部部长居尔竞选总统,在提名会议上埃尔多安宣称:"我们从来没有寻求世俗的愿望,诸如地位。没有人希望我们放弃我们的国家。为了我们的国家,我们有很多要做。看到肯卡亚(Çankaya)——总统府所在地与其民众结合在一起是我们的愿望。我们对总统候选人的综合评估推出一个人,其名字是我的兄弟,阿卜杜拉·居尔,和他一起,我们开始了这场运动。"② 正义与发展党领导层希望居尔温和的话语和调和的行为举止能化解凯末尔主义者的担心,但仍然遭到世俗主义者的质疑。共和人民党在议会中回击道,正义与发展党近2/3的多数并不能反映绝大多数的意愿,因为其基于国家选举法的数学计算。③ 共和人民党领导人巴伊卡尔宣称如果正义与发展党控制总统职位,将是对最后的共和国堡垒的征服,将使世俗政权处于危险的境地。④ 军于4月27日在总参谋部官方网站上贴出长达一页的备忘录,强调其为世俗主义的绝对捍卫者,重申总参谋长比于克阿纳特将军在4月12日的演讲精神,下一任总统必须致力于共和国的原则,并不只是口头上而是实质上,并在行动上来展现。⑤ "土耳其武装力量是世俗政权的绝对捍卫者,必要时他们将清楚地表明其态度和行动。"⑥ "近些天来,在总统选举中浮现的问题聚焦世俗主义的争论。这种情况引起土耳其武装部队的顾虑。不能忘记武装部队是争论的一方和世俗主义的捍卫者,必要的时候武装部队将表达其立场和态度,

---

① Zeyno Baran, *Torn Country: Turkey between Secularism and Islamism*, p. 64.
② Kamİl Yilmaz, "The Emergence and Rise of Conservative Elite in Turkey", p. 126.
③ Zeyno Baran, *Torn Country: Turkey between Secularism and Islamism*, p. 61.
④ Burhanettin Duran, "The Justice and Development Party's 'New Politics': Steering toward Conservative Democracy, a Revised Islamic Agenda or Management of New Crises?" Ümit Cizre ed., *Secular and Islamic Politics in Turkey: The Making of the Justice and Development Party*, p. 96.
⑤ 参见 Zeyno Baran, *Torn Country: Turkey between Secularism and Islamism*, p. 62。
⑥ M. Hakan Yavuz and Nihat Ali Ozcan, "Crisis in Turkey: The Conflict of Political Languages", *Middle East Policy*, Vol. XIV, No. 3, Fall 2007, p. 120.

武装部队将毫不迟疑地行使法律赋予的职责来保护国家。"① 该声明被视作军方向正义与发展党政府发出的备忘录,有学者称其为"e-政变"。该备忘录伴随着一系列民众集会的发生,部分参与集会的人甚至呼吁发动军事干预来拯救世俗的共和国。毫无疑问,备忘录扰乱了民主司法进程,军方的备忘录将被视为一个不幸的事件,不仅使司法程序遭遇阴影,而且影响了改革措施的推进。

尽管如此,总统选举②如期举行。4月28日,大国民议会举行了首轮总统选举投票,共和人民党领导人试图阻止按照预定程序投票,他们宣称议会需要2/3的法定人数(或367席,比正义与发展党的议席多4票)来确定总统选举投票有效,但是这个必需条件在此前的总统选举中并没有明确提出。共和人民党议员和几名独立议员抵制投票,参会议员数仅为361名,居尔获得357票。共和人民党成员、部分检察官、宪法学教授和媒体联合起来,宣称总统选举投票未能达到法定人数,因而非法。此次总统选举投票结果被共和人民党诉至宪法法院。5月1日,宪法法院宣称法定的367席是总统选举有效性的前提,因而第一轮投票无效。埃尔多安称宪法法院的决定为"对民主的重击"。在司法界的激烈讨论中,宪法法院接受了共和人民党的诉讼,这就意味着在土耳其历史上司法界第一次终止总统选举。在5月6日举行的第二轮总统选举中,居尔再次遭到反对党的抵制,当天只有358名议员出席,仍未达到法定的2/3多数,投票未能正常进行。5月11日,大国民议会通过宪法修正案,规定总统由议会选举改为全民直选,任期由7年缩短为5年,可以连任一届。埃尔多安总理推动大国民议会批准最高选举委员会提前举行议会选举的建议,将原定于11月4日的大选提前到7月22日举行。议会选举新总统的失败、宪法法院有争议性的决定以及军队对政治的干预都使得这次大选格外引人注目。

2007年4—5月的民众示威游行影响了7月22日的议会选举结果,亲世俗的阵营要求中左和中右政党组建单独的选举联盟以突破10%的选

---

① William Hale and Ergun Özbudun, *Islamism, Democracy and Liberalism in Turkey: The Case of the AKP*, p.39.
② 根据1982年宪法,总统选举最多可以进行四轮,前两轮需得到全体议员2/3的多数(367票)才算获得通过,进入第三、第四轮投票后则需要绝对多数支持即获通过。不过,宪法对参加议会投票的人数并没有特别规定。

举门槛，避免正义与发展党再次获得与其民众支持率不相匹配的议席。与此同时，正义与发展党启动较为成功的选举，将其自身定义为寻求民主改革和经济发展的中间政党，民众也将其视为遭遇凯末尔主义者攻击而受到不公正待遇，所以诸多中间立场选民表示支持。2007年7月22日，议会选举提前举行，大选结果①具体如表3-2所示。

表3-2　　　　2007年与2002年土耳其议会选举结果比较

政党	2007年		2002年	
	得票率（%）	席位（席）	得票率（%）	席位（席）
正义与发展党（AKP）	46.5	341	34.3	363
共和人民党（CHP）	20.8	112	19.4	179
民族行动党（MHP）	14.3	71	8.3	—
民主党（DP）	5.4	—	9.6	—
独立候选人（Independents）	5.2	26	1	8
青年党（GP）	3.0	—	7.3	—
幸福党（SP）	2.3	—	2.5	—
独立土耳其党（BTP）	0.5	—	0.5	—
人民进步党（HYP）	0.5	—	—	—
工人党（IP）	0.4	—	0.5	—
其他政党	0.9	—	—	—
总数	100	550	—	550

注：本表格数据主要根据土耳其选举网站数据和相关论文资料绘制而成。

2007年的议会选举，正义与发展党用近半数的支持率证明了其合法性与强大的社会基础，再次获胜确实是众望所归。首先，选民支持正义与发展党主要源于2002—2007年的经济表现。此间三十年来的高通货膨胀降低到个位数，其在经济发展方面的努力得到民众广泛认可。选民支持正义与发展党不仅是对其过去经济表现的奖赏，而且是延长其经济改革项目、期望更为长久的经济稳定的结果。其次，选民支持正义与发展党还在于促进社会公平的举措。正义与发展党在努力增加资本积累的同

---

① Gokhan Bacik, "The Parliamentary Elections in Turkey, July 2007", *Electoral Studies*, Vol. 27, No. 2, 2008, p. 380.

时，采用社会民主的办法帮助穷人及失业者①，这就化解了由两极分化积郁的政治与社会不满。正义与发展党还热心关注民众疾苦，积极为公民提供社会福利，以补偿市场经济中的弱者和失败者；注重保护弱势群体，致力于改善老百姓的生活状况；在有关救济、医疗等社会保障系统方面进行改革，使底层民众得到实惠。埃尔多安在当选总理后，成功打造了亲民总理形象，通过走访社区、节假日给孩子们分发礼金和礼物、给贫民送煤炭等举动笼络了大批中低收入阶层，提高了在民众中的威信。在本次选举中，由于支持其他党派的力量在地域上相对分散，因此正义与发展党是唯一的全国性政党。② 正义与发展党除了获得安纳托利亚的农民、小城镇居民以及大城市的工人阶级等支持外，还得到较为虔诚的新中产阶级的支持。所以说正义和发展党的支持者既有从国家福利中获得好处的社会底层人民，也有从经济发展中富裕起来的商业中产阶级，实际上整合了在西方属于社会党选民和保守主义政党选民在内的大批中间社会力量，成功地构建了跨地区、跨阶层联盟，这就不难理解其高达46.5%的支持率。再次，正义与发展党在选举中充分利用各种现代化手段。参加助选工作的正义与发展党的很多支持者并不是蓄络腮胡的男性或戴头巾的女性，而是一身西式打扮，在选举集会中，戴着头巾和不戴头巾的女孩一起为其摇旗呐喊；正义与发展党还在街头、咖啡馆等处进行拉票；高科技的大屏幕现场直播选举集会，甚至机器人也被用来助选。埃尔多安更在各地发表了 55 次竞选演讲，充分展现其政治能力和个人魅力。正义与发展党还是使用电脑设备效率最高的政党之一，据说 2007 年 7 月 22 日的选举结果由 30 个计算机操作员实时进行电脑处理，午夜就得出最终结果。最后，正义与发展党在外交方面的务实和创新也获得广泛认可。2005 年 10 月，欧盟正式开启土耳其的入盟谈判，土耳其经过四十多年的漫长等待后终于成为欧盟候选国，也使正义与发展党在民众心中的地位得以巩固和提升。正义与发展党基于睦邻外交政策积极发展与周边国家的关系，在很大程度上改善了同俄罗斯、叙利亚和伊朗等国家的关系。因此，选举结果出台后，欧美媒体称之为"民主的胜利"，这充分

---

① Heymi Bahar,"The Real Winners and Losers of Turkey's July 2007 Elections",p. 71.
② Gokhan Bacik,"The Parliamentary Elections in Turkey",*Electoral Studies*,Vol. 27,No. 2,2008,p. 380.

证明了正义与发展党在外交方面的影响力。

正义与发展党在 2007 年的议会选举中取得压倒性胜利，由于民族行动党突破了 10% 的门槛限制，仅仅获得 341 个议席；共和人民党赢得 112 个议席；民族行动党赢得 71 个议席。此次选举中，由于选举规则的变化，库尔德民主社会党（The Kurdish Nationalist Democratic Sciety Party）成员以独立候选人身份参与选举，共有 700 余名独立候选人参加此次选举，结果赢得 26 个议席，这成为土耳其选举史上的新现象。卡南·巴尔基尔（Canan Balkir）认为，独立议会候选人是 7 月 22 日选举的最重要特征之一。① 此举使旨在将激进的伊斯兰主义者和库尔德代表排斥在议会外的 10% 的选举门槛不再起作用。而且，2007 年议会选举的民众投票率超过 84%，表明这次选举产生的新议会比 2002 年大选后的议会更具代表性，因为只有 15% 的选民意愿没有在议会上得到体现。

如果说 2002 年大选结果具有偶然性，那么此次选举说明土耳其政党政治更趋稳定，碎片化倾向减弱，波动性下降，意识形态的指向性更为具体：共和人民党是中左翼力量的代表，正义与发展党是中右翼力量的代表，而民族行动党是民族主义力量的代表。正义与发展党 2002 年就已在中东地区锁定选票，2007 年又成功锁定了西部地区和东南部库尔德人的选票。在安纳托利亚西部地区，中左翼政党是正义与发展党的主要挑战者；在黑海和安纳托利亚中部地区，民族行动党处于领先地位；而在安纳托利亚东部地区，正义与发展党仅受到代表民主社会党的独立候选人的挑战。以库尔德人为主的省份在 2007 年选举中不但支持代表库尔德人利益的民主社会党，也支持正义与发展党，可以说两党在该地区势均力敌。在 2007 年议会选举期间，正义与发展党强调民主化进程和加入欧盟，赢得了期盼政治民主和经济发展的库尔德选民的支持。谢凯奇奥卢和阿勒坎的研究显示，2007 年正义与发展党在东部和东南部的表现强于其全国性表现，而 2002 年正义与发展党在东部和东南部表现远低于其全国性表现。② 通过此次选举，正义与发展党再次获得单独组阁机会。

2017 年议会选举后，新议会的首要职责是选举总统。8 月中上旬，

---

① Canan Balkir, "The July 2007 Elections in Turkey: A Test for Democracy", *Mediterranean Politics*, Vol. 12, No. 3, 2007, p. 422.

② Eser Şekercioğlu & Gizem Arıkan, "Trends in Party System Indicators for the July 2007 Turkish Elections", *Turkish Studies*, Vol. 9, No. 2, June 2008, p. 213.

世俗主义者希望共和人民党和民族行动党组成新的议会同盟，再次利用议会投票的法定人数来阻止居尔当选。考虑到祖国党和民主党在选举中的失败与他们在 2007 年 4 月抵制第一轮总统选举有关，民族行动党决定单独推选总统候选人和参与选举投票，这就帮助解决了 367 票的合法性问题。而且，国内的政治环境已经发生变化，更多的土耳其人反对总参谋部的"e—政变"政变，将其视为军方不合时宜地干预政治的表现。8 月 13 日，正义与发展党再次推举居尔为总统候选人，民族行动党提名萨巴赫丁·恰克马科卢（Sabahattin Çakmakoğlu）为总统候选人。由于正义与发展党在议会选举中获胜，军方改变了在上次总统选举中的强硬态度，表示愿与正义与发展党协商，不反对居尔当选总统。在此次总统选举中，尽管共和人民党的 98 名议员抵制选举，但民族行动党等其他党派参加了投票。居尔在 8 月 20 日和 24 日举行的前两轮投票中分别获 341 票和 337 票，均未达到当选所必需的 2/3 以上多数。在第三轮投票中，448 名议员参加，民族行动党候选人萨巴赫丁·恰克马科卢获得 70 票，民主左翼党候选人塔伊丰·伊吉利仅获得 13 票，而居尔获得 339 票，当选第 11 任总统。按照宪法要求，总统不应该隶属任何政党，所以居尔就任总统后放弃正义与发展党身份。在 8 月 9 日大国民议会议长选举中，正义与发展党议员科克索尔·托普坦（Koksal Toptan）以 450 票的绝对多数当选为议长，这标志着正义与发展党控制了议会、政府和总统府，实现单个政党对国家权力的全面控制。西方国家的土耳其支持者希望正义与发展党使用其已经巩固的政治资本来重新激励加入欧盟所需要的民主化改革，而埃尔多安总理迅速推动宪法修订以取消头巾禁令。2008 年 1 月，正义与发展党决定与民族行动党达成协议，通过赢得议会的大多数席位来取消大学中的头巾禁令。这是正义与发展党最大的战略失误，因为其优先考虑虔诚的穆斯林的民主权利，而忽略了民众的普遍认同。有关头巾禁令的权力博弈导致正义与发展党甚至陷入被取缔的处境，不过最终成功渡过了这次危机。另外，正义与发展党政府发起针对退休将军和其他凯末尔主义盟友的所谓阴谋的调查，此为著名的埃尔盖内孔事件。正义与发展党政府在第二任期延续了上一任期内的政治法律改革和入盟进程，通过宪法修正案压缩司法监察部门的权力空间。其实，面对 2008 年正义与发展党几乎被取缔的危机，正义与发展党呼吁提前举行大选，但由于各方面分歧严重，议会未能就提前大选等事宜达成一致。

三 2011年议会选举与中东变局后的走向

尽管蝉联执政的正义与发展党政府遭遇军方大锤行动计划和军方总辞职的挑战,遭到共和人民党的反对,但强大的民众基础巩固了其政治统治,一系列修宪举措为其争取有利的政治社会环境的同时维持了选举优势,颇具成效的经济政策保证了土耳其跃升成为世界第十六大经济体。2011年以来,西亚北非地区爆发了"二战"以来最严重的政治危机,阿拉伯世界的动荡震惊了民主化道路上稳步前进的土耳其。正义与发展党于2011年2月21日向议会提交了提前举行大选的提案,并于3月3日获得议会通过,定于6月12日举行。正义与发展党提前举行大选,一是出于对其强大社会基础的自信,尤其是争取到大学生选票和海外侨民的选票;二是出于缓解政治僵局的需要,因为此时经济政治改革陷入停滞,库尔德倡议也经营惨淡;三是主要的反对党共和人民党出现权力更迭,凯末尔·科勒迟达奥卢(Kemal Kılıçdaroğlu)取代德尼兹·巴伊卡尔担任主席,使正义与发展党借反对党的内部不稳来为自己争取先机。

在议会选举之前,土耳其最高选举委员会对政党资格进行审查,最终确定27个政党的参选资格,同时规定参选政党必须在4月12日之前提交候选人名单。参与2011年大选的主要政党在选举战略方面均作出调整,主要表现在提交候选人名单、选举宣传方面。首先,在提交候选人名单方面,正义与发展党、共和人民党、民族行动党、民主和平党所作的调整非常明显。上届议会550名议员中有267人未能进入此次选举的候选人名单。[①] 这显然是政党确保得票率的策略改变,也反映出一些政党内部的激烈斗争。这在共和人民党的候选人名单上表现最为明显。凯末尔·科勒迟达奥卢成为党主席之后,实行"去巴伊卡尔"路线,将巴伊卡尔及其支持者排除在议会候选人名单外,导致许多共和人民党党员不满。有党员表示,"那些从来不为共和人民党投上一票的人如今出现在名单

---

① 各政党中未能获得提名的上届议会议员人数如下:正义与发展党167人,共和人民党64人,民族行动党27人,亲库尔德政党民主和平党8人。值得一提的是,执政党正义与发展党的两位部长也不在候选人之列。"Change Comes out of Candidate Lists with 267 Deputies out", 13 April 2011, http://www.todayszaman.com/news-240915-change-comes-out-of-candidate-lists-with-267-deputies-out.html.

上"①。而且未能超过10%门槛的小党,如民主和平党开始以独立候选人身份来提名其党员成为议员,以此来扩大该党政治影响。经过一系列宣传和准备之后,土耳其第17次议会选举顺利举行,选举结果②具体如表3-3所示。

表3-3　　　　　　　　　　2011年土耳其议会选举结果

政党	得票数(张)	得票率(%)	变化(%)	2011年议席数(席)	2007年议席数(席)	变化数(席)
正义与发展党	21399082	49.83	3.17↑	327	341	-14
共和人民党	11155972	25.98	5.13↑	135	112	+23
民族行动党	5585513	13.01	1.28↓	53	71	-18
独立候选人	2819917	6.59	1.37↑	35	26	+9
幸福党	543454	1.27	1.07↓	0	0	0
人民呼声党	329723	0.77	0	0	0	0
大统一党	323251	0.75	0	0	0	0
民主党	279480	0.65	4.77↓	0	0	0
权利与平等党	124415	0.29	0	0	0	0
民主左翼党	108089	0.25	0	0	0	0
正确道路党	64607	0.15	0	0	0	0
土耳其共产党	64006	0.15	0.08↓	0	0	0
国家党	60716	0.14	0	0	0	0
民族保守党	36188	0.08	0	0	0	0
工党	32128	0.07	0	0	0	0
自由民主党	15222	0.04	0.05↓	0	0	0
有效票数	42941763	100.0		550		

注:得票率变化标注为0的,表明该党并未参加2007年议会选举。
资料来源:土耳其全国选举委员会网站及相关的新闻和文章资料。

---

① "Change Comes out of Candidate Lists with 267 Deputies out", 13 April 2011, http://www.todayszaman.com/news-240915-change-comes-out-of-candidate-lists-with-267-deputies-out.html.

② 统计结果来自土耳其全国选举委员会网站,Sepreme Electoral Board, "Election Results of June 12, 2011"。

由表 3-4 及 2011 年相关选举资料可知，选民用投票的方式把正义与发展党推入第三个任期，正义与发展党赢得议会的 327 个议席，共和人民党获得 135 个席位，民族行动党获得 53 个席位，民主和平党为了规避 10% 的门槛限制没有以政党身份参与大选，而是推选其代表以独立候选人身份进入议会，结果该党提名的 61 位独立候选人中 35 人顺利进入议会。2011 年议会选举在选举制度、选举基础、选举结果、政党关系格局等方面均呈现出新特征。一是选举制度的变化。2010 年，大国民议会通过的《选举法修订案》对 1983 年的选举法进行系统修改①，实行比例代表制的选举制度，根据各省人口多少进行分省议席分配，且在立法机关中，每个省区至少有一名代表，所以各省议席分配也发生少许变化。与 2007 年各分区议席数相比，伊斯兰坦布尔选区的议席总数增加 15 席，安卡拉选区增加 3 席，伊兹密尔选区增加 2 席，安塔利亚、迪亚巴克尔、凡城、锡纳克四省选区分别增加 1 席。② 二是选民支持基础的地区分布变化。2011 年大选期间，共和人民党在库尔德问题上采取响应库尔德人要求的立场，希望赢得更多库尔德省份的支持，但事与愿违，其在安纳托利亚东南部省份的支持率不升反降。正义与发展党的选举基础扩大到西部沿海省份，在伊兹密尔之外的大城市处于主导地位。尽管正义与发展党在全国大部分省份的支持率上升，但在安纳托利亚东南部省份的得票减少。共和人民党退回西部沿海省份，民族行动党继续得到安纳托利亚中部地区选民支持的基础上失去向西扩展的势头，而且由于多名领导人在大选之前爆出性丑闻，也在一定程度上影响了民族行动党在大选中的支持率，部分规模较小的右翼政党逐渐从政治舞台消失。三是独立候选人在土耳其政坛的影响力增大。为了突破 10% 的门槛限制，诸多政党成员以独立候选人身份进入议会，独立候选人议员从 2002 年的 9 人增加到 2011 年的 35

---

① 《选举法修订案》主要修改了以下几个方面：(1) 议员年龄由 30 岁降为 25 岁；(2) 由抗碎、抗热的透明硬塑料取代木料制造选举箱；(3) 投票站设置应更加坚固、安全、方便；(4) 选票足够大且有多种颜色；(5) 选举宣传活动允许使用库尔德语等其他语言；(6) 允许政党和独立候选人在公共建筑、银行、工会场所之外设立选举办公室，工作时间延长至晚上 11 点，日落后两小时依然可以举行集会；(7) 公民只要有身份证号就可以参与投票；(8) 阻挠投票者将被判处五年监禁；(9) 允许政党向最高选举委员会派驻代表，监督计票。"Novelties Await Voters in June 12 Elections with New Law"，17 February 2011，http://www.todayszaman.com/newsDetail_getNewsById.action?load=detay&newsId=235779&link=235779. 转引自朱传忠《土耳其正义与发展党研究》，第 85—86 页。

② 朱传忠：《土耳其正义与发展党研究》，第 86 页。

人，他们代表了那些被门槛限制在议会外的部分人的利益，成为土耳其政坛的突出现象。许多老资格议员、代表少数民族利益的议员候选人再次进入议会。1991年当选议员的雷拉·詹纳（Leyla Zana）再次成为议员，亚述人埃罗尔·多拉（Erol Dora）也在2011年进入议会，成为历史上第一位基督徒背景的议员。四是传统中右政党影响力大大缩小。正义与发展党上台后，土耳其政坛左右翼意识形态的分野仍然继续，正义与发展党代表中右立场，共和人民党代表中左立场，民族行动党代表右翼立场。原有的中右立场政党包括正确道路党、祖国党基本退出政治角逐，其支持基础转向正义与发展党、共和人民党、民族行动党，说明意识形态不是决定选民趋向的主要因素。

进入第三个任期的正义与发展党出现守成的趋势，改革逐渐停滞，政策趋于保守。中东变局带来土耳其周边局势的变化，塔克西姆广场抗议行动体现了中东政治危机对土耳其的外溢效应；政党之间围绕政治改革尤其是修宪问题的斗争将日趋激烈，正义与发展党因为埃尔盖内孔事件与军方矛盾愈益突出，2013年12月针对正义与发展党政府"腐败调查案"使执政党与葛兰运动的矛盾迅速激化，造成土耳其内部的不安全感与日俱增。反对党也以捍卫世俗主义和惩治腐败名义对正义与发展党的政治统治进行质疑，深陷腐败门、窃听门的正义与发展党遭遇一系列的执政危机。尽管如此，在2014年3月的地方选举中，正义与发展党仍获得43.15%的民众支持率，共和人民党为26.45%，民族行动党为17.76%，库尔德政治力量为6.19%。正义与发展党赢得包括伊斯坦布尔和安卡拉在内的48个省市的议会多数席位。在1351个市级议会中，正义与发展党赢得800个议会的多数席位，共和人民党为226个，民族行动党为166个，民主和平党为97个。[①] 2014年3月的地方选举为此后总统选举和2015年议会选举的预演，充分证明正义与发展党仍然具有强大的社会基础。

四　2014年总统选举与2015年议会选举

1.2014年的总统选举。正义与发展党推行总统制始于2007年推出关于全民直选总统的宪法修正案。2012年1月19日，正义与发展党政府颁

---

① Hatem Ete, "The 2014 Local Election in Turkey: A Victory for Identity Politics", *Insight Turkey*, Vol. 16, No. 2, 2014, pp. 111-128.

布第 6271 号法令——《总统选举法》(Presidential Election Law)，对 2007 年关于宪法修正案的总统直选作出详细规定。① 2014 年 8 月 10 日，土耳其进行首次全民直选总统的选举，埃尔多安凭借 51.8% 的选票赢得选举，共和人民党和民族运动党的总统候选人伊赫桑诺格鲁 (Ekmeleddin Ihsanoglu) 获得 38.4% 的选票，库尔德和平民主党总统候选人萨拉赫丁·德米尔塔什获得 9.8% 的选票。库尔德人第一次被提名为总统候选人，事实上增强了该组织由正义与发展党所发起的和平进程而获得的政治合法性。尽管萨拉赫丁·德米尔塔什在选举中失利，但是他所获得的支持率有望为他与和平民主党在下届议会选举中争取更多选票，也使他们有能力在与政府的谈判中赢得更多让步，这是加强库尔德人地位的重要表现。此次总统选举的具体结果如表 3-4 所示。

表 3-4　　　　　　　　　　2014 年土耳其总统选举结果

候选人	支持率（%）	支持选民数（人）
埃尔多安	51.8	20842495
伊赫桑诺格鲁	38.4	15455929
德米尔塔什	9.8	3901858

资料来源：Ali Hussein Bakeer, *New Turkey*: 2014 *Presidential Elections and Future Implications*, 27 August 2014, p. 3, http://studies.aljazeera.net/en/reports/2014/08/201482791917421354.html。

与过去相似，沿海地区的大多数选民投票赞成反对党候选人伊赫桑诺格鲁，内陆选民选择埃尔多安，东南部居民投票支持库尔德总统候选人萨拉赫丁·德米尔塔什。按地区来划分，总统候选人支持情况如表 3-5 所示。

---

① 《总统选举法》明确规定总统由民众选举产生，总统选举在全国范围内同日进行，保证公民投票的完全独立，选票的计数公开进行；总统选举每 5 年举行一次，可连选两届。总统任期届满，总统选举在届满之前的 60 天内完成；总统悬空，总统选举要在总统缺位后的 60 天之内完成；总统选举坚持两阶段的绝对多数原则：如果候选人在第一轮选举中未获得 50% 以上支持，则由支持率最高的两个候选人进入第二轮选举，获得 50% 以上支持率的获胜；或者所有参与第一轮选举的候选人参与第二轮选举，得票最多的候选人不管是否赢得 50% 以上的支持率而获胜；由于战争而无法进行新总统选举时，大国民议会可以决定总统选举延迟一年以上；总统选举的最终结果由最高选举委员会向大国民议会委员会宣布。详见 Engin Şahin, "From the Declaration of the Republic to Present Presidential Election Methods in Turkey", *Turkish Journal of Politics*, Vol. 4, No. 2, Winter 2013, pp. 99-101。

表 3-5　　　　2014 年土耳其总统候选人支持者的地区分布情况

地区	主要支持候选人	支持率（%）
东安纳托利亚	埃尔多安	53
东南部安纳托利亚	埃尔多安	50
黑海地区	埃尔多安	65
中部安纳托利亚	埃尔多安	60
马尔马拉地区	埃尔多安	50
地中海	伊赫桑诺格鲁	48
爱琴海	伊赫桑诺格鲁	52

资料来源：Ali Hussein Bakeer, *New Turkey*: 2014 *Presidential Elections and Future Implications*, 27 August 2014, p.4, http://studies.aljazeera.net/en/reports/2014/08/201482791917421354.html。

埃尔多安在 2014 年总统选举中的获胜增强了该党的合法性，特别是在面临内部分歧、强大的反对党以及库尔德人在土耳其政治中发挥越来越重要的作用的背景下。埃尔多安曾在竞选演讲中宣称，如果当选，将行使 1982 年宪法所赋予的所有权力，成为一个指引国家前进的积极的总统，行使国家建构使命。他在当选总统后宣称，要使民众意识到政府制度的改变是一种必要而非选择。① 尽管全民直选总统结果体现了民众的选择，但却产生双重合法性问题，因为当总统和总理都来自同一个政党时，二者之间的权力斗争能够得以控制，但如果来自不同的政党，二者之间的权力危机将会不可避免。2014 年总统选举后的土耳其不再是纯粹的议会制度（因为总统有广泛的权力，由民众直接选举产生），也不是完全的总统制（因为还有总理和部长会议依赖议会的信任投票），拥有广泛权力的议会制度和民选总统的结合会阻止系统正常运行，再次修宪迫在眉睫。

根据法律规定，埃尔多安当选总统后必须辞去正义与发展党主席职位，正义与发展党需要选举新政党领导人来领导执政党组建政府，以维持到下一次议会选举。显然新总理需要得到埃尔多安的绝对信任，以确保他们之间不会发生权力冲突。外交部部长艾哈迈特·达武特奥卢、前交通部部长比纳利·耶尔德勒姆（Binali Yildirim）、正义与发展党副主席穆罕默德·阿里·萨欣（Mehmet Ali Sahin）、经济事务部副部长阿里·巴

---

① 参见 Burhanettın Duran and Nebı Mış, "The Transformation of Turkey's Political System and the Executive Presidency", p.22。

巴詹（Ali Babacan）都是热门候选人。埃尔多安需要政党新领导人对他绝对忠诚，尽管卸任总统后的阿卜杜拉·居尔希望以政党领导人身份回归正义与发展党，但并没有得到埃尔多安的认可，导致其逐渐被排斥出正义与发展党。达武特奥卢得到埃尔多安的青睐而成为正义与发展党领导人，组建新政府。就任总统后，埃尔多安雄心勃勃地推进改革以建立一个"新土耳其"，实现土耳其的政治、经济和社会转型，提高土耳其在区域和国际社会中的地位。

2014年10月30日，埃尔多安第一次主持召开国家安全委员会会议，会议持续长达十个多小时，主要讨论了与"平行机构"斗争以及最新国际局势等问题。2015年1月，埃尔多安又首次以总统身份主持部长委员会会议①，详细讨论了总统府12个部门②的工作范围，确定它们可以在哪些问题上给予政府帮助；会上还讨论了总统府和总理府之间的磋商机制以及如何协商落实正义与发展党政府"2023年愿景"以及有关安全、外交政策、经济和信息技术问题。埃尔多安就任总统后，立即从强势总理转变为强势总统，逐步推进总统制的实现。

2. 2015年6月的议会选举。埃尔多安赢得总统选举的巨大成功为正义与发展党的议会选举胜利提供了重要保障。多数民调机构在议会选举之前预测，20个政党将角逐议会选举，2个政党将选出独立候选人。执政党正义与发展党、主要反对党共和党人民党、民族行动党和亲库尔德的人民民主党是最有可能进入议会的政党，虽然正义与发展党的选票将有所减少，但仍然是议会中的最大政党，但能否获得足够的选票组成多数党政府犹未可知。③ 2015年6月7日，议会选举如期举行；6月19日，

---

① 1982年宪法规定，总统认为必要时可以主持召开部长委员会会议。在埃尔多安之前，曾经有5位总统主持召开过17次部长委员会会议，其中第七任总统埃夫伦主持过4次，第八任总统厄扎尔主持过7次，而第四任总统古尔塞尔、第六任总统考鲁吐尔克和第九任总统德米雷尔各主持过两次。参见李智育《正发党执政期间土耳其民主巩固研究（2002—2014）》，第85页。

② 埃尔多安就任总统后即发布总统令，改变总统府工作程序和机构设置。总统府原有4个署，分别是法律事务署、法规与决策署、行政与财政事务署、人力资源署。埃尔多安就任总统后增设了8个署，分别是战略署、社会与文化事务署、经济跟踪与协调署、安全政策署、国际关系署、信息技术署、机构交流署、对民关系署，总统府职能更加齐全而成为配置完备的"小政府"。

③ 参见 Gönül Tol, Emma Hjerno, "Turkey's General Elections 2015: High Stakes at Home and Abroad", June 2, 2015, https://www.mei.edu/publications/turkeys-general-elections-2015-high-stakes-home-and-abroad。

议会选举结果公布。此次议会选举中具有选民资格的公民约 5370 万人，实际参加投票人数在 4500 万左右。议会选举吸引了 20 个政党角逐议会席位，但只有正义与发展党、共和人民党、民族行动党和人民民主党越过 10% 门槛限制，其余政党再次无缘议会席位。具体结果如表 3-6 所示。

表 3-6　　　　　　　　2015 年 6 月土耳其议会选举结果

政党	得票数（张）	得票率（%）	议席数（席）
正义与发展党	18708614	40.87	258
共和人民党	11474167	25.13	132
民族行动党	7495150	16.29	80
人民民主党	5985347	13.12	80

资料来源：朱传忠：《土耳其正义与发展党研究》，第 90—91 页。

土耳其各政党的议席数仍然按照比例代表制原则，但此次选举呈现出不同于以往的新动向。一是正义与发展党首次在议会中未能取得过半数席位，将不得不与其他政党组建联合政府。二是亲库尔德的人民民主党的议席数大幅攀升。此前为了突破 10% 的门槛限制，亲库尔德的诸政党力量以独立候选人身份参与议会选举，但此次大选中人民民主党以政党身份参与选举，且赢得与民族行动党相同的议席数，体现了库尔德人政治影响力的提升。三是议员的社会代表性更为广泛，不仅有 95 名女性议员，而且还有基督徒、罗姆人（Roma）和耶齐德人等少数族裔的代表进入议会[1]，在一定程度上体现了土耳其的民主开放程度和公民参政范围的扩大。

2015 年 7 月 9 日，埃尔多安总统宣称授权看守总理达武特奥卢组建新一届政府。根据 1982 年宪法规定，新政府必须在 45 天内组建完成，否则将在 90 天内再次进行议会选举。未能达到半数议席的正义与发展党显然要与其他政党组建联合政府。对于采用西方议会制的土耳其来说，"政党是公民和政治过程之间最重要的纽带，政党是将各种利益诉求整合为一个统一的、包罗万象的公共政策的最可行的平台，政党间的竞争为确保执政者履行职责提供了最可靠的机制，政党内部与政党之间的合作为

---

[1] 朱传忠：《土耳其正义与发展党研究》，第 91 页。

组建一个成功的政府提供了唯一可行的途径。"① 由于人民民主党明确表示不会与正义与发展党联合组阁，达武特奥卢总理先后与共和人民党和民族行动党就组建联合政府举行谈判。正义与发展党和共和人民党代表团先后进行了五轮有关组建联合政府的谈判，但由于两党在外交政策、教育政策、社会政策和总统权力等方面未能达成一致意见，所以组建联合政府的梦想破灭。正义与发展党随即转向民族行动党，但两党关于所建政府的性质分歧严重，正义与发展党希望组建一个支撑到下次选举的少数派政府，而民族行动党则希望建立一个完整的联合政府。② 在双方未能达成一致意见的情况下，达武特奥卢于8月18日向埃尔多安总统交回组阁权，预示着正义与发展党组建联合政府的努力失败。8月25日，埃尔多安总统授权达武特奥卢组建临时政府；8月29日，达武特奥卢宣布历史上首个临时政府成员名单；8月30日，共和人民党领导人科勒迟达奥卢在接受《共和报》（Cumhuriyet）采访时宣称，"在违宪、无视宪法规则和法治缺失的情况下，这届政府（临时政府）仅仅为总统和政府服务"③。他还指责达武特奥卢根据总统指示来统治国家。"如果这个国家是通过总统的指示来统治的，那就意味着总理不起作用。这就是这次即将到来的选举比其他任何选举都重要的原因。要么是混乱加深，开始一个无止境的不稳定时期；要么是法治和民主占上风。一个国家不能仅仅为了一个人的野心和一个家庭的利益而牺牲。"④ 由于正义与发展党未能成功组建联合政府，最高选举委员会决定于11月1日再次举行议会选举。

3. 2015年11月议会选举。自6月议会选举以来，土耳其安全形势每况愈下，正义与发展党政府与库尔德反叛武装在东南部地区的流血冲突不断升级，国内发生多起爆炸案，10月10日，在安卡拉火车站附近发生自杀式爆炸案，导致102人死亡，震惊全国上下，也加重了国内因国家碎

---

① ［美］拉里·戴蒙德、理查德·冈瑟：《政党与民主》，徐琳译，上海人民出版社2012年版，第69页。
② 朱传忠：《土耳其正义与发展党研究》，第92页。
③ Cihan Photo, "Interim Government not Impartial, at Erdoğan's Service: CHP Leader", August 30 2015, http://www.hurriyetdailynews.com/interim-government-not-impartial-at-erdogans-service-chp-leader--87707.
④ Cihan Photo, "Interim Government not Impartial, at Erdoğan's Service: CHP Leader", August 30 2015, http://www.hurriyetdailynews.com/interim-government-not-impartial-at-erdogans-service-chp-leader--87707.

片化不利安全形势的担忧，对稳定的渴望使民众寄希望于一个高效的政府和果断的领导人来控制局面，这是正义与发展党在未来的选举中获得民众支持的关键，所以之前对正义与发展党有颇多挑剔的选民，在国内安全与危机感的压迫下，选择支持正义与发展党和埃尔多安；11月1日，议会选举再次举行，经过组阁失败的冲击和人心思定的趋势，这次选举呈现出与6月相去甚远的结果，具体如表3-7所示。

表3-7　　　　　　　　2015年11月土耳其议会选举结果

政党	得票数（张）	支持率（%）	议席数（席）
正义与发展党	23669933	49.48	317
共和人民党	12108801	25.31	134
民族行动党	5691035	11.90	40
人民民主党	5144108	10.75	59
幸福党	325910	0.68	0

资料来源：Natali Arslan, "Turkey's Parliamentary Election 2015", 16 November, http://platform24.org/en/articles/325/turkey-s-parliamentary-election-2015。

在此次议会选举中，正义与发展党赢得单独组阁所需要的绝对多数议席，这是多种因素综合作用的结果。一是正义与发展党在此次大选中的转圜源于民众对于安全和稳定的渴求。在6月的议会选举后，土耳其与库尔德工人党的停火协议终结，引发新一轮冲突。10月，"伊斯兰国"在安卡拉引爆炸弹，形成史上规模最大的恐怖袭击，造成102人死亡。在政治不稳定加剧、安全环境恶化、伊斯兰国发动袭击、库尔德工人党暴力激增的背景下，"选举结果与土耳其的大事件无关，而是与人们对暴力、俗气的政治和经济不确定性的熟悉程度（有关）"①，正义与发展党的相对稳定统治使诸多选民寄希望于其再次执政。二是正义与发展党措施得当。这表现在召开党员大会修改党章，删去禁止连续三次当选议员的限制，而这是影响此前正义与发展党资深议员连续当选的桎梏，所以能够保持他们的影响力。对反对党的各个击破也有效化解了他们的危险。拉拢图格鲁尔·图尔克斯担任临时政府副总理，造成其最终脱党，在一定程度上影响了民族行动党的内聚力。暴力频仍也使人民民主党失去部

---

① "Zack Beauchamp, Why Turkey's Election Results Shocked all the Experts", November 2, 2015, https://www.vox.com/world/2015/11/2/9659540/turkey-election-november-2015.

分选票,"正义与发展党从民族行动党和人民民主党手中接过部分席位,投票率总体上有所上升。这就告诉我们,民族主义的定位正是它应该发挥的作用"①。当然选举的胜利得益于埃尔多安和正义与发展党的政治敏感性,有学者指出,"正如过去 15 年来反复出现的情况一样,埃尔多安的政治本能比其他任何人都好。"② 再次获胜的正义与发展党政府继续高调打击库尔德工人党武装,"有预谋地"打下了俄罗斯战机,发动了"幼发拉底河盾牌"军事行动,这些都在国内激发起强烈的民族主义情绪,这种情绪很明显地强化了正义与发展党和埃尔多安的民众基础。但由于达武特奥卢总理与埃尔多安总统在政治改革、难民问题、库尔德问题和推行总统制方面分歧较大而被迫于 2016 年 5 月辞职,进而退出正义与发展党的权力核心,埃尔多安随后任命耶尔德勒姆组建新政府。耶尔德勒姆政府积极推动宪法修订,推动议会选举与总统选举的提前进行,加强对反对派的政治清洗,为实现总统制扫清了障碍,也为 2018 年总统选举与议会选举合二为一奠定了基础。

五 总统制与 2018 年大选后的政治发展

埃尔多安当选总统后,向总统制转变成为埃尔多安以及正义与发展党政府的首要目标。面临 2015 年大选的组阁反复和 2016 年未遂政变的威胁,埃尔多安因达武特奥卢推行总统制不力而产生罅隙,达武特奥卢总理辞职后,耶尔德勒姆继任总理,加紧推行总统制。达武特奥卢的辞职和耶尔德勒姆的上台不仅展现出正义与发展党内部的权力博弈,而且开启了土耳其政治发展的新阶段。2016 年年底,正义与发展党抛出旨在改变政府制度形式的宪法修正案,并得到民族行动党领导人杰夫列特·巴赫彻利(Devlet Bahçeli)的支持,先后将其提交议会投票和全民公投,为实行总统制奠定了宪法基础。2017 年宪法修正案涉及议会结构、总统选举、总统权力、总统刑事责任和相互终止原则等,标志着对国家机构的全方位修改。2018 年 4 月,正义与发展党联合民族行动党将于 2019 年 11 月举行的总统选举和议会选举提前 17 个月;2018 年 6 月 24 日,总统选举与议会选举同时举行,来自 7 个政党的 6 位总统候选人参与总统选

---

① "Zack Beauchamp, Why Turkey's Election Results Shocked all the Experts", November 2, 2015, https://www.vox.com/world/2015/11/2/9659540/turkey-election-november-2015.

② 转引自"Zack Beauchamp, Why Turkey's Election Results Shocked all the Experts", November 2, 2015, https://www.vox.com/world/2015/11/2/9659540/turkey-election-november-2015.

举，包括现任总统埃尔多安、共和人民党候选人穆哈雷姆·因杰（Muharrem İnce）、好党党魁梅拉尔·阿克谢奈尔（Meral Akşener）、人民民主党候选人萨拉赫丁·德米尔塔什、爱国党党魁铎乌·派林切克（Doğu Perinçek）、幸福党党魁泰麦尔·卡拉莫尔拉奥卢（Temel Karamollaoğlu）。共有 8 个政党参与议会选举，正义与发展党、民族行动党和大联盟党（BBP）组成"人民联盟"①，共和人民党、好党、幸福党和民主党组建"民族联盟"② 竞选议会席位。投票结果③具体如表 3-8、表 3-9 所示。

表 3-8 2018 年土耳其总统选举投票结果

候选人	埃尔多安	因杰	德米尔塔什	阿克谢奈尔	卡拉莫尔拉奥卢	派林切克
支持率（%）	52.6	30.6	8.4	7.3	0.9	0.2

表 3-9 2018 年土耳其议会选举结果

政党	正义与发展党	共和人民党	人民民主党	民族行动党	好党	幸福党	其他
支持率（%）	42.6	22.6	11.7	11.1	10	1.3	0.7
议席数（席）	295	146	67	49	43	0	0
选举联盟	人民联盟			民族联盟			其他
支持率（%）	53.7			33.9			12.4

资料来源：参见 Turkey Elections 2018, June 27, 2018, https://www.trtworld.com/elections/。

2018 年 7 月 9 日，埃尔多安宣誓就任总统，随后组建新政府。埃尔多安在就职演讲时宣称，"抛弃那个造成政治、社会和经济混乱而使国家付出沉重代价的制度"④。"通过总统制政府，我们正在转向一个新政府体

---

① 正义与发展党、民族行动党和大联盟党自 2016 年开始合作，这是基于两个反对党对正义与发展党政府打击库尔德工人党恐怖组织的支持。正义与发展党提交议员候选人名单包括大联盟党的议员候选人，而民族行动党则单独提交自己的议员候选人。
② 左翼的共和人民党和右翼的好党与民主党以及保守的幸福党结盟，以避免他们因 10% 的门槛限制而被排除在议会之外。共和人民党的议员候选人包括民主党的议员候选人，而好党和幸福党将有自己单独提交的议员候选人。
③ 参见"Turkey Elections 2018", June 27, 2018, https://www.trtworld.com/elections/。
④ "New Government System begins in Turkey after President Erdoğan Takes Oath", 9 July 2018, http://www.hurriyetdailynews.com/new-government-system-begins-in-turkey-after-erdogan-swears-in-134364.

系，这远远超出我们近 150 年来对民主的追求和 95 年的共和国历史的经历。"① 埃尔多安宣称，随着总统制的实行，国家跨入新时代，正在迈向一个全新的开始。承诺新时代的土耳其将在民主、人权、经济和大规模投入等方面推向深入。② 新总统制下的政府结构发生很大变化，废除总理职务，将总理办公室的所有行政权力移交总统。埃尔多安组建的新内阁主要由其效忠者、技术官僚和商界人士组成，包括 1 名副总统和 16 名部长。福阿特·奥克塔伊（Fuat Oktay）担任副总统，外交部部长梅夫吕特·恰武特奥卢（Mevlüt Çavuşoğlu）、内务部部长苏莱曼·索伊卢（Süleyman Soylu）延续前任政府职务，总参谋长胡卢西·阿卡尔（Hulusi Akar）将军担任国防部部长，埃尔多安的女婿贝拉特·阿尔巴伊拉克（Berat Albayrak）由能源部部长转任财政与金融部部长。埃尔多安总统将此前政府的 26 部合并为 16 个，新组建劳工社会服务与家庭部、工业与技术部、商业部、农业与林业部、青年与体育部、财政与金融部、运输与基础设施部和外交部。③ 前总理比纳利·耶尔德勒姆担任议会发言人，后当选大国民议会议长。通过改组，埃尔多安实现了国家政治制度的重塑，将总统置于权力结构的顶端，领导规模大大缩小的政府，议会的权力遭到限制。反对党、西方盟友和其他批评者认为该制度缺乏必要的制衡而赋予总统至高无上的行政权力，称其为"一人统治"。

新总统制带有鲜明的集权特征，总统既是行政首脑也是国家首脑，在行政、司法领域的主导地位将使立法、行政和司法系统之间缺乏制衡监督，所以具有强烈的威权政治倾向。早在 2017 年修宪公投之前，"一些人害怕修宪公投的通过将导致土耳其滑向威权主义。……如果土耳其

---

① "Erdogan Takes Oath of Office as Turkey's First Executive President", 9 July 2018, https://www.trtworld.com/turkey/erdogan-takes-oath-of-office-as-turkey-s-first-executive-president-18786.

② "Turkey Swithes to new Era of Presidency after Erdogan Sworn in", http://www.xinhuanet.com/english/2018-07/10/c_137313055.htm.

③ 此前内阁的家庭与社会政策部和社会安全部合并为劳工社会服务与家庭部，财政部更名为财政与金融部，运输、海事和通信部更名为运输与基础设施部，科学、工业和技术部更名为工业与技术部，海关与商业部更名为商业部。废除了关于粮食、农业和畜牧业以及森林和水管理部的立法规定。

人批准扩充行政权力的宪法修正案,国家的紧急状态将会无限期持续下去"①。2017 年的修宪公投期间,专栏作家弗里达·吉蒂斯(Frida Ghitis)宣称:"土耳其的民主制度在今天死亡,(此次公投)将使土耳其更少民主、更加分裂和更具宗教倾向……埃尔多安,一个充满个人魅力、威权倾向的、有着伊斯兰目标的民粹主义领导人已经成为国家深度分裂的焦点,此次公投将使那些分裂更为激烈和动荡。"② 正义与发展党政府将新制度界定为多元主义的"土耳其式总统制",实际上新制度将带来一种代表制民主,……其产生了一种缺乏制衡的"赢者通吃"的制度。③ 批评者认为这种总统制模式并没有先例可循,由于总统制设定的总统和议会由民众选举且任期固定,拥有相互终止的权力,但二者的权力旨在解决危机而非冒着危险相互终止和走向同时选举,所以也存在政策分歧升级时制度僵化或陷入僵局的危险。"寻求相互终止的必要性并不意味着制度的覆灭,而是意味着大部分民主制度中普遍存在的公众裁决。"④ 这实际上是制约总统制优势的充分发挥。尽管如此,埃尔多安以及正义与发展党再次以绝对优势赢得总统选举和议会选举,这说明民众对于秩序和稳定的追求。在新总统制下,总统被赋予绝对权威统一管理行政机构,能使政治决策过程更加合理畅通,政府部门及其相关机构的活动能力上升,因而行政效率更趋高效;能够减少立法和司法机构对行政系统的制约,促进行政系统高效调动政治资源以解决执政党面临的统治危机;能够规避因议会党派斗争导致政令不畅甚至军人干政现象,还能够解决行政权力的双重政治合法性问题,所以在一定程度上适应土耳其政治发展的需要。

新总统制实施以来,土耳其经济增长率放缓,社会动荡加剧,造成

---

① Polat Urundul, "Erdogan's Referendum: Expanding Executive Powers in Turkey", 9 February, 2017, http://www.e-ir.info/2017/02/09/erdogans-referendum-expanding-executive-powers-in-turkey/.

② Frida Ghitis, "Turkey's Democracy has Died", 17 April, 2017, http://edition.cnn.com/2017/04/16/opinions/turkey-election-less-democracy-opinion-ghitis/index.html.

③ Tolga Şirin, "New Constitutional Amendment Proposal in Turkey: A Threat to Pluralistic Democracy", 31 January, 2017, https://verfassungsblog.de/new-constitutional-amendment-proposal-in-turkey-a-threat-to-pluralistic-democracy/.

④ Ahmet İyımaya, "Turkey's Proposed Presidential System: An Assessment of Context and Criticisms", *Insight Turkey*, Vol. 18, No. 4, 2016, p. 38.

2018 年影响重大的里拉危机。尽管埃尔多安和正义与发展党政府继续提升地区大国影响力的同时聚焦国内事务,但经济形势的恶化给其带来严峻挑战。自从正义与发展党上台以来,其支持基础主要来自人们对高经济增长率的满意度,以及由保守而虔诚的穆斯林中产阶级组成的社会基础。但目前随着经济状况的恶化,其吸引力逐渐弱化。2019 年 3 月的地方选举结果就是趋势发生变化的"指示器"。由于正义与发展党政府未能就经济问题作出令人满意的成绩,所以痛失具有深厚支持基础的大都市,如伊斯坦布尔和安卡拉等。2019 年 6 月 23 日,在埃尔多安和执政党的压力下,伊斯坦布尔重新进行地方选举,但结果不但未能扭转败局,反而使共和人民党候选人伊马姆奥卢将 3 月的领先优势进一步从 1.4 万张选票扩大至 77.5 万张,得票率达到 54%,埃尔多安支持的耶尔德勒姆惨败,这是正义与发展党遭遇的执政以来最大的挑战。埃尔多安和正义与发展党政府进一步通过外交努力来转移国内矛盾,包括打击叙利亚库尔德人、出兵利比亚等,最终赢得了 2023 年的总统选举和议会选举。

第二节　正义与发展党的社会基础

"拥有支持者和积极分子可能有助于使政党——而不仅是其意识形态——被更广泛的社会群体接受。一个被认为能够吸引支持者的政党通常比一个被认为不能吸引支持者的政党更受人们重视——无论它拥有其他资源以及在上次选举中得票情况怎样?"[①] 政党的支持者可谓其社会基础,执政党的社会基础是其执政地位赖以维持和巩固的基本条件。当今世界,执政党大多宣称代表全社会所有阶层的利益,是所有阶层利益的表达者,但在西方式竞争性政党政治体制下,不同政党只能代表特定社会阶层的利益,具有特定的社会基础。纵观 2002 年以来的历次议会选举,尽管不乏少数选民因对现状不满任意投票,但选民对各政党的支持相对稳定。大体而言,正义与发展党作为土耳其政坛的中右派别,其支持者包括保守的逊尼派、自由改革派、民主主义者和部分库尔德人等,历次投票结果大体反映了正义与发展党的支持力量,也就是其社会基础。

---

① ［英］艾伦·韦尔:《政党与政党制度》,谢峰译,第 50 页。

一 基于选举结果的社会基础分析

民众投票结果可谓民众意愿展示的晴雨表。在土耳其现代化进程中，中心与边缘的对立、左右翼意识形态的分化构成土耳其政治光谱的重要特征，投射在政党政治层面则是选民对不同政党的支持率变化。自2002年以来，正义与发展党连续六次赢得选举，有学者指出，"正义与发展党的选举基础融合了农民、新城市中产阶级和安纳托利亚小资产阶级"①。尽管正义与发展党在每次选举中的民众支持率不尽相同，但针对2002年和2007年两次颇具代表性的选民结果分析则能够大体展现其社会基础。塞曼·阿塔索指出，"民主化逐渐给予土耳其此前的边缘化宗教保守群体更大权力。正义与发展党通过合法使用民主政治成为实现深度民主化和自由化的领导力量。对选举的投票支持表明民主化在社会中有坚实基础。自上而下的现代化必然，至少是部分地与自下而上的民主产生冲突"②。

2000年7月，由安卡拉社会研究中心开展的一项调查表明，如果大选在此时举行，30.8%的被调查者将投票支持由埃尔多安及其同僚创立的政党。③ 这说明即使在正义与发展党成立之前，埃尔多安及其领导的政党也具有广泛的民众吸引力。2001年6月，在关于美德党被取缔后新政党领导人的调查中，当问及"如果美德党被取缔后议员组建一个单一政党，谁将是领导人"时，40.8%的受访者回答是埃尔多安④，这说明民众对埃尔多安的认可。正义与发展党成立后，不仅提出"保守的民主"政治定位，而且在社会组织方面也大大超越以往的伊斯兰政党。正义与发展党包含432个省级组织，涵盖81个市级组织、73个核心城镇组织、58个大城镇组织和220个普通城镇组织⑤，这大大扩展了其社会基础。2002年议会选举之前，针对选民意愿的调查发现，57%的前美德党选民、30.5%的前民族行动党选民、16.8%的前正确道路党选民、16.7%的前祖国党选

---

① Nur Vergin, "Siyaset İle Sosyolohinin Buluştuğu Nokta", Türkiye Günlüğü, Vol. 76, 2004, pp. 4–9. 转引自 M. Hakan Yavuz, *Secularism and Muslim Democracy in Turkey*, p. 97。

② Seyman Atasoy, "The Turkish Example: A Model for Change in the Middle East?" *Middle East Policy*, Vol. 18, No. 3, Fall 2011, p. 95。

③ Ertan Aydin and Ibrahim Dalmis, "The Social Bases of the Justice and Development Party", in Umit Cirzre ed., *Secular and Islamic Politics in Turkey: The Making of the Justice and Development Party*, London and New York: Routledge, 2008, pp. 201–202.

④ Ertan Aydin and Ibrahim Dalmis, "The Social Bases of the Justice and Development Party", p. 202.

⑤ Ertan Aydin and Ibrahim Dalmis, "The Social Bases of the Justice and Development Party", p. 203.

民、10.8%的前民主左翼党选民表示将在大选中支持正义与发展党。① 这说明正义与发展党争取了中右政党甚至极右政党的支持者，甚至得到部分支持左翼政党——民主左翼党的选民支持。由此可见，正义与发展党在一定程度上重塑了厄扎尔时代的祖国党联盟，吸引了中右政党选民、温和的伊斯兰主义者、温和的民族主义者，甚至部分左翼力量的支持。"正义与发展党的选民接近祖国党和正确道路党选民，与民族行动党选民相比处于中间地位，这是必须要强调的。就意识形态而言，民族行动党和正义与发展党选民的区别要大于正义与发展党选民和祖国党以及正确道路党选民的区别。"② 正义与发展党的支持者主要是选民阵营的右翼而非中间力量，"我们看到传统的左右意识形态的分化仍然是塑造土耳其政党决议的最重要因素之一。正义与发展党位于意识形态光谱的右端，仅次于民族行动党"③。

根据对土耳其意识形态潮流的分析，可以知道左右翼意识形态的分野到 21 世纪已经逐渐弥合，正义与发展党代表的是居于中间地位的自由派意识形态。表 3-10 表现了土耳其政党体系中选民的意识形态倾向，其是根据 1990 年到 2004 年的调查结果所绘制的。

表 3-10　　　　土耳其坚持左右翼意识形态的选民分布情况　　　　单位:%

年份	极左（1—2）	中左（3—4）	中间（5—6）	中右（7—8）	极右（9—10）	没有表态
1990	7.0	14.8	43.5	13.3	9.4	11.9
1996	9.2	10.7	32.6	17.3	21.6	8.6
2002	7.8	7.2	31.9	18.8	24.1	10.1
2004	5.7	10.3	39.1	20.8	17.3	6.6

注：用 1—10 来表达极左到极右的意识形态的变化。

资料来源：Ali Carkoglu, "The New Generation Pro-Islamists in Turkey: Bases of the Justice and Development Party in Changing Eelectoral Space", in M. Hakan Yavuz ed., *The Emergence of a New Turkey: Democracy and the Ak Parti*, p. 161。

---

① 转引自 William Hale and Ergun Özbudun, *Islamism, Democracy and Liberalism in Turkey: The Case of the AKP*, p. 38。

② Ali Çarkoğlu, "The New Generation Pro-Islamists in Turkey: Base of the Justice and Development Party in Changing Electoral Space", in M. HakanYavuzed., *The Emergence of a New Turkey: Democracy and the AK Parti*, pp. 163-171。

③ Ali Çarkoğlu, Ersin Kalaycıoğlu, *Turkish Democracy Today: Elections, Protest and Stability in an Islamic Society*, p. 216。

由此可以清楚地看到，在 1990 年，居于中间立场的选民为 43.5%，其后则逐渐下降，1996 年中间立场的占 32.6%，2002 年下降到 31.9%，2004 年则上升到 39.1%。表 3-10 表明，自 1990 年以来，中左和中间立场的意识形态奉行者正在收缩，而持中右立场者正在上升。从 2002 年大选中得出的数据表明，向右翼立场的转化仍在继续，尽管速度已经放慢。然而在 2002 年，只有 7% 的选民居于中左立场，而近 20% 的选民是居于中右立场，由此可以看出国家的中左意识形态潮流是持续收缩的。2004 年中左的选民仍然在 10% 左右浮动，中右的选民仍保持为 21.8%，中间立场的选民则上升到 39.1%。但是在正义与发展党执政的第一年，土耳其选民似乎再次趋于中间立场。这表明一旦一党制政府恢复秩序和创造一个有利的经济环境时，选民的极化现象似乎不再那么明显。

根据对正义与发展党成员结构分析可知，中年成员占主导地位，在地方分支的行政委员会中，36—45 岁的占 37.4%，46—55 岁的占 24.4%。就社会地位而言，已婚者占大多数（94.3%），单身的仅为 4.8%，离婚或鳏居的为 0.8%。① 就成员的教育水平而言，20.6% 的成员接受过小学教育，18.2% 的成员接受过初中教育，而这两个层次的教育在 1997 年成为义务教育，就整个国家而言，接受义务教育的比例为 38.8%，接受过高中教育的为 33%，受过大学教育的为 25.4%，仅有 2.9% 的国民接受过研究生教育②，地方分支的执行委员成员教育层次的分布并不比国家同年龄的一般分布比例高多少。有统计表明，2002 年大选中，正义与发展党议员候选人根据年龄可以分为几个群体，有 63% 的候选人是大学毕业生，他们中大部分曾经是繁荣党、美德党、祖国党、民族行动党、民主左翼党、共和人民党的成员；第二层次则由三四十岁的候选人组成，他们主要是各省和地方的行政人员，大部分具有中产阶级背景，从政府雇员到教师再到记者等；第三层次是草根阶层，年龄从十几岁到三十几岁不等，这个群体包括深受伊斯兰思想影响的人群，大部分是学生和未

---

① Ertan Aydin and Ibrahim Dalmis, "The Social Bases of the Justice and Development Party", p. 204.
② Ertan Aydin and Ibrahim Dalmis, "The Social Bases of the Justice and Development Party", p. 204.

获得工作职位的毕业生。① 就成员的职业来看,省级组织中比例最高的成员是商人和小零售商(41%),其次是专家或自由职业者(16.3%),老板和经理为4.6%,工人阶层为20.9%,熟练工人为5.4%,非熟练工人为10.5%,家庭主妇、失业者、学生和无业人员为15.6%。② 另外,正义与发展党完全不同于此前伊斯兰政党对其他政党成员的排斥态度,而是尽力吸收那些政治经验丰富的政客,所以正义与发展党的大部分创立者或者曾经是其他政党成员,或从事不同的工作,41.1%的省级组织成员在加入正义与发展党之前曾为其他政党服务,当我们审视在加入正义与发展党之前供职于其他政党的成员的背景时,可以发现有38.7%曾经为繁荣党服务,16.1%曾为美德党服务,15.5%曾为祖国党服务,8.7%曾为正确道路党服务,6.4%曾为民族行动党服务。③ 由此可见,大约有45%的成员出身于其他中右政党,这也表明正义与发展党向更为广泛的民众和阶层开放。

分析正义与发展党的社会基础无疑要解读议会选举中支持者的社会背景。在2002年大选之前的民意调查中发现,1999年大选中69.1%的美德党支持者、42.2%的民族行动党支持者、29%的祖国党支持者、23.1%的正确道路党支持者和17.8%的民主左翼党支持者都倾向于支持正义与发展党,1999年大选中没有投票的选民中则有24.5%支持正义与发展党。也就是说,在2002大选中,正义与发展党获得来自所有右翼政党选民的支持。当考察正义与发展党选民的背景时,民意测验④显示,有26.8%来自美德党,19.1%来自民族行动党,9.8%来自民主左翼党,9.6%来自祖国党,6.9%来自正确道路党,3.8%来自其他政党,还有24%来自那些在1999选举中没有投票的选民。⑤ 这表明正义与发展党具有更为广泛的开放

---

① Stephen Vertigans, *Islamic Roots and Resurgence in Turkey: Understanding and Explaining the Muslim Resurgence*, p. 72.
② Ertan Aydin and Ibrahim Dalmis, "The Social Bases of the Justice and Development Party", p. 205.
③ Ertan Aydin and Ibrahim Dalmis, "The Social Bases of the Justice and Development Party", p. 205.
④ 此次民意测验样本来自土耳其七大选区的20个城市的4080人,由安卡拉社会研究中心在2002年进行。
⑤ Ertan Aydin and Ibrahim Dalmis, "The Social Bases of the Justice and Development Party", pp. 212-213.

性，不能被视为美德党的继承者。根据另一项统计，与1999年大选相比，69%的美德党选民、38%的民族行动党选民、28%的祖国党选民、21%的正确道路党选民和14%的民主左翼党选民在2002年大选中支持正义与发展党。① 格基奥马帕萨（Gaziosmanpasa）党组织主席曾经指出，在他所在区域，大约30%成员是繁荣党和美德党成员，其他的来自祖国党、正确道路党等中右政党或没有政党倾向的成员。② 这表明正义与发展党得到相对保守的右翼政党支持。正义与发展党积极支持全球化、民主化改革和进步，通过坚持传统观念吸引人数众多的保守选民。通过将全球主义与保守主义相结合，吸引了各阶层民众，建立了广泛的选举基础，有效地超越了传统的阶级或身份界限。③

正义与发展党控制的省份也多是祖国党在1983年、1987年大选中获得最多支持的省份。一些人将正义与发展党的选举成功归结于穷人和被压迫者的支持，然而，正义与发展党的选民从城市边缘化的穷人到安纳托利亚的保守农民再到外省的企业家都有。这样正义与发展党就其支持基础而言，并不代表一种伊斯兰主义者的替代，而是反映了多元社会群体的需要。在埃尔甘·耶尔德勒姆（Ergun Yıldırım）看来，对于投票支持者来说，"不是埃尔多安说什么重要而是他如何说，如何做，去哪里，庆祝什么节日，他和家庭如何互动等"④。由于这些力量有不同的诉求，那些支持正义与发展党的棚户区居民希望有更多的福利项目来处理他们衰微的经济形势，乡村区域寻求更多的国家补助和保护来应对全球竞争，新富裕起来的人寻求更少的国家控制和更多的自由政策，这就使他们很难形成稳定的联合。但是在一次民意测验中，当被调查者问及何种社会政治身份可以界定他们特征时，可以看出正义与发展党区别于其他政党支持者的特征是宗教信仰、保守主义、伊斯兰主义和右翼倾向，这说明

---

① Ihsan D. Dagi, "The Justice and Development Party: Identity, Politics, and Human Rights Discourse in the Search for Secularity and Legitimacy", in M. Hakan Yavuz ed., *The Emergence of a New Turkey: Democracy and the Ak Parti*, pp. 93-94.

② William Hale and Ergun Özbudun, Islamism, *Democracy and Liberalism in Turkey: The Case of the AKP*, pp. 48-49.

③ Ziya Öniş, "Conservative Globalism at the Crossroads: The Justice and Development Party and the Thorny Path to Democratic Consolidation in Turkey", *Mediterranean Politics*, Vol. 14, No. 1, March 2009, p. 21.

④ Ergun Yıldırım, "Bir Politik Durum Olarak Müslüman Democrat", Bilgive Düşünce, No. 5, February 2003, p. 15. 转引自 M. Hakan Yavuz, *Secularism and Muslim Democracy in Turkey*, p. 106。

正义与发展党仍带有鲜明的伊斯兰色彩,具体如表3-11所示。

表3-11　　2002年大选中正义与发展党与其他政党
界定自身特性的比例　　　　　　单位:%

特性界定	正义与发展党	其他政党	差额
宗教的	75.6	41.4	34.2
伊斯兰主义者	65.4	36.7	28.4
右翼主义者	58.0	31.3	26.7
保守的	61.9	41.4	20.5
穆斯林	96.8	87.7	9.1
民族主义者	76.5	67.6	8.9
理想主义者(ulkucu)	21.5	17.0	4.5
自由的	30.1	32.5	-2.4
共和主义者	69.5	78.8	-9.3
民主主义者	72.5	82.2	-9.7
阿塔图尔克主义者	72.0	82.2	-10.3
世俗的	66.7	82.2	-15.5
社会主义者	14.6	35.5	-20.7
凯末尔主义者	25.1	48.7	-23.6
左翼主义者	5.3	31.4	-26.1

资料来源:Ertan Aydin and Ibrahim Dalmis, "The Social Bases of the Justice and Development Party", in Umit Cirzre ed., *Secular and Islamic Politics in Turkey*: *The Making of the Justice and Development Party*, London and New York: Routledge, 2008, p.213。

在2002年11月3日的大选中,正义与发展党获得34.28%的支持率和议会550个席位中的363个,不久后由于议员死亡和退党,议席数降为356个。我们考察正义与发展党议员背景时发现,373名议员中7名来自共和人民党,9名出身于正确道路党或曾经是正确道路党议员,15名有祖国党出身或经历,5名有民族行动党出身或经历,1名有民主社会党出身,49名是前繁荣党或美德党的议员代表。与此同时,9名正义与发展党议员转向祖国党，1名加入正确道路党，2名被逐出正义与发展党而成为独立议员，1名独立议员加入正义与发展党。① 这些统计表明政党的异质性，表明大部分议员都有繁荣党或美德党背景。正义与发展党的大部分新议员与民族观运动有关联，一些议员曾作为繁荣党或美德党成员担任市级或地方行政领导人。大约10名正义与发展党议员转向主流的中右政党，最令人吃惊的是部分共和人民党议员转向正义与发展党，这源于他们对共和人民党领导人的不满。

从政治认同角度看正义与发展党的社会基础是多元的。根据调查，正义与发展党包括27%的伊斯兰主义者，15%的右翼主义者，14%的民主主义者，10%的保守民主主义者，10%的社会民主主义者，6%的民族主义者，3%的凯末尔主义者，3%的民族主义—保守主义者，10%的政治认同并不明确。② 根据对正义与发展党议员性别统计可知，男性议员占据绝对地位，93.9%的议员都是男性，女性议员仅仅为6.1%。正义与发展党议员以中老年居多，议员30—40岁的为24.1%，41—50岁的为49%，50岁以上的为26.9%；就婚姻状况而言，大部分议员已婚（占98.1%），单身的议员为1.4%，离婚或鳏居的为0.5%。③ 议员的社会经济地位相对较高，大学毕业的为61.3%，研究生毕业的为24.5%，非大学毕业生的仅为14.2%；大约27%的议员是自由职业者，另有27%是技术专家，近一半议员的职业为医生、律师等；大约20%为中高层次的管理人员，仅有11%的为小零售商或小商人，农民的比例仅为1.4%。④ 就议员配偶来看，23.1%的接受过小学教育，10.1%的接受过初中教育，34.2%的接受过高中教育，32.6%的接受过大学及以上教育。因为大部分议员接受过大学教育，他们配偶的教育层次一般是较低的，这也注定议员家庭的社会经济地位要低于议员个人的社会经济地位。议员及其配偶都接受过大学教育的比例为31.1%。相应地，当考察议员配偶的职业时，大部分是家庭主

---

① Arda Can Kumbaracibaşi, *Turkish Politics and the Rise of the AKP: Dilemmas of Institutionalizationand Leadership Strategy*, pp. 150-151.

② Ali Bulaç, "Muhafazakarlığın Referansları", *Zaman*, August 28, 2003. 转引自 M. Hakan Yavuz, *Secularism and Muslim Democracy in Turkey*, p. 108。

③ Ertan Aydin and Ibrahim Dalmis, "The Social Bases of the Justice and Development Party", p. 214.

④ Ertan Aydin and Ibrahim Dalmis, "The Social Bases of the Justice and Development Party", p. 214.

妇（66%），技术专家仅为11.9%，几乎没有中高层次的管理人员。① 这说明尽管议员本身有着较高的社会经济地位，但在家庭层次方面却低于全国平均水平。就议员的父母受教育水平而言，父亲接受过大学及以上教育的议员比例为7.3%，母亲接受过大学及以上教育的比例为1%。接受过高中教育的父母的比例也相当低，父亲为9.9%，母亲为5.1%，表3-12展示了议员、配偶、父亲和母亲的教育水平的比较情况。②

表3-12说明由于正义与发展党议员的配偶的教育层次较低，因而社会经济地位较低，所以议员家庭的社会经济地位与其议员身份并不匹配。与其他精英政党相比，正义与发展党是处于上升阶段的中下社会阶层的代言人。

表3-12　正义与发展党议员及其配偶、父母受教育水平比例　　单位：%

受教育程度	议员	配偶	父亲	母亲
小学	1.4	23.1	71.7	87.2
初中	2.8	10.1	11.0	6.4
高中	9.9	34.2	9.9	5.1
大学	61.3	27.1	6.3	1.0
研究生	24.5	5.5	1.0	0.0
总计	99.9	100.0	99.9	99.7

资料来源：Ertan Aydin and Ibrahim Dalmis, "The Social Bases of the Justice and Development Party", in Ümit Cirzre ed., *Secular and Islamic Politics in Turkey: The Making of the Justice and Development Party*, London and New York: Routledge, 2008, p.215。

当正义与发展党建立起一党制政府之后，尽管由于内外危机，政党的支持率呈现一定的波动趋势，但仍然保持了较高的支持率。2006年3月的调查数据表明，正义与发展党支持者与三年前并无太大区别，其中63.4%受过初级教育，26.9%受过中等教育，9.7%受过高等教育；其他政党支持者对应教育水平比例分别为46.8%、36.3%和17%。由此可知正义与发展党

---

① Ertan Aydin and Ibrahim Dalmis, "The Social Bases of the Justice and Development Party", p.214.

② Ertan Aydin and Ibrahim Dalmis, "The Social Bases of the Justice and Development Party", p.215.

支持者的受教育水平相对较低。当对职业分布进行分析时，正义与发展党支持者中从事有声望职业的比例为1.9%，从事中下等职业的则为42.8%，没有工资来源的（家庭主妇、失业者和学生等）为55.3%，其他政党支持者的相应比例则分别为4.5%、47.1%和48.4%。① 当考察哪些是最适合界定身份因素时，正义与发展党的支持者区别于其他政党支持者的最突出因素是宗教、右翼主义和保守主义。另有统计显示，针对最高层次价值的选择问题，有52.8%的正义与发展党选民认为是民主和人权，有40.1%认为是宗教，有16.5%认为是民族道德。② 这说明对于正义与发展党支持者而言，民主和人权的重要性要高于宗教和民族道德。表3-13 界定了2006年正义与发展党与其他政党支持者自身特性的比例。

表3-13　2006年正义与发展党与其他政党支持者界定自身特性的比例　　单位:%

特性界定	正义与发展党	其他政党	差额
宗教的	91.3	58.1	33.2
右翼主义者	54.5	26.6	27.9
保守的	66.8	41.9	24.9
民族主义者	75.6	64.8	10.8
理想主义者	12.0	16.2	-4.2
世俗的	66.9	76.9	-10.0
凯末尔主义者	45.8	63.1	-17.3
社会主义者	6.8	29.2	-22.4
社会民主的	14.8	41.5	-26.7
左翼主义者	3.7	31.0	-27.3

资料来源：Ertan Aydin and Ibrahim Dalmis, "The Social Bases of the Justice and Development Party", in Umit Cirzre ed., *Secular and Islamic Politics in Turkey: The Making of the Justice and Development Party*, London and New York: Routledge, 2008, p.219。

将表3-13和议会选举前的调查数据比较可知，正义与发展党支持者并没有发生明显变化，宗教、右翼主义和保守主义仍然是正义与发展党

---

① Ertan Aydin and Ibrahim Dalmis, "The Social Bases of the Justice and Development Party", p.218.
② Edibe Sozen, "Gender Politics of the JDP", in M. Hakan Yavuz ed., *The Emergence of a New Turkey: Democracy and the Ak Parti*, p.272.

区别于其他政党的重要特征。同样,凯末尔主义者、社会主义者和左翼主义者仍然是正义与发展党支持者并不认同的三个特征。除了那些接受宗教和保守特性的有所增加之外,接受右翼主义者稍有下降,接受理想主义者的下降最多,而接受凯末尔主义者的上升最多。正义与发展党正在失去特别的民族主义组织的同情,其支持基础开始与土耳其主导意识形态趋近。所以说正义与发展党被社会下层视为希望,然而政党成员在社会地位方面要高于那些对正义与发展党的普通支持者,这样各省的政党代表至少与普通民众的分布情况是相同的,因而能够与正义与发展党之外的社会阶层搭建沟通的渠道。正义与发展党议员的社会地位也较高,他们是社会中的精英,但他们的家庭出身并非是精英阶层,而是通过个人的社会活动跃居社会精英阶层的。

2007年及其后的大选基本延续了上述社会基础,只是随着新中产阶级规模的扩大和海外土耳其移民政治参与率的提升,支持正义与发展党的绝对数字有所提高。在2007年的议会选举中,正义与发展党甚至在安纳托利亚中部地区的许多城市中获得了绝大多数选票,如在约兹加特、埃尔祖鲁姆分别获得了63%和69%的选票。这种现象也发生在库尔德人居住的城市中,比如宾格尔达到71%,迪亚尔巴克尔也有41%的选民支持正义与发展党。正义与发展党在以前被认为是左派力量控制的许多城市,如伊兹密尔和安塔利亚也获得成功。由于支持其他党派的力量在地域上被分散开来,所以正义与发展党成为唯一的全国性政党。[①] 2007年的选举结果证明,正义与发展党和共和人民党相比,其选民更具宗教、乡村背景,接受的教育更少,也更贫穷;民族行动党和其他政党处于中间位置。正义与发展党的选民中,50%—60%每周礼拜一次以上,而共和人民党的选民每周礼拜一次以上的比例是23%—24%;那些从不礼拜的选民占正义与发展党的比例为2%—3%,而占共和人民党选民的比例为13%—14%。[②] 59%的正义与发展党选民和15%的共和人民党选民认为在理解世界和宇宙方面,宗教书籍比科学发现更重要;47%的正义与发展党

[①] Gokhan Bacik,"The Parliamentary Elections in Turkey, July 2007", *Electoral Studies*, Vol. 27, No. 2, 2008, p. 380.

[②] Ali Çarkoğlu, "A New Electoral Victory for the 'Pro-Islamists' or the 'New Center-Right'? The Justice and Development Party Phenomenon in July 2007 Parliamentary Elections in Turkey", *South European Society and Polities*, Vol. 12, No. 4, December 2007, pp. 501-519.

选民与 10% 的共和人民党选民认为宗教和世俗事务密不可分；83% 的正义与发展党选民和 14% 的共和人民党选民认为妇女在沙滩或游泳池穿泳装是一种罪恶。① 正义与发展党和共和人民党选民在收入、职业、工作和受教育程度方面也有很大区别。接受过初中等教育程度的选民占支持正义与发展党选民总数的 76.7%，占支持共和人民党选民总数的 49.1%；20.3% 的支持共和人民党的选民接受过大学教育，而支持正义与发展党的接受过大学教育的选民仅占 4.7%。正义与发展党在工人、农民和家庭主妇中获得的支持较多，而共和人民党在公务员、私营雇员、技术专家和退休人员、学生中表现强劲。就收入而言，62% 的支持正义与发展党的选民位于收入排行榜的最后两位，而支持共和人民党的选民仅占 38.1%；只有 10% 的支持正义与发展党的选民位于收入排行榜的前两位，而支持共和人民党的选民占 26.3%。与共和人民党相比，正义与发展党更像是一个乡村型政党，36.3% 的支持正义与发展党的选民（占乡村选民总数的 45.7%）居住在乡村地区，23.8% 的支持共和人民党选民居住在乡村（占乡村选民总数的 12.2%）。② 就选民所属地区而言，共和人民党支持率在发达的马尔马拉和爱琴海地区高于全国平均水平，而正义与发展党在中部、东部和东南部安纳托利亚地区也就是欠发达地区高于全国平均水平。2007 年大选的突出特征是正义与发展党在库尔德人地区的支持率上升。在 2002—2007 年，正义与发展党在阿格里省的支持率从 17% 上升到 63%，在宾格尔省从 31% 上升到 71%，在比特利斯省从 17% 上升到 58%，在迪亚尔巴克尔省从 15% 上升到 41%，在哈卡里省从 6% 上升到 33%，在卡尔斯省从 17% 上升到 41%，在马尔丁省从 15% 上升到 43%，在锡尔特省从 17% 上升到 48%，在尚勒乌尔法省从 22% 上升到 59%，在凡城从 25% 上升到 53%，在巴特曼省从 20% 上升到 46%，在阿尔达汗省从 11% 上升到 40%，在厄德尔省（Iğdır）从 6% 上升到 28%，在希尔纳克省从 14% 上升到 27%，在穆什省从 16% 上升到 38%。显然正义与发展党是库尔德地区唯一可以与库尔德民族主义者竞争的政党，共和人民党和民族

---

① William Hale and Ergun Özbudun, *Islamism, Democracy and Liberalism in Turkey: The Case of the AKP*, p. 41.
② William Hale and Ergun Özbudun, *Islamism, Democracy and Liberalism in Turkey: The Case of the AKP*, p. 42.

行动党在该地区几乎是缺位的。① 实际上，正义与发展党不仅在东南部地区，而且在土耳其的七大地理区域的支持率都显著上升。在马尔马拉区，支持率从29.3%上升到38.8%，在爱琴海地区从27.7%上升到40.8%，在地中海地区从31.%上升到38.3%，在黑海地区从39.3%上升到51.8%，在中部安纳托利亚地区从44.2%上升到55.6%，在东部安纳托利亚地区从24.9%上升到49.1%，在东南部安纳托利亚地区从25%上升到52%。在全国81个省份中有63个处于第一大党地位，而共和人民党在5个省份、民族行动党在2个省份、独立候选人在6个省份处于第一大党地位。② 正义与发展党在大城市贫困区的支持率较高，而共和人民党正好相反。尽管这些数据表明正义与发展党主要得到社会中下阶层的支持，但并不能改变其作为一个跨阶级政党、在不同地区和不同社会群体中拥有广泛的社会基础的现实，也不能否定正义与发展党背后的主要驱动力是上升中的安纳托利亚中产阶级的事实。厄兹布敦指出，"土耳其政党并没有建立或保持与社会中的有组织利益集团或特定因素的密切联系。这植根于政治传统以及政治运行的方式。而且，他们保持与利益集团的相互独立，一旦上台执政，就从一个有潜力的选举支持基础转向另一个，或者取消与选民基础的利益。"③ 所以正义与发展党的选举基础并不是固定不变的。

正义与发展党依赖其各种集团和商业组织作为其社会支持基础。政党法限制了政党和利益集团的关系。1980—1995年，政党和利益集团诸如工会、基金会和专业组织之间，如果有提升这些集团利益的目的则并不允许发生关系。今天，为数不少的非政府组织和其他组织可以确定为温和的伊斯兰阵营，他们有助于强化正义与发展党的社会基础。在商业集团中，独立工商业联合会被视为亲伊斯兰组织，尽管他们小心保持二者的关系并不突破法律的局限，主要在安纳托利亚中东部乡村地区开展活动。劳工和商业联盟（the Labor Confederation and Trade Union）类似于法国

---

① William Hale and Ergun Özbudun, *Islamism, Democracy and Liberalism in Turkey: The Case of the AKP*, p. 42.
② Tanju Tosun, "The 22 July Elections: A Chart for the Future of Turkish Politics", *Private View*, No. 12, Autumn 2007, pp. 53-54.
③ Ergun Özbudun, *Contemporary Turkish Politics: Challenges to Democratic Consolidation*, Boulder: Lynne Rienner, 2000, p. 83.

和意大利的基督教劳工组织，积极发展与伊斯兰和中右政党的联系。正义与发展党也和伊斯兰慈善组织建立联系，诸如 Deniz Feneri①、Kimse Yok Mu Yardımlaşmave Dayanışma Derneği② 和 İstanbul Uluslararası Kardeşlikve Yardımlaşma Derneği③ 等。这些组织在一定程度上扩大了正义与发展党在国内外的影响力，进一步拓宽了社会基础。

土耳其延续了晚期奥斯曼帝国中心与边缘的分裂，现代化进程中普遍存在日趋民族化和世俗化的国家权力中心对抗宗教的、反国家主义的边缘力量的现象。中心与边缘、世俗与宗教的分化体现了土耳其政治发展中的二元并立，也对民主稳定的发展带来严重挑战。土耳其选举政治体现了阶级分化，研究指出，支持共和人民党的大多是拥有较高收入和受过良好教育的、具有较高经济社会地位的精英阶层，而支持正义与发展党的多是穷人和受过较少教育的社会阶层，当然其也得到迅速发展的新中产阶级的支持。正义与发展党的选举基础被描述为"跨阶级联盟"，其政府代表了广泛的社会、政治和经济利益，不同集团的利益被正义与发展党有效地纠合起来而被整合进其实用主义的政治纲领中。所以说正义与发展党并不是某一特定政党的继承者，而是中右政治力量的混合体，在许多方面延续了祖国党而非繁荣党或美德党的政策和方针，在一定意义上可以说正义与发展党是包含不同社会群体的联盟，在特定环境下集中在一起，所以并非一个均质的统一体，需要一个强有力的领导者来加以控制，埃尔多安的威权政治倾向也是时代选择的结果。有学者曾经形象地将正义与发展党比作一个超级市场，在这里每人能够满足自己的需要，却没有形成一个认同④，这就决定了正义与发展党自身的悖论性因素。

---

① Deniz Feneri 设立于 1998 年，开设颇受欢迎的电视频道 Kanal7，在德国设立分支机构，其被视为与正义与发展党联系密切。

② Kimse Yok Mu Yardımlaşmave Dayanışma Derneği 以电视节目起家，但发展迅速，获得慈善国家基金会地位后，这个集团发起向贫穷的穆斯林发放食物和服务的运动，也向遭遇自然灾害和战争的民众提供必要的支持，诸如印度尼西亚、巴基斯坦地震的受害者和黎巴嫩的以色列袭击受害者等。

③ İstanbul Uluslararası Kardeşlikve Yardımlaşma Derneği 由 Aziz Mahmut Hüsai 派在 1994 年创立，在阿塞拜疆建立分支机构，开始在伊斯兰会议组织的领导下活动。

④ M. Hakan Yavuz, "The Role the New Bourgeoisie in the Transformation of the Turkish Islamic Movement", in M. Hakan Yavuz ed., *The Emergence of a New Turkey: Democracy and the Ak Parti*, p. 10.

二 伊斯兰中产阶级①的兴起

由于议会选举结果不能排斥投机性投票和抗议性投票,有时并不能真正反映政党的社会基础,还需要进一步分析正义与发展党的真正支持者。学术界普遍认为,正义与发展党已经完全超越以往伊斯兰政党社会边缘群体的代言人的角色,其除了获得安纳托利亚乡村居民、工人阶级以及小资产阶级等传统阶层的支持之外,还获得了新兴的如职业技术人员、企业管理人员、伊斯兰知识分子等城市中产阶级的支持。自从建立以来,正义与发展党就吸引了不同的社会群体,从民族观运动成员到保守主义者、自由主义者和传统主义者,从民族主义者到极端主义者,组建了一个不同于伊斯兰政党的民族主义的、保守的、中右政治力量的联盟,但这个联盟由于缺乏内在的统一性而不时遭到挑战。实际上,正义与发展党的兴起及其选举胜利与新中产阶级密不可分,艾哈迈特·因塞尔(Ahmet İnsel)将正义与发展党描述为新中产阶级的代表,包括各省的小工匠、小商人、中小企业家、年轻的商业管理者。② 新中产阶级可以分为四个部分:一是具有保守主义倾向的各省显贵,二是中小商人和工业家,三是小店主,四是小工匠、小工厂主,他们在社会上是保守的、经济上是自由的,政治取向相似,基于对以往政府政策的不满和对伊斯兰教的依赖,而团结起来支持正义与发展党。新中产阶级不仅是正义与发展党政府获得选举胜利的关键力量,而且是其政治经济文化政策的主要支持者和推动者,部分中产阶级迅速发展壮大而成为足以与凯末尔主义商业精英相抗衡的新资本家。

新中产阶级诞生于20世纪80年代新自由主义经济政策的推行过程中,厄扎尔时代见证了安纳托利亚地区具有浓厚宗教背景的人从社会底层向中产阶级转变的过程,虔诚的伊斯兰主义者和小企业家转变成为中、大型企业的掌控者即新中产阶级,甚至出现了一批拥有雄厚资本的大资

---

① 伊斯兰中产阶级是出身于安纳托利亚地区的具有浓厚伊斯兰教背景家庭,在城市化和自由市场经济过程中走向大城市的社会阶层,开办中小规模的企业,组成独立工商业联合会。他们与坚持凯末尔主义的旧精英形成鲜明的对比,有的学者称其为保守的商业精英。参见 Kamİl Yilmaz, "The Emergence and Rise of Conservative Elite in Turkey", *Insight Turkey*, Vol. 11, No. 2, 2009, pp. 113-136。

② Ahmet İnsel, "The AKP and Normalizing Democracy in Turkey", *South Atlantic Quarterly*, Vol. 102, No. 2-3, 2003, pp. 297-299.

本家，他们将传统道德价值观与新自由主义经济政策结合在一起①，成为新自由主义经济政策的最大受益者。对新中产阶级而言，"伊斯兰教提供了一个自我停泊的新港口，并因此创造了一个'想象中的政治共同体'，巩固那些陌生但是拥有共同梦想和精神寄托的民众的社会纽带"。② 如帕累托所言，"当宗教情感处于上升期时，精英的流动极有可能发生"③。在过去 30 年内，上述提到的"想象中的政治共同体"处于新精英取代旧精英的过程中。大部分新中产阶级出生和成长于安纳托利亚的乡镇地区，深受伊斯兰道德的熏陶，大多在努尔库运动、葛兰运动和纳格什班迪教团开设的宿舍中生活学习过，信仰虔诚，认同伊斯兰传统，在大城市接受高等教育之后定居下来或将市场经济带到东方传统地区，成为安纳托利亚地区的城市化精英，凭借市场经济体制改革带来的机会获取财富实现向上的社会流动。他们反对长期以来国家对伊斯坦布尔商业阶层的扶植，并对官商勾结的工业发展模式颇为不满，利用 20 世纪 80 年代以来的市场经济规则来争取正义、秩序，发展中小规模的企业和商业，组成所谓的安纳托利亚之狮，逐渐在国家经济发展中占据一席之地。他们通过开展经济社会和传媒活动，得到民众尤其是相对落后地区民众的支持；通过参与伊斯兰政党活动而在政治领域崭露头角；他们开办的企业组成独立工商业联合会以抗衡工商业联合会。独立工商业联合会、土耳其工商业联盟（Turkey Businessmen and Industrialists' Confederation）在 20 世纪 90 年代的出现是民众对边缘社会群体地位提升和需求增加的回应，反映了其中小企业成员的政治倾向和经济利益。④ 进入 21 世纪，土耳其的社会分化进一步加剧，越来越多具有宗教倾向的中产阶级在城市日趋活跃，

---

① William Hale and Ergun Özbudun, *Islamism, Democracy and Liberalism in Turkey: The Case of the AKP*, p. 152.
② Nilüfer Göle, "The Quest for the Islamic Self within the Context of Modernity," in Bozdoğan and Kasaba eds., *Rethinking Modernity and National Identity in Turkey*, Seattle and London: University of Washington Press, 1997, p. 91.
③ Vilfredo Pareto, *The Rise and Fall of the Elites*, Totowa, New Jersey: The Bedminster Press, 1968, p. 17.
④ Ziya Öniş and Umut Türem, "Business, Globalization and Democracy: A Comparative Analysis of Four Turkish Business Associations", *Turkish Studies*, Vol. 2, No. 2, 2001; Ergun Özbudun and Fuat Keyman, "Cultural Globalization in Turkey", in Peter L. Berger and Samuel Huntington eds., *Many Globalizations: Cultural Diversity in the Contemporary World*, New York: Oxford University Press, 2002.

支持带有宗教色彩又实行经济自由化政策的正义与发展党,一些自由主义者也基于正义与发展党的经济政策而对其表示支持,正义与发展党成功地构建了跨地区、跨阶层联盟。2002年11月4日,在议会选举后的第二天,土耳其主流报纸宣称"安纳托利亚革命(Anadolu İhtilali)",这个题目表现了正义与发展党作为安纳托利亚民众的代表赢得的选举胜利。统计显示,"大约10个独立工商业联合会成员曾经是正义与发展党的缔造者,大约20名独立工商业联合会成员在2002年大选中成为正义与发展党的议员"[①]。"正义与发展党的选举成功在很大程度上源于能够在新中产阶级与城市穷人之间组建跨阶级联盟。"[②] 这充分说明了新中产阶级的兴起和正义与发展党上台执政的关系。

新中产阶级的兴起改变了土耳其的政治和经济态势。这些新中产阶级致力于将伊斯兰教作为道德黏合剂和战略资源,也善于从市场资本主义中获得必要保护。随着正义与发展党上台执政,他们依靠中央政府支持获得更多的商业机会和金融资本,他们不仅为所在集团或附属公司提供必要的保护和进行资本再分配,而且通过慈善机构和社会救助措施实现社会财富再分配。正义与发展党执政期间,阶层流动和民主化改革在很大程度上依靠这些新中产阶级和新商业精英。他们一方面推动正义与发展党政府提升人权、民主、法制以及少数民族权利;另一方面积极向国外扩展商业机会,特别是面向发展中的市场,诸如前社会主义国家、动荡后重建的非洲国家和中东国家,寻求土耳其的海内外经济和商业利益;此外,他们通过向上的政治流动瓦解了土耳其政坛长期存在的左右翼政治界限,给政治发展带来新活力。新中产阶级的流动和更替不仅造成正义与发展党内部的斗争,而且带来社会基础的重新分化组合,所以他们在促进和巩固正义与发展党统治的同时,也给其未来发展尤其走向总统制的威权政治方面带来了双刃剑作用。

需要指明的是,新中产阶级不仅是正义与发展党的支持者,而且是葛兰运动的重要参与者。与葛兰运动成员一样,他们和正义与发展党的关系深受双方利益的影响,因而并不是完全可靠且持久的支持者。在逊尼派控制的中东部安纳托利亚地区,中右倾向的选民在社会文化问题上

---

① Birol Yeşilada and Barry Rubin eds., *Islamization of Turkey under the AKP Rule*, p. 69.
② William Hale and Ergun Özbudun, *Islamism, Democracy and Liberalism in Turkey: The Case of the AKP*, p. 28.

是保守的，这种保守主义反映在政治领域的选择上，他们支持一个伊斯兰的、捍卫传统的政党。因为埃尔多安的生活方式和这些民众合拍，所以得到这部分保守民众的支持。由于正义与发展党的支持基础根植于逊尼派聚集的土耳其省份，引起对库尔德人和阿拉维派政策的紧张。正义与发展党在库尔德人聚居的东南部地区是第二大党，所以联系纽带是逊尼派土耳其人和库尔德人。库尔德人也利用这个信仰纽带向执政党体系内渗透，并将其用于政治目的。另外，正义与发展党吸引了居住在欧洲国家的土耳其移民，他们渴望与土耳其建立文化和经济联系，这种渴望使他们成为正义与发展党的最大赞助者，帮助正义与发展党迅速发展，并成为土耳其入盟的坚定支持者。目前材料不能证明新中产阶级与这些社会群体的关系，但他们对这些群体政治选择的影响应该是必然的，因为共同的伊斯兰信仰是他们认同的纽带。

第四章　土耳其正义与发展党的执政实践

"政党作为公民与国家、政府之间的一种联系工具，一种具有一定政治参与和政策制定功能的工具，注重的是政党在国家与社会之间所发挥的不同功能，或者政党所要追求的目标和完成的任务的不同而表现出来的不同作用。"① 当今社会，政党在大多数国家的政治生活中都发挥了不可或缺的重要作用。"政党的功能体现在政党与其所处社会整体机构的互动之中。政党与国家的互动使得政党的政策实施成为其功能，政党与社会的互动使得代表选民成为其必要，政党与政府的互动使得占据公职成为其需求。"② 对于现代政党而言，"获得并巩固其执政地位必然构成其行动的首要目标，也是政党维持其生命的基础所在，现代政党的所有政治活动都直接或间接围绕这一目标展开"③。正义与发展党的执政实践为其提供了鲜明例证。有学者指出，正义与发展党上台执政后"解决了当代土耳其政治的两个中心议题：新自由主义的经济结构调整，以及沿着'自由民主'路线的国家转型"④，虽不免偏颇，但说明了正义与发展党政府通过修宪实践加强政治治理，推行经济改革，巩固政治合法性，通过实践其政治文化政策来践行其"保守的民主"政治纲领，通过多方位外交实践来为其争取国际空间，形成中东政治舞台上独特的土耳其执政模式。

---

① 张冬冬：《比较视野下的政党组织——成员形态研究》，第9页。
② 高奇琦：《国外政党与公民社会的关系——以欧美和东亚为例》，中央编译出版社2011年版，第100页。
③ 任军锋：《超越左与右？——北欧五国政党政治比较研究》，上海三联书店2012年版，第15页。
④ Yıldız Atasoy, *Islam's Marriage with Neoliberalism: State Transformation in Turkey*, p. 108.

第一节　正义与发展党政府的政治治理与修宪实践

正义与发展党通过参加选举执掌国家政权，通过宪法保证政治制度和国家机构的良性运转，从而实现对国家的有效治理。在制度因素中，宪法是最根本的制度安排和制定国家政策的依据。罗伯特·达尔指出，"如果一个国家的基础性条件是多重的，既有有利的一面，又有不利的一面，这时，一部精心设计的宪法可能会有助于民主制度的存在，而一部构思拙劣的宪法却可能导致民主制度的失败"[①]。正义与发展党自2002年上台执政以来，重大的政治举措和制度安排都与宪法修正案密不可分。宪法的制定与特定历史阶段相联系，与民主政治相适应的宪法是世界诸多国家在现代化进程中追寻的目标，所以宪法修订将是执政党政治实践中的重要目标和任务。宪法与政党政治关系密切，一方面，宪法源于政党，宪法是政党活动的产物，不同文化背景之下的政党制度塑造了不同类型的宪法制度；另一方面，政党依赖于宪法，执政党的执政地位尤其依赖于宪法提供的正当性与合法性。[②] 正义与发展党执政期间，陆续推出19条宪法修正案以重构宪法秩序和重塑政治制度，大部分宪法修正案依托议会通过或者全民公投付诸实践，但部分宪法修正案被废弛或搁置。本书主要选择2003—2017年颇具代表性的修宪实践来阐释正义与发展党作为执政党对政治治理模式的探索和实践，其不仅进一步削弱了以军队和司法机构为代表的凯末尔主义精英的政治影响力，而且完成了服务于自身需要的制度设计，从而巩固了执政地位和制度选择。

一　2002—2007年政治发展与宪法修正案

2002年11月大选后，由于埃尔多安的参政禁令仍然生效，所以正义与发展党推选居尔担任总理，但以合法身份使埃尔多安担任政府首脑成为执政党努力的方向，修宪成为首要选择。2002年12月3日，正义与发

[①] ［美］罗伯特·达尔：《论民主》，李柏光、林猛译，商务印书馆1999年版，第137页。
[②] 喻中：《在宪法与政党之间》，《现代法学》2007年第2期。

展党的议会党团副主席萨利赫·卡普苏兹（Salih Kapusuz）联合 244 名议员提出针对 1982 年宪法第 76、78 条以及宪法第 67 条临时条款的宪法修正案：一是将宪法第 76 条第 2 款中"意识形态和无政府主义行动"修改为"恐怖主义行动"，触犯者禁止当选为议员和进入议会①，这就用一个相对确定的概念取代了模糊、宽泛的概念。二是在宪法第 78 条中增加第五段："如果一个省或选区在大国民议会中没有议员代表，补缺选举应在 90 天后的第一个星期日举行"，宪法第 127 条第 3 款的规定不应适用于根据该规定举行的选举。三是宪法修正案第 1 条规定："在土耳其大国民议会第 22 次会议期间举行的第一次补选中，不适用宪法第 67 条最后一款"②③。然而，该宪法修正案遭到世俗主义者的质疑，塞泽尔总统使用了总统对议案的否决权，将其驳回议会重新审议。但该宪法修正案在议会再次得到压倒性的多数票通过，令人意外的是得到共和人民党的支持，最终于 2002 年 12 月 27 日获得通过。2003 年 3 月 9 日，埃尔多安通过补缺选举顺利当选锡尔特省议员；3 月 11 日，埃尔多安接替居尔成为第 59 任总理。

为继续推进市场经济改革和强化自身的执政地位，2003 年 3 月 24 日，埃尔多安联合 216 名正义与发展党议员向大国民议会提交关涉 1982 年宪法三项条款的宪法修正案，主要内容如下：一是将担任大国民议会议员的最低年龄从 30 岁降至 25 岁；二是允许私人经营国有森林用地；三是修订宪法第 170 条，允许出售至 1982 年 12 月 31 日前不再是森林的、退化了的国有土地。4 月 1 日，在议会中关于该宪法修正案的辩论中，共和人民党支持降低议员年龄的条款，却反对出售退化的国有土地，认为这将导致大量的不正当收益，而正义与发展党却认为"这些已经不再是森林的土地应该被重新评估，让它们为国家经济和森林居民变富裕做贡献"④。塞泽尔总统将宪法修正案退回议会重新审议，认为"出售退化的

---

① 根据 1982 年宪法第 76 条，那些被判卷入意识形态和无政府主义行动的人不能当选为议员。1998 年，埃尔多安因当众朗诵一首被法院判决具有煽动宗教狂热倾向的诗歌而被判入狱，因而在 2002 年议会选举中不能当选为议员。
② 根据 1982 年宪法第 67 条最后一款：选举法修正案不适用于修正案生效后一年内进行的选举。
③ Ergun Özbudun and Ömer F. Gençkaya, *Democratization and the Politics of Constitutional-Making in Turkey*, p. 64.
④ 转引自李智育《正发党执政期间土耳其民主巩固研究 2002—2014》，第 71 页。

林地违背'公共利益''法治国家'和'正义'原则"①，可能造成对森林的破坏。而且，塞泽尔总统指出，宪法修正案可能会为民众破坏森林提供托辞，出于保护、繁荣和扩大林地的考虑，国家必须加强对其监督和管理，因此必须由国家控制和管理。为了推动该宪法修正案获得通过，议会宪法委员会允许其进行部分改动。②该宪法修正案于7月29日再次获得通过，然而再次遭到塞泽尔总统的否决。按照1982年宪法规定，执政党有权将其诉诸全民公投③，而刚刚上台羽翼未丰的正义与发展党并没有冒险采用信任投票的方式解决与世俗主义者的分歧，而是由塞泽尔总统将其提交宪法法院，最终导致该宪法修正案流产。而正义与发展党政府试图通过出售国有森林用地以获得250亿美元收入的设想也宣告破产。④此次正义与发展党的修宪实践是突破1982年宪法框架的初步试探，但还必须考虑世俗主义者的立场。

　　正义与发展党上台后，将推进民主化进程和加入欧盟作为首要目标，通过宪法和法律层面的改革推动民主化进程的纵深发展，在2004—2006年入盟谈判正式开启前后颁布"一揽子协调方案"⑤，并为保证方案实施

---

① 朱传忠：《土耳其正义与发展党研究》，第205—206页。
② 根据1982年宪法第89条第3款："如土耳其大国民议会未加修正地重新通过所退还的法律，总统应予公布；如议会对退还的法律作出修改，总统将把修改后的法律再次退还议会。"参见 Constitution of the Republic of Turkey, Article 89, 2011：41。详情参见 http://www.ilo.org/dyn/natlex/docs/ELECTRONIC/39950/112944/F1991929622/TUR39950%20Eng2.pdf。
③ 根据1982年宪法第175条："当总统将宪法修正案退还土耳其大国民议会重新讨论后，如议会仍未加修改地通过所退还的法案，总统可以将该法案付诸公民投票。"
④ Ergun Özbudun and Ömer F. Gençkaya, *Democratization and the Politics of Constitutional-Making in Turkey*, p. 65.
⑤ 1999年年底，当欧洲委员会给予土耳其候选国地位时，土耳其进入全面的民主化改革以满足哥本哈根标准的阶段。除了2001年、2004年的宪法修订，2002年2月至2004年，9个一揽子协调方案被采用。之所以称其为一揽子，是因为每个协调方案都包括一系列法律，其目的是协调土耳其立法与2001年和2004年的宪法修正案，以及服务于土耳其加入欧盟的需要。一些改革法案仅仅是为了与宪法修正案相协调，而另一些则关涉范围更为广泛的重要改革。3个一揽子协调方案由民主左翼党—祖国党—正确道路党联合政府采用，6个则在正义与发展党统治期间采用。具体如下：2002年2月6日的第一个一揽子协调方案，第4744号法令；2002年3月26日的第二个一揽子协调方案，第4748号法令；2002年8月3日的第三个一揽子协调方案，第4771号法令；2003年1月2日的第四个一揽子协调方案，第4783号法令；2003年1月23日的第五个一揽子协调方案，第4793号法令；2003年7月15日的第六个一揽子协调方案，第4928号法令；2003年7月30日的第七个一揽子协调方案，第4963号法令；2004年3月3日的第八个一揽子协调方案，第5101号法令；2004年7月14日的第九个一揽子协调方案，第5218号法令。这些协

而颁布宪法修正案。2004年5月7日,大国民议会颁布的第5170号令即

（接前页）调方案的最重要的变化是围绕主题而非时间变化的。这些一揽子协调方案包括言论自由、结社自由、集会自由、宗教自由、防止酷刑和虐待、少数民族权利、文军关系等内容。言论表达自由：欧盟委员会的进展报告经常强调土耳其言论表达自由的限制。第一个一揽子协调方案对土耳其刑法第159条和第312条相互抵触的部分进行了微调。第159条关于辱骂国家和机构的惩罚从6年减少到3年，罚款被免除，第312条基于阶级、种族、宗教、派别和地区而激发敌对和仇恨的处罚也被取缔。2005年4月1日，新刑法生效，限制了这种敌对的范围。第159条被第三个一揽子协调方案进一步修订，增加了一段："那些书写、口头表达和可见的思想仅仅为了批评而非为了辱骂或指责相关机构则不构成犯罪"。第七条一揽子协调方案进一步减少最低监禁年限，从1年缩短为6个月。新刑法的第159条和第301条仍然存在明显的缺点，因为土耳其和共和国的字眼太宽泛和模糊，很难在辱骂、嘲笑和合法批评之间做出明显区分。2008年4月30日，对第301条向更为自由的方向进行了修改，对"土耳其"与"共和国"使用了更为确定的字眼来表达，改为土耳其民族和土耳其共和国。减少监禁期限，使法院很容易推迟他们的执行期限或将其转变为罚款。反恐法的第8条是言论表达自由的另一个主要障碍。该条款禁止书面、口头或可视的宣传，以及发起的集会、游行和视为以实现破坏国家民族不可分割的目的。第一个一揽子协调方案减少了监禁期限，第六个一揽子协调方案完全清除了该条款，停止了总统的否决权。该改革被视为有效保护言论自由的积极发展举措。第一个一揽子协调方案也对恐怖进行了限制，强调使用武力和暴力是恐怖主义行动的必要组成部分。使用压力、威胁或者胁迫不再被视为恐怖主义行动。第三、四个一揽子协调方案也提升了新闻自由。没收印刷材料应仅仅基于法院命令和检察官的紧急决定。第四个一揽子协调方案指出，报纸和期刊的所有者和编辑、作者不能被迫揭露其新闻主题的来源。结社自由：第二、三、四和七个一揽子协调方案引入对结社自由的提升。第四个一揽子协调方案的第34条允许社团开展国际活动和协作，设立国外分支机构或成为国外社团的成员。国际协作注定是有用的和遵循互惠原则，外国社团允许开展活动和协作，在土耳其建立分支机构和加入其他组织由内务部决定和国防部的建议。2004年7月，土耳其议会通过一个全新的协会法——第5231号法令。该法令作为管理非政府组织的法令是20年来关于社团的最自由法令。下面是重要的修改：一是社团不再需要获得对外来资助伙伴或活动的事先授权；二是社团不再需要通知地方政府官员有关全体大会的日期、时间和地点，也不再需要邀请政府官员参加全体大会；三是审查官员必须提前24小时告知，并告知审查原因；四是非政府组织允许为国外的组织或联盟设立代表性办公室；五是没有法庭命令安全力量不再允许与社团发生关联；六是针对学生社团的特别条款和限制完全废除；七是儿童从15岁起可以组织社团；八是内部审计标准已经得以确认以确保成员责任和管理责任；九是非政府组织将能够组织临时的平台来寻求共同的目标；十是政府资助非政府组织项目的50%也将是可能的；十一是非政府组织将被允许购买和出售必要的不动产。集会自由：第七个一揽子协调方案限制省长取消或禁止集会游行的权力。延迟期限从两个月改为一个月，如集会明显有危险也可以取消。省长有权在一个月内取消所有会议的前提是明显地有犯罪危险。第三个一揽子协调方案允许外国人在得到内务部允准的情况下集会和游行。宗教自由：第三个一揽子协调方案允许社团受托基金在内阁允准的情况下获得和处理不动产，他们也可以通过馈赠或遗赠等方式获得不动产。第四个一揽子协调方案确认这个权利，将基金会总理事会（the General Directorate of Foundations）批准改为政府（the Council of Ministers）批准。第六个一揽子协调方案承认非穆斯林社团在得到行政部门批准的情况下建造礼拜场所的权利。阻止酷刑和虐待：欧洲委员会进展报告和欧盟委员会的报告中都提到土耳其的酷刑和虐待问题。第二个一揽子协调方案改变公务员法，规定土耳其所支付的损害应该从行动者那里获得。第四个一揽子协调方案废除获得行政权威的批准来迫害公务员和其他公职人员。第七个一揽子协调方案提供了加速审判酷刑和虐待案例的程序，规定此类案例应该优先考虑，审判将在司法休会期

2004年宪法修正案共包括10项条款，修改1982年宪法的9条，废除1项补充条款，涉及强化人权、文军关系等诸多内容，被视为土耳其自由化、民主化进程的最关键一步。①具体如下：一是宪法修正案着力保护公民权利和自由以符合哥本哈根标准。2004年宪法修正案修改1982年宪法第10条，"妇女和男子享有同等权利。国家有义务实现这种平等"。修订宪法第30条，废除因印刷机及其附件是犯罪工具而被扣押、没收或禁止运行的规定。将宪法第38条第10款修改为"不得将死刑和没收作为惩罚"，同时废除宪法第15、17和87条中提及死刑的内容；修改第11款"除根据作为国际刑事法院当事方所承担的义务外，不得因某项罪行向外国引渡任何公民"，这就清除了土耳其签署相关国际协定的宪法障碍。修改宪法第90条第5款，"当国际条约与国内法律关于基本权利和自由的立法发生冲突时，前者优先"②，这就使得欧盟乃至国际公约在土耳其获得优先权。土耳其学者认为，"这项修正案促进了《欧洲人权公约》和其他关

（接前页）继续。2004年7月，土耳其议会通过第5233号法令提供那些由国家引发的恐怖主义行动或政府官员反恐行动造成的损害的补偿。少数民族权利：第三个一揽子协调方案带来土耳其法律的革命性变化——允许在电台和电视台播放中使用地方语言而非土耳其语。第六个一揽子协调方案进一步扩充该项权利——允许公共和私立电台和电视台频道的地方语言广播。第三个一揽子协调方案允许设立教授这些语言的私人课程。人权的国际保护：第三个一揽子协调方案中，欧洲人权法院发现土耳其违反国际公约，被视为革新民事和刑事法院的基础。第五个一揽子协调方案，重申的决定应该由竞争性的民事和刑事法院来作出，其将成为最初的判决。第六个一揽子协调方案将此项权力扩展至行政事件中。文军关系：除了2001年的宪法修正案考虑到文军关系，第七个一揽子协调方案引入一系列重要的改革来界定国家安全委员会的结构和功能，以及文军关系的其他方面。该法律第24条，总理赋予副部长来提交国家安全委员会的建议和意见给内阁，确定他们之间的协作。第25条规定，国家安全委员会每两个月而非每一个月开会一次。第26条解除国家安全委员会秘书长的大部分行政权力，限制其秘书职责。第27条修订从高级军官中任命国家安全委员会秘书长的条令，规定既可以从高级军官也可以从高级文官中任命。2004年8月以来，该职位主要由文官担任。第28条规定关于国家安全委员会秘书处的功能应该在政府公报中公布，取消其秘密形象，提高了秘书处活动的透明度。第七个一揽子协调方案使得审计法院行使军队手中所掌控的国家财产的金融监管功能成为可能。这种控制将由国防部和内阁的秘密条例来确定。该改革还符合2004年的宪法修正案，其清除宪法第160条最后一段：赋予军方免于审计法院审查的合法性。该法案规定，军事刑法（the Military Criminal Code）所规定的犯罪在和平时期的非军人所实施不应该由军事法院审判。参见 William Hale and Ergun Özbudun, *Islamism, Democracy and Liberalism in Turkey*: *The Case of the AKP*, pp. 57-62。

① Ergun Özbudun and Ömer F. Gençkaya, *Democratization and the Politics of Constitutional-Making in Turkey*, p. 66.

② Vahap Coçkun, "Constitutional Amendments under the Justice and Development Party Rule", p. 101.

涉基本权利和自由的国际公约的实行，以便通过法律渠道扩大自由的空间"①。二是弱化军方权力和地位。2004年宪法修正案修改宪法第131条第2款，废除总参谋长任命高等教育委员会成员的权力；取缔宪法第143条所规定的国家机构——国家安全法院②；修改宪法第160条，废除税务法庭对军队进行审计的宪法障碍等。9月9日，宪法法院否决了第3984号法令的第6条a段关于大国民议会选举最高广播电视委员会（RTüK）成员的有关规定，其他内容获得通过。2004年宪法修正案包含了强化人权、民主和法治的条款，正义与发展党政府以加入欧盟为由避开反对派对该修正案的质疑，尽管压缩了军方的政治空间，但在"加入欧盟、促进民主"的旗号下，宪法修正案在议会顺利过关。宪法修正案实施后，土耳其相继签署了《公民和政治权利公约》《国际经济、社会和人权公约》《欧洲人权公约》《儿童权利公约》等国际公约，所有这些改革都在2004年欧盟委员会的进展报告中加以肯定，声称土耳其已经满足了哥本哈根标准的相关要求，随后启动土耳其入盟正式谈判。

2005年4月24日，正义与发展党议员向大国民议会提交修改宪法第133条，加入有关选举最高广播电视委员会成员的宪法修正案，提议由议会政党依照其议席数选举最高广播电视委员会的9名成员，规定最高广播电视委员会的监管职能、法律权限及其成员的任职条件、选举和任期应由法律决定。该宪法修正案以378票支持、21票反对、2票弃权在大国民议会获得通过。然而，塞泽尔总统认为最高广播电视委员会必须坚持独立且公正，任用政党成员并不合适。宪法修正案被退回议会重审后，大国民议会再次以397票对23票获得通过。③ 与此同时，正义与发展党政府允许在电台播放库尔德语的节目，在私立学校教授库尔德语；改变了军方控制的国家安全委员会的人员构成，增加了文官数目；改革过时的教育、行政制度；改变了在塞浦路斯问题上的顽固立场，主张根据安

---

① Vahap Coçkun, "Constitutional Amendments under the Justice and Development Party Rule", *Insight Turkey*, Vol. 15, No. 4, 2013, p. 101.

② 国家安全法院成立于1973年，被1982年宪法重新引入，是一个包括文官和军方法官及检察官的混合法院，旨在处理反对国家安全的犯罪。欧洲人权法院认为，土耳其违反人权公约第6条就包括国家安全法院问题，因为军事法官和检察官并不能拥有和文官、法官和检察官同样的任期保障。1999年6月18日，修订的宪法第143条将军事法官和检察官从这些法院中清除，2004年的宪法修正案完全废除国家安全法院。

③ 朱传忠：《土耳其正义与发展党研究》，第207页。

南计划解决塞浦路斯的南北统一问题。这些改革措施颇具成效，欧洲部分媒体甚至称正义与发展党政府推行的改革为自阿塔图尔克之后的第二次革命。① 加入欧盟是正义与发展党上台之初修订宪法的主要动力，通过修改1982年宪法进行保障民主法治的一系列体制改革，这使得土耳其民主化进程取得了巨大进步。

二　2007—2010年的政治发展与宪法修正案

2007年5月，在共和人民党和军方的激烈反对下，正义与发展党的总统候选人居尔被迫退出总统选举。面对总统选举危机，正义与发展党提前进行议会选举，并修改宪法推行总统直选以应对未来的类似挑战。正义与发展党提出涉及五个条款和两个临时条款的宪法修正案（第5678号法令），具体如下：一是修改宪法第77条第1款，将大国民议会选举周期由5年缩短为4年。二是修改宪法第79条第2款，将"核查大国民议会议员选举结果"改为"收到大国民议会议员选举记录和总统选举记录"；修改第6款，增加议会对选举共和国总统进行全民公投的指导和监督。三是修改宪法第96条，议会的会议法定人数为其所有议员包括选举的全部成员的三分之一。② 四是修改宪法第101条，将议会选举总统改为全民直选，任期由7年改为5年，可连选两任。五是修改宪法第106条的总统选举时间，由"共和国现任总统任期届满前30天"修改为"共和国总统选举应在现任总统任期届满前60天内完成，或在总统职位空缺后60天内结束"。六是增加宪法临时条款第17条，规定第67条最后一款适用于下一次大选③，删除宪法临时条款中第18、19条④。在议会讨论期间，共和人民党议员认为该修正案旨在建立半总统制，全国直选总统将会增加已拥有广泛权力的总统的政治影响。⑤ 塞泽尔总统对此表示反对。5月27日，该宪法修正案获得大国民议会2/3的议员多数通过，但塞泽尔总

---

① Menderes Cinar, "Turkey's Transformation under the AKP Rule", *The Muslim World*, Vol. 96, No. 3, April 2006, p. 470.

② Ergun Özbudun and Ömer F. Gençkaya, *Democratization and the Politics of Constitutional-Making in Turkey*, p. 99.

③ 宪法第67条规定，选举法的修改不得适用于自变更生效之日起一年内举行的选举。

④ Ergun Özbudun and Ömer F. Gençkaya, *Democratization and the Politics of Constitutional-Making in Turkey*, pp. 98-99.

⑤ Ergun Özbudun and Ömer F. Gençkaya, *Democratization and the Politics of Constitutional-Making in Turkey*, p. 99.

统把宪法修正案退回大国民议会重新审议，他认为改变总统选举方式并非是简单的程序问题，而涉及宪法规定的政治制度改变；现行宪法规定总统是对多数党权力的制衡，宪法修正案偏离既有的议会制，将是一个没有先例和实践的制度；民选总统"很轻易地成为政治体系中的主导元素"，将会造成冲突和分裂，因而不能在没有充分考虑和审议的情况下匆忙进行政治制度的根本性变革。① 2007年6月1日，该宪法修正案在退回大国民议会重新审理后再次获得通过，除第一条因获366席支持未满宪法所规定的三分之二多数。而这也引发了关于宪法修正案表决是否合宪的争论。6月5日，共和人民党向宪法法院提出申诉，要求废除该宪法修正案，认为每四年举行一次议会选举的提案未能满足三分之二的投票要求，而且如果其中一项内容无效，整个提案必须无效。因宪法不允许塞泽尔总统再次否决该宪法修正案，6月18日，塞泽尔总统根据宪法规定将该修正案提交将在120天后举行的全民公投，并上诉宪法法院要求撤销该法案。7月5日，宪法法院驳回关于该宪法修正案的违宪诉讼，塞泽尔总统将上述宪法修正案提交全民公投。在7月22日议会选举中，正义与发展党再次赢得选举而蝉联执政。8月28日，居尔当选总统。由于总统选举已经顺利举行，临时条款第19条就失去了适用性。为了避免另一个宪法争论，正义与发展党议员提出了一个删去临时条款第18条和第19条的宪法修正案，大国民议会于10月10日和16日进行第一、二轮辩论。在辩论过程中，共和人民党议员认为已经提交全民公投的法案文本在公决开始后不能再修改。如果修改未实施的法律文本，就被视为是"法律和政治丑闻"。共和人民党建议整个法案应该提交全民公投，而民族行动党则再次支持修改。最终，该宪法修正案再次以2/3多数获得通过。10月21日，宪法修正案在全民公投中凭借68.95%的民众支持率获得通过，而选民的总投票率为67.51%。② 2007年被土耳其宪法学家厄兹布敦称为"宪法战争之年"。③ 此次宪法修正案为实现总统制迈出了关键的一步，但这种危机从根本上看，"来源于这样一种基于理想化的均质的民族认同，这

---

① Ergun Özbudun and Ömer Faruk Gençkaya, *Democratization and the Politics of Constitution-Making in Turkey*, p. 99.
② Ergun Özbudun, "Turkey's Search for a New Constitution", p. 45.
③ 转引自 Vahap Coçkun, "Constitutional Amendments Under the Justice and Development Party Rule", *Insight Turkey*, Vol. 15, No. 4, 2013, p. 104。

种认同不仅与当前土耳其社会的异质性相冲突，而且与多元化的民主相冲突"①。

正义与发展党在遭遇总统选举的宪法危机之后，以赋予公民平等权利为由提出旨在废除"头巾禁令"的宪法修正案，引发了第二次宪法危机。2008年1月14日，埃尔多安总理强调将在参加马德里"不同文明联盟"会议时，解决大学教育中的禁止戴头巾的问题。埃尔多安的倡议——通过修改宪法中关于平等教育权的条款来废除大学校园中戴头巾的禁令得到民族行动党的支持。两党经过谈判后，同意修改宪法第10、42条，并向议会提交宪法修正案：修改宪法第10条第4款，"在其所有诉讼程序中"之后增加"利用一切形式的公共服务"的表述，以废除大学校园中针对女生的头巾禁令；宪法第42条第6款之后增加有关教育权利的新段落："没有明确的法律规定，任何人不能因任何理由被剥夺接受高等教育的权利。"② 该宪法修正案不仅得到正义与发展党议员的支持，还得到民族行动党、库尔德民主社会党以及部分独立议员的支持。2月11日，大国民议会以411票对103票的表决结果通过该宪法修正案，却遭到反对派的强烈抗议，后者在安卡拉组织数万人的游行示威反对修宪。尽管正义与发展党政府宣称修宪是为了保护女生的服饰自由，并不强制所有女生戴头巾，但该修正案被共和人民党和民主左翼党议员提交宪法法院，指出其违背1982年宪法的前三个不可修改的条款，因而无效。6月5日，宪法法院就是否取消上述修正案进行表决，11名法官中9人支持，2人反对，该修正案最终被否决。③ 该结果有力地证明了宪法法院拥有完全的制宪权。根据1982年宪法，宪法法院仅有针对宪法修正案的形式审查资格而非内容审查权力，所以宪法法院根据内容来否决该宪法修正案被众多学者视为违宪。这也说明宪法法院是1982年宪法对抗正义与发展党统治的最后堡垒，所以改变其构成成为弱化"监管式民主"色彩的重要举措。

尽管废除头巾禁令的宪法修正案被否决，却将正义与发展党卷入一

---

① Levent Köker, "A Key to the 'Democratic Opening' Rethinking Citizenship, Ethnicity and Turkish Nation-State", *Insight Turkey*, Vol. 12, No. 2, 2012, p. 52.
② Ergun Özbudun, "Turkey's Search for a New Constitution", p. 46.
③ 根据土耳其宪法，只要有7名法官表示支持，诉讼案即获通过，这一表决结果意味着上述修正案被否决。

场司法旋涡，使得宪法危机进一步激化。2008年3月，上诉法院的首席检察官阿卜杜勒-拉赫曼·亚尔琴卡亚（Abdurrahman Yalçınkaya）向宪法法院提出申请要求取缔正义与发展党，禁止埃尔多安总理、居尔总统及69名正义与发展党成员在五年内参政，宣称正义与发展党已经成为旨在损害国家世俗属性的反宪法活动中心，在长达162页的起诉书中指责正义与发展党企图利用民主方式在土耳其实施伊斯兰法、消灭宪法规定的世俗原则，其证据包括正义与发展党通过废除头巾禁令的宪法修正案以及坚持让居尔出任总统等，这使得执政党面临被取缔的危险。在1982年宪法秩序下，以宪法法院为首的宪法实体曾以违背宪法规定的国家主权不可分割或世俗属性等理由取缔了19个政党，而这次执政的正义与发展党如果被取缔，将意味着对2007年大选结果的否定。但是，宪法法院针对正义与发展党的指控既不符合欧洲人权法院以及欧洲理事会的威尼斯委员会提出的有关取缔政党的欧洲标准，也不符合土耳其宪法的限制性条款。支持宪法法院取缔正义与发展党判决的主要根据是上述"头巾修正案"，但为了一个议会修正案而取缔一个政党在民主社会中是难以服众的。而且在首席检察官的起诉书中，许多指控都是政党领导人和成员在可以接受的范围内的自由表达。7月30日，宪法法院就是否取缔正义与发展党进行表决，尽管宪法法院的大部分法官（11个中的6个）支持取缔该政党，但没有达到宪法所需要的勉强多数（3/5或11个之中的7个），最终旨在取缔正义与发展党的诉讼案宣告破产，但判决由国家提供的资金将削减一半。尽管正义与发展党成功渡过了此次宪法危机，且通过一系列的宪法修正案似乎使公民的民主决策影响了国家的决策过程，但宪法监管机构对民主的监护仍然存在，所以下一次的宪法修订将围绕着打破宪法监护机构的束缚而展开。

经过2007—2008年的宪法危机，正义与发展党意识到弱化司法权力的重要性，经过2008年的"埃尔盖内孔事件（Ergenekon）"[①]和对"大锤行动计划"的后续调查，正义与发展党进一步通过修改宪法来强化自身权力和赢得民众支持。2010年3月20日，正义与发展党以"加入欧盟、促进民主"的名义提请大国民议会审议并通过宪法修正案。该宪法

---

① 正义与发展党对一个名为"埃尔盖内孔"的民族主义团体展开全面调查，理由是该团伙正在策划一场反对政府的暴力起义。该组织牵涉多名土耳其高级军官，后文将以详述。

修正案包括 26 项内容，涉及行政、立法与司法等方面，具体如下：

首先，2010 年宪法修正案进一步保障民众的基本权利和自由。2010 年宪法修正案补充 1982 宪法对平等权利的规定，"针对儿童、老人、残疾人、丧偶和父母死于战争或公职的孤儿、无生活能力和退伍军人等采取的措施不能与平等原则相抵触"，规定"每个人都有权获得与自己相关的信息，获取或要求修改或删除这些信息，必须告知这些信息是否用于隐匿的目的"；"每个孩子都有权享受充分的保护和照顾，有权拥有并保持与其父母的直接联系，除非是与其利益相悖"；"国家有责任采取措施保护孩子免受各种虐待和暴力"。① 1982 年宪法第 23 条"居住和迁徙的自由"指出，"公民的出境自由可因公民义务或有罪审查或诉讼而受到限制"，宪法修正案则去掉"公民义务"的字眼，修改为"公民的出境自由仅仅因有罪调查或诉讼而遭到限制"，这里的公民义务指的是纳税和服兵役，显然体现了对个人权利和自由的尊重。宪法修正案还涉及对劳动关系和工作环境的修订，1982 年宪法第 128 条指出："公务员和其他公职人员的资格，控制他们任命的程序、职责和权力，他们的权利和责任、工资和薪酬、他们的地位等都由法律规定"。宪法修正案补充如下内容："在关于经济和社会权利方面对集体协议的条款没有任何偏见。"为了防止其与政府之间的分歧升级，可以将其提交"公职人员仲裁委员会"（Public Officials Arbitration Board），其判决为最终判决并拥有集体协商的效力。宪法修正案对罢工权利重新规定，工会不再对罢工期间的任何伤害负责，不再禁止"政治动机激发的罢工和停工""基于团结的罢工和停工""基于工作前提的占有"和"工人怠工"等。② 宪法修正案对个人诉讼作出明确规定："人人有权在《欧洲人权公约》所保障的人权范围内就国家机构已经违宪的个人权利和自由向宪法法院提出诉讼。为提出诉讼，

---

① Levent Gönenç, "2010 Proposed Constitutional Amendments to the 1982 Constitution of Turkey", *TEPAVEvaluation Note*, September 2010, http：//www.tepav.org.tr/upload/files/1284468699-0.2010_Proposed_Constitutional_Amendments_to_the_1982_Constitution_of_Turkey.pdf. 或 http：//www.docin.com/p-694633926.html.

② 此部分引文参考 Levent Gönenç, "2010 Proposed Constitutional Amendments to the 1982 Constitution of Turkey", *TEPAVEvaluation Note*, September 2010, http：//www.tepav.org.tr/upload/files/1284468699-0.2010_Proposed_Constitutional_Amendments_to_the_1982_Constitution_of_Turkey.pdf. 或 http：//www.docin.com/p-694633926.html。

必须停止普通法院的法律补救措施。"① 宪法修正案对取缔政党的条件作出明确规定，第 8 条提出废除 1982 年宪法第 69 条中仅仅根据政党纲领及其构成就将其取缔的规定，废除第 69 条第 8 段"一个永久关闭的政党不能以新的名字重新获得承认"的字眼，废除第 84 条的最后一段"如果议员因为其言行而导致其政党被取缔，在宪法法院的官方取缔公报公布之后，其议员资格将会终止"。② 1982 年宪法第 69 条第 9 段规定"政党成员，包括其缔造者，如果因为其言行而导致其所在政党关闭，在 5 年内不能成为另一个政党的缔造者、成员、管理者或控制者，这 5 年从宪法法院在官方取缔公告发布之日算起"③。宪法修正案将 5 年修改为 3 年。修订后的宪法条款限制宪法法院取缔政党的权力，给予政党更多保护，是民主化进程的必然。

其次，2010 年宪法修正案取消 1982 年宪法赋予特定人群的司法豁免权。宪法修正案第 24 条废除 1982 年宪法第 15、129、159 条所赋予特定人群的司法豁免权。第 15 条曾为国家安全委员会成员、服务于军人政权（1980 年 9 月 12 日至 1983 年 12 月）的政府成员及其高级官员、协商会议（1982 年宪法的制宪会议）成员等提供豁免权，保证他们不能因为执政期间违反人权的事件而被调查或审判。尽管废除第 15 条并不意味着这些人会被调查或审判，但清除了 1982 年宪法中的不民主因素，削弱了军方对国家政治生活的影响力。宪法修正案废除 1982 年宪法第 129 条赋予最高军事委员会（The Supreme Military Council）、第 159 条赋予最高法官与检察官委员会（The Supreme Council of Judges and Public Prosecutors）的司法豁免权。④ 宪法修正案规定，在任何情况下涉及军事服务和兵役的案件以及危害国家安全和宪政秩序的案件都应由民事法院审理。除战时外，军事法院无权审理非军事人员的犯罪。宪法修正案的第 9 条主张引入议

---

① Government of Turkey, Prime Ministry; Translated by Secretariat General for European Union Affairs, *LawNo 5982 Amending Certain Provisions of the Constitution*, August19, 2010, p. 27. 转引自朱传忠《土耳其正义与发展党修宪政治研究》，第 114 页。

② SerapYazici, "Turkey's Constitutional Amendments: Between the Status Quo and Limited Democratic Reforms", *Insight Turkey*, Vol. 12, No. 2, 2010, p. 8.

③ SerapYazici, "Turkey's Constitutional Amendments: Between the Status Quo and Limited Democratic Reforms", p. 7.

④ SerapYazici, "Turkey's Constitutional Amendments: Between the Status Quo and Limited Democratic Reforms", p. 2.

会申诉专员制度（The Institution of Ombudsman），规定申诉专员拥有"申诉权、信息权和专属申诉专员的上诉权"。申诉专员充当国家和公民之间的调停者，负责处理民众对行政机构职能的诉讼。申诉专员机构由大国民议会建立，首席申诉专员由大国民议会选举产生[①]，任期四年。宪法修正案允许申诉专员通过简单多数选举产生，而实际上则由议会多数派政党产生，显然对正义与发展党是有利的，因而遭到反对派的批评。

再次，2010年宪法修正案改变宪法法院的人员构成和部分职能。宪法修正案通过增加宪法法院法官数，改变选举办法、任期、资格条件和法院工作方法来重塑宪法法院。1982年宪法第146条规定，宪法法院应由11名正式法官和4名替补法官组成。[②] 宪法修正案将正式法官人数增加到17名，废除替补法官，其中总统选出14名[③]，大国民议会选出3名，来自审计法院提名的2名候选人和律师协会主席提名的1名候选人。宪法修正案的第18条规定，宪法法院法官的任职年龄不低于45岁，任期12年，且不可连任。[④] 宪法修正案的第19条通过为1982年宪法第148条增加一个关于完善宪法法院权力的段落的方式引入宪法申诉，规定三种情况可以向宪法法院提出申诉：一是任何人的基本权利和自由被公共权力机构违反；二是申诉的权利或自由必须是《欧洲人权公约》所列举的；三是在做出个人申诉之前，普通的司法弥补手段必须用尽。宪法修正案第20条规定，宪法法院由一会两院组成，考虑到引入宪法申诉将会增加宪法法院的工作量，这样的变化是必要的。宪法修正案还对宪法法院作为最高法院的权力范围作出规定，目前宪法法院有权审判高级官员，包

[①] 申诉专员实行四轮选举，前两轮需要大国民议会三分之二的议员同意，如果未能达到绝对多数，在第三轮和第四轮选举中仅仅需要简单多数支持即可通过。

[②] 宪法法院法官由总统根据下列候选人来任命，其中上诉法院（the Court of Cassation）提名两名正式、两名候补，国务院（The Council of State）提名两名正式、1名候补，军事上诉法院（The Military Court of Cassation）提名1名正式，最高军事行政法院（The Supreme Military Administrative Court）提名1名正式，审计法院（The Court of Accounts）提名1名正式，高等教育委员会（The Council of Higher Education）提名1名正式。另外3名正式和1名替补成员由总统从高级行政人员和执业律师中任命。

[③] 2010年宪法修正案规定，总统从以下机构提名的候选人中选出10名宪法法院法官：上诉法院3名，国务院2名，军事上诉法院1名，最高军事行政法院1名，高等教育委员会3名。总统根据自己的判断直接从高级官员、律师、高级法官和检察官中选出4名。

[④] 1982年宪法的第147条规定，宪法法院法官的最低年龄是40岁，其成员资格可以延续到退休即65岁。这就意味着如果在40岁被任命为宪法法院法官，其将有可能任职长达25年之久，而在大部分民主国家，宪法法院法官的任职时间介于9—12年之间，且不能连选连任。

括总统、政府成员和高级法官、检察官等,宪法修正案规定,大国民议会的发言人、总理、总参谋长和陆海空三军和武装警察部队司令的犯罪行为由宪法法院审理。2010年宪法修正案以捍卫宪法正义、强化法治为名限制宪法法院的监管作用,并对宪法条款做出有利于执政利益的调整,因而遭到反对派的抵制。

最后,2010年宪法修正案重塑最高法官与检察官委员会。土耳其最高法官与检察官委员会主要包括司法部部长、副部长,总统从上诉法院和国务院提名候选人中任命5名正式成员和5名替补成员。宪法修正案第19条旨在根据西方的范例来重塑最高法官与检察官委员会,规定其由21名正式成员和10名替补成员组成,司法部部长担任委员会主席。宪法修正案规定,上诉法院、国务院、司法院在高层次的法官与检察官中选出15名正式成员和10名替补成员,另外4名成员则由总统从高级行政人员,执业律师,法学、经济学和政治学教授中选出。此举旨在打破两大高级法院对于最高法官与检察官委员会的垄断,通过允许底层法院的法官和检察官加入该委员会而使其作为一个整体在司法体系内部更具代表性;通过改变最高法官与检察官委员会的成员遴选机制,将司法系统而不仅是法官任命权置于政府控制之下。此举不仅严重削弱了司法部门的权力,而且赋予政府更多影响司法的权力,显然是对议会制原则的背离。

2010年宪法修正案体现了土耳其民主化进程的进步,然而反对党指责正义与发展党通过对司法机关施加影响而控制司法权力,违反分权原则;总统对任命法官拥有更大权力而破坏司法独立性;试图改变1982年宪法的不可修改条款,因而该宪法修正案遭到部分议员的抵制,在5月7日的议会投票中仅仅获得330票的支持。7月7日,宪法法院发布了对宪法修正案的最后判决,支持宪法修正案的大部分条款,驳回了反对党对宪法修正案程序违规、需要进行技术审查的请求,并定于9月12日进行全民公投。在全民公投前几天,针对民众对宪法修正案态度的民意调查结果显示:58%的支持者基于"支持自由的扩展";46%的支持者基于"支持埃尔多安的政策";44%的支持者旨在"结束一个军事政变后的宪法时代";30%的支持者确信司法将变得独立。[1] 反对宪法修正案的人也

---

[1] Doğu Ergıl, "Constitutional Referendum: Farewell to the 'Old Turkey'", *Insight Turkey*, Vol. 12, No. 4, 2010, p. 20.

出于不同考虑：48%的反对者基于反对正义与发展党，46%的反对者基于反对埃尔多安本人，40%的反对者希望借此终止正义与发展党对国家和司法制度的侵蚀，28%的反对者希望埃尔多安此举得到宪法法院的审判。① 9月12日，针对2010年宪法修正案的全民公投正式举行，民众投票率为74%，支持宪法修正案的民众为58%②，2010年宪法修正案在多数民众支持下获得通过，进一步强化了正义与发展党的执政优势。

三　2014—2018年的政治发展与宪法修正案

2011年以来，中东地区爆发了"二战"以来最严重的政治危机，正义与发展党也遭遇前所未有的执政危机，这不仅包括2013年5月因政府改造塔克西姆广场而引发的民众抗议，也包括12月针对正义与发展党政府的反腐败调查，还包括2015年两次议会选举的冲击以及2016年的未遂军事政变等，正义与发展党抛出宪法修正案来改变困境。2016年12月10日，正义与发展党和民族行动党联合向大国民议会提交宪法修正案；12月12日，大国民议会议长将该宪法修正案提交议会宪法委员会。2017年1月21日，该宪法修正案经过议员简单删改后赢得339票支持，由于未达到直接通过所需的议会三分之二票数即367票，大国民议会决定4月16日举行全民公投。2017年宪法修正案主要是对1982年宪法中关涉行政和司法机构的72条内容进行修订，涉及立法、行政、司法领域的改革，对土耳其政治制度产生了重要影响。

一是2017年宪法修正案改变了大国民议会地位，导致立法机构职能弱化。2017年宪法修正案维持一院制的议会结构，但对1982年宪法的部分内容进行修改。宪法修正案规定，议会和总统选举每5年举行一次且同时进行，总统可以无条件解散议会，提前进行议会和总统选举，取消补选。如果总统将法律草案送回议会重新审议，需要绝对多数议员（300名）同意。为了避免由于行政和司法机构间的政治危机而导致的停滞状态，宪法修正案规定，总统或议会能够提前发起选举。宪法修正案第2条要求修改大国民议会的结构，将议员从550名增加到600名；第3条是将当选议员的合法年龄从25岁降到18岁，删除了1982年宪法规定议员

---

① Doğu Ergıl, "Constitutional Referendum: Farewell to the 'Old Turkey'", p.20.
② Ergun Özbudun, "Turkey's Search for a New Constitution", p.49.

必须服完兵役的条款，规定义务兵役制不再是议员候选人的必要义务①，那些被官方延迟或豁免义务兵役者仍能成为议员。另外，宪法修正案增加了规范议会对政府监督和从政府那里获得信息的条款，宪法修正案第7条规定了获得信息的方式和通过书面提问、议会调查和一般辩论进行审计等监督手段。但是议会指控或调查总统或部长必须经过一套错综复杂的程序，而且即使议会复杂而大规模的调查成功的话，部长和总统也可以上诉到宪法法院，这是对议会权力的限制。

二是2017年宪法修正案强化了总统的行政和立法权力，为总统制铺平了道路。第一，宪法修正案规定，总统由全民直选产生，支持率达到50%即可当选，且可以保留其政党身份。总统选举实行两轮制，如果第一轮选举未能获得绝对多数，排名靠前的两位候选人进入第二轮选举。因此，通过协调促使候选人获得绝对多数是可能的，即使他在第一轮投票中并未获得足够的选票，然而这有可能使政党之外的公共人士成为总统候选人并通过两轮选举而获胜。第二，宪法修正案赋予总统更大的行政任免权。宪法修正案规定，废除总理而代之以副总统，且应该有一名以上的副总统。如果总统的职位空缺，副总统将代理总统，并行使所有权力直到新总统选举产生；如果总统因为临时原因诸如生病或出国旅行，副总统可以代行总统职责。宪法修正案规定，总统作为行政首脑，有权就国内和国际政策在议会发表演讲；有权决定国内安全政策，并对此采取必要措施；有权准备财政预算，并将其提交议会批准后实施；有权任命和辞退副总统、部长，副总统和部长对总统负责；如果议员被任命为部长，其议员资格将被撤销；有权任命和解聘高级公职人员②等，且不需要大国民议会的批准。第三，宪法修正案赋予总统不必由大国民议会授权而签署行政命令的权力。宪法修正案第9条规定，总统可以发布行政命令，但行政命令不能违反1982年宪法第1、2条中所论及的基本权利、个人的权利和职责等，或者是第4条中的政治权利和职责；总统不能发

---

① Serdar Gülener, "The Constitutional Amendment Draft: The End of Debates on Changein the Turkish Political System?" p. 113.

② 2017年宪法修正案的第9条并没有明确规定高级公职人员的范围，但是根据1985年制定、后被宪法法院撤销的第3149号法令"提任高级行政人员法"（The Law of Raising Top Level Administrators）的第2条，这些高级公职人员包括：副部长、部长助理、总干事、董事长、董事局主席、副局长、系主任、大使、省长、区长和高级公务员等。

布宪法和法律已经明确规定事务的行政命令，如果总统行政命令与法律相冲突，法律条款高于行政命令；如果大国民议会在总统签发行政命令的问题上通过法律，法律应否决或撤销行政命令。① 宪法修正案还规定了通过总统行政命令改变核心行政机构的途径，总统行政命令将为组织公共行政机构和进行必要改革创造机会。

三是 2017 年宪法修正案对总统权力进行限制，并规定其刑事责任。2017 年宪法修正案规定了总统和议会的相互终止原则。宪法修正案的第 12 条在重新召开大国民议会和总统选举的标题下规定相互终止的权力，规定大国民议会得到议会五分之三议员的支持可以重新选举，大国民议会和总统选举应该同时举行。如果总统决定重新选举，议会大选将与总统选举同时举行。如果议会在总统第二任期内重新举行选举，总统可能再次成为总统候选人，议会和总统将继续履行其职责直到新议会和总统的产生。总统和大国民议会都有权提出重新选举。然而宪法修正案并没有规定在什么情况下重新选举。宪法修正案第 10 条规定了总统的废止：如果总统犯罪，他/她可能接受调查。针对总统的调查需要议会一半以上的议员联合签名并提交动议，大国民议会最迟在一个月内讨论该动议，如果三分之二的议员无记名投票通过，则由按比例代表议会各党的 15 名议员组成委员会发起调查，该委员会须在两个月内向议会提交调查结果；如果调查未能在预定时间内完成，该委员会则最多延迟一个月时间。该调查报告将提交给大国民议会的发言人，在 10 天内分发给大国民议会议员。如果认为必要，可以作出将总统传唤到最高法院的决定，但这需要议会三分之二的议员无记名投票支持，最高法院须在三个月内做出裁决。如果最高法院未能在预定时间内做出裁决，将另给三个月时间以完结此事。如果总统被判有罪，其总统任期将被终止，且不能要求重新选举。

四是 2017 年宪法修正案进一步改变司法机构组成及权威。2017 年宪法修正案规定，废除军事上诉法院和军事最高行政法院，除了战时设立军事法院外，平时将不再设立军事法院。国家监察委员会（The State Supervisory Council）除了质询、调查和监督职责外被赋予行政调查的职责，

---

① Serdar Gülener, "The Constitutional AmendmentDraft: The End of Debates on Changein the Turkish Political System?" p. 117.

国家武装力量受国家监察委员会的监督,但其成员的功能、个人权利和职责将由行政命令规定。宪法修正案规定,最高法官与检察官委员会的成员数目从 22 人减少到 13 人,其中 4 人由总统任命,7 人由议会任命,其余成员由司法部长和副部长担任。① 此宪法修正案进一步加深了土耳其的司法独立危机。

2017 年宪法修正案所设计的政府制度形式既非议会制也非总统制。尽管正义与发展党政府将其界定为多元主义的"土耳其式总统制",实际上新政权将带来一种代表制民主,……其产生了一种缺乏制衡的"赢者通吃"的制度。该宪法修正案遭到共和人民党和人民民主党的坚决反对,他们认为这并不是一个很好的改变宪法的时机:土耳其处于紧急状态,除了埃尔多安没有人知道这种紧急状态将持续多长时间。在国家的紧急状态下,许多公职人员在没有受到确切调查就被免职,到目前为止离职的专业技术人员达到 10 万,147 名记者被羁押,许多地方政府首脑被禁止集会。② 这导致公民的基本权利诸如言论和聚会自由遭到限制。尽管如此,在埃尔多安和正义与发展党政府的推动下,4 月 16 日,土耳其举行全民公投,2017 年宪法修正案凭借 51.4% 的选民支持、48.6% 的选民反对的投票结果获得通过。公投结果公布后,耶尔德勒姆总理认为那些投票支持宪法修正案的选民开启了土耳其民主的新时代,而埃尔多安宣称:"我们在共和国历史上首次通过公民政治改变了政治制度形式。这是其非常重要的原因。"③ 2017 年宪法修正案最终确立总统制的制度形式。

四 正义与发展党探索新宪法的努力

1982 年宪法基于军方掌权的特定历史背景。1991 年,社会民主平民党(Social Democratic Populist Party)提出制定一部新宪法,随后土耳其各界对 1982 年宪法的批评愈演愈烈,主要表现为:一是 1982 年宪法太长且过细,相当部分都可以删除。二是 1982 年宪法制定者试图实施特定的

---

① Gülgün Doğan Tosun, "Reconsidering the Presidential System in Turkey", *Insight Turkey*, Vol. 18, No. 4, 2016, p. 133.

② Tolga Şirin, "New Constitutional Amendment Proposal in Turkey: A Threat to Pluralistic Democracy", 31 January, 2017, http://verfassungsblog.de/new-constitutional-amendment-proposal-in-turkey-a-threat-to-pluralistic-democracy/.

③ Erdogan: "Turkey Made Historical Decision by Voting 'Yes'", April 16, 2017, http://www.globalsecurity.org/wmd/library/news/turkey/2017/turkey-170416-presstv01.htm.

意识形态，即以国家为中心的凯末尔民族主义和社会团结，作为官方意识形态并不与土耳其正在谋求的多元主义民主相匹配。阿塔图尔克的名字在前言中被提到2次，在其他条款中提到6次，国家领土和民族的不可分割出现14次，阿塔图尔克的民族主义出现在不可更改的第2条，第42条规定教育应该遵循阿塔图尔克原则和改革方向，第58条要求在培养和发展年轻人方面遵循同样的原则。尽管1982年宪法进行了一系列修订，然而仍然对公民自由进行严格限制。1982年宪法第4条规定前3条不可更改，许多人认为这种规定与民主政治认同相冲突，因为宪法必须不断改变以适应环境的变化。2007年宪法修正案建议清除1982年宪法的第4条。1982年宪法第2条对世俗国家的规定也引起国内的冲突，例如2008年正义与发展党政府通过允许女生在大学戴头巾的规定，此举被坚持凯末尔主义的司法机构视为背离国家的世俗原则而使正义与发展党陷入几乎被取缔的困境。对1982年宪法最激烈的批评源于其对自由的限制，尤其是对言论、交流和结社的限制。《欧洲人权公约》第10条强调每个人都有言论表达的自由，"这些自由的实践受到法律规定的约束、条件、限制或惩罚，在民主社会中，国家安全利益、领土完整或公共安全中也是必要的，以阻止失序或犯罪、保护健康或道德、保护他人的名声或权利"。第11条保护集会和结社的自由也遭受同样限制，除非其目的是保护领土不可分割。尽管2001年宪法修正案对1982年宪法的第14条进行了修订，但仍作出明确规定，"宪法表达的权利和自由不能用于违反国家领土和民族完整，将当前土耳其的民主和世俗秩序陷入危险境地"[①]。尽管1982年宪法几经修订，仍不能反映社会发展的现实、国家的诉求和时代要求，所以众多政治力量呼吁制定一部新宪法。

埃尔多安多次表达对1982年宪法的不满，"现在通行的土耳其宪法也非常缺乏合法性，……现在土耳其人普遍都认为应该以新宪法替换掉，因为土耳其各政治集团都认为该宪法无法保障基本权利。"[②] 正义与发展

---

① 转引自 William Hale, "Developing the Democratic Identity: Turkey's Search for a New Constitution", in Shane Brennan and Marc Herzog eds., *Turkey and the Politics of National Identity: Social, Economic and Cultural Transformation*, pp. 45-46。

② Patrick Scharfe, "Erdoğan's Presidential Dreams, Turkey's Constitutional Politics", *Origins*, Vol. 8, Issue 5, February 2015, http://origins.osu.edu/article/erdo-s-presidential-dreams-turkey-s-constitutional-politics.

党在 2002 年的竞选纲领中宣称:"我们党将准备起草一部全新的、反映民众需求的宪法草案,根据民主法治原则适应民主国家的标准,以确立一个新的社会契约。"① 正义与发展党上台伊始即宣称:"我们将制定一部新的、参与广泛的、自由的宪法,以取代已不再满足公众需要的当前宪法。我们的新宪法将拥有高度合法性的民主、法治,符合国际社会特别是欧盟标准,保障个人权利和自由,多元主义和参与性民主是其核心。我们将会注意该宪法的言简意赅和涵盖全面。"② 但执政之初的正义与发展党囿于 1982 年宪法机制下的"世俗主义堡垒"的坚固以及政党之间的身份认同问题,并未与社会各界及各政党达成起草新宪法的共识。而且其他政党、市民社会组织乃至欧盟都主张出台新宪法。2002—2006 年,土耳其经历了由欧盟协调进程推动的结构性变革,这段时期对 1982 年宪法的修正主要基于议会各政党之间的和解,并着手制定新宪法而非仅仅着眼于修改 1982 年宪法。

为了赢得 2007 年议会选举和消除 5 月总统选举危机的影响,正义与发展党宣称将制定一部基于广泛认可的新公民和社会契约宪法,该宪法将依据《世界人权宣言》和《欧洲人权公约》的标准来保护公民的基本权利和自由③,保障共和国的民主、世俗和法治特征,且基于广泛的社会共识。共和人民党议员贝克尔(Baykal)指责正义与发展党具有隐匿的伊斯兰议程,并宣称"要么你发动一场独立战争,然后建立一个新国家;要么你冒着被绞死的危险而进行一场革命。只有这样,你才能设计出一套全新的宪法"④。尽管这体现了反对党和执政党之间的分歧,但也说明共和人民党对制定新宪法持支持态度。2007 年 6 月 8 日,埃尔多安成立由埃尔甘·厄兹布敦教授领衔的宪法起草委员会,根据正义与发展党的选举纲领来起草宪法草案。2007 年宪法草案建议删除

---

① The Justice and Development Party Programme, http://www.akparti.org.tr/site/akparti/parti-programi#bolum_. 转引自 Vahap Coşkun, "Constitutional Amendments under the Justice and Development Party Rule", p. 98。

② Vahap Coşkun, "Constitutional Amendments under the Justice and Development Party Rule", pp. 98-99.

③ Ergun Özbudun and Ömer Faruk Gençkaya, *Democratization and the Politics of Constitution-Making in Turkey*, pp. 97-111.

④ Bilge Azgın, "The Uneasy Democratization of Turkey's Laic-Ethnocracy", The University of Manchester, 2012, p. 181.

1982年宪法中的20条，其中大部分关涉保护特定利益群体，诸如农民、青年、艺术家、商人等，或者促进特定的行动，诸如体育和协作等，毕竟宪法应该关涉公民的普遍利益。2007年宪法草案建议全新的宪法前言，承认宪法要基于人权和法治，契合土耳其共和国缔造者阿塔图尔克的达到现代文明和永久和平的目标，清除1982年宪法第176条。8月29日，宪法起草委员会将宪法草案提交正义与发展党领导层。9月14—16日，宪法起草委员会成员和11名正义与发展党部长和议员在萨潘贾（Sapanca）联合举行会议，对宪法草案进行少量修改。该宪法草案的主要创新如下：（1）根据《欧洲人权公约》提升公民基本自由和权利标准；赋予宪法法院废除土耳其与《国际人权公约》相悖的法律，提高取缔政党的门槛，废除政党关闭其领导人五年内禁止参政的规定；增加诸如接受信息的权利、儿童的权利、平等审判的权利和保护个人信息的权利。修订歧视女性和其他弱势群体的条款，将1982年宪法中规定的宗教教育必修改为选修，强调保护人的尊严作为国家的基本职责。（2）法治原则得以巩固，取消对有些司法审查的限制，诸如最高法官与检察官委员会、最高军事委员会的决议等。（3）宪法法院和最高法官与检察官委员会的民主合法性得以巩固，允许议会选举部分成员（宪法法院17名中的8名，最高法官与检查官委员会17名中的5名）。（4）限制总统的过多权力，尽管民选总统得以保持，但政府更趋近于传统的议会制政府模式。① 尽管宪法草案比1982年宪法更为民主和自由，但仍然遭到广泛批评，反对者借口该宪法草案有助于正义与发展党实现其隐匿的政治目标，认为宪法草案破坏了世俗主义和阿塔图尔克的基本原则，旨在削弱司法独立和司法政治化，创造不被监管的大多数统治，为引入伊斯兰政府铺平道路。② 实际上，反对派并未过多关注宪法草案内容，而是对其制定过程和合法性提出质疑。2007年9月，宪法起草委员会提交宪法草案，但由于各政党和市民社会组织的意见分歧，正义与发展党最终否决该宪法草案，制宪进程宣布停滞。原因在于：第一，制宪过程缺乏民众参与。该宪法草案的起草是由法律学者来完成，

---

① William Hale and Ergun Özbudun, *Islamism, Democracy and Liberalism in Turkey: The Case of the AKP*, p. 66.

② William Hale and Ergun Özbudun, *Islamism, Democracy and Liberalism in Turkey: The Case of the AKP*, p. 67.

因而在一定程度上并未反映民众的意愿。第二，社会团体等非政府组织宪法草案的制定。法律学者和"国家宪法纲领（The National Platform on the Constitution）"等83个非政府组织的代表提出各自的宪法草案①，并未和正义与发展党的宪法草案达成共识。第三，由于2008年宪法危机下政治形势的不确定性②，执政党和反对党很难就关于宪法草案的有争议问题达成协议，所以造成宪法草案的流产。

2010年9月，针对宪法修正案的全民公投再次激发民众对新宪法的渴望。制定一部新宪法需要达成广泛共识，包括公民权、反恐法、库尔德人的教育权和降低议会选举门槛等，这都对共识的达成形成严峻的挑战。2011年1月12日，埃尔多安总理发表了"旨在推进民主、保障基本权利和自由的简洁易懂且全面的宪法文本"（Short, Concisely Written and Comprehensible Constitutional Text Aiming at Advanced Democracy and Guaranteeing Fundamental Rights and Liberties）的演讲，开启了关于新宪法的讨论。政府首脑表达了出台新宪法的意愿，非政府组织开始思考未来文本和草案问题。土耳其工商业联合会呼吁出台一部新宪法，来保障个人权利、促进入盟进程和保持经济稳定。③ 革命工人联盟（The Confederation of Revolutionary Workers' Unions）强调巩固社会权利。尽管诉求不同，但社会对制定新宪法的方法初步达成共识，正义与发展党、共和人民党、民族行动党与和平民主党将是新宪法的重要定夺者。根据2011年4月的调查，制定一部新宪法在原则上得到所有议会政党和70%公众的支持，只有22%的民众表示反对。④ 2011年6月的议会选举使正义与发展党获得近50%的支持率，然而其获得的议席却少于修宪或制定宪法所需要的3/5议席。

---

① Oğuz N. Babüroğlu, Gülru Z. Göker and Emre Koyuncu, "Symbiosis of Action Research and Deliberative Democracy in the Context of Participatory Constitution-Making", in Oğuz N. Babüroğlu, Gülru Z. Göker and Emre Koyuncu eds., *Handbook of Action Research*, London: SAGE Publications, 2015, pp. 270-271.

② 主要表现在宪法法院否决允许女生在大学戴头巾的宪法修正案，最高上诉法院首席检察官取缔正义与发展党的动议破产。

③ Ismail Cem Karadut, "Pursuing a Constituion in Turkey: Looking for a Brand-New Social Contract or Awaiting the Same-Old Social Prescription", *Ankara Bar Review*, Vol. 2, 2012, p. 100.

④ 转引自William Hale, "Developing the Democratic Identity: Turkey's Search for a New Constitution", in Shane Brennan and Marc Herzog eds., *Turkey and the Politics of National Identity: Social, Economic and Cultural Transformation*, p. 39。

2011年议会选举期间，正义与发展党、和平民主党主张制定一部由更多政党和市民阶层参与的新宪法，共和人民党和民族行动党并不想告别1982年宪法，但也对制定新宪法持欢迎态度，但他们的立场不尽相同。共和人民党关于新宪法的提议重点强调阻止文官独裁，保持司法、传媒独立的重要性，提出遏制司法和军队对民选政府施加影响的具体步骤。关于宪法法院，共和人民党提议由议会选举法官以保证权力制衡和限制政府权力。针对文官与军队关系，共和人民党认为应废除军队控制和影响政治与社会的法律基础，实现文官对军队的控制。针对库尔德问题，共和人民党与正义与发展党立场一致，同意扩大地方当局的自治权力。民族行动党则强调保持民族统一国家的特性，拒绝给予其他任何族裔以集体和政治权利，反对在宪法中出现少数民族语言、库尔德语教育、地方自治和自我治理的概念，认为这无异于给少数民族以特定政治地位。和平民主党的新宪法提议则强调保证少数族裔集体和政治地位的法律基础，扩大地方自治和使用母语接受教育的权利，该提议本质上是实现库尔德人自治。议会选举之后，各政党和非政府组织谋求在制定新宪法方面达成一致，然而它们的取向是不同的：正义与发展党强调传统道德价值和市场原则，共和人民党具有凯末尔主义——平民主义倾向，民族行动党将这些道德价值与保守主义相融合，和平民主党寻求提升库尔德人的权利和自治。尽管所有政治力量都同意颁布新宪法，但是他们对宪法条款仍然存在分歧。9月19日，24名宪法学教授参加的会议被视为启动制宪进程的第一步，主要讨论议会是否有权制定新宪法。① 与此同时，议会各政党就起草新宪法达成协议，同意成立由每个政党出3个代表共计12人组成的宪法协调委员会②（Constitutional Reconciliation Commission）。10月19日，宪法协调委员会举行首次会议，经过研讨制定了15条工作原则和为期7个月的工作时间表，充分征求未进入议会的各政党意见，

---

① 朱传忠：《土耳其正义与发展党研究》，第219页。
② 该宪法协调委员会由正义与发展党、共和人民党、民族行动党以及库尔德和平民主党代表组成，每个政党有3名代表，共12人。

并吸收大批非政府组织和大学代表的意见。① 由于制宪过程中存在政治操纵、讨价还价和协商，不同派别与领导人之间的政治立场、分歧充分显现，因此新宪法的制定过程充满曲折。2012年7月9日，宪法协调委员会完成新宪法草案的1/4，大约100条，预计年底完成，并将在2013年提交议会。11月，宪法协调委员会工作陷入僵局，正义与发展党主张确立"执行"总统以进一步强化总统权力，而其他各政党则予以反对，反对派更感兴趣的是将选举门槛从10%降低到4%。截至2013年11月，宪法协调委员会仅能就177条中的60条达成一致，在触及政党本身意识形态的国家——宗教关系等问题上未能达成一致。11月18日，宪法协调委员会主席辞职，不久后该委员会解散，新宪法起草工作陷入停滞。正义与发展党坚持推行总统制，证明其是当时宪法修订最大的障碍，所有有关总理和内阁的条款都被正义与发展党持保留意见。

2014年3月，正义与发展党以超过半数的民众支持率赢得地方选举；8月，埃尔多安以绝对优势赢得总统选举，继续推动大国民议会修改宪法以实行总统制。2015年4月27日，宪法法院院长表示土耳其需要新宪法，要求各方同时参与重新制定宪法章程，并达成统一意见。② 正义与发展党曾试图恢复宪法协调委员会的工作，然而由于反对党拒绝讨论关于总统制的提议而作罢。6月大选中，尽管正义与发展党赢得了276个议席未能达到简单多数，所以埃尔多安借助出台新宪法实现总统制的梦想破碎。11月，正义与发展党在第二次议会选举中获得317个议席，超过半数而得以单独组阁，埃尔多安再次高调提出修宪和实行总统制，并积极谋求出台新宪法。12月23日，埃尔多安会见农村领导人时指出，我们将

---

① 根据相关研究资料，宪法协调委员会向165所大学、88个律师协会、60个政党、上千个协会和基金会发出征求意见的邀请。截至2012年2月27日，90所大学、18个职业团体（12个工会和5个联合会）、76个协会、40个基金会、19个政党、18个论坛、3个智库、7个省级律师协会、2个非政府组织和9479个公民作出回应，许多组织以邮件或电子邮件方式发回建议。宪法协调委员会下属的三个子委员会也与市民社会组织进行深入沟通。据土耳其智库TESEV的监督报告，2011年11月至2012年2月27日，第一委员会与36个组织举行会谈，包括14个议会外政党和18所大学；第二委员会与28个组织举行会谈，包括11个工会（联合会或部门层面）和17个职业协会；第三委员会与45个协会和基金会举行会谈。Ferhat Kentel, Levent Köker, Özge Genç, "Making of a New Constitution in Turkey Monitoring Report, October 2011-January 2012", p. 12. 转引自朱传忠《土耳其正义与发展党研究》，第220页。

② 刘雯琦：《土耳其宪法法院院长：我们需要一部新的宪法》，http：//news. china. com. cn/world/2015-04/29/content_35448019. htm。

会见证一部新宪法的实质性进步,议会各政党不能再对此无动于衷。埃尔多安口出此言的背景是议会反对党接受了与达乌特奥卢总理会见并商谈制定新宪法的提议。埃尔多安指出,"为了建立一个更好地服务于民族国家的制度,我们需要一部新宪法和总统制"①。2018年,埃尔多安凭借超过50%的支持率当选总统,正义与发展党获得295个议席。实现总统权力的埃尔多安面临2019年地方选举的相对失利,不排除将颁布新宪法作为破解执政危机的重要手段。

尽管我们对出台新宪法保持乐观,但土耳其制宪过程存在自身无法化解的难题,厄兹派克(Burak Bilgehan Özpek)认为,土耳其制宪过程普遍存在如下问题:一是缺少草根阶层的支持,土耳其历史上的三部宪法都是由国家精英组织专家起草的,制宪过程中没有民众参与讨论;二是缺乏对政府的有效限制,往往导致文官政府独裁;三是军队和司法机构获得很大的自主权利,限制了民选政府的决策空间;四是忽略了土耳其的种族差异。三部宪法运用的都是基于统一的民族国家基础上的宪法哲学。② 这也体现在正义与发展党出台新宪法的制约因素中。首先,议会各政党在出台新宪法问题上很难形成一致意见。正义与发展党目前控制大国民议会议席大大低于修宪和出台新宪法所需的363席,需要其他政党成员或独立议员的支持,而正义与发展党与共和人民党、民族行动党和人民民主党等议会政党的矛盾很难在短期内消除,它们在制定新宪法的问题上尚不能达成一致,而且即使这四个政党在出台新宪法的问题上达成一致,但在宪法具体条款上也很难形成一致意见。其次,不同社会群体对出台新宪法的态度分歧影响了新宪法出台进程。1982年宪法基于军人执政的特定历史背景,蕴含了对司法机构、军方和凯末尔主义者特殊权利的保护,尽管正义与发展党极力弱化其监护色彩,但现实利益促使他们阻止新宪法共识的形成。最后,土耳其民主政治的层次、市场经济的力量、开放社会的范围以及与全球经济的融合等问题在制定新宪法时都应该考虑进去,这也是宪法制定者颇为棘手的问题。显然,正义与发展党克服这些障碍的唯一途径是自行制定新宪法并提交议会和全民公投,

---

① "Time Ripe for Talks to Begin on New Constitution and Presidential System", *Daily Sabah*, page 8, 24 December 2015, http://www.dailysabah.com/daily-paper/2015/12/24.

② Burak Bilgehan Özpek, "Constitution–Making in Turkey after the 2011 Elections", *Turkish Studies*, Vol. 13, No. 2, June 2012, pp. 153–167.

这也是其一直以来追求的目标。实际上，对于土耳其而言，拥有一部新宪法并不能使土耳其成为一个民主的范本和解决政治发展中的诸多难题，但将开启土耳其政治发展的新阶段。

第二节 正义与发展党政府的经济实践

20世纪70年代以来，西方国家竭力推行新自由主义，强调削弱政府权力，废除政府对经济尤其是金融资本和财团的限制性规定，这在推动经济发展的同时为资本扩张埋下了隐患。新自由主义的核心策略"私有化、市场化和自由化"被包括土耳其在内的发展中国家所秉承和贯彻。这些国家过分信任和依赖市场，导致资本主义经济的结构性失衡，社会资源过度向金融领域集中，从而引发经济危机和金融危机。正义与发展党的选举胜利与1999—2000年联合政府应对经济危机和金融危机不力密切相关，也得益于安纳托利亚地区小资产阶级的兴起。正义与发展党执政后，继续奉行新自由主义经济政策理念，强调市场经济，重视外国投资，支持私有化进程，不赞成政府对经济生活的干预。[①] 既迎合了新崛起群体的要求，也顺应了经济全球化潮流，实现了经济的高速增长。在近二十年的执政实践中，正义与发展党政府的经济实践延续了祖国党政府时期自由市场经济政策，一方面接受国际货币基金组织的反危机举措促使经济发展逐渐回升，另一方面将发展经济和改善民生作为维持选举优势的重要手段，此外，推进国际贸易的发展以维持后发展国家的经济优势。但是，资本主义自由市场经济的固有弊端和土耳其经济外向依赖性导致正义与发展党仍然无法摆脱经济危机和货币贬值的危险。

一 正义与发展党政府出台经济政策的背景

正义与发展党上台后的经济政策源于对三党联合政府应对危机的不力的反思，也是对伊斯兰中产阶级经济诉求的回应。自20世纪80年代以来，在自由市场经济推行过程中，土耳其无法避免资本主义市场经济所内含的通货膨胀问题。2000年，土耳其遭遇史上最为严重的经济危机，共和人民党、民族行动党和祖国党联合政府遭遇严重挑战。在国际货币

[①] M. HakanYavuz, *Secularism and Muslim Democracy in Turkey*, p.73.

基金组织的压力下，三党联合政府加强对银行业的监管，逮捕大批银行高官，短期内引起大规模资金外流，"2000年11月的最后一周，外国人的投机行为使土耳其市场损失53亿美元；非土耳其公民的净流入在11月份之后为87亿美元，土耳其资本市场的外汇损失达到239亿美元"①。12月初，土耳其政府请求获得国际货币基金组织的补充储备贷款；12月6日，国际货币基金组织宣布提供150亿美元的资助，但仍不能得到市场参与者的足够信任。2001年2月19日，经济危机再次爆发，埃杰维特总理和塞泽尔总统之间发生激烈冲突。在国家安全委员会会议上，塞泽尔总统指控埃杰维特未能调查三个重要国有银行领导人的玩忽职守行为和开除被指控涉嫌腐败的能源部部长职务。作为回应，埃杰维特总理严厉批评总统的行为。② 对土耳其市场的不信任，导致大批外来投资者将土耳其里拉兑换为美元，造成银行汇兑不足。然而中央银行拒绝额外的美元流向银行，一夜之间银行利息上升，经济危机引发的金融危机愈益严重。2月21日，两家国有银行不能满足其他银行的承兑业务，造成银行支付系统的崩溃。政府不得不取消限制1999年金融危机的钳制税率，而允许立法浮动。结果里拉在两个月内贬值50%，经济迅速衰退。到2001年年底，政府债务飙升至1236亿美元，相当于国内生产总值GDP的100%。根据不同的计算方式，2001年，GDP下降在5.7%—7.5%，消费价格膨胀至68.5%，失业率达到10.4%。③ 商人、工人和消费者都遭受到前所未有的打击，埃杰维特政府的选举前景不言而喻。

在经历货币贬值之后，2001年3月2日，埃杰维特政府任命前世界银行副行长凯末尔·德尔维什担任经济部部长，德尔维什负责管理银行理事会、中央银行和资本市场委员会、两家国有银行和土耳其发展银行，主持经济稳定计划。德尔维什借助大国民议会通过多个倡议，包括重组国有银行，成立独立的中央银行和银行监管理事会，成立独立的能源、电信和农业监管机构，增加政策透明度。4月14日，德尔维什公布长期

---

① Ümit Cizre and Erinç Yeldan, "The Turkish Encounter with Neo-Liberalism: Economics and Politics in the 2000/2001 Crises", *Review of International Political Economy*, Vol. 12, No. 3 August 2005, p. 396.

② William Hale and Ergun Özbudun, *Islamism, Democracy and Liberalism in Turkey: The Case of the AKP*, p. 101.

③ William Hale and Ergun Özbudun, *Islamism, Democracy and Liberalism in Turkey: The Case of the AKP*, pp. 101-102.

经济计划，其主要目标是反对通胀，通过大规模私有化重组实体部门，短期削减公共支出以减少国内债务，提高生产效率①，中央银行获得独立于政府、自由确定利率的权力。5月，埃杰维特政府与国际货币基金组织达成新协议，实施"向强大经济转型计划"，采取重要举措减少金融市场的不确定性，稳定货币和外汇市场，实现宏观经济平衡。5月4日，埃杰维特政府在给国际货币基金组织的意向书中提出一系列计划，包括提高基本预算盈余到国民生产总值的6.5%，加大对预算的控制，出售国有企业，确保银行独立和实现控制通胀目标，减少国有银行的数量和裁员，制定国有银行的再资本化方案等。5月15日，国际货币基金组织执行委员会批准该意向书，土耳其获得120.44亿美元和24.50亿美元贷款，这些贷款由货币基金组织分六批提供。2002年2月，土耳其需要更多资金偿还到期债务，与国际货币基金组织签订一个为期三年（2002—2004）的信贷协定，贷款数额为162亿美元，其中40亿美元来自以前的协定，前提是土耳其推进改革。该协定签订后，土耳其中央银行的独立和浮动的交换税率受到限制。埃杰维特政府实施紧缩的财政政策，致力于重要的结构改革，特别是私人银行的重新资本化，国家银行机构的重塑和政府财政的巩固，改革税收体系和私有化等。这些政策被正义与发展党政府所承袭，以减少货币通胀和政府债务。埃杰维特政府还要求紧缩财政支出，减少政府对国有企业的干预，改造社会安全体系。在收入方面，政府改革税收制度，确保纳税人与其义务相匹配，推进私有化。4月27日，因腐败丑闻，三党联合政府的能源部部长卡姆胡尔·埃尔苏美尔（Cumhur Ersümer）被迫辞职，议会各党在修改有关土耳其电信法案和银行法案问题上发生严重分歧。8月，凯末尔·德尔维什被迫辞去经济部部长职务，埃杰维特政府决定提前举行大选。到2002年秋，土耳其经济呈现复苏迹象。2002年年底，土耳其负担的外债为1316亿美元，比2001年上升了15.5%，国内债务也扩大了86%。国内债务和外债总数达到2060亿美元，占土耳其GNP的近一半。②

经济危机和金融危机是1999年上台的三党联合政府所面临的严重困

---

① Simon Hristov, "The Crisis in Turkey", IRIS Report, May 2001. 转引自朱传忠《土耳其正义与发展党研究》，第245页。

② Metin Demirsar, "AKP Reforms Get a Mixed Reaction", *The Banker*, Vol. 152, Issue 922, December 2002, p. 37.

境，固然是自由市场经济发展的产物，但也与政策管理经济不善密切相关。在金融危机爆发后，埃杰维特政府在国际货币基金组织的支持下采取的一系列应对危机的措施基本上符合经济发展的需要，在一定程度上扭转了经济下滑趋势，各项宏观经济指标逐渐好转。国际货币基金组织的贷款和引导也有利于土耳其经济恢复，在1999—2003年，国际货币基金组织提供了200多亿美元的资金支持，并与埃杰维特政府联合制定宏观经济政策的许多目标，如削减农业补贴、私有化、减少公共部门的经济活动等，实现宏观经济指标的好转。但是，国际货币基金组织着眼资本主义经济危机的共性所开出的药方还存在对土耳其经济的适应性问题，经济发展的外部依赖性更强，再加上三党联合政府的内部分歧，削弱了市场和民众的信心，这些都只能留待正义与发展党去解决。

  正义与发展党的经济政策是20世纪80年代以来新自由主义经济政策的延续与发展。前文已述，厄扎尔是新自由主义经济政策的总设计师，将新自由主义和土耳其伊斯兰主义整合在一起，强调基于竞争的私营企业、个人利益的最大化、风险承担的价值，升华自由市场经济的道德。厄扎尔执政时期，伴随着经济自由化和国营企业私有化，国家对经济的控制受到削弱，私人资本有了较快的发展，一个新群体……具有深厚伊斯兰文化传统的"安纳托利亚资产阶级"逐渐形成。厄扎尔的新自由主义经济政策以及全球化的影响也导致安纳托利亚伊斯兰资产阶级的兴起，雅乌兹将新出现资产阶级的意识形态界定为社会上伊斯兰的和经济上自由的，将其视为这种转变的主要代表。① "伊斯兰中产阶级从国家的新自由主义经济政策发展而来，这些经济政策创造了有益的经济条件，因解除管制而产生的新兴跨国金融网络，以及开放的土耳其经济体。"② 厄扎尔和祖国党政府促进伊斯兰主义者在经济、文化和政治领域的发展，对于附属有组织的宗教机构的新商业阶层的出现发挥了重要作用。20世纪90年代早期，地方资本开始建立伊斯兰银行，伊斯兰银行促进本地企业家确立与中东国家的联系，特别是在建筑、石油贸易和交通运输领域。在国际货币基金组织和世界银行干预土耳其经济危机期间，伊斯兰银行

---

① M. Hakan Yavuz, "Introduction: The Role of the New Bourgeoisie in the Transformation of the Turkish Islamic Movement", in M. Hakan Yavuz ed., *The Emergence of a New Turkey: Democracy and the AK Parti*, pp. 4-7.

② M. Hakan Yavuzed, *The Emergence of a New Turkey: Democracy and the AK parti*, p. 5.

获得法律保证。这些伊斯兰银行增加它们的市场份额、分支机构数量和雇员规模。正义与发展党的骨干与伊斯兰银行有着密切联系。在正义与发展党执政期间，伊斯兰银行的市场份额和分支机构都有了很大扩展，它们也进入了公共合同和政府信贷领域。

在过去的 30 年间，尽管一个忠诚于伊斯兰主义的强大商业群体在土耳其已经出现，但土耳其伊斯兰主义者并不能形成持续的、可行的经济纲领，更别说形成一个替代资本主义和社会主义的伊斯兰经济制度。民族观运动的正义秩序大胆宣称要解决土耳其的所有问题，充满含糊、不一致和冲突。① 然而这种缺乏一致性为在土耳其伊斯兰主义中容纳新自由主义提供了巨大空间，加速了新自由主义向土耳其伊斯兰主义的渗透。大部分伊斯兰主义者相信自由竞争的品德和供求的相互作用将会为社团和企业家带来财富和繁荣。然而，他们批评西方以自我为中心、个人主义至上的自由市场。他们的市场模式基于新的伊斯兰完人（homo-Islamicus）经济原则。伊斯兰完人提供宗教道德和价值，国家根据这些道德和规则来界定社会和经济将会保障市场的良好运转，实现市场利益的最大化。他们的经济活动不仅是为了财富和经济成功，而且是为了社团更好地赢得真主的恩惠，这使得它们的经济活动与道德塑造及思想意识宣传密不可分，也决定了正义与发展党的经济政策更多关注道德建设和下层民众的利益。

随着土耳其自由市场经济的推进，伊斯兰主义者和小企业家转变成为中、大型企业的掌控者，这就出现了一批与伊斯兰运动关系密切的大资本所有者。这些大企业集团组成他们的志愿组织，诸如工商业联盟、独立工商业联合会等利益集团。"利益集团是那些为了促进或阻止某方面公共政策的形成或改变，通常使用各种途径和方法向政府施加影响，进而体现本集团利益诉求的社会组织。"② 它们在 20 世纪 90 年代政治转型和经济发展中发挥了重要作用。工商业联盟成立于 2005 年，吸纳了全国涵盖 14000 个公司的 151 个商业联合会。③ 该联盟在布鲁塞尔、华盛顿特

---

① Binnaz Toprak, "Islam and Democracy in Turkey", *Turkish Studies*, Vol. 6, No. 2, 2005, p. 182.
② 郭敬青等：《中外执政党治党与理政研究论纲》，上海人民出版社 2017 年版，第 18 页。
③ Gül Berna and Hasan Turunç, "Economic Liberalization and Class Dynamics in Turkey: New Business Groups and Islamic Mobilization", *Insight Turkey*, Vol. 13, No. 3, 2011, p. 75.

区、莫斯科、北京和亚的斯亚贝巴都设有办事处，在140个国家有合作伙伴，在国内外拥有强大的工作网。工商业联盟积极参与全球市场一体化，跟踪全球经济发展形势，为国内外企业牵线搭桥与结对合作，并为土耳其的政治、社会和经济问题提出建设性解决方案，帮助企业寻找出口对象，提高中小企业出口能力。① 独立工商业联合会的成员主要分布在德尼兹利（Denizli）、卡拉曼马拉斯（Kahramanmaraş）、乔鲁姆（Çorum）、加齐安泰普（Gaziantep）、沙胡尔法（Şanhurfa）等。"在独立工商业联合会内部，定期组织研讨会以及外语、现代管理方面的培训；发行期刊、发布技术和与市场相关的信息，向国家提供有关经济、法律和实践信息的报告；组织国家贸易博览会，建立与外国之间的进出口联系，参加国际贸易博览会，建立彼此之间的联系网络。"② 独立工商业联合会要求伊斯兰商人在不牺牲伊斯兰道德的前提下尽一切努力参与市场经济，利用国内和国际层面的伊斯兰认同作为企业间协作的基础。这些措施明确地表达了独立工商业联合会主张自由贸易，保护欠发达城市的中小企业的利益，代表了新兴的边缘化商业阶层的利益，并试图通过宗教的纽带联合起来，利用经济手段扭转处于边缘化的弱势处境。"即便他们都来自一个传统的小资产阶级背景和在文化上被边缘化了的环境中，他们仍利用教育和20世纪80年代后的经济政治条件来发展企业管理技能和组织技能，利用经由伊斯兰化过程而让他们的城市和生活方式变得现代化，把自己重新定位成安纳托利亚地区新的经济活动参与者。"③ 在20世纪90年代，他们与繁荣党关系密切，也与正义与发展党有着组织联系。例如，大约10个独立工商业联合会成员曾经是正义与发展党的缔造者，大约20名独立工商业联合会成员在2002年大选中成为正义与发展党的议员。④ 这种联系主要是埃尔多安担任伊斯坦布尔市市长期间所建立的，部分联系源于厄扎尔时代祖国党成员与宗教团体的关系。正义与发展党上台执政后，这种联系在政府层面再次居于重要地位。独立工商业联合会不仅仅是经济行为者，而且是具有社会和政治意义与功能的宗教行为者，其成员是

---

① 参见李智育《正发党执政期间土耳其民主巩固研究2002—2014》，第141页。
② H. Gulalp, "Globalization and Political Islam: The Social Base of Turkey's Welfare Party", *International Journal of Middle East Studies*, Vol. 33, No. 3, 2001, p. 439.
③ M. Hakan Yavuz ed., *The Emergence of a New Turkey: Democracy and the AK Parti*, p. 6.
④ Birol Yeşilada and Barry Rubin eds., *Islamization of Turkey under the AKP Rule*, p. 69.

公共服务私有化和市场化的热情推动者，他们认识到公共企业的私有化是瓦解凯末尔主义精英权力和统治权的机会，因而对正义与发展党政府的社会化改革和民主化政策以及亲西方的举措给予了极大支持。

正义与发展党试图利用伊斯兰道德的粉饰来寻求"新自由的民众主义"，这直接迎合了普罗大众。伊斯兰群体和正义与发展党结盟发展出他们自身的权力精英，新出现的保守的中产阶级和大商业阶层开始接受新的商业优先权。例如，两大土耳其国有银行——Halk Bankası 和 Vakıf Bank——曾为切利科（Çelık）控股公司提供7500亿美元的贷款，该公司据信与埃尔多安总理保持着密切的关系，以使该公司能够购买土耳其第二大传媒集团（ATV-Sabah）。在另一次交易中，土耳其政府允许切利科能源和印度石油公司在地中海沿岸的杰伊汉港建造一个日产300000桶的精炼厂。另一个例子则是据传当正义与发展党在哈塔伊（Hatay）获得选举胜利时，有250个中小规模的政府合同给予政党官员的亲戚和朋友。① 这既说明了正义与发展党上台过程中存在权力寻租行为，也为正义与发展党的统治增添了伊斯兰主义色彩。

二　正义与发展党政府发展国内经济的举措及成效

正义与发展党上台执政后，延续之前三党联合政府的经济稳定计划，全球化、市场化、自由化、私有化是其经济政策的主导思想，强化国家宏观调控，细化各部分经济政策，进一步推进私有化进程。但由于正义与发展党的核心成员缺乏协作和制定经济政策的经验，所以其经济政策存在诸多问题。在2002年的选举纲领中，正义与发展党摒弃繁荣党的反资本主义立场和正义秩序的经济纲领，宣称民族私营企业的增长是经济进步的最重要资源；尽管认识到融入全球化将会给经济发展带来危险，但积极支持土耳其融入全球经济体系和实现国有企业和服务的私有化；为了维护社会正义，采取措施减少失业和收入分配不平衡。正义与发展党在2007年的选举纲领中重申这一原则，强调国家将从产品生产和服务方面撤离，仅仅发挥规范和监管功能，致力于巩固土耳其在全球经济中的地位，平衡大企业家、技术中产阶级与农民、城市贫民的需要。具体如下：

---

① Gül Berna and Hasan Turunç, "Economic Liberalization and Class Dynamics in Turkey: New Business Groups and Islamic Mobilization", p. 75.

首先，继续坚持国际货币基金组织的经济复苏计划。正义与发展党的创立者宣称其政党坚持民主、世俗主义、正义和社会福利，旨在使土耳其成为富裕的国家，但在其纲领中没有特别规定如何处理经济问题。在2002年的选举动员中，埃尔多安承诺遵守国际货币基金组织支持的三党联合政府的经济计划，并与国际货币基金组织确立"伙伴型关系"，试图消除投资者和国际借贷者的恐惧。他努力使国际金融组织相信正义与发展党致力于新自由主义经济改革计划，能够执行国际货币基金组织的经济管理项目，借此在缺乏明确经济政策的情况下赢得了选举。

正义与发展党上台执政后，经济专家认为土耳其债务负担处于几乎不可持续的状态，债务管理的关键因素是政府采取步骤来安抚市场，证明国际货币基金组织的经济规划运行良好，因为任何信任危机都会抬高利息而危害旧债，进而导致土耳其里拉贬值而使国家陷入另一场经济危机。2003年3月底，正义与发展党政府通过第一个预算案实施国家货币基金组织所推行的改革计划，但也努力寻求途径来解绑国际货币基金组织的限制。正义与发展党政府和国际货币基金组织在四项政策措施上达成一致：一是公务员的工资和退休金增加，二是给予农民价格支持，三是修订公共采购法（The Law on Public Procurements），四是减税建议（A Tax Amnesty Proposal），这说明正义与发展党针对土耳其经济提供不同于国际货币基金组织的解决方案。为了信守提升民众生活水平的承诺，正义与发展党政府宣称提升公务员的工资和退休金以弥补经济危机带来的损失。最初，正义与发展党政府宣称增加支出主要通过缩减行政部门支出来弥补，例如，正义与发展党宣称将政府部门从33个削减为25个，出售不必要的交通工具，提高政府所有房产出售给议会议员的税费，缩减手提电话使用，不再使用豪华纸张等。正义与发展党政府寻求可接受的收入途径来开源，对酒精、烟草和奢侈品增加间接税，对汽车燃料征收消费税等。正义与发展党政府向商业和金融社团宣称新税收表明其坚持国际货币基金组织的纲领，与通货膨胀作斗争而不损害其社会纲领。

正义与发展党能够停留在国际货币基金组织的经济恢复框架下的重要因素是其缺乏管理经济的充分准备。乌戈尔·居尔塞斯（Ugur Gürses）指出，"他们（新的正义与发展党政府）不知道如何应对当前的经济形势——很明显，他们不想干扰任何人——国际货币基金组织、土耳其工商业联合会、独立工商业联合会或市场。他们没有优先目标或任务，只是想争取时间"。① 埃尔多安担任政府总理后，迅速扭转混乱局面并厘清部长职责，尤其明确经济部部长阿里·巴巴詹（Ali Babacan）和财政部部长凯末尔·乌纳基坦（Kemal Unakitan）的经济责任，但由于他们二人②缺乏与国际货币基金组织打交道的经验而使正义与发展党在与国际货币基金组织的磋商中处于劣势。这是正义与发展党后期逐渐脱离国际货币基金组织经济项目的重要原因。

其次，实施多维度的宏观经济调控政策。2001年的金融危机教训促使正义与发展党政府远离"基于汇率目标的货币政策"，采用"通货膨胀目标制"，快速降低通货膨胀率。2002年，土耳其实行自由浮动汇率制，设置抑制通货膨胀的目标，正义与发展党政府成功地降低了外债与国内生产总值的比率，以确保该国能够偿还和维持外债。阿里·巴巴詹在2004年7月1日的独立工商业联合会高级咨询会议（High Advisory Council）上宣称，"安卡拉与国际货币基金组织和世界银行的合作是不够的……我们必须拥有自己可靠的经济纲领"③。正义与发展党政府的宏观经济政策可以包括货币财政政策、鼓励投资政策、降低通胀政策等。……自2002年末上台以来，正义与发展党采取措施实现经济政治稳定；在此期间，政府实施了新的银行系统法规，加强财政纪律，实行国有企业私有化。同时，正义与发展党采取措施加强公共财政，提高公共企业效益，避免债务陷阱。④ 2004—2007年，正义与发展党政府简化税收立法，废除税收豁免，实施"和平税"（tax peace）计划，用于增加纳税人数量以扩大国家税收基础，以为政府实施新的经济计划提供资金。正义与发展党政府实施税收制度改革，企业税从30%降低到20%，号召吸收更多的外国直接投资。财政政策的重要目标是增加税收途径，改革税收制度，实现更大程度的社会公平。由于相当多的工作人员并没有注册，

---

① Marcie J. Patton, "The Economic Policies of Turkey's AKP Government: Rabbits from a Hat", *Middle East Journal*, Vol. 60, No. 3, Summer 2006, p. 529.

② 作为政府最年轻成员的经济部部长阿里·巴巴詹经历了从金融咨询到主导纺织企业的转变。凯末尔·乌纳基坦作为埃尔多安的亲密朋友和非官方的咨议专家在担任伊斯坦布尔市市长期间被任命为财政部部长，他们此前主要在私营领域工作，缺乏掌控国家经济政策的宏观视野。

③ 转引自Marcie J. Patton, "The Economic Policies of Turkey's AKP Government: Rabbits from a Hat", *Middle East Journal*, Vol. 60, No. 3, Summer 2006, p. 535。

④ Erdal Tanas Karagol, "The Turkish Economy During the Justice and Development Party Decade", *Insight Turkey*, Vol. 15, No. 4, 2013, p. 116.

所以很难对这部分收入进行征税，这就不能实现税收的社会调节目标。2006年3月，议会通过新税法，减少税目种类，增加高收入者的税率，使得免税更为困难。正义与发展党政府还加强社会援助制度建设，涵盖提供实物和现金援助的低收入公民的医疗费用，以及针对儿童、学生、老人和残疾人的社会救助项目，为低收入家庭提供基本社会服务，并为他们创造更多的就业机会和提供更多的社会服务。2011年成立的家庭和社会政策部证明正义与发展党政府致力于提高社会服务质量。中央银行采取系列措施来弱化经济危机的影响，加强中央银行对外汇市场的干预，调整相关规定和原则使得外汇贷款更加容易。

再次，出台行业经济政策以实现经济协调发展。正义与发展党政府加强中央政府宏观调控的同时，还针对与经济关系密切的行业部门出台一系列政策以实现遭受经济危机重创的各行业的恢复和发展，主要包括银行业政策、工业政策、旅游业政策、农业政策等。由于农业政策收效并不明显，且土耳其并不以农业立国，所以这里省略其农业政策而重点分析银行业、工业、旅游业等政策。①

就银行业而言，其对土耳其经济稳定的重要性不言而喻。正义与发展党政府采取多项措施来避免金融危机的发生，主要是制定和修改《银行法》。1985年《银行法》（第3182号法令）授权财政部监督包括中央银行在内的银行部门，随着时代发展已不能适应社会需要。1997年亚洲危机之后，土耳其《银行法》（第4389号法令）规定将于1999年成立银行监管局（BRSA）。2003年12月27日，大国民议会通过第5020号法令对第4389号法令进行修改。正义与发展党致力于改革税收管理制度、财政体系和社会安全制度，承诺继续实施紧缩的财政政策，改革私人的收入和复合税收体系，推进国有企业的私有化。为了巩固银行制度，承诺实施新的《银行法》，但本应于2005年7月生效的《银行法》被塞泽尔总统驳回，后于12月获得议会通过。2005年的《银行法》是从2001年的危机中恢复银行体系的持续努力的组成部分。成立于1983年的储蓄存款保障基金（The Saving Deposit Insurance Fund，SDIF）负责资助管理经营不善的银行。在1997—2003年，20家银行得到其管理，其中12家银行合并到其他银行中，5家银行被出售。海外银行也对土耳其银行事务表

---

① 此部分参考朱传忠《土耳其正义与发展党研究》，第251—260页。

现出极大兴趣，或者通过购买土耳其银行，或者独立运行银行，结果外资银行的所占银行业份额从 1999 年的 1% 增加到 2008 年的 42.7%。其中值得注意的是，当时荷兰—比利时富通集团（Fortis）以 12.8 亿美元收购了 Dişbank 89% 的股份，美国通用电气公司（the US Company General Electric）消费金融部（the Consumer Finance arm）收购了 Garanti Bankasi 26% 的股份，希腊国家银行收购了 Finansbank 46% 的股份（后来增加到 56%），总计不到 35 亿美元。① 随后正义与发展党政府又先后通过第 5411、5472、5667、5774、5766 号法令对《银行法》进行修改和完善，强化国家的监督功能，增强金融监督机构的独立性和自主性，出售国有银行股份，优化资产结构。自 2005 年 2 月以来，土耳其经济银行、商业银行、Yapi Kredi Bank 50% 的股份分别被出售给法国的巴黎银行、土耳其科奇金融集团和联合信贷公司。② 此外，Sitebank、Garanti Bank、C Bank、Tekfenbank、Denizbank、Sekerbank 50% 的股份分别被出售给希腊诺瓦银行、以色列的 Hapoalim 银行、希腊国家银行、哈萨克斯坦的德夏和图兰银行等。

就工业政策而言，正义与发展党政府的工业政策旨在提升技术竞争力和加强工业领域的发展。2003 年，土耳其总理和计划组织颁布名为《土耳其的工业化政策（走向欧盟）》［Industrial Policy for Turkey (Towards EU Membership)］的文件，旨在批评土耳其的产业政策，宣称"在土耳其，工业政策的主要目标是增强工业的竞争力和生产力，在外向型结构下，在面对全球日益竞争时推动和保持持续增长"③。同年，土耳其政府还发布一份重要文件《土耳其工业战略文件 2011—2014：走向欧盟》，主要从入盟谈判的角度来分析正义与发展党的经济发展问题。自 2007 年 4 月以来，土耳其各部门努力协调以修订该文件，通过广泛的参与以及与来自公私部门的代表协商，以实现工业的迅速发展。工业战略文件认为，土耳其必须在劳动力市场、高等教育和职业培训、金融市场、

---

① Today's Zaman, 8 October 2008. 转引自 William Hale and Ergun Özbudun, *Islamism, Democracy and Liberalism in Turkey: The Case of the AKP*, p. 104。
② Suleyman Degirmen, "The Effects of Foreign Bank Participationonthe Turkish Banking Systemand Crisis", *American Sociological Association*, Vol. XVII, No. 2, 2011, p. 516.
③ T. R. Prime Ministry State Planning Organization (SPO), *Industrial Policy for Turkey (Towards EU Membership)*, August 2003, p. 29.

卫生保健和基础教育、宏观经济形势和物质基础设施方面采取改进措施。① 在工业政策设计方面，必须采取服务工业的综合手段，强调土耳其全面转型需要一个路线图，正如日本、韩国、泰国、印度尼西亚等国的经历，经济成功取决于正确的工业计划。② 文件指出，工业战略的基本目标是改革土耳其的投资和经商领域，增加中高技术产业在生产和出口中的比重，向低技术部门的高附加值产品过渡，提高能够持续提升技能的公司比重。工业战略文件提到八个工业政策实施领域：投资和商业环境、国际贸易与投资、技能与人力资源、中小企业资金获得、公司的技术进步、基础设施、环境和地区发展。文件还评估了汽车、机械制造业、白色家电、电子产品、纺织业、食品业和钢铁工业等的竞争性政策范围，成为正义与发展党执政前期工业经济政策的基本指导。③

旅游业也是正义与发展党尽力打造的新的经济增长点。正义与发展党执政时期的旅游业政策主要表现在以下四个方面：（1）颁布法律来规范旅游业的发展。正义与发展党政府先后颁布第 4817 号法令（2003 年 2 月 27 日）、第 4957 号法令（2003 年 7 月 24 日）、第 5571 号法令（2006 年 12 月 28 日）、第 5728 号法令（2008 年 1 月 23 日）、第 5761 号法令（2008 年 5 月 7 日），修改 1982 年《旅游鼓励法》。（2）为旅游业发展提供资金支持。土耳其旅游发展银行为旅游业发展提供信贷支持，为吸引外国投资，土耳其旅游业还对外国投资免征关税、增值税，削减公司税等，对从业人员进行社会保险补贴、利息补贴。（3）出台旅游开发和土地环境保护相关政策。旅游土地使用期限延长至 49 年，由土地分配委员会确定时限。政府和旅游部发布公告后，从业者可申请用于旅游区或旅游中心的国有土地，相关部门针对土地的分配必须在两个月内做出决定。（4）制定明确的战略目标。2007 年 2 月 28 日，正义与发展党政府颁布《2023 年旅游发展战略》，全面提升国家的旅游竞争力。2023 年旅游发展战略从规划、投资、管理、国内游、研发、服务、加强交通和基础设

---

① Republic of Turkey Ministry of Industry and Trade, *Turkish Industry Strategy Document* 2011-2014: *Toward EU Membership*, 2010, p. 12.

② Republic of Turkey Ministry of Industry and Trade, *Turkish Industry Strategy Document* 2011-2014: *Toward EU Membership*, 2010, p. 12.

③ 参见 Republic of Turkey Ministry of Industry and Trade, *Turkish Industry Strategy Document* 2011-2014: *Toward EU Membership*, 2010, pp. 13-223, https://www.ab.gov.tr/files/haberler/2011/turkish_industrial_strategy.pdf。

施、宣传和市场、教育、城市品牌、旅游产品多样化等方面对土耳其旅游业进行总体规划和设计。(5) 加大宣传力度和推行多样化旅游项目。正义与发展党政府借助丰富的人文和自然资源开发形式多样的旅游项目,并加大在全世界范围内的宣传力度,打造具有世界影响力的旅游胜地。

复次,推进私有化进程促进市场活力。正义与发展党的私有化政策延续了厄扎尔的自由市场经济体制改革,加快推进国有企业的私有化进程。实际上,从一开始,正义与发展党就主张公共企业的私有化和公共服务的市场化。正义与发展党将私有化视为经济发展的必然,其领导人经常使用振聋发聩的言辞来宣扬企业私有的合法化,大部分国营企业在正义与发展党统治下都私有化了。根据有关统计,1986—2002 年,整个国营企业私有化的出售收入为 80 亿美元;2002—2008 年,正义与发展党仅此一项收入就为 280 亿美元。① 根据国际货币基金组织的规定,国有资产的私有化成为正义与发展党政府纲领的主要组成部分。根据附属于总理办公室的私有化管理处(Privatisation Administration),正义与发展党纲领旨在将国家在经济领域的工业和商业活动减少到最低,促进基于竞争的市场经济发展,减轻国家资助国有企业和发展资本市场的资本支出负担。直到 2002 年,土耳其许多基础性的工业,诸如钢铁、化学和水泥、大部分公共设施、一些食品加工业和 30% 的银行业仍然为国家所有。1985—2003 年,整个私有领域的收入仅仅为 82 亿美元,2003 年全年为 43000 万美元。2004—2007 年,政府得到国内外投资者的信任,私有部分的收入提升到每年 54.5 亿美元,主要的成就是土耳其电信(Türk Telekom)的私有化,以 84 亿美元的价格卖给沙特的 Oger 公司,其他的私有化包括出售 51% 股份的国有石油净化公司 Tüpraş②,钢铁公司 Erdemir 的

---

① 转引自 Mustafa Şen, "Transformation of Turkish Islamism and the Rise of the Justice and Development Party", in Birol Yeşilada and Barry Rubin eds., *Islamization of Turkey under the AKP Rule*, p. 72。

② 出售 51% 的 Tüpraş 股份的倡议在 2004 年 2 月提出,最初是要出售给一个与俄罗斯石油公司 Tatneft 有联系的德国公司,然而此行动被石油工人联盟 Petral-İş 诉诸法院,直到 2006 年 5 月,最终得到 The Council of State(The Supreme Administrative Court)批准由土耳其大公司 Koç Holding and Shell 购买。

国家控股份额，出售 Tekel 国家烟草公司等。① 2004 年 3 月 17 日，土耳其最高计划委员会制定《电力部门改革与私有化战略文件》，对电力部门私有化的基本原则、准备工作、配电区域的私有化和时间表进行规定。② 正义与发展党政府一般采取立法和行政命令两种手段，通过资产出售的方式实现私有化。如电力部门私有化由专门的电力市场法（第 4628 号法令）予以规范，成立电力市场监管局 EMRA 负责电力市场的监管和竞争。③ 2004 年开始，土耳其国家铁路局下属的六大港口开启私有化进程。正义与发展党政府在进行私有化改革的同时，加强对相关部门的监管，防止出现垄断。虽然依据第 4046 号法令，土耳其私有化管理局和最高私有化委员会负责制定和实施国家的私有化计划，但其他政府部门，诸如竞争委员会亦会参与到私有化交易过程中，2004 年和 2005 年该委员会就分别批准了一桩和否决了三桩私有化交易。以土耳其电信为例，竞争委员会于 2008 年 11 月 19 日对该企业处以 1240 万土耳其里拉的罚款。④ 这也表明正义与发展党政府的私有化进程是遭到多种力量制约和操控的。

最后，推进有关社会服务和社会安全的发展。伴随着新自由主义和保守主义的兴起，土耳其见证了社团力量的逐步上升，国家从经济和公共服务领域的抽离为宗教社团填补留下的真空提供了可能，到正义与发展党上台时，几乎所有的宗教社团都成立了私营教育机构和健康中心以获得其社会和经济基础。在这种背景下，正义与发展党政府继续推进公共服务的市场化。例如，在国际货币基金组织和世界银行的帮助下，正义与发展党重塑卫生部，其角色从健康提供者变成这些服务的组织者、协作者和购买者。正义与发展党政府不再将提供健康服务视为国家的主要职责，而且在经济上资助私有健康机构，倾向于从私立医院购买健康服务，从私立医院购买健康服务比例从 2002 年的 14% 增长到 2007 年的 24%。⑤ 这不仅促进了公立和私立医疗机构的竞争，而且加剧了医务人员

---

① William Hale and Ergun Özbudun, *Islamism, Democracy and Liberalism in Turkey: The Case of the AKP*, p. 105.
② High Planning Council, *Electricity Sector Reform and Privatization Strstegy Paper*, March17, 2004, http://www.oib.gov.tr/program/2004_program/2004_electricity_strategy_paper.htm.
③ Tamer Çetinand Fuat Oğuz eds., *The Political Economy of Regulation in Turkey*, p. 125.
④ Temer Çetinand Fuat Oğuz eds., *The Political Economy of Regulation in Turkey*, p. 186.
⑤ Mustafa Şen, "Transformation of Turkish Islamism and the Rise of the Justice and Development Party", in Birol Yeşilada and Barry Rubin eds., *Islamization of Turkey under the AKP Rule*, p. 73.

的竞争，这显然是市场推动的结果。所以苏尔坦·泰普（Sultan Tepe）认为，"国家对经济的控制正在减少，今天土耳其在整合边缘群体方面比以往更成功"①。

除了与国际货币基金组织签署新的协定，正义与发展党政府致力于出台新的社会安全法（A New Social Security Law），首要目标是将三个彼此分离的、涵盖常规工资收入者、自谋职业者和公务员等社会安全基金集中在单一旗帜下，作为对劳动力动员、平等和凝聚力的重要资助。另外，改革旨在减少巨大的金融赤字，提高退休年龄。根据此前的规定，拥有突出贡献记录的工人可以在 40 多岁退休，这给国家带来沉重的负担。新法律规定逐渐提高退休年龄，2060—2070 年退休年龄将达到 65 岁，针对工人的失业金领取也提高了门槛。这些变化遭到工会联盟和部分工人的强烈反对，但是政府积极推动改革，2006 年 4 月获得议会通过，但又被总统驳回，直到 5 月底才再次获得通过，却被总统诉诸宪法法院，在否决了大部分条款后，在 2006 年 12 月最后裁决通过。

实际上，尽管正义与发展党在制定经济政策方面做出了努力，但对其经济政策仍然存在广泛质疑。许多人认为，正义与发展党在经济方面并没有行之有效的政策，尽管上台执政后迅速为促进经济发展签署了一项紧急行动计划（An Emergency Action Plan），但是长篇累牍的文件既没有特定的行动步骤，也没有设定任何优先权，还未能履行其在选举中所承诺的"提升我们民众的福利和幸福"。专栏作家梅丁·埃尔坎（Metin Ercan）指出了正义与发展党的困境，"政府曲线前进和向市场发出混乱信号的真正原因是其正在适应权力。他们既没有准备好解决僵化问题的方案，也对指向廉价的平民主义和来源并不明确的支出感到恐慌……但是如果他们的行为不能变好，国际货币基金组织也不会支持他们"。② 土耳其《世界报》（Dünya）曾经就正义与发展党的行为评述道："他们在改变宪法以保障人权方面迈出一大步，但是他们在经济方面并未能迈出同样

---

① Sultan Tepe, "Turkey's AKP: A Model 'Muslim-Democratic' Party?" *Journal of Democracy*, Vol. 16, No. 3, 2005, pp. 70-71.

② Metin Ercan, "IMF'den uyandirmaservisi", *Radikal*, January 13, 2003. 转引自 Marcie J. Patton, "The Economic Policies of Turkey's AKP Government: Rabbits from a Hat", p. 531.

步伐"①。尽管如此,正义与发展党执政期间仍然带来了经济的显著发展。

在正义与发展党政府经济政策的指导下,土耳其经济发展成效显著。就 2002 年以来经济发展的各项具体指标来看,大致可以划分为两个阶段:2002—2012 年的迅速复苏和快速增长阶段;2012 年到现在的经济增速减缓和危机重现阶段。表 4-1 较为直观地反映了十六年来的发展态势,也展现出经济发展的成就及问题存在。

表 4-1　　　　2002—2017 年土耳其储蓄缺口和经常项目收支逆差

年份	投资率（%）	储蓄率（%）	储蓄缺口（%）	经常项目收支差额（亿美元）	经常项目收支差额占比（%）
2002	17.6	18.6	1.0	-6.3	-0.27
2003	17.6	15.5	-2.1	-75.5	-2.49
2004	19.4	16.0	-3.4	-142.0	-3.6
2005	20.0	16.0	-4.0	-209.8	-4.3
2006	22.1	16.6	-5.5	-311.7	-5.9
2007	21.1	15.5	-5.6	-369.4	-5.7
2008	21.8	16.8	-5.0	-394.3	-5.4
2009	14.9	13.3	-1.6	-113.6	-1.8
2010	19.5	13.5	-6.0	-446.2	-6.1
2011	23.6	14.4	-9.2	-744.0	-9.6
2012	20.1	14.5	-5.6	-479.6	-6.1
2013	20.6	13.4	-7.2	-636.1	-7.7
2014	20.0	15.0	-5.0	-435.5	-5.5
2015	18.5	14.5	-4.0	-322.4	-4.5
2016	17.4	13.0	-4.4	-321.2	-4.4
2017	18.2	12.6	-5.6	-431.4	-5.6

注:"投资率"指总投资占 GDP 百分比;"储蓄率"指国民总储蓄占 GDP 百分比;"储蓄缺口"指国民总储蓄减去总投资的差额占 GDP 百分比,正数为国民总储蓄高于总投资,负数则反之;"经常项目收支差额"正数为顺差,负数为逆差;"经常项目收支差额占比"指经常项目收支差额占 GDP 百分比。

资料来源:国际货币基金组织(IMF)数据库。

---

① 转引自 Marcie J. Patton, "The Economic Policies of Turkey's AKP Government: Rabbits from a Hat", p.531。

2002—2012年，无论是GDP增长率，还是通货膨胀率，以及外债占土耳其国民生产总值的比例等都体现了土耳其经济处于可控的良性运转过程中。详见表4-2。

表4-2　　　　2002—2012年土耳其GDP增长率、通货膨胀率和
外债占GDP比例　　　　　　单位:%

年份	2002	2003	2004	2005	2006	2007	2008	2009	2010	2011	2012
GDP增长率	6.2	5.3	9.4	8.4	6.9	4.7	0.7	-4.8	9.2	8.5	2.2
通货膨胀率	29.7	18.3	9.3	7.7	9.7	8.4	10.1	6.5	6.4	10.45	6.16
外债占GDP比例	11.9	8.8	5.4	1.3	0.6	1.6	1.8	5.5	3.6	1.7	2

资料来源：Erdal Tanas Karagol, "The Turkish Economy During the Justice and Development Party Decade", *Insight Turkey*, Vol.15, No.4, 2013, pp.117-120。

由此可见，自2002年正义与发展党上台执政后，土耳其在经济方面的成就超过了之前的历届政府，成为一个拥有较强经济实力的地区大国。2002—2012年，土耳其的年均GDP增长率为5%以上，是仅次于中国和印度的经济增幅最为显著的国家之一。2013年跃升为世界第17大经济体和欧洲的第六大经济体。土耳其的经历再次表明，政治稳定与宏观调控对于经济持续增长是至关重要的，经济政策的灵活性使其能够有效应对全球经济危机的冲击。在经济增长的帮助下，土耳其提升了其在发展中国家的形象。

除了在宏观经济领域的成就，正义与发展党政府还对腐败问题重拳出击，通过采取合法行为抑制那些涉嫌腐败的商人和政治家的行为来控制腐败的发生，这为正义与发展党保持较高的民众支持率奠定了基础，也为其获得更多中小企业家的经济支持提供了保证。

作为社会福利政策的目标，正义与发展党政府致力于减少收入分配的不平衡和消除贫困。2006年，17.8%的人口生活在贫困线下，四口之家的月收入低于549土耳其里拉（384美元），仅仅能够满足食物和其他基本所需。贫困在有孩子的家庭似乎更为严峻，据联合国儿童基金会（UNICEF）在2007年的报道，几乎28%的15岁以下儿童处于贫困状态。2008年年底，土耳其统计局宣称月收入729土耳其里拉（470美元）才能满足基本需要，然而每月最低工资直到2009年仍然维持在527土耳其

里拉（340美元）。政府对贫困家庭的资助主要采取免费食物和煤炭的发放，由市政机构每月提供三次，外加免费的医疗。显然正义与发展党政府要达到社会福利目标，还有很长的路要走。除了恢复经济增长，正义与发展党政府的重要任务是降低持续的高膨胀率。正义与发展党第一个执政周期的经济成就显著，2004年通货膨胀率自1976年以来首次降为个位数，而在2001年通货膨胀率一度飙升至68%。① 表4-3体现了2001—2007年正义与发展党政府抑制通货膨胀的效果。

表4-3　2001—2007年同比批发价格指数和消费价格指数变化

年份	批发价格指数	消费价格指数
2001	88.6	68.5
2002	30.8	29.7
2003	13.9	18.4
2004	13.8	9.4
2005	4.5	7.7
2006	11.6	9.7
2007	5.6	8.4

资料来源：Turkish Statistical Institute（Turkstat；www.Tuik.Gov.tr），转引自William Hale and Ergun Özbudun, *Islamism, Democracy and Liberalism in Turkey: The Case of the AKP*, p.108。

通过减少中央政府财政预算的巨大缺口以恢复财政控制，是应对通货膨胀的主要武器，也是国际货币基金组织决定是否继续支持土耳其经济的重要测验标准。2001年，中央政府合并资产负债赤字（Consolidated balance deficit）额高达290亿里拉，相当于国内生产总值（GDP）的16.3%，或约占总收入的56%。政府税收和其他收入每增加1里拉，政府支出约1.57里拉。主要原因是服务公共债务的巨大支出，根据土耳其中央银行的统计数据，公共债务在2001年占GDP的90.5%。尽管债务的绝对数在继续增长，但GDP的增长导致该比例在2004年降为63.5%，2007年为29.1%。2001年之后，服务于债务的支出下降明显，从2001年的411亿土耳其里拉到2007年的487亿土耳其里拉。② 考虑到土耳其经济增

---

① Zeyno Baran, *Torn Country: Turkey between Secularism and Islamism*, p.65.
② William Hale and Ergun Özbudun, *Islamism, Democracy and Liberalism in Turkey: The Case of the AKP*, p.108.

长速度，可以看出土耳其的债务支出比例显著下降。2007 年，由于经济增速放缓，公共开支持续上升，基本收支绝对值和占 GDP 的比例场有所下降，这与通货膨胀上升相对应。

表 4-4　　　　　　　2000—2007 年中央政府综合财政情况

单位：百万土耳其里拉

类目	2001 年	2005 年	2006 年	2007 年
合并收入	51.5	138.0	171.3	189.6
合并支出	80.6	146.1	175.2	203.5
利息	41.1	45.7	45.9	48.7
资产负债	-29.0	-8.1	-4.0	-13.9
合并资产负债占 GDP 比例（%）	-16.3	-1.7	-0.7	-1.6
排除利息的合并资产负债	12.1	37.6	42.0	34.8
所占 GDP 比例（%）	6.7	7.7	7.3	4.1

资料来源：Economist Intelligence Unit, Turkey: Country Profile, For 2005, 2007。转引自 William Hale and Ergun Özbudun, Islamism, Democracy and Liberalism in Turkey: the case of the Akp, p. 109。

正义与发展党经济政策所带来的成就足以掩盖面临的严重的经济危机，但失业特别是年轻人的失业仍然是一个严重的问题，腐败仍然是一个严峻的挑战，给整个经济带来严重的影响。根据国际腐败指数（the Corruption Perception Index）的统计结果，2008 年，土耳其的腐败指数为 4.6，居世界第 58 位，远远落后于其他中东国家，诸如卡塔尔、塞浦路斯、以色列、阿联酋、马耳他、阿曼、巴林、约旦等国。统计表明，土耳其在这个指数中的排序在 1995—2007 年并没有提升。[1] 正义与发展党仍然面临诸多尚未解决的问题，首先是在国际金融危机的背景下保持经济增长和避免支付危机，欧洲和北美的经济下行都对土耳其经济产生一定影响，国际金融危机也通过两种方式冲击了土耳其经济：一是使土耳其银行和公司很难从国外获得金钱来满足投资需要和弥补当前的资金缺口；二是主要工业经济的速度放缓，特别是欧洲将会减少这些市场的出

---

[1] David Ghanim, "Turkish Democracy and Political Islam", *Middle East Policy*, Vol. 16, No. 1, March 2009, p. 81.

口和支付的平衡。2008年,土耳其与国际货币基金组织签署的经济资助项目到期,尽管埃尔多安宣称紧缩的财政政策仍然生效,但批评者认为政府将会放弃此做法以在地方选举中赢得更多支持,而且全球经济危机的肆虐也使人怀疑其是否能够继续。

2013年以来,土耳其经济指标增长缓慢且脆弱,可持续经济表现面临重大风险。"过去5个月里拉贬值超过10%。土耳其2014年的增长率为2.9%,国际货币基金组织预计2015年和2016年土耳其国内生产总值仅增长3%。"① 2013年夏季塔克西姆广场的民众抗议行动降低了埃尔多安的国际信誉,随之而来的政治不稳定,以及导致4名内阁部长辞职的腐败丑闻,是土耳其经济问题背后的关键因素。由于对土耳其腐败、司法独立和总体投资环境的担忧,外国直接投资出现了相当大的下降。兴业银行(Societe Generale)的一项调查发现,在新兴市场中,土耳其的中央银行最不可信,这些担忧大多源于埃尔多安经常插手中央银行的决定中,这使人们怀疑政府是否有能力执行健全的经济政策。埃尔多安声称高利率会导致高通胀,在2015年2月初的讲话中指责中央银行误解了通货膨胀和利率的相互作用,批评中央银行的法定独立性,并称高息的捍卫者是"叛徒",他们把里拉推到了历史最低点。② 分析人士警告说,如果政局不稳和埃尔多安继续干预货币政策,土耳其可能面临经济危机。

2015年,受全球经济低迷、周边国家局势动荡、国内政局不稳以及恐怖袭击频发等因素影响,土耳其经济发展停滞。耶尔德勒姆政府再度任命金融界著名人士和备受其信赖的艾哈迈德·塞姆斯克(Mehmet Şimşek)担任负责国家经济事务的副总理,并让纳希·阿格巴(Naci Ağbal)继续担任财政部部长,而埃尔多安的忠实追随者尼哈特·泽贝克奇(Nihat Zeybekci)被任命为经济部部长。2016年12月,耶尔德勒姆公布了新政府以增加就业、刺激经济增长为主要方针的新经济政策。他在政府经济工作会议新闻发布会上说,政府将增加多达2500亿土耳其里拉

---

① Gönül Tol, Emma Hjerno, "Turkey's General Elections 2015: High Stakes at Home and Abroad", June 2, 2015, https://www.mei.edu/publications/turkeys-general-elections-2015-high-stakes-home-and-abroad.

② Gönül Tol, Emma Hjerno, "Turkey's General Elections 2015: High Stakes at Home and Abroad", June 2, 2015, https://www.mei.edu/publications/turkeys-general-elections-2015-high-stakes-home-and-abroad.

（约合 730 亿美元）的信贷，以支持中小企业发展，解决其融资和资金流问题。但并没有从根本上解决问题，"土耳其长期的高利率造成以套利为目的的国际热钱大量流入，而且较高的利率水平也抑制了市场活力，降低了经济增长水平"①。"短期外债占比高决定土耳其外债成本受汇率波动影响大，若汇率大幅贬值，就会导致偿债风险显著升高，有可能出现债务违约，发生债务危机。"②

当前，在经济外部约束日益收紧的情况下，为了刺激国内投资和消费，埃尔多安一直强烈反对加息，其结果不仅降低了土耳其里拉的汇率，而且激发了土耳其负债的持续高速膨胀，居民和企业部门的资本外逃、货币转换（将本币转为外汇资产），加速了官方外汇储备的萎缩。土耳其经常项目赤字和逐步减少的外汇储备使得市场极易受到外来金融危机的影响。2018 年，由于埃尔多安总统对中央银行货币政策的掣肘，加息受阻，导致通货膨胀率持续增高，造成土耳其里拉急剧贬值，通货膨胀率居高不下。2018 年 7 月底，居民消费价格指数（CPI）同比上涨了 15.85%，涨幅创 14 年来新高，引发了严重的里拉危机。有学者指出，2019 年地方选举前夕遭遇"股汇双杀"危机，根本原因并不是特朗普的报复性制裁和西方投行的负面报告，而是土耳其经济上述基本面因素的极度恶化。③ 2020 年新冠疫情对埃尔多安依靠经济成就巩固执政地位的构想遭到严峻挑战。受到疫情影响，土耳其经济大幅度萎缩，旅游业、服务业受到严重冲击，里拉持续贬值。正义与发展党政府采取大幅减息、扩大贷款额度、降税等措施，并投入数千亿里拉来稳定经济，但收效甚微。这说明正义与发展党的经济政策隐含着其自身无法化解的矛盾，也对其未来执政带来诸多变数。

历次大选之前民意调查显示，土耳其选民将国家经济作为首要考虑对象。在 2002 年大选之前一个月的民意调查显示，90% 的选民将经济视为国家的最重要问题，并与失业和通货膨胀一起列为特别关注的问题。执政党的经济失败是失去选民支持的重要原因。2007 年大选之前的民意调查显示，78% 以上的被调查者将经济形势和期望视为决定他们支持政党

---

① 魏敏：《土耳其里拉危机的成因及其启示》。
② 魏敏：《土耳其里拉危机的成因及其启示》。
③ 参见梅新育《土耳其地方选举或成 2019 新兴市场危机起点》，《第一财经》2019 年 4 月 18 日。

的最重要因素。① 埃尔辛·卡拉伊哲奥卢认为，选民在 2007 年大选中选择支持正义与发展党不仅在于对其过去经济行为的褒奖，而且希望延续其经济辉煌。也就是说，希望正义与发展党统治下的经济稳定。② 正义与发展党选举成功很大程度上倚重其执政期间的经济表现，如果能够满足支持者的期望，就能够执政长久，其也展现出作为良好的经济管理者的角色和形象。

三　正义与发展党政府发展国际贸易的举措及成效

土耳其独特的地缘政治优势使其在全球经济领域地位凸显，并作为众多地区经济合作组织的成员国存在。正义与发展党上台后，大力发展对外贸易，土耳其经济进入健康稳定且高速发展的轨道，被列入"新钻国家"（N-11）、"薄荷四国"（MINTs）和"灵猫六国"（CIVITS）。③ 比如土耳其加入黑海经济合作组织（BSEC）、D8 集团④和（中西亚）经济合作组织（Economic Cooperation Organization）等反映其在地区层面的经济协作，G20 成员国的身份也展现其在全球经济治理中的角色地位。在新自由主义经济政策指导下，土耳其积极加强与周边国家的合作，加大投资力度。土耳其公司在过去 20 年内成功地渗透到了邻国市场，并游说本国政府更多参与地区经济。在过去十年内，土耳其政治家和外交人员在外交政策方面做出许多创新，来自中小企业的出口压力促使安卡拉采取更为友好的外交政策，新的贸易模式开始在平衡与阿拉伯国家关系方面扮演重要角色。土耳其陆续与一些阿拉伯国家（约旦、黎巴嫩、利比亚以及叙利亚）和俄罗斯谈判取消签证。土耳其、叙利亚、黎巴嫩和约旦的自由贸易区正在讨论中，将允许土耳其东南部城镇与其历史经济区相联系。伊拉克及其库尔德地区政府的联系带来许多新的商业和投资机会，使伊拉克成为土耳其第五大出口国。土耳其出口贸易的范围和数额从表 4-5 可见一斑。

---

① William Hale and Ergun Özbudun, *Islamism, Democracy and Liberalism in Turkey: The Case of the AKP*, p. 99.
② Ersin Kalaycıoğlu, "Justice and Development Party at the Helm: Resurgence of Islam or Restitution of the Right-of-Center Predominant Party?", in B. Yesilada and B. Rubin eds., *Islamization of Turkey under the AKP Rule*, p. 41.
③ 郭长刚、刘义主编：《土耳其发展报告（2015）》，第 29 页。
④ D8 集团于 1997 年成立，由 8 个伊斯兰发展中国家组成，成员国包括印度尼西亚、伊朗、马来西亚、尼日利亚、巴基斯坦、埃及、土耳其和孟加拉国。

表 4-5　　2009 年、2019 年土耳其对主要贸易伙伴出口额　　单位：百万美元

国别	2009 年	2019 年
德国	978.3225	15433
法国	620.8801	7639
英国	591.5169	10868
意大利	589.0484	9298
伊拉克	512.3510	8998
美国	322.2821	8056
俄罗斯	320.2398	3855
阿拉伯联合酋长国	289.8839	3517
埃及	261.8193	33318
西班牙	282.3657	7663
罗马尼亚	221.5736	3858
荷兰	212.3961	5445
比利时	179.6230	3246
以色列	152.8459	4359
波兰	132.1118	3309

资料来源：本表根据网站数据和论文数据制作而成。参见 Gül Berna and Hasan Turunç, "Economic Liberalization and Class Dynamics in Turkey: New Business Groups and Islamic Mobilization", *Insight Turkey*, Vol.13, No.3, 2011, p.79。

2002 年以来，土耳其与 23 个国家签署免签证协定，截至目前，土耳其持有普通公民护照的免签证国家和地区达到 93 个。土耳其还与 16 个国家发起"高层次战略协作委员会"（High Level Strategic Cooperation Council），2007 年发起土耳其—阿拉伯经济论坛（Turkish-Arab Economic Forum），2009 年与海合会建立经济协作委员会（Economic Cooperation Committee）。土耳其与欧洲自由贸易联盟（The European Free Trade Association）的自由贸易协定正式生效。积极谋求加入上海合作组织。为了扩大与商业和贸易投资伙伴的合作，土耳其加速与 79 个国家签署避免双重征税与防止逃税的双边协议，与 92 个国家加快相互促进和保护投资的协商。在实现贸易多元化方面，土耳其发起针对非传统市场，诸如非洲、拉丁美洲、东亚市场的开放性政策。

随着土耳其越来越趋于国际化，其对国外的直接投资也增速明显。就数目而言，土耳其成为仅次于中国的第二大承包商，还是世界上生产

水泥、玻璃、钢材、陶瓷等产品的十二个国家之一。以2013年为例，土耳其400多家公司在海外投资，主要包括撒哈拉南部非洲的安哥拉、埃塞尔比亚、加纳、南非、南苏丹、喀麦隆、苏丹、肯尼亚、马达加斯加、莫桑比克、尼日利亚、塞内加尔、赞比亚等国，总投资13亿美元，中东国家的阿联酋、卡塔尔、沙特、阿曼、巴勒斯坦、伊拉克、伊朗、以色列、约旦、也门等，共计40亿美元，北非的摩洛哥、突尼斯、阿尔及利亚、利比亚和埃及，共计9亿美元，北美的美国、加拿大、墨西哥，共计1.35亿美元，南美的阿根廷、巴西、智利、哥伦比亚、委内瑞拉等，共计2亿美元，欧洲的德国、阿尔巴尼亚、奥地利、比利时、波斯尼亚和黑塞哥维那、保加利亚、捷克、丹麦、芬兰、法国、克罗地亚、荷兰、英国、爱尔兰、西班牙、瑞典、瑞士、意大利、塞尔维亚、黑山、科索沃、希腊、斯洛文尼亚、波兰、葡萄牙、罗马尼亚、匈牙利和马其顿，共计140万美元，亚太地区的阿富汗、澳大利亚、中国、印度尼西亚、菲律宾、韩国、印度、中国香港地区、马来西亚、蒙古、巴基斯坦、新加坡、泰国、越南等，共计130万美元，欧亚大陆的阿塞拜疆、白俄罗斯、格鲁吉亚、哈萨克斯坦、吉尔吉斯斯坦、乌兹别克斯坦、摩尔多瓦、俄联邦、塔吉克斯坦、土库曼斯坦和乌克兰，共计870万美元。① 土耳其公司不仅向诸如欧盟国家、俄罗斯、美国、中国投资，还向阿富汗、安哥拉、埃塞俄比亚、加纳、哥伦比亚等国投资。这种状态是正义与发展党政府旨在实现国家经济与商业伙伴来源多元化的新外交贸易战略的产物。2002—2008年，外贸增长很快，从2002年占GDP的38%增长到2007年的42%，反映了土耳其积极融入全球经济的态势。外贸的增长说明土耳其是一个工业化国家。尽管进口也在增长，但2001-2007年进口商品的种类并没有太大变化，原材料和中间产品占73%，17%是资本商品，10%是消费品。进口的增长也是经济增长的结果，原材料包括石油进口即为主要表现。工业品的出口也增长很快，占出口产品的92%—94%，农产品和矿产品占剩余的6%—8%。在工业品出口中，2001年，服装和纺织品占50.5%以上，到2007年仅占20.7%。② 土耳其商品在国际市场的竞争

---

① "Turkish Economy in Last Ten Years – Turkish Embassy", http://www.docin.com/p-940666874.html.

② 转引自William Hale and Ergun Özbudun, *Islamism, Democracy and Liberalism in Turkey: The Case of the AKP*, p. 112。

力增强，尤其是劳动密集型产业。资本密集的工业发展很快，土耳其成为汽车行业的技术中心，采取外国公司与土耳其合作的方式来运营。从出口地区来看，欧盟依然是土耳其最大的出口市场。2018年，土耳其对欧盟出口总额达840亿美元，约占土耳其出口总额的一半。从国别来看，德国是土耳其最大的出口市场，其次是英国和意大利。俄罗斯为土耳其最大的进口来源国，进口额达230亿美元。① 进口远超过出口使土耳其出现了外贸赤字，部分通过服务业尤其是旅游业来弥补。土耳其旅游业发展很快，外国游客从2001年的1160万人增加到2007年的2330万人，同期的旅游收入从100亿美元增加到180亿美元。② 2020年突如其来的新冠疫情导致旅游业收入锐减，不得不放松管控来刺激旅游业发展，积极与更多国家恢复直航，力推俄罗斯、德国等开放赴土旅行，但带来新增病例的反弹，再加上主要贸易伙伴的需求下降，土耳其经济陷入一种无法自恰的恶性循环。外国对土耳其经济的信任促使他们开始投资土耳其来解决当前的赤字问题，促进了资本的流入，加速了工业现代化。相当多流动资本的涌入是受发展中资本市场的吸引，因为其利率要比其他国家高得多，不过这导致经济增长倚重外来资本，为里拉危机埋下了隐患。

土耳其公司的资本流向相对集中。土耳其将大约40亿美元投向能源产业、30亿美元投向银行业、30亿美元投向制造业、20亿美元投向信息产业、15亿美元投向金融服务业、14亿美元投向商业。③ 土耳其航空公司（Turkish Airline）是土耳其公共与私人因素协作的成功案例。截至2013年9月30日，其航线涵盖104个国家，就目的国有239个，位居世界第四。土耳其航空公司被选为"欧洲最好的航空公司""南欧最好的航线"，获得2013年世界航空大奖赛（Skytrax World Airline Awards）"最佳商务舱餐饮"称号。随着经济的迅速增长和在国际市场所占份额的攀升，土耳其积极参与实施联合国千年发展目标（Millennium Development Goals）。土耳其在过去十年内强化其对外协作，稳定的经济增长和社会进

---

① 《2018年土耳其贸易逆差大幅收窄》，2019年2月1日，http://www.xinhuanet.com/2019-02/01/c_1210053213.htm。

② William Hale and Ergun Özbudun, *Islamism, Democracy and Liberalism in Turkey: The Case of the AKP*, p.112.

③ "Turkish Economy in Last Ten Years - Turkish Embassy", http://www.docin.com/p-940666874.html。

步为其赢得了相对稳定的政治秩序,也相应增加了旅游收入,目前土耳其位居世界六大旅游胜地之列。

正义与发展党政府的经济改革改善了投资环境,吸引了大批外商的直接投资。目前土耳其拥有更多关于外国资本的立法和透明的监管体系,基于最惠国基础赋予国内外商业界以权利、激励、豁免和特权。土耳其法律接受国内外投资者关于投资争论的国际仲裁,外国资本有权在土耳其使用外国雇员,除了传媒领域,100%的外资控股是允许的,外来投资者自由处理他们的资本和盈利。土耳其法律制度保护和为诸如土地、建筑和抵押等资本权利的获得与处置提供便利,外国人和外国公司可以在土耳其购置财产,免税区和技术开发区慷慨的税收优惠也为投资提供了激励。目前土耳其有 20 个免税区,免税区的企业免收 100% 的关税、100%的公司所得税(Corporate Income Tax)、100%的增值税和特殊消费税(Value Added Tax and Special Consumption Tax)。公司可以自由将利润转到土耳其境内外的免税区而不受限制。土耳其有 37 个技术开发区。2013 年自贸区的贸易额达到 230 亿美元。① 2012 年 4 月,土耳其引入新的竞争性机制来优先发展高科技、高附加值行业,新的投资激励机制包括免税、关税豁免、降税和收入免税、利率支持和土地配置等,促使其成为地区商业枢纽。外国公司利用自贸区以及土耳其这个商业伙伴进入欧洲市场,并在巴尔干、中亚、高加索和中东地区寻找商业机会。

土耳其为了扩大贸易出口积极发展对外贸易,与阿拉伯、欧盟、俄罗斯以及伊朗贸易额的增加吸引了那些对新市场感兴趣的企业。2002 年,土耳其与欧盟 27 国的贸易额占其对外贸易额的一半以上;到 2004 年,双边贸易额下降,土耳其与欧盟诸国的贸易额占到对外总贸易额的 43%。② 2008 年,俄罗斯超过德国成为土耳其第一大贸易伙伴,这源于土耳其的天然气、化石燃料尤其是石油需求的增加,其中 40% 来自俄罗斯,形成对俄罗斯的巨大贸易逆差。2009 年,俄罗斯、德国、中国是土耳其三大进口国,主要进口项目是能源、技术和廉价消费品,对伊拉克、俄罗斯、阿联酋、埃及、罗马尼亚和伊朗出口增加明显,详见表 4-6:

---

① Turkish Economy in Last Ten Years – Turkish Embassy, http://www.docin.com/p-940666874.html.

② William Hale and Ergun Özbudun, *Islamism, Democracy and Liberalism in Turkey: The Case of the AKP*, p. 113.

表4-6　　　　　2009年、2019年土耳其主要贸易伙伴进口额　　单位：百万美元

国别	2009年	2019年
俄罗斯	1945.0086	22432
德国	1409.6963	17969
中国	1267.6573	18491
美国	857.5737	11184
意大利	767.3374	8608
法国	709.1795	6351
西班牙	377.6917	4225
英国	347.3433	5426
伊朗	340.5986	3267
韩国	311.8214	5647
日本	278.1971	3519
比利时	237.1516	3163
瑞士	199.9386	3259
印度	190.2607	6591

资料来源：本表根据网站数据和论文数据制作而成。参见 Gül Berna and Hasan Turunç, "Economic Liberalization and Class Dynamics in Turkey: New Business Groups and Islamic Mobilization", *Insight Turkey*, Vol.13, No.3, 2011, p.80。

相对稳定的政治环境和颇具吸引力的政策吸引了大批投资。目前大约有30000家拥有国际资本的公司在土耳其注册，这说明土耳其经济的弹性和投资政策的高效，也说明土耳其被众多资本投资者视为稳定的经济体和盈利的渠道。诸多国家2005—2009年在土耳其直接投资的数额也证明其对土耳其市场的信任，详见表4-7。

表4-7　　　　外国在土耳其的直接投资情况　　　　单位：百万美元

国别、区域	2005年	2006年	2007年	2008年	2009年
欧盟（27国）	5006	14489	12601	11051	4945
德国	391	357	954	1211	496
法国	2107	439	367	679	616

续表

国别、区域	2005年	2006年	2007年	2008年	2009年
荷兰	383	5069	5442	1343	738
英国	166	628	703	1336	350
意大利	692	189	74	249	314
其他欧盟国家	1267	7807	5061	6233	2341
非欧盟的欧洲国家	1646	85	373	291	305
非洲	3	21	5	82	2
美国	88	848	4212	863	260
加拿大	26	121	11	23	52
中美和加勒比海	8	33	494	60	19
亚洲	1756	1927	1405	2361	670
近中东国家	1678	1910	608	2199	358
海湾阿拉伯国家	1675	1783	311	1978	206

资料来源：Central Bank of the Republic of Turkey, http://www.invest.gov.tr/en-US/investmentguide/investorsguide/pages/FDIinTurkey.aspx. 转引自 Gül Berna and Hasan Turunç, "Economic Liberalization and Class Dynamics in Turkey: New Business Groups and Islamic Mobilization", *Insight Turkey*, Vol. 13, No. 3, 2011, p. 81.

目前，土耳其已经成为全球增速最快的能源市场。日趋增长的能源需要、市场自由化和土耳其作为能源中转站的角色都重塑了土耳其的投资空间，处于欧亚大陆交界处的地缘战略地位使土耳其能够发挥能源中转站的作用。随着工业化进程的推进，土耳其能源消费额迅速膨胀，成为继德国之后的第二大俄罗斯天然气消费国。这些能源大部分来自俄罗斯和伊朗，大多数用于工业制造业。在《土耳其2023年愿景》中，提出了关于能源的重要战略目标，诸如500万立方米的天然气储存能力，建造3个核电站，完全使用水电能源、建造地热和太阳能企业，提高循环使用率达到30%，与俄罗斯、日本协商分别在梅尔辛（Mersin）和锡诺普（Sinop）建造核电站。经济领域的合作促进了土耳其与周边国家外交关系的发展。

土耳其对外贸易额增长的同时，也带来了外国资本的流入。2003年，外国直接投资为61亿美元，其中72%来自欧盟，来自中东、北非国家的不足15%。2004—2007年，外国直接投资达到3650亿美元，欧盟和中东、北非国家分别为64%和26%。① 阿拉伯石油输出国成为直接投资的主要来源国，欧洲对土耳其直接投资增长迅速。土耳其对外来投资的依赖程度较高，为中东地区吸引外资最多的国家之一。由于贸易逆差和能源倚重进口，土耳其外债剧增。尤其是受美元汇率上升的影响，土耳其里拉在市场上持续疲软，给土耳其国际收支平衡带来困难，最终酿成严重的里拉危机。

第三节 正义与发展党政府的宗教文化实践

"政党是一端架在社会，另一端架在国家之上的桥梁。……政党就是把社会中思考和讨论的水流导入政治机构的水车，并使之转动的导管和水闸。"② 所以，政党是沟通社会和国家的桥梁，对于执政党而言，其宗教文化实践是发挥桥梁功能的重要载体。正义与发展党上台执政后，在整合伊斯兰主义与现代政治理念的基础上，基于重塑道德价值需要，实践复兴伊斯兰文化的诸多举措，并在加入欧盟的民主化改革驱动下，赋予民众更多文化权利和自由。实际上，正义与发展党作为土耳其政坛的中右政党，宗教传统文化是其强化自身合法性、扩大民众支持基础的重要手段，所以复兴伊斯兰文化的举措集中于第一、二任期，体现在伊玛目—哈提普学校、头巾问题和通奸法等方面。正义与发展党上台执政后，根据入盟的哥本哈根标准，通过一系列改革赋予库尔德人、阿拉维派和非穆斯林少数民族更多权利和自由，先后实施"库尔德开放""阿拉维派开放"政策，但是，正义与发展党政府的威权政治倾向和中东变局的发生导致其宗教文化实践有所调整。

一 正义与发展党政府的宗教教育政策及实践

土耳其是穆斯林占主体的国家，正义与发展党的社会基础决定其执政期间宗教文化政策相对保守。正义与发展党试图进行文化层面的革新以重塑世俗化改革所造成的道德失范和社会失衡，重新界定土耳其认同和社会规则，并通过伊斯兰教育、公民服务和修建清真寺等举措来深化

---

① William Hale and Ergun Özbudun, *Islamism, Democracy and Liberalism in Turkey: The Case of the AKP*, p. 113.
② Ernest Baker, *Reflections on Government*, Oxford: Oxford University Press, 1942, p. 39.

革新，以实现巩固政权的需要。

第一，正义与发展党积极营造宗教文化氛围。根据1999年统计数据，土耳其有96.9%的被统计者回应自称穆斯林，只有3%的回应不属于任何宗教。81.8%的穆斯林称其为逊尼派穆斯林，5.5%的穆斯林称其为非逊尼派穆斯林，9.9%的穆斯林不明白他们到底是不是逊尼派。相当比例的被统计者称他们定期礼拜，91%的被统计者在莱麦丹月守斋。在男性受访者中间，84.2%参加星期五聚礼，91.9%参加宗教节日的礼拜，但参加每天五次礼拜的仅仅为45.8%。① 这说明土耳其经过世俗化的洗礼仍然是宗教氛围浓厚的国家。正义与发展党上台后，致力于将伊斯兰文化引入公众生活，这表现在教育、传媒和文化等诸多领域，民众的信仰程度逐渐加深，2006年5月的调查结果证明了这一点。在1999—2006年，认为自己是"很虔诚的"民众比例从6%上升到13%，那些将其身份主要界定为穆斯林（而非土耳其人、土耳其共和国公民、库尔德人、阿拉维派或其他人）的比例从35.7%上升到44.6%。支持宗教政党的人数从24.6%上升到41.4%。当问及他们的世俗和伊斯兰主义的归属时，20.3%的回应称自己属于世俗阵营，23.4%的属于中间阵营，48.5%的属于伊斯兰阵营，属于极端伊斯兰阵营的只有10.3%。61.3%的被调查者并不相信伊斯兰激进分子旨在建立伊斯兰社会和政治秩序，32.6%的被调查者认为这是一个威胁。53.2%的受访者认为戴头巾的妇女数量增长很快，但调查数据显示戴头巾的妇女数量在微弱下降。② 1999年，42.4%的受访者认为虔诚的穆斯林遭到土耳其镇压，到2006年这个比例下降到17%。那些认为穆斯林并不允许实施伊斯兰教义务的从1999年的30.9%下降到2006年的14.3%。76.9%的被调查者认为民主是政府的最好形式，79.9%的支持言论自由，76.6%的反对针对根据宗教信仰生活而自由的限制，76.1%的反对限制使用母语，73.2%的反对使用酷刑，61.8%的支持集会和游行自由，前提是他们并不破坏公共秩序。26.8%的受访者相信土耳其的问题并

---

① Ali Çarkoğlu and Ersin Kalaycıoğlu, *Turkish Democracy Today: Elections, Protest and Stability in an Islamic Society*, pp. 120–130.

② William Hale and Ergun Özbudun, *Islamism, Democracy and Liberalism in Turkey: The Case of the AKP*, p. 30.

不能由民选政府而是应由军事政权来解决。① 这体现了民众对正义与发展党的认可，但是这种认可并不完全源于对其宗教文化政策的认可，部分得益于其巨大的经济发展成就。

正义与发展党上台后，利用媒体、教育、市场等机会空间创造新的认同，新认同通过国家机构、服饰、饮食和建筑来体现。凯末尔政权为了实现"国家对宗教的控制"而设立的宗教事务局逐渐成为强化宗教认同的助推器。根据1924年宪法，宗教事务局在关涉信仰和礼拜等方面发挥咨询角色作用，其功能局限于管理清真寺和训练、监管穆夫提和伊玛目。近年来，宗教事务局为了国家利益开始将伊斯兰规范传递到私人生活，包括主张妇女戴头巾、增加清真寺和伊玛目等。"这些政治家（来自正义与发展党）宣称国家通过宗教事务局与宗教服务协作，对于保护伊斯兰服务的效率和避免伊斯兰社团的混乱状态是必要的。……来自正义与发展党的穆罕默德·艾登（Mehmet Aydın）回击宗教事务局雇用22344名新伊玛目的批评时指出，土耳其有75941座清真寺，其中22344所缺乏宗教事务局配备的伊玛目。在这些空缺伊玛目的清真寺中，不合适的人将会不合时宜地教授宗教。合适的宗教服务是国家的职责。"② 正义与发展党加强对酒类的限制，提倡少饮酒、减少酒吧和餐馆酒类许可证的发放，许多市政官员主张国有餐馆和咖啡店禁酒，一些人甚至建议在城市中单辟饮酒区。根据尼尔森公司（Nielsen Corporation）的调查，土耳其咖啡馆、酒吧和餐馆酒类出售在2005—2008年下降了12%。③ 在这种情况下，许多土耳其人私下表示他们羞于在公开场合喝酒是害怕其消费将被正义与发展党支持者曝光。土耳其社会学家耶舍姆·阿拉特（Yeşim Arat）的研究结果表明，存在"通过公共机构、教育体系和市民社会组织传播妇女附属角色地位的宗教价值观念。拥有性别歧视观念的政党精英正在渗透进政治制度，曾经禁止的宗教运动建立学校、宿舍和古兰经学

---

① William Hale and Ergun Özbudun, *Islamism, Democracy and Liberalism in Turkey: The Case of the AKP*, p. 32.

② Ahmet T. Kuru, "Reinterpretation of Secularism in Turkey: The Case of the Justice and Development Party", in M. Hakan Yavuz ed., *The Emergence of a New Turkey: Democracy and the Ak Parti*, p. 13.

③ 转引自Zeyno Baran, *Torn Country: Turkey between Secularism and Islamism*, p. 101。

校，使得年轻人接受宗教赋予妇女的附属角色地位"①。这展现了正义与发展党执政期间土耳其社会的发展现实。凯末尔主义精英坚决反对正义与发展党的宗教性政策。2006年10月，塞泽尔总统在大国民议会的公开演讲中警告正义与发展党带来的伊斯兰威胁；在2007年4月军事学院军官团的演讲时重申该威胁，宣称国内和外国力量借助民主化的幌子来试图伊斯兰化土耳其。② 这充分体现了世俗主义者和伊斯兰主义者在宗教问题上的分歧和冲突。

第二，正义与发展党将伊玛目—哈提普学校作为实践宗教教育政策的载体。土耳其国家控制宗教的世俗主义政治建构旨在割断奥斯曼帝国的历史遗产和宗教对教育司法等领域的垄断，所以，土耳其共和国成立后，建立宗教事务局来管理国家宗教事务，成立伊玛目—哈提普学校培养服务于新生国家的教职人员。1923年，土耳其先后在全国29个地方设立伊玛目—哈提普学校，旨在培养"开明"的伊玛目和哈提普③，隶属于教育部的国立学校。随着世俗主义改革推进，伊玛目—哈提普学校陆续被取缔。20世纪40年代末，伊玛目—哈提普学校重新开设，并成为国家教育体系的重要组成部分。60年代末，伊玛目—哈提普学校归新成立的宗教教育司管辖，被归入"职业"学校的行列。1973年5月29日，土耳其政府通过《国民教育基本法》，规定"教育部建立伊玛目—哈提普学校，培养教职人员，如伊玛目和哈提普，开展宗教服务或教授古兰经课程，设立职业教育以及高等教育的准备课程"④。20世纪80年代末和90年代初，伊玛目—哈提普学校作为初中等教育机构得到广泛接受，毕业生除了担任教职之外，几乎供职于所有行业，甚至进入高等教育机构，伊玛目—哈提普学校的毕业生能够进入大学的任何院系，前提是他们能够和普通高中毕业生一样通过大学入学考试。苏莱曼·德米雷尔反复强调这些学校并不仅仅培养伊玛目，"它们向受教育的、懂得他们宗教信仰

---

① Yeşim Arat, "Religion, Politics and Gender Equality in Turkey: Implications of a Democratic Paradox", *Third World Quarterly*, Vol. 31, No. 6, p. 871.

② Zeyno Baran, *Torn Country: Turkey between Secularism and Islamism*, p. 59.

③ Mustafa Kemal Coskun and Burcu Senturk, "The Growth of Islamic Education in Turkey: The AKP's Policies toward Imam-Hatip Schools", in Kemal İnal and Güliz Akkaymak eds., *Neoliberal Transformation of Education in Turkey: Political and Ideological Analysis of Educational Reforms in the Age of AKP*, New York: Palgrave Macmillan, 2012, p. 166.

④ Iren Ozgur, *Islam Schools in Modern Turkey*, New York: Cambridge Press, 2012, p. 45.

的医生、律师、工程师开放"①。由于大部分民族观运动政党和正义与发展党的骨干是伊玛目—哈提普学校的毕业生，世俗主义者认为，他们正在培养伊斯兰精英，因而违背了1924年的教育统一法。1997年的后现代政变推行如下两项政策：一是实施八年制教育政策，将义务教育从5年延长至8年，这就关闭了伊玛目—哈提普学校的六、七、八年级；二是修订大学入学考试规定，使伊玛目—哈提普学校毕业生不能进入除神学院之外的大学。1996—1997学年，鼎盛时期的伊玛目—哈提普学校有511502名学生。在上述政策影响下，到2002—2003学年，这些学校的学生人数减少到64534名。②

伊玛目—哈提普学校与正义与发展党关系密切，包括埃尔多安、居尔和比伦特·阿林奇在内的党内精英曾在伊玛目—哈提普学校接受过中等教育，保守的民主意识形态所内含的道德价值主要来自这些学校的渗透和教育，正义与发展党的社会基础也离不开伊玛目—哈提普学校和其他宗教学校的培养和熏陶。对2002年议会选举中支持正义与发展党的1903位选民的调查结果显示，近30%的受访者表示其本人或至少一名直系家庭成员在伊玛目—哈提普学校学习或毕业。③ 有统计数字表明，2007年正义与发展党的当选议员中，有1/3是伊玛目—哈提普学校的毕业生。④ 正义与发展党还招募伊玛目—哈提普学校毕业生充实到教育、卫生、司法等部门，这是其被反对派视为拥有隐匿的政治目的的重要根据之一。正义与发展党上台执政后，支持宗教文化的政策导致伊玛目—哈提普学校发展迅速，从2003年的64532所增加到2009年的143637所，宗教事务局工作人员的人数在2008年达到83033名。⑤ 随着伊玛目—哈提普学校数目的增加，其毕业生超出国家需要的伊玛目和哈提普岗位。由于大批伊玛目—哈提普学校毕业生是女生，但是女生并不能从事伊玛

---

① William Hale and Ergun Özbudun, *Islamism, Democracy and Liberalism in Turkey: The Case of the AKP*, p. 69.

② Ahmet T. Kuru, "Reinterpretation of Secularism in Turkey: The Case of the Justice and Development Party", in M. Hakan Yavuz ed., *The Emergence of a New Turkey: Democracy and the Ak Parti*, p. 151.

③ Iren Ozgur, *Islam Schools in Modern Turkey*, p. 132.

④ Iren Ozgur, *Islam Schools in Modern Turkey*, p. 132.

⑤ Mustafa Şen, "Transformation of Turkish Islamism and the Rise of the Justice and Development Party", in Birol Yeşilada and Barry Rubin eds., *Islamization of Turkey under the AKP Rule*, p. 66.

目或哈提普的职业，所以正义与发展党试图打破1997年后现代政变对伊玛目—哈提普学校的限制，为其毕业生进入大学创造条件。2004年春，正义与发展党政府出台第5171号法令以修改高等教育法的某些条款，给予所有职业学校包括伊玛目—哈提普学校平等参加入学考试机会。2004年5月28日，该法令遭到世俗主义阵营和塞泽尔总统的否定，塞泽尔总统反对的理由之一是宪法第131条赋予高等教育委员会（The Council of Higher Education）"计划、规范、管理和监管"高等教育的权力，因此议会无权规定进入大学的条件。塞泽尔总统的第二个反对理由是，给予伊玛目—哈提普学校毕业生平等地参加大学入学考试的权利违背了1924年的教育统一法，有悖于民主、世俗、平等、公正、实用和科学的教育理念。在塞泽尔总统实施否决权之前，总参谋长发表声明认为，这些学校旨在培养教职人员，因此采用第5171号法令违反教育统一原则和世俗教育原则。① 埃尔多安总理回应称："不论他们进入大学、高中或是伊玛目—哈提普学校，孩子是我们最宝贵的财富，那些歧视他们的人背叛了国家。"② 但正义与发展党政府没有否定总统的否决权③，埃尔多安曾解释说，"那些将孩子送到职业学校的父母不能支持该协定，社会也不能承受足够的压力。我们可以把议案提交议会两次，但是我们为其代价做好准备了吗？存在与其连带的代价。作为一个政府，我们还没有为其付出的代价做好准备。"④ 这就导致关于伊玛目—哈提普学校毕业生获得平等进入大学机会的议案流产，但伊玛目—哈提普学校继续发展。

2008年的兰德（RAND）报告指出，"正义与发展党已经将伊玛目—哈提普学校的毕业生安置到政府部门和所有层次的国有公司……正义与发展党骨干，包括伊玛目—哈提普学校毕业生，纳入国家权力机构将是改变世俗—宗教平衡的重要工具之一"⑤。2011年12月，土耳其高等教育

---

① William Hale and Ergun Özbudun, *Islamism, Democracy and Liberalism in Turkey: The Case of the AKP*, p. 70.
② Iren Ozgur, *Islam Schools in Modern Turkey*, p. 137.
③ 根据1982年宪法，如果一个被否决的议案以议会的简单多数获得通过，总统将不得不批准颁布它。然而，即使在颁布之后，总统仍可以将其诉诸宪法法院。
④ Milliyet, 3 July 2004. 转引自 Sultan Tepe, "A Pro-Islamic Party? Promise and Limits of Turkey's Justice and Development Party", in M. Hakan Yavuz ed., *The Emergence of a New Turkey: Democracy and the AK Parti*, p. 127.
⑤ Angel Rabasa and Stephen Larrabee, *The Rise of Political Islam in Turkey*, p. 19.

委员会决定废除针对类似伊玛目—哈提普学校的相关限制，规定从2012年开始，伊玛目—哈提普学校毕业生凭借全国高等学校入学考试成绩可以被大学录取。高等教育委员会主席优素福·齐亚·厄兹詹指出，"我们正在实施的新制度有利于公平。这不仅与伊玛目—哈提普学校有关，因为他们仅占所有高中生的5%。废除系数制度对所有人都很重要。我们希望每一位高中生都能从这一新制度中获益"①。有学者认为，伊玛目—哈提普学校是作为培养能够阐述正义与发展党主张和传播其意识形态的新兴保守现代知识分子的工具而存在的；正义与发展党政府旨在培养新的持保守意识形态的公职人员和公务员。② 而雅乌兹认为，世俗学校和伊玛目—哈提普学校的差异制造了教育体系内部的主要冲突，导致两种对立的历史、现代性和民族认同版本之间的僵化。③ 实际上，伊玛目—哈提普学校是现代土耳其教育体系的组成部分，但并不是教育体系的主导力量，其作为正义与发展党培养民众传统道德价值的载体而增加了执政党的保守主义色彩。

第三，正义与发展党借助头巾与世俗主义者争夺生存空间。头巾在很大程度上是伊斯兰传统文化的象征和载体，头巾问题体现了世俗主义和伊斯兰主义力量之间的博弈。凯末尔世俗化改革中通过的帽子法规定，禁止穆斯林戴费兹帽和穿着图尔班（turban），除了宗教职员之外，普通穆斯林不准着宗教服饰，这成为头巾禁令出台的最初依据。伊朗头巾取代王冠的伊斯兰革命使得以埃夫伦将军为首的军方认识到禁止戴头巾的重要性。1982年12月20日，土耳其高等教育委员会颁布了有关服饰和爱好的行政令（Circular Order），规定严禁佩戴头巾的学生进入大学校园。④ 埃夫伦将军对此表示支持。世俗女权主义者将头巾视为男人控制女人的象征来支持头巾禁令。这不仅引发有关头巾问题的激烈争论，也导致部分戴头巾的学生被高等教育委员会驱逐出学校。1984年，国务委员会一致决定："我们的一些没有接受教育的女孩深受她们社会环境、风俗

---

① Iren Ozgur, *Islam Schools in Modern Turkey*, p. 139.
② Mustafa Kemal Coskun and Burcu Senturk, "The Growth of Islamic Education in Turkey: The AKP's Policies toward Imam-Hatip Schools", pp. 165, 170.
③ M. Hakan Yavuz, *Secularism and Muslim Democracy in Turkey*, p. 164.
④ Dilek Cindoglu, "Headscarf Ban and Discrimination: Professional Headscarved Women in the Labor Market", *TESEV Publications*, March 2011, pp. 33-34.

和习惯的影响而戴头巾，她们对此没有特殊的想法。然而，我们的一些接受的教育足以抵制她们社会环境和习俗的女孩和妇女戴头巾则是对世俗共和国基本原则的反对，表明她们接受了一个宗教国家的理想。对于这些人而言，头巾不再是一种天真的习惯，而是反对妇女解放和共和国基本原则的世界观的象征……因此，将（戴头巾的学生）开除并不与法律相抵触，因为在大学接受高等教育时并不摘掉头巾，她们违反了国家的世俗主义原则。"① 但是，国务委员会的决定并没有中止关于头巾问题的讨论。1988年，祖国党政府通过第3511号法案允许大学女生基于宗教信条的规定而遮盖她们的头发和脖子。埃夫伦总统否决了该法案，认为服饰的绝对自由违背阿塔图尔克原则和改革、现代思想、世俗主义和平等原则，以该法令不合宪法为由将其诉诸宪法法院。在宪法法院看来，允许在大学中戴头巾的特定立法将会激发宗教冲突，威胁国家和民族的统一，破坏公共秩序。"服饰法并不仅仅是一个外在穿着的问题。世俗主义是一种意识的转化，这是一个现代的健康的社会所必需的。个人是内在和外在生活、情感和思想、身体和精神的统一。服饰是反映个人性格的途径。不考虑其是宗教与否，与革命法律相抵触的反现代的服饰都被视为是不合适的。特别是宗教服饰，由于其与世俗主义原则相冲突是不和谐的。"② 宪法法院的十名成员同意该决议，只有梅米特·辛那利（Mehmet Cinarli）表达了不同的意见。③ 考虑到宪法法院的决议，议会通过另一项法案，"只要他们并不违反现存的法律，服饰形式在大学中是自由的"④。宪法法院的决议并没有中止头巾问题。根据相关调查，大学中

---

① Ahmet T. Kuru, "Reinterpretation of Secularism in Turkey: The Case of the Justice and Development Party", in M. Hakan Yavuz ed., *The Emergence of a New Turkey: Democracy and the Ak Parti*, p. 147.

② Ahmet T. Kuru, "Reinterpretation of Secularism in Turkey: The Case of the Justice and Development Party", in M. Hakan Yavuz ed., *The Emergence of a New Turkey: Democracy and the Ak Parti*, p. 148.

③ Mehmet Cinarli 从以下四个方面表达了自己观点：一是禁止戴头巾是与宪法所保护的个人自由相违背的；二是宪法赋予议会为了公共秩序的利益限制自由的权利，如果议会决定扩大某种权利，司法机构无权限制他们；三是阿塔图尔克的演讲和革命法并不包含任何反对头巾的内容；四是法院所判定的头巾或者是政治象征或是落后的传统，并没有真正反映现实，根据宗教事务局的官方宣言，戴头巾是一种宗教职责，许多戴面纱的学生则是实践这种职责。

④ Ahmet T. Kuru, "Reinterpretation of Secularism in Turkey: The Case of the Justice and Development Party", in M. Hakan Yavuz ed., *The Emergence of a New Turkey: Democracy and the Ak Parti*, p. 148.

头巾禁令的支持者仅仅占16%，而76%的人则是反对该禁令的。① 宪法法院在1991年4月9日的判决中指出该法令并不是违宪，而是应该根据宪法法院的早期决议来解释。随着伊斯兰主义的兴起，关于头巾的争论愈演愈烈。1997年的后现代政变后，高等教育委员会制定并实施针对大学教师和学生的服饰法，取消任何有关伊斯兰教的服饰，禁止妇女戴头巾和男人蓄胡子，学生在许多学校进行反抗，并在1998年10月达到高潮，成千上万的学生因不愿上交不戴头巾或不蓄胡子的照片而不能继续他们的学习。美德党指出，《古兰经》规定，穆斯林应在公共场合戴头巾，宣称其政党要捍卫大学生戴头巾的权利，对学生进行支持。祖拜达（Zubaida）指出："头巾促进而非阻碍妇女更为广泛地参与政治，对赋予妇女虔敬和谦逊的公共形象极为重要。"② 1999年大选后，针对头巾问题发生了引起轰动的"卡瓦科奇事件"。5月2日，美德党议员梅乌·卡瓦科奇（Merve Kavakci）戴着头巾进入议会大厅宣誓，其他议会政党议员边敲桌子边高喊"出去出去"以示抗议，埃杰维特总理宣称："这个女人应该知道自己的限制，在一个世俗的共和国没有头巾的位置。"③ 大国民议会议长宣布休会，梅乌·卡瓦科奇在未宣誓的情况下被迫离开议会。

正义与发展党上台后，支持将伊斯兰规范引入日常生活，戴头巾的妇女人数显著增多。有民意调查结果显示，戴头巾妇女人数在2003—2007年从4.1%增加到19.7%，同期已婚妇女戴头巾的人数增长了3倍，为75%。④ 所以，正义与发展党积极着手解决头巾问题，但也不能操之过急。一方面，正义与发展党的选民基础需要一个更为积极的政策解决该问题，而且大部分正义与发展党成员都有戴头巾的妻子和女儿。另一方面，上台伊始的正义与发展党并不能因为解决头巾问题而使自己陷入困境，因为宪法法院曾将该问题作为取缔繁荣党的原因之一和解散美德党的唯一原因。2003—2004年，土耳其爆发关于佩戴头巾的争论，宪法法

---

① Ahmet T. Kuru, "Reinterpretation of Secularism in Turkey: The Case of the Justice and Development Party", in M. Hakan Yavuz ed., *The Emergence of a New Turkey: Democracy and the Ak Parti*, p. 149.

② S. Zubaida, "Trajectories of Political Islam: Egypt, Iran and Turkey", in D. Marquand and R. Nettler eds., *Religion and Democracy*, Oxford: Blackwell Publishers, 2000, p. 76.

③ Kim Shively, "Religious Bodies and the Secular State: The Merve Kavakci Affair", *Journal of Middle East Women's Studies*, Vol. 1, No. 3, Fall 2005, p. 52.

④ Zeyno Baran, *Torn Country: Turkey between Secularism and Islamism*, p. 92.

院和欧洲人权法院都认为，公共服务领域的宗教象征物是对世俗主义原则的背离，但外交部部长居尔及其妻子将针对土耳其国家的诉讼案提交欧洲人权法院。2005年11月，欧洲人权法院遵从伊斯坦布尔大学在1998年作出的禁止戴头巾的决定，该决定使正义与发展党感到吃惊，埃尔多安总理声称："这个法院不能作出这个决定，他们应该询问宗教群体乌莱玛。"① 2006年4月23日，在大国民议会的纪念会上，议会发言人布伦特·阿林奇告诉其立法盟友，世俗主义的宪法原则应该重新界定，以保证清真寺和国家的分离，而不阻止私人虔诚的公开表达，激进的世俗主义实践并不能将社会变成一个大监狱。② 布伦特·阿林奇的演讲被解读为呼吁宪法改革以清除头巾禁令，为将伊斯兰教回归社会扫清了道路。

2007年12月13日，民族行动党主席德杰夫列特·巴赫彻利召开新闻发布会，宣称愿意与正义与发展党合作以寻找解决"头巾问题"的方法。2008年年初，埃尔多安在马德里的一次新闻发布会上宣称头巾禁令应该废除，即使其被用于政治象征。他补充说，不需要等待采用新宪法，仅仅通过宪法修正案就能解决问题。埃尔多安的言论遭到反对党的激烈批评，但是却得到民族行动党的支持，巴赫彻利认为，头巾禁令应该通过改变宪法有关平等的条款来取消。2008年1月24日，埃尔多安和巴赫彻利召开会议同意修订宪法第10条和42条，第10条关于平等的改变包括增加这样的字眼，"使用各种形式的公共服务"，第42条关于教育权增加一个新段落："没有人可以被剥夺因为法律没有规定的原因而接受高等教育的机会。"关于实施这个权利的限制应该由法律来决定，这将能够从法律上废除大学生禁止戴头巾的禁令。经过两党的密切协商，他们达成关于宪法第10—42条的宪法修正案，修正案得到278名正义与发展党议员、70名民族行动党签名后被提交到大国民议会。2月9日，议会针对该宪法修正案进行投票，结果得到411票支持，这就意味着80%的议员同意该修正案。与此同时开展的民意调查表明，80%的民众也支持宪法的改变。共和人民党和民主左翼党议员表示质疑，认为宪法修正案违背宪法前三条不可更改的条款，因而是无效的。③ 3月14日，最高上诉法院首席

---

① Zeyno Baran, *Torn Country*: *Turkey between Secularism and Islamism*, p. 56.
② Zeyno Baran, *Torn Country*: *Turkey between Secularism and Islamism*, p. 57.
③ William Hale and Ergun Özbudun, *Islamism*, *Democracy and Liberalism in Turkey*: *The Case of the AKP*, p. 73.

检察官阿卜杜勒-拉赫曼·亚尔琴卡亚基于宪法第 68、69 条启动取缔正义与发展党的程序,宣称正义与发展党已经成为反宪法活动的焦点,旨在破坏土耳其的世俗属性。尽管该宪法修正案得到议会四分之三议员的支持,不仅包括正义与发展党议员,还包括民族行动党和库尔德民主社会党、独立议员,但首席检察官基于该宪法修正案作为取缔政党的理由,要求禁止居尔、埃尔多安和正义与发展党的 71 名议员在五年内参政。长达 162 页的起诉书中的大部分证据根据谷歌搜索收集而来,诸如民众参与宗教节日的庆祝活动以及莱麦丹月的开斋晚宴等证据也无多少说服力,许多人认为该事件超越了司法范畴而成为政治斗争。6 月 5 日,宪法法院否决宪法修正案,认为其与宪法不可更改的条款即世俗主义原则相悖。2008 年 7 月 30 日,宪法法院宣称关于正义与发展党的判决,尽管大多数法官(11 名中的 6 名)支持取缔正义与发展党,但并没有达到宪法要求的 3/5 多数,即 11 名中至少 7 名法官同意,正义与发展党免遭被取缔的命运,但是,宪法法院成员认为,正义与发展党违反宪法禁令,决定剥夺其部分财政拨款。正义与发展党成功渡过宪法危机,但有关废除头巾禁令的宪法修正案也遭到废除。

2008—2014 年,土耳其国内支持头巾禁令的军方权力弱化和正义与发展党扩大政治和社会支持为解决头巾问题提供了有利环境。2011 年,当高等教育委员会发布命令规定不准禁止学生进入教室,即使他们违反纪律规定,大学开始接受戴头巾的学生。2013 年,随着法律变化,头巾在公共领域开始解放。同样,正义与发展党的 4 名戴头巾的成员参加了议会。① 随着正义与发展党的权力巩固和立法程序的发展,宪法法院改变了其对世俗主义的理解②,认为世俗主义应包括对所有生活方式包括宗教属性的尊重,在 2014 年的第 256 号判决中,宪法法院裁定禁止律师在法庭上戴头巾违背了宗教自由,因此,头巾禁令是违宪的,应该予以撤销。③ 同

---

① Lacin Idil Oztig, "The Turkish Constitutional Court, laicism and the Headscarf Issue", *Third World Quarterly*, Vol. 39, No. 3, 2018, p. 599.

② 在 1989 年、1991 年和 2008 年的违宪判决中,宪法法院坚持认为头巾在公共领域的存在违反了世俗主义原则,世俗主义不仅应使政治与宗教分离,而且还应规范个人的生活方式。由于头巾与宗教生活方式相联系,所以被描绘成与现代生活方式相对立的东西。参见 Lacin Idil Oztig, "The Turkish Constitutional Court, Laicism and the Headscarf Issue", p. 602。

③ Lacin Idil Oztig, "The Turkish Constitutional Court, Laicism and the Headscarf Issue", p. 595.

年，埃尔多安总统任命一名戴头巾的律师成为最高法官与检察官委员会成员，随后初高中女生也被允许戴头巾。2015年，史上首次戴头巾的议员在议会宣誓。2016年，随着对警察服饰法的修改，女警察被允许在帽子下面戴头巾。

正义与发展党的头巾问题蕴含着土耳其政坛复杂的政治斗争。一方面，头巾是世俗主义者和伊斯兰主义者权力斗争的重要载体，世俗主义者以废除头巾禁令偏离世俗主义国家属性为由来强化对其执政合法性的质疑。另一方面，头巾问题也是土耳其入盟民主化进程的试金石。在满足哥本哈根标准的要求下，土耳其推行一系列涵盖公民宗教信仰自由的系统改革，然而，当正义与发展党将头巾禁令提交欧洲人权法院时，欧洲人权法院却宣称尊重土耳其宪法法院的裁决。这既说明欧洲的双重标准，也说明世俗主义仍然是西方国家判断土耳其的基本立场。实际上，这也促使正义与发展党意识到解决头巾问题只能依靠国内力量，此后抛出的宪法修正案即为证明，但执政党对头巾问题的工具性利用说明伊斯兰主义并不是其追求的目标，这也提供了其属于保守的民主政党而非伊斯兰政党的证据。

二 正义与发展党政府的库尔德开放政策及实践

库尔德人作为土耳其人口最多的少数民族，主要居住在安纳托利亚东南部地区，其中75%—80%的库尔德人是逊尼派穆斯林，剩下的主要是什叶派、耶齐德派（Yezidis）、阿拉维派及其他宗教少数派。在现代化进程中，库尔德人的社会地位和政治诉求出现很大分歧，有些库尔德人的政治要求相对温和，仅仅呼吁承认其身份、权利和地位；有些库尔德人则要求实行地区自治、联邦制，甚至要求与周边国家的库尔德人组建独立的库尔德国家；有些库尔德人则完全融入土耳其族社区，拥有一定的政治和经济地位，不愿意返回安纳托利亚东南部的库尔德人聚居区，主张捍卫民族国家统一，反对库尔德人自治或独立，他们的不同立场使得库尔德人出现坚持暴力反抗和合法斗争的分野。"库尔德问题是指库尔德人对族裔权利的追求与其所在民族国家在宪法和公民权利设定方面产生的矛盾和冲突，是库尔德人追求自身权利的诉求与所在民族国家不同的库尔德政策之间相互作用的产物。"[①] "土耳其库尔德问题的根源在于土耳

[①] 李秉忠：《土耳其民族国家建设和库尔德问题的演进》，第2页。

其共和国在奥斯曼帝国多族群、多宗教遗产基础上所采取的强制性同化措施损害到库尔德人的文化权利，向民主国家转变又过于仓促进一步激化了矛盾。"① 库尔德问题挑战了土耳其身份和安全之根、国家在社会中的作用、民主的本质、土耳其经济的健康发展、人权视角下的土耳其与西方关系、安全视角下土耳其与地区国家的关系。②"库尔德问题是一个复杂的综合体，其既涉及国际行为体和地区国家在安全和反恐问题上的合作，又涉及一国经济发展政策、民族政策的制定和实施，还涉及一国国族认同与族群认同之间的矛盾、冲突和兼容问题。"③ 所以，库尔德问题成为学术界研究的热点。

（一）土耳其库尔德问题的发展演变

土耳其库尔德问题的历史演变与现代化进程密切相关。唐志超认为，其大致经历了一党执政时期、动荡民主时期、20 世纪 90 年代的发展和正义与发展党执政时期四个主要阶段。④ 长期以来，土耳其官方否定库尔德人的民族身份，也否认自己在处理库尔德问题上措施失当；而库尔德人认为，问题的根源在于民族身份认同、人权问题甚至是民族国家利益问题。这导致库尔德问题悬而未决。

第一，现代民族国家同质化的民族建构和民族同化政策导致土耳其库尔德问题出现。"一战"后协约国与战败国签署的《色佛尔条约》曾经宣布根据民族自决原则在库尔德人聚居区建立独立的库尔德斯坦国家，但由于该条约被《洛桑和约》取代和库尔德人内部的四分五裂，在西方重画中东地缘政治版图的过程中，库尔德人被人为分散在毗邻的土耳其、伊拉克、伊朗和叙利亚等国，其中土耳其的库尔德人数最多。土耳其共和国成立后，确立了世俗主义的发展方向，强制推行"民族同化"政策。1924 年宪法明确否认库尔德人独立的、合法的民族地位，称他们为"山地土耳其人"，并严格禁止公民使用库尔德语。同质化民族国家政治建构中的民族同化政策否定了库尔德民族的存在，这对库尔德人的民族意识造成严重伤害；作为主导意识形态的凯末尔主义旨在建立一个中央威权

---

① 李秉忠：《土耳其民族国家建设和库尔德问题的演进》，第 15 页。
② 参见 Ofra Bengio, "The 'Kurdish Spring' in Turkey and Its Impact on Turkish Foreign Relations in the Middle East", *Turkish Studies*, Vol. 12, No. 4, 2011。
③ 朱传忠：《土耳其正义与发展党研究》，第 291 页。
④ 唐志超：《中东库尔德民族问题透视》，社会科学文献出版社 2013 年版，第 55—101 页。

的民族国家和世俗社会，因而以土耳其民族主义为纽带而淡化伊斯兰教认同的政策导致库尔德人离心倾向增强和漫长的抗争历程。凯末尔政权的残酷镇压使得库尔德人的带有宗教和民族特点的暴力反抗成为早期的主要斗争形式，但这些暴力反抗是小规模的、分散的、偶然的暴力行为，而库尔德人居住的省份成为诱发反对世俗化改革和国家政策的温床。

第二，多党民主制的转型给库尔德人提供了更多机会空间，但凯末尔主导意识形态的存在和左右翼政治斗争加剧了库尔德人的内部分化。多党民主制启动后，凯末尔主义在意识形态领域的控制地位相对减弱，库尔德人中间形成三个不同的利益实体的分野：库尔德世俗民族主义者、政治框架内的库尔德人和穆斯林库尔德人。库尔德世俗民族主义者充分利用渐趋缓和的政治氛围和激烈的党派斗争，与其他政治势力一道抨击凯末尔时期的各项政策，出版秘密刊物，谴责政府对库尔德人的同化政策，宣扬库尔德民族的历史、语言和文化，从民族学和人类学角度论证库尔德人是一个具有独立属性的古老民族。[1] 政治框架内的库尔德人则是在相对宽松的政治环境和城市化进程中被整合进现行民主政治制度框架内的库尔德精英，他们主要活跃于政界和商界，认同土耳其共和国，并利用左右翼政党之间的竞争发挥影响力，试图通过获得议会议席来提高库尔德人的社会地位。穆斯林库尔德人强调伊斯兰价值，认同宗教而非种族，但在民族认同方面坚持库尔德民族主义，否认土耳其世俗主义和民族主义原则，主要来自纳格什班迪教团和努尔库运动，与伊斯兰团体一起反对凯末尔主义[2]，在左右翼激烈斗争中支持民族主义党或伊斯兰政党。随着左翼社会主义思潮的兴起，1971年，一些库尔德民族主义者以合法刊物《自由之路》为掩护，秘密成立"土耳其库尔德斯坦社会主义党"，自称信奉马克思主义，主张以非暴力方式建立土耳其人和库尔德人的社会主义联邦国家；主张奉行亲苏政策，组成反帝联合阵线，向社会主义阵营靠拢。[3] 随后土耳其又出现很多类似的库尔德民族主义政党和组

---

[1] Konrad Hirschler, "Defining the Nation: Kurdish Historiography in Turkey in the 1990s", *Middle Eastern Studies*, Vol. 37, July 2001, p. 150.

[2] Fulya Alacan, "A Kurdish Islamist Group in Modern Turkey: Shifting Identity", *Middle Eastern Studies*, Vol. 37, No. 4, July 2001, pp. 111-144.

[3] Gérard Chaliand, *The Kurdish Tragedy*, London; Atlantic Highlands: Zed Books, 1994, p. 46.

织，他们普遍采用激进的左翼思想，有组织、有纲领地谋求实现库尔德斯坦的自治或独立。1978年11月，阿卜杜拉·厄贾兰创立库尔德斯坦工人党，主张通过暴力斗争在土耳其、伊拉克、伊朗、叙利亚交界处成立一个独立的、不结盟的"库尔德斯坦共和国"，开启了土耳其官方与库尔德人斗争的新阶段。

第三，1980年以来土耳其民主框架的理性收缩强化了国家安全意识，军方打击恐怖主义和伊斯兰主义的兴起压缩了库尔德工人党的生存空间。20世纪80年代以来，经过1980年军事政变洗礼的土耳其开始民主政治框架的重塑，对国家安全利益的考虑使得土耳其官方授权军方在东南部地区开展旷日持久的反恐斗争，并通过吸纳库尔德人的政治参与来分化库尔德工人党的支持基础。1988年6月23日，由8个派别组成的"库尔德运动阵线"发表声明，反对恐怖主义，共同抵制库尔德工人党，该阵线还积极协助土耳其警方成功逮捕库尔德工人党地方组织数名重要领导人，加剧了库尔德人的内部分化。祖国党政府在20世纪80年代末开始实施东南安纳托利亚计划，希望通过推动安纳托利亚地区经济发展来解决库尔德问题，但仍然否定是土耳其政治问题。1991年，厄扎尔总统宣布废除对库尔德语的禁令，德米雷尔总理也表示承认库尔德民族的存在，以此缓和库尔德人的反政府情绪，孤立库尔德工人党。土耳其官方还将山区库尔德居民强行迁移到平原地区或城市居住，切断游击队的兵员和粮食来源。到90年代中后期，库尔德工人党出现粮食不足、医药匮乏和兵力锐减的局面，不得不公开承认遇到巨大困难。① 随后库尔德工人党及其武装力量转向颓势。尽管厄贾兰宣布放弃独立主张，发出停火号召和实施单方面停火，但土耳其军方的打击行动继续深入，通过一系列军事进攻严重削弱了库尔德工人党力量。土耳其与叙利亚的协商进一步压缩了厄贾兰的逃匿空间。1999年2月，土耳其特工在肯尼亚首都内罗毕将厄贾兰抓获并押解回国，标志着军方取得了打击库尔德工人党的巨大胜利。8月2日，厄贾兰呼吁同党无条件停止武装斗争，库尔德工人党领导层和武装分子纷纷放下武器向政府投诚，残余武装陆续撤出土耳其，主要活跃在土耳其和伊拉克边境地区。随着土耳其推动入盟进程而开启一

---

① Paul J. White and William S. Logan, eds., *Remaking the Middle East*, Oxford; New York: Berg, 1997, p. 246.

系列民主化改革，土耳其库尔德人地位和处境有了明显改善，尤其是正义与发展党上台执政后，采取不同于以往政府的立场而开启了政治解决库尔德问题的新局面。

（二）正义与发展党政府的库尔德政策及其举措

正义与发展党在反思库尔德问题的基础上，通过对库尔德人聚居区的调研考察，形成了对库尔德问题的较为客观的判断。埃尔多安对库尔德人实行"双轨政策"，在打击库尔德分离主义和恐怖主义的同时，强化穆斯林兄弟情谊，实行"民主开放"政策和"解决进程"，将温和库尔德政治力量纳入土耳其民主化进程，分化库尔德工人党力量的支持基础。在经济方面，继续实施东南安纳托利亚计划，消除库尔德分离主义和恐怖主义存在的经济基础。但正义与发展党政府在政策制定和实施过程中受到军队、反对党、库尔德政治力量和国外力量的多重制约，一些政策并没有得到完全贯彻，所以，正义与发展党解决库尔德问题政策和实践收效并不显著。大体而言，正义与发展党自2002年上台以来，其库尔德政策和实践可分为三个阶段："承认的政治"、寻求突破与冲突再起阶段（2002—2009年）；库尔德倡议提出、艰难实施与停滞阶段（2009—2012年）；库尔德和平进程阶段（2013年以后），① 不同阶段的发展既体现了正义与发展党的执政地位日趋巩固，又充分说明库尔德问题与执政党的执政实践密不可分。

第一，民族身份背景下正义与发展党政府的库尔德政策。正义与发展党政府根据民主化进程的需要重新定位库尔德问题。正义与发展党2002年大选的竞选口号是：我们和你们库尔德人一样，遭受凯末尔主义国家及其领导的军队统治。如果我们当政，首要任务就是重新界定国家及重新构建凯末尔主义。这使正义与发展党赢得了库尔德地区的大量选票，支持正义与发展党是因为它是反对"现行制度"的。② 正义与发展党还承诺改善经济状况，用谈话和解的民主化方式来解决库尔德问题，以博得库尔德选民的支持。2002年11月30日，土耳其正式取消迪亚尔巴克尔和舍尔纳克两省的紧急状态，彻底结束了库尔德人聚居区长达15年的紧急状态。正义与发展党在肯定库尔德问题具有民族主义要素的同时，

---

① 朱传忠：《土耳其正义与发展党研究》，第291—299页。
② M. Hakan Yavuz & Nihat Ali Özcan, *The Kurdish Question and Turkey's Justice and Development Party*, *Middle East Policy*, Vol. XIII, No. 1, Spring 2006, p. 109.

并不单独将其视为民族问题,而是凯末尔单一民族主义和强制世俗主义的产物;认为库尔德问题并不单纯是民族分裂和恐怖主义的政治问题,而与土耳其经济发展和公共安全密切相关;认为打击恐怖主义不能以损害民主、政治自由和公民权利为代价,允许库尔德人采取非暴力方式表达民族认同,但更要培养年轻一代的多元文化主义、人权和法制等价值观。2003 年,随着土耳其加快入盟进程,议会通过一系列致力于解决库尔德问题的议案:允许使用库尔德语进行教育和宣传,废除死刑,释放库尔德政治犯等。2005 年 8 月,埃尔多安在迪亚尔巴克尔就库尔德问题发表演讲,首次从官方层面承认土耳其处理库尔德问题失当,承诺政府将对库尔德问题采取更具包容性措施,淡化传统的安全至上的解决立场。① "埃尔多安发起了和解谈判,强调打算以更多的民主、更多的福利和平等的公民权来解决库尔德问题。埃尔多安的讲话代表官方承认了库尔德问题。"② 2005 年 12 月,私立的电台和电视台获得土耳其最高广播电视委员会允许用库尔德语播放电视节目的批准;2006 年 3 月 8 日,土耳其最高广播电视委员会同意迪亚尔巴克尔的两家私人电视台和桑尼乌法(Sanliurfa)一家私立电台播放库尔德语的节目。③ 尽管只允许这些电台、电视台每天用库尔德语播放 45 分钟,但仍然是一个巨大进步,因为此前在公共场合说民族语言要被判处罚款或治罪。④ 2009 年 1 月 1 日,土耳其电台第六频道(库尔德语频道)正式开通,埃尔多安总理亲自开启这一频道,甚至公开讲了几句库尔德语,这就突破了宪法所规定的禁止在政府机构中讲库尔德语的限制。⑤ 埃尔多安宣称,库尔德问题的解决办法是

---

① Göntül Tol, "Kurdish Consensus at Home Can Serve Ankara Abroad", Middle East Institute, February 9, 2012, https://www.mei.edu/publications/kurdish-consensus-home-can-serve-ankara-abroad? page=2.

② Yılmaz Ensaroğlu, "Turkey's *Kurdish Question and the Peace Process*", p. 12.

③ Burhanettin Duran, "The Justice and Development Party's 'New Politics': Steering toward Conservative Democracy, a Revised Islamic Agenda or Management of New Crises?" in Umit Cirzre ed., *Secular and Islamic Politics in Turkey: The Making of the Justice and Development Party*, p. 97.

④ 相关部门援引 1982 年宪法的第 14、26、27 和 28 条规定有权对那些涉嫌破坏国家统一的言辞进行治罪。2005 年,Baskim Oran 和 Ibrahim Ozden Keboglu 教授仅仅因为其在一次报告中提到土耳其只是一种民族实体,土耳其还存在其他民族实体如库尔德人等而被判刑。

⑤ Robert Oslen, *The Kurdish Nationalist Movement in Turkey 1980 to 2011: Oppression, Resistance, War, Education in the Mother Tongue and Relations with the Kurdistan Regional Government*, Costa Mesa, CA: Mazda Publishers Inc., 2011, pp. 27-28.

民主、法治和经济繁荣。其和居尔在多个场合都强调土耳其存在库尔德问题。① 正义与发展党主张将库尔德民族作为一个整体进行考察，库尔德问题是一个涉及反恐、民主、经济、文化、民族、宗教复杂的跨国性问题，甚至周边国家库尔德问题也是土耳其库尔德问题的组成部分，这直接影响土耳其对伊拉克和叙利亚库尔德问题的立场。

正义与发展党采取对库尔德人安抚与打击相结合的政策来扩大其社会基础。在正义与发展党上台之前，土耳其库尔德人坚持三种意识形态趋向：世俗主义、伊斯兰主义以及世俗与伊斯兰主义的交织，库尔德工人党、民主党（DEP）、人民民主党（HADEP）、民主人民党（DEHAP）、民主社会党（DTP）是其主要载体。根据政治和社会诉求不同，土耳其库尔德人可以分为四类：第一类是以库尔德工人党为代表的民族分离主义者。库尔德工人党最初将建立一个完全独立的民主共和国作为政治诉求，后来则倾向于建立一个土耳其—库尔德双重民族属性的国家，试图利用土耳其政治民主化的空间来增加库尔德人在社会层面的支持和认同，主要得到城市化进程中受过良好教育的库尔德人支持。第二类是所谓的应景库尔德人。此类库尔德人通常居住在土耳其西部的大城市，接受土耳其的同化政策，在商界和政界较为活跃，在国家的政治法律框架内活动，利用部落纽带和国家资源而获得在议会的代表权，以确立和提高库尔德人的社会地位。第三类是坚守伊斯兰传统的库尔德人。此类库尔德人固守伊斯兰道德价值，反对土耳其世俗主义和民族主义原则，支持努尔库运动和葛兰运动，在选举中支持民族行动党、祖国党、繁荣党或正义与发展党。第四类则是极端库尔德人。这类库尔德人深受伊朗伊斯兰革命的影响，部分加入真主党的库尔德人在伊朗接受军事训练，接受伊朗政府资助开展思想宣传和暴力行动，曾经制造了针对持温和立场的著名库尔德人的暗杀事件，如库尔德努尔库运动领导人伊兹提·耶尔德勒姆（Izzettin Yildrim）遭他们暗杀。他们将库尔德工人党视为敌人，双方曾为控制库尔德人发生流血冲突。在土耳其真主党遭到政府镇压而趋于衰落时，部分库尔德真主党成员加入正义与发展党。正义与发展党上台后，充分意识到这一点，采取对库尔德人区别对待的政策，一边利用穆斯林兄弟情谊来巩固执政基础，一边则对库尔德工人党采取严厉打击的

---

① 唐志超：《中东库尔德问题透视》，第 87—88 页。

政策。

埃尔多安主张重新界定库尔德问题的属性来解决民族认同问题。他提出以下三点：一是认为土耳其公民权至高无上，土耳其公民包括土耳其人、库尔德人和其他人等；二是认为伊斯兰教是民族认同的黏合剂；三是推崇一个国家、一个民族、一面旗帜的话语。正义与发展党在2002年大选中强调反对军方在库尔德地区所采用的政策，"我们和你们库尔德人一样，深受凯末尔主义指导下的国家及军方之害，如能上台执政，我们首要调整凯末尔主义在国家中的主导地位"①。由于正义与发展党极力表现其是一个关注库尔德人问题的政党，因而在库尔德聚居区获得相当多支持，那些深受纳格什班迪教团和努尔库运动影响的库尔德人则是基于反对现行制度而支持它。在2002年大选中，一些库尔德人试图通过库尔德民主人民党在保证库尔德身份的同时获得议会代表权，但是，由于10%的门槛限制，库尔德民主人民党未能在议会中获得代表权资格，许多库尔德人转而支持正义与发展党。正义与发展党上台后将库尔德问题作为反对军方的口实，宣称世俗主义是导致土耳其人和库尔德人分裂的原因，库尔德问题是由凯末尔主义所推行的世俗主义和民族主义造成的，因而是特定时代的产物；甚至指出，库尔德工人党是一个被军方夸大的事实，军方与库尔德工人党的持续冲突旨在维持他们的政治地位；解决库尔德问题的有效方法是淡化民族主义色彩而强调穆斯林的兄弟情谊。正义与发展党重申伊斯兰教是民族认同的黏合剂的解决方案，"如果我们强调共同的伊斯兰纽带和兄弟情谊，就能提高国家的统一性和制止冲突"②。2005年4月13日，埃尔多安总理针对库尔德问题宣称："我们没有必要对每个问题都冠以名称。这是我们共同的问题……所有的问题都是土耳其人的共同问题，而不管他们的出身如何。也就是说，库尔德人、切尔克斯人（Circassians）、拉兹人（Laz）的问题……库尔德问题是我的问题……我们将通过民主解决所有问题。"③

正义与发展党在此间解决库尔德问题时面临以下障碍：一是埃尔多

---

① M. Hakan Yavuz and Nihat Ali Ozan, "The Kurdish Question and Turkey's Justice and Development Party", p. 109.
② M. Hakan Yavuz and Nihat Ali Ozan, "The Kurdish Question and Turkey's Justice and Development Party", p. 110.
③ M. Hakan Yavuz, *Secularism and Muslim Democracy in Turkey*, p. 189.

安总理对库尔德问题的看法与库尔德人特别是库尔德工人党大相径庭；二是在土耳其问题上，正义与发展党的政策与其他国家机构尤其是军方存在巨大冲突；三是正义与发展党反对降低政党加入议会的10%的门槛，不希望较小政党获得代表权以分散土耳其政治；四是对库尔德工人党实行大赦也在其社会基础中得不到回应，这就决定其解决库尔德问题的有限性。由于库尔德工人党的恐怖主义在2005年再次兴起，埃尔多安认为，需要重新界定土耳其民族认同：土耳其主义是一种种族认同，而非是一种将不同的穆斯林种族群体集中于土耳其民族—国家认同之下的政治建构力量①，提出土耳其公民的构想作为土耳其认同基础，这是一个大胆的决定。埃尔多安在2005年8月会见著名知识分子的会议中总结解决库尔德问题的做法：两个同等民族（土耳其与库尔德）在国家内的统一。在8月份的一份官方报告中，正义与发展党政府公开强调库尔德问题存在，认为公民身份而非土耳其民族认同是维系库尔德人与土耳其人的纽带，给予平等的公民权是解决当前问题的主要手段。同月访问迪亚尔巴克尔时，埃尔多安不仅承认库尔德问题的存在，而且认为土耳其官方在过去处理该问题时犯了一些错误。同样的言论在2005年11月拜访东南部省份哈卡里（Hakkari）时得以重申，"我们土耳其人是一个包含不同部分的马赛克。不管这个国家的公民属于何种种族或宗教，我们应该基于土耳其公民权至高无上的民族认同像兄弟一样团结起来"②。埃尔多安将土耳其不同宗族认同团结在土耳其公民权旗帜下，并将公民权作为至高无上的认同，遭到军方和反对党的质疑。军方强调领土、民族和国家的统一，而正义与发展党则强调对民族的多文化理解；国家安全委员会强调民族国家的统一，埃尔多安强调的是伊斯兰教和公民权。根据《土耳其日报》的结论："关于主体和亚民族的争论将破坏土耳其民族认同，将使土耳其陷入危险的境地，破坏社会的一体化和统一，因而土耳其民族是居住在土耳其疆域内的人们通过建立统一国家的共同目标而连接在一起的群

---

① M. Hakan Yavuz and Nihat Ali Ozan, "The Kurdish Question and Turkey's Justice and Development Party", p. 111.
② Burhanettin Duran, "The Justice and Development Party's 'New Politics': Steering toward Conservative Democracy, a Revised Islamic Agenda or Management of New Crises?", in Umit Cirzre ed., *Secular and Islamic Politics in Turkey: The Making of the Justice and Development Party*, p. 98.

体。"① 巴伊卡尔也言辞激烈地反对埃尔多安,指出:"土耳其不能是一种附属性的或种族的认同,而是至高无上的国家认同。"② 针对埃尔多安关于伊斯兰教是民族认同的黏合剂的提法,巴伊卡尔指出:"伊斯兰教在维持奥斯曼帝国的统一方面并不成功,当我们观察中东和阿富汗以宗教的名义发生的事情时,我们可以意识到宗教本身不能维持国家的统一。"③ 2006年1月1日,塞泽尔总统发表演讲称:"根据我们的宪法,土耳其共和国是一个民族国家,拥有单一的国家机构,这种统一是建立在多元文化的基础上的,保持多元文化并存是其最有效的方法,承认每个公民都是土耳其人并不意味着反对不同的种族认同,相反它是为了实现所有公民之间的平等。"④ 总参谋长亚希尔·比于克阿纳特(Yasar Buyukanit)将军拒绝支持库尔德人的合法少数民族地位,回应说:"基于种族的考虑是本世纪的耻辱,这种考虑是对阿塔图尔克的羞辱……阿塔图尔克如果能生活到今天,他将会感到深深的痛心。"⑤ 由于面临各方面的压力,正义与发展党并没有将其公民权政策贯彻到底,也没有根据库尔德选民需要解决相关的法律问题,其中最为重要的就是10%的门槛问题。正义与发展党反对修改进入议会门槛,说明其并没有准备好从根本上解决库尔德问题,因而其解决方案的影响也就相对有限。

在正义与发展党上台之前及执政期间,土耳其政坛先后出现一系列在现行政治框架下进行政治参与的亲库尔德政党:人民劳动党(HEP)、自由民主党(ÖZDEP)、民主社会党、人民民主党和民主人民党,它们先后因为参与恐怖活动、危害国家的安全统一而被取缔。这些亲库尔德政党具有鲜明的民族主义和左翼倾向,往往冠以"民主""人民""劳动""和平"的字眼。2002年11月,人民民主党参加大选并赢得6.23%的选

---

① M. Hakan Yavuz and Nihat Ali Ozan, "The Kurdish Question and Turkey's Justice and Development Party", p. 111.

② Burhanettin Duran, "The Justice and Development Party's 'New Politics': Steering toward Conservative Democracy, a Revised Islamic Agenda or Management of New Crises?" p. 98.

③ Burhanettin Duran, "The Justice and Development Party's 'New Politics': Steering toward Conservative Democracy, a Revised Islamic Agenda or Management of New Crises?" p. 99.

④ M. Hakan Yavuz and Nihat Ali Ozan, "The Kurdish Question and Turkey's Justice and Development Party", p. 117.

⑤ M. Hakan Yavuz and Nihat Ali Ozan, "The Kurdish Question and Turkey's Justice and Development Party", p. 113.

票，但是由于 10% 的门槛限制而未能进入议会。2003 年 3 月，宪法法院以人民民主党成为恐怖活动的中心为由将其取缔。5 天后，35 位人民民主党的市长加入了民主人民党。4 月初，民主人民党发表一份包括解决库尔德问题和民主化建议的声明。4 月底，最高法院提请宪法法院取缔民主人民党。6 月初，自由党成立。10 月，民主人民党主席宣布有关库尔德问题解决方案和民主化问题建议的路线图。2004 年 1 月底，民主人民党、自由党等联合成立"民主力量联盟"，共同参加 3 月底的地方选举。地方选举后，该联盟共赢得 5 省、33 县、31 市的省、县、市长席位。2005 年 11 月，民主人民党宣布解散。2007 年 6 月底，自由党宣布解散。民主社会党成立于 2005 年 11 月，为了跨越 10% 的选举门槛限制，在 2007 年 7 月 22 日大选中，联合部分独立候选人参选，共获得 20 个议席。在 2009 年地方选举中，获得 99 个市长席位。4 月，正义与发展党政府对该党采取行动，上千名党员被拘捕。2009 年 12 月，民主社会党被取缔。和平民主党成立于 2008 年 5 月，民主社会党被取缔后，其 94 名成员除 4 位被禁止从政的市长外，于 2009 年 12 月底在迪亚尔巴克尔举行加入和平民主党的入党仪式，还有 19 位民主社会党的议员 1 位伊斯坦布尔独立议员加入和平民主党，他们在议会成立和平民主党小组。和平民主党认为使用母语接受教育是所有层次教育的权利。2011 年大选时，和平民主党因担心不能突破 10% 的选举门槛限制而未直接参选，只是宣布其所支持的独立候选人名单，呼吁选民为这些候选人投票。大选结束后，该党支持的 61 名独立候选人中有 36 人当选议员。2013 年 10 月底，人民民主党成立，至少有 3 位创建人曾在 2011 年与和平民主党联手参加大选并且当选为议员，而人民民主党的创始人先脱离和平民主党再建党。党内外力量对于人民民主党的评论不一，和平民主党内持伊斯兰主义主张的库尔德人批评其为边缘的左翼政党，正义与发展党则称其为厄贾兰的代理政党。[①] 库尔德政治家和库尔德普通民众认为，对现存身份的忽视以及同化政策是库尔德问题存在的主因，需要进行政治和宪法调整，改善社会和经济条件。因此，库尔德人对正义与发展党政府目前的政策并不满意，因为政府把解决库尔德工人党问题放在优先位置[②]，但也积极推动和参与土耳其

---

① 本部分参考李智育《正发党执政期间土耳其民主巩固研究 2002—2014》，第 167—168 页。
② Ertan Efegil, "Analusis of the AKP Government's Policy Toward the Kurdish Issue", *Turkish Studies*, Vol. 12, No. 1, March 2011, pp. 27–40.

新宪法的制定和出台，和平民主党在新宪法制定过程中处于"库尔德问题的直接代表"位置。

实际上，正义与发展党对库尔德工人党的政策延续了以往政府的以暴制暴政策，但在上台执政之初并不主张继续以暴力手段打击库尔德工人党，因为此时羽翼未丰的正义与发展党害怕失去库尔德人选票和破坏土耳其的团结统一。库尔德工人党在正义与发展党执政初期的政治立场也发生变化，从建立一个完全独立的库尔德民主共和国向建立一个土耳其—库尔德双重民族属性的民主国家转变，从与政府的直接冲突转为要求修改宪法以使土耳其共和国的社会基础发生变化。面对国内各种政治力量的压力，再加上库尔德工人党的暴力袭击，正义与发展党政府逐渐恢复暴力手段打击库尔德工人党。仅在2003—2005年，土耳其安全部队在与库尔德武装分子的交火中损失人数就达246人，致伤和致残的总人数达147人，而库尔德武装分子则损失1325人。① 2004年6月1日，厄贾兰宣布中止停火，库尔德工人党恢复暴力恐怖袭击活动。伊拉克库尔德人的自治地位和在国家政权获得主导地位对土耳其库尔德工人党的政治斗争产生刺激，所以，从2006年开始，库尔德工人党将攻击目标扩散到所有的土耳其人身上，以激化土耳其人和库尔德人的矛盾。库尔德工人党还从伊拉克的抵抗运动中获取新的斗争策略：攻击军方目标、在路上埋地雷、进行自杀式炸弹袭击，所以土耳其安全部队在安纳托利亚库尔德工人党控制区遭受重创，到2007年库尔德工人党的恐怖袭击活动达到了顶点。

2007年10月17日，大国民议会通过正义与发展党政府提交的动议，授权其采取越境军事行动打击库尔德工人党武装。2008年2月21日，土耳其军方发动代号为"太阳行动"的军事行动，越境进入伊拉克北部，宣称打死230名库尔德工人党成员，27名土耳其士兵阵亡。② 这说明武力打击库尔德分离主义仍然是正义与发展党政府一以贯之的政策。不过，面对伊拉克战争后库尔德自治政府的存在，正义与发展党对库尔德自治政府采取接触政策以获取对方信任，减少伊拉克库尔德自治区对库尔德工人党的支持，恶化其外部环境，实现削弱库尔德工人党实力的目的。

---

① 郑东超：《土耳其库尔德问题的现状及前景》，《国际资料信息》2012年第3期。
② 唐志超：《中东库尔德问题透视》，第95页。

2008年10月，达武特奥卢在巴格达会见伊拉克库尔德自治区总理马苏德·巴尔扎尼（Massoud Barzani）。2009年3月，居尔总统访问巴格达时再次会见总理马苏德·巴尔扎尼，这是土耳其领导人有史以来第一次正式会见库尔德自治区领导人。居尔在访问期间，不断使用库尔德斯坦一词，表明土耳其开始改变否定库尔德人的政策，标志着土耳其官方对库尔德立场的转变。这也是土耳其延续至今的针对库尔德工人党的合围政策，通过与周边国家合作压缩其政治生存空间，伊拉克总统塔拉巴尼（Jalal Talabani）曾警告库尔德工人党应停止武装反抗，或者放下手中武器或者离开伊拉克。①

正义与发展党执政前期的库尔德政策更多的是从争取民众支持入手，赋予库尔德人更多权利和自由，并强化穆斯林的信仰纽带。在2007年7月22日的议会选举中，在库尔德人聚居的土耳其东部和东南部区域，正义与发展党的选票从26%增至53%，在部分地区的得票率甚至超越民主社会党，依靠其相对温和的库尔德政策赢得了库尔德民众的选票。② 正义与发展党在2009年3月的地方选举中再次获得胜利，但其39%的得票率低于2007年议会选举，在库尔德人聚居的7个省份中不敌民主社会党。正义与发展党不失时机地推出"库尔德倡议"③，旨在通过给予库尔德人更多文化和政治权利、发展地区经济的方式，在一定程度上促使东南部地区的库尔德人支持政府，扭转当前不利局面。此为"库尔德开放"政策的出台背景。

第二，正义与发展党政府提出"库尔德开放"政策。正义与发展党政府基于第一任期内处理库尔德问题的基础，认识到要从经济、政治、心理和安全等各方面出发，谋求库尔德问题的根本性解决。2008年5月27日，正义与发展党政府宣布实施新的行动计划以平衡地区差异。2008—2012年，土耳其政府计划投入145.5亿土耳其新里拉（合116亿美元）来改善库尔德人聚居地区基础设施和灌溉体系，增加就业机会。此外，

---

① 郑东超：《土耳其库尔德问题现状及前景》。
② Robert Olson, "Turkish-Kurdish Relations: A Year of Significant Developments", *Insight Turkey*, 2008, Vol. 10, No. 3, p. 26.
③ 学术界对正义与发展党提出的改善民生、促进民主的新举措称呼并不统一，有称"库尔德倡议""库尔德新政""库尔德开放""团结计划"等。随着正义与发展党将阿拉维派、非穆斯林宗教派别纳入其开放计划，该政策又被统称为"民主开放"政策。

122 亿土耳其新里拉将由预算外资金支出，总计将有 200 亿美元投入基础设施建设。① 新行动计划还呼吁扩大项目范围和规模，如建设旅游中心、支持中小企业、科技园、文化旅游、自然资源、可再生能源和农业等。土耳其学者认为，新行动计划不仅有助于促进经济发展和社会繁荣，而且有助于帮助政府确定其解决库尔德问题的长期方案。② 正义与发展党也从执政实践中认识到暴力手段并不能从根本上解决库尔德问题，还应该通过对库尔德人在社会、经济、文化、民主等领域的支持以换取库尔德人的政治支持和与库尔德政党的选举优势。由于库尔德人聚居的东南部地区经济欠发达、教育落后、人口增长速度快、失业率高，库尔德政党具有较强的吸引力。2007 年议会选举后，以独立候选人身份当选议员的库尔德人组建民主社会党，而在 2009 年 3 月的地方选举中，正义与发展党在安纳托利亚地区的部分东南部省份输给民主社会党。同年 5 月，厄贾兰在狱中向外公布了解决库尔德问题的路线图。为了遏制亲库尔德人的民主社会党的崛起和弱化库尔德工人党的社会影响力，正义与发展党需要转换思路；而且正义与发展党曾经诉诸的宗教情感纽带并未达到预期目标，于是正义与发展党抛出"库尔德倡议"。与此同时，美国也建议土耳其发展与伊拉克库尔德人的和平关系，以达到结束武装冲突和库尔德工人党武装力量的目的。

2009 年 3 月，居尔总统在出访德黑兰的途中向陪同的记者表达了希望解决库尔德问题的意愿，并称"库尔德问题有望在今年出现好的转机"。5 月，再次表示，"无论称其为恐怖主义问题，安纳托利亚东南部问题，还是库尔德问题，都无法改变它作为土耳其头号问题的位置，必须加以解决"③。7 月 29 日，内政部部长贝什尔·阿塔拉伊（Beşir Atalay）呼吁社会各界参与解决库尔德问题的进程，并开始同社会各界接触，广泛征求意见。8 月 1 日，受内政部部长贝什尔·阿塔拉伊的邀请，15 名记者和学者在安卡拉警察学院召开有关"库尔德问题解决办法：通向土

---

① Taha Özhan, "New Action Plan for Southeastern Turkey", *SETA Foundation for Political, Economic and Social Research Report*, No. 18, July 2008, p. 4.
② Taha Özhan, "New Action Plan for Southeastern Turkey", p. 5.
③ "Gül: Kurdish Problems is the Most Important Problem of Turkey", *Today's Zaman*, May 11, 2009. 转引自李秉忠《土耳其民族国家建设和库尔德问题的演进》，第 22 页。

耳其模式"的讨论会,这是"库尔德开放"政策的第一步。① 8月27日,埃尔多安总理发表全国讲话,呼吁社会各界积极参与解决库尔德问题的新进程,齐心协力解决国家面临的难题。媒体认为埃尔多安的讲话是土耳其政府推出库尔德新政的开始。② 实际上,2009年9月,正义与发展党政府公布了解决库尔德问题的民主动议综合方案,最初被称为"库尔德开放"(The Kurdish Opening)政策③,有学者称其为"库尔德倡议",后来由于关涉阿拉维派等其他民族宗教群体而被称为民族团结计划(National Unity Project)。④ "库尔德倡议"主要内容如下:一是库尔德工人党上交武器;二是流亡伊拉克的土耳其库尔德人可以回国,根据具体情况加以处置,释放无罪者,从轻处罚确有悔改之意的罪犯,将库尔德工人党头目流放到合适的国家;三是结束针对厄贾兰的隔离拘禁;四是之前离开土耳其或被剥夺公民资格的库尔德人可以重新获得土耳其公民资格;五是消除库尔德语的使用障碍,土耳其广播与电视委员会进一步放宽私人电台和电视台使用库尔德语播放节目的限制,规定私人电视台可与土耳其国家电视台第六频道一样进行全天24小时的库尔德语节目播放;⑤ 六是政府将善待库尔德族人口集中的东南部地区。⑥ 这说明正义与发展党政府开始从经济发展、民主化和安全视角考虑解决库尔德问题。埃尔多安宣称,民主化是恐怖主义、民族极端主义、各种类型歧视的解毒剂。土耳其作为一个民主国家需要保证,不管他(她)居住在哪里,不管他(她)来自哪一民族,在我们的国家他们应该觉得自己是平等和自由的公民。⑦ 正义与发展党在政治、经济和社会领域,首次基于安全视

---

① Ruşen Çakır, "Kurdish Political Movement and the 'Democratic Opening'", *Insight Turkey*, Vol. 12, No. 2, 2010, p. 179.
② 《土耳其拟推'库尔德新政'特赦武装分子可能性小》,2009年8月31日,http://www.chinadaily.com.cn/hqgj/2009-08/31/content_8638143.htm。
③ "库尔德开放"政策不是正义与发展党的首创,早在20世纪90年代已经被土耳其政府提出,但正义与发展党再次提出该政策的目的是让更多民众参与解决库尔德问题。
④ 参见 Cengiz Sandar, "The Kurdish Question: The Reason and Forunes of the 'Opening'", *Insight Turkey*, Vol. 11, No. 3, 2009。
⑤ 唐志超:《中东库尔德民族问题透视》,第90页。
⑥ Ilter Turan, "Easier Said Than Done: Turkey Tries to Cope with Its Kurdish Problem", GMF on Turkey, November 28, 2011. 转引自李秉忠《土耳其民族国家建设和库尔德问题的演进》,第306页。
⑦ 参见 Önder Aytac, "The Democratic Initiative and the Kurdish Issue in Turkey Since 2009", *Turkish Policy Quarterly*, Vol. 9, No. 1, 2010。

角作出了为库尔德人争取更为公平和自由的承诺。库尔德开放旨在通过民主化进程达到结束恐怖主义的目的，通过发展公民基本权利和自由缓解身份危机，防止歧视和实现平等的政治参与，以实现民族融合。尽管在库尔德开放倡议出台期间，正义与发展党针对库尔德人的镇压并未停止，但该动议的出台标志着土耳其政府首次使用政治方式来化解国内民族冲突，从强调国家安全向强调公民身份的话语转变，意义重大。其出台是土耳其国内外多种因素共同作用的结果，表明土耳其官方认识到以往军事解决方案的不足，正义与发展党开启了政治话语的"去安全化"议程，认识到土耳其需要在库尔德问题上形成新话语。关于民主动议的原因，有学者认为源于新的地缘政治环境和亲库尔德人政治力量的兴起。地缘政治变动主要表现为美国建议土耳其与库尔德地方政治力量发展关系，结束与库尔德工人党的冲突，认为土耳其除非解决了自身的库尔德问题，否则难以发展与库尔德工人党的关系。当然，这种立场更多考虑了外部因素，其实埃尔多安政府宗教文化政策的改变则是民主动议出台的主因。[1]

这个被冠以"库尔德倡议"的民主动议案既是正义与发展党争取库尔德选民支持的手段，也是执政党面对新形势所作出的现实选择，但仍然受到多重掣肘。凯末尔主义的主导意识形态和1982年宪法是民主解决库尔德问题的必要前提，而这是"库尔德倡议"无法解决的。2011年大选后，正义与发展党积极推动制定新宪法以取代军方监护下的1982年宪法，包括库尔德人在内的少数族裔和宗教少数派问题仍然是新宪法制定过程中最易引起争议的主题，因为土耳其民族主义作为立国之基其地位不可动摇。库尔德人认为，1982年宪法对土耳其民族主义的强调就在宪法层面为库尔德人成为平等公民设置了障碍，库尔德人对新宪法的期望主要聚焦在如下方面：弱化土耳其民族主义的主导地位，废除针对库尔德人文化和政治权利的限制等，而正义与发展党积极推动新宪法的制定也体现了对"库尔德倡议"的延续。但新宪法的踟蹰不前也说明了库尔德问题的解决无法超越现实框架。而且，正义与发展党通过赋予民众更多权利来获得与亲库尔德政党的比较优势也很难实现，实际上，2011年

---

[1] Cicek Cum, "Elimination or Integration of Pro-Kurdish Politics: Limits of the AKP's Democratic Politics", in Cengiz Cumes and Welat, *The Kurdish Question in Turkey*, Lodnon and York: Routledge, 2014, p. 247.

大选中正义与发展党失去库尔德地区选民的支持即为证明。正义与发展党"保守的民主"的意识形态界定也阻碍其跳出现有政治框架而提出库尔德问题的宏大政治解决方案。① 尽管"库尔德倡议"初期得到诸多坚持民主化进程的民众支持,许多自由派学者也对此持乐观态度。自由派记者麦赫迈特·阿尔坦(Mehmet Altan)认为,"库尔德倡议"是土耳其民主化进程必不可少的一部分;专栏作家杰吉兹·詹达尔(Cengiz Çandar)认为,"库尔德倡议"是土耳其民主化的一部分,将使库尔德人重新融入土耳其国家。② 但是针对库尔德倡议的批评也不乏其例。"库尔德倡议"公布后,左翼立场的宪法学教授穆缪塔兹·索伊萨尔(Mümtaz Soysal)认为,库尔德进程并非土耳其政府的要求,而是根据土耳其外部尤其是按照美国从伊拉克撤军的政策制定的;"倡议"一词是政府对继续坚持恐怖主义政党的妥协。右翼专栏作家阿尔塔姆尔·科勒奇(Altemur Kılıç)认为,"库尔德倡议"进程是分裂土耳其和削弱"土耳其民族概念"的企图,是美国的倡议和计划。反对党也认为,该方案将分裂土耳其或者使库尔德语成为一种官方语言,极力反对"库尔德倡议",认为,正义与发展党政府在发起民主开放倡议的同时,加深了土耳其族群解体和分裂的危险。③ 2009年11月10日,议会开始讨论民主开放问题,民族行动党和共和人民党一致谴责政府的行为,两党认为,此时并不适合开启关于该倡议的讨论。巴赫切利认为,库尔德开放是"库尔德工人党开放",这个时间的选择是故意的;政府支持杀人犯,对烈士而言是残忍的。政府的"倒退"行为将被载入史册。④ 所以,"库尔德倡议"并未能有效贯彻,而且随着库尔德工人党暴力行动的持续,"库尔德倡议"陷入停滞。

库尔德工人党解除武装是"库尔德倡议"实施的重要前提,但即使在"库尔德倡议"推行期间,库尔德工人党的暴力行动并未停止,正义与发展党政府对库尔德工人党成员的逮捕和镇压仍在继续。2011年10月19日,土耳其东部哈卡里省丘库尔贾区(Çukurca)的24名士兵遭到库

---

① Cuma Çicek, "Elimination or Integration of Pro-Kurdish Politics: Limits of the AKP's Democratic Initiative", p. 22.

② 转引自朱传忠《土耳其正义与发展党研究》,第296—297页。

③ E. Fuat Keyman, "The CHP and the 'Democratic Opening': Reactions to AK Party's Electoral Hegemony", p. 93.

④ Ödül Celep, "Turkey's Radical Right and the Kurdish Issue: The MHP's Reaction to the 'Democratic Opening'", *Insight Turkey*, Vol. 12, No. 2, 2010, pp. 136-137.

尔德工人党袭击后死亡，居尔总统发誓将进行还击和大规模的报复行动，政府总理和大国民议会议长也对恐怖袭击严厉谴责。① 11月7日，埃尔多安总理宣布针对库尔德斯坦社区联盟（Union of Communities of Kurdistan）的"安全大行动"仍将继续，任何针对政府行为的批评都被视为"支持恐怖主义"。② 库尔德斯坦社区联盟是库尔德工人党在城市设立的基层机构，随着库尔德工人党恐怖袭击的升级，正义与发展党政府展开对库尔德斯坦社区联盟的调查，加大打击力度。11月14日，达武特奥卢外长宣布加大对恐怖主义的打击力度。③ 这一系列行动造成"库尔德倡议"的短暂停滞。"库尔德倡议"旨在通过和谈使土耳其的亲库尔德政治力量边缘化，借以扩大其政治实力和统治合法性，而不是要真正解决库尔德问题和解除库尔德工人党武装。米歇尔·冈特指出，安卡拉政府缺乏与库尔德工人党和谈的诚意，"现在需要的是，国家认真地与最重要、最真诚的代表其不满的库尔德少数民族的库尔德工人党进行对话"……"虽然目前的重新开放提供了一个历史的机会，但显然在达成任何永久解决办法之前仍有许多严重的障碍需要克服"。④ 此种看法不无偏颇，但也说明库尔德倡议未能达到预期目的。库尔德工人党暴力斗争的长期存在暴露了土耳其政府的政治治理危机，和平进程和暴力打击的同步使用尽管体现了国家施政纲领的灵活，但也充分说明国家对库尔德问题的估计不足和措施失当。在民主化进程的大背景下，库尔德工人党非但没能消失，反而溢出国界呈现跨国性特征，无疑增加了土耳其打击恐怖主义的难度。以库尔德工人党为代表的极端力量长期存在和暴力行动不仅成为影响执政党执政效能的重要因素，而且影响到土耳其的外交处境，还将作用于中东地区地缘政治的变动。反对派抨击正义与发展党政府的库尔德政策，认为"库尔德开放"政策显示政府过于软弱，容易为库尔德民族主义高涨推波助澜。2009年1月，共和人民党领导人德尼兹·巴伊卡尔在接受美国CNN节目采访时表示，政府花费大量的金钱以满足一小撮公民的要

---

① "Turkey's President Vows 'Great Revenge' for Hakkari Attacks", *Today's Zaman*, October 19, 2011.
② "No Respite in Anti-PKK Raids, Erdogan Declares", *Hürriyet Daily News*, November 7, 2011.
③ "Ankara Gives Double-barrel Anti-PKK Fight", *Hürriyet Daily News*, November 14, 2011.
④ Michael Gunter, "Reopening Turkey's Closed Kurdish Opening?" *Middle East Policy*, Vol. XX, No. 2, Summer 2013, pp. 91-95.

求是不正确的，孤立族群认同不是国家的责任，土耳其正在错误的方向上行进。并且正义与发展党上台之后，土耳其国内出现了政治极化的现象，世俗主义和伊斯兰主义在土耳其当今政治舞台上泾渭分明，新民族主义者支持对库尔德人采取军事行动，将正义与发展党政府的亲伊斯兰主义视为对现制度的威胁。在多方力量的牵扯下，库尔德开放政策并未达到预期目的。"'库尔德倡议'的失败是多种原因综合作用的结果，也凸显了土耳其库尔德问题的复杂性。……'库尔德倡议'从提出、实施到失败的发展过程表明，土耳其库尔德问题的解决绝非一日之功，需要从长计议。"[1] 这也在一定程度上指出正义与发展党政府下一步解决库尔德问题的方向所在。

第三，正义与发展党政府推出库尔德和平进程。库尔德和平进程是一个自上而下的、库尔德民族主义力量与土耳其国家之间的协商过程，是土耳其民主开放政策的结果。在"库尔德倡议"推行期间，埃尔多安指派国家情报机构（MIT）于2009—2011年与库尔德工人党的高级官员在奥斯陆进行和谈，被称为"奥斯陆进程"。根据目前掌握的有限信息，英国情报机构在奥斯陆和谈中扮演了掮客角色，厄贾兰提供了较为详细的和平路线图。由于该次会谈的档案并未解密，和谈议程及其细节仍未可知，但此间埃尔多安对库尔德问题的政策变化足以证明"奥斯陆进程"的影响。伊拉克库尔德人自治和叙利亚库尔德人地位的提升迫使土耳其改变库尔德政策以遏制境外库尔德问题的溢出效应，国内民主政治的发展逐步扩大了库尔德人的权利和自由，正义与发展党寻求民族主义与伊斯兰教的黏合剂也有助于强化库尔德人的宗教文化认同。所以说，从2012年11月起，埃尔多安政府重启与厄贾兰的谈判，厄贾兰所处的伊姆拉勒监狱成为重要的谈判场所，该次会谈被称为"伊姆拉勒和平进程"。[2] 2012年12月28日，埃尔多安总理接受电视采访被问及是否有解决库尔德问题的计划时，宣称政府正与厄贾兰进行谈判，这是土耳其政府首次公开承认与厄贾兰有直接接触。该次谈判最初被称为"解决进程"（Solution Process），后以"库尔德和平进程"著称。库尔德和平进程得到政府、议会、政党和市民社会组织的支持，正义与发展党政府和库尔德

---

[1] 朱传忠：《土耳其正义与发展党研究》，第299页。
[2] 李秉忠：《土耳其民族国家建设和库尔德问题的演进》，第314页。

工人党是和谈的重要参与者，埃尔多安和厄贾兰是该进程的掌控者，库尔德其他力量也得以参与。埃尔多安政府宣布与库尔德领导人在坎迪尔（Qandil）山区进行了间接接触，与欧洲的库尔德工人党成员和库尔德社区联盟（KCK）的代表也有联系，该进程促使政府与库尔德工人党政治代表之间的谈判合法化。厄贾兰思想的转变是正义与发展党政府库尔德政策变化的重要原因。尽管依然被关押在伊姆拉勒岛（İmralı）的监狱中，但作为库尔德工人党颇具影响力的领导人，只有他才能说服库尔德工人党解除武装。2013 年 1 月 3 日，被宪法法院取缔的民主社会党前主席、和平民主党议员艾哈迈特·图尔克（Ahmet Türk）和阿亚拉·阿卡塔（Ayla Akat）一起前往厄贾兰的关押地——伊姆拉勒岛与厄贾兰举行了会谈，被称为伊姆拉勒会谈，正式开启了和平进程。① 库尔德和平进程包括三个阶段：第一阶段是库尔德工人党武装力量逐步撤离土耳其领土，第二阶段是政府方面启动民主改革，第三阶段是去武装化的库尔德工人党融入政治和公民生活。② 2 月，和平民主党的几名议员经司法部特别批准与厄贾兰会面，听取他解释"路线图"③。3 月 21 日，在迪亚尔巴克尔省的内夫鲁兹（Nevruz）庆祝活动中，一封被厄贾兰署名、呼吁和平民主解决库尔德问题的信件被时任和平民主党副主席西里·苏瑞亚·翁德尔（Sırrı Süreyya Önder）当众宣读。信中写道："我们今天已经到达这一点，枪支保持沉默，而思想和观点将被表达。一个忽视、否认和外化的现代主义范式已经崩溃。鲜血将从这片土地的心脏地带流出，而不论其是来自土耳其人、库尔德人、拉兹人，抑或切尔克斯人。一个新时代即将开始；政治而非武器将脱颖而出。现在是我们的武装部队离开土耳其边境

---

① Yılmaz Ensaroğlu, "Turkey's Kurdish Question and the Peace Process", p. 14.
② Talha Köse, "Rise and Fall of the AK Party's Kurdish Peace Initiatives", *Insight Turkey*, Vol. 19, No. 2, 2017, p. 144.
③ 库尔德进程"路线图"草案如下：1. 厄贾兰号召人民民主党代表团"不采取行动"。"不行动"并不等于"放下武器、离开土耳其"，但是他们会取缔在迪亚尔巴克尔、舍尔纳克等地搭建的帐篷，关闭库尔德工人党人民法庭或战士选拔中心，停止切断道路的行动。2. 在厄贾兰发出不行动的号召后，人民民主会将此消息传给坎迪尔，坎迪尔批准这一决定后，政府将向议会提议修订反恐法和返回法，从而将解决进程的工作从国家情报局转移到议会进行。厄贾兰将转到伊姆拉勒岛的另一栋楼里，住在一个布置得像家一样的牢房里，还给他配备一名秘书以协助他工作，厄贾兰将通过秘书向舆论界发出不行动呼吁。3. 建立一个由 12—16 名独立观察员组成的"智者团"，这些人及一些记者将可以与厄贾兰接触。之后，厄贾兰呼吁库尔德工人党领导层和舆论结束武装斗争，从而为修订宪法铺路。

的时候了。"① 这充分说明厄贾兰逐步放弃武装对抗和建立库尔德国家的计划，开始寻求和平解决库尔德问题的新方案。库尔德工人党于 3 月 23 日宣布单方面停火。5 月，库尔德工人党一部分从土耳其撤军到伊拉克北部。后由于库尔德工人党对政府未能在承诺的改革方面采取适当行动而表示失望，撤军进程于 2013 年 9 月停止。因此，库尔德和平进程的第一阶段并未完成，从而阻碍了以后阶段的推行。

正义与发展党政府积极从实践层面推进和平进程。正义与发展党先后倡议成立有咨询功能的委员会和在议会内部成立专门委员会，这体现了执政党为推进库尔德问题解决所作出的尝试和努力。2013 年 4 月 3 日，正义与发展党政府成立由 63 名知识分子、学者、艺术家和非政府组织代表组成的智者委员会（Wise People Commission），其职责是向公众分享和平进程的细节，以寻求民众对和平进程的支持。智者委员会成员来自全国 7 个地区，每个地区 9 个人。4 月 15 日，智者委员会与埃尔多安总理举行第一次会议；② 5 月 9 日，智者委员会向总理递交第一份报告为库尔德和平进程提供建议。不过，埃尔多安强调智者委员会独立运行，并不代表正义与发展党或土耳其政府，而是充当各种社会集团与决策者的联络员角色；4 月 25 日，库尔德工人党正式宣布将于 5 月 8 日起撤离土耳其领土而退回到伊拉克北部，这对于正义与发展党政府、大多数库尔德人和媒体来说意味着持续 30 年的武装冲突的结束。5 月 8 日，库尔德工人党成员开始撤离；5 月 9 日，"社会和平方法研究和解决进程评估"议会研究委员会举行第一次会议，表示要向公众发布更多关于和平进程的信息；6 月 30 日至 7 月 5 日，库尔德工人党的附属机构库尔德斯坦人民代表大会（The People's Congress of Kurdistan）举行第九届代表大会，宣布随着库尔德工人党撤出土耳其，和平进程的第一阶段完成。"现在是土耳其国家和政府为第二阶段和平进程采取措施和制定必要的法律安排的时刻，将提出一套民主化的法律改革方案。相反，土耳其政府正在建造新的军事哨所和水坝，增加了乡村警卫的人数，未能保证库尔德工人党领导人厄贾兰和民主圈层之间的联系。代表大会总结到，土耳其政府对

---

① 转引自 Talha Köse, "Rise and Fall of the AK Party's Kurdish Peace Initiatives", pp. 144-145。
② 一说为 4 月 15 日。

和平进程的怀疑上升，有陷入停滞和失败的危险。"① 由于和平进程并未充分传达给公众，库尔德民族运动（Kurdish National Movement）之外的非政府组织、其他政党和来自该地区的不同观念集团和独立知识分子并没有被涵盖在该进程中，他们抱怨来自库尔德民族运动的压力，认为和平进程促进库尔德民族运动的巩固而排斥了所有其他政治力量。库尔德民族运动也借机强化了军事武装，他们组成包括爱国革命青年运动（The Patriotic Revolutionist Youth Movement）的青年分支，并训练他们组织城市的暴动。此外，由库尔德民族运动的分支民主党派（Democratic Regions Party）管理的市政当局在很大程度上为该组织的军事集结活动提供了援助。在此期间，公共资金被滥用以为恐怖分子积攒军事装备。警察和军事人员在干预一些组织的行动时摇摆不定，生怕违背了和平进程的逻辑而破坏该进程的连续性，而叙利亚危机也影响了正义与发展党政府对库尔德问题的态度。

9月，很多迹象表明库尔德和平进程并不十分顺利。埃尔多安指责库尔德工人党"不保持其承诺"，声称土耳其只有20%的游击队越过边境，其中大多数是老弱病残。② 在第九届库尔德斯坦代表大会上担任库尔德斯坦社会联盟（Kurdistan Communities Union）共同主席的杰米尔·巴耶克（Cemil Bayik）宣称："如果政府不能在9月1日之前采取行动，土耳其和库尔德工人党之间的停火将被打破。"③ 库尔德工人党声称，他们将激进分子从土耳其撤离，是在履行和平进程中应尽的义务，但政府却没有拿出其承诺的民主化法律改革方案作为回报。杰米尔·巴耶克进一步指出，如果安卡拉不"改变政治和民主气氛"，库尔德工人党将做出其他选择，包括停止撤军进程，暂停停火协议，让土耳其所有库尔德人都走上街头。"我们将继续停火，但如果政府坚持目前的政策，那么我们将改变我们的立场。"④ 实际上，造成和平进程放缓的主要原因是库尔德民族运动的期望值不断增加，政府很难满足他们日益增长的需求。当和平进程开始时，库尔德人希望政府采取以下步骤促进事态发展：一是释放因恐

---

① Michael M. Gunter, "The Turkish-Kurdish Peace Process Stalled in Neutral", *Insight Turkey*, Vol. 16, No. 1, 2014, p. 20.
② Michael M. Gunter, "The Turkish-Kurdish Peace Process Stalled in Neutral", p. 20.
③ Michael M. Gunter, "The Turkish-Kurdish Peace Process Stalled in Neutral", p. 21.
④ Michael M. Gunter, "The Turkish-Kurdish Peace Process Stalled in Neutral", p. 21.

怖主义指控而被关押的大约 5000 名库尔德社区联盟非暴力激进人士。二是改善厄贾兰的监狱条件，促使他有能力谋求和平。三是为库尔德人引入母语教育。四是降低 10% 的议会选举门槛限制。五是扩大市民组织、集会和言论自由的范围。六是将库尔德工人党从恐怖主义名单上剔除。然而，正义与发展党政府并没有采纳上述任何举措。2013 年 9 月 30 日，埃尔多安的民主化计划仅仅授予如下权利：（1）建立库尔德语教育私立学校。（2）恢复已更改为土耳其语的库尔德村庄名称。（3）允许在路标和身份证上使用库尔德字母 X、Q、W。（4）给予库尔德人政治选举自由。（5）废除学生每天"我是土耳其人"的宣誓。① 库尔德人并不满意这些单方面的规定，库尔德工人党希望政府与厄贾兰的对话能够深入，协商讨论解决库尔德问题的具体建议。就像和平民主党主席萨拉哈丁·德米尔塔什（Selahattin Demirtaş）所言："如果你在没有征求我们意见的情况下就准备这个方案，我们不会把它与和平进程挂钩。如果我们第一次从总理口中听到这个方案，那么它将仍然是你们的方案。"② 厄贾兰也说："虽然我仍然相信（和平）进程，但我希望政府在谈判中采取更积极的态度。"③ 与此同时，正义与发展党政府试图与伊拉克北部库尔德斯坦地区政府主席马苏德·巴尔扎尼（Massoud Barzani）进行谈判。11 月 16—17 日，埃尔多安和巴尔扎尼在迪亚尔巴克尔会晤，以寻求库尔德人对 2014 年总统选举的支持。埃尔多安总理甚至鼓励巴尔扎尼在土耳其建立一个新的、比库尔德工人党更具伊斯兰特色的、更为温和的库尔德政党。12 月初，"社会和平方法研究和解决进程评估"议会研究委员会公开了与和平进程有关的 450 页报告。12 月中旬，迪亚尔巴克尔市政府换上土耳其与库尔德双语的新牌子，这说明库尔德和平进程不仅得到国内民众的支持，还得到伊拉克库尔德地区政府的支持，美国、欧盟也表示一定程度的认可。

尽管库尔德和平进程初期进展顺利，但却极易受到国内国际局势的影响。就国内而言，正义与发展党旨在推行总统制和巩固正义与发展党的执政优势。随着土耳其在 2014 年进入下一个选举周期，埃尔多安的

---

① Michael M. Gunter, "The Turkish-Kurdish Peace Process Stalled in Neutral", p. 22.
② Kadri Gursel, "Time Running Out forTurkey-PKK Peace Process", Al-Monitor, November 4, 2013, http://www.al-monitor.com/pulse/originals/2013/11/akp-stall-kurd-peace-process.html.
③ Michael M. Gunter, "The Turkish-Kurdish Peace Process Stalled in Neutral", p. 23.

库尔德政策更为谨慎,因为他不可能为了少部分库尔德人的选票而失去大部分土耳其人的支持,所以更多把库尔德和平进程协议当作目标,而非从根本上解决库尔德问题。这与其开启库尔德和平进程时的宣言"如果需要喝毒药,我们也可以为了国家的和平和福利而喝下它"[1] 形成鲜明的对比。2014年7月中旬,《结束恐怖活动与加强社会团结法》出台。根据该法令,正义与发展党政府将在和平进程框架内完成以下工作:为结束恐怖活动和加强社会团结,明确政府在政治、法律、社会经济、心理、文化、人权、安全、解除武装及与此相关的问题上将采取的步骤;必要时与国内外的个人、机构和组织接触、对话、协商或开展类似的工作;采取必要措施确保放下武器的组织成员回家、参与并适应社会生活;让舆论及时了解最新进展情况等。[2] 8月底,总参谋长内吉代特·厄泽尔(Necdet Özel)宣称,政府并未给军方看路线图,军方是通过媒体了解情况,政府说可以不动武就解决问题,但如果和平进程超越了红线,军方会给予必要回应。10月初,议会通过议案,授予土耳其武装部队越境叙利亚和伊拉克进行武装干涉的权力。对此,正义与发展党和民族行动党投了赞成票,共和人民党和人民民主党投了否决票。10月,库尔德人组织和土耳其安全部队在抗议政府对叙利亚北部城镇科巴尼(Kobani)的立场时发生冲突,库尔德武装力量正在那里与伊斯兰国作战,暴力升级。人民民主党表示,如果伊斯兰国所围攻的库尔德重镇科巴尼失陷,和平进程就将结束。但是时隔不久,人民民主党联合主席表态说,只要厄贾兰或政府没有说"结束了","和平进程"就会继续。这充分说明不同力量对库尔德和平进程态度的摇摆。

中东局势动荡升级和叙利亚危机的爆发也对和平进程构成了严峻挑战。叙利亚境内的库尔德政党民主联盟党(PYD)是库尔德工人党的分支,在叙利亚内战中逐渐做大并控制叙土边界地区。土耳其最初在政治和外交上强烈反对民主联盟党,甚至支持与基地组织有关联的Jablat al-Nusra等萨拉菲主义者,因为土耳其不希望民主联盟党步伊拉克北部库尔德自治政府的后尘,库尔德自治政府的存在将会对库尔德工人党形成示

---

[1] Michael M. Gunter, "The Turkish-Kurdish Peace Process Stalled in Neutral", p. 20.
[2] 参见李智育《正发党执政期间土耳其民主巩固研究 2002—2014》,第159—160页。

范效应。尽管伊拉克库尔德自治政府与库尔德工人党的敌对关系使正义与发展党稍稍松了口气,但来自伊拉克、叙利亚库尔德问题的溢出效应也对土耳其库尔德问题走向产生了影响。2013年7月,叙利亚库尔德人宣布在其控制区成立"北叙利亚联邦"自治政府,建立了立法和司法等机构,颁布了《宪法》①以及其他法律。土耳其公开邀请民主联盟党主席萨利赫·穆斯林(Salih Muslim)到伊斯坦布尔会谈。萨利赫·穆斯林很快收回宪法声明,向土耳其保证民主联盟党要求在叙利亚库尔德地区建立一个地方政府,并不意味着寻求独立或将威胁土耳其:"我们的想法是建立一个由40—50人——或许100人组成的临时委员会,其将由库尔德人、叙利亚人、阿拉伯人和土库曼人组成",作为一个必要的临时机制以帮助缓解被战争蹂躏的局势,使更多的长远性安排成为可能。"库尔德人需要在叙利亚的新秩序中占有一席之地。但现在的问题是临时的安排,而不是制定宪法。"② 11月12日,民主联盟党宣布在其控制地区实行临时自治,成立一个制宪会议以建立过渡政府,选举将在三个月内举行。土耳其和伊拉克对此都反应强烈,巴尔扎尼宣称:"这显然是一种单方面的……无视其他库尔德政党的行为。"③ 民主联盟党的"北叙利亚联邦"政治和军事骨干受库尔德工人党领导,在意识形态上遵循厄贾兰的库尔德民族主义理论,库尔德工人党首脑机关已扎根于"北叙利亚联邦",同时指挥土耳其东南部库尔德工人党的斗争。库尔德工人党利用叙利亚内战获得了地理战略纵深、新组织成员、武器物资、作战经验和一定的国际合法性,而土叙松散的边境和土耳其初期"开放边境"的难民政策则为库尔德武装分子跨境流动提供了便利。当前叙利亚和伊拉克趋于碎片化,两个独立或半独立的库尔德地区严重威胁土耳其。叙利亚库尔德武装坐大后冲突外溢至土耳其国内,土耳其军方与库尔德工人党之间冲突复燃,土耳其国内库尔德"和平进程"中断。2015年4月,库尔德工人党与土耳其安全部门再次爆发冲突,双方各有伤亡。7月,土耳其爆发一

---

① 根据宪法规定,叙利亚将建立一个民主的议会联邦体系;以卡米什利为首都的西部(叙利亚)库尔德斯坦将成为一个由联邦或自治地区自行作出内部决定的地区。库尔德语和阿拉伯语将成为其官方语言,自治单位将保护叙利亚边境不受外国干预。
② 转引自 Michael M. Gunter,"The Turkish-Kurdish Peace Process Stalled in Neutral", pp. 24-25。
③ "PYD 'Playing a Dangerous Game': PYD Has Authority Only on Regions 'Given by the al-Assad Regime' Iraqi Kurdish Leader Barzani", Anadolu Agency, November 14, 2013. 转引自 Michael M. Gunter, "The Turkish-Kurdish Peace Process Stalled in Neutral", p. 25。

系列库尔德反抗运动，标志着和平进程的结束。7月20日，土耳其靠近叙利亚的东南部边境的叙吕奇镇发生自杀式炸弹袭击，库尔德工人党指责正义与发展党支持伊斯兰国打击叙利亚的库尔德人，应该对爆炸事件负责。由于库尔德民族运动日益高涨的期望，叙利亚北部的民主联盟党的事实自治，正义与发展党在大选期间放慢和解进程以回应保守派和民族主义选民的担忧。再加上正义与发展党政府不愿直接参与伊斯兰国与民主联盟党武装力量即人民保护部队（YPG）之间的冲突，促使土耳其库尔德人对正义与发展党的批评不断攀升。此后正义与发展党政府与库尔德工人党再次陷入暴力袭击—军事打击的循环中，和平进程完全停止。库尔德和平进程失败的原因除了土耳其国内政治的波动外，该地区的不确定性、地区行动者的影响以及库尔德民族运动领导人之间的竞争也影响了和平进程的进展。和平进程缺乏一个明确的路线图，再加上监测机构的缺失，没有第三方来监督对裁军和其他承诺的忠诚，各方指责对方在整个过程中没有遵守承诺，这都是和平进程的重大缺陷。正义与发展党政府计划进行一系列改革，确立民主化和集体权利的普遍标准，坚信库尔德工人党作为回报会停止武装冲突，而实际上其持续的暴力和恐怖袭击已经造成一场难以克服的信任危机，导致和平进程步履维艰。

随着土耳其更多参与叙利亚战后重建和发动针对叙利亚的一系列诸如"橄榄枝行动"与"和平之泉"军事行动等，对叙利亚北部库尔德武装主导的"叙利亚民主力量"发动袭击，毫无疑问，土耳其将在叙利亚重建问题上赢得更大话语权，这对库尔德人将起到一定程度的震慑作用。尽管目前土耳其的库尔德和平进程陷入停滞，但有可能会在更有利的条件下以不同的逻辑重新启动，从失败的行动中吸取教训将是未来和平进程的关键。不过，正义与发展党要推出新库尔德解决方案，需要参与者基于更广泛的区域框架进行全面考虑。当前，复杂的国内国际局势影响了土耳其库尔德问题的解决，但长远来看，政治解决库尔德问题将是土耳其库尔德人和政府所普遍接受的政策。就目前来看，达成这个共识不仅需要双方更多的协商，也需要更多的智慧来化解冲突，并给予库尔德人更多的权利自由保障，促使政治参与途径畅通，从而进一步延续库尔德和平进程。

三　正义与发展党政府的阿拉维派开放政策及实践

阿拉维派（Alevi）是土耳其的宗教少数派，"Alevi"一词来源于阿拉伯语，指的是"阿里的追随者与支持者，只承认哈只穆罕默德之后哈只阿里为哈里发者。那些更有甚者认为哈只阿里为先知甚至是神的人也被称之以此名"①。阿拉维派作为土耳其什叶派代表，其政治社会处境伴随国家政治宗教文化政策的转变而发生变化。正义与发展党政府的阿拉维派开放政策是其多元主义理念实践的产物，也是其民主开放政策的重要组成部分。

（一）土耳其阿拉维派概况及历史变迁

阿拉维派最早出现在11—12世纪突厥人从中亚向伊朗和安纳托利亚地区移居过程中，接受苏非主义和亲阿里的伊斯兰教模式，并融合了当地的土著文化和基督教信仰，阿拉维派开始出现。阿拉维派作为奥斯曼帝国的非正统派别，深受逊尼派的压制和迫害，主要居住在边远山区。有学者指出，在安纳托利亚的阿拉维社团，更早时期是一个封闭的社会，与奥斯曼社会的政治、社会中心仅有非常有限的联系。……通常只允许在同族内通婚，对传统完全循规蹈矩，其宗教圣训深奥晦涩，且在秘密仪式上口头转告。这些因素及历史、社会和宗教的环境因素已经导致土耳其阿拉维社团的观念发生变化，借此形成了自己作为一个独特社团的身份认同，同时被其他人确定为与众不同的社团。② 土耳其共和国成立后，凯末尔政权通过世俗化改革实现民族国家的政治建构。尽管并没有承认阿拉维派的合法宗教身份，但阿拉维派作为公民在人口数量和地域布局方面呈现新特点。土耳其阿拉维派主要说土耳其语和库尔德语；在东部卡尔斯省（Kars）有说阿塞拜疆语的阿拉维派；在南部哈塔伊（Hatay）和阿达纳（Adana）等省有说阿拉伯语的阿拉维派。③ 土耳其国家统计局在历次人口普查中都没有将阿拉维派作为独立的宗教派别加以统计，所以未能获得阿拉维派的精确数目。据估计，阿拉维派占土耳其

---

① 转引自孙振玉《传统与现实：土耳其的伊斯兰教与穆斯林》，民族出版社2001年版，第55页。

② ［瑞典］都德·奥森：《都市环境中边缘群体的叙述：崇尚阿里教派的文本化进程》，王建平、王义芳编译，《上海交通大学学报》（哲学社会科学版）2007年第2期。

③ Martin Van Bruiessen, "Kurds, Turks and the Alevi Revival in Turkey", *Middle East Report*, No. 200, July–September 1996, p. 7.

总人口的 15%—25%①，但阿拉维派自称已达到总人口的三分之一。② 根据阿拉维派研究专家大卫·夏克伦的统计，阿拉维派为 10 万—1200 万人，其中土耳其族阿拉维派为 8 万—900 万人，库尔德族阿拉维派为 2 万—300 万人。③ 根据另一位学者估计，土耳其 70%的非逊尼派穆斯林少数民族（大约为 1500 万）为阿拉维派，大约 20%的阿拉维派是库尔德人，土耳其库尔德人中 25%是说库曼吉语（Kurmanji）和扎扎（Zaza）语的阿拉维派。④ 根据对阿拉维派地域分布的调查，除少部分散居在大城市之外，阿拉维派主要居住在安纳托利亚地区经过安卡拉、乔鲁姆、阿马西亚、萨姆松、托卡特、锡瓦斯、卡赫拉曼马拉什等省的带形区域，在贝林、埃拉泽、埃尔加尼、通杰利、马拉蒂亚诸省的东部，迪亚尔巴克尔、加济安泰普等省的东南部也有零星分布，还有相当多的阿拉维派居住在西欧国家特别是德国和荷兰。2002 年，德国首次承认境内的阿拉维派为独立的宗教派别。

土耳其阿拉维派具有独特的信仰。阿拉维派是许多信仰仪式和实践迥异的异端派别的统称，不同派别尊奉阿里、侯赛因、萨迪克⑤、哈兹·贝克塔什⑥、伊斯玛仪沙⑦、阿布达尔⑧等不同圣人，在服装、命名、舞蹈、礼拜仪式、礼拜时间等方面有很大区别，但都强调爱先知、爱阿里、

---

① 一说为阿拉维派占土耳其总人口的 20%，参见 Sehriban Sahin, "The Rise of Alevism as a Public Religion", *Current Sociology*, Vol. 53, No. 3, May 2005, p. 465；一说阿拉维派占土耳其总人口的 25%，David Zeidan, "The Alevi of Anatolia", December 1995, http：//www. angelfire. com/az/rescon/ALEVI. html。

② ［瑞典］都德·奥森：《都市环境中边缘群体的叙述：崇尚阿里教派的文本化进程》，王建平、王义芳编译。

③ David Shankland, *Islam and Society in Turkey*, p. 137.

④ David Zeidan, "The Alevi of Anatolia", December 1995, http：//www. angelfire. com/az/rescon/ALEVI. html.

⑤ 萨迪克（Cafer-i Sadik），第六任伊玛目，是阿拉维派经典《天命》（Buyruk）的主要编纂者。

⑥ 哈兹·贝克塔什（HacıBektaş, 1248-1337），奥斯曼帝国的苏非主义思想家、英雄、圣人、智者，其整合了突厥文化与伊斯兰文明，以适合时代发展需要的方式改革了伊斯兰教。

⑦ 伊斯玛仪沙（Sah Ismail），伊朗萨法维王朝的统治者，曾与奥斯曼苏丹谢里姆一世进行了长期斗争，被遭受奥斯曼帝国的迫害甚至屠杀的阿拉维派视为光的形象、穷人的朋友、为突厥文化而斗争的人。

⑧ 阿布达尔（Pir Sultan Abdal,？—1550?），奥斯曼帝国的神秘主义者、诗人和反叛者，曾领导反对奥斯曼帝国的农民叛乱，后因追随伊斯玛仪沙遇害身亡。他的名言"来吧，人们，让我们拧成一股绳，让我们活跃在一起，让我们成为最伟大的"成为今天阿拉维派的口号。

遵循十二伊玛目，尊奉圣徒。① 土耳其阿拉维派是一个将神秘主义、什叶派宗教神学、安纳托利亚传统文化乃至基督教神学相结合的宗教派别，所以其信仰是一种混合的信仰体系，不仅包含前伊斯兰时代萨满信仰与琐罗亚斯德教的某些因素，还包含苏非主义、什叶主义、基督教神学和安纳托利亚传统文化思想。有学者指出，阿拉维派的基本信仰——阿拉维主义是一种单独的宗教、一种信仰制度、一种哲学体系、一种世界观、一种生活方式、一种政治观念、一种社会立场、一种文化和一种文明等。② 土耳其人对阿拉维派信仰有三种不同的看法：一部分世俗主义者主张将阿拉维派界定为一种文化而非宗教，认为由于阿拉维派成功地将伊斯兰教与土耳其文化整合在一起，形成一种比阿拉伯伊斯兰教更适合突厥人的信仰，并涵盖了诸如宽容、人道主义、平等主义等土耳其属性，因而阿拉维派作为一种文化代表，在现代化进程中发挥了保护世俗主义、民主以及制度文化的功能。一部分民族主义者将阿拉维派信仰视为安纳托利亚的传统宗教，是一种通过整合安纳托利亚遗产，中亚突厥文化和宗教，安纳托利亚希腊人、罗马人和基督教徒遗产与伊斯兰教而创造出的一种安纳托利亚宗教，因而是土耳其文化、宗教、语言的承载者，为土耳其民族主义提供了历史源泉。一部分逊尼派坚决反对将阿拉维派视为独立的宗教派别。一位宗教事务局局长声称："阿拉维主义（即阿拉维派信仰）不是一种宗教，也不是一个伊斯兰教派，是一种完成自我民间传说的文化。"③ 在宗教事务局成立75周年的纪念活动上，宗教事务局局长强烈反对阿拉维派在宗教事务局中获得代表的思想，认为宗教事务局为所有土耳其人服务。在这样的背景下，土耳其当局提出"同化"理论，主张将阿拉维派信仰置于伊斯兰主义的框架下来讨论，不过也对阿拉维派提出要求：他们（阿拉维派）应该接受穆罕默德为最后的先知和《古兰经》，应该接受诸如礼拜、莱麦丹月斋戒等宗教义务，摒弃伊斯兰教所禁止的东西诸如饮酒等。④ 当前，围绕"阿拉维派信仰是在伊斯兰教之内

---

① Gürcan Koçan and Ahmet Öncü, "Citizen Alevi in Turkey: Beyond Confirmation and Denial", *Journal of Historical Sociology*, Vol. 17, No. 4, 2004, p. 474.
② David Zeidan, "The Alevi of Anatolia", December 1995, http://www.angelfire.com/az/rescon/ALEVI.html.
③ Sehriban Sahin, "The Rise of Alevism as a Public Religion", p. 481.
④ Sehriban Sahin, "The Rise of Alevism as a Public Religion", p. 481.

或是之外""阿拉维派信仰是一种文化或一个宗教"的争论还在继续,所以阿拉维派作为一个宗教派别的身份认同之路还在蹒跚前行。

土耳其阿拉维派积极参与政治和文化实践。土耳其共和国建立后,以凯末尔为首的政治精英通过一系列西方式改革实现了权力重组和政治建构,阿拉维派第一次在法律意义上享有与逊尼派相同的平等公民权,改变了长期以来的政治和宗教依附地位,摆脱了遭受宗教迫害的处境。"正统逊尼派的反对什叶派思想总是为(逊尼派)歧视和压迫(阿拉维派)提供理由……穆斯塔法·凯末尔的土耳其是一个世俗共和国;阿拉维派第一次有了正式的平等,有了保护他们的法律。"[1] 因而阿拉维派将凯末尔视为宗教利益的保护者和拯救者,认为他是理想生活的缔造者,是马赫迪、救世主、阿里和贝克塔什之后神的化身,被派来挽救他们摆脱奥斯曼苏丹压迫的人。[2] 在许多阿拉维派家中,凯末尔的画像悬挂在阿里的画像旁边。凯末尔也将阿拉维派视为对抗奥斯曼精英、贯彻世俗化改革和构建土耳其民族主义的同盟。在构建新的土耳其民族认同时,凯末尔有选择地使用了阿拉维派文化标志,并在大国民议会中吸收与阿拉维派人口比例相称的代表数目。而且凯末尔还通过推行义务教育促使阿拉维派积极参与社会政治生活,加强与外部世界和国家权力中心的联系。大卫·夏克伦曾说:"阿拉维'文化'——剔除了什叶派神话与屈从于爷爷(dede)因素的传统宗教——连同它对正行、对共同体的责任以及音乐、诗词、歌舞的强调,能够很好地融合于凯末尔主义哲学,并为他们提供指导生活的都市道德标准。的确,阿拉维派几乎毫无例外是那些倾向于阿塔图尔克和'社会民主'政党的支持者,如社会民主平民党和民主左翼党。"[3] 从这个意义上说,阿拉维派适应了凯末尔主义的民族文化创制,积极支持凯末尔的语言改革——"公民,请说土耳其语运动"[4],欣然接受经过"语言纯化"的新土耳其语。

多党民主制启动后,土耳其阿拉维派逐渐向大城市和欧洲移民。在

---

[1] Lale Yalgcin-Heckmann, "*Ethic Islam and Nationalism Among the Kurds in Turkey*", in Richard Tapper ed., *Islam in Modern Turkey*, London: I. B. Tauris, 1991, p.105.

[2] David Shankland, *Islam and Society in Turkey*, p.151.

[3] David Shankland, *Alevi and Sunni in Rural Turkey: Diverse Paths of Change*, pp.61-62.

[4] 20世纪20年代,土耳其共和国为推行凯末尔民族主义、加速土耳其语的拉丁字母化而发动的要求非穆斯林如犹太人、希腊人和亚美尼亚人说土耳其语的运动。

国际冷战格局影响下，许多阿拉维派使用社会主义与马克思主义术语来回击伊斯兰复兴，指出逊尼派对阿拉维派的压迫属于阶级压迫，应该使用阶级斗争理论解释二者的历史性对抗，阿拉维派应该充分发挥其革命者角色的作用。由于阿拉维派认可平等、自由、正义、阶级斗争等左翼话语，因而诸多阿拉维派成为左翼组织乃至左翼政党的强有力支持者，许多甚至加入共产党，著名的阿拉维派行吟歌手若伊·苏（Ruhi Su）曾因共产党员身份被判处五年监禁。① 20世纪60年代以来，阿拉维派在大选中主要支持左翼政党。随着阿拉维派政党——统一党（Union Party）、土耳其统一党（Turkish Unity Party）、和平党（Peace Party）的成立，诸多阿拉维派开始投票支持自己的政党。根据1965—1991年数次大选的统计结果，阿拉维派主要支持左翼政党和阿拉维派政党：1965年，63%的阿拉维派支持共和人民党；1969年，33%的阿拉维派支持统一党；1973年，50%的阿拉维派支持土耳其统一党；1977年，97%的阿拉维派支持共和人民党；1983年，80%的阿拉维派支持人民党；1987年，64%的阿拉维派支持社会民主平民党；1991年，83%的阿拉维派支持社会民主平民党。② 阿拉维派政治家也日趋活跃。1989年地方选举之后，伊斯坦布尔的21个区长中12人是阿拉维派；安卡拉的6个区长中4人是阿拉维派。1991年大选后，在社会民主平民党与正确道路党组建的联合政府中，有4位部长是阿拉维派。③ 所以说，在左右翼意识形态冲突中，大部分阿拉维派是左翼政治力量强有力的支持者。阿拉维派组织对待伊斯兰政党的观点也不相同。持世俗立场的阿拉维派活动家将伊斯兰主义者视为敌人，认为其旨在破坏土耳其的世俗主义，倾向于将自身界定为政治潮流的左派而与左翼政党关系密切。宗教倾向的阿拉维派与右翼力量包括伊斯兰政党保持更多联系，支持宗教在公共领域的角色，强调应该巩固国家的公正，所以针对阿拉维派的政治倾向应该辩证地看待。

随着现代化进程推进，土耳其的宗教少数派以及少数民族的地位有了很大提高，阿拉维派呈现全新的发展态势。

第一，维系阿拉维派的传统纽带进一步瓦解，地缘关系和公民意识逐渐成为阿拉维派的认同基础。随着20世纪六七十年代移民浪潮的兴

---

① David Shankland, *The Alevis in Turkey*, p. 166.
② David Shankland, *The Alevis in Turkey*, pp. 205-207.
③ Sehriban Sahin, "The Rise of Alevism as a Public Religion", p. 475.

起,大批阿拉维派离开与世隔绝的乡村向伊斯坦布尔、安卡拉等大城市甚至西欧移民。地域的分散和外界思想的浸染动摇了传统信仰的实践基础,使阿拉维派移民的传统宗教实践被弱化甚至抛弃。由于阿拉维派大量向外移民,乡村的阿拉维派聚居区难以为继,传统血缘纽带关系逐渐解体,宗教首领的权威逐渐下降。一是因为阿拉维派中宗教首领的继承人或移民或死亡而无以为继,又不能从非圣裔家族得以补充,造成宗教领导人继承困难;二是因为地域限制,宗教权威对远在大城市和西欧的阿拉维派鞭长莫及,不能解决他们所遇到的实际困难,因而影响力下降;三是因为在共和国的统一管辖下,官方任命的世俗官僚承担了宗教领导人的部分功能,民众逐渐接受了官方的意识形态和治国方略,宗教首领的权威和影响力自然进一步削弱。在这样的处境下,地缘关系和公民意识等现代思想逐渐取代传统纽带成为阿拉维派的认同基础。另外,经过世俗教育洗礼的年轻一代阿拉维派开始对宗教持怀疑态度,他们不再严格遵守宗教仪式,并将婚礼和葬礼上许多传统歌曲与舞蹈视为约定俗成的习惯而非宗教实践的组成部分。所以阿拉维派在现代化进程中呈现衰落的趋势。

第二,阿拉维派作为一种繁荣的文化现象引起诸多社会力量的关注和支持。20世纪80年代以来,阿拉维派的诗歌、音乐、舞蹈空前活跃,许多宗教仪式上演唱的歌曲被制成唱片广为传唱,许多舞蹈作为民族文化遗产用于庆祝重大节日。尤其是1989年结社禁令被废除后,阿拉维派的活动更趋活跃:书籍、期刊、研讨会、协会、公告板和文化节成为阿拉维派展示自己的平台,舞蹈仪式开始公开举行,阿拉维派的礼拜场所"赛姆的房子"(cemevi)广泛建立,自由媒体逐渐认可阿拉维派的宗教身份。随着汉堡阿拉维派文化中心(Hamburg Alevi Culture Centre)出版《阿拉维派宣言》(Manifesto of Alevism)、阿拉维派学者瑟玛尔·森纳(Cemal Şener)出版《阿拉维主义事件:一个社会运动的简短历史》[1],阿拉维派实现了从秘密的、自发的、地方性的、口耳相传的宗教派别向具有固定形式、书写规范、信条和仪式的制度化宗教的转变。[2] 从20世纪90年代起,官方开始资助阿拉维派修建宗教场所,参与阿拉维派的文

---

[1] Sehriban Sahin, "The Rise of Alevism as a Public Religion", p. 465.
[2] Gürcan Koçan and Ahmet Öncü, "Citizen Alevi in Turkey: Beyond Confirmation and Denial", p. 478.

化复兴，关注阿拉维派的教育事业。伊兹提·多甘（İzzettin Doğan）曾迫使奇莱尔政府将宗教事务局300万土耳其里拉的预算用于修建"赛姆的房子"，赛姆基金会成立专门机构来指导和监督"赛姆的房子"的修建。他强调指出："修建赛姆的房子是必要的。……其并不是清真寺的替代品，而是与清真寺并存的举行宗教仪式的场所。"[1] 1990年，官方拨款举办哈兹贝克塔什文化节（Hacı Bektaş Veli Remembrance Celebrations），该文化节逐渐成为阿拉维派领导人、阿拉维派音乐家、政客、学者、媒体甚至官方高层包括政党领导人、总统、总理等聚会的文化政治舞台。[2] 1997年以来，国有电视台TRT开始直播该文化节开幕式。土耳其还打算将哈兹贝克塔什镇作为阿拉维派的国际性中心，并在电视频道中播放有关阿拉维派信仰的节目。繁荣党下台后成立的祖国党与民主左翼党联合政府是历史上第一个给予阿拉维派财政预算的政府，阿拉维派协会在1998年获得42.5亿土耳其里拉的财政拨款。[3] 1998年，耶尔玛兹总理和埃杰维特副总理亲自领导对阿拉维派文化的研究。[4] 1999年大选后，民主左翼党、民族行动党与祖国党联合政府宣称"我们政府将给予必要的重视来强化逊尼派—阿拉维派的兄弟情谊"[5]。这是第一次在官方文件中出现阿拉维派字眼。在1999年的哈兹贝克塔什文化节上，埃杰维特总理指出，阿拉维—贝克塔什传统是土耳其民间文化和土耳其人解释伊斯兰教的一个重要方面。[6] 在一次由阿拉维派协会主办、文化部资助的研讨会上，文化部部长宣称阿拉维—贝克塔什文化是对民族和民主的防护，指出土耳其社会已经达到接受阿拉维—贝克塔什思想为"进步、复兴和现代化的推动力"的程度。[7] 到目前为止，诸多政党和政府给予阿拉维派足够的文化重视，但并没有赋予其合法的宗教地位。

第三，阿拉维派超越土耳其国界成为一种国际性现象。由于全球化

---

[1] Neslihan Ozturk, "A Single Type of Cemevi for the Alevis", *Turkey Daily News*, 13 January, 1998.
[2] Sehriban Sahin, "The Rise of Alevism as a Public Religion", p. 477.
[3] Sehriban Sahin, "The Rise of Alevism as a Public Religion", p. 477.
[4] Neslihan Ozturk, "Alevi Education Given Big Boost", *Turkish Daily News*, 11 September, 1997.
[5] Sehriban Sahin, "The Rise of Alevism as a Public Religion", p. 477.
[6] Sehriban Sahin, "The Rise of Alevism as a Public Religion", p. 480.
[7] Sehriban Sahin, "The Rise of Alevism as a Public Religion", p. 480.

浪潮的兴起和西欧土耳其移民的增多，阿拉维派的国际联系日益密切，西方学者兴起研究阿拉维派的热潮，土耳其学者也开始在西方大学工作或出版相关书籍。作为拥有土耳其移民最多的德国，柏林、科隆逐渐成为阿拉维派的活动中心。德国的阿拉维派最早由爱国联盟的前身土耳其工会组织领导，该机构与土耳其团结党联系密切，该党领导人曾前往德国寻求阿拉维派移民的支持。1985 年，土耳其阿拉维派创立以哈兹·贝克塔什与阿布达尔命名的协会，这些协会纷纷在海外移民中建立分支机构，德国、荷兰、瑞士、奥地利和法国的阿拉维派协会发展迅速，纷纷建立联合会：1989 年，德国阿拉维派工会联合会（German Alevi Unions' Federation）下辖 95 个协会；1995 年，欧洲阿拉维派工会联合会拥有 130 个协会和 15000 名会员。① 分散于欧洲各国的阿拉维派协会与土耳其有着密切联系，穿行于土耳其与欧洲之间的活动家是阿拉维派的国际发言人。另外，在 20 世纪 90 年代，西方出现许多研究阿拉维派的专门机构，诸如德国的欧洲阿拉维派研究院（European Alevi Academy）、阿拉维贝克塔什研究所（Alevi Bektaşi Institute）、阿拉维派之路与仪式研究所（Alevi Way and Rites Institute）、法国斯特拉斯堡大学的阿拉维派贝克塔什研究所（Alevi Bektaşi Institute）等。时任德国总理施罗德曾给德国阿拉维派工会联合会组织的千年舞蹈节（Saga of the Millennium）发去贺电，指出节日里的音乐舞蹈是阿拉维派信仰的重要组成部分，并将启动不同宗教文化之间对话的多元文化项目。② 2002 年，德国首次承认阿拉维派是独立的宗教派别，这说明阿拉维派在国外获得了合法宗教身份。基于上述背景，正义与发展党上台后推行"阿拉维派开放"政策，在一定程度上赢得了阿拉维派选民的支持。

（二）正义与发展党政府的"阿拉维派开放"倡议

首先，正义与发展党出台一系列政策提升阿拉维派的地位和处境。正义与发展党上台执政后，阿拉维派普遍认为其是逊尼派或者是伊斯兰政党，将会排斥阿拉维派及其现实需要，所以对其持质疑和反对态度。正义与发展党为加入欧盟和满足哥本哈根标准而启动的一系列改革、阿拉维派开放政策、修宪改革、盖齐抗议运动以及叙利亚内战等都重塑了

---

① Sehriban Sahin, "The Rise of Alevism as a Public Religion", p. 473.
② Sehriban Sahin, "The Rise of Alevism as a Public Religion", p. 473.

阿拉维派对执政党的态度。2003年，正义与发展党政府推动议会修改市民组织组建原则的相关法律，给予阿拉维派成立和发展市民组织的法律和政治基础。① 因为此前法律规定基于族群、宗教、教派、地区等原则组建市民组织属于非法行为；对市民组织法律限制的解绑，将给予阿拉维派市民组织合法活动权利。而且，正义与发展党政府积极地以电视广播等媒介向公共领域宣传和普及阿拉维派文化传统。作为第一个正面回应阿拉维派和第一个承认土耳其在过去杀害阿拉维派的政府，正义与发展党使得阿拉维派的地位和处境呈现不同于以往历史时期的重要特征。

正义与发展党所代表的伊斯兰主义的异化和此前伊斯兰政党的现代化探索激起了部分阿拉维派的希望，正义与发展党上台后出于加入欧盟的需要而促进社会和政治改革，其中部分改革得到某些阿拉维派组织的支持。例如，Ehl-I基金会的领导人费马尼·阿尔金（Fermani Altun）高度赞扬废除国家安全法院和加入欧盟的一体化改革。但这种希望也未能持续太久，因为在正义与发展党上台后，阿拉维派组织发现政府对阿拉维派活动的参与度下降。左翼的辟尔·苏尔坦·阿布达尔文化协会（The Pir Sultan Abdal Cultural Association，PSAKD）和右翼的共和国教育文化基金会中心（Center for Republican Education and Culture Foundation，CEM）都哀叹此前与政府的对话停止了。

在2002—2007年执政期间，正义与发展党政府针对阿拉维派的政策与此前国家机构和伊斯兰政党的传统政策相一致，即弱化阿拉维主义与伊斯兰教的宗教分歧，而非政党所宣扬的自由主义、多元主义、民主和人权。② 所以阿拉维派对正义与发展党并不十分认可。在2003年阿拉维派的贝克塔什节（The Alevi festival of Hacıbektaş）上总理被喝倒彩，表现了阿拉维派对正义与发展党的广泛反对。几年后，正义与发展党议员参与该节日，但仍然被喝倒彩，这也体现了阿拉维派与政府之间关系的疏离。在2004年的地方选举中，阿拉维派贝克塔什联盟主席阿里·多甘（Ali Doğan）宣称："我们清楚知道我们所支持的任何政党在这次选举中

---

① Bayram Ali Soner and Şule Toktaş, "Alevis and Alevism in the Changing Context of Turkish Politics: The Justice and Development Party's Alevi Opening", Tvrkish Studicsivol. 12, No. 3, 2011, p. 422.

② Bayram Ali Soner and Şule Toktaş, "Alevis and Alevism in the Changing Context of Turkish Politics: The Justice and Development Party's Alevi Opening", p. 426.

都未能完全理解民主制度和法则，但左翼政党要比其他政党好得多。"① 在坎卡亚（Cankaya）的市长选举中，他强调支持共和人民党领导人马赫穆特·尔拉玛兹（Muzaffer Eryilmaz），以保证其在该区选举中获胜。2007 年大选中，阿拉维派赛姆基金会主席伊兹提·多甘教授号召阿拉维派投票支持共和人民党和其他世俗政党，因为正义与发展党正在努力改变国家的世俗秩序。② 2007 年、2011 年大选的统计结果表明，绝大多数阿拉维派投票支持共和人民党。这充分说明，尽管正义与发展党等中右政党占据政坛主导地位，尽管左翼政党本身已经发生很大变化，但阿拉维派仍将其作为政治表达的主要途径。

不过，作为巩固执政基础的需要，正义与发展党也努力扩大阿拉维派等宗教少数派的政治权利，这主要体现在官方对阿拉维派礼拜场所和信仰内容的考虑上。在凯末尔主义框架下，国家控制宗教的世俗主义在宗教层面的实践主要通过宗教事务局来实现，宗教事务局将逊尼派伊斯兰教视为正统解释，否认阿拉维派作为独立派别的存在，当清真寺、教堂和犹太会堂享受礼拜场所的地位时，"赛姆的房子"并没有获得同样的地位。阿拉维派信仰也未能纳入中小学的宗教文化和道德课程。尽管不同的阿拉维派对待该课程态度不同：世俗倾向的阿拉维派组织坚决反对宗教文化和道德课程作为必修课，认为该课程应该去掉或者至少定义为选修课。这以阿拉维派——贝克塔什基金会（The Alevi Bektashi Federation，ABF）、皮尔·苏尔坦阿卜杜拉文化协会、胡巴亚基金会（Hubyar Foundation）和哈吉·贝克塔什阿纳多卢·库尔·瓦克夫（The Hacı Bektaş Veli Anadolu Kültür Vakfı，HBVAKV）等为代表。对于他们来说，土耳其国家应该限制和宗教相关的各项活动，就像世俗主义所需要的那样。宗教倾向的阿拉维派认为世俗国家压制宗教，建议应该有所改变以至于阿拉维派和其他穆斯林能够自由平等地实践他们的宗教。他们认为，"宗教文化和道德"课程应该中立，应该包括阿拉维派和其他宗教的信条。例如共和国教育文化基金会中心和 Ehl-I 基金会要求阿拉维派应该在国家宗教事务局当中有代表，宣称阿拉维派的德德们和伊玛目一样应该由国

---

① "Alevi Groups Support Leftist Parties in Local Elections", *Turkish Daily News*, 23 March 2004.

② "Alevis Vote Based on Individual Decisions", *Today's Zaman*, 18 July, 2007.

家机构培训和发工资。在多种因素影响下,正义与发展党政府逐步计划将阿拉维派信仰纳入公立学校的宗教必修课,宗教事务局也讨论将阿拉维派作为伊斯兰教的一个分支对待。① 2008 年年初,埃尔多安公开宴请阿拉维派领导人来庆祝其神圣节日。在这种背景下,阿拉维派公开要求官方投资建立其礼拜场所"赛姆的房子",尽管遭到宗教事务局局长阿里·巴达古鲁(Ali Bardakoğlu)的质疑:"根据伊斯兰神学,'赛姆的房子'不应该被视为清真寺的对应物,这些举行阿拉维派仪式的房子是公共和私人场所。"② 但正义与发展党政府已经着手投资建设"赛姆的房子"。这就为"阿拉维派开放"政策的出台奠定了基础。

其次,正义与发展党政府提出并实践"阿拉维派开放"政策。前文已述,正义与发展党政府实施包括库尔德人、阿拉维派和非穆斯林少数民族的开放政策。"阿拉维派开放"政策是正义与发展党政府旨在解决土耳其国内族群、教派问题,推进国家民主化、强化国家整合的总体计划——"民族团结与兄弟情谊项目"(Project for National Unity and Brotherhood)或"民主开放进程"(Democratic Opening Process)③——有机组成部分,旨在为阿拉维派赢取更大的生存空间,赋予平等的公民权地位,培养阿拉维派和普通民众之间的新伙伴关系。④ 埃尔多安政府第二任期内对阿拉维派问题提出三阶段解决计划:第一阶段计划通过国家财政给予"赛姆的房子"一定的经济支持;第二阶段计划实现赛姆宗教场所的地位合法化,第三阶段建立一个代表阿拉维教派信仰的机构,此为"阿拉维派开放"政策的主要表现。

2007 年议会选举中,数名阿拉维派当选为大国民议会议员。为加强与阿拉维派的联系,埃尔多安任命畅销小说家和阿拉维派活动家雷哈·切穆罗格卢(Reha Çamuroğlu)为总理办公室的阿拉维派问题顾问。2007 年,正义与发展党政府提出"阿拉维派开放"政策,呼吁对话和讨论社会边缘群体的问题(包括库尔德人、宗教少数派和基督徒等),使他们与

---

① Sehriban Sahin, "The Rise of Alevism as a Public Religion", p. 481.
② Sule Toktas and Bulent Aras, "The EU and Minority Rights in Turkey", *Political Science Quarterly*, Vol. 124, No. 4, Winter 2009/2010, p. 720.
③ Murat Borovali and CemilBoyraz, "The Alevi Workshops: An Opening Without an Outcome," *Turkey Studies*, Vol. 16, No. 2, 2015, p. 146.
④ Necdet Subaşi, "The Alevi Opening: Concept, Strategy and Process", p. 166.

土耳其国家和解。这是官方首次倾听阿拉维派的声音，承认他们作为独特群体的存在，这对于阿拉维派而言具有重要的象征意义。埃尔多安总理及数位政府部长、议员都参与了 2008 年、2009 年的阿拉维派开斋节（muharrem iftars），但是阿拉维派的重要市民社会组织却没有参加。亲正义与发展党的智库机构 Stratejik Düşünce Enstitüsü 的民意测验表明，正义与发展党政府的这些象征性姿态是模棱两可的：只有 34% 的阿拉维派受访者认为埃尔多安总理参与阿拉维派开斋节是积极的事情，28.9% 的对其持否定态度，而 30% 的认为其既不积极也不消极。① 阿拉维派贝克塔什联盟把正义与发展党的"阿拉维派开放政策"界定为同化举措；而辟尔·苏尔坦·阿布达尔文化协会则于 2008 年 2 月在伊斯坦布尔举行集会以示抗议。② 6 月，雷哈·切穆罗格卢辞去总理办公室的阿拉维派顾问职位，因为总理和政府都没有回应对"阿拉维派开放"政策的批评，执政党没有在国家机构内部终止对阿拉维派的歧视。③ 12 月，土耳其文化部部长对土耳其在过去镇压阿拉维派、采取暴力行动而造成的伤害表示道歉。埃尔多安总理指出，政府应该承认宗教多元主义，公民应该实践和表达他们的信仰而不受国家权威的干预，满足阿拉维派的诉求，特别是改变"赛姆的房子"的地位。媒体讨论说，在宗教事务局中设立阿拉维派单元，给予阿拉维派德德们工作，成立官方机构来培训他们。④ 尽管如此，在正义与发展党政府举办的 2009 年 1 月的开斋节仪式中，大的阿拉维派组织中只有 CEM 基金会（CEM Founation）参加。

从 2009 年 6 月到 2010 年 1 月，正义与发展党政府发起"阿拉维派开放"政策的第二阶段，以"阿拉维派倡议工作坊"（The Workshops of the Alevi Initiative）的形式展开，以"倾听阿拉维公民的声音和评估他们的

---

① Elise Massicard, "Alevi Critique of the AK Party: Criticizing 'Islamism' or the Turkish State", in Ümit Cizre ed., *The Turkish AK Party and its Leader: Criticism, Opposition and Dissent*, p. 80.

② Talha Kose, "the AKP and the 'Alevi Opening': Understanding the Dynamics of the Rapprochement", *Insight Turkey*, Vol. 12, No. 2, 2010, p. 162.

③ Elise Massicard, "Alevi Critique of the AK Party: Criticizing 'Islamism' or the Turkish State", in Ümit Cizre ed., *The Turkish AK Party and its Leader: Criticism, Opposition and Dissent*, p. 81.

④ Elise Massicard, "Alevi Critique of the AK Party: Criticizing 'Islamism' or the Turkish State", in Ümit Cizre ed., *The Turkish AK Party and its Leader: Criticism, Opposition and Dissent*, p. 80.

问题"。① 工作坊旨在建立政府与阿拉维派市民组织之间的沟通机制，就阿拉维派的宗教、文化、政治诉求开展协商对话，对双方共同关心的议题达成共识，推进政府与阿拉维派的和解。参会团体包括阿拉维派市民组织代表、宗教事务局等。第一个工作坊由阿拉维派组织发起，第二个则由社会科学教授发起，第三个则是神学教授，第四个由市民社会组织，第五个是媒体，第六个是现任和前任议员，最后一次工作坊由前几次工作坊的参加者参加。工作坊由内政部部长欧麦尔·切利克（Ömer Çelik）主持，得到逊尼派技术专家内杰代特·苏巴什（Necdet Subaşı）的协作，一些以左翼立场著称的阿拉维派组织诸如 HBVAKV 都参与了工作坊，这是前所未有的。但相当部分的阿拉维派市民社会组织对此持反对态度，认为他们并没有被视为平等的伙伴，而是被动的接受者。其他方面的批评包括工作坊并不对媒体开放，工作坊的话语和对话受到限制，工作坊进行期间表达的观点没有包含在最后的报告中。

2010 年，正义与发展党政府公布《阿拉维派工作坊最终报告》（Alevi Workshops Final Report），承认阿拉维派问题亟待解决，并提出许多建议：一是报告认为阿拉维派问题的核心内容包括"赛姆的房子"的宗教场所地位、宗教课程问题等，需要政府重新考虑法律对这些问题规定的障碍。二是报告承认阿拉维派穆斯林有权得到宗教事务局的相关服务，后者需要调整其职责范围。三是报告着重指出宗教必修课程设置需要对宪法进行修改，当前的宗教必修课程应满足所有信仰的需求。四是报告进一步提出开放 1993 年锡瓦斯屠杀事件发生地的马蒂马克宾馆（Madımak Hotel）②，允许阿拉维派穆斯林举行悼念活动，"赛姆的房子"应当获得合法地位和满足相关需求，国家应提供相关水电等基础设施。五是报告认为阿拉维派在穆赫拉姆月的阿舒拉节应确定为官方节日，重

---

① Necdet Subaşi, "The Alevi Opening: Concept, Strategy and Process", *Insight Turkey*, Vol. 12, No. 2, 2010, p. 165; Zeynep Alemdar and Rana Birden Çorbacıoğlu, "Alevis and the Turkish State", *Turkish Policy Quarterly*, Vol. 10, No. 4, 2012, p. 118.

② 关于锡瓦斯 1993 年着火的马蒂马克宾馆，阿拉维派组织宣称应成立博物馆以纪念该事件。工作坊之后的主要成就之一是政府购买该宾馆，随后于 2011 年将其改造为科学和文化中心。然而大部分阿拉维派组织仍然对此持批评态度，因为纪念匾额不仅提到袭击的受害者，还包括在该事件中牺牲的两名袭击者。尽管国家当局认为该事件已经解决，但大部分阿拉维派并不如此认为。

建哈齐·贝克塔什镇以解决阿拉维派信仰传播需要等。①

2011年议会选举后，正义与发展党政府终止"阿拉维派开放"政策，而内政部部长欧麦尔·切利克宣布"活动收到非常好的效果"，埃尔多安总理宣称："我们的公民因为服饰、出身或者信仰而遭到压制的时代结束了。"② 阿拉维派组织对此持否定态度，几乎异口同声地批评"阿拉维派开放"政策，超过第一阶段的象征性做做样子，政府几乎没有采取切实的步骤来处理阿拉维派的诉求和清除解决阿拉维派在工作坊期间所讨论问题的法律障碍，许多问题被讨论但都没有被解决。关于"赛姆的房子"的地位，政府成员在不同场合反复强调阿拉维派的礼拜场所是清真寺，埃尔多安总理重申国家关于阿拉维派的传统立场，即它是文化而不是宗教，也作出了相应的努力。2013年，很多人质疑宗教文化和道德课程被纳入大学入学考试中，此项改革被阿拉维派解释为歧视，因为阿拉维派学生对逊尼派宗教知识的掌握远逊于逊尼派学生。埃尔多安总理多次宣称"赛姆的房子"不是礼拜场所而是文化场所，因为清真寺是伊斯兰教中唯一礼拜场所，将其视为礼拜场所将使伊斯兰教的统一陷入危险境地，等同于分裂主义。在2013年2月的一次会议上，埃尔多安宣称"阿拉维派是和我们一样的穆斯林，文化场所不应该与礼拜场所混淆"。③ 6月的盖齐抗议行动后，正义与发展党政府宣称"阿拉维派开放"再度纳入议程，以解决阿拉维派领导人在工作坊期间所提出的诸多问题，重新考虑"赛姆的房子"和德德们的地位。正义与发展党政府宣称两所大学将要改名，内夫谢希尔（Nevşehir）大学改为以13世纪阿拉维派哲学家命名的哈兹·贝克塔什（Hacı Bektaş Veli）大学，通杰利（Tunceli）大学将以16世纪阿拉维派诗人和反叛者辟尔·苏尔坦·阿布达尔的名字命名，承诺将马蒂马克宾馆变成博物馆，然而当埃尔多安总理最终在2013年9月30日终结其民主化尝试时，阿拉维派组织表示失望，因为执政党仅仅将内夫谢希尔大学改名为哈兹·贝克塔什大学，而这则是阿拉维派并没有

---

① Mehmet Bardakci, "The Alevi Opening of the AKP Government in Turkey: Walking a Tightrope between Democracy and Identity", p. 360.

② Göksel Genç and Sinan Gül, "Vanandaşlarımızın inancından dolayı baskı gördüğü dönemler geride kaldı", Zaman, August 29, 2011. Elise Massicard, "Alevi Critique of the AK Party: Criticizing 'Islamism or the Turkish State'", in Ümit Cizre ed., The Turkish AK Party and its Leader: Criticism, Opposition and Dissent, p. 83.

③ Faruk Keskin, "AKP's lidenezanişgüzaı", Cumhuriyet, December 22, 2011.

要求的。"阿拉维派开放"政策伴随着土耳其从议会制向总统制的过渡而逐渐沉寂，但在2015年8月17日，土耳其最高上诉法院判决国家应该承担阿拉维派礼拜场所"赛姆的房子"的所有费用。① 2018年6月，耶尔德勒姆总理在与阿拉维派代表会谈后表示，将给予"赛姆的房子"合法的宗教礼拜场所地位。② 10月20日，土耳其宗教事务部部长阿里·艾尔巴什（Ali Erbaş）造访通杰利的"赛姆的房子"，这是土耳其历史上第一位访问阿拉维派礼拜场所的宗教事务局局长③，预示着正义与发展党政府与阿拉维派的和解朝着积极的方向发展。

最后，正义与发展党政府"阿拉维派开放"政策遭遇多重挑战。"阿拉维派开放"政策是正义与发展党政府在阿拉维派问题上的一大进步。塔勒哈·科塞（Talha Kose）认为，"阿拉维派开放"是执政党应对阿拉维派不满的系统性努力。这一举措亦是宏大的、旨在解决各族群集团棘手问题的"民主开放"政策的一部分。④ "阿拉维派开放"政策应该被视为促进阿拉维派与国家之间沟通与信任的重要举措。就国家与阿拉维派关系而言，"阿拉维派开放"应该被视为历史性突破。⑤ 而在大部分阿拉维派看来，"阿拉维派开放"作为和解举措开启的同时，过程和最终报告则变成国家又一个创造"它自己的"阿拉维派的失败尝试。⑥ 所以说，"阿拉维派开放"实施过程中遭到广泛质疑，这也决定其影响力的相对有限。

一方面，"阿拉维派开放"政策遭到阿拉维派的反对。阿拉维派对"阿拉维派开放"政策持怀疑态度，这也展现其对正义与发展党政府的深

---

① 转引自朱传忠《土耳其正义与发展党研究》，第310页。
② "Turkish PM Backs Legal Status for Alevi Worship Places", *AnadoluAgency*, 16 June, 2018, https://www.aa.com.tr/en/todays-headlines/turkish-pm-backs-legal-status-for-alevi-worship-places/1176755.
③ "Director of Turkey's Religious Affairs Visited a Cemevi for the First Time," *Ahval News*, Oct. 20, 2018, https://ahvalnews.com/alevis/director-turkeys-religious-affairs-visited-cemevi-first-time.
④ Talha Kose, "The AKP and the 'Alevi Opening': Understanding the Dynamics of the Rapprochement", p. 143.
⑤ Talha Kose, "The AKP and the 'Alevi Opening': Understanding the Dynamics of the Rapprochement", p. 148.
⑥ Zeynep Alemdar and Rana Birden Çorbacıoğlu, "Alevis and the Turkish State", *Turkish Policy Quarterly*, Vol. 10, No. 4, 2012, p. 124.

度不信任。根据民意调查，49.2%的阿拉维派公民表达了对"阿拉维派开放"的不信任，只有14.9%的公民对此持欢迎态度。59.8%的阿拉维派受访者认为正义与发展党的"阿拉维派开放"政策是一个逊尼化的政策，21.9%的阿拉维派受访者认为"阿拉维派开放"政策旨在解决民众的问题。只有5.7%的阿拉维派受访者认为政府的开放能够解决阿拉维派问题，而39.5%的人持相反态度，42.2%的人回应说"即使其不能完全解决问题，其在很大程度上是成功的"。只有2.6%的阿拉维派受访者宣称"阿拉维派开放"政策足以解决阿拉维派问题，而61.1%的人回应称不能。① 许多阿拉维派组织将"阿拉维派开放"政策视为同化政策。在2009年9月9日的游行中，工作坊被批评试图缓和阿拉维派的反对，创建正义与发展党自己的阿拉维派。许多人怀疑"阿拉维派开放"政策旨在将阿拉维派置于国家的控制之下，正义与发展党的伊斯兰教观强调阿拉维派和逊尼派的共同点，而大部分阿拉维派组织希望阿拉维派因其特殊性而被接受。一位阿拉维派负责人阿里·巴克兹（Ali Balkız）认为，"正义与发展党和CEM基金会努力给阿拉维主义和阿拉维派蒙上伊斯兰教或阿拉维——伊斯兰教的外衣"。世俗倾向的阿拉维派组织有时批评宗教倾向的阿拉维派组织参与这种同化尝试。对正义与发展党旨在伊斯兰化阿拉维派的关键点有二：一是拒绝给予阿拉维派礼拜场所合法地位，二是垄断宗教文化和道德课程。HBVAKV宣称正义与发展党利用阿拉维主义以实现兄弟会的合法化。② 大部分阿拉维派组织宣称政府超越其权力界限，正义与发展党将政治与宗教混为一谈。许多阿拉维派批评正义与发展党将伊斯兰教施加于社会，实际上这体现了民众对于政府试图干预民众生活和以保守和宗教方式重塑个人自由的抗议。许多阿拉维派指控政府利用阿拉维派的逊尼化作为政治工具来巩固其社会基础。2011年1月，汇集许多世俗阿拉维派组织的第一次阿拉维派大会（The First Alevi Congress）宣称，正义与发展党的统治加剧了社会政治紧张情绪以及社会

---

① Elise Massicard, "Alevi Critique of the AK Party: Criticizing 'Islamism' or the Turkish State", in Ümit Cizre ed., *The Turkish AK Party and its Leader: Criticism, Opposition and Dissent*, p. 84.

② Elise Massicard, "Alevi Critique of the AK Party: Criticizing 'Islamism' or the Turkish State", in Ümit Cizre ed., *The Turkish AK Party and its Leader: Criticism, Opposition and Dissent*, p. 86.

不平等，包括对政府新自由主义经济政策的批评，认为其带来日趋严重的社会不平等。2013 年 6 月，伊兹提·多甘宣称，正义与发展党政府的政策是基于阿拉维派与逊尼派的不平等，其仍然是以逊尼派认同为基础来掌权的。实际上，不仅阿拉维派，而且许多反对派都批评正义与发展党政府打着教派分裂的牌子来深化种族和宗教分化，这不仅损害社会和平，而且增加社会紧张情绪。许多阿拉维派组织质疑正义与发展党统治的民主性——其政治合法性和民主合法性。一些世俗的阿拉维派组织诸如 HBVAKV 和 PSAKD 指出，尽管阿拉维派最初被纳入库尔德开放政策，但却被排斥出解决过程，且只有一名代表伊兹提·多甘被任命加入六十人委员会（The Sixty-people "Wise Men" Committee）。一些阿拉维派组织认为正义与发展党的库尔德解决方案具有政治目的。而且，一些阿拉维派质疑这些举措的民主标准，特别是 2010 年的宪法改革。伊兹提·多甘强调说，这些改革旨在歧视阿拉维派，大部分阿拉维派组织都对盖齐抗议行动中对政府的批评表现积极，他们对此更为关注是因为盖齐抗议期间死亡的 6 名年轻人都是阿拉维派。例如在 2013 年 6 月 23 日 PSAKD 组织的 Kadıköy 聚会中，埃尔多安总理被视为暗杀者，将其与塞里姆苏丹（Yavuz Sultan Selim）相提并论。2014 年 2 月，PSAKD 的董事凯末尔·波波（Kemal Bülbül）批评正义与发展党的政策是压迫性的和反自由主义的，因为其对言论自由进行监管和限制、镇压。① 几乎所有的阿拉维派组织都对人民民主党在 2015 年 6 月 7 日的大选中进入议会欢呼雀跃，他们在 2015 年 8 月聚会抗议为 11 月 1 日大选铺平道路的过渡政府的合法性，他们将埃尔多安总统开展新一轮选举的呼吁解释为保持权力和建立独裁的意愿展现，指控正义与发展党为了自我利益而与民众意愿相悖。所有阿拉维派组织都认为正义与发展党应该对 6 月大选之后的紧张和暴力事件负责，他们一致批评其叙利亚政策和支持伊斯兰国的行动，揭示其反库尔德行动的立场以展现正义与发展党针对和平进程的真正立场。在阿拉维派看来，尽管其拥有创新性举措，但正义与发展党政府几乎没有改变错误的界限，而是加剧了政治分化，这也预示着二者的矛盾很难调和，使"阿拉维派开放"政策的成效大打折扣。

---

① Elise Massicard, "Alevi Critique of the AK Party: Criticizing 'Islamism' or the Turkish State", in Ümit Cizre ed., *The Turkish AK Party and its Leader: Criticism, Opposition and Dissent*, pp. 92-93.

另一方面，阿拉维派与正义与发展党政府的诸多分歧也决定了"阿拉维派开放"政策前景步履维艰。正义与发展党政府开启的"阿拉维派开放"搭建了政府与阿拉维派群体之间有效的沟通机制，从国家层面承认了阿拉维派问题的现实性，认可了阿拉维派合法的宗教与文化诉求，促进了阿拉维派问题在公共空间领域的传播，然而阿拉维派认同诉求的核心议题并未得到解决，阿拉维派与政府的和解进程仍面临着多重挑战。①

其一，阿拉维派和正义与发展党政府之间关于和解进程中的核心议题难以达成共识，造成和解进程时断时续。作为奉行逊尼派信仰的现代伊斯兰主义代表，正义与发展党更愿意从文化角度来看待阿拉维派，并赋予其相应权利和自由，而实际上阿拉维派所要争取的是作为独立的宗教派别的权利，这包括获得礼拜场所"赛姆的房子"与清真寺同等的法律地位和保障措施，将阿拉维派吸纳入宗教事务局的成员，在道德和文化课程中增加阿拉维派信仰的基本内容，而这将打破以往国家控制宗教的世俗主义框架体系，是正义与发展党在面临世俗主义精英和反对派压力下很难在短时期内实施的措施，因而不可能一揽子地解决这诸多问题，只能采取循序渐进的方式，这就无形中增加了阿拉维派和执政党之间的误解和矛盾。

其二，阿拉维派的内部分化及其政治倾向也使得二者之间很难达成共识。在土耳其现代化进程中，尽管阿拉维派的世俗化倾向愈益增强，但又分为传统宗教派和现代世俗派。传统宗教派主张接受土耳其国家与宗教现状，促进阿拉维派的宗教与文化认同，实现阿拉维派宗教礼拜场所的合法化，改革宗教事务局并吸纳阿拉维派代表，将阿拉维派信仰体系纳入义务教育的宗教课程中。现代世俗派认为，宪法规定的世俗主义原则与社会宗教现实之间存在矛盾，国家应平等对待所有宗教及教派，对其资金援助和支持等毫无差别。这种差别充分体现在其对"阿拉维派开放"政策的态度上。阿拉维派内部的派别分化，使其作为宗教少数派很难联手与执政党进行协商，也分散了其对共和人民党和其他左翼政党的支持率，无形中增加了阿拉维派和解进程的复杂性。

其三，复杂的国际形势影响"阿拉维派开放"政策的实施效果。

---

① 此部分及以下参考杨玉龙《土耳其阿莱维问题的历史嬗变及其和解进程》，第99—101页。

2011年以来的中东变局带来复杂的地区环境,叙利亚危机的爆发也使得土叙关系变得异常复杂。正义与发展党政府积极支持叙利亚自由军,土耳其阿拉维派和叙利亚阿拉维派的宗教渊源和文化纽带使其不满正义与发展党政府对巴沙尔政权的态度。正义与发展党政府支持反政府武装以推翻巴沙尔政权,强调叙利亚政权受努赛里系阿拉维派统治的观点,加剧了土耳其国内对土耳其阿拉维派作为"内部威胁"与叙利亚阿拉维派"外部威胁"的担心①,使得长期以来相安无事的两个派别产生了密切关联,也给和解进程增加了一重障碍。到目前为止,阿拉维派与国家的和解进程并未取得实质性突破,这不仅需要正义与发展党进一步推进民主化进程,也需要阿拉维派淡化内部冲突、弥合相关分歧,以为阿拉维派政治和社会地位的提升创造更好条件。

四 正义与发展党政府的非穆斯林少数民族政策及实践

土耳其的非穆斯林少数民族大约占国家总人口的1%,主要包括信仰东正教的希腊人、亚美尼亚人、保加利亚人、格鲁吉亚人、阿拉伯人,信仰犹太教的犹太人,以及信仰巴哈伊教、耶齐德派和原始信仰的阿拉伯人以及亚述人、迦勒底人的后裔等,还有为数不多的信仰基督新教的西方殖民者后裔。在《洛桑和约》的民族界定下,他们被赋予少数民族身份,但土耳其民族主义的排他性导致其处境艰难,正义与发展党上台后,相对开放的民族宗教文化政策使他们成为现代化进程的重要参与者。

1. 土耳其非穆斯林少数民族概况及处境。土耳其共和国延续奥斯曼帝国的米勒特②传统,将犹太人、亚美尼亚人和希腊人界定为少数民族,否定其他少数民族的存在,这就为认定非穆斯林少数民族的身份带来诸多分歧,也为统计其具体数量带来一定困难。综合不同学者的统计结果,约有50000—65000名亚美尼亚正教徒、23000—25000名犹太教徒、3000—

---

① Derya Özkul, "Alevi Opening and Politicization of the Alevi Issue During the AKP Rule," *Tukrish Studies*, Vol. 16, No. 1, 2015, p. 91.

② 米勒特制度是维系奥斯曼帝国多元文化和多元宗教属性的重要行政管理制度。奥斯曼帝国根据臣民宗教信仰的差别将非穆斯林划分为不同的宗教社团——米勒特,每个米勒特组织、管理和维系自身的运行,成立诸如教育、宗教、正义和社会安全等机构。有学者指出:"米勒特制度是对奥斯曼帝国行政制度(创新)尝试的一种回应……一方面,这种制度维系了社团内部宗教、文化和种族的延续性;另一方面,这种制度将他们整合进奥斯曼帝国的行政、经济和政治体系中。"参见 Kemal H. Karpat, "Millets and Nationality: The Roots of the Incongruity of Nation and State in the Post-Ottoman Era", in Benjamin Braude & Bernard Lewis eds., *Christians and Jews in the Ottoman Empire: The Functioning of a Plural Society*, New York: Holmes & Meier Publishers, 1982, pp. 141-142.

5000名希腊正教徒、15000—20000名叙利亚正教徒、10000名巴哈伊派（Baha'is）、5000—7000名耶齐德派①、3300名耶和华见证会（Jehovah's Witnesses）成员、3000名基督新教徒，以及数目不详的保加利亚正教徒、占星术派、聂斯托利派（Nestorian）、格鲁吉亚正教徒（Georgian）、罗马天主教徒和基督教马龙派（Maronite）以及原始信仰派别等。②1923年7月24日签署的《洛桑和约》解决了土耳其与其他签约国的一系列问题，第37—45条特别规定了宗教信仰自由、少数民族地位以及权利保护等问题。《洛桑和约》是处理国家地位和希土民族问题的国际性公约，但这些有关非穆斯林少数民族的条款赋予其宗教自由和法律平等地位，并间接提及所有公民的权利和普遍的公民权。③有学者指出："（鉴于少数民族）在土耳其的情况……官方观点是不同的规定适用于不同的非穆斯林宗教群体。"④《洛桑和约》对少数民族权利保护的暖流很快淹没在凯末尔主义的汪洋大海中，不但未获承认的非穆斯林少数民族无法享有《洛桑和约》赋予的各种宗教权利和自由，而且获得合法地位的非穆斯林少数民族的权利和自由也受到限制。在凯末尔民族主义的构想下，非穆斯林少数民族通常被视为"奥斯曼依赖西方的象征""使民族纯洁陷于危险的负面因素""被遗忘过去的前现代追忆""土耳其民族统一的威胁"等。而且，由于这些少数民族与境外民族乃至国家的天然联系使得官方认为其有隐匿的政治目的和不可告人的政治秘密，所以限制其宗教信仰自由、剥夺其教育权利、掠夺其财产财富、堵塞其上升渠道在土耳其现代化进

---

① 耶齐德派为崇拜魔鬼及原始信仰的派别，吸收了基督教的浸礼、酒和面包的隐义，认为其是亚当而非夏娃的后裔，接受犹太教的饮食限制，穆斯林的斋戒、割礼和朝觐，苏非主义对谢赫的崇敬、秘密和入神经历，摩尼教的轮回传统，形成具有混合性特征的基本信仰。他们保持内生传统，除非天生是耶齐德信徒，不接受任何外人的皈依。主要象征是孔雀，相信邪恶和优点都是神性的组成部分，具有鲜明的二元论色彩。他们还将基督视为人形天使，将穆罕默德、亚伯拉罕以及其他宗教的先知视为先知。

② 参见 Ilhan Yildiz, "Minority Rights in Turkey", *Brigham Young University Law Review*, 3, 2007, p. 801; Niyazi Öktem, Religion in Turkey, *Brigham Young University Law Review*, 2, 2002, pp. 375-376; Talip Kucukan, "State, Islam, and Religious Liberty in Modern Turkey: Reconfiguration of Religion in the Public Sphere", *Brigham Young University Law Review*, 2, 2003, pp. 502-503。

③ Sule Toktas and Bulent Aras, "The EU and Minority Rights in Turkey", *Political Science Quarterly*, Vol. 124, No. 4, Winter 2009/2010, p. 700.

④ Ilhan Yildiz, "Minority Rights in Turkey", p. 800.

程中普遍存在。尽管一系列法律文件①为保障民众的信仰自由和基本权利提供了法理依据，但这些条款和原则在执行过程中呈现理想与现实的错位。这就意味着在现代化进程中，土耳其非穆斯林少数民族不但为其民族身份而抗争，而且为其宗教权利和自由而努力。

第一，少数民族事务委员会（The Minorities Committee）是土耳其处理少数民族事务的权力机构，其拥有管理各少数民族的最高权力。作为凯末尔政权设立的处理民族事务的行政机构，其拥有处理穆斯林少数民族和非穆斯林少数民族的最高宗教权威，否定了各少数民族宗教群体的宗教领导人地位。土耳其承认宗教信仰自由，伊斯坦布尔的亚美尼亚大主教、希腊正教大主教以及犹太大拉比发挥着各宗教群体领导人的功能，但并未获得合法的自治地位，要统一接受少数民族事务委员会的管理。②任何与这些非穆斯林少数民族群体相关的企业活动都由内务部根据该委员会的决议来开展，非穆斯林少数民族的所有活动都必须得到该委员会的允准，而且少数民族事务委员会的决议一旦确定便不可更改。少数民族事务委员会作为国家政治机构严格监视非穆斯林少数民族的活动。例如，该委员会曾经拒绝一个少数民族学校的学生参加夏令营，因为他们认为此举将会威胁国家安全。③所以说，土耳其非穆斯林少数民族的宗教信仰自由与平等权利仅仅停留在纸上，这是他们在现代化进程中要努力争取的目标。

第二，非穆斯林少数民族接受宗教教育的权利遭到限制。1923年，土耳其政府颁布了教育世俗化、现代化法令，规定学校必须处于国家的监督之下，学校必须向受教育者提供非宗教的现代化教育。1924年通过的《教育统一法》规定，土耳其各层次学校都处于国家的控制之下，国

---

① 规定土耳其公民信仰自由、基本权利的文件包括先后颁布的三部《土耳其宪法》、《联合国人权宣言》（UDHR）、《关于清除所有形式的基于宗教或信仰的不宽容的宣言》（1981年宣言）、2004年《欧洲宪法》等，这些文件对民众的基本权利和自由作出了明确规定。《土耳其宪法》作为国家根本大法规定了土耳其公民的宗教和信仰自由等权利。土耳其作为联合国成员国，接受《联合国人权宣言》和《关于清除所有形式的基于宗教或信仰的不宽容的宣言》（1981年宣言）的具体规定。由于土耳其谋求加入欧盟，2004年《欧洲宪法》对信仰和权利的规定也是其基本指导原则。

② Jonathan Gorvett, "Istanbul's Greeks Stake New Claim to Past", *Boston Globe*, February 8, 2003, A6.

③ Ilhan Yildiz, "Minority Rights in Turkey", p. 804.

家通过接管宗教官员的教育来控制教界势力，通过创造附属于教育部的宗教学校而获得培养宗教官员的权利。根据该法律，各非穆斯林少数民族曾开设的附属于教堂的私立学校都要在教育部监管下开展教学活动，其校长由穆斯林担任；开设的课程主要为宗教介绍等常识性知识，只有本民族学生在这些学校接受教育；学校的所有开支（除了校长工资）都由所在少数民族群体或组织支付，不能从地方或国家教育经费中获得资金支持。在世俗化教育的大背景下，这些少数民族宗教教育机构难以为继。1970年，由于缺乏足够的生源，隶属亚美尼亚大主教的教士培训机构被迫关闭。1971年，延续127年之久的哈尔基神学院（Halki）[①]被迫关闭。为了体现宗教信仰自由，土耳其官方随后酝酿在伊斯坦布尔大学神学院开设基督教神学院，但直到今天，基督教神学院未能正常运转。虽然亚美尼亚大主教一度想与伊斯坦布尔神学院合作来培养东正教教士，但由于高等教育委员会在20世纪80年代推行头巾禁令，要求接受教育的修女必须摘下头巾，而使得该计划搁浅。近年来，非穆斯林少数民族的宗教教育发展仍然步履蹒跚，宪法赋予民众的宗教教育权利仍然遭受种种限制，非穆斯林少数民族仍然要在世俗教育框架下接受官方的正统教育。

第三，非穆斯林少数民族的财产安全遭到威胁。非穆斯林少数民族非常富有的神话激发了土耳其人剥夺其财富的动力。在这种思想观念影响下，非穆斯林少数民族无疑成为受害者。[②] 1942年，"二战"中的土耳其为了充实国库推行资本税[③]，但非穆斯林的税率却十倍于穆斯林，导致许多非穆斯林被迫关闭商店、变卖财产来完成所缴税额。在伊斯坦布尔，1869人因没有及时支付重税而被警察带走，其中640人多方筹措支付了规定税额，其余1229人被送到所谓的劳动营接受改造，有21人在恶劣的

[①] 哈尔基神学院成立于1844年，旨在培养教士以及捍卫希腊正教社团之间的统一。1971年，土耳其官方宣称宗教和道德教育必须由国家承担，宗教组织不能开设有关高等教育的私立学校。时任院长的费内（Fener）大主教（Patriarchy）拒绝将其纳入国家的教育体系，最终关闭了该学院。

[②] Kerem Karaosmanoğlu, "Reimagining Minorities in Turkey: Before and After the AKP", *Insight Turkey*, Vol. 12, No. 2, 2010, p. 198.

[③] 资本税规定高收入家庭应该一次性支付财产税，其数额由国家组织委员会（state-organized commissions）根据每个纳税者的经济状况来决定。尽管资本税是一种特殊的一次性税收，土耳其地方税务机构却对非穆斯林征收高税额，对土耳其境内的犹太人商业带来沉重打击。

条件下丧命。① 尽管资本税推行了两年多时间就被取消，但对非穆斯林少数民族造成了无法修复的心理创伤，也说明统治当局为了政治需要可能会采取危害甚至压制少数民族的政策。土耳其官方还通过剥夺非穆斯林少数民族的财产权以限制其发展规模。1935年，土耳其颁布第2762号法令，即宗教基金会法（Law on Religious Foundations），要求穆斯林和非穆斯林基金会公布其所拥有的财产。1936年之后，亚美尼亚正教、希腊正教以及犹太教基金会不允许买卖财产。1974年，土耳其上诉法院（The Court of Cassation）宣称，所有外国人的公司实体不允许拥有不动产，但将非穆斯林的土耳其公民归于外国人的行列，他们的财产数额不能超出1936年申报的范围，此举大大限制了非穆斯林少数民族的财产权。随着民主化进程的推进，土耳其在2002年8月宣称，亚美尼亚正教、希腊正教和犹太教基金会如果获得部长会议（Minister's Council）允准可以买卖财产。② 此举给予非穆斯林少数民族买卖财产的权利，但其在资金和财产获得方面仍然面临挑战，因为他们所作出的任何决定仍然会遭到部长会议的否决。

第四，非穆斯林少数民族的人身安全受到威胁。在现代化进程中，一些非穆斯林少数民族的人身安全遭到暴民的威胁。1934年，由于部分学者、记者鼓动民族主义—种族主义情绪，暴民袭击居住在色雷斯地区的犹太人，迫使他们纷纷移居伊斯坦布尔甚至海外。1955年9月，由于塞浦路斯危机，希土关系急剧恶化，有关阿塔图尔克在萨洛尼卡（Salonica）的房子被希腊人炸毁的谣言激发了民众的不满，聚焦在伊斯坦布尔、伊兹密尔等地的暴民袭击了少数民族特别是希腊人的商店、教堂和住宅，据估计有5000多个的商店遭受抢劫，造成3人死亡。③ 随后许多希腊人移民到希腊，亚美尼亚人、犹太人纷纷移居欧美诸国。1964年，土耳其以攻击伊斯坦布尔希腊人的方式报复希腊的塞浦路斯政策，要求尚未获得公民身份的希腊人在48小时内离开伊斯坦布尔，并不允许带有任何财

---

① Kerem Karaosmanoğlu, "Reimagining Minorities in Turkey: Before and After the AKP", p. 196.
② Jonathan Gorvett, "Istanbul's Greeks Stake New Claim to Past", *BOSTON GLOBE*, February 8, 2003, A6.
③ Tessie Hoffmann, "Armenians in Turkey", *The EU Office of Armenian Associations of Europe*, Brussels, 2002, p. 18.

产，当年共有12592人离开土耳其。① 20世纪70年代后期，境外的亚美尼亚人针对土耳其外交人员的暗杀使境内的亚美尼亚人承受巨大压力，这些暗杀行为导致伊斯坦布尔的亚美尼亚社团更为孤立；国际社会对于"亚美尼亚大屠杀"的持续关注迫使安纳托利亚的亚美尼亚人过着较为隔绝的社团生活。随着国际环境的相对宽松，20世纪80年代以来，针对少数民族的暴力冲突逐渐减少，但偶尔爆发的针对少数民族群体的暴力行为也使得其处境与土耳其的民主化程度不相称。

第五，非穆斯林少数民族的公民权遭到约束。"公民权建基在一种对法律和政治保护的担保之中……公民身份可以界定为个人在一民族国家中所拥有的、在特定的平等水平上具有一定普遍性权利和义务的被动和主动的身份。"② 所以说，公民权意味着公民在法律与政治上的平等性。土耳其宪法规定所有公民都是完全平等的。……不管世俗主义也罢或是民族主义也罢，那种认为穆斯林等同于土耳其人以及非穆斯林等于非土耳其人的旧有观念仍然继续存在。③ 在共和国历史上，非穆斯林少数民族并不能获得完全的公民权。土耳其民族主义有双重面孔："出于外交政策防守的文化民族主义和依赖沙文主义与种族主义动机、旨在镇压文化多元性的种族民族主义。"④ 官方宣扬的民族主义更多服务于民族国家的历史建构，而非赋予现代化意义的平等权利和自由。20世纪二三十年代的"公民，请说土耳其语"运动体现的是一种民族同化主义政策；40年代的财产税给非穆斯林少数民族带来的是民族歧视和区别对待；"二战"期间的军队保护区事件（The Incident of Reserves）⑤ 更是对公民权明目张胆的践踏，民族出身是进入军事学院、进而成为专业军官的必要前提。⑥ 另外，尽管法律赋予非穆斯林少数民族同等的公民权和政治参与权，但实际情况与法律赋予地位形成鲜明对比，除了在公立学校和大学中有数目

---

① Kerem Karaosmanoğlu, "Reimagining Minorities in Turkey: Before and After the AKP", p. 197.
② ［英］恩勒·伊辛、布雷恩·特纳主编：《公民权研究手册》，王小章译，浙江人民出版社2007年版，第17页。
③ ［英］伯纳德·刘易斯：《现代土耳其的兴起》，第377页。
④ Kerem Karaosmanoğlu, "Reimagining Minorities in Turkey: Before and After the AKP", p. 194.
⑤ 服兵役是土耳其公民的基本义务，但非穆斯林少数民族入伍后，并不给配备武装，仅仅作为免费劳动力来建造国家公园、道路和收集垃圾而非提供常规的军事训练，这在军队内部形成所谓的非穆斯林特别保护区。
⑥ Sule Toktas and Bulent Aras, "The EU and Minority Rights in Turkey", p. 702.

不多的非穆斯林教师和专业技术人员之外，他们很少出现在国家或军事机构中，其参与公共权力机构的渠道被堵塞，晋升空间更是受到种种限制。

2. 正义与发展党提升非穆斯林少数民族地位和社会处境的具体举措。2002年11月上台后，正义与发展党政府出台一系列政策法规，倡导现行政治框架下的平等公民权，赋予少数民族更多民族和自由，极大地改善了非穆斯林少数民族的地位和社会处境。

首先，为了满足哥本哈根标准的基本要求，正义与发展党政府实施了一系列法律改革。一是修订宪法。在2002年宪法修订案中规定，土耳其公民在日常生活中使用少数民族语言和传统方言是合法的；土耳其语仍然是学校教育的官方语言，但是允许使用不同语言和方言教授特殊的课程。① 2008年宪法修正案规定基督教堂、犹太教堂和清真寺一样获得免费的水电供应。② 二是废除、修订旧法律，制定新法律法规。2003年修订的劳动法禁止任何基于语言、种族、宗教的歧视。2004年颁布的新刑法明确规定，反对种族主义，禁止种族灭绝和反人道主义的犯罪，惩罚那些基于语言、种族、肤色、宗教信仰或工作雇佣以及进入服务行业的各种歧视。宗教基金会理事会（The Directorate of Religious Foundations）宣布支付所有礼拜场所的电费支出，包括非穆斯林少数民族的礼拜场所，而该理事会先前仅仅支付清真寺的电费支出。③ 三是修订对社团的法律限制。1983年《社团组织法》（The 1983 Law on Association）禁止成立宗教性社团。④ 2004年的《社团组织法》修正案去掉了有关宗教社团的禁令，允许每个宗教群体以协会形式组成一个合法实体。⑤ 2008年，正义与发展党政府再次修订《社团组织法》，允许宗教少数群体组织购买地产（并接受金额不限的海外捐助）。2011年，《社团组织法》新修正案准许将350多个产业归还给非穆斯林少数民族群体。此外，社团组织委员会——土耳其管理宗教组织的最高权力机关也首次涵盖了代表非穆斯林少数民族

---

① Ilhan Yildiz, "Minority Rights in Turkey", p. 808.
② Kerem Karaosmanoğlu, "Reimagining Minorities in Turkey: Before and After the AKP", p. 203.
③ Sule Toktas and Bulent Aras, "The EU and Minority Rights in Turkey", p. 713.
④ Otmar Oehring, Turkey: Is There Religious Freedom in Turkey? Forum 18 News Service, October 12, 2005, http://www.forum 18.org/Archive.Php? article_id=670.
⑤ Sule Toktas and Bulent Aras, "The EU and Minority Rights in Turkey", p. 715.

的委员。四是修订基金会法。2002 年宪法修正案宣布，官方允许非穆斯林少数民族控制的基金会获得和持有财产。2003 年，议会通过法律规定一旦得到基金会办公室允许，社团基金会可以购买新财产以更好发挥宗教、社会、文化和教育功能，以及提供健康服务。① 基金会办公室随后承认了 160 多个少数民族基金会，包括 70 个希腊正教基金会、50 个亚美尼亚正教基金会、20 个犹太教基金会，以及叙利亚基督教派、聂斯脱利派、保加利亚正教派、格鲁吉亚正教派以及基督教马龙派的基金会等。② 2006 年 12 月，议会通过一项法律允许少数民族群体收回曾被剥夺的财产，对于已经拍卖的财产则采取货币形式加以补偿。③ 五是颁布尊重少数民族宗教的法律。正义与发展党政府允许非穆斯林少数民族在社团内部出版发行有关文学和教仪的书籍，废除对非穆斯林群体的入学限制，允许基督教徒出版宗教文学作品等。出台相关法律禁止侮辱少数民族的宗教，污损他们的财产，或干预他们的宗教服务。另外，"官方修订教科书以纠正对基督教的不正确或消极的认识。"④ 教育部也清除教科书中针对少数民族的歧视，并重新编排宗教教科书以照顾基督教少数民族的情绪。2003 年颁布的《欧盟进程法》（The EU Harmonization Laws）允许成立教授语言和方言的私立学校。六是修订《施工法》（The Act on Construction）。2003 年 6 月，修订《施工法》，允许成立新的礼拜场所，用礼拜场所取代清真寺，这就清除了建立非穆斯林宗教设施的重要障碍。⑤ 2008 年 6 月，基督新教教堂获准建立，现存的基督教堂和犹太教堂获得合法的礼拜场所地位。尽管正义与发展党政府做出一系列法律改革努力，但欧盟对土耳其仍然存在各种非议，欧洲委员会的议会大会（The Parliamentary Assembly of The Council of Europe）在 2010 年 1 月 17 日通过的第 1704 号决议中敦促土耳其当局承认伊斯坦布尔的东正教牧首以及其他基督教会组织、首席拉比的法律人格，法律人格的缺失会在所有权和财产管理方面

---

① Talip Küçükcan, *State, Islam, and Religious Liberty in Modern Turkey*: *Reconfiguration of Religion in the Public Sphere*, 2003, p. 504. 转引自 Ilhan Yildiz, "Minority Rights in Turkey", p. 811。

② Ilhan Yildiz, "Minority Rights in Turkey", pp. 810-811. Sule Toktas and Bulent Aras, "The EU and Minority Rights in Turkey", p. 715.

③ Selcan Hacaoğlu, "Parliament Passes Minority Foundations Property Law", *Turkish Daily News*, November 11, 2006, http://www.turkishdailynews.com.tr/article.php?enewsid=58827.

④ Ilhan Yildiz, "Minority Rights in Turkey", p. 811.

⑤ Ilhan Yildiz, "Minority Rights in Turkey", p. 812.

对所有社区产生直接影响。① 随着土耳其入盟进程停滞，这些法律层面的改革措施并未真正得以全面落实。

其次，正义与发展党政府采取一系列政策保证少数民族的基本权利与自由。作为完成哥本哈根标准的重要步骤和民主化进步的重要表现，正义与发展党政府努力取消民族歧视，保护少数民族的文化权利，提升少数民族的地位。一是废除少数民族事务委员会。2001年，土耳其政府废除少数民族事务委员会，随后成立少数民族问题评估董事会（The Board to Assess Problems of Minorities），规定其职能在于帮助少数民族而非监视他们。② 少数民族问题评估董事会的成员来自内务部、外交部、教育部等部门，而排斥了军方以及国家安全委员会坚持凯末尔主义的成员，这就使其难以凯末尔主义的名义否定非穆斯林的权利。二是取消对少数民族的歧视。过去，土耳其公民的宗教信仰明确标注在身份证件上，目前虽然没有废除在身份证上记录个人信仰的规定，但允许公民在身份证的信仰一栏中根据意愿选择是否填写。比如，耶齐德派过去必须将耶齐德的字眼写入身份证，但是现在仅仅用一个"X"字母即可。社会公众也开始批评那些针对少数民族的不宽容言辞和行为。2008年年末，共和人民党成员迦南·艾瑞特曼（Canan Arıtman）指控居尔总统家族有亚美尼亚血统，此语立即遭到政客、记者和非政府组织的批评。③ 这就改变了领导人因出身而遭受政治攻击的局面。三是保障少数民族的文化教育权利。埃尔多安曾宣称："（关闭哈尔基神学院）是法西斯行径的结果"。④ 2009年，埃尔多安总理的高级顾问侯赛因·切利克（Hüseyin Çelik）指出，神学院作为国家教育部的一部分应该开设。这说明土耳其境内的少数民族获得更多权利与自由，逐渐融入国家的现代化建设中。

最后，正义与发展党政府努力提升非穆斯林少数民族的政治与社会地位。一方面，表现在官方对非穆斯林少数民族的关注。2009年8月，埃尔多安总理在比于咔哒岛（Büyükada）上会见各宗教少数派领袖，耐心听取了他们反映的困难和意见。总统居尔先后接见伊斯坦布尔希腊东

---

① Ergun Özbudun, "'Democratic Opening', The Legal Status of Non-Muslim Religious Communities and the Venice Commission", *Insight Turkey*, Vol. 12, No. 2, 2010, p. 216.
② Ilhan Yildiz, "Minority Rights in Turkey", p. 810.
③ Kerem Karaosmanoğlu, "Reimagining Minorities in Turkey: Before and After the AKP", p. 199.
④ Kerem Karaosmanoğlu, "Reimagining Minorities in Turkey: Before and After the AKP", p. 203.

正教牧首巴塞洛缪一世（Bartholemew I），并分别访问哈塔依（Hatay）地区的一所基督教堂和犹太教堂——这对土耳其总统来说尚属首次。阿林奇副总理也在 2010 年 3 月会见了非穆斯林少数民族群体代表，并在 2010年、2011 年拜访亚美尼亚和希腊东正教牧首。① 这表明官方更为关注本国非穆斯林少数民族群体的事务。另一方面，官方出资翻建非穆斯林少数民族的礼拜场所。历史悠久的阿亚·尼克拉（Aya Nikola）教堂、伊斯肯德仑市的亚述人天主教堂和希腊天主教堂以及相当数量的基督教堂和犹太教堂都在官方支持下得以翻新。文化和旅游部还翻修了位于黑海沿岸特拉布宗地区拥有 1600 年历史的潘那吉亚·苏穆拉（Panagia Sümela）修道院。另一个里程碑式的事件是翻修并在 2007 年 3 月开放拥有 1100 年历史的亚美尼亚厄夫塔莫（Aghtamar）教堂。② 再一方面，官方对少数民族的政策发生改变，非穆斯林少数民族获得相当高的民族显示度。2010 年 5 月，埃尔多安总理签发一份正式声明，严令公务人员和公民对宗教少数群体做出任何形式的歧视行为，并强调非穆斯林公民享有绝对平等权。今天，非穆斯林少数民族在公共领域已形成一个颇具影响的社会群体，从记者、专栏作家、批评家、学者，到小说家、艺术家、公民活动家都有其身影。在 2009 年年末，一位非穆斯林公民在历史上首次被赋予公务员身份；一位出生于伊斯坦布尔的亚美尼亚人作为欧洲问题专家被纳入国家领导层。③ 尽管部分民族主义者努力压制少数民族的兴起，但新一代少数民族所拥有解决冲突的能力和处理日常生活中歧视的策略正在提升，他们通过参与公共生活来克服孤立意识。例如，用土耳其语和亚美尼亚语出版的报纸《爱格斯》（Agos）在过去几年内影响力逐渐增大，从一个社团的报纸发展成为一个在全球颇具影响的周刊，其旨在用民主视角关注非穆斯林少数民族的社会处境，以影响国家的决策。随着宗教自由空间的扩大，非穆斯林少数民族的地位将会进一步提升。

总之，土耳其共和国的建立使非穆斯林少数民族作为公民层面的合

---

① Bülent Arınç，土耳其的国家信仰，March 2, 2012, http：//www.project-syndicate.org/commentary/turkey-s-nation-of-faiths/Chinese。
② Bülent Arınç，土耳其的国家信仰，March 2, 2012, http：//www.project-syndicate.org/commentary/turkey-s-nation-of-faiths/Chinese。
③ Kerem Karaosmanoğlu, "Reimagining Minorities in Turkey: Before and After the AKP", pp. 200-201.

法个体成为可能，其合法权利和自由得到法律意义上的承认。奥斯曼帝国的米勒特传统和土耳其共和国的凯末尔主义政策，导致土耳其非穆斯林少数民族经历特定的历史发展轨迹，土耳其申请加入欧盟的需要改变了官方对少数民族的态度和政策。正义与发展党政府的民族宗教政策提升了非穆斯林少数民族的社会地位和处境，其民主开放政策也力图将非穆斯林少数民族涵盖进去，但成效甚微。土耳其出于申请加入欧盟的需要而提升少数民族地位有应景的成分，而且官方还将处理非穆斯林少数民族事务视为外交部的责任，这是一种定位的失范。就目前而言，土耳其非穆斯林少数民族所享有的权利和自由还遭到各种限制。改善土耳其非穆斯林宗教群体的法律地位将加强正义与发展党政府民主开放的国内和国际公信力，也将极大地改善土耳其的国际形象，这也将是埃尔多安和正义与发展党政府需要继续解决的问题。如今，土耳其的民主开放需要重新界定诸如"国家""市民社会"和"治理"等政治命题，这不仅需要社会力量的广泛参与，而且面临复杂的政治博弈，所以说持续的民主改革将是土耳其民主化未来的前提。

第四节　正义与发展党政府的外交实践

冷战时期，土耳其实行追随西方的一边倒外交政策，但从 20 世纪 80 年代以来呈现向中东国家倾斜的趋向。随着冷战的结束，土耳其的角色……很有可能超越当前的固有形象而变得更为独立和坚定……从西方立场来看，土耳其将会变成一个更为积极、更有能力，在许多方面更为独立的同盟。① 正义与发展党上台执政后确立外交政策的新方向、新原则和新战略，学者和观察家使用不同术语来描述正义与发展党政府的这种变化，部分学者称其为新奥斯曼主义，部分称其为土耳其的再伊斯兰化，还有一些称其为土耳其的中东化。② 实际上，正义与发展党的外交实践以

---

① Ian O. Lesser, "Turkey in a Changing Security Environment", *Journal of International Affairs*, Vol. 54, No. 1, Fall 2000, p. 184.

② Tarik Oğuzlu, "Middle Easternization of Turkey's Foreign Policy: Does Turkey Dissociate from the West?" *Turkish Studies*, Vol. 9, No. 11, March 2008. Birol Yeşilada and Barry Rubin eds., *Islamization of Turkey under the AKP Rule*, p. 102.

2011年中变局为分界线，前期外交实践具有理想主义色彩的、韬光养晦式的睦邻外交特征，后期则向现实主义的、有所作为的积极外交政策和实践转变，主要体现在正义与发展党政府与地区国家和全球大国的外交实践中，也体现在埃尔多安的个人主义外交和公共外交的具体活动中。

一 正义与发展党政府的外交理念与实践

自2002年以来，土耳其的外交理念从2002—2010年基于达武特奥卢战略纵深原则的"文明现实主义"（civilizationalist realism）向运用硬实力的道德现实主义（moral realism）过渡，从基于软实力的睦邻外交向基于硬实力的现实主义外交转变，这反映在表4-8①所示的内容中，也反映在新成立的文化外交机构中②。

表4-8　达武特奥卢和后达武特奥卢时期的土耳其外交政策

达武特奥卢时代（2002—2015）的外交政策	后达武特奥卢时代（2015年到现在）的外交政策
积极的行动主义/地区—全球参与	积极的行动主义/有选择地参与
有着强烈的入盟倾向的关键国家	没有强烈趋向的关键国家
软实力	硬实力
活跃的全球化/多边主义	战略同盟
与邻居零问题	重新获得朋友
理想主义/文明的现实主义	道德/传统的现实主义
一般行动主义	优先设置
贸易国家/人道主义援助	人道主义国家
能源枢纽	能源枢纽

1. 达武特奥卢主义及其实践。达武特奥卢作为埃尔多安的外交智囊和得力助手，坚持认为，土耳其不是一个桥梁而是一个核心的国家，其所构想的达武特奥卢主义是指导土耳其外交政策的基本原则：一是自由

---

① E. Fuat Keyman, "A New Turkish Foreign Policy: Towards Proactive 'Moral Realism'", *Insight Turkey*, Vol. 19, No. 1, 2017, p. 64.

② 2010年，土耳其将文化外交作为更广泛的公共外交议程的分支，设立公共外交办公室（The Office of Public Diplomacy）将其制度化。总理办公室（The Prime Ministry Office）设立新闻和信息总局（The Directorate General of Press and Information）、土耳其海外和相关社区主席（The Presidency for Turks Abroad and Relative Communities）、尤努斯·埃姆雷研究所（Yunus Emre Institute）、TRT6和马里夫基金会（The Maarif Foundation）等来推进文化外交。

和安全之间的平衡，二是与邻居的零问题，三是多元的、多轨的政策，四是基于稳定灵活性的新外交话语，五是有节奏的外交。① 达武特奥卢担任外交部部长之后，强调土耳其需要在中东、巴尔干和高加索等地区环境中作为一个"制造秩序的国家"担任更为有效的角色，同时承认"欧盟和北约是设定安全与自由之间平衡的政策的最重要的支柱"。② 在《经济学人》看来，"即使在寻求加入欧盟的目标时，正义与发展党也开始复兴与穆斯林世界的休眠关系。……埃尔多安和居尔都称达武特奥卢为老师……批评家指责达武特奥卢将其从西方拉回。……坐在奥斯曼帝国末代皇宫的办公室里，达武特奥卢并不同意……'土耳其能够成为欧洲的欧洲人，东方的东方人，因为我们是两者都是'"。③ 迈克尔·鲁宾（Michael Rubin）认为："正义与发展党实行新奥斯曼主义的政策"。理查德·福尔克（Richard Falk）指出，达武特奥卢主义代表了土耳其的一种新文化和政治潮流，与复兴奥斯曼帝国过去相联系。达武特奥卢特别强调奥斯曼帝国兴盛期的包容性特征，愿意理解和尊重文明和种族多样性，基于妥协和调和原则来处理政治冲突。尽管对新奥斯曼主义的认识存在分歧，④ 但普遍认可的是奥斯曼主义的上升和正义与发展党是这种潮流的始作俑者。⑤

达武特奥卢主义指导下的土耳其外交包括关系正常化、地区外交、大国外交、调解外交、经济外交、软实力外交和国际组织外交等不同维度。一是关系正常化外交。由于历史原因，土耳其与希腊、塞浦路斯、亚美尼亚、叙利亚等国家并未形成正常的外交关系，达武特奥卢主张开展正常化外交，以实现与这些国家的双边关系正常化。土耳其积极参与联合国的安南计划，推进塞浦路斯问题的解决；通过与亚美尼亚的非正

---

① Ahmet Sözen, "A Paradigm Shift in Turkish Foreign Policy: Transition and Challenges", in Birol Yeşilada and Barry Rubin eds., *Islamization of Turkey under the AKP Rule*, p. 108.

② William Hale, "Turkey and the Middle East in the 'New Era'", *Insight Turkey*, Vol. 11, No. 3, 2009, p. 144.

③ "Turkey's Foreign Policy: An Eminence Grise", *The Economist*, November 15, 2007.

④ 一些人将新奥斯曼主义视为帝国主义的，或者是美国在巴尔干地区削弱东正教、促进伊斯兰教上升的工具。一些土耳其的专栏作家认为新奥斯曼主义是美国的"大中东计划"的组成部分，美国将伊斯坦布尔作为大中东的首都。转引自 Birol Yeşilada and Barry Rubin eds., *Islamization of Turkey under the AKP Rule*, p. 105。

⑤ Richard Falk, "Reconsidering Turkey", *Zaman*, October 6, 2004. 转引自 Birol Yeşilada and Barry Rubin eds., *Islamization of Turkey under the AKP Rule*, p. 106。

式外交，在 2009 年 10 月迈出关系正常化的第一步。二是开展大国外交。达武特奥卢认为，在拓展纵深的同时，不能忽视与传统盟友的关系，积极推动加入欧盟，维持与美国的战略关系，积极发展与俄罗斯的战略协作和参与"一带一路"建设。三是大力发展地区国家外交。达武特奥卢主义积极发展与中东、高加索、中亚、巴尔干、非洲、东南亚甚至拉美国家的关系。中东、高加索、中亚、巴尔干地区是重点扩大的纵深地区，而非洲、东南亚、拉美是土耳其新的纵深地区。地区国家和邻国成为埃尔多安总理执政初期出访的重点。① 以 2005 年为例，埃尔多安访问从东亚到非洲的一系列国家，包括新西兰、阿曼、巴林、埃塞俄比亚等，大大超出了以往的出访范围。甚至邀请苏丹、哈马斯领导人访问土耳其，却引起广泛反对。四是积极开展调解外交。土耳其积极参与伊朗与西方国家就核问题所产生危机的调解，调解以色列和叙利亚的间接和谈，推动以色列与巴勒斯坦的和解过程，甚至达武特奥卢还就菲律宾政府和摩罗解放阵线的和解进行过调解。五是开展经济外交。正义与发展党强调经济发展的影响力，积极开展全方位的经济、贸易和文化交往。正义与发展党执政时期，土耳其与大国、地区国家的经贸往来出现跨越式增长。2000—2007 年，土耳其与周边国家的贸易额大大增加，有学者将正义与发展党政府的这一政策描述为"贸易国家的崛起"。② 六是软实力外交。正义与发展党政府利用土耳其模式形成对周边国家的示范效应，以强化土耳其乃至海外移民的政治认同和社会认同。七是国际组织外交。正义与发展党积极开展与各种类型国际组织的交往，自 2003 年以来，土耳其举办了北约峰会、伊斯兰会议组织峰会、阿富汗重建峰会、亚洲合作对话外长会议、亚洲相互协作与信任措施会议等国际会议，伊斯坦布尔成为多个国际组织峰会的举办地，并通过了多个倡议或宣言。2009—2010 年，土耳其曾担任联合国安理会非常任理事国；2009 年，土耳其的埃克梅勒·伊赫桑奥卢出任伊斯兰会议组织秘书长；2020 年，土耳其的沃尔坎·博兹克尔（Volkan Bozkir）当选第 75 届联合国大会主席，这都体现了土耳其在国际社会的影响力。

---

① Ahmet Sozen, "A Paradigm Shift in Turkish Foreign Policy: Transition and Challenges", *Tunkish Studies*, Vol. 11, No. 1, 2010, pp. 116-117.

② Kemal Kirişci, "The Transformation of Turkish Foreign Policy: The Rise of the Trading State", *New Perspectives on Turkey*, No. 40, 2009, p. 43.

2. 道德现实主义及其实践。在后达武特奥卢时代，土耳其外交政策积极贯彻道德现实主义。道德现实主义作为一个战略选择旨在实现三个目标：保持积极主动，继续提升保护人类生活的人道主义规范和道德责任的首要地位，通过硬实力有效应对安全危险和挑战。2015 年以来，随着土耳其对难民危机的人道主义解决和军事干预叙利亚，对抗伊斯兰国和库尔德工人党及其叙利亚对应组织民主联盟党（Democratic Union Party），其已经能够整合人道主义和现实主义，此即所谓的道德现实主义。在许多卷入叙利亚和伊拉克的大国博弈中，从美国到俄罗斯再到伊朗和沙特，只有土耳其在行动中运用了道德现实主义。随着全球化的世界变得更加危机四伏，地缘政治大国之间的博弈继续塑造世界，利益而非规范继续界定国家行为，积极的道德现实主义似乎在界定和塑造土耳其外交政策及其参与地区和全球事务中非常持久，环境、能力和战略是塑造土耳其道德现实主义外交政策的三个参数。外交定位更多强调安全，且根据现实主义战略考虑来塑造完成，其在参与地区事务时更为积极，尤其强调道德和人道主义规范的重要性。土耳其将自己置身于大国和地区大国的地缘政治博弈之外，通过应对难民危机和终止当地民众悲剧而实现主动行动的合法化。

作为一个具有关键地位的地区大国，土耳其的外交政策根据环境变化而呈现动态改变。2008 年的国际经济危机和 2011 年中东变局的发生，2014 年伊斯兰国在叙利亚和伊拉克的兴起等带来前所未有的安全挑战：一是难民涌入危机，难民人数量超过 600 万；二是反对伊斯兰国的战争升级，伊斯兰国是宣称哈里发国家的恐怖组织，给中东秩序带来严重挑战；三是叙利亚和伊拉克的内战和纷争在中东地区产生外溢效应；四是西方国家加紧地缘政治力量博弈，强化霸权地位；五是出现新式的战争和暴力行动，从代理人战争到自杀式炸弹袭击使得不确定性增加；六是宗派主义身份的扩大和强化毁灭性的人类悲剧到难以想象的程度，这些因素都使得中东地区成为一个不稳定和不安全的空间，迫使土耳其重塑其外交政策，但这种重塑直到 2015 年 8 月埃尔多安当选总统后才得以实现。当达武特奥卢辞去总理职务，耶尔德勒姆成为正义与发展党领导人和新总理后，新外交政策得以巩固。道德现实主义原则旨在将如下方面聚集在一起：一是硬实力和人道主义规范；二是采用有选择的激进主义和战略选择；三是恢复朋友和战略结盟等。积极道德现实主义外交政策是土耳其对自身安全以及地区、全球安全危险回应的结果，也有助于创建叙利亚和伊拉克等地的秩序和稳定。

2010年以来，土耳其的软实力能力迅速下降，其硬实力能力在双边、多边交往中变得更为明显。从打击伊斯兰国到创建秩序与稳定，从应对难民危机到国家构建，土耳其的军事和地缘政治硬实力愈益凸显，充当地区大国的愿望都变得更为迫切。土耳其"与邻国零问题"外交原则终止于2015年，而代之以"重新获得朋友"政策。时任总理耶尔德勒姆在2015年年底宣告，"土耳其将努力恢复老朋友和结交新朋友"，最重要的步骤是实现与以色列和俄罗斯关系的正常化。正义与发展党政府还采取措施提升与海湾国家尤其是与沙特的关系。2017年，土耳其与俄罗斯的双边关系获得新的动力，发动针对伊斯兰国的清剿行动和参与叙利亚的战后重建行动，强化根据能源枢纽地位发挥更多作用。

在全球化世界里，土耳其成为一个地缘政治支轴国家和地区大国，在诸多领域推行积极的、多维的、建设性的外交政策，从促进中东和平与稳定到在反恐与极端主义领域扮演积极角色，而成为新的能源枢纽。其在应对难民危机中扮演了一个有效的人道主义国家角色，在提升和改善人类环境方面做出重要贡献。土耳其的道德现实主义对于解决难民危机和实施幼发拉底河防御行动方面颇具成效，积极的道德现实主义可视为根据土耳其的战略选择来重置其外交政策以适应全球和地区环境变化的产物。道德现实主义外交与正义与发展党和埃尔多安巩固自身权力密切相关，土耳其越来越呈现个人外交[①]特征。

二 地区外交：从睦邻外交到激进外交转变

土耳其地区外交主要是指土耳其与周边地区国家的关系，包括土耳其与中东、巴尔干、高加索、中亚、北非、南亚地区国家的关系，囿于资料局限，这里重点以土耳其与中东和高加索地区为例来说明土耳其从睦邻外交到激进外交政策的转变。土耳其积极加强与邻近地区的政治、经济和文化交流，与20多个国家建立高层战略对话机制，签署在不同领域协商沟通的备忘录。近年来，面对地区大国的零和博弈，土耳其越来越多地诉诸武力和单边行动以凸显地区大国地位。

---

① 个人外交是指某一国家领导人试图根据其与其他国家领导人的个人关系和对其他国家领导人的理解来解决国际问题的外交努力。David Robertson, *The Routledge Dictionary of Politics*, New York: Routledge, 2004, p. 147.

1. 土耳其与中东国家的外交实践。20世纪80年代以来，土耳其基于地缘政治利益和伊斯兰主义挑战，逐渐恢复和发展与中东国家的关系。正义与发展党上台以来，倡导"与邻居零问题"的外交政策，致力于依靠软实力而成为中东地区不可或缺的"和平斡旋者"。① 达武特奥卢指出，土耳其由于其地缘政治地位，拥有一种迄今未能利用的战略深度，土耳其应该积极融入中东、亚洲、巴尔干和高加索的地区政治体系。② 积极参与地区事务，甚至以第三方角色来调停地方冲突。在担任外交部部长之后，他强调土耳其需要在中东、巴尔干和高加索等地区作为一个"制造秩序的国家"担任更为有效的角色。③ 在后达武特奥卢时代，土耳其外交政策将积极的道德现实主义作为其座右铭，道德现实主义旨在实现三个目标：保持积极主动，继续提升保护人类生活的人道主义规范和道德责任的首要地位，通过硬实力有效应对安全危险和挑战。④ 所以，土耳其通过干预叙利亚危机、打击伊斯兰国、插手卡塔尔断交危机、干预卡舒吉事件、出兵利比亚等凸显地区大国地位和角色。

（1）土耳其与中东国家的"零问题外交"实践。首先，土耳其积极缓和、发展与叙利亚的双边关系。土耳其和叙利亚作为中东地区大国，双边关系经历了从两极阵营的相互敌对到"零问题外交"政策下修好的转变。一是双方高层互访频繁。2000年，土耳其总统塞泽尔参加叙利亚总统哈菲兹·阿萨德的葬礼，这在一定程度上促进了土叙关系的发展。2004年1月，叙利亚总统巴沙尔访问土耳其；12月，埃尔多安总理回访叙利亚，进一步深化两国在经济、政治、文化及安全领域的合作，签署自由贸易协定。2009年，阿卜杜拉·居尔总统访问大马士革时表示："叙利亚是土耳其通往中东的门户，而土耳其则是叙利亚通往欧洲的走

---

① Bülent Aras, "Turkey's Rise in the Greater Middle East: Peace-building in the Periphery", *Journal of Balkan and Near Eastern Studies*, Vol. 11, No. 1, March 2009, p. 77.

② Alexander Murinson, "The Strategic Depth Doctrine of Turkish Foreign Policy," *Middle Eastern Studies*, Vol. 42, No. 6, 2006, pp. 945-955.

③ William Hale, "Turkey and the Middle East in the 'New Era'", *Insight Turkey*, Vol. 11, No. 3, 2009, p. 144.

④ Zbigniew Brzezinski, *Strategic Vision: America and the Crisis of Global Power*, New York: Basic Books, 2012.

廊。"① 高层互访促进了其他领域双边关系的发展。二是双边贸易经济军事往来频繁。"叙利亚在一定意义上是土耳其的后院，其经济将成为土耳其经济的自然组成部分。"② 土耳其希望借助叙利亚与其他阿拉伯国家的密切关系来提升中东市场的份额，愿意向叙利亚开放边境以容纳跨境贸易和创建一个自由贸易区，土叙签署双边自由贸易协定以使双方逐步取消关税等。③ 2007年1月1日，双方批准成立了土耳其叙利亚商业委员会以探索两国间经济关系扩充的可能性。2008年5月，土叙两国签署协定解决20世纪五六十年代土耳其和叙利亚国民被没收的农业土地与商业财产的补偿问题。④ 2009年，土叙两国取消签证以进一步促进双边贸易以及旅游业的发展；土叙双方还签署军事技术合作协议，并举行联合军事演习。2009年10月、2010年12月，土叙高层次战略协作委员会（The Turkish-Syrian High Level Strategic Cooperation Council）签署了一系列有关环境保护、社会服务和能源等的双边协定，部分是对自由贸易协议的扩充。双方着手合作开发管理幼发拉底河的水资源，原则同意在阿斯河（Asi River）上建立一座大坝——阿斯友谊大坝。三是双方协商解决地区问题和强化地区合作。2008年12月，埃尔多安总理努力促成以色列和叙利亚在戈兰高地问题上达成框架协议。2010年年末，土耳其、叙利亚、黎巴嫩和约旦的代表在伊斯坦布尔签署由土耳其对外经济委员会提交的协议，成立一个"黎凡特四重奏"（Levant Quartet），参与国努力促进经济与文化的整合，甚至将之设想为"中东的欧盟"⑤，计划到2015年涵盖伊朗、伊拉克、科威特、巴林、卡塔尔、阿联酋、阿曼和也门等国。⑥ 启动"黎凡

---

① Joshua W. Walker, "Turkey's Time in Syria: Future Scenarios", Crown Center for Middle East Studies, Brandeis University: Middle East Brief, No. 63, May 2012, p. 2, http://www.brandeis.edu/crown/publications/meb/MEB63.pdf.
② Damla Aras, "Turkish-Syrian Relations Go Downhill", *Middle East Quarterly*, Vol. 19, No. 2, Spring 2012, p. 43.
③ Damla Aras, "Turkish-Syrian Relations Go Downhill", p. 44.
④ Ercan Yavuz, "Turkey and Syria Settle Decades-Old Property Dispute", *Today's Zaman*, March 3, 2009, www.todayszaman.com/newsDetail_getNewsById.action?load=detay&link=168465.
⑤ "Turkey to Open Free Trade Zone with Arab States as Erdogan Denies Axis Shift", *Los Angeles Times*, June 11, 2010, http://latimesblogs.latimes.com/babylonbeyond/2010/11/israel-turkey-iran-threat-politics-war.html.
⑥ Michael B. Bishku, "Turkish-Syrian Relations: A Checkered History", *Middle East Policy*, Vol. XIX, No. 3, Fall 2012, p. 26.

特四重奏"，国家之间互免签证，并努力构建一个商品与服务的自由贸易区。2011年1月，巴沙尔总统接受《华尔街日报》采访时盛赞土耳其作为地区调停者的角色，指出"土耳其是一个投资的范本，因为我们有着同样的社会和相似的传统"①。土耳其《自由报》（Hürriyet）将土叙关系界定为"中东国家的新型伙伴关系"。② 但由于内塔尼亚胡总理宣称以色列不会为了与叙利亚的和平放弃戈兰高地，促使叙利亚—以色列和平进程陷入停滞状态。"叙利亚危机"的发生给土叙关系发展带来诸多挑战，困扰两国的哈塔伊问题和水资源问题悬而未决也增加了诸多不确定性。

其次，土耳其积极发展与伊朗的关系。布热津斯基在《大棋局：美国的首要地位及其地缘战略》中指出，历史上在本地区具有帝国、文化、宗教和经济利益的两个毗邻的主要民族国家——土耳其和伊朗不仅是重要的地缘战略棋手，而且是地缘政治的支轴国家，它们的国内局势和双边关系对本地区的命运极为重要。③ 这说明土耳其与伊朗关系在一定程度上影响中东政治秩序。正义与发展党上台之前，两国曾因库尔德问题、亲美与反美的政治立场分歧和霍梅尼输出伊斯兰革命等问题发生过矛盾冲突。正义与发展党上台后，土耳其与伊朗的政治交往、经济合作加强。一是土伊两国高层交往频繁。2006年5月，阿里·拉里贾尼访问土耳其，讨论土耳其在一系列问题诸如伊拉克危机、美伊关系中的作用；12月，埃尔多安访问伊朗，承诺将两国贸易增至100亿美元。2009年10月27日，埃尔多安再次访问伊朗，对加沙形势、伊朗核问题等发表看法，推动两国签署多个协定，涉及自由工业区、银行、油气等多个领域。2012年2月28日，埃尔多安三度访问伊朗，与伊朗总统、议长以及第一副总统举行会谈，加深双边了解。2014年1月28日，埃尔多安又访问伊朗，就贸易、叙利亚问题与伊朗进行磋商。2017年10月14日，埃尔多安第五次访问伊朗，与鲁哈尼总统和最高精神领袖哈梅内伊就库尔德地区公投和两国在地区合作等问题交流意见。2018年12月21日，伊朗总统鲁哈尼访问土耳其，埃尔多安宣称美国对伊朗的制裁破坏了地区安全与稳定，土耳其将继续与伊朗站在一起，加强两国各领域合作。鲁哈尼表

---

① Michael B. Bishku, "Turkish-Syrian Relations: A Checkered History", p. 48.
② Michael B. Bishku, "Turkish-Syrian Relations: A Checkered History", p. 26.
③ 参见 Zbigniew Brzezinski, *The Grand Chessboard: American Primacy and Its Geostrategic Imperatives*, New York: Basic Books, 1997, pp. 124-135。

示伊朗和土耳其、俄罗斯三国将继续推动阿斯塔纳和谈进程。① 土伊两国的频繁接触引起美国不满,认为其将帮助伊朗逃避联合国和美国的制裁计划。二是加强经济合作。伊朗是土耳其在中东最重要的贸易伙伴之一。2007年7月26日,土耳其能源部部长与伊朗签署天然气转运协定。2008年,土耳其与伊朗的贸易额达到102亿美元,其中进口的石油和天然气达到82亿美元,其他商品仅为20亿美元。② 2007年7月,土耳其和伊朗签署了双边协议,要修建一条输油管道,该管道每年通过土耳其从伊朗向欧洲输送300亿立方米的天然气。为了实现预期目标,土耳其国家天然气总公司将协助伊朗开发南部的帕尔斯油田(Pars),以弱化对俄罗斯天然气的依赖,强化其作为里海、中东和欧洲之间重要能源通道的地位和作用。2014年1月28日,埃尔多安总理访问伊朗期间,两国联合经贸委员会开会并签署经济合作协议。但土伊之间贸易集中在能源领域,特别是原油和天然气,这由其经济特征所决定。三是土耳其在核问题上支持伊朗。土耳其领导人多次在不同场合强调支持中东地区无核化以及伊朗和平利用核能的权利。2007年11月12日,居尔总统在会见以色列总统佩雷斯时表示,伊朗拥有和平利用核能的权利。③ 2010年6月9日,土耳其反对联合国对伊朗实行第四轮制裁。9月16日,埃尔多安总理表示,土耳其反对在中东地区存在核武器;但伊朗和其他国家一样有权和平开发利用核能。④ 10月28日,埃尔多安总理访问伊朗期间表示,土耳其支持伊朗和平利用核能的权利。四是周边局势影响土伊关系的发展。萨达姆政权的倒台使得土耳其和伊朗的伊拉克政策趋同,因为双方都反对在伊拉克北部建立一个独立的库尔德国家。伊朗也深受发迹于伊拉克北部的库尔德斯坦自由生活党(Free Life Party of Kurdistan)的威胁,该政党似乎与库尔德工人党有着密切联系。在2007—2009年,库尔德斯坦自由生活党与伊朗军方的暴力冲突不时见诸报端。伊朗宣称库尔德斯坦自由生

---

① "埃尔多安会见鲁哈尼将加强与伊朗关系",中央广播电视总台央视新闻,2018年12月21日,http://news.cnr.cn/gjxw/gnews/20181221/t20181221_524457071.shtml。

② William Hale, "Turkey and the Middle East in the 'New Era'", *Insight Turkey*, Vol. 11, No. 3, 2009, p. 153.

③ 《土耳其总统表示伊朗拥有和平利用核能的权利》,新华网,2007年11月13日,http://www.ce.cn/cysc/ny/heneng/200711/13/t20071113_13580063.shtml。

④ 《土耳其总理公开支持伊朗称其有权和平利用核能》凤凰网,2010年09月17日,http://news.ifeng.com/mil/3/detail_2010_09/17/2545826_0.shtml。

活党得到美国的支持,但这遭到美国军方的否定,美国政府在2009年2月将库尔德斯坦自由生活党界定为恐怖主义组织。土耳其和伊朗在对抗库尔德工人党和库尔德斯坦自由生活党方面有着共同利益:2008年2月,双方签订了关于"安全协作"的备忘录,土耳其总参谋长承认双方在打击库尔德工人党方面共享智力和军事设施。但随着叙利亚危机的发生,土耳其和伊朗在叙利亚问题上的分歧日益凸显。作为叙利亚的首要盟友,伊朗多次为巴沙尔·阿萨德总统辩护,而已接纳数万名叙利亚难民的土耳其则支持反对派。2011年10月底,埃尔多安总理与内贾德总统举行了非正式会晤,就叙利亚问题进行协调与沟通,考虑到伊朗支持阿萨德政权的立场,这次会晤被认为是很重要的会面。2013年6月14日,鲁哈尼凭借72.7%的支持率当选伊朗总统;8月5日,达武特奥卢外长参加了就职仪式,并与鲁哈尼总统进行了会谈。2013年11月25—26日,达武特奥卢访问伊朗参加了经济合作组织外交部部长会议,双方就叙利亚和埃及危机达成了一致,伊朗外长扎利夫表示,叙利亚危机没有军事解决。① 随着叙利亚危机深化,面对土耳其出兵叙利亚,伊朗派出军队开展军事演习以示警告。但二者作为中东地区大国,国家利益的趋同性决定了二者关系并不会真正破裂。

再次,土耳其积极参与伊拉克的政治秩序重塑。伊拉克对于土耳其而言极为重要,既源于伊拉克北部稳定对土耳其库尔德问题影响很大,还在于土耳其和伊拉克经济相互依存,所以土耳其需要伊拉克建立一个强大而有效的政府,以保持土耳其、叙利亚、伊拉克和伊朗之间的权力平衡。正义与发展党执政时期的土伊(伊拉克)关系大体如下:一是通过和平手段解决伊拉克危机,积极参与伊拉克重建。2003年1月23日,正义与发展党政府在伊斯坦布尔组织一次包括土耳其、伊朗、埃及、约旦、沙特和叙利亚外长参加的"伊拉克地区倡议——外长峰会",探索阻止伊拉克战争的方法和形成一个关于伊朗未来走向的共识。正义与发展党政府还组织了一系列类似会议来保障伊拉克的统一,在与科威特的会议中,居尔以欧盟一体化成功的例子来说明地区国家需要从创造"地区

---

① Suleyman Elik, "Iran-Turkey Relations at Hasan Rouhani Era: A Special Reference to Iran-US Nuclear Negotiations", *BILGESAM Analysis/Middle East*, No. 1111, 20 December 2013.

协作和安全的多层面机构"中来汲取教训。① 但这些努力未能产生积极效果。二是土耳其与伊拉克高层互访频繁。2009 年 3 月 23 日,居尔总统访问伊拉克,是 1976 年以来首次访问伊拉克的土耳其总统,主要讨论安全问题、基尔库克的未来和经济关系。伊拉克总统塔拉巴尼、总理马利基、外长詹百里曾先后访问土耳其。同年 3 月,伊拉克总统塔拉巴尼前往土耳其参加世界水资源论坛,与埃尔多安总理会谈,表示反对建立独立的库尔德国家,或是土耳其、伊朗和伊拉克的库尔德联盟。塔拉巴尼宣称库尔德工人党有两种选择——要么放下武器要么离开伊拉克。② 12 月 30 日,伊拉克副总统和伊斯兰最高委员会成员阿杜勒·阿布杜勒马赫迪（Adel Abdelmehdi）访问土耳其,会见居尔总统、埃尔多安总理,就伊拉克的形势和选举交换意见。三是土耳其加强与伊拉克的经济交流。伊拉克是土耳其最重要的出口市场之一,2008 年土耳其对伊拉克的出口额达到 40 亿美元。伊拉克依靠其从北部基尔库克油田到土耳其的石油管道来增加石油出口,这不仅将帮助欧洲减少对俄罗斯天然气的依赖,也将提升土耳其过境输出通道的角色和地位。在双边贸易方面,伊拉克 20% 的进口来自土耳其,2009 年土耳其对伊拉克出口约为 50 亿美元,双边贸易额超过了 60 亿美元。2003 年,土耳其在伊拉克的合同服务价值为 2.42 亿美元,2009 年年底达到 12.31 亿美元。③

土耳其与伊拉克之间分歧影响双边关系的发展。一方面,土耳其与伊拉克关于库尔德问题存在重要矛盾。2012 年 1 月,埃尔多安总理警告伊拉克总理努尔·马利基制造国内派别分裂后,后者则指责土耳其"干预"伊拉克事务,敌视伊拉克政府而追求派别议程。④ 2003 年,萨达姆政权被推翻后,库尔德工人党抓住机会在伊拉克北部重建基地,对土耳其发动恐怖袭击。马苏德·巴尔扎尼（Massoud Barzani）领导的伊拉克库尔德民主党（Kurdistan Democratic Party of Iraq）通过库尔德地方自治政府（Kurdistan Regional Government）名义上控制该地区,但实际上并没有

---

① Abudullah Gul, At the Regional Countries' Meeting on Iraq, Kuwait, February 14, 2004, http://www.abdullahgul.gen.tr./EN/Main.asp.

② Mesut Özcan, "Turkish Foreign Policy Towards Iraq in 2009", *Perceptions*, Volume XV, Number 3-4, Autumn-Winter 2010, p.116.

③ Mesut Özcan, "Turkish Foreign Policy Towards Iraq in 2009", *Perceptions*, p.116.

④ Bill Park, "Turkey, the US and the KRG: Moving Parts and the Geopolitical Realities", *Insight Turkey*, Vol.14, No.3, 2012, pp.113-114.

采取措施阻碍或镇压库尔德工人党。2009年，基于政治、经济和安全问题的考量，土耳其致力于发展与北伊拉克库尔德自治政府的关系。北伊拉克库尔德地区政府占土耳其对伊拉克贸易额的一半，上千名土耳其公民在伊拉克库尔德地区工作或建立企业，其中许多人是土耳其库尔德人。① 2012年5月，安卡拉和埃尔比勒宣布双方有意修建从库尔德地区政府到土耳其的油气管道。伊拉克库尔德地区政府总理纳齐尔万·巴尔扎尼（Nechirvan Barzani）曾称土耳其是埃尔比勒的"战略伙伴"，其与安卡拉的关系比与巴格达的关系更具建设性。然而，库尔德地区政府亦是库尔德的。② 库尔德问题、基尔库克问题③是影响正义与发展党政府与北伊拉克库尔德自治政府关系的重要因素。在库尔德问题上，双方在加强合作的同时，正义与发展党虽然支持宪法公民身份而非"土耳其特性"，但该党反对土耳其库尔德人的共同体自决（communal self-determination）。④ 另一方面，土耳其与伊拉克不同派别的接触影响了双边关系的发展。2005年以来，土耳其扩大与伊拉克政府的联系，伊拉克的阿拉伯政党包括逊尼派和什叶派都急于与安卡拉建立良好关系。土耳其说服伊拉克逊尼派参与后萨达姆时代伊拉克的政治体系，发展与伊拉克所有派别的关系以鼓励权力共享、良治、经济重建和稳定。⑤ 2009年5月2日，伊拉克什叶派流亡领导人穆克塔达·萨德尔（Mukteda al Sadr）访问土耳其；11月，伊拉克伊斯兰最高委员会主席阿玛尔·哈基姆（Ammar al Hakim）访问土耳其，会见了居尔总统。2013年12月5日，埃尔多安总理接见伊拉克土库曼阵线中央执行委员会成员，与其讨论有关2014年4月30日举行的

---

① Bill Park, "Turkey, the US and the KRG: Moving Parts and the Geopolitical Realities", p. 111.
② Bill Park, "Turkey, the US and the KRG: Moving Parts and the Geopolitical Realities", p. 116.
③ 基尔库克问题一方面仍然是伊拉克库尔德人中间一个悬而未决的问题，另一方面也是伊拉克和土耳其政府之间的一个重要问题。根据伊拉克宪法第140—149条，在2007年决定该城市未来归属的公民投票之前应该进行一次人口普查，实际上该普查并没有做。在2009年5月，联合国发布的一个报告建议该普查应该推迟到5年后进行，以在阿拉伯人、土库曼人和库尔德人之间达成一种妥协的平衡。该建议得到安卡拉的欢迎，但却遭到塔拉巴尼总统的坚决反对。
④ Bill Park, "Turkey, the US and the KRG: Moving Parts and the Geopolitical Realities", p. 120.
⑤ Bill Park, "Turkey, the US and the KRG: Moving Parts and the Geopolitical Realities", p. 113.

伊拉克大选、图兹·胡尔马图（Tuz Khurmatu）袭击事件以及伊拉克其他省份土库曼人问题。① 受地区地缘政治新变化、正义与发展党新外交政策理念、土耳其国内制度环境、土耳其对国内库尔德问题认知的变化的影响，土耳其在中东变局后的伊拉克政策发生了明显变化。在地缘政治层面，美国宣布从伊拉克撤军有助于土耳其改变对伊拉克的方式；在正义与发展党层面，强化集权的土耳其政府试图利用伊拉克战争留下的真空以扩大地区大国影响力，这也影响了土伊关系的发展。

最后，土耳其参与巴勒斯坦问题的解决。埃尔多安可谓中东地区最为高调参与解决巴勒斯坦问题的政治人物，也是哈马斯最重要的外部支持者之一。达武特奥卢提出土耳其应该充分发挥秩序制造国家的角色功能，以及以色列和巴勒斯坦之间的和平制造者功能，试图将法塔赫和哈马斯两党聚集在一起。2006年2月，流亡的哈马斯领导人哈立德·马沙尔（Khaled Mashal）对安卡拉进行非正式访问，时任外交部部长的居尔接见了他，此举遭到以色列的强烈抗议。当居尔表示他是劝说哈立德·马沙尔接受以色列保持1967年之前的边界，并反对其使用暴力时，以色列的抗议才宣告平息。在担任外交部部长之前，达武特奥卢与哈立德·马沙尔在叙利亚进一步谈话。2009年2月，美国中东特使乔治·米歇尔（George Mitchell）到达安卡拉讨论土耳其在中东和平进程中的可能性角色问题。尽管土耳其热衷于发挥其居间调停功能，但是其本身却对以色列或巴勒斯坦人影响不大，而且导致与传统盟友以色列的关系发生重要变化。面对美国总统特朗普公开宣布耶路撒冷为以色列首都，2017年12月13日，伊斯兰合作组织在土耳其伊斯坦布尔召开特别峰会，发表强硬联合声明予以抗议。埃尔多安宣布以色列是"恐怖主义占领国"，呼吁承认东耶路撒冷为巴勒斯坦首都，努力塑造伊斯兰国家领导人的形象。

长期以来，土耳其主张与以色列延续较为密切的双边关系。1996年，土耳其军方与以色列签署军事协作协议和国防工业合作协议，以色列成为土耳其在中东地区最重要的战略伙伴。正义与发展党上台执政以来，越来越多的土耳其民众和媒体同情巴勒斯坦人，特别是当以色列军方在

---

① Turkish PM Recieves Iraqi Turkmen Front Officials, 06 December 2013, http：//www.worldbulletin.net/？aType=haber&ArticleID=124404.

西岸和加沙地带采取镇压行动时，同情的话语充斥土耳其新闻媒体和电视频道，这影响了土耳其与以色列的双边关系发展。一是土以高层互动受限制。2003 年，埃尔多安拒绝了沙龙的访问邀请。2004 年 4 月，埃尔多安指责以色列对哈马斯领导人的暗杀行动为"国家恐怖主义"；7 月，再次拒绝了奥尔默特（Ehud Olmert）的会谈。二是一系列事件使双边关系触底。2006 年 2 月，正义与发展党接见哈马斯领导人哈立德·马沙尔时，土耳其司法部部长麦哈麦特·阿里·沙辛（Mehmet Ali Şahin）宣称，"全球恐怖主义的最大支持者是以色列。只要以色列的行动继续，打击全球恐怖主义的战斗就不可能成功"①，这种称以色列为恐怖国家的立场甚至持续到今天。2008 年 12 月 27 日，以色列向加沙地带发动了代号为"铸铅行动"的大规模军事打击，遭致土耳其和其他国家的批评。尽管以色列有权保护自己免受哈马斯位于加沙地带的军事基地的火箭攻击，但此次打击是在以色列总理奥尔默特访问安卡拉四天后进行的，埃尔多安总理认为"此举是对土耳其的漠视"。在公众普遍抗议以色列行动期间，埃尔多安和外交部部长阿里·巴巴詹积极进行了一系列外交行动旨在取消以色列对加沙地带的封锁。② 2009 年 1 月 29 日，在瑞士达沃斯举行的世界经济论坛 2009 年年会上，埃尔多安总理在与佩雷斯总理激烈辩论后愤然离场。佩雷斯为以色列在加沙的军事行动高声辩护，埃尔多安指责以色列在加沙地带滥杀无辜的不人道行径，犯下严重错误。当会议主持人、《华盛顿邮报》专栏作家伊格内修斯以超时为由试图打断埃尔多安时，他认为，伊格内修斯未能主持一场平衡的、不偏不倚的讨论会，愤而离场。以色列外长利伯曼则称埃尔多安是另一个查韦斯。③ 10 月 12 日，土耳其宣布拒绝以色列空军参加在土耳其境内举行的多国联合军演，这给两国关系蒙上了阴影。2010 年 1 月 11 日，以色列外交部副部长阿亚隆召见土耳其驻以色列大使切利克科尔，抗议土耳其播出歪曲以色列形象的电视剧。阿亚隆当时以一张较矮的沙发"待客"，自己则坐高椅。土耳其政府随后要求阿亚隆道歉，并威胁召回土耳其大使。以色列政府随后

---

① Banu Elıgün, "Crisis in Turkey-Israeli Relations (December2008-June2011): From Partnership to Enmity", *Middle Eastern Studies*, Vol. 48, No. 3, May 2012, p. 437.
② Bülent Aras, "Turkey and the Palestinian Question", *Today's Zaman*, January 19, 2009.
③ Hasan Kosebalaban, "The Crisis in Turkish-Israeli Relations: What is its Strategic Significance?" *Middle East Policy*, Volume XVII, Number 3, Fall 2010, p. 36.

向土耳其递交阿亚隆的道歉信。5月31日，以色列军队突击队员在地中海拦截一支前往巴勒斯坦加沙地带的国际人道主义援助船队，发生了"马尔马拉事件"，造成8名土耳其籍公民死亡，引发了两国之间严重的外交危机。土耳其召回驻以色列的大使，中止了与以色列的军事演习计划，并提请国际社会对以色列进行调查但遭到拒绝。以色列决定驻土耳其使馆外交官家属全部撤回国，这预示着两国已经走到断交的边缘。2011年9月2日，联合国公布了"帕勒莫报告"。土耳其政府认为，报告是美国和以色列联手对联合国施压而做出的不利于土耳其的非公正报告。① 三是土以关系受到国内国际舆论和形势影响。2011年2月24日，土耳其情报部门递交国家安全委员会的情报报告称，库尔德工人党正在与以色列建立联系，一些成员承认接受摩萨德人员的训练，进一步恶化了双边关系。3月，BBC的国家调查显示，在土耳其，以色列是最不被看好的国家：77%的土耳其受访者认为他们对以色列印象不好，只有9%的受访者印象较好。4月，安卡拉Optimar调查公司的舆论调查显示，正义与发展党政府的外交政策的受欢迎程度为：68%的受访者认为他们是土耳其新的、更加东向外交政策的支持者。② 此外，土耳其国内各组织亦发起过多次反对以色列、支持巴勒斯坦的抗议示威活动。随着中东变局的发生，土耳其为强化其地区大国地位，与以色列的关系逐渐修好。

（2）土耳其与中东国家的"道德现实主义"实践。2010年年底以来，动荡的中东局势使土耳其在中东地区渐趋孤立，与西方的矛盾愈益凸显，正义与发展党政府援引埃尔多安总理外交高级顾问易卜拉欣·卡利姆（Ibrahim Kalim）的言论，将这种外交战略和局面称为"宝贵孤独"（precious loneliness）。③ 土耳其逐渐放弃"零问题外交"的睦邻政策，转而采取介入地区事务的冒进外交政策，此为基于"道德现实主义"的外交实践。

首先，土耳其陷入叙利亚危机，积极参与战后重建。中东变局发生后，土叙修好的外交关系随着叙利亚危机爆发和土耳其对叙利亚反对派的支持而逐渐消解。2011年3月以来，叙利亚出现反政府抗议活动，埃尔多安试图说服叙利亚政府放弃镇压反对派和实施全面、深远的政治改

---

① 郑东超：《当前土以外交危机的原因及其影响分析》，《国际展望》2012年第2期。
② 转引自朱传忠《土耳其正义与发展党研究》，第370页。
③ 转引自李秉忠《土耳其"宝贵孤独"外交及其走向》。

革，要求巴沙尔与穆斯林兄弟会共享权力，以此平息冲突和奠定民主政治的基础。① 土耳其想当然地认为凭借双方的密切关系和土耳其模式的示范效应能够影响叙利亚政府的政治转型，但是，叙利亚政府对抗议活动的镇压造成大量人员伤亡，这导致土耳其政府的不满。"我们有着长达九年的友谊，但是叙利亚并不能很好地意识到这一点。（叙利亚政府）并没有留意我们的警告……很不幸的是……大屠杀和屠杀民众使他们成为烈士……我相信叙利亚民众在他们光荣的反抗中将会成功。"② 8月9日，土耳其派外交部部长达武特奥卢前往大马士革，表示土耳其对巴沙尔政府的镇压行为不可容忍，宣称终结两国的所有商业协定。与此同时，叙利亚国内激进的反政府人士、背叛政府的军人开始以叙利亚北部与土耳其接壤的边境地区为基地开展武装斗争。9月15日，反巴沙尔政权的力量在伊斯坦布尔成立"叙利亚全国委员会"（Syrian National Council），后改名重组为"叙利亚全国革命与反对力量联盟"，并成立军事组织"自由叙利亚军"，开展武装反抗巴沙尔政权的革命。11月，埃尔多安宣称"我们对叙利亚政府的信任已经消失"③，宣布将跟随阿拉伯联盟决议以及此前欧盟的决定，共同对叙利亚进行经济制裁。与此同时，土耳其不仅向"自由叙利亚军"提供军事训练、武器和后勤保障，允许其在本国靠近叙边境的哈塔伊省设立指挥部，而且支持包括"伊斯兰国"组织在内的所有反对派。叙利亚危机爆发后，伊朗和黎巴嫩真主党与伊拉克什叶派迅速结成支持巴沙尔政权的阵营，陆续派出军事顾问及战斗人员协助巴沙尔稳固政权。而沙特、卡塔尔等逊尼派国家联合欧美诸国以及土耳其支持反政府武装推翻巴沙尔政权，至此土耳其作为叙利亚反对派在境外的政治大本营及其武装人员的训练基地而地位愈益突显。

---

① Erol Cebeci and Kadir Üstün, "The Syrian Quagmire: What's Holding Turkey Back?" *Insight Turkey*, Vol. 14, No. 2, 2012, p. 15.
② Gamze Coşkun, "Model Partnership in the Middle East: Turkish-Syrian Relations", *Hürriyet Daily News*, January 2, 2011. 转引自 Michael B. Bishku, "Turkish-Syrian Relations: A Checkered History", *Middle East Policy*, Vol. XIX, No. 3, Fall 2012, p. 26。
③ Damla Aras, "Turkish-Syrian Relations Go Downhill", *Middle East Quarterly*, Vol. 19, No. 2, Spring 2012, p. 47.

随着叙利亚危机的深化，土耳其一方面试图把叙利亚各支反对派力量①统合起来以迫使巴沙尔下台，但由于叙利亚反对派武装意识形态分歧严重，且内部存在复杂的权力斗争，所以未能形成有效的反抗力量。另一方面又与欧盟、阿盟以及部分海湾国家联合推动对叙利亚的国际制裁以促使巴沙尔下台，但由于这些机构分歧重重而未能遏制叙利亚政府军与反对派武装之间的斗争升级。2012年2月，前联合国秘书长科菲·安南（Kofia Annan）被任命为联合国—阿盟叙利亚问题联合特使，拟订解决叙利亚危机的六点计划②，安理会通过了2043号决议。土耳其宣布支持"安南计划"（The Annan Plan），重新回到以联合国为基础解决危机的路线上来。4月，旨在叙利亚结束暴力并恢复和平的"安南计划"正式生效。虽然土耳其最初对该计划并不看好，但到5月12日，阿卜杜拉·居尔总统却在声明中表示，安南计划对于解决叙利亚危机是个良机，大马士革政府应该好好评估其价值。③

随着叙利亚局势升级，土叙两国处于战争的边缘。2012年4月9日，叙利亚武装部队在叙土边境交火后，叙利亚驻土耳其大使被召回。7月，发生土耳其战机被击落事件；10月，土边境小城阿克恰卡莱被炮击，这遭致土耳其决策者的激烈反应，达武特奥卢强硬表示没有人能够质疑土耳其的能力。④ 而且，叙利亚军方与反对派的暴力冲突也遭致土叙边境土耳其平民的伤亡。土耳其一方面对叙利亚发出战争威胁，另一方面向边界地区大举调兵遣将，在叙边境地区用空军开辟了事实上的军事缓冲区。在未得到西方支持的情况下，土耳其竭力推动在叙利亚内部建立禁飞区或安全区。达武特奥卢在给《伦敦金融时报》的回信中指出，如果制裁不能奏效的话，在土耳其境内建立一个保护叙利亚公民的缓冲区或未来

---

① 在叙利亚内战中，反对派武装按其思想意识可分为世俗反对派武装、伊斯兰反对派武装、极端主义反对派武装、库尔德反对派武装四类。世俗反对派武装以自由叙利亚军为代表，伊斯兰反对派武装以"伊斯兰阵线"（Islamic Front）联盟为代表，极端主义反对派武装以"胜利阵线"（Jabhat Al-Nursa）和"伊斯兰国"为代表，库尔德反对派武装以库尔德民主联盟党（PYD）为代表。

② "六点计划"主要内容包括一个包容性的、由叙利亚人主导的政治进程；在联合国监督下的停火；提供人道主义援助；释放被羁押者；记者行动自由；保障结社与和平示威的权利。

③ Doğan Ertuğrul, "Test for Turkey's Foreign Policy: The Syria Crisis", Turkish Economic and Social Studies Foundation (TESEV) ", July 2012, p. 6.

④ Birgül Demirtaş, "Turkish-Syrian Relations: From Friend 'Esad' to Enemy 'Esed'", *Middle East Policy*, Vol. XX, No. 1, Spring 2013, p. 117.

在叙利亚境内建立禁飞区是可能的。① 由于叙利亚危机中巴沙尔政权依然坚挺,土耳其的叙利亚政策陷入危机。

叙利亚内战引发了人道主义危机、"伊斯兰国"组织崛起、库尔德问题的愈演愈烈、暴力冲突及武器扩散、地区政治分裂等诸多外溢问题,而解决上述问题的根本是尽快实现停火,开启政治解决叙利亚问题的进程。2014年1月,叙利亚政府和反对派在日内瓦举行首轮和谈,但以失败告终;7月,斯塔凡·德·米斯图拉(Stafan De Mistura)就任联合国秘书长叙利亚问题特使,米斯图拉将前任倡导的以提供和解方案为主的调停模式转变为多方和谈的新模式,将全面停火调整为促成局部地区的有限停火,设计了"冻结现状"计划。② 2015年5月初,叙利亚政府及50多个反对派的共计200多名代表参加了米斯图拉主持的会谈,叙利亚政府的立场有所松动,从理论上接受了关于过渡机构的讨论,但对赋予其何种权力等细节未作详谈,而各反对派的态度依旧是"巴沙尔下台之前拒绝讨论任何与大马士革分权的提案"③,和谈未能取得有效进展;12月18日,联合国安理会就政治解决叙利亚问题一致通过2254号决议,力争于2016年1月初启动由联合国斡旋的叙利亚各派正式和谈,这是叙利亚危机爆发以来,安理会常任理事国首次就叙利亚的和平路线图达成一致。随后叙利亚政府方面公开表示接受2254号决议,愿意在联合国主持下与反对派举行对话,土耳其的叙利亚政策也进行了调整。

一方面,土耳其积极参与叙利亚问题的和平解决进程。2016年年初,叙利亚政府和反对派代表曾在日内瓦举行数次和谈,但因分歧严重,和谈被迫暂停。同年5月,土耳其总理耶尔德勒姆宣布将以"赢得更多朋

---

① Daniel Dombey, "Turkey Hardens Stance against Syria", *Financial Times*, November 1, 2011, www.ft.com/cms/s/0/f1438150-049e-11e1-ac2a-00144feabdc0.html.

② "冻结现状"计划,即主张在一定时期内"冻结"在阿勒颇的暴力行为,此间各方均不采取相关行动,确保联合国进入停火地区提供人道救援。作为一项补充性计划,它并非对原有政治解决方案的取代,其目的是在开展人道救援的同时,建立冲突各方间互信。参见申文《从边缘到中心:叙利亚危机中的联合国调停》,《国际观察》2017年第2期。

③ "Syrian Conflict 'Shameful Symbol' of Global Divisions, Secretary-General Says, Urging Security Council to Endorse Special Envoy's Fresh Efforts", 29 July, 2015, http://www.un.org/press/en/2015/sc11988.doc.htm.

友而非敌人"为指导,全面转变外交政策。① 基于该原则,土耳其政府改变以往巴沙尔必须下台的态度,接受叙利亚政府的过渡功能;8月20日,耶尔德勒姆总理宣布新的叙利亚政策:防止叙利亚族裔分裂,避免单一民族主导叙利亚,任何政治安排都要确保不同种族受到公平对待,与伊朗、沙特、美国、俄罗斯合作解决这场危机,允许巴沙尔在叙利亚政治过渡进程中发挥作用,土耳其承认叙利亚政府的合法地位;12月20日,俄罗斯、土耳其和伊朗三国外长和防长分别在莫斯科举行会谈,就解决叙利亚危机达成共识;12月29日,在三国的斡旋下,叙利亚政府与主要反对派武装签署停火协议并且同意启动和谈。2017年1月23日,为了巩固和延长停火协议,俄罗斯、土耳其和伊朗联合发起阿斯塔纳会谈,除俄土伊三国代表团外,叙利亚政府代表团和叙反对派武装代表团参加,联合国秘书长叙利亚问题特使米斯图拉和美国驻哈萨克斯坦大使乔治·克罗尔作为观察员出席。叙利亚武装反对派取代流亡反对派参加会谈,这是叙利亚政府与武装反对派首次同时派出代表参与的国际会谈。由于武装反对派拒绝在成果文件上签字,最终俄土伊三方仅发表了联合声明。土耳其总统首席顾问托普楚将阿斯塔纳会谈称为"历史性事件",表示它将推动并恢复在叙利亚和中东地区的和平稳定进程②;2月23日,在几度推迟后,叙利亚和谈在日内瓦重启,这是叙利亚冲突双方首次共同面对面参与和谈。如何消除各方在关键问题上的巨大分歧,叙利亚政府坚持和谈的主要问题是如何打击恐怖主义,而反对派则要优先讨论过渡政府的安排并且坚持巴沙尔总统必须下台。联合国叙利亚问题特使米斯图拉则呼吁和谈应基于安理会2254号决议进行,主要讨论叙利亚政治过渡进程问题,包括建立包容性的叙利亚过渡政府;制定起草新宪法的时间表和程序;在联合国的监督下,保证叙利亚举行自由公正的选举。所以说,有关各方不同的利益诉求使得和谈举步维艰;9月14—15日,叙利亚问题阿斯塔纳会谈如期举行,俄罗斯、土耳其和伊朗在会谈结束后发表的联合声明中宣称:将在叙利亚首都大马士革附近东古塔地区、叙利亚南

---

① "New PM Signals Shift in Foreign Policy: More Friends than Enemies", May 24, 2016, http://www.hurriyetdailynews.com/new-pm-signals-shift-in-foreign-policy-more-friends-than-enemies-99616.

② 本报驻哈萨克斯坦记者周翰博、谢亚宏,本报驻叙利亚记者宦翔:《阿斯塔纳和谈推动叙利亚政治和解》,《人民日报》2017年1月24日第21版。

部、霍姆斯省北部以及伊德利卜省西北部设立4个"冲突降级区",以确保停火协议得到执行并维护叙利亚领土完整;11月22日,俄罗斯总统普京、土耳其总统埃尔多安和伊朗总统鲁哈尼在俄南部城市索契举行会谈,围绕叙利亚问题的最新进展、出路等一系列问题交换意见,并签署联合声明,强调实现叙利亚问题政治解决需要在建立包容、自由、平等、透明、叙人主导的政治进程以及举行自由、公正选举的条件下进行,俄土伊三国将对此予以协助。叙利亚外交部当日对这份联合声明表示欢迎,认为这是基于对一切尊重叙利亚主权、独立和领土完整,一切为叙利亚停止流血冲突做出贡献的政治努力的支持[1];12月10日,叙利亚政府代表团重新返回日内瓦,继续参加第八轮叙利亚问题日内瓦和谈[2],寻求政治解决方案,此次和谈重点围绕组建民族团结政府、重新举行大选、修订宪法以及反恐等领域,其中重新举行大选和修订宪法则是重中之重。然而叙利亚反对派一直要求巴沙尔离任,遭到了叙利亚政府代表团的断然拒绝。双方在这一核心问题上的巨大鸿沟造成了谈判进程的艰难与迟滞。随着叙利亚国内反恐战争的胜利,国内安全局势趋向稳定,叙利亚政府代表团更不可能在该问题上有丝毫松动。日内瓦和谈与阿斯塔纳会谈的并行举行,反映出政治解决叙利亚问题已经成为国际共识,也预示着解决叙利亚问题需要更高层次和更广泛的和谈机制。2018年以来,尽管叙利亚境内的暴力斗争仍在持续,但政治解决进程也得以推进。2019年10月30日,"叙利亚宪法委员会"宣布成立,其由50名叙利亚政府成员、50名叙利亚反对派成员和50名叙利亚民间社会人士组成,首次面对面地协商。随后由三方各出15人共45人组成的团体将再举行会议以起草叙利亚新宪法。由俄罗斯、伊朗支持的叙政府和土耳其支持的叙反对派尽管仍然存在分歧,但双方就相关问题达成共识的希望更大。

另一方面,库尔德问题的复杂性使得土耳其持续介入叙利亚危机。叙利亚危机对土耳其的最大影响是库尔德人的强势崛起,叙利亚库尔德武装兴起改变了土耳其对叙利亚政策的战略目标。阻止叙利亚库尔德人

---

[1] 本报驻俄罗斯记者张晓东、本报驻埃及记者韩晓明:《叙利亚和平进程出现"窗口期"》,《人民日报》2017年11月24日第21版。
[2] 本轮叙利亚问题日内瓦和谈于11月28日开启,由于叙利亚反对派坚持要求政治过渡要以巴沙尔下台为开端,导致叙利亚政府代表团匆匆返回大马士革而和谈中断。

在库尔德民主联盟党（The Kurdish Democratic Union Party）的领导下得以整合，防止叙利亚库尔德人的自治和独立已经成为土耳其对叙利亚政策的重要目标。叙利亚库尔德武装既从美国获得援助，又与巴沙尔政权形成尽量互不交战的军事默契，并在打击"伊斯兰国"组织的过程中不仅稳固了传统的库尔德人聚居区，还夺取了原先由"伊斯兰国"占领的许多城镇，其控制范围不仅囊括整个"西库尔德斯坦"地区，还将地盘延伸至阿勒颇、代尔祖尔等部分地区。① 土耳其阻止叙利亚库尔德族融合和叙利亚库尔德势力做大的战略目标失败。② 土耳其通过小规模的军事打击不断挤压库尔德民主联盟党的空间。2018年1月14日，美国主导的多国联盟宣称将以库尔德人为主力，在叙利亚组建3万人规模的"边境安全部队"，土耳其随之于20日在阿夫林地区发动越境军事行动——"橄榄枝"行动，叙利亚外交部副部长梅克达德将之谴责为"军事入侵"，并称叙空军"已做好准备击毁出现在叙利亚高空的土耳其目标"。③ 尽管措辞强硬，但叙土两国在打击库尔德武装方面存在共同利益，因为独立的库尔德国家是叙利亚和土耳其共同反对的目标，土耳其对库尔德武装的打击将使叙利亚政府军在伊德利卜战场获得更大空间，所以叙利亚对土耳其的军事行动选择容忍，也没有回应叙利亚库尔德武装的求援，更没有卷入土耳其在叙利亚北部的军事行动。2019年10月，随着美国从叙利亚撤军，土耳其出兵占领土叙边界狭长地带，建立"安全区"。如今，美国坚持在库尔德人控制的油田保持部队，美军突袭叙西北部的伊德利卜省，击毙"伊斯兰国"头目巴格达迪；俄罗斯及其支持的阿萨德政权则抢占库尔德人让出的幼发拉底河西岸渡口，并不时与伊德利卜的反对派发生武装摩擦；而土耳其与叙政府军的冲突仍在持续……总之，土耳其支持的叙利亚政治反对派在"后阿萨德时代"的政治安排中能收获的政治红

---

① 董漫远：《库尔德问题与中东局势》，《国际问题研究》2017年第4期。
② 目标失败的表现如下：2013年，叙利亚库尔德人宣布在其控制区成立"北叙利亚联邦"自治政府，建立立法和司法等机构，颁布《宪法》以及其他法律。"北叙利亚联邦"的主要政治和军事骨干受库尔德工人党领导，遵循库尔德工人党精神领袖厄贾兰的库尔德民族主义理论，以库尔德民主联盟党进行活动。土叙松散的边界和土耳其初期"开放边境"的难民政策则为库尔德武装分子跨境流动提供了便利。
③ 转引自李瑞景、陆锋、本报记者张文文《"橄榄枝"行动：炮火中袭来"表情包"》，《解放军报》2018年2月8日第11版。

利存在诸多不确定性。① 但可以想见的是，叙利亚政治的碎片化格局一时很难打破，而叙利亚政治反对派有可能在未来的政治舞台中占有一席之地，土耳其将以军事实力为后盾遏制库尔德武装威胁，通过支持"自由叙利亚军"的政治参与以争夺叙利亚未来政治安排的话语权。

其次，土耳其积极参与打击伊斯兰国，成为中东反恐重要力量。"伊斯兰国"组织利用叙利亚、伊拉克乱局迅速崛起，构成国际暴恐势力的主干，威胁叙伊两国政权，催生的"溢出效应"对地区和全球安全构成严峻挑战。在叙利亚危机早期，土耳其曾出于地缘政治利益考虑秘密支持"伊斯兰国"组织以加速巴沙尔政权倒台，借助恐怖组织消灭叙利亚库尔德武装。随着"伊斯兰国"组织的兴起及其对土耳其安全构成威胁，硬实力在土耳其的双边和多边谈话中变得更为重要。许多土耳其人认为，"伊斯兰国"组织代表逊尼派以一种军事和极端形式反抗什叶派权力。土耳其民意调查显示，约有10%的土耳其人并不认为"伊斯兰国"为恐怖组织。② 所以，土叙边界成为伊斯兰极端分子加入"伊斯兰国"组织的通道。2014年，"伊斯兰国"组织将土耳其驻摩苏尔领事馆的46人劫为人质，再加上西方国家对土耳其支持"伊斯兰国"组织日益不满，土耳其收紧边境控制，炮击"伊斯兰国"组织阵地，并向以美国为首的多国联军开放英吉利克空军基地以打击"伊斯兰国"组织。"伊斯兰国"组织的频繁恐怖袭击不仅威胁土耳其国内安全和稳定，而且其组织膨胀又引发与之对抗的叙利亚库尔德武装做大。土耳其以反对恐怖主义为名继续支持叙利亚反对派，越境打击叙利亚境内的伊斯兰极端主义力量。"2015年以来，土耳其外交政策的属性和原则由所谓的道德现实主义来塑造，体现了硬实力为基础的军事扩张和人道主义原则的结合。"③ 武力打击"伊斯兰国"组织成为此间土耳其外交政策的重要内容。2016年8月24日，土耳其发起代号"幼发拉底河盾牌"的军事行动，动用空军、炮兵、坦克、特种部队直接跨境作战，支援叙利亚反对派打击"伊斯兰国"组织，

---

① 李游、王乐：《土耳其在叙利亚危机中的困境：原因与前景》，《国际关系研究》2017年第5期。

② "Ten Percent of Turks Do Not See Islamic State as Terrorist Body: Survey", 13 Jan 2016, http://www.thepeninsulaqatar.com/news/middle-east/366023/ten-percent-of-turks-do-not-see-islamic-state-as-terrorist-bodysurvey.

③ E. Fuat Keyman, "A New Turkish Foreign Policy: Towards Proactive 'Moral Realism'", p. 56.

攻占土叙边境小镇杰拉布卢斯，土耳其将此次行动定性为反恐作战，目标是清除叙利亚北部"伊斯兰国"组织以及叙利亚库尔德武装的威胁。2017年以来，随着叙利亚政府军收复最大的城市阿勒颇，以"伊斯兰国"组织为首的伊斯兰极端组织的生存空间愈益缩小，其在叙利亚的"首都"拉卡陷入重重包围之中。土耳其继续支持"自由叙利亚军"与叙利亚政府军对抗和打击伊斯兰极端势力。由于"自由叙利亚军"控制的伊德利卜省的部分地盘丧失于基地组织叙利亚分支圣战联盟沙姆解放组织（Hayat Tahrir al-Sham）之手，2017年10月8日，土耳其发起对叙利亚西北部省份伊德利卜省的越境军事行动，以支持"自由叙利亚军"打击盘踞在该地的圣战联盟沙姆解放组织的武装力量，借以通过控制暴力冲突来保证地区安全。埃尔多安指出："我们将不允许在我们的边境成立一个恐怖主义走廊。"① 土耳其与巴沙尔的盟友伊朗和俄罗斯协商在叙利亚建立缓冲区，埃尔多安宣称伊德利卜的安全将由土耳其和俄罗斯来提供。"自由叙利亚军"宣称他们并不愿意接受俄罗斯的参与，"俄罗斯人仍然是我们革命的敌人，他们在过去谋害我们的儿童，俄罗斯将不是我们的盟友。我们希望土耳其不要采取伤害我们民众的步骤"②。土耳其和"自由叙利亚军"的联手进一步压缩了伊斯兰极端组织的生存空间，但针对俄罗斯的军事干预，二者也存在分歧，这影响了土耳其在叙利亚战后重建过程中作用的发挥。

最后，土耳其与沙特争取地区领导权。中东变局后，"土耳其的中东地区外交高调而积极，借助介入地区热点问题、设立海外军事基地、扩大安全合作等形式提升在中东事务中的发言权和影响力，积极争夺中东地区和伊斯兰世界领导权"③。这就与以阿拉伯世界领导人自居的沙特产生了矛盾。土耳其与沙特是中东地缘政治博弈的主要对手，他们之间不仅存在权力之争，也具有浓厚的教派、意识形态竞争色彩。土耳其与沙

---

① Gul Tuysuz, "Turkey Backs Syrian Rebel Group in New Anti-extremist Push in Idlib", October 7, 2017, http://edition.cnn.com/2017/10/07/middleeast/turkey-syria-fsa-military-operation-idlib/index.html.

② Gul Tuysuz, "Turkey Backs Syrian Rebel Group in New Anti-extremist Push in Idlib", October 7, 2017, http://edition.cnn.com/2017/10/07/middleeast/turkey-syria-fsa-military-operation-idlib/index.html.

③ 邹志强：《土耳其的中东地缘三角战略：内涵、动力及影响》，《国际论坛》2018年第6期。

特在阿拉伯国家转型问题上的矛盾分歧成为双方争夺地区热点问题话语权的重点领域。一方面，土耳其通过与卡塔尔的政治经济合作而寻求与沙特的竞争优势。土耳其与卡塔尔因为共同支持巴勒斯坦哈马斯等原因，结成了较为紧密的合作关系，甚至被称为"两个半国家的联盟"。① 2017年6月5日，中东爆发卡塔尔断交危机。② 危机发生后，土耳其积极参与危机调解，呼吁通过谈判而非制裁解决争端，但明确表示支持卡塔尔；不仅通过空运向卡塔尔提供包括食品在内的物质援助，还宣布向卡塔尔的军事基地增派军队，举行联合军事演习，进一步提升两国战略关系；11月，土耳其与伊朗、卡塔尔签署协议，将伊朗作为土耳其与卡塔尔两国的贸易中转国。土耳其的偏袒举动及其军事介入动作遭到沙特等国的反对。沙特等国对卡塔尔提出的终止制裁条件之一就是关闭土耳其在卡塔尔的军事设施、终止两国军事合作，但土耳其并未理会，反而快速增派军队进驻卡塔尔。基于土耳其在卡塔尔断交危机中的立场、与伊朗在叙利亚问题上的务实合作联盟，沙特、阿联酋逐步将土耳其视为对手甚或敌人，有针对性地开展战略对抗。另一方面，土耳其与沙特出现争取地区领导权的直接对抗。土耳其以奥斯曼帝国的继承者自居，宣称是逊尼派伊斯兰世界的合法领导者，"重现奥斯曼的辉煌和重新领导伊斯兰世界是其合法权力"，埃尔多安极力把自己塑造为世界穆斯林领袖的合法继承人，声称土耳其是"唯一能够领导伊斯兰世界的国家"。而沙特则"把土耳其视为文化上的异己力量"，自我定位为正统伊斯兰教的传播者和两圣地的监护人，指出奥斯曼苏丹被废黜后，伊斯兰教的旗帜就从土耳其转到了沙特，因此，沙特肩负着传播瓦哈比派伊斯兰教的使命。在沙特看来，"土耳其在地缘政治和经济上实力的增强及其辉煌的奥斯曼历史和丰富的伊斯兰传统都对沙特建立地区主导权的计划构成了挑战"③。土耳其和沙特在诸多方面展开竞争，一是土耳其和沙特在地缘政治方面的争夺，这突出表现为双方利用伊斯兰教在中东、中亚、南亚、高加索和巴

---

① Burak Bekdil, "A Two-and-a-Half -Country Union", *Hürriyet Daily News*, Novemnber 5, 2014. 转引自邹志强《土耳其的中东地缘三角战略：内涵、动力及影响》，第18页。

② 2017年6月5日，巴林、沙特阿拉伯、阿拉伯联合酋长国、埃及、也门、利比亚六国及南亚的马尔代夫、非洲的毛里求斯指责卡塔尔支持恐怖主义活动并破坏地区安全局势，分别宣布与卡塔尔断绝外交关系，此为卡塔尔断交危机，造成近年来中东地区最严重的外交危机。

③ 此部分参考 Evangelos Venetis, "The Struggle Between Turkey and Saudi Arabia for the Leadership of Sunni Islam", Athens：Hellenic Foundation for European and Foreign Policy, 2014, pp. 4-9。

尔干地区进行地缘政治竞争。二是土耳其与沙特围绕伊斯兰合作组织的争夺。土耳其通过伊斯兰合作组织塑造自身在伊斯兰世界领导权的做法不可避免地对沙特的领导地位构成威胁，双方在该组织内部的矛盾也渐趋公开化。美国总统特朗普于2017年12月6日宣称承认耶路撒冷为以色列的首都，土耳其立即召集伊斯兰合作组织成员国召开特别峰会，但57个成员国中仅有12位政府首脑参加，显然与沙特作为该组织主导者的抵制不无关系。三是针对穆斯林兄弟会的分歧。沙特积极支持埃及军方颠覆穆斯林兄弟会政权，原因在于穆斯林兄弟会政权日益向土耳其靠近的政策令沙特感到紧张和不安，担心土耳其与穆尔西政权的趋近而"力图建立土耳其和埃及穆斯林兄弟会之间的联盟"。[1] 四是卡舒吉事件使双方关系触底。2018年10月2日，沙特阿拉伯记者贾迈勒·卡舒吉（Jamal Khashoggi）在沙特驻土耳其伊斯坦布尔领事馆"失踪"事件引起国际社会广泛关注，导致土沙关系陷入僵局。"尽管土耳其和沙特围绕地区热点问题的话语权、宗教领导权和发展模式主导权展开了激烈的竞争，但双方围绕地区领导权的争夺更多的是一种权力竞争关系，而不是全面对抗的关系，双方的竞争更多是在第三方（如埃及、卡塔尔、叙利亚）的代理人竞争以及围绕发展模式、宗教领导权的软实力竞争"[2]，这也决定了双方不可能沉陷彻底的反目，且二者也深受美国的中东政策影响。但无论如何，它们的对抗将对塑造中东地区格局产生重要影响，也会延宕中东地区的紧张动荡局势。

（3）土耳其积极发展与中东国家的经济关系。近些年来，扩大与中东地区的经济关系已经成为土耳其外交的重要目标之一，增强对邻国的经济依赖是土耳其官方所认可的思想，土耳其的商业利益群体，包括独立工商业联合会和土耳其商业和商品交易联盟（The Turkish Union of Chambers and Commodity Exchanges）成为周边国家的重要经济投资者，边境城市的商会促进了与相邻国家的商业往来。一方面，阿拉伯世界也越来越积极与土耳其发展经济关系，其中以叙利亚、伊拉克为代表，他们不仅将土耳其视为经济伙伴，而且作为其走向世界的平台。土耳其还被

---

[1] 此部分参考刘中民、赵跃晨《从相对疏离到权力竞逐——土耳其与沙特阿拉伯争夺地区领导权的逻辑》，《世界经济与政治》2019年第8期。
[2] 刘中民、赵跃晨：《从相对疏离到权力竞逐——土耳其与沙特阿拉伯争夺地区领导权的逻辑》。

邻近国家视为外国直接投资的源泉，土耳其对埃及的投资也变得相当重要。许多土耳其纺织工厂已经落户埃及，并为其创造了很多工作机会。另一方面，土耳其越来越被视为外国投资的目标。土耳其与埃及、叙利亚和约旦签署了自由贸易协定。这些发展的结果促使阿拉伯世界的商业贸易群体越来越希望与土耳其发展贸易关系。

2. 土耳其与外高加索地区国家的外交实践。苏联的解体使格鲁吉亚、亚美尼亚和阿塞拜疆作为独立国家出现在外高加索①地区。苏联解体后，外高加索地区不仅保持了欧亚大陆交通枢纽的独特地位，而且成为俄罗斯、中国、印度、巴基斯坦、伊朗和土耳其等国组成的当今世界上最重要的地缘政治舞台的中间地带，成为布热津斯基所谓的"欧亚大陆巴尔干"②的重要组成部分。长期以来，外高加索地区被视为土耳其通往中亚突厥语世界的大门，基于外高加索国家在未来与欧洲发展更为密切的经济、政治、社会和安全关系的可能性，土耳其通过积极参与外高加索事务以更好地发挥沟通东西方的桥梁作用，并增加与俄罗斯在该地区政治博弈的筹码。正义与发展党政府努力与外高加索和中亚国家发展双边友好关系，坚信与该地区各国的友好关系不仅给土耳其带来战略和经济利益，而且将进一步提升土耳其的地区影响力和国际声望。历史、文化和语言联系是土耳其卷入该地区（外高加索地区）事务的驱动力，安卡拉的态度更多的基于现实的经济和外交政策考虑。③ 这是土耳其外高加索政策的出台背景，实际上正义与发展党政府的外高加索政策表现出更多的自信。

（1）正义与发展党政府的外高加索政策。土耳其作为地区大国既积极参与高加索地区的协作，又充分利用管道政治发挥能源枢纽作用。一方面，土耳其正义与发展党政府积极参与构建地区协作平台。2008年8月11日，在俄罗斯、格鲁吉亚关于南奥塞梯的军事冲突发生后不久，土耳其总理埃尔多安为了重建国家间的信任，宣布创建一个旨在实现地区

---

① 外高加索又称作南高加索，主要指高加索山脉以南格鲁吉亚、亚美尼亚、阿塞拜疆三国所在地区。尽管南高加索的称谓较好地指涉了该地区的地理方位，并与俄罗斯所属的北高加索相对应而存在，但是外高加索的术语被中国学界长期使用，所以这里沿袭传统使用"外高加索"一词。

② 参见［美］兹比格纽·布热津斯基《大棋局：美国的首要地位及其地缘战略》，中国国际问题研究所译，上海人民出版社1998年版。

③ Mustafa Aydin, "Foucault's Pendulum: Turkey in Central Asia and the Caucasus", *Turkish Studies*, Vol. 5, No. 2, Summer 2004, p. 4.

对话的平台——"高加索稳定与协作平台"（a Caucasus Stability and Cooperation Platform），这是一个包括外高加索三国——亚美尼亚、阿塞拜疆、格鲁吉亚和两个地区大国——俄罗斯、土耳其的"3+2"地区协作模式，旨在终结地区紧张局势，强化地区和平、稳定与安全，发展良好的双边关系，保障从里海到欧洲的能源输送管道的安全。居尔总统谈及该平台功能时指出："如果实现地区稳定，如果问题在恶化之前能够解决，如果拥有一个安全的环境，将会带来地区经济的发展和民众的福利。"① 随后该平台倡议被提交到不同国家：8月13日提交给俄罗斯总统梅德韦杰夫，8月14日提交到格鲁吉亚的第比利斯，8月20日提交到阿塞拜疆的巴库。② "高加索稳定与协作平台"将土耳其、俄罗斯与外高加索三国紧密地联系在一起，将欧盟、美国排斥出对话平台，因而得到俄罗斯的支持。2009年2月，居尔总统访问莫斯科期间，土耳其和俄罗斯一致认为，"高加索稳定与协作平台"是一个颇具建设性的倡议，将有助于弥补地区国家间缺失的信任。③ 该平台倡议是土耳其直接介入外高加索地区事务和发挥地区大国角色的重要举措，但由于遭到欧盟、美国的反对和缺乏外高加索各国官方的积极回应而未能发挥应有作用。

另一方面，正义与发展党政府极力塑造其地区能源和交通枢纽形象，以充分发挥沟通东西方的桥梁作用。正义与发展党上台后，埃尔多安不仅致力于将自身打造成为中东和里海地区油气出产大国与欧洲国家间的能源枢纽，而且将其塑造为沟通中亚、高加索和西方之间的交通枢纽。在多边外交视域下，土耳其积极签署由欧美俄各方发起的能源管道协议。一是积极参与美国主导的巴库—第比利斯—杰伊汉（BTC）输油管道项目和巴库—第比利斯—埃尔祖鲁姆（BTE）天然气管道项目，上述项目的建设促进了"跨亚得里亚海天然气管道"（TAP）和"跨安纳托利亚天然气管道"（TANAP）项目的启动，以利于将位于里海周围的石油、天然气通过土耳其输往欧洲。二是积极参与欧盟倡议的纳布科（Nabucco）天

---

① Hasan Kanbolat, "Experts Analyze Caucasus Platform, What is Caucasian Stability and Cooperation? What Can Turkey Do in the Caucasus?" *Zaman*, August 19, 2008.
② Deniz Devrım, Evelina Schulz, "The Caucasus: Which Role for Turkey in the European Neighborhood?" *Insight Turkey*, Vol. 11, No. 3, 2009, p. 180.
③ Deniz Devrım, Evelina Schulz, "The Caucasus: Which Role for Turkey in the European Neighborhood?" p. 181.

然气管道项目。在土耳其看来,该管道将促使来自伊拉克、埃及、伊朗、阿塞拜疆和土库曼斯坦等国的天然气资源汇集到土耳其,土耳其将具有连接里海、波斯湾和欧洲的能源枢纽地位,进而增加入盟的筹码。三是积极参与俄罗斯主导的、绕过乌克兰经过黑海的蓝流(Blue Stream)天然气管道项目,在俄罗斯放弃南流天然气管道项目后,积极在扩建蓝流天然气管道项目的基础上建设"土耳其流"(Turkish Stream)天然气管道项目,以使土耳其掌握俄罗斯能源输往欧洲国家的主动权。这些管道项目使土耳其成为能源枢纽和欧洲与里海贸易往来的主要参与者。① 土耳其还与阿塞拜疆、格鲁吉亚签署卡尔斯—第比利斯—巴库的国际铁路协议,以实现土耳其、格鲁吉亚和阿塞拜疆之间的铁路运输,提升土耳其与高加索、欧亚地区的陆上运输能力。这些石油、天然气运输管道和铁路的建设强化了所有过境国的利益关系,历史文化联系使土耳其、阿塞拜疆和格鲁吉亚形成更为密切的经济和政治关系,它们成为管线政治的战略伙伴。② 正是在正义与发展党政府的外高加索政策影响下,土耳其与外高加索诸国的双边关系获得迅猛发展。

(2)正义与发展党政府外高加索政策的实施效果。土耳其的外高加索政策对双边、地区国家关系产生重要影响。首先,正义与发展党政府的外高加索政策促进了土耳其与格鲁吉亚战略伙伴关系的构建和双边经济合作与发展。由于格鲁吉亚是出入高加索、中亚或突厥世界的必经之路,是里海的石油天然气到达土耳其港口和国际市场的必要通道,所以土耳其积极支持格鲁吉亚的领土完整、社会稳定、国家独立和现代化建设,积极发展与格鲁吉亚的友好战略伙伴关系,双方高层互访频繁。土耳其支持格鲁吉亚加入北约,并帮助格鲁吉亚改革武装力量以符合北约组织的标准。不过,土耳其与格鲁吉亚的双边关系深受地区形势的影响。2008年俄格战争爆发后,土耳其害怕触怒俄罗斯对其战略盟友格鲁吉亚支持不力,这引起了格鲁吉亚的失望与不满。2014年年初,乌克兰危机发生后,格鲁吉亚面对强邻的虎视眈眈在政治上更为孤立,在这种情况下,格鲁吉亚总理比济纳·伊万尼什维利(Bidzina Ivanishvili)强调要强

---

① Gareth Winrow, "The Southern Gas Corridor and Turkey's Role as an Energy Transit State and Energy Hub", *Insight Turkey*, Vol. 15, No. 1, 2013, pp. 145-163.
② Mustafa Aydin, "Turkey's Caucasus Policies", *UNISCI Discussion Papers*, No. 23, May 2010, p. 180.

化安卡拉与第比利斯的关系,这将促进土格战略伙伴关系的进一步发展。2016年2月,达武特奥卢总理访问格鲁吉亚时表示,土耳其始终支持格鲁吉亚融入欧洲和加入北约的努力,愿意加强两国在经贸等领域的合作。① 在正义与发展党的睦邻外交政策影响下,土耳其与格鲁吉亚的双边经济关系发展迅速。2004年,土耳其对格鲁吉亚的投资占到外国投资总额的23%,大多数集中于电信、制造、港口管理、玻璃包装和瓶装水等领域。② 除了直接投资,土耳其还为格鲁吉亚经济提供不少于5000万美元的增值税、不少于2000万美元的所得税、不少于2000万美元的工资收入所得税。③ 2007年以来,土耳其与格鲁吉亚签署自由贸易协定,整修和扩建两国的萨比(Sarp/Sarpi)边界大门,将两国的签证周期延长至90天,开放土耳其公司建造的巴塔米(Batumi)机场,这促使两国的经贸往来剧增,并刺激了双边旅游业的发展。2014年1月20日,时任土耳其总统居尔与格鲁吉亚总统马尔格韦拉什维利在安卡拉表示土格两国将加强经济合作,指出包括跨安纳托利亚天然气管道项目在内的土耳其、格鲁吉亚和阿塞拜疆之间的合作项目不仅对本地区非常重要,而且对欧亚地区都具有非常重要的意义。所以说土耳其与格鲁吉亚在经济领域的依存性更强。

其次,正义与发展党政府的外高加索政策促成土耳其与阿塞拜疆之间的战略同盟和经济文化纽带的迅猛发展。阿塞拜疆在土耳其外交战略中占据独特地位,两国的密切关系不仅在于双方共同的文化和语言纽带,而且在于两国之间重要的政治和战略利益,其双边关系通常被形容为"两个国家,一个民族"。两国在亚美尼亚大屠杀问题、纳卡冲突和地区安全事务方面有着相同的立场,所以盟友关系颇为牢固和持久。土耳其与阿塞拜疆自从后者独立就形成战略同盟,随着巴库—第比利斯—埃尔祖鲁姆天然气管道和巴库—第比利斯—杰伊汉输油管道的贯通,这种盟友关系更为巩固,文化、语言和历史关系是双边关系发展的重要推动力。

---

① 《土耳其支持格鲁吉亚加入欧盟和北约》,2016年2月18日,新华网,http://news.xinhuanet.com/2016-02/18/c_128728365.htm。

② SerkanYalcin, *Turkish Investments in Georgia and Azerbaijan: Recent Trends and Future Prospects*, Texas: Texas A&M International University, 2006, http://www.caucaz.com/home_eng/breve_contenu.php? id=259&PHPSESSID=63201bb41569e60f7b38f51ed17068b6.

③ Mustafa Aydin, "Turkey's Caucasus Policies", *UNISCI Discussion Papers*, p.185.

阿塞拜疆的第一任总统阿布法兹·埃利奇别伊（Abulfaz Elchibey）以泛突厥主义理念和强烈依附于土耳其著称。尽管1993年通过军事政变上台的盖尔达·阿利耶夫（Heydar Aliyev）总统与土耳其相对疏远，但其儿子伊尔哈姆·阿利耶夫（İlham Aliyev）于2003年担任总统以来，土耳其与阿塞拜疆的盟友关系进一步提升。当土耳其在塞浦路斯危机中需要国际社会支持时，他甚至接受从巴库到北塞浦路斯土耳其共和国的直飞。阿塞拜疆积极推动"高加索稳定与协作平台"的贯彻实施。2013年11月13日，土耳其总理埃尔多安与到访的阿塞拜疆总统阿利耶夫一致表示，两国将在政治和经济领域加强和发展双边友好关系，土耳其支持阿塞拜疆在与亚美尼亚解决纳戈尔诺-卡拉巴赫（纳卡）地区冲突问题上的立场，两国还签署了两国贸易、科技和运输等7项合作协议。① 在2020年的纳卡冲突中，土耳其也力挺阿塞拜疆。

正义与发展党执政以来，土耳其与阿塞拜疆之间的经济文化关系发展迅速，土耳其不仅成为阿塞拜疆最大的贸易伙伴，也是其最大的投资者。2007年，土耳其对非能源领域的投资是25亿美元，加上能源领域的投资，土耳其对阿塞拜疆的总体投资接近50亿美元。1200家土耳其公司在阿塞拜疆从事电信、运输、甜点、营销、家具、建筑、银行等行业经营。② 近年来，土耳其与阿塞拜疆在文化教育领域交流频繁，大批阿塞拜疆学生到土耳其接受教育，部分年轻的外交人员在土耳其接受外交业务培训。土耳其支持在阿塞拜疆重新引入并使用拉丁字母，并提供教科书。土耳其的电视网络覆盖阿塞拜疆部分地区，土耳其宗教事务局局长与阿塞拜疆的宗教领导人往来频繁，许多民间伊斯兰组织，诸如苏莱曼尼教团、纳格什班迪教团、葛兰运动等在阿塞拜疆影响很大，包括大学、中学和考试培训学校在内的葛兰运动学校活跃在阿塞拜疆各地。据估计，阿塞拜疆有15所中学、11所高中以及1所大学由土耳其直接投资或捐助成立。③ 文化教育活动使得公众关系更为密切，这对双边政治关系形成了刺激和补充。

最后，正义与发展党政府的外高加索政策促进土耳其与亚美尼亚关

---

① 《土耳其与阿塞拜疆致力于加强双边关系》，2013年11月13日，新华网，http：//news.xinhuanet.com/world/2013-11/13/c_118130898.htm。
② Mustafa Aydın, "Turkey's Caucasus Policies", pp. 189-190.
③ Mustafa Aydın, "Turkey's Caucasus Policies", p. 190.

系趋于正常化。苏联解体后，土耳其随即宣布承认亚美尼亚独立，并考虑与亚美尼亚建立外交关系。1993年，在纳卡冲突中为了声援其战略盟友阿塞拜疆，土耳其关闭与亚美尼亚的边界，两国建立双边外交关系的努力被无限期延迟。正义与发展党政府推行"零问题外交"政策后，土耳其与亚美尼亚的经济交往日趋密切，通过第三国格鲁吉亚的商业贸易发展迅速。据不完全统计，土耳其每月大约有400多辆卡车经过格鲁吉亚到达亚美尼亚，大约有10000名亚美尼亚人与土耳其从事转包贸易，大约有40000名亚美尼亚人在土耳其工作，大部分是非法的，将收入邮汇本国。① 长期以来，由于土耳其、阿塞拜疆对亚美尼亚的孤立导致亚美尼亚的经济形势恶化，大批亚美尼亚人被迫前往土耳其寻求工作机会，土耳其官员宣称，到2007年年底，大约有70000名亚美尼亚人在土耳其非法工作，这些非法的移民工人为进一步强化亚美尼亚人与土耳其人的联系创造了条件。②

随着双边经济关系的发展，政治关系也有所缓和。2007年3月，土耳其决定将凡城克达马尔岛（Akdamar）的亚美尼亚教堂作为博物馆加以修复开放，伊斯坦布尔的亚美尼亚主教梅斯洛布·穆塔凡（Mesrob Mutafyan）表达其对恢复亚美尼亚教堂的欣喜，并呼吁改善两国间关系。③ 2008年9月6日，新当选的亚美尼亚总统谢尔日·萨尔基相（Serzh Sarkisyan）邀请土耳其总统居尔观看两国国家足球队在埃里温的比赛，居尔总统接受了邀请。土耳其总统首访埃里温标志着土耳其与亚美尼亚关系的转折，正式访问开启了双边对话之门，秘密的协商使土耳其与亚美尼亚开始启动双边关系正常化的协商准备。④ 2009年10月10日，亚美尼亚外长爱德华·纳尔班江（Edward Nalbandian）和土耳其外长达武特奥卢在苏黎世签署了关于两国结束长期敌对状态并实现双边关系正常化的协定，该协定为两国建立外交关系和开放封闭多年的共同边界确定了时间表。两国外长指出："双方已经取得切实的进步……为实现双边关

---

① Mustafa Aydin, "Turkey's Caucasus Policies", p. 180.
② Mustafa Aydin, "Turkey's Caucasus Policies", p. 187.
③ Mustafa Aydin, "Turkey's Caucasus Policies", p. 187.
④ Yigal Schleifer, "Why the 2009 Turkey-Armenia Protocols Broke Down?" *Eurasianet*, March 2, 2012, http://www.eurasianet.org/node/65078.

系正常化而达成一系列框架协议。"① 协议签订后，亚美尼亚总统萨尔基相访问土耳其，观看了两国国家足球队于10月14日举行的比赛，这促进了双边关系的进一步发展。然而，土耳其与亚美尼亚的外交努力由于阿塞拜疆的反对而搁浅，阿塞拜疆指责土耳其与亚美尼亚的接近是对其背叛，威胁提高石油和其他出口到土耳其的衍生品的价格，甚至威胁说油气运输将经过俄罗斯而非土耳其。② 阿塞拜疆的威胁使得土耳其与亚美尼亚的关系正常化遭遇暂时停滞。尽管格鲁吉亚认为亚美尼亚与土耳其的和解将会损害其在地区沟通交流中的优势地位，然而，它希望这种和解将会减少俄罗斯在亚美尼亚和整个南高加索地区的军事和政治存在，因为这对于格鲁吉亚的发展是有益的。③ 所以阿塞拜疆对于土耳其与亚美尼亚关系正常化的影响也不能过于高估，制约两国关系正常化的主要是对"亚美尼亚大屠杀"事件的分歧。土耳其历届政府均否认这是大屠杀事件，亚美尼亚诸多专家和政客坚持认为亚美尼亚要将土耳其承认种族灭绝作为与土耳其协商的前提条件。④ 2014年4月，埃尔多安总理对1915年前后死亡的亚美尼亚人后裔的慰问，为土耳其与亚美尼亚的和解迈出了重要的一步。⑤ 但土耳其与亚美尼亚双边关系的正常化还需要假以时日。

总之，正义与发展党政府的外高加索政策旨在实现其地缘战略优势、地区大国地位和经济利益，土耳其与外高加索诸国的双边关系在现行政策框架下获得迅猛发展，但地区冲突和矛盾影响了土耳其外高加索政策的实施效果。

（3）影响正义与发展党政府外高加索政策的地区因素。土耳其的外高加索政策尽管效果显著，但也受到多种因素的制约。一是外高加索地

---

① M. B. Sheridan, "Turkey and Armenia in Broad Accord", Washington Post, 23 April 2009, http://www.washingtonpost.com/wp-dyn/content/article/2009/04/22/AR2009042203888.html.

② Nona Mikhelidze, "The Turkish-Armenian Rap-prochement at the Deadlock", Istituto Affari Internazionali, March 2010, http://www.iai.it/pdf/DocIAI/iai1005.pdf.

③ Gia Nodia, "How Much Has the World Changed? Implications for Georgia's Policies", CIPDD Policy Review, April 2009, p.9.

④ Raffi Hovhannisian, "No You Can't: Obama's Test and Turkey's Time", Foreign Policy Journal, March 20, 2010, http://www.foreignpolicyjournal.com/2010/03/20/no-you-can't-obama's-test-and-turkey's-time/.

⑤ Joshua Kucera, "Turkey & Armenia: Are Erdoğan's 'Condolences' a Turning Point?" Eurasianet, April 24, 2004, http://www.eurasianet.org/node/68304.

区的内部分歧影响了土耳其与外高加索诸国的双边关系。亚美尼亚和阿塞拜疆由于纳卡冲突成为宿敌,土耳其为了在纳卡冲突中支持阿塞拜疆而关闭与亚美尼亚的边界,从而错过了建立双边外交关系的历史时机。正义与发展党政府推行睦邻外交政策促使土耳其与亚美尼亚开启了双边关系正常化的努力。2009 年 4 月,土耳其与亚美尼亚宣布了双边和解路线图。为了安抚其战略盟友阿塞拜疆,5 月,土耳其总理埃尔多安在访问巴库时与阿塞拜疆总统伊尔哈姆·阿利耶夫共同出席联合新闻发布会时声称,占领纳卡是因,关闭边界是果。没有占领的结束,和解大门将不会打开。① 然而一个月后,土耳其外长达武特奥卢在美国华盛顿发表截然相反的言论:"我们要实现繁荣、和平的高加索。在这个意义上,我们将完全致力于与亚美尼亚的关系正常化进程。"② 这反映了土耳其在处理与亚美尼亚关系中的矛盾态度,也说明了阿塞拜疆与亚美尼亚的内部矛盾影响了其政策执行。8 月,在与土耳其记者的会面中,亚美尼亚外长爱德华·纳尔班江(Edward Nalbandian)指出,只要将亚美尼亚—土耳其关系正常化与纳卡冲突相联系,和解将永远不能开始。③ 在国际社会的介入和努力下,10 月 10 日,纳尔班江和达武特奥卢在苏黎世签署了《关于两国结束长期敌对状态并实现双边关系正常化的协定》,该协定为两国建立外交关系和开放封闭多年的共同边界确定了时间表。两国外长指出:"双方已经取得切实的进步……为实现双边关系正常化而达成一系列框架协议。"④ 但是,由于两国议会并没有最终批准该协定,再加上阿塞拜疆的坚决反对和双方关于亚美尼亚大屠杀的分歧,土耳其与亚美尼亚的双边关系正常化尚需要相当长的时间。长期以来,土耳其与阿塞拜疆有着"两个国家,一个民族"的密切关系,土耳其与亚美尼亚的关系处理不当

---

① "Prime Minister Erdoğan puts Baku's Armenia concerns to rest", *Today's Zaman*, May 14, 2009, http://www.todayszaman.com/tz-web/detaylar.do?load=detay&link=175222.

② Alexander Iskandaryan, "Armenian-Turkish Rapprochement: Timing Matters", *Insight Turkey*, Vol. 11, No. 3, 2009, p. 38.

③ "Armenian FM Meets with Turkish Journalists", December 12, 2009, http://news.am/en/news/10947.html. 转引自 Sergey Minasyan, Prospects for Normalization between Armenia and Turkey: A View from Yerevan, *Insight Turkey*, Vol. 12, No. 2, 2010, p. 27。

④ C. Recknagel, "Turkey, Armenia Announce Framework for Normalizing Ties", http://www.rferl.org/content/Turkey_Says_Agrees_Framework_For_Ties_With_Armenia/1614312.html. M. B. Sheridan, "Turkey and Armenia in Broad Accord", *Washington Post*, 23 April 2009, http://www.washingtonpost.com/wp-dyn/content/article/2009/04/22/AR2009042203888.html.

显然会影响双边关系的走向。

　　二是外高加索诸国的内部矛盾影响了"高加索稳定与协作平台"的推行。外高加索三国基于不同的立场对土耳其提出的"高加索稳定与协作平台"态度不一。阿塞拜疆对"高加索稳定与协作平台"的支持取决于土耳其与亚美尼亚关系正常化的前提是纳卡冲突的解决。2008年俄格战争后，亚美尼亚外长纳尔班江指出，"在我们地区，协作和安全是我们永久讨论的主题，因此我们只欢迎那些旨在促进协作、互信和安全的设想——即使仍然存在需要澄清的某些方面，应该从该平台的方式和机制开始。"① 但是土耳其与亚美尼亚和解的重重障碍使得这种支持也大打折扣，而且亚美尼亚作为俄罗斯在外高加索地区的最重要盟友，其对"高加索稳定与协作平台"的支持在很大程度上也取决于俄罗斯的态度和立场。因为俄格战争的爆发，格鲁吉亚认为除非俄罗斯完全从格鲁吉亚撤军，否则不可能与俄罗斯坐在同一个桌子上谈判，所以其最初反对土耳其倡导的"高加索稳定与协作平台"；随着国际形势的变化，格鲁吉亚宣称部分接受"高加索稳定与协作平台"。由于这些国家在解决地区冲突方面尚未达成共识，所以"高加索稳定与协作平台"的推行仍然面临重重障碍。

　　三是土耳其对地区局势的应对不力也影响了外高加索政策的实施。当格鲁吉亚与俄罗斯交火时，土耳其发现其面临如下压力：第一，土耳其政府遭遇格鲁吉亚裔和北高加索裔土耳其公民的游说，双方都希望土耳其支持它们的事业，这使得土耳其进退维谷。第二，土耳其深受其重要的战略盟友格鲁吉亚和重要的经济贸易伙伴俄罗斯的双重挤压，格鲁吉亚基于政治、战略、心理和历史原因希望得到土耳其的支持，而俄罗斯近年来成为土耳其重要的贸易和政治伙伴。格鲁吉亚的亲西方立场使土耳其谋求与俄罗斯和格鲁吉亚同时发展友好关系变得困难。尽管埃尔多安总理在俄格战争后先后访问莫斯科和第比利斯以图调停地区紧张局势，但实际上这些努力毫无效果，仅仅表明了一种友善的姿态。第三，土耳其遭受其新贸易伙伴——俄罗斯、长期盟友——美国和北约组织的双重挤压。近年来，土耳其在俄罗斯与欧美的能源博弈中向俄罗斯一方

---

① Edward Nalbandian, "Armenia in the World", Interview, *Politique Internationale*, March 4, 2009.

倾斜，在俄格冲突中，土耳其偏离欧美及其支持的格鲁吉亚即为明证，这引起欧盟和美国的不满。2014年爆发的乌克兰危机引发了美国和俄罗斯出现冷战后最严重的对峙，进而激发了外高加索地区冲突的升级，2014年7月以来，阿塞拜疆与亚美尼亚在纳卡地区发生交火事件，这是两国自1994年签署停火协议后最严重的冲突。尽管土耳其呼吁乌克兰危机应该在国际法框架下通过对话予以妥善解决，但其与俄罗斯在能源外交方面的趋近使得外高加索国家对其管道政治产生了质疑。2014年3月，安卡拉在俄罗斯吞并克里米亚后表现出在外高加索地区事务应对上的被动，土耳其的外交人员被迫停止对该行为的批评，以避免与最大的经济伙伴俄罗斯发生直接冲突。[①] 格鲁吉亚危机、乌克兰危机再次表明外高加索地区的动荡将有可能引发新的冲突，土耳其面对地区冲突的摇摆不定使其外高加索政策不能不受影响。

三 全球外交：从积极外交到强化枢轴国家过渡

土耳其的全球外交主要指的是土耳其与世界大国的关系，包括土耳其与美国、俄罗斯、中国的关系。正义与发展党执政期间，土耳其与其传统盟友美国的关系遭受多重考验，在合作与冲突中继续发展；土耳其与俄罗斯基于能源和战略利益考虑而呈现能源外交视域下多元发展的新局面；土耳其作为新兴经济体，积极参与中国"一带一路"建设；土耳其作为地区大国，也积极在诸多国际组织中发声，体现了全新的外交发展思路。

1. 土耳其与美国：在冲突与合作中踯躅前行。土耳其是美国在中东的传统盟友，是冷战时期美国在中东地区抵抗共产主义的前沿阵地。冷战结束后，土美从以安全为主的合作关系过渡到相互借重的新型战略合作关系。"9·11"事件改变了美国的全球战略，阿富汗战争中，土耳其是美国的亲密战友和重要伙伴，不仅参加以美国为首的反恐联盟，而且派兵参加了阿富汗战后重建。正义与发展党上台后，土耳其与美国围绕伊拉克战争、库尔德问题、巴以问题、叙利亚危机和伊斯兰国等问题产生了分歧，土耳其国内政治变革影响了土美关系发展，双方分歧和盟友关系裂痕不断扩大，土美关系呈现阶段性特征。

（1）中东变局之前的谨慎冲突和关系修复。在中东变局之前，土美

[①] Bayram Balci, "The Russian Intervention in Crimea: Erdogan's Dilemma", *Eurasian Outlook*, March 14, 2014, http://carnegieendowment.org/2014/03/14/russian-intervention-in-crimea-erdogan-s-dilemma/h3u8?reloadFlag=1.

关系尽管偶有冲突发生，但双方在经贸、军售、反恐、能源等领域展开全面合作，双边关系不断深化。美国众议院外交事务委员会曾评价美土关系为"模范的合作伙伴关系""双方在阿富汗、伊拉克、伊朗、巴尔干、黑海、高加索及中东地区的安全合作对两国都至关重要"。① 一是土美两国基于伊拉克战争的分歧及关系修复。2003 年 3 月 1 日，土耳其议会通过决议拒绝美国军队借助土耳其领土开辟北方战场，导致两国关系紧张；3 月 20 日，正义与发展党政府向议会提出新法案，以缓和与美国的关系。7 月 4 日，美国 173 陆战队在伊拉克北部的苏莱曼尼亚搜查土库曼阵线的营房，逮捕土耳其士兵并给其戴上头套，随后将其转往巴格达，60 小时后予以释放。土耳其媒体认为，这是美国对 3 月 1 日决议的报复，对土耳其民族尊严的践踏，所以土耳其反美主义情绪增强，许多人认为，美国是土耳其最大的威胁。② 10 月，土耳其大国民议会以 358 票赞成、183 票反对通过了向伊拉克派遣 10000 名士兵以支持美国军事行动的决定。③ 2004 年 1 月，埃尔多安总理率领外交部、国防部、内务部、经济部等政府部长和数量庞大的企业家和记者访美，双方讨论了反恐和中东问题，特别是伊拉克、阿富汗、叙利亚、伊朗和中东和平进程等问题，还讨论了塞浦路斯、高加索地区问题以及双边经贸关系，此次访问在很大程度上提升了土美关系。2006 年 7 月 5 日，美国国务卿赖斯和土耳其外长居尔签署了《共同愿景与结构对话》（Shared Vision and Structured Dialogue）文件，表明两国承诺在诸多问题领域的合作，包括通过民主推动中东地区的和平与稳定；支持阿以冲突解决的国际努力，实现统一的伊拉克的稳定、民主与繁荣；支持塞浦路斯问题的公正、持久、全面和相互承认的解决；通过运输通道和能源来源多元化加强能源安全；打击恐怖主义，包括打击库尔德工人党及其下属组织的行动；支持土耳其加入欧盟。随后土美两国建立国防高层小组（HDG）、经济合作伙伴关系委员会（ECPC）、贸易与投资框架协定（TIFA）。④ 二是土耳其与美国关于打击库尔德工人党的分歧与合作。土美两国在库尔德问题上一直有所芥蒂，

---

① 李云鹏：《浅析土耳其与美国关系的新变化》，《和平与发展》2019 年第 1 期。
② Gül Tuba Dagcı, "Turkey – US Relations in Justice and Development Party's Era", *Alternatives: Turkish Journal of International Relations*, Vol. 11, No. 2, Summer 2012, p. 4.
③ M. Hakan Yavuz, *Secularism and Muslim Democracy in Turkey*, p. 236.
④ 参见朱传忠《土耳其正义与发展党研究》，第 346—347 页。

尤其是伊拉克战争后美国对伊拉克库尔德地方政府的扶植和认可未能有效遏制藏匿于伊拉克北部的库尔德工人党对土耳其的威胁而导致土美关系紧张。2007年3—4月，土耳其陆军司令巴什布（İlker Başbuğ）将军和总参谋长比于克阿纳特将军（Yaşar Büyükanıt）建议土耳其采取单边军事行动打击伊拉克北部的库尔德工人党，遭到埃尔多安总理和美国政府的反对。后经磋商，10月17日，土耳其议会通过允许在伊拉克北部采取军事行动的决议。11月5日，埃尔多安总理访问美国，布什总统宣告库尔德工人党是美国、土耳其和伊拉克共同的敌人，两国在打击库尔德工人党武装问题上达成一致，美国承诺为土耳其开放伊拉克领空和提供情报。2008年1月，居尔总统访美，两国领导人就联合反恐、伊拉克等问题取得共识，这表明两国关系逐渐恢复，但在其他领域仍然冲突不断。三是土耳其与美国关于其他问题的分歧。土美两国在亚美尼亚大屠杀、阿富汗战后重建、伊拉克战后重建、伊朗核问题、俄格冲突等问题上也存在冲突，影响双边关系的发展和土耳其外交政策的选择。2007年10月，美国众议院外交事务委员会表决通过关于亚美尼亚"种族屠杀"的议案，导致土美关系紧张[1]。在11月埃尔多安总理访美期间，布什总统重申土耳其是美国的战略伙伴，关于"种族屠杀"的议案没有提交众议院表决，土美关系好转。[2] 2008年，由于土耳其在俄格战争期间限制美国舰艇通过黑海海峡以避免与俄罗斯的直接冲突，安卡拉与华盛顿之间关于地区事务的分歧再次公开化。所以说，在多种问题的掣肘下，土耳其与周边国家的问题的存在及其走向影响了土美关系的发展。四是土美关系模式的变化。前文已述，2006年的《共同愿景与结构对话》文件提及土耳其与美国之间的"战略伙伴关系"，认为要制定使这种战略伙伴关系更加有效的结构化框架。奥巴马政府时期，土美关系实现从战略伙伴关系到模范的伙伴关系的过渡，这就说明两国从以军事和情报为基础合作反对共同威胁的战略伙伴关系向关注世界整体利益的互信关系的转变。2009年4月，奥巴马总统访问土耳其，在公开演讲中强调土耳其对美国以及整个世界的重要性，将土美关系定义为"模范的伙伴关系"，认为建立模范的伙伴关系有助于解决地区和全球冲突，显然这有助于塑造一种

---

[1] 李玉东：《土美关系面临转折》，《光明日报》2007年10月13日。
[2] 李玉东：《土美关系跨过困难期》，《光明日报》2008年1月13日。

相互信任、相互尊重、没有文化冲突的伙伴关系。此后双边高层互访频繁：2009年6月和2010年11月，外交部部长达武特奥卢访问华盛顿；2009年3月和2011年7月，美国国务卿希拉里访问土耳其；2011年12月，美国副总统拜登访问土耳其……这是中东变局初期土美两国相互支持的重要基础。

（2）中东变局之后的有限合作与关系反复。中东变局带来中东政治秩序的转型与重塑，给西方大国干预中东局势带来新契机，带来土耳其地缘政治环境的改变。美俄等国在中东的博弈加剧了中东国家的分化、重组，土耳其与美国利益的不断碰撞带来双边关系的变化。中东变局促使土耳其改变"零问题外交"政策，开始以"负责任"的地区大国身份介入地区事务，并向处于转型中的中东国家提供政治变革的模板——土耳其新模式。埃尔多安不仅敦促穆巴拉克、卡扎菲下台，而且一改修好的土叙关系而支持叙利亚反对派。奥巴马政府改变小布什时期的中东干预战略，避免直接卷入这场中东政治动荡中，所以埃尔多安与奥巴马政府之间的利益保持一致，推动威权领导人下台后的埃及、利比亚、突尼斯、也门等国的政治重塑，且都为叙利亚反对派提供大批军事和经济援助以加速叙利亚的政权更迭。奥巴马总统上台之初曾将埃尔多安视为能够建立"友谊和信任纽带"的五位领导人之一，然而当他即将卸任总统时，认为埃尔多安是"一个失败者和独裁主义者"。① 埃尔多安也对奥巴马总统任期内安卡拉与华盛顿的关系感到失望，特别是对美国支持叙利亚库尔德武装深表不满。

土美两国在叙利亚库尔德问题上存在合作与冲突。2014年11月，叙利亚库尔德人在与"伊斯兰国"作战中异军突起，当"伊斯兰国"猛攻库尔德人位于叙利亚北部的军事重镇科巴尼之时，美国及其西方盟国给予库尔德人大量的军事、经济、医疗援助，叙利亚库尔德人逐步成为西方在该地区的一支值得依靠的力量。美军从初期的空中支援到后来直接派出特种部队参战，并帮助训练库尔德"人民保卫部队"，由于土耳其担心叙利亚库尔德武装力量坐大，导致土耳其对美国的不满。2015年以来，土耳其国内的安全形势日趋恶化，极端分子与库尔德武装在多地频频发

---

① Jeffrey Goldberg, "The Obama Doctrine", *The Atlantic*, April 2016, https://www.theatlantic.com/magazine/archive/2016/04/the-obama-doctrine/471525/. 转引自 Murat ÜlgüL, "Erdoğan's Personal Diplomacy and Turkish Foreign Policy", *Insight Turkey*, Vol. 21, No. 4, 2019, p. 175.

动恐怖袭击，这逼迫土耳其调整前期全力"倒巴"的冒进政策；9月，俄罗斯强势军事介入叙利亚内战，并在战场上帮助巴沙尔政权逐步占据主动、收复失地；11月，土耳其击落俄罗斯战机导致俄土关系跌入冰点，土耳其对于美国及北约的安全依赖有所提高，土美关系短暂回温，两国的战机在土叙边境地区展开联合巡逻。在全球反恐的战略下，土耳其加入美国创立的打击"伊斯兰国"的反恐联盟，美国在土耳其与"伊斯兰国"串通的指控问题上对其予以支持。美国国务院发言人托纳2015年12月2日称："土耳其政府没有与伊斯兰国串通，从伊斯兰国组织购买非法石油。""我们无论如何不相信这是真的，不管任何情况下都不相信。"① 此时奥巴马政府希望土耳其在地区问题上配合美国，包括伊朗核问题以及改善土耳其与以色列关系等问题。2016年9月，土耳其在叙利亚北部发动代号为"幼发拉底盾牌"的军事行动，旨在打击库尔德武装与"伊斯兰国"，美国曾提供空中支援，并派出特种部队协同土耳其军队作战。埃尔多安因为不满希拉里·克林顿关于武装叙利亚库尔德人的言论，所以倾向于唐纳德·特朗普当选，埃尔多安还试图通过与新总统建立个人关系，使土美关系拥有新开端。2017年，埃尔多安总统对说服美国放弃支持叙利亚的库尔德武装抱有很高的期望，提前至5月份访美，但两国并未能在库尔德、叙利亚等问题上达成一致。2018年1月，土耳其在叙利亚北部发动"橄榄枝行动"，土美两军形成实质性的对峙。3—10月，土耳其军队在曼比季与美军及库尔德武装一度形成对峙，军事冲突一触即发。自11月起，两国军队恢复在曼比季地区中断一年多的联合巡逻。美国在叙利亚库尔德武装控制区建立政权的尝试是土耳其不可接受的，土耳其称此举引发的不是土美间的分歧，而是对抗，这是土耳其多次在叙北部用兵并且在历次阿斯塔纳会谈上一直强调"保持叙利亚国家完整"的重要原因。2018年年末，特朗普政府宣布从叙利亚北部撤军，土耳其以维护叙利亚完整为名计划入侵叙利亚。12月19日，美国宣布从叙利亚北部撤军，并考虑引渡法图拉·葛兰。2019年，随着叙利亚局势的变化，特朗普从叙利亚撤出军队。10月6日，美国发表声明称土耳其马上开始其策划已久的入侵叙利亚北部的计划，美国军队不支持也不会反对

---

① 《俄公布土耳其与IS串通证据美国：我们就是不信》，http：//news.xinhuanet.com/mil/2015-12/03/c_128496276.htm。

这次行动。10月9日，埃尔多安总统宣布向叙利亚北部发动代号为"和平之泉"的军事行动，以在叙利亚北部建立一个"安全区"，显然得到了美国的支持。10月14日，特朗普调整立场，宣布对土耳其政府以及3名高官实施制裁，土美关系再次陷入紧张。11月13日，埃尔多安总统访问美国，与特朗普总统举行会晤，双方讨论了叙利亚冲突、土耳其从俄罗斯购买S-400防空导弹系统、打击"伊斯兰国"组织和双边贸易等问题。

土美两国关系在2016年土耳其未遂政变后陷入低潮。未遂军事政变及其衍生事件直接冲击了土美关系。未遂政变发生后，土耳其指责美军在幕后参与策划了政变，甚至指挥了部分行动。埃尔多安指责美国暗中支持未遂政变的幕后主使法图拉·葛兰，宣称美军中央总部司令约瑟夫·沃特尔和政变分子站在一起。① 耶尔德勒姆总理宣称在背后支持葛兰的任何国家都不是我们的朋友。有学者指出，"很明显，美土关系在政变后出现信任危机，如果美国拒绝引渡葛兰，可能会导致双边关系出现'结构碎片'。"② 2017年12月，伊斯坦布尔地方法院发起对美国前国家情报委员会副主席、中情局前官员格雷厄姆·福勒的指控，称其参与未遂政变。土耳其逮捕美国牧师布伦森、美驻土使馆雇员以及试图逮捕一小队美军士兵等事件都引发了土美间多轮外交纠纷。未遂政变后，土耳其对军队、警察、司法、教育、传媒等领域公职人员的"大清洗"和无限制延长紧急状态也引起了美国的批评。11月，特朗普宣布将美驻以色列大使馆迁至耶路撒冷，遭到土耳其的强烈质疑。2018年5月，当特朗普单方面宣布退出"伊核协定"后，土耳其表示强烈反对。7月的"美国牧师布伦森被捕案"成为双方博弈的焦点。美国对土耳其施加前所未有的压力，对其司法部部长、内政部部长进行制裁，并对其钢铝制品加征关税。但埃尔多安对美国进行对等制裁，宣布对部分美国商品加征关税，引发土耳其货币里拉汇率暴跌，造成里拉危机而使经济遭受重创，国内的反美情绪迅速高涨。土美关系虽然跌入谷底，但并未破裂，并在10月开始缓和。土耳其释放美国牧师布伦森成为转折点，土美随即取消相应制裁。土美关系当前的最大症结是短期的区域性、结构性利益分歧而非是历史性、战略性矛盾。③ 2020年10月，土耳其无视北约和美国的

---

① 李云鹏：《浅析土耳其与美国关系的新变化》。
② 胡向春：《土耳其政变前后的美土军事关系》，《现代军事》2016年第9期。
③ 李云鹏：《浅析土耳其与美国关系的新变化》。

警告，在黑海海岸测试S-400防空导弹系统，进一步激怒了美国。12月，美国宣布制裁土耳其，土美盟友关系更趋复杂化。

（3）影响土美关系发展的诸因素。多种因素的相互交错，导致土美关系龃龉不断。一是库尔德问题是影响土美关系的重要因素。伊拉克战争后，美国加强了对库尔德问题的干预。为了拉拢伊拉克库尔德人对美军的支持，美国不惜牺牲土耳其利益，反对正义与发展党政府对库尔德工人党采取军事行动。而土耳其一直担心库尔德分离主义威胁国家安全和领土完整，不仅将打击库尔德工人党作为维护安全利益的首要任务，还认为伊拉克库尔德力量的兴起和库尔德工人党在伊拉克北部军事行动的升级不无关系。土耳其在库尔德问题上立场坚定，曾数次出兵越境打击伊拉克北部的库尔德武装组织，导致美国的极大不满，斥责土耳其行为加剧了伊拉克的复杂形势。事实上，美国在库尔德问题上的态度已成为土美军事关系的晴雨表。同样，美国对叙利亚库尔德人的支持程度和政策变迁也成为土美关系发展的重要参照物。美国在打击"伊斯兰国"极端组织方面与土耳其能够形成共识，但对待叙利亚库尔德武装的不同态度影响了土美关系的发展。

二是土美两国在众多问题上的共同利益促使双方关系遭到挑战，但仍然维持相对稳定。中东变局改变了中东地区安全和政治结构，严重挑战了美国的地区安全框架；叙利亚危机、伊拉克局势、伊朗核计划、巴以和平进程也给土美关系带来了挑战。土美两国在地区稳定、反恐战争、维持开放的全球经济、能源安全、加强里海和中亚国家的稳定和主权、保持与欧盟的多产关系上有共同利益，所以尽管遭到诸多挑战，"对美土两国而言，联盟关系仍然有继续存在的价值，但其主旋律已改变为'分歧与合作并存'，表现出'服从与博弈并举'的新常态"[①]。从美国方面看，特朗普政府对土耳其的不信任感愈发强烈，表现出对土耳其的矛盾性与摇摆性认知，土耳其在其中东政策中的分量逐步下降。拜登政府内部存在对土耳其采取"强硬立场"和"寻求合作"的两种不同声音，这使得美国对土政策摇摆多变。就土耳其而言，外交转型之路仍将继续，必将对美国产生出愈发强烈的"离心"倾向，具体表现为土美之间结构性矛盾的阶段性暴发与两国关系的周期性震荡很有可能将长期存在。

---

① 胡向春：《土耳其政变前后的美土军事关系》。

三是土美之间相互认知的变化影响土美关系发展。"9·11"事件后，美国认为土耳其是全球反恐战争的天然盟友，后者会支持美国在中东地区的军事行动。因为作为中东地区民主化程度最高的伊斯兰国家，土耳其是中东国家的样板和大中东民主秩序的有力支持者，凭借地缘战略地位而凸显地区大国地位。而土耳其尽管奉行平衡东西方的外交，但也不敢轻易放弃传统盟友。中东变局发生后，土耳其与俄罗斯关系的密切、对中东地区影响力的扩大，其多边外交政策议程改变了美国对土耳其在世界政治格局中的地区和全球角色认知，影响了土美关系的变迁。全球、地区、本土政治和外交政策维度相互交织使土耳其从战略伙伴关系向模范的伙伴关系转变；土美两国在多个地区和问题上存在共同利益，这也导致其关系尽管有反复，但盟友关系并没有真正改变。

2. 土耳其与俄罗斯：能源外交视域下的动荡多变。土耳其与俄罗斯关系发展迅速，但能源外交战略导致问题频现。土耳其与俄罗斯的外交关系发展既有地缘政治利益的因素，也在很大程度上基于能源需要的现实考虑，呈现出能源外交视域下土俄关系发展的新局面。

（1）土俄关系基于能源关系的发展。苏联解体和两极格局结束后，土耳其与俄罗斯在不断消解历史龃龉与巧妙排除美国干扰的情况下初步形成相互尊重、相互信任、平等互利、长期稳定、共同发展的新型合作伙伴关系[1]，有学者称其为"多维伙伴"（multidimensional partnership）关系[2]。土俄关系的历史性突破与双边能源外交密不可分，土耳其能源和自然资源部部长曾宣称："俄土双方能源合作不仅事关俄土两国，而且涉及整个区域。我国确实在能源领域具有对俄罗斯的依赖性，但这是互利的，符合两国的民族利益。"[3] 2004年12月，普京总理访问土耳其，与塞泽尔

---

[1] 张来仪：《21世纪以来的俄罗斯与土耳其关系》，《西亚非洲》2008年第8期。

[2] 参见 Duygu Bazoğlu Sezer, "Turkish-Russian Relations: The Challenges of Reconciling Geopolitical Competition with Economic Partnership", *Turkish Studies*, Vol. 1, No. 1, 2000, pp. 59-82. Şener Aktürk, "Turkish-Russian Relations after the Cold War (1992-2002)", *Turkish Studies*, Vol. 7, No. 3, 2006, pp. 337-364; Emre Erşen, "Turkish-Russian Relations in the New Century," in Özden Zeynep Oktav ed., *Turkey in the 21st Century: Quest for a New Foreign Policy* Burlington: Ashgate, 2011, pp. 95-114; Ziya Öniş and Şuhnaz Yılmaz, "Turkey and Russia in a Shifting Global Order: Cooperation, Conflict and Asymmetric Interdependence in a Turbulent Region", *Third World Quarterly*, Vol. 37, No. 1, 2016, pp. 71-95.

[3] 转引自张来仪《21世纪以来的俄罗斯与土耳其关系》，第39页。

总统签署强化双边协作的联合声明,强调土俄关系是"多边合作伙伴关系"。① 此后两国领导人频繁而富有成效的对话促使双边关系逐渐提升为复合型、全方位的战略伙伴关系②,能源管道建设进一步强化了两国关系。土耳其积极参与俄罗斯主导的、绕过乌克兰经过黑海的"蓝流"天然气管道项目,这是通向意大利等南欧国家天然气市场的生命线,该项目将扩大土俄两国在石油和天然气领域的合作,使土耳其掌握俄罗斯能源输往南欧国家的主动权。2005 年 11 月 17 日,埃尔多安、普京和贝鲁斯科尼总理一起参加庆祝"蓝流"③ 天然气管道项目开幕式,普京指出:"怀疑者不称其为'蓝流'而是'蓝梦'……来自俄罗斯、土耳其、意大利和其他国家的能源和治理资本的汇聚证明其是成功的。"④ 土耳其还积极加入俄罗斯倡导的"南流"天然气管道项目,该项目旨在使中亚天然气向北穿过俄罗斯南部平原地区,连同俄罗斯天然气一起输往欧洲,使土耳其成为能源枢纽和欧洲与里海盆地贸易往来的主要参与者。⑤ 管道项目使土耳其成为东西方之间的能源桥梁,并赋予其在欧洲能源空间的新角色和增强欧洲的能源安全。到 2008 年,土耳其从俄罗斯进口的能源占能源消费总量的近 50%,其中 34%的煤、33%的石油、62%的天然气从俄罗斯进口。⑥ 2009 年以来,土俄在能源领域的合作再次升级,两国协商在土耳其建设天然气库站和天然气分售网络,在经过土耳其的国际能源管

---

① Tuncay Babalı, "Turkey, Present and Past: Turkey at the Energy Crossroads", *Middle East Quarterly*, Spring 2009, p.25.

② Şener Aktürk, "Toward a Turkish-Russian Axis? Conflicts in Georgia, Syria, and Ukraine, and Cooperation over Nuclear Energy", *Insight Turkey*, Vol.16, No.4, 2014, p.22.

③ "蓝流"天然气管道项目于 1997 年由俄罗斯天然气工业股份公司与意大利埃尼公司联合发起,拟议修建从俄罗斯高加索北部的伊扎比热内经黑海海底至土耳其首都安卡拉,总长度为 1213 千米的天然气管道,俄方计划在 2000—2025 年通过"蓝流"管道出口 3600 多亿立方米天然气。1999 年 2 月,俄罗斯天然气工业股份公司与意大利埃尼公司签署实施"蓝流"天然气管道项目的谅解备忘录;11 月 16 日,俄气和埃尼公司注册成立合资公司,负责管道建设项目的实施,如平摊投资费用,共同勘探、开发、运输、供应天然气。2005 年 11 月,在土耳其的萨姆松庆祝"蓝流"管道顺利竣工,目前该管道是俄罗斯与土耳其之间的重要能源管道。有关方面还计划通过修建支线,使这一项目延伸至以色列和意大利等国。

④ Volkanş Edıger and Duygu Durmaz, "Energy in Turkey and Russia's Roller-Coaster Relationship", *Insight Turkey*, Vol.19, No.1, 2017, p.141.

⑤ Gareth Winrow, "The Southern Gas Corridor and Turkey's Role as an Energy Transit State and Energy Hub", *Insight Turkey*, Vol.15, No.1, 2013.

⑥ Volkan Ş. Edıger and Itir Bağdadı, "Turkey-Russia Energy Relations: Same Old Story, New Actors", *Insight Turkey*, Vol.12, No.3, 2010, p.232.

线上为土耳其预留连接点。8月6日，埃尔多安总理与普京总理在安卡拉签署十多项有关天然气和石油的合作协议，允许俄罗斯"南流"管道穿越土耳其的黑海海域专属经济区。2010年，土俄两国就俄罗斯参与连接黑海和地中海东部、南北550千米长输油管道项目的可能性进行讨论，该输油管道将为俄罗斯和哈萨克斯坦的石油输送提供更短的中转距离。土俄两国还逐步推进针对"蓝流"项目的合作，以实现俄罗斯能源与欧洲南部市场的贯通。5月11日，梅德韦杰夫在两国建交90周年纪念日之际访问安卡拉，参加刚刚成立的土耳其—俄罗斯高级协作委员会（The Turkish-Russian High Level Cooperation Council，HLCC）第一次会议，双方签订关于建造阿库尤（Akkuyu）核电站和在萨姆松—杰伊汉石油管道项目方面加强合作的协议。2011年以来，由于中东变局的暴发和中东政治格局的重新洗牌，土耳其与俄罗斯因政治立场的不同而使双边关系呈现全新的发展阶段。

中东变局后的土俄关系主要围绕应对叙利亚危机而呈现阶段性特征。2011年以来的中东局势动荡导致叙利亚陷入内战状态，土耳其指控巴沙尔政权措施不力导致叙利亚危机升级，和西方国家一起支持叙利亚反对派，迫使巴沙尔政权下台；而俄罗斯则力图从中东地区中立的劝和调解者向把握事态发展方向的参与者和塑造者转变，积极支持巴沙尔政府和主导叙利亚危机的政治解决，两国对叙利亚危机的干预导致双方争端频繁发生。2012年6月22日，一架土耳其F-4幻影飞机在叙利亚边境被击落，尽管俄罗斯否认与击落战机事件有染，但土耳其怀疑其为此事件的背后支持者。10月，土耳其迫使一架从莫斯科飞往大马士革的航班降落安卡拉的埃森博阿（Esenboğa）机场，宣称飞机携带输往巴沙尔政权的军事装备，请求北约在土叙边境部署爱国者导弹，遭到俄罗斯批评。2015年10月3日，俄罗斯苏-30战机侵入土耳其领空，土耳其予以严重警告。次日，土耳其宣称一架俄制米格-29飞机雷达在边境锁定土耳其战机四分半钟，土耳其再次警告俄罗斯。11月24日，一架俄制苏-24战机被土耳其F-16战机击落，此举导致土俄关系触底。尽管埃尔多安总统宣称土耳其此举并不在于激发冲突，因为在击落战机后才发现其属于俄罗斯。达武特奥卢总理也对该事件表示遗憾。[①] 然而，普京总统宣称击落俄

---

① Emre Erşen, "Evaluating the Fighter Jet Crisis in Turkish-Russian Relations", *Insight Turkey*, Vol. 19, No. 4, 2017, p. 91.

罗斯战机是"被恐怖主义分子同谋从背后捅了一刀",该事件将对土俄关系产生严重后果。① 于是,俄罗斯公开指责土耳其通过购买石油而在经济上支持"伊斯兰国"组织,对"伊斯兰国"组织穿越土叙边境视而不见,并公布卫星图片和录像带以证实土耳其与"伊斯兰国"组织有染。俄罗斯要求土耳其补偿损失和公开道歉,土耳其以保护国家领空为名予以拒绝。随后,俄罗斯对土耳其实施严厉的经济制裁②,警告俄罗斯公民不要前往土耳其,并要求在土耳其的俄罗斯公民回国。11月26日,39名前往克拉斯诺达尔(Krasnodar)参加农业博览会的土耳其商人被拘留;12月3日,俄罗斯暂停与土耳其的"土耳其流"项目谈判。2016年1月29日,俄罗斯取消给予土耳其的10.25%天然气价格折扣。这一系列行动导致土俄关系陷入停滞,但双边能源交往仍然得以延续。

叙利亚危机爆发后,土俄两国签署一系列经济、贸易和核能源以及教育、科学、文化协定。2012年12月,土耳其能源和自然资源部与俄联邦的国家核电公司签署了关于阿库尤核电站项目的联合宣言。欧洲推行的纳布科项目在2013年由于参与国的退出而宣告流产,俄罗斯对于提升土耳其的能源枢纽地位显得更加重要。2013年11月22日,土俄两国领导人在圣彼得堡签署五个关于能源、习俗和信息的合作协议。2014年12月1日,俄罗斯总统普京在访问土耳其期间签署了关于在土耳其建设海上天然气管道,即"土耳其流"的谅解备忘录,以取代被欧盟冻结的"南流"项目,宣布加强同土耳其的能源合作,下调对土耳其的天然气出口价格,给予土耳其6%的天然气价格折扣,扩大"蓝流"项目建设规模。俄罗斯天然气工业股份公司(Gazprom)总经理阿列克谢·米勒(Alexei Miller)与土耳其博塔斯(BOTAŞ)公司签署建造年输气量为630亿立方米的新管道谅解备忘录,其中140亿立方米天然气将被土耳其购买。③ 土耳其成为

---

① "Meeting with Abdullah II of Jordan", Official Internet Resources of the President of Russia, November 24, 2015, http://kremlin.ru/events/president/news/50775. 转引自 Emre Erşen, "Evaluating the Fighter Jet Crisis in Turkish - Russian Relations", *Insight Turkey*, Vol. 19, No. 4, 2017, p. 91.

② 俄罗斯对土耳其的经济制裁涉及多个领域,包括禁止进口土耳其农产品、消费品和俄罗斯公司雇用土耳其公民;取消所有从俄罗斯到土耳其的包机,并要求俄罗斯旅游公司停止销售旅游套餐;停止2011年以来土俄两国实施的免签证政策。制裁于2016年1月1日生效,随后普京总统签署另一项命令扩大经济制裁的范围,甚至限制土耳其组织在俄罗斯的活动。

③ Volkanş Ediger and Duygu Durmaz, "Energy in Turkey and Russia's Roller-Coaster Relationship", pp. 147-148.

俄罗斯天然气的主要运输通道，有学者认为土俄两国走向新的战略轴心。① 由此土耳其成为俄罗斯更加信任的地缘政治盟友，土俄之间有了稳定的利益纽带，但也导致土耳其在能源供应上更为倚重俄罗斯。

2015年年底土耳其击落俄罗斯战机事件对土俄双边经济贸易影响很大。2016年前六个月，土俄贸易额缩水到80亿美元；同期前往土耳其的俄罗斯游客数量下降87%。② 俄罗斯投资的阿库尤核电站项目陷入停滞，"土耳其流"天然气管道项目也被暂停。2016年6月27日，埃尔多安致信普京总统对击落战机事件表示道歉，强调指出土耳其从未有意击落俄罗斯战机，准备采取一切措施来减轻该事件对俄罗斯造成的损害和痛苦。③ 7月15日，未遂军事政变造成正义与发展党政府的统治危机，埃尔多安强化政治统治的同时，积极修复与俄罗斯的关系。8月9日，埃尔多安总统访问圣彼得堡时宣称："这将是一个历史性的访问，一个新的开端。"普京总统宣称："尽管你面临国内政治形势艰难的境况，但今天的访问表明我们双方都希望重启对话和恢复关系。"④ 俄罗斯将逐步取消对土耳其的经济制裁，恢复经贸、能源和旅游领域的双边关系。⑤ 10月10日，土俄两国领导人在伊斯坦布尔召开的世界能源大会（The World Energy Congress）上会晤，签署建造"土耳其流"的双边政府协定，普京总统承诺向土耳其提供天然气价格折扣，加快阿库尤核电站项目的建设步伐，宣称两国"朝着实现土耳其总统倡议的建立能源枢纽的计划前进"。⑥ 次年7月，土俄两国签署了俄罗斯向土耳其提供S-400防空导弹

---

① 参见 Şener Aktürk, "Toward a Turkish-Russian Axis? Conflicts in Georgia, Syria, and Ukraine, and Cooperation over Nuclear Energy", *Insight Turkey*, Vol. 16, No. 4, 2014, pp. 13-22。
② 转引自 Emre Erşen, "Evaluating the Fighter Jet Crisis in Turkish-Russian Relations", p. 91。
③ "Erdoğan Apologizes to Putin over Death of Russian Pilot, Calls Russia 'Friend & Strategic Partner'", *Russia Today*, June 27, 2016, https://www.rt.com/news/348562-putin-erdogan-turkey-pilot/#__NO_LINK_PROXY. 最后访问日期：2019年3月2日。
④ "Putin, Erdogan Vow New Era Of Close Relations", August 9, 2016, https://www.rferl.org/a/putin-erdogan-talks-st-petersburg-russia-turkey/27910622.html. 最后访问日期：2018年2月27日。
⑤ "Erdoğan Praises 'Dear Friend' Vladimir Putin in Russian-Turkish Détente", The Telegraph, August 9, 2016, http://www.telegraph.co.uk/news/2016/08/09/putinand-Erdoğan-vow-to-turn-new-page-at-meeting-in-st-petersbu. 最后访问日期：2018年2月22日。
⑥ "Turkish Stream Gas Pipeline: Moscow & Ankara Sign Agreement in İstanbul", Russia Today, October 10, 2016, https://www.rt.com/business/362279-gazprom-turkish-stream-pipeline. 最后访问日期：2018年2月21日。

的合同，引起北约的不满。

土俄介入叙利亚危机也在一定程度上影响了两国能源关系的发展。2016 年 12 月 19 日，俄罗斯驻土耳其大使安德烈·卡尔罗夫（Andrey Karlov）被枪击身亡，暗杀发生在俄罗斯、土耳其和伊朗的外交部长、国防部长计划在莫斯科会晤讨论和平解决叙利亚危机的前一天，显然，暗杀者旨在破坏两国在击落战机事件后的和解努力和在解决叙利亚问题上的合作。普京总统称该行为旨在破坏俄罗斯—土耳其关系正常化，扰乱由俄罗斯、土耳其和伊朗推动的叙利亚和平进程的挑衅行为。[1] 次日，土耳其、俄罗斯和伊朗的外交部长、国防部长如期在莫斯科会面，三国一致同意《莫斯科宣言》（The Moscow Declaration）——俄罗斯专家提出的解决叙利亚危机的路线图。土耳其与俄罗斯、伊朗在叙利亚问题上的合作在短期内产生了明显效果，这种合作使得土耳其能够实现"幼发拉底河盾牌行动"的两个主要目标：阻止叙利亚库尔德人的统一和将"伊斯兰国"武装力量驱逐出叙利亚北部。2017 年 3 月，土耳其攻占"伊斯兰国"的堡垒 al-Bab，这也得益于俄罗斯战机的支持。4 月，土耳其与俄罗斯举行联合海军演习，有传言称俄罗斯意在梅尔辛（Mersin）建立海军基地。[2] 5 月，土耳其、俄罗斯与伊朗三国同意在叙利亚设立四个降级区，叙利亚政府军和武装反对派将停火六个月以促进达成人道主义援助的目标，使流离失所的平民回归和恢复破坏的基础设施。[3] 9 月 12 日，土耳其宣布已签署购买俄罗斯 S-400 防空导弹系统的协定，该协定进一步巩固了土俄关系，但导致土耳其与美国、欧盟关系的紧张，因为这意味着美国和北约阻止俄罗斯扩大地区影响的企图破产。[4] 11 月 22 日，俄罗斯总

---

[1] "Russian Ambassador to Turkey Shot Dead by Police Officer in Ankara Gallery", The Guardian, December 20, 2016, https：//www.theguardian.com/world/2016/dec/19/russian-ambassador-to-turkey-wounded-in-ankara-shooting-attack. 最后访问日期：2018 年 2 月 25 日。

[2] Michael Rubin, "Turkey's Turn toward Russia", April 25, 2017, https：//www.nationalreview.com/2017/04/turkey-russia-recep-tayyip-erdogan-foreign-policy-nato-west/. 最后访问日期：2018 年 2 月 25 日。

[3] "Russia, Iran, Turkey Set Up Syria De-escalation Zones for at Least Six Months：Memorandum", Reuters, May 6, 2017, http：//www.reuters.com/article/us-mideastcrisis-syria-memorandum-idUSKBN1820C0. 最后访问日期：2018 年 2 月 27 日。

[4] "Turkey Signs Russian Missile Deal, Pivoting From NATO", The New York Times (Europe), 28 September 2017, https：//sofrep.com/89720/turkey-signs-russian-missile-deal-pivoting-nato/, 最后访问日期：2018 年 2 月 20 日。

统普京、土耳其总统埃尔多安和伊朗总统鲁哈尼在索契举行会谈，围绕叙利亚问题的进展、出路等一系列问题交换意见，并签署联合声明，强调实现叙利亚问题政治解决需要在建立包容、自由、平等、透明、叙人主导的政治进程以及举行自由、公正选举的条件下进行，土俄伊三国将对此予以协助。叙利亚当局认为，这是对一切尊重叙利亚主权、独立和领土完整，一切为叙利亚停止流血冲突做出贡献的政治努力的支持。[①] 2018 年 1 月 20 日，土耳其对叙利亚北部阿夫林地区发起代号为"橄榄枝"的军事行动，以叙境内库尔德武装"人民保护部队"为打击目标。经过一个多月的军事行动，土耳其宣称控制了阿夫林及其周边的大片区域。1 月 30 日，俄罗斯主导的叙利亚全国对话大会在俄罗斯索契召开，确立政治解决叙利亚问题的 12 项原则，包括修改宪法、举行民主选举、由叙利亚人民决定国家未来的政权形式等，这在某种程度上打破了叙利亚问题的僵局。然而，土耳其入侵阿夫林地区的"橄榄枝"行动和美国从叙利亚撤军使叙利亚再次陷入动荡，给叙利亚和平重建蒙上了阴影，也给土俄关系的发展带来一定影响。

（2）能源外交视域下土俄关系的基本特征。后冷战时代的土耳其与俄罗斯立足国内国际环境进行地缘政治经济合作，促使两国保持积极竞争的良性交往姿态，形成较为密切的战略伙伴关系。然而中东变局以来，土俄两国始终被彼此信任和利益协调问题所困扰，双边关系呈现冲突与合作交织、恶化与和解交错局面。俄罗斯的地缘政治和能源资源优势、东西方管道政治的多维博弈和地区性危机的复杂多变等都影响土俄关系走向，从而使土俄关系呈现不同态势。

一是土耳其与俄罗斯在地缘政治和能源资源领域的竞争使土俄关系复杂多变，土俄两国对地区协作机制的参与导致双边关系呈现合作与冲突交错的态势。土耳其作为一个新兴经济体旨在成为欧亚交汇点的金融、贸易、制造和出口中心。为实现这一目标和满足入盟标准，土耳其大力加快基础建设，并制定以能源、交通和电信为发展重点的政策。随着经济的快速发展，土耳其对石油、天然气和核电等能源的需求与日俱增，保障充足的能源供应是土耳其外交工作的重点。俄罗斯是世界能源大国，

---

① 本报驻俄罗斯记者张晓东、本报驻埃及记者韩晓明：《叙利亚和平进程出现"窗口期"》，《人民日报》2017 年 11 月 24 日第 21 版。

拥有丰富的核燃料和先进的核技术，里海海底和高加索地区也蕴藏着丰富的石油和天然气。由于俄罗斯控制了里海石油、天然气的运输管道，垄断了里海国家的石油、天然气运输市场，土耳其与里海国家的能源关系也受制于俄罗斯。外高加索地区的格鲁吉亚、亚美尼亚和阿塞拜疆也与俄罗斯关系密切。后冷战时代，俄罗斯通过签署《俄罗斯—亚美尼亚联合防空安全协议》（Russian-Armeniansecurity Deal for a United Regional Air Defense System）以巩固在亚美尼亚的军事存在，亚美尼亚和阿塞拜疆关于纳卡问题的冲突也保证了俄罗斯作为该地区主要权力掮客的地位，2008年的俄格战争凸显俄罗斯的地缘政治优势，2020年纳卡冲突达成停火协议后，俄罗斯和土耳其的维和部队进入纳卡地区，双方形成一种制衡关系。所以，土俄关系不仅包括土耳其与俄罗斯两国，还关涉黑海、里海和中亚、高加索等地区国家；黑海、里海地区的政治动荡对土俄关系产生负面影响，也可能导致一方或双方改变合作状态。

正义与发展党自2002年上台以来，积极寻求战略纵深和参与中东、中亚和外高加索地区的地区政治体系，这与俄罗斯的地缘政治利益发生碰撞。早在1992年5月26日，土耳其牵头成立旨在实现地区经济一体化的黑海经济合作组织，吸纳黑海、里海、中亚及高加索国家加入，并积极支持北约东扩，遭到俄罗斯的强烈反对。正义与发展党政府追求基于奥斯曼历史传统、积极进取和平衡多样化的新外交政策，试图重现奥斯曼帝国的辉煌，再现穆斯林、突厥世界领袖地位和实现欧亚大陆中心强国的未来。[①] 因而土耳其在中亚、高加索地区削弱俄罗斯的影响，积极吸引阿塞拜疆融入北约，阿塞拜疆明确表示愿意同土耳其进行合作，同意在其境内建立北约军事基地，以保证里海石油运输的安全。2008年8月11日，俄罗斯、格鲁吉亚关于南奥塞梯问题发生武装冲突，土耳其宣布创建"高加索稳定与协作平台"，实行"3+2"的地区协作模式，以结束地区紧张局势，强化地区和平、稳定与安全，保障从里海到欧洲的能源输送管道的安全。尽管俄罗斯对此表示支持，但我们必须明白俄罗斯对土耳其政策的支持在很大程度上是为了修复俄格战争后的地区形象和保持在该地区的大国地位，试图通过与土耳其联手将欧盟和美国排斥出地

---

① 参见 Alexander Murinson, "The Strategic Depth Doctrine of TurkishForeign Policy", *Middle Eastern Studies*, Vol. 42, No. 6, November 2006, pp. 946–947。

区协作,而且俄罗斯是否真正支持外高加索三国的地区协作也值得怀疑。"高加索稳定与协作平台"在一定程度上提升了土耳其的地区领导人地位,这是俄罗斯不愿意看到的。俄罗斯意识到土耳其旨在成为里海、黑海地区的区域大国,从长远来看其不会像该地区其他的苏联加盟共和国,诸如亚美尼亚、吉尔吉斯斯坦、乌孜别克斯坦一样,仅仅是莫斯科的小伙伴,所以,土俄的地缘政治角逐影响了两国的能源合作,这在能源管道项目方面体现得淋漓尽致。

土耳其作为一个地区大国、能源消费国和过境国,在与俄罗斯的能源合作中显然是被动的接受者。尽管能源合作对两国有利,土耳其积极推进与俄罗斯的能源合作项目,通过积极参与里海、黑海和高加索地区协作来加入俄罗斯主导的地区能源共同体,但俄罗斯对双边能源外交的主导显而易见,诸如俄罗斯掌控土耳其阿库尤核电站项目的进展、主导多条能源管道的修建和决定输往土耳其的天然气数量和价格折扣等。土耳其在经济上严重依赖俄罗斯,击落战机事件后俄罗斯的经济制裁和能源项目的停滞对土耳其经济的严重影响即为明证,也说明两国存在不对等的商业关系。土俄两国之间不对称的依存关系限制了土耳其与俄罗斯的讨价还价能力,"这将挑战两国之间建立战略伙伴关系的逻辑"。①

二是土俄两国对能源枢纽的定位和认知存在显著差异,导致土俄关系发展深受管道政治的影响。土耳其在战略纵深原则主导下,谋求凭借其固有的战略纵深和潜在实力而成为一个"中心强国""枢轴国"(pivotal state),成为地区秩序的缔造者和伊斯兰世界的领袖。② 土耳其在积极寻求能源安全和多元化的同时,试图凭借优越的地理位置而成为欧亚天然气、石油和电力等能源跨国输送的枢纽,以弥补能源匮乏之短板。目前,世界上已探明的四分之三的石油和天然气资源储存位于土耳其邻近地区,欧洲、美国和东亚国家越来越依靠俄罗斯、里海和中东的石油和天然气资源,所以,土耳其作为连接欧亚大陆能源走廊的功能愈益突出,其自身也致力于打造成为一个连接中亚、中东与欧洲的能源枢纽。土耳其充当能源枢纽旨在实现两个目的:一是保证国内能源供应安全,

---

① Öniş and Yılmaz, "Turkey and Russia in a Shifting Global Order: Cooperation, Conflict and Asymmetric Interdependence in a Turbulent Region", p. 74.
② 胡雨:《土耳其"东向"外交与其深层逻辑》,《现代国际关系》2011 年第 4 期。

特别是天然气供应的安全；二是凭借拥有核心通道设施来获得在欧洲乃至地区的政治影响，土耳其致力于成为里海、中东与欧洲能源传输中心以扩大其地区影响，这与俄罗斯的能源外交战略既相契合也存在利益冲突。

"管道政治"在当前世界能源政治中扮演重要角色，不同政治力量关于能源管道的争夺体现了不同国家政治利益的博弈和角逐。在新能源地缘政治背景下，管道线路成为实现权力、影响力和经济利益的地缘政治竞争对象。① 俄罗斯通过控制能源管道和能源资源，逐渐恢复其能源超级大国的地位；通过减少天然气供应和在苏联加盟共和国投资管道设施，逐步恢复对邻国的地区影响；而美国和西欧也试图通过控制能源管道项目来排斥伊朗和俄罗斯的能源地缘政治影响力；土耳其则通过对西方国家和俄罗斯石油天然气管道项目的参与来强化其能源输送枢纽的角色，而各国对土耳其的拉拢也在一定程度上凸显其能源桥梁和枢纽作用。土耳其希望在欧美与俄罗斯的能源博弈中左右逢源，试图通过对不同能源项目的参与实现自身利益的最大化。2009年，土耳其能源和自然资源部部长在与俄罗斯签署一系列能源备忘录之后宣称："土耳其对纳布科、俄罗斯的应对，与阿塞拜疆关于天然气的谈话，与卡塔尔的能源协议开启了一个新时代。阿拉伯天然气是土耳其能源政策中不可或缺的一部分，土耳其已经理解了其权力。全世界也看到除了土耳其别无选择。"② 尽管这种说法不免有自我夸大之嫌，但土耳其的能源枢纽地位对于提升其地区影响力和获取地缘政治利益却是不言而喻的。实际上，目前土耳其已经超越纯粹的能源管道交汇中心角色，"一个枢纽一方面提供金融贸易，另一方面提供现货交易，这包括储存、液化天然气和管道项目……一个枢纽提供供给方面的竞争，为消费者提供更好的市场，成为存储和运输的平衡点"③。土耳其与俄罗斯的能源合作在很大程度上是为了在与欧盟、俄罗斯和中亚等国的政治博弈中谋求更大利益，这也是土耳其敢于在土俄关系高歌猛进的情况下公然击落俄罗斯战机，使土俄关系跌入谷底的

---

① Rafael Kandiyoti, *Pipelines: Flowing Oil and Crude Politics*, London: IB Tauris, 2008, p. xiii.

② John Roberts, "Turkey as a Regional Energy Hub", *Insight Turkey*, Vol. 12, No. 3, 2010, p. 48.

③ John Roberts, "Turkey as a Regional Energy Hub", *Insight Turkey*, p. 43.

重要因素。尽管土俄双边关系迅速修好，但能源外交所追求的谋取最大利益是土俄能源关系的关键所在。而且，关涉土俄两国的地区性危机也成为检验双边关系的试金石。

三是能源外交视域下的利益角逐导致地区危机频繁发生，土俄两国应对危机的现实需要促使双方形成基于能源合作的外交模式。后冷战时期的地缘政治博弈伴随着地区危机的频繁发生，俄格战争、乌克兰危机和叙利亚危机都影响了地缘政治格局，而且俄罗斯在俄格战争、叙利亚危机和乌克兰危机中的行动也在一定程度上引发了土耳其对俄罗斯的恐惧和不满。俄罗斯每年出口到欧洲的天然气占其天然气出口总量的80%以上，大约能满足欧洲近三分之一的天然气需求。2008年俄格战争初停，俄罗斯就宣布停止向欧盟供应天然气30个小时，以此报复欧盟和北约对格鲁吉亚的支持。为了改变这种被动局面，欧盟在美国支持下加快推进能源来源多样化战略，2008年11月，欧盟委员会通过了《欧盟能源安全和合作行动计划》，包括创建以纳布科项目为主的"南方天然气走廊"，使欧盟绕过俄罗斯直接获得中东与里海国家的天然气资源，以摆脱对俄罗斯天然气的过度依赖。土耳其积极加入纳布科项目，期望以能源合作为契机推动土耳其入盟进程。俄罗斯抛出"南流"对抗纳布科项目，同时主动拉拢土耳其加入其地区能源体系中。随着纳布科和"南流"项目的先后流产，土耳其对欧盟的能源通道重要性下降。2013年11月25日，土耳其总统居尔呼吁欧盟重视土耳其的能源通道地位，指出土耳其是输欧能源通道中极为重要的一环，高加索、中亚、中东地区油气资源只有通过土耳其方是输欧能源的便捷和经济通道，……时至今日有关土耳其入盟能源领域谈判尚未启动，这也成为土入盟的重要障碍，但解决问题的关键在欧盟。[①] 这从侧面说明了土耳其对欧盟的不满，也是土耳其与俄罗斯加强能源合作关系的重要依据，随后土俄两国的能源合作进一步加强。

由于俄罗斯缺乏直接通往欧洲的输气管道，天然气出口必须过境其他国家，主要是乌克兰、白俄罗斯、土耳其、波兰等国。2009年俄乌天然气冲突之后，俄罗斯中断了通过乌克兰西线到土耳其的天然气，"蓝流"成为俄罗斯向土耳其出口天然气的唯一途径。随着"南流"项目的

---

① 驻伊斯坦布尔总领馆经商室：《土耳其总统居尔呼吁欧盟重视土耳其的能源通道地位》，2013年11月26日，http://map.mofcom.gov.cn/article/i/jyjl/j/201311/20131100404115.shtml。最后访问日期：2018年2月28日。

流产，俄罗斯积极与土耳其建设"土耳其流"项目，这既是俄罗斯天然气输往欧洲绕开乌克兰的应急之举，也是土俄等国实行地缘政治腾挪的长远之策。① 2014年，乌克兰危机②爆发，尽管土耳其呼吁乌克兰危机应该在国际法框架下通过对话予以妥善解决，但其对待俄罗斯的态度引起高加索国家对其"管道政治"的质疑。2014年3月，在克里米亚并入俄罗斯后，土耳其外交人员被迫停止对该行为的批评，以避免与俄罗斯发生直接冲突。③ 土耳其作为北约成员国，并没有参加乌克兰危机后西方对俄罗斯的制裁。乌克兰危机使俄欧天然气合作受挫，迫使俄罗斯将合作重点从西欧和中东欧转向土耳其与巴尔干等南欧地区，"土耳其流"项目既是俄罗斯与土耳其能源合作的成果，也促使俄罗斯尽快化解乌克兰危机的负面影响。根据俄罗斯天然气工业股份公司和博塔斯公司签署的谅解备忘录，"土耳其流"的输送量是630亿立方米天然气，其中150亿立方米储存在土耳其，480亿储存在希腊。而当前俄罗斯通过"蓝流"向土耳其输送天然气总数为160亿立方米。④ 显然，"土耳其流"不仅在于满足土耳其的能源需求，而且要扩大对欧洲国家的能源供给量，也有助于保证欧洲国家的能源安全。尽管土耳其、俄罗斯是"土耳其流"项目的主要发起者，但希腊将是受"土耳其流"影响最大的国家，该项目将极大刺激希腊经济，并将其置于全球能源市场的重要地位。2015年4月7日，匈牙利首都布达佩斯召开能源安全峰会（The Energy Security Summit），主要讨论该地区能源来源和供应的多元化问题，"土耳其流"成为讨论的热点，马其顿、匈牙利、塞尔维亚、土耳其、希腊发表支持"土

---

① 程春华：《土耳其流管道：俄欧能源博弈新阶段》，《国际石油经济》2015年第8期。
② 2013年11月22日，乌克兰亲俄派总统亚努科维奇中止和欧洲联盟签署政治和自由贸易协议，欲强化和俄罗斯的关系，乌克兰亲欧洲派在基辅展开反政府示威，抗议群众要求政府和欧盟签署协议、亚努科维奇下台、提前举行选举。2014年2月22日，亚努科维奇被议会罢免其总统职务，并宣布提前于同年5月25日举行总统大选。3月11日，克里米亚议会通过了克里米亚独立宣言；3月16日，发起脱离乌克兰加入俄罗斯的全民公投。联合国大会以压倒性多数通过了一项决议，认定克里米亚的全民公投破坏了国家的领土完整，违反了国际法，是一次不合法的投票活动，克里米亚全民公投没有得到世界各国的普遍支持。
③ Bayram Balci, "The Russian Intervention in Crimea: Erdogan's Dilemma", *Eurasian Outlook*, March 14, 2014, http://carnegie.ru/commentary/54950。最后访问日期：2018年2月27日。
④ Erdal Tanas Karagöl and Mehmet KzIlkaya, "The Turkish Stream Project in the EU-Russia-Turkey Triangle", *Insight Turkey*, Vol. 17, No. 2, 2015, p. 59.

耳其流"的宣言，强调该项目取得突破进展的重要性。① 显然，"土耳其流"将成为东方和西方、南方和北方之间不可或缺的能源输送路线，这也将进一步推进土俄两国的能源合作。

（3）土俄基于能源的外交关系的地区性影响。冷战的终结和苏联的解体使土耳其基于文化和宗教认同的考虑积极重返中亚和外高加索地区，但俄罗斯的地缘强势地位和欧盟的挤压都对土耳其外高加索政策的实施形成一定的制约。黑海、里海地区的政治动荡将对土耳其与俄罗斯的双边关系产生负面影响，导致一方或双方改变当前的合作状态，但居于强势地位的俄罗斯无疑在一定程度上主宰了双边关系的走向乃至土耳其外高加索政策的实施效果。

一是土耳其在与俄罗斯的地缘政治竞争中影响力逐渐提升。外高加索三国的独立使俄罗斯在高加索地区的边界退回到19世纪，尽管俄罗斯最初退出在高加索地区的博弈，然而，1993年年底宣布的"近邻政策"明确表示继续谋求在中亚和高加索地区的利益，随后的经济、政治恢复也将俄罗斯带回该地区的权力博弈中。2008年俄格战争标志着高加索地缘政治的重要转折点，土耳其试图借助与俄罗斯和格鲁吉亚的良好关系来调停双方冲突，但很快发现这种努力是徒劳的。面对着俄罗斯，土耳其几乎没有招架之力，只好借助发起"高加索稳定与协作平台"来发挥地区大国功能，然而这以不违背俄罗斯的利益为前提。对于土耳其而言，其并不具备与俄罗斯竞争的经济资源和政治实力；强调其无意损害俄罗斯的战略利益或挑战其在南高加索地区的领导权。② 21世纪以来，土俄两国关系随着能源管道项目的实施而日趋亲密，有学者指出，土俄关系已经走向"土耳其—俄罗斯轴心"。③ 2015年11月24日，土耳其击落俄战机，土俄两国关系骤然紧张，俄罗斯总统普京随即宣布对土耳其实行大规模制裁，项目包括旅游、贸易、人员往来等。2020年纳卡冲突的解决提升了土耳其地区影响力。2022年俄乌冲突以来，土耳其在地区博弈中

---

① Erdal Tanas Karagöl and Mehmet Kzılkaya, "The Turkish Stream Project in the EU-Russia-Turkey Triangle", p. 64.

② Igor Torbakov, "Russia and Turkish-Armenian Normalization: Competing Interests in the South Caucasus", *Insight Turkey*, Vol. 12, No. 2, 2010, p. 36.

③ Şener Aktürk, "Toward a Turkish-Russian Axis? Conflicts in Georgia, Syria, and Ukraine, and Cooperation over Nuclear Energy", p. 13.

寻求外交平衡，在区域政治和全球政治中的影响力持续上升。不过，土俄关系的发展仍将影响土耳其的外高加索政策乃至地区政策的实施。

二是俄罗斯的地缘战略优势使其对土耳其的外高加索政策拥有很大的话语权。当俄罗斯外长谢尔盖·拉夫罗夫（Sergei Lavrov）被问及关于土耳其—亚美尼亚协定的看法时宣称，俄罗斯希望看到土耳其—亚美尼亚关系的完全正常化，希望两国好运①，指出"高加索稳定与协作平台"是"限制地区潜在冲突和增强社会稳定的机制"②。2009年2月，土耳其与俄罗斯签署联合声明，强调"高加索稳定与协作平台"是一个建设性的倡议，将有助于克服该地区国家间缺乏信任的问题。③ 所以说，俄罗斯的态度对于土耳其外高加索政策的实施相当重要。但是，我们必须明白俄罗斯对土耳其政策的支持在很大程度上是为了修复俄格战争后的地区形象和保持在该地区的大国地位，试图通过与土耳其合作将欧盟和美国排斥出地区协作事务之外，不过，"高加索稳定与协作平台"还在一定程度上提升了土耳其的地区领导者地位。2020年，纳卡冲突后土耳其在外高加索地区的军事存在是俄罗斯不愿意看到的。土耳其有望在新的国际体系中成为地缘战略的旗手和地缘政治支轴国家，这也引起俄罗斯的担心。

三是土耳其在能源管道项目建设方面受制于俄罗斯。土耳其在欧美与俄罗斯的能源博弈中摇摆不定，试图通过对不同集团的参与以实现在东西方各势力之间的纵横捭阖，所以积极参与美国支持的巴库—第比利斯—杰伊汉输油管道项目和巴库—第比利斯—埃尔祖鲁姆天然气管道项目，支持欧盟启动的纳布科管道项目，还加入俄罗斯的"蓝流"管道项目和"土耳其流"管道项目，这些项目的相互排斥影响了土耳其功能的发挥。2009年8月6日，土耳其总理埃尔多安与到访的俄罗斯总理普京在安卡拉签署了《天然气和石油合作协议》，拟议通过土耳其领海在黑海与地中海之间建造一条新的石油天然气管道，以将俄罗斯石油天然气经由土耳其、以色列、红海最终输往意大利。这被视为对欧盟主导的纳布科管道项目的直

---

① 转引自 Igor Torbakov, "Russia and Turkish-Armenian Normalization: Competing Interests in the South Caucasus", p. 32。
② Deniz Devrım, Evelina Schulz, "The Caucasus: Which Role for Turkey in the European Neighborhood?" p. 184.
③ Deniz Devrım, Evelina Schulz, "The Caucasus: Which Role for Turkey in the European Neighborhood?" pp. 184-185.

接挑战，也是土耳其在能源博弈中倒向俄罗斯的重要表现。2014 年 12 月 1 日，俄罗斯总统普京在土耳其访问期间签署了关于在土耳其建设海上天然气管道，即"土耳其流"的谅解备忘录，宣布将同土耳其加强能源合作，下调对该国的天然气出口价格，扩大"蓝流"项目建设，放弃被欧盟冻结的"南流"天然气管道项目。尽管俄罗斯希望通过土耳其来制衡欧盟，但也意识到土耳其旨在成为里海、黑海地区的区域大国，从长远来看，其不会像该地区，诸如亚美尼亚、吉尔吉斯斯坦、乌兹别克斯坦等苏联加盟共和国一样仅仅是莫斯科的小伙伴，所以对土耳其的能源管道项目持谨慎的排斥态度。大体而言，尽管土俄双方不会因为偶发事件而停止能源合作，但诸多偶发事件仍将给土俄能源合作蒙上阴影，所以说，土俄之间基于能源的外交关系仍然受到多重掣肘而遭到多重挑战。

3. 土耳其与中国："一带一路"开创新局面。（1）土耳其与中国外交关系历程。中土两国有着悠久的交往历史，雄踞亚洲大陆东西两端的奥斯曼帝国和清帝国曾经交相辉映、交往频繁。1971 年 8 月 4 日，中土两国正式建交。1972 年 4 月，两国互设大使，土耳其宣布断绝与中国台湾的"正式外交"关系。① 此后中土高层频繁互访，增强政治互信，促进双边合作与发展。2000 年，江泽民主席访土，强调要在相互尊重、信任、互利、平等和共同发展的基础上建立更加密切的伙伴关系。2009 年，居尔总统访华，双方签署涵盖外交、能源、文化、传媒、贸易等领域的七个政府间合作文件，以及涉及基础设施、电力、矿产、农产品进出口等领域的六个企业间合作协议。2010 年 10 月，温家宝总理访土，双方签订了《中华人民共和国和土耳其共和国关于建立战略合作伙伴关系的联合宣言》，正式宣布和土耳其建立和发展战略合作伙伴关系，全面提升各领域友好合作水平。土耳其与中国领导人先后在二十国集团峰会上多次会见，并就中土合作和"一带一路"等问题进行广泛的交流合作，推动中土战略合作关系的发展。2015 年 7 月，埃尔多安总统访华，双方商定合作内容涉及经贸、防空导弹系统以及交通旅游等多个方面，堪称政治互信、经贸发展、文明交流、战略合作之旅。② 习近平主席在会谈中指出，中土双方要明确两国关系发展大方向，筑牢政治互信根基，在彼此重大

---

① 丁工：《中土关系四十年：回顾与展望》，《阿拉伯世界研究》2011 年第 5 期。
② 李逸达：《中国驻土耳其大使表示中土关系前景广阔》，《人民日报》2012 年 2 月 21 日第 003 版。

关切问题上相互支持，实现两国发展战略对接，拓宽和充实中土战略合作内涵。① 2019年7月2日，埃尔多安总统再次访华，习近平主席同埃尔多安总统举行会谈。习近平主席指出，土耳其是共建"一带一路"的重要伙伴，中方愿同土方加快共建"一带一路"和"中间走廊"计划的对接，稳步推进贸易、投资、科技、能源、基础设施及重大项目合作，同时积极开展中小型、惠民项目合作，让更多企业和民众从中土合作中获得实实在在的好处。要继续扩大人文交流和旅游合作，增进两国人民的相互了解，夯实中土友好的民意基础。埃尔多安总统指出，土耳其致力于发展对华关系，深化对华合作。土耳其坚定支持"一带一路"建设，希望双方在"一带一路"框架内加强贸易、投资、金融、能源、汽车制造、基础设施、第五代移动通信、智慧城市等领域合作，增进在教育、文化、科研等领域交流。②

土耳其和中国在上海合作组织、亚信会议、二十国集团和亚投行的合作体现了土中关系的发展。2013年，土耳其正式成为上海合作组织对话伙伴国；2014年，中国接替土耳其担任亚信会议轮值主席国；2016年，中国接替土耳其担任二十国集团轮值主席国。2013年10月2日，习近平主席提出筹建亚洲基础设施投资银行的倡议；2014年10月24日，包括中国、印度、新加坡等在内的21个首批意向创始成员国的财长和授权代表在北京签约，共同决定成立亚洲基础设施投资银行。2015年6月29日，50个意向创始会员国签署《亚洲基础设施投资银行协定》，土耳其站在国家利益角度考虑宣布申请加入亚投行。亚投行不仅为"一带一路"沿线国家和地区提供融资支出，包括贷款、股权投资以及提供担保等，而且能促进区域基础设施领域互联互通和经济一体化进程。2015年6月，土耳其政府专门设置了对接"一带一路"倡议的协调员，规划了多个与"一带一路"对接的具体项目，希望中国积极参加土耳其国内以及连接土耳其—中亚国家的基础设施联通建设。

土中两国在地缘政治、外交、经济、能源、反恐等领域交集众多，存在广泛合作；两国作为新兴经济体的重要代表，经贸合作水平不断提升。2022年，中土双边贸易额为385.5亿美元，同比增长12.6%，其中

---

① 《拓宽和充实中土战略合作内涵》，《人民日报海外版》2015年7月30日第01版。
② 《习近平同土耳其总统埃尔多安举行会谈》，2019年7月2日，新华网，http://www.xinhuanet.com/politics/leaders/2019-07/02/c_1124701731.htm。

中方出口额 340.3 亿美元，同比增长 16.6%；进口额 45.2 亿美元，同比下降 10.4%。①

中土两国领导人就安全方面的合作达成广泛的共识。2010 年，温家宝总理访问土耳其时两国就合作打击极端宗教主义、恐怖主义、分裂主义"三股势力"，共同维护国家统一和领土完整达成一致意见，强调加强经贸合作，人文交流和在国际事务中的配合，签署双边经济技术文化等合作文件，正式确定 2012 年在土耳其举办中国文化年，2013 年在中国举办土耳其文化年。② 2012 年 12 月 12 日，以"丝路之源，魅力中国"为主题的中国文化年在土耳其正式举办。2012 年中土经贸合作论坛上，土耳其副总理阿里·巴巴詹曾表示："文化是经贸合作的助推器。对于中土两国来说，千年古国、文明之邦的标签，源远流长的交往与友谊，让文化在两国经贸合作中有着更重的分量。"③ 2013 年 3 月 12 日，中华人民共和国文化部与土耳其驻华使馆共同在京举行"土耳其就在这里——2013 中国土耳其文化年新闻发布会"。④ 2014 年 7 月，埃尔多安总统访华期间，中土两国首脑讨论合作打击恐怖主义等问题。在 2015 年的二十国集团安塔利亚峰会期间，中土两国领导人一致对法国巴黎发生的系列恐怖袭击事件表示严正谴责，赞同国际社会加强合作，共同打击恐怖主义。中土两国文化交流频繁，目前中国已在土耳其设立四所孔子学院。2015 年 4 月 21 日，中国驻土耳其大使馆在安卡拉举办主题为"愿景与行动"的"一带一路"圆桌学术论坛。土耳其外交部、经济部、文化旅游部及中央银行多位高官，前外长亚克什、前防长多安、前卫生部部长西夫金及前住建部长科彻驰、雷尔等前政要，土外交部战略研究中心、经济政策研究基金会、国际战略研究机构、欧亚研究中心、战略交流中心、安卡拉政策中心等土耳其主要智库负责人和中东技术大学、哈杰泰普大学、厄

---

① 《中国同土耳其的关系》，中华人民共和国外交部网站，https://www.newyork.fmprc.gov.cn/web/gjhdq_676201/gjj_676203/yz_676205/1206_676956/sbgx_676960/。
② 中土文化年网，http://gb.cri.cn/2012turkey/about.htm。
③ 《记习近平出席中土经贸合作论坛》，2012 年 2 月 23 日，新浪网，http://finance.sina.com.cn/china/bwdt/20120223/210811441175.shtml。
④ 《文化部举办"2013 中国土耳其文化年"新闻发布会》，2013 年 3 月 12 日，艺术中国网，http://art.china.cn/huihua/2013-03/12/content_5793831.htm。

扎尔大学及阿纳多卢大学等知名高校学者50余人参加此次论坛。① 这说明知识分子、智库和民间力量基于历史和现实考量,对中国的"一带一路"倡议给予肯定和支持。

(2) 土耳其与"一带一路"建设。土耳其积极支持中国的"丝绸之路经济带"倡议,称这一战略构想与土耳其"东西线铁路"战略的想法不谋而合。早在2008年,土耳其联合阿塞拜疆、伊朗、格鲁吉亚、哈萨克斯坦以及吉尔吉斯斯坦发起"丝绸之路倡议";2009年,居尔总统访华时表示"希望通过两国政府的共同努力,重新振兴古丝绸之路"。② 2012年4月,埃尔多安总理访华时提出希望双方共同推动铁路联通古丝绸之路的建设。随着"丝绸之路经济带"倡议的出台,土耳其回应热烈。2013年10月25日,中共中央宣传部部长刘奇葆访问土耳其,就"丝绸之路经济带"和居尔总统交谈,居尔总统认为,习近平主席提出的共建"丝绸之路经济带"意义重大,土方愿与中方携手合作,谱写"丝绸之路"文明发展新篇章。③ 2014年12月12日,"共建'一带一路':历史启示与时代机遇国际研讨会"在伊斯坦布尔召开,达武特奥卢总理在贺信中指出,"一带一路"倡议与土耳其有共同的期许,土耳其愿承担振兴丝绸之路的历史使命。土耳其政治经济社会研究基金会主任杜兰指出,共建"一带一路"的倡议与土耳其的外交战略高度一致。④ 2015年11月14日,习近平主席出席二十国集团安塔利亚峰会时会见埃尔多安总统,两国元首共同见证关于共推"一带一路"建设的谅解备忘录,以及基础设施、进出口检验检疫等领域合作协议的签署。⑤ 2017年5月14日,"一带一路"国际合作高峰论坛在北京开幕,埃尔多安总统在致辞中强调了"一带一路"倡议"合作共赢"的宗旨。这充分说明土耳其对"一带一

---

① 《土耳其各界人士畅谈"一带一路"》,2015年4月22日,新华网,http://news.xinhuanet.com/world/2015-04/22/c_127721602.htm。
② 《"一带一路"土耳其板块已见雏形》,光明网,http://news.gmw.cn/2015-04/19/content_15407700.htm。
③ 《刘奇葆会见土耳其总统居尔》,新华网,http://news.xinhuanet.com/politics/2013-10/25/c_117878286.htm。
④ 《"一带一路"的历史启示与时代机遇》,中国政府网,http://www.gov.cn/xinwen/2014-12/17/content_2792875.htm。
⑤ 《习近平会见土耳其总统,签署一带一路谅解备忘录》,新华网,http://news.xinhuanet.com/fortune/2015-11/15/c_128430116.htm。

路"倡议的认可与支持。

土耳其位于"一带一路"六大经济走廊的中间走廊的要冲，一直积极推进与"一带一路"建设相关的许多项目的建设，提出了旨在整合东西交通通道、构建安全有序交通网的"中间走廊"计划。随着土耳其加入亚投行，中土双方在基础设施建设领域将有更广泛合作。目前，土耳其国内高铁、桥梁、核电等大规模基础设施建设正在开展，将基础设施建设作为振兴经济发展的重要出路，这与以互联互通为主要内容的"一带一路"倡议相契合，从而为双方更深层次的合作注入了动力。作为实现"一带一路"倡议的先决条件，强化区域交通基础设施和改善区域内物流环节显得极为重要。"钢铁丝绸之路"项目有望成为中国、土耳其和其他地区国家多层面协作的支柱，并将这些国家间的关系提升到新的层次。基于"钢铁丝绸之路"的影响，各方希望建立一条穿越中国新疆维吾尔自治区及中亚国家，抵达土耳其和欧洲的铁路运营线路。这条铁路线将作为新的大陆桥而运行，并为一个凭借低关税累积额超过一万亿美元的庞大市场奠定基础，同时也会加强人与人之间的联系以及相互依存。"钢铁丝绸之路"被视为一个可以让安卡拉成为欧亚竞技场上最终决策者并可扩大其政治和经济作用范围的潜在影响力。目前，在土耳其实施"一带一路"倡议主要包括经贸合作、交通合作、能源合作、金融合作和文化合作等。交通运输和能源领域构成"丝绸之路经济带"中中土经贸合作的重要领域。安伊（安卡拉—伊斯坦布尔）高铁的建成开通加强了土耳其国内的交通联系，提高了其在国际交通网络中的地位，是中国高铁技术"走出去"的重要成果，大大地促进了"一带一路"的道路联通，也将促进中国与中亚、西亚与欧洲之间的贸易畅通。中土签订的双边贸易中以本币结算的货币互换协议和金融合作协议将进一步以货币流通带动贸易畅通。而中土两国合作建设的欧亚能源运输通道实现了中亚油气资源运输线路的多元化，也将有利于道路联通和贸易畅通。这些经贸利益上的共识将夯实两国在"一带一路"框架下合作的基础。

"一带一路"倡议契合了中土两国的国家战略和发展需求。土耳其致力于打造"新土耳其"。2011 年，正义与发展党政府提出了"2023 年愿景"，提出到 2023 年土耳其共和国建国 100 周年时要实现的主要目标：加入欧盟；经济总量由目前的世界第 17 位进入前 10 名；GDP 达 2 万亿美元；人均国民收入达 2.5 万美元；对外贸易达到 1 万亿美元，其中出口达到5000亿美元。① 2015年4月，正义与发展党公布《新土耳其契约2023》，将其未来的发展目标定位为崛起大国，由目前的中等收入国家成为高收入国家。要实现土耳其的百年愿景，加强对外经济合作，尤其是与全球新兴力量的合作是关键驱动之一。中国的"一带一路"倡议与土耳其2023年国家振兴目标其实是相得益彰的，这为两国合作提供了动力基础。从2015年开始，土耳其政府专门设置了对接"一带一路"倡议协调员，规划多个与"一带一路"对接的具体项目，还提出要积极参与"21世纪海上丝绸之路"建设。需要明确的是，尽管土耳其积极参与"一带一路"建设，但这是以寻求自己利益的最大化为终极目的的。多重因素的相互作用在一定程度上影响了中土关系的顺利发展。

（3）影响土耳其与中国关系的诸多因素。一是土耳其和中国在诸多国际和地区问题上具有共同利益。中土两国在许多国际及地区问题上都持相同或相近的立场，如双方承诺将致力于打击一切形式的国际恐怖主义、民族分裂主义、宗教极端主义，加强在该领域的合作。在中东和谈问题、阿富汗问题、伊拉克问题和伊朗核问题以及保持中东地区的秩序和稳定方面，双方也都持相同或相近的立场，因为中东的和平与稳定符合两国的利益。在涉及两国的部分重大问题上，如土耳其加入欧盟、反恐和中国的东突问题、台湾问题等，双方都能给予彼此支持。中土双方都认识到发展两国各领域合作的重要性。土耳其对中国发展的认知主要基于两个基本维度：中国和土耳其之间的经贸和政治关系②，而中国对土耳其的认知亦是主要基于这两个基本维度，这都是促进中土关系发展的积极因素。二是存在诸多影响中土关系发展的系列消极因素。在叙利亚问题上，埃尔多安总理曾批评过中国的政策。2012年9月27日，埃尔多安抨击俄罗斯、中国、伊朗，称三国在其邻国叙利亚危机的立场实际上是在允许一场有增无减的大屠杀。③ 土耳其地缘政治战略对中国构成威胁，土耳其在中亚—高加索地区推行"泛突厥主义"对中国在中亚地区的地缘政治安全构成威胁。中土两国之间还存在严重的贸易摩擦，主要

---

① 《"一带一路"沿线国家之土耳其共赴百年愿景!》，外展网，http：//www.yshows.cn/zixun/2017/6718.shtml。
② 详见昝涛《中土关系及土耳其对中国崛起的看法》，《阿拉伯世界研究》2010年第4期。
③ Turkey's Erdogan Slams Russia, China, Iran over Syria, Sep 27, 2012, http：//www.reuters.com/article/2012/09/27/us-syria-crisis-turkey-idUSBRE88Q1L020120927。

源于两国经济结构趋同和贸易不平衡。中土都是发展中国家,在产业结构上相似度较高,导致目标出口市场重叠,出口产品互补性较小,竞争性却很强。近年来,中土双方贸易摩擦和争端的数量急剧增加,巨额贸易逆差的出现使土耳其国内的贸易保护主义抬头,针对中国商品限制性措施和反倾销调查日渐增多。

综上所述,正义与发展党执政时期中土关系延续了先前良好的发展势头。在土耳其成为上海合作组织对话伙伴国之后,中土关系的交往更为密切。尽管中土两国关系存在部分问题,但现实的共同利益远超分歧,政治领域的互信、经贸关系的互利以及安全利益的互惠促使中土两国有深度合作的基础和愿景。

4. 土耳其与国际组织的交往扩大。达武特奥卢曾经指出,土耳其不仅是西方和穆斯林世界之间的桥梁,而应该是一个中心国家,应该摒弃那种静止的、单向的政策,而成为一个有助于全球和地区和平的"问题解决者"。① 所以,土耳其通过参与国际组织活动进一步扩大其国际影响力。土耳其的国际组织外交可以从土耳其参与联合国、土耳其参与世界性经济组织、土耳其参与国际会议或国家论坛、土耳其参与北约、土耳其加入欧盟、土耳其参与地区性组织等方面进行分析。

(1) 土耳其积极参与世界性组织。一是土耳其参与联合国行动。土耳其作为联合国的创始成员国,积极参与联合国各个机构和海外行动。21 世纪以来,土耳其参与联合国各个机构的活动,2009—2010 年担任联合国安理会非常任理事国,并积极谋求当选联合国安理会常任理事国;土耳其借助联合国大会积极发表对国际问题和地区性问题看法,并借助这一平台加强与有关国家领导人的接触与沟通。2020 年 6 月 17 日,土耳其外交官沃尔坎·博兹克尔当选为第 75 届联合国大会主席,曾承诺将努力巩固各国、联合国主要团体与国际组织之间的信任及凝聚力,表示建立共识将是其任职期间的核心工作之一,这也体现了土耳其的国际影响力。土耳其和芬兰于 2010 年在联合国发起"为和平而调解"的倡议,以提升调解意识并取得可观进展;土耳其与西班牙还是联合国文明联盟的发起国,举办过多次有关文明联盟活动;土耳其还积极参加联合国的海

---

① Ahmet Davutoğlu, "Turkey's Foreign Policy Vision: An Assessment of 2007", *Insight Turkey*, Vol. 10, No. 1, 2008, pp. 78-9.

外维和行动和人道主义救援行动,包括非洲和拉美在内的诸多国家接受过土耳其的援助;土耳其还主办了联合国最不发达国家首脑会议。

二是土耳其参与世界性经济组织行动。作为世界银行和国际货币基金组织的创始成员国,土耳其与这两大组织联系密切,土耳其经济的发展深受这两大组织的影响。在2000年、2001年经济危机期间,两大组织不仅为土耳其提供巨额经济援助,帮助土耳其经济复苏,而且开出多个经济改革药方,以实现经济发展。1999—2008年,土耳其曾先后实施4个与国际货币基金组织达成的协定。2000年以来,土耳其在世界银行指导下实施多项农业改革计划。面对2018年土耳其遭受里拉危机的冲击,世界银行同意提供3.145亿欧元融资,以改善土耳其的铁路连通和物流。

(2)土耳其积极发展与北约和欧盟的关系。一是土耳其积极发展与北约的关系。1952年,土耳其加入北约,成为两极格局下资本主义阵营的重要成员和西方国家对抗社会主义阵营的前沿阵地。两极格局的终结和北约的东扩给土耳其带来新的机遇和挑战,土耳其与北约组织强化合作的同时也存在分歧。第一,承办北约首脑峰会。2004年6月28日,北约第17次首脑会议在伊斯坦布尔举行,会议是2004年3月北约新一轮东扩后举行的首次峰会,伊拉克问题、北约战略调整、与第三方发展新型关系是其主要议题。第二,加强与北约组织的合作。土耳其积极参与北约在东南欧、地中海地区组织的军事演习,北约快速反应部队成立后的第一次演习就是在土耳其举行的。土耳其还参加北约在阿富汗、利比亚等国的军事行动,安装北约军事设备等。2012年11月21日,土耳其正式要求北约在其与叙利亚接壤的边境地区部署"爱国者"导弹;12月4日,北约外长会议正式批准土耳其的请求,决定在土耳其与叙利亚接壤的边境地区部署"爱国者"反导系统(6个爱国者导弹连),以防范可能来自叙利亚的袭击。[1] 2013年1月26日,北约宣布首个导弹连已经在北约指挥和控制下开始运作。[2] 第三,阻止以色列参加北约演习和北约峰会。2009年10月11日,达武特奥卢宣称,土耳其将以色列排除在参加北约军事演习的国家之外,主要是因为以色列在加沙的铸铅军事行动。

---

[1] 《北约决定在土耳其部署"爱国者"导弹》,新华网,http://news.xinhuanet.com/2012-12/05/c_124047410.htm。

[2] 《土耳其首个北约爱国者导弹连开始运作》,人民网,http://military.people.com.cn/n/2013/0126/c1011-20335918.html。

2012年4月23日，土耳其不顾其他北约成员国的反对，阻止以色列参加在芝加哥举行的北约峰会。土耳其表示，以色列应该为2010年拦截加沙救援船队时杀害土耳其公民事件道歉。第四，土耳其和北约之间也存在诸多分歧和矛盾。中东变局之后，土耳其与俄罗斯关系日趋密切，土耳其购买俄罗斯S-400防空导弹系统引起北约的不满。S-400防空导弹系统采购合同被外界视为俄罗斯与土耳其军事关系加强的风向标，美国和其他北约国家一直强烈反对土耳其购买俄制S-400防空导弹系统，认为这会威胁到北约利益，如果土耳其坚持购买S-400防空导弹系统，美国方面将会根据相关法案发起对土耳其的制裁，其他北约国家也会跟进。但土耳其也会从国家利益和土俄关系入手争取部署S-400防空导弹系统，这造成土美关系的恶化。2019年10月，伴随着美国撤离叙利亚，土耳其发动"和平之泉"行动。在该年度的北约安全峰会上，出席会议的北约多国代表宣称土耳其近期对叙利亚北部展开的进攻与北约整体军事战略相违背，不符合大多数北约国家的利益，这影响了土耳其在北约组织的活动空间。

二是土耳其积极谋求加入欧盟。1963年9月12日，土耳其与欧洲经济共同体（欧盟的前身）签署了联系国协定——《安卡拉协定》。1987年4月14日，土耳其正式申请加入欧共体。1999年12月，欧盟赫尔辛基峰会确定土耳其的欧盟候选国地位。2005年10月，土耳其与欧盟正式开启入盟谈判，但分歧重重，进展缓慢。土耳其与欧盟的关系或者说土耳其的入盟进程受到欧盟、土耳其内部社会舆论以及中东地区形势和土耳其中东政策的影响。有学者认为，正义与发展党对欧盟的态度经历了从"疑欧主义"到"欧洲热情"再到"欧洲疲惫"的过程。[1] 2013年年底，土耳其与欧盟基于难民问题的解决方案签订再入欧盟协议。[2] 2014年以来，土耳其与欧盟高层互访频繁：1月21日，埃尔多安总理访问布鲁塞尔期间会见欧盟领导人；2月10日，达武特奥卢和欧盟事务部部长卡

---

[1] Ali Resul Usul, "The Justice and Development Party and the European Union: Form Euro-skepticism to Euro-entusiasm and Euro-fatigue", in Ümit Cizre ed., Secular and Islamic Politics in Turkey: The Making of Justice and Development Party, pp. 175-199.

[2] Diba Ngar Göksel, "Turkey's Visa Free Travel Progress with the EU: Trap or Gift?", Analysis, The German Markshall Fund of the United States, December 19, 2014. 转引自郭长刚、刘义主编《土耳其发展报告（2015）》，社会科学文献出版社2015年版。

夫索格鲁参加在布鲁塞尔举行的土耳其—欧盟的部长级政治对话会议；9月29日，前欧盟委员会主席巴罗佐访问土耳其。2015年1月15日，土耳其外交部部长卡夫索格鲁访问布鲁塞尔；4月7—10日，欧盟议会主席马丁·舒尔茨访问土耳其。高层互访让土耳其重燃入盟的希望之火，土耳其民众加入欧盟的热情趋于高涨，叙利亚难民问题也促发了双边合作。2015年10月5日，欧洲理事会主席唐纳德·图斯克邀请埃尔多安总统访问布鲁塞尔，双方讨论阻止难民向欧洲流动的方法，向土耳其支援30亿欧元，帮助安卡拉安顿国内超过200万的叙利亚难民。近年来，欧盟成为土耳其最大的贸易和投资伙伴，欧盟与土耳其高层次的能源对话也进展顺利。但是，针对正义与发展党政府未遂政变后的镇压活动，欧盟对土耳其提出严厉批评；针对土耳其在地中海东部争议海域开展钻探活动，欧洲联盟外交部长会议就制裁土耳其达成一致，制裁措施包括旅行禁令和冻结资产，但并未确定具体制裁对象；针对土耳其发动的"和平之泉"军事行动，欧盟要求所有28个成员国停止向土耳其出售武器。总之，土耳其与北约和欧盟的关系还受到多种制约，影响其未来发展走向。

（3）土耳其积极参与地区性组织。地区性国际组织是土耳其国际组织外交的重要组成部分，也是其实行文化外交的重要表现。目前土耳其参加的地区性国际组织有黑海国家经济合作组织、黑海国家海军集团、经济合作组织、发展中八国集团、突厥语国家合作委员会、亚信会议、伊斯兰合作组织（原伊斯兰会议组织）、上海合作组织等。以伊斯兰合作组织为例，土耳其人埃克梅勒丁·伊赫桑奥卢曾担任伊斯兰合作组织秘书长。2004年6月，伊斯兰会议组织峰会在土耳其伊斯坦布尔举行，并通过了《伊斯坦布尔宣言》。2009年1月14日，伊斯兰会议组织议长会议在伊斯坦布尔举行，讨论了加沙局势。2018年5月18日，伊斯兰合作组织在土耳其召开特别会议，谴责以色列对巴勒斯坦人的暴行，这充分表现了土耳其通过地区组织对中东事务的参与。再以上海合作组织为例，2001年正式成立的上海合作组织已经具备了成员国、观察员国家、对话伙伴国三个层次。2011年6月7日，土耳其正式成为该组织的对话伙伴国，土耳其领导人也表示出加入上海合作组织的意愿。国际组织外交已经成为土耳其对外交往活动的重要组成部分，是其表达政策立场的重要平台。除积极参与已有国际组织的活动外，土耳其还积极参与创建新的国际组织、国际论坛，成立国际文化组织、基金会等。以尤努斯·埃姆雷基金会为例，其是土耳其仿效其他国际文化机构的文化外交工具，不仅开设语言课程，而且定期在不同国家举办电影、舞蹈、音乐、戏剧、文学和翻译等领域的节日和展览。目前，在41个不同国家有50个中心，作为土耳其2023年愿景的组成部分，这一数字将增加到100个。[①] 文化的交流有助于形成跨国文化认同的空间，这进一步扩大了正义与发展党政府的国际影响力。

[①] Federico Donelli, "Persuading through Culture, Values, and Ideas: The Case of Turkey's Cultural Diplomacy", *Insight Turkey*, Vol. 21, No. 3, 2019, p. 124.

第五章　土耳其正义与发展党政府的治理危机

"政府、市场、社会是现代国家有效运行的基本力量，也是多中心治理的主要力量。政府维护公正，市场追求效率，社会实行自治，这是一幅理想的国家治理景象。凭借综合国力优势，西方国家一直是全球治理规则的制定者。"[1] 近年来，现代社会的治理危机本质上是西方式社会制度危机，其中民主政治体制失范，市场经济发展乏力，多元文化矛盾激化，民族分离主义兴盛，地方和中央关系陷入困境，一些新兴国家挑战西方霸权而导致全球治理难题，是这场危机的典型表现。[2] 21 世纪以来，西方国家呈现治理危机的典型特征：民主选举混乱、民粹主义兴起、暴力恐怖事件频发、经济持续低迷等，作为西方国家追随者的土耳其也难逃类似症候。虽然正义与发展党延续一党独大的执政优势，实现土耳其从议会制到总统制的转变，暂时具有反对党难以撼动的执政优势，但并没有根本解决政党内部民主缺乏的问题，而且通过修改宪法进一步弱化了坚持凯末尔主义的国家精英力量，损害了现代民主政治所要求的权力制约和司法独立原则，未遂政变后的整肃行动导致国家的政治自由度降低，对叙利亚危机的干预和张扬地区大国地位的做法、与美国关系的复杂多变和对俄罗斯的能源依赖使其外交灵活性受限，所以正义与发展党政府仍然面临诸多挑战。

第一节　正义与发展党的内部危机

作为多党民主政治框架下的执政党，正义与发展党的发展历程是土

---

[1] 张国清、何怡：《西方社会的治理危机》，《国家治理》2017 年第 12 期。
[2] 张国清、何怡：《西方社会的治理危机》。

耳其政党政治的缩影，无法克服土耳其政党体制下普遍存在的党内危机问题，也深受土耳其现代化进程中精英与民众二元对立的影响。党内危机在很大程度上影响执政效果，也加剧了执政党自身的危机。正义与发展党的内部危机主要体现在党内民主缺乏、政党内部分化加剧和党内腐败。"政党对党内民主的认知及重视程度直接决定了政党自身党内民主的发展状况，而党内民主的程度又直接影响执政党的兴衰存亡。"① 所以有必要探析执政党的党内民主问题，并由此阐发内部分化和腐败问题发生的内在根据。

一 执政党的党内民主缺乏

土耳其政党政治在借鉴西方国家的基础上发展而来，诸多政党在现行制度框架下具备西方式民主的典型特征。"党内民主的存在有赖于三个指标：包容性、分权化和制度化水平。当这些因素被侵蚀时，我预计党内民主也会同样被侵蚀，产生寡头政党统治，最终形成个人政党统治。"② 尽管土耳其宪法规定"政党的活动、党内安排和工作都遵守民主的原则"，但由于政党内部缺乏民主，不允许不同思想的竞争，导致土耳其的政治扇面非常分散，党内结构是以个人或领导人为基础的，而不是一种致力于解决问题的健康的民主结构。土耳其政党政治受威权政治传统影响，容易产生一个围绕少数关键人物而非意识形态的政治体系。正义与发展党的前身繁荣党领导人埃尔巴坎有一种傲慢的"个人主义领导风格"，这种风格使许多党员因失望而离开。美德党的改革派阿卜杜拉·居尔和埃尔多安认为，政党应该重新界定自己，以在形式上更欧洲化，包括高度的内部民主、包容性和分权化，相信个人主义的领导将使政党失去与选民的联系。③ 正义与发展党成立之初的章程指出："民主应是开展党内工作的主要途径"④，宣扬"致力于党内民主""参与和集体治理""交互领导"（interactive leadership）。章程的具体条款体现了西方式的民主原则：一是章程限制了各级组织党主席的任期，党主席的任期为三年，

---

① 周敬青等：《中外执政党治党与理政研究论纲》，第4页。
② Caroline Lancastera, "The Iron Law of Erdogan: The Decay from Intra-party Democracy to Personalistic Rule", *Third World Quarterly*, Vol. 35, No. 9, 2014, p. 1673.
③ Quinn R. Mecham, "From the Ashes of Virtue, a Promise of Light: The Transformation of Political Islam in Turkey", p. 349.
④ Sultan Tepe, "Turkey's AKP: A Model 'Muslim-Democratic' Party?" *Journal of Democracy*, Vol. 16, No. 3, 2005, p. 73.

且不得超过三届；镇、区、省主席的任期也是三年。① 二是党的各级大会的代表由党员选举产生，以实现党代表对最高决策和执行领导层的控制。三是各级执行委员会成员由管理委员会成员按照"普遍名单"方式，以无记名投票方式选举产生。四是党的中央组织和省级组织成立民主仲裁委员会，以和平解决党员和机构之间的分歧。② 2003年，正义与发展党对党纲进行修改，比较2002年党纲和2003年修改后的党纲就会发现有一些微小但非常重要的改变，影响了党内民主、选举和领导权。对于党内民主极为重要的名单投票制被清除，规定由政党领导人来任命候选人和党代表。正义与发展党修改党纲旨在扩大领导人的权威来对抗反对派挑战和内部分化，然而其高度异质的成员构成仍然存在意识形态差别。最初，这些不同力量能够团结起来角逐国家政权，内部分化问题并不明显。但随着权力巩固而导致分歧日渐出现，正义与发展党需要修改党纲以确保其权威，但这种破坏政党社会基础异质性的举措带来政党内部分化，政党内部民主深受影响。

在竞选和执政实践中，正义与发展党的成员和社会基础组成一系列非正式网络和组织，由于他们来自同一地区或同一苏非教团，能够在经济和政治上相互帮助，所以同乡认同和忠诚是政党内部非正式网络的主要纽带。在正义与发展党内部，个人情感纽带优先于意识形态认同，领导者扮演了比意识形态更为关键的角色，所以能够依靠个人魅力团结更多成员，这就在埃尔多安周围形成一个忠诚领导人的小圈子，包括欧麦尔·切里克、穆查希特·阿斯兰（Mucahit Aslan）和居内伊特·查普苏（Cüneyt Zapsu）等。有学者指出，埃尔多安是正义与发展党存在的关键，埃尔多安的人格魅力是其真正的权力。没有埃尔多安，正义与发展党就像一个没有灵魂的身体。③ 正义与发展党议员图兰·彻梅兹（Turan Çömez）曾批评政党内部缺乏民主，"我们并不是玩偶士兵。我们希望能够为政府议案举手表决"④。不过，埃尔多安的亲密战友胡塞因·巴斯利

---

① 《正义与发展党章程》英文版，第24、31、36、75条。
② 《正义与发展党章程》英文版，第98、99条。
③ Bilal Sambur, "The Great Transformation of Political Islam in Turkey: The Case of Justice and Development Party and Erdogan", *European Journal of Economic and Political Studies*, Vol. 2, No. 2, 2009, p. 121.
④ *Milliyet*, December 9, 2005. 转引自 M. Hakan Yavuz, *Secularism and Muslim Democracy in Turkey*, p. 100。

(Hüseyin Besli) 则指出,"正义与发展党并没有身份或意识形态。使其成为一个以领导为中心的 (leader-centered party) 政党是必要的,这样领导可以根据其喜好来塑造它。如果政党已经确立一个身份和意识形态,囿于政党内部不同派别的压力将很难生存。而且政党意识形态能够限制其行动。我相信没有身份认同的政党展现了土耳其社会的成熟。民众不需要身份认同或意识形态,而需要一个提供社会服务和做好事情的领导人。换句话说,正义与发展党没有身份认同,但是其成员和活动家有其自身的身份认同。政党的任务并不是同化或分解这种认同"①。实际上,政党认同是指政治主体在政治和社会生活中对政党产生的一种思想、情感和意识上的归属感,是其对政党作出的一种心理反应和行为表达。② 这是正义与发展党内部缺乏民主的有力证据。

虽然正义与发展党极力展示其作为土耳其"民主化党内结构的模型",但随着其执政基础日趋巩固,政党内部的民主化探索和国家层面的民主化进程逐渐停滞。正义与发展党的主要问题是缺乏协作,个人裙带关系至上和缺乏信任。一位颇具影响力的市长埃罗尔·卡亚(Erol Kaya)指出,"正义与发展党的主要问题是政府内部、政府与议员、政党组织内部和之间缺乏沟通。我们主要通过报纸来了解彼此,并没有合适的沟通网络。政党并没有认同,也没能提供任何形式的认同。它就像一个超级市场,你可以去那里购买商品,商场不会给你认同。正义与发展党需要超出商场的功能……不能仅仅是寻求商品出售的人和网络集合体"③。党内民主的缺乏使得正义与发展党内部不允许存在不同声音,反对声音通常被视为对领导权威的挑战。2003 年的正义与发展党全国代表大会确立了埃尔多安的党内绝对权威,并控制所有的政治组织,依靠选举权将党内持不同意见的人排斥出去。曾担任埃尔多安政府副总理的埃尔图格鲁·雅欣巴耶尔(Ertuğrul Yalçınbayır)因为坚持提升党内民主的法律改革而被免职,他宣称正义与发展党内部缺乏民主和话语空间,需要改革

---

① 转引自 M. Hakan Yavuz, *Secularism and Muslim Democracy in Turkey*, p. 85。
② 参见柴宝勇《西方政党组织和政党认同的关系》,《当代世界与社会主义问题》2009 年第 2 期。
③ Interview with Kaya (Pendik), January 6, 2005. 转引自 M. Hakan Yavuz, *Secularism and Muslim Democracy in Turkey*, p. 104。

以保证党内的充分竞争和减少来自领导人的压力。① 许多正义与发展党议员抱怨说很难进入政府各部，批评埃尔多安搞一言堂，"在所有的政治体系中都有……魅力四射的个性。然而，当这些人变得非常重要，使机构黯然失色时，政治（或政党）就会改变，不可避免地变成寡头政治"②。这同样体现在埃尔多安连续赢得大选，尤其是成为实权总统之后。

  正义与发展党本身存在诸多矛盾之处，寻求改革土耳其政治制度和国家社会关系，却宣称其政治认同是保守的民主；捍卫政治参与和多元主义，却不给党内民主更多空间；坚称分权和地方管理是解决土耳其政府机构负担过重的方法，却努力寻求自身的结构和决策的集中③，这都使党内民主缺乏成为影响其发展的痼疾。如果没有党内民主，民主的运作对大多数人来说仍然是纯粹的概念性的，党内民主需通过促进政党内部的包容性和深思熟虑的实践提高公众参与的质量。斯卡罗（Scarrow）称内部民主是培养公民政治竞争能力的"孵化器"，实行内部民主的政党也是民主原则的载体。④ 所以党内民主的缺乏直接影响正义与发展党执政期间的民主化进程，也影响了党内的政治生态。近年来，正义与发展党党内政治生态状况不佳，存在派系纷争、贪腐现象、党员流失以及政党认同下降等问题，导致正义与发展党在2018年总统选举和议会选举、2019年地方选举中失去许多选票，丢失传统优势城市，如伊斯坦布尔等。为净化党内政治生态，正义与发展党进一步加大党建力度，在领导人任免规则、党员作风、廉政建设、党内民主等方面采取一系列举措，以重塑政党形象。这在一定程度上助力其2023年议会选举和总统选举的成功。

  "政党是推进民主政治的工具。领导民主政治的党，自身也应当是民主的。"⑤ 党内民主是保证政党活力和蓬勃发展动力的关键因素，注重党

---

① Arda Can Kumbaracibaşi, *Turkish Politics and the Rise of the AKP: Dilemmas of Institutionalization and Leadership Strategy*, p. 147.

② Forrest D. Colburn and Arturo Cruz S., "Personalism and Populism in Nicaragua", *Journal of Democracy*, Vol. 23, No. 2, 2012, p. 105.

③ M. Hakan Yavuz, *Secularism and Muslim Democracy in Turkey*, p. 99. M. Hakan Yavuz, "Introduction: The Rise of the New Bourgeoisie in the Transformation of the Turkish Islamic Movement", in M. Hakan Yavuz ed., *The Emergence of a New Turkey: Democracy and the AK Parti*, p. 10.

④ 转引自 Chris C. Ojukwu and Tope Olaifa, "Challenges of Internal Democracy in Nigeria's Political Parties: The Bane of Intra-party Conflicts in the People's Democratic Party of Nigeria", *Global Journal of Human SocialScience*, Vol. 11, No. 3, 2011, pp. 25-34。

⑤ 王长江：《现代政党执政规律研究》，上海人民出版社2002年版，第218页。

内民主的政党往往具有较强活力,缺乏党内民主的政党尽管初期发展平稳,但会逐渐走向衰败,所以加强党内民主是执政党内部建设的关键因素。"事实证明,党内的独裁最终导致权力过分集中,党员的意愿无法表达,党内的诉求得不到满足,党员的权利得不到保障,最终必然造成党员对党组织失去政治信任,进而导致政党的分裂、解体甚至败亡。"① 而且,党内缺乏民主也是政党内部分化和斗争的根源所在。

二 执政党的内部分化与斗争

党内民主缺乏和效率低下将有可能导致政党内部冲突和分裂,正义与发展党为此提供了鲜明例证。正义与发展党作为伊斯兰政党的继承者,代表了伊斯兰力量的改革派诉求;作为21世纪中右政党的代言人,体现了趋于衰落的中右政党力量的新方向;作为不同思想意识和政治旨趣力量的综合体,利益群体的多元化和意识形态的差异加剧了内部分化,社会基础也在执政实践中呈现出变动不居的特征。正义与发展党本身具有融合性特征,集合中右翼、右翼力量、伊斯兰主义者、自由派力量、民族主义力量和中小企业主等,他们大致可以划分为两个群体:一是政治精英、领导人、缔造者、传统主义者以及精英任命的地方行政人员和官僚,他们由于对治国方略的差异而产生内部矛盾;二是后期进入政党的外来者,他们来自其他政党,秉持不同的意识形态,加入该政党由于其新奇特征或对其他政党不满,立场的摇摆使其很容易脱党并建立新的政党。

正义与发展党成立之初,党内政治精英之间形成相互信任的协作关系。尽管埃尔多安是正义与发展党最强大的领导者,在他之下还有几位颇具影响力的领导人,包括阿卜杜拉·居尔、亚基斯和布伦特·阿林奇、阿里·巴巴詹(Ali Babacan)等,他们是强化正义与发展党中央执行委员会凝聚力的黏合剂,每个人在思想和政策上的细微差异都能起到平衡的作用。正义与发展党作为一个新政党的成功可以归因于这些差异。② 2002年11月,正义与发展党赢得议会选举,由于埃尔多安的从政禁令尚未解除,居尔出任政府总理,但埃尔多安被视为事实上的政府首脑,因为与外国领导人会面的是他而非居尔。埃杰维特曾警告说:"由于正义与

---

① 周敬青等:《中外执政党治党与理政研究论纲》,第4页。
② 参见 Ziya Onis and Emin Fuat Keyman, "A New Path Emerges", *Journal of Democracy*, Vol. 14, No. 2, 2003, pp. 95–107。

发展党的选举胜利使得土耳其面临严重的问题，……不是总理的人将掌控政府，土耳其将被一个影子总理和政府管理。"① 与此同时，正义与发展党政府迅速修改宪法以清除埃尔多安执政的障碍。2022年12月末，最高选举委员会通过议会补缺选举，选举埃尔多安为议员。2003年3月9日，埃尔多安当选总理，而居尔改任外长。此时居尔在党内拥有几乎和埃尔多安一样影响力，充当平衡器和缓冲力角色。从正义与发展党执政之始就存在双重领导问题。在2003年1月末的独立工商业联合会会议上，企业家公开表达对双重领导安排的不满，"这种双重领导境况不应该这样"②。这也为党内分化埋下了伏笔。正义与发展党统治相对平稳后着手修改政党章程，增加新条款允许政党精英"推荐"候选人，以确保党内反对派不能渗透到中央领导层，但赋予了政党领导人"不受限制的权力"。③

2007年，在塞泽尔总统、军方与埃尔多安的权力角逐中，居尔作为埃尔多安的得力助手当选总统，实现了正义与发展党对总统、议会和政府的完全控制。此时埃尔多安对政党内部的分化保持警惕，排挤了党内政见歧异者，内务部部长阿布杜拉提夫·申纳（Abdullatif Şener）、教育部部长胡塞因·切里克（Hüseyin Çelik）因为公开表达对埃尔多安的不满而在2007年大选中没能进入议会。居尔当选总统后根据宪法规定脱离政党身份，埃尔多安成为正义与发展党和政府的唯一领导人。由于居尔颇具影响力，有人怀疑其将利用这种影响力改变正义与发展党的结构，后来埃尔多安对居尔的防范和排挤不能不说与这种怀疑有关。布伦特·阿林奇由于公开表示对埃尔多安领导权的质疑和提名居尔当选总统候选人的不满，在2007年议会选举后，被科沙尔·托普坦（Köksal Toptan）取代了大国民议会议长职位，被迫离开正义与发展党领导层。科沙尔·托普坦来自中右阵营，执政党此举旨在平息世俗主义者对其具有隐匿的、将土耳其转变成为伊斯兰国家的怀疑，但不久后却任命来自民族观运动的穆罕默德·沙辛（Mehmet Ali Şahin）担任大国民议会议长以取代科沙尔·托普坦，体现了正义与发展党强化统治权威的倾向。

面对2007年总统选举危机和2008年正义与发展党几近被取缔的局

---

① Muammer Kaylan, *The Kemalist: Islamic Revival and the Fate of Secular Turkey*, p. 414.
② Marcie J. Patton, "The Economic Policies of Turkey's AKP Government: Rabbits from a Hat", *Middle East Journal*, Vol. 60, No. 3, Summer 2006, p. 530.
③ Sultan Tepe, "Turkey's AKP: A Model 'Muslim-Democratic' Party?" p. 74.

面，埃尔多安借助修改宪法来推行总统制和重塑司法检察机构。尽管正义与发展党通过全民公投实现了修宪目的，阻止了世俗的军事和司法机构推翻民选政府和实现民主巩固，但反对派认为埃尔多安只是想巩固自己的权力。① 不过，埃尔多安借机推行总统制，此间正义与发展党内部分裂趋向更趋明显。正义与发展党内部追随居尔的中间派反对埃尔多安的总统制野心，葛兰运动成员也对相对温和的居尔持支持态度。2011 年年底，居尔总统第一次否决正义与发展党政府通过的法律，土耳其媒体普遍认为居尔此举是与埃尔多安公开决裂的标志。对于埃尔多安来说，居尔是他实现总统制的重要障碍，因为居尔为人谦和，政治主张相对温和，因而得到西方国家和葛兰运动支持。而且，居尔在繁荣党、美德党时期较为活跃，先后担任总理、外交部部长和总统，在民众中颇具声望。为了使可能对自己构成威胁的居尔远离政治，埃尔多安积极推进土耳其从议会制向总统制的转变。2007 年的宪法修正案规定实现全民直接选举总统，总统任期由 7 年改为 5 年，可以连任两届，但并未明确规定是否适用于现任总统居尔。埃尔多安先是在 2011 年议会选举中清除了居尔的支持者，2012 年又借助议会通过一项法律，规定居尔作为总统适用于旧规定，暗示其不能连任。不过，宪法法院在同年 6 月做出决定，规定居尔的总统任期为 7 年，但他可以再连任 5 年。也就是说，居尔在总统任期届满后，可以再次参加总统竞选。对居尔政治前途有利的这一决定使埃尔多安和居尔的关系更加紧张。相对于埃尔多安越来越趋于威权政治的倾向，"那个耐心地允许就一些小问题进行辩论的埃尔多安一去不复返了，相反，另一个越来越不能容忍批评、对党内外的建议和辩论充耳不闻的埃尔多安出现了"②。居尔的表现让人相信他将继续深化民主化改革进程。埃尔多安多次建议土耳其加入上海合作组织，称上海合作组织不仅比欧盟更强大，而且与土耳其有共同价值观；居尔则坚持认为土耳其应该继续入盟努力，这体现了二者政见的分歧。2013 年，居尔总统开始公开表达自己的观点，并寻找潜在的政治盟友。此时正义与发展党内部也存在忠诚于居尔的政治力量，比如以副总理阿里·巴巴詹为代表的成员主张接近欧洲，

---

① Meltem Muftuler-Bac and E. Fuat Keyman, "The Era of Dominant-party Politics", *Journal of Democracy*, Vol. 23, No. 1, 2012, pp. 85-86.

② Svante E. Cornell, "Erdogan's Looming Downfall: Turkey at the Crossroads", *Middle East Quarterly*, Vol. XXI, No. 2, 2014.

主张民主化。另外，随着正义与发展党与葛兰运动盟友关系的终结，国内的葛兰运动成员转而支持居尔。针对 2013 年夏天盖齐公园的抗议示威行动，居尔总统与埃尔多安意见不一，居尔含蓄地批评了政府的强硬态度，得到隶属葛兰运动的传媒机构声援。2014 年 7 月，埃尔多安被推选为正义与发展党的总统候选人，随后居尔表示总统任期届满后"将回到自己的政党"。不过，由于埃尔多安很巧妙地打了一个时间差，在居尔卸任总统的前一天宣布正义与发展党的新主席为达武特奥卢。达武特奥卢作为外交智囊和外交部部长深得埃尔多安信任。这就排除了居尔重返正义与发展党并担任领导人的可能，卸任总统之职后的居尔逐渐远离了正义与发展党。

2014 年 8 月 14 日，埃尔多安当选为总统；8 月 21 日，达武特奥卢在第一届正义与发展党特别代表大会上成功当选政党主席，后接替埃尔多安担任总理并组建新政府。埃尔多安担任总统以来，发起一系列强势的政治改革，通过修改宪法授予总统更多实权，以为实施总统制提供宪法根据。2014 年 8 月至 2016 年 5 月，达武特奥卢总理与埃尔多安总统之间关于政治改革、难民问题、库尔德问题和推行总统制方面的政治分歧愈益尖锐。2015 年 2 月，当达武特奥卢试图推行"透明度法"的反腐措施时，被埃尔多安以"不成熟""时机未到"为由驳回。2015 年 6 月议会大选前，埃尔多安和达武特奥卢即各自拟定了一份不同的候选人名单，这反映了二者之间立场的迥异。2016 年 4 月下旬，在达武特奥卢总理访问卡塔尔期间，正义与发展党中央决策与管理委员会投票决定将任命省级和地区党组织领导人的权力交由中央决策与管理委员会，虽然政党新闻发言人强调此举为政治生活的正常运作，但事态的进一步发展证明这完全是党内政治斗争，"鹈鹕文件"①的泄露更加剧了党争的激化。匿名者向媒体泄露的"鹈鹕文件"展示了达武特奥卢在党内组织自己力量以削弱埃尔多安党内影响力的尝试。该文件还泄露了达武特奥卢在国家部门组建平行组织的努力，进一步激化了埃尔多安与达武特奥卢的矛盾。在各方面压力下，达武特奥卢宣称："我决定辞职，在目前的条件下，我将不再寻求成为新一届党主席的候选人。根据法律，我本来应该有四年

---

① 2016 年 4 月泄露的"鹈鹕文件"详细介绍了埃尔多安和达武特奥卢在涉及国家和党内政治发展若干问题上的分歧，共涉及 27 个项目，其中包括在立法上的分歧。例如，埃尔多安反对并停止的"透明度法"，以及 2013 年土耳其政府四位部长的腐败丑闻事件，关于库尔德问题的政策冲突问题，指控达武特奥卢试图建立自己的媒体，以及审查亲埃尔多安的媒体等项目。

的任期，但是根据目前的形势，我不得不提前结束我的任期。我和其他党员进行了交流，为了正发党的团结，最好的方式就是选举新一届主席。"① 达武特奥卢表示辞职后不会退出正义与发展党，也不会分裂政党，"我对于任何人都没有不满、责骂或者愤怒"②。2016年5月，达武特奥卢辞职，进而退出正义与发展党的权力核心。实际上担任总理仅两年的达武特奥卢辞职应归因于正义与发展党的内部党争。达武特奥卢辞职给正义与发展党的执政连续性带来一定挑战，这意味着埃尔多安需要选择一个忠实的政治伙伴来推进总统制，而耶尔德勒姆就成为接替达武特奥卢的最合适人选，埃尔多安随后任命耶尔德勒姆组建新政府。耶尔德勒姆政府积极推动宪法修订，推动议会选举与总统选举的提前举行，加强对反对派的政治清洗，为实现总统制扫清障碍。在2018年大选之前，反对党一度设想推举阿卜杜拉·居尔为总统候选人，试图借其声望来与埃尔多安竞争。2018年4月28日，阿卜杜拉·居尔在新闻发布会上指出，反对党有推选其作为联合候选人的动议，但他并没有接受，结果共和人民党、好党和幸福党分别提出各自的总统候选人。尽管如此，耶尔德勒姆批评居尔说，其应该与正义与发展党站在一起，而不是成为其作为潜在的总统候选人的谣言中心。2018年大选后，埃尔多安积极吸纳支持者组建新政府，将财政部部长一职交给其女婿贝拉特·阿尔巴伊拉克，任命挫败军事政变和政治清洗有功的总参谋长胡卢西·阿卡尔担任国防部部长，外交部部长梅夫吕特·恰武特奥卢和内务部部长苏莱曼·索伊卢延续政府职务，新政府完全处于埃尔多安的控制之下。正义与发展党内部的权力更迭体现了执政党内部的激烈斗争，新政府组建后的里拉暴跌也加剧了内部治理危机。

埃尔多安和正义与发展党在2019年地方选举中严重受挫，而党内的反对力量不断增长，执政联盟内部出现裂痕，这在一定程度上导致其在地方选举中遭受重创。地方选举前后，前副总理阿里·巴巴詹、前总统阿卜杜拉·居尔和前总理艾哈迈德·达武特奥卢宣布另行组建新政党，执政联盟内部的分裂已不可避免。尽管土耳其目前还不存在真正能够撼

---

① 《土总理达武特奥卢宣布辞职，各反对党对总统强烈批评》，环球网，http://world.huanqiu.com/hot/2016-05/8864641.html。
② 《土耳其总理宣布辞去执政党党首职务，土总统进一步集权》，环球网，http://world.huanqiu.com/exclusive/2016-05/8862537.html。

动埃尔多安执政地位的政治力量，但正义与发展党的庇护主义倾向，土耳其脆弱的经济形势，不仅成为反对派攻击的口实，也有加剧执政党内部进一步分化的风险。

三 执政党的权力腐败问题

土耳其是中东地区民主化程度最高的伊斯兰国家，但仍然存在权力腐败问题，哈贝马斯在论述非民主制度的成本时指出，权力的日益集中和不受监督导致利益集团的寻租行为更加猖獗。权力对市场的干预使原本统一的市场可能在某些利益集团寻求权力保护时遭到分割，而一个分割了的市场也就意味着具有共同社会道德、理想和民主诉求的公共领域的衰退，它将成为社会内耗与权力阴谋下的牺牲品。[①] 所以利益集团的寻租行为不仅使正义与发展党的社会基础遭到削弱，而且成为反对派和葛兰运动攻击其统治的口实。社会转型期党内腐败现象的滋生和蔓延严重损害了执政党的政治形象，削弱了党的政治凝聚力，对党的领导权威和执政合法性构成严峻挑战。亨廷顿指出："腐化程度与社会和经济迅速现代化有关……但在绝大多数文化中，腐化现象在现代化进程中的最激烈阶段就会最广泛地蔓延于整个官场。"[②] 腐败官员对民众的诉求视而不见，僵化的政治体制严重压抑了民众的权利和自由，民众在现有体制下找不到有效途径来表达自身诉求和维护自身合法权益，不满的聚集就会爆发游行示威、军事政变等，对执政党统治构成威胁。

正义与发展党自上台执政以来，与利益集团的内在关联使其有涉及腐败的嫌疑，包括反对党和葛兰运动成员也试图从反腐角度对执政党提出质疑。2013年12月17日，伊斯坦布尔警察部门发起针对正义与发展党成员的腐败调查，指称正义与发展党政府的多名部长、市长和家属涉嫌腐败，司法机构逮捕47人，包括正义与发展党政府三位部长的儿子：内政部部长穆阿迈尔·居莱尔（Muammer Güler）的儿子巴瑞什·居莱尔（Barış Güler）、经济部部长扎菲尔·恰拉扬（Zafer Çağlayan）的儿子卡安·恰拉扬（Kaan Çağlayan）、环境和城市化部部长奥古兹·巴伊拉克塔尔（Oğuz Bayraktar）的儿子埃尔多安·巴伊拉克塔尔（Erdoğan Bayraktar），被拘留的还有伊斯坦布尔法蒂赫区的区长穆斯塔法·德米尔

---

① ［德］尤尔根·哈贝马斯：《公共领域的结构转型——论资产阶级社会的类型》，曹卫东译，学林出版社1999年版，第200—205页。

② ［美］塞缪尔·P. 亨廷顿：《变化社会中的政治秩序》，王冠华等译，第45页。

（Mustafa Demir）、土耳其国有银行行长苏莱曼·阿斯兰（Suleyman Aslan）以及从事黄金交易的伊朗商人礼萨·扎拉布（Reza Zarrab）等。隶属葛兰运动的警察和法官在此次反腐败调查中发挥了重要作用，其并不在于实现打击腐败或恢复法治，而是要挑战埃尔多安的权威。正义与发展党政府强烈否认贪污指控，埃尔多安声称逮捕是检察官、警察和法官与葛兰运动的一次通过"司法政变"推翻政府的尝试，埃尔多安和其儿子之间以及部长们与其儿子之间的录音带的泄露加剧了该问题的恶化，而埃尔多安的迅速反应帮助政府获得了政治话语的控制权。葛兰运动针对正义与发展党政府的腐败指控给土耳其政治生活蒙上了阴影，破坏了正义与发展党在立党之初所极力标榜的纯洁的形象，加剧了执政党和葛兰运动之间的对抗，也为正义与发展党镇压和清洗葛兰运动提供了条件。

2016年7月15日，土耳其爆发震惊世界的军事政变，埃尔多安当机立断挫败政变图谋。尽管未遂军事政变并不与执政党的腐败问题直接相关，但仍然是2013年葛兰运动针对正义与发展党反腐败调查的纵深延伸，随后执政党加大对反对派和葛兰运动成员的清洗，并加大对政党内部腐败的治理力度。埃尔多安将葛兰运动视为社会上的"癌症病毒"，发誓将其从政府和社会生活的每一方面清除，成千上万的军方人员被撤职、调查或被监禁，警察和司法人员被拘留或被解雇，强大的国家机构被破坏，一半以上的将军和海军上将被革职并被关进监狱，这将直接削弱土耳其打击库尔德分离主义者和"伊斯兰国"组织的能力。更重要的是，军方、警察和情报部门之间并不具备足够的信任来促进内部和彼此之间的合作。大规模清洗带来民众的不满，直接导致正义与发展党在2019年地方选举中的相对失利。就目前而言，正义与发展党在腐败治理方面尚未形成有效举措，而且腐败的存在也与政党运行机制有关，"建立健全党内权力运行规范机制，就是依靠稳定的可持续的制度建设保障权力运行实践的规范性，一方面将权力运行以规范的形式确定下来可以减少党内权力运行的成本，形成和维护党内权力的正常秩序；另一方面能够保障党内一切决策过程中最大限度地包容和吸纳各种利益诉求，更好地开展协商对话，更主动地寻求共识，使党员通过直接或间接方式决定党内重大事务，控制党内权力，减少权力寻租的空间"。① 这也将是正义与发展党努力的方向。

---

① 王利：《权力规约视阈下党内民主的发展逻辑》，《求实》2017年第2期。

第二节 正义与发展党的执政危机

正义与发展党自2002年以来连续六次赢得大选而形成一党独大的执政地位，保持了其他政党难以撼动的执政优势。土耳其在照搬、借鉴西方代议制民主的基础上形成多党民主政治，正义与发展党打着整合保守主义与民主的旗号实现政治经济社会的长足发展。自2011年第三次执政之后，正义与发展党放慢改革步伐，从议会制向总统制的转变在强化埃尔多安政治威权的同时，带来社会基础的收缩和民粹主义浪潮的兴起，私有化的发展战略和过分依赖外资造成严重的里拉危机，民族开放政策的停滞导致民族宗教问题未能解决和多元主义倾向收缩，库尔德问题的跨国性和外来干预导致问题更为突出。现实主义外交背景下土耳其的地区外交呈现与其实力并不匹配的霸权倾向，东西方枢轴国家的定位也使其外交陷入被动……正义与发展党政府的治理危机频繁发生，经济危机时断时续，多边外交力量深受掣肘，文官与军方的权力博弈持续，导致其未来发展充满不确定性。

一 民主政治模式的危机

毫无疑问，土耳其是中东地区民主化程度最高的国家，通过奥斯曼帝国晚期以来的立宪运动确立了现代民族国家的宪政民主框架，通过效仿西方多党民主政治确立了现代政党政治的基本架构，但在西方式民主遭遇全面危机的今天，正义与发展党统治下的土耳其也遭遇一系列民主危机，主要表现为选举政治下精英政治和民众政治的兴起，精英政治一方面强化自身的威权统治，另一方面依靠民粹主义热情对抗反对派，形成了民主政治发展中的悖论。

1. 西方代议制民主造成的困境。代议制民主是在直接民主的基础上，经过长期发展演化才固定下来成为西方国家普遍采用的模式，也被诸多国家视为最适合现代社会的民主模式。长期以来，西方国家向非西方国家强制推行自己的价值观、政治制度，"二战"以来的土耳其无论在政治上、经济上还是外交上都是西方国家的拥趸，并将其民主制贯彻到现代化实践中。西方现代化模式与土耳其所固有的传统相结合，非但未能弥补精英与民众的沟壑，反而在精英掌握财富和权力方面走得更远。在西方代议制民主架构下,"民主被拥有财富和权力的少数人掌控,精英阶层是社会议题和进程的决策者,民众被似是而非的民主制度所蒙骗,民主成为糊弄大众的幻象"①。在正义与发展党执政期间,以工商业联合会为代表的传统商业精英和以独立工商业联合会为代表的穆斯林中产阶级之间的界限越来越淡化,他们是新自由主义市场经济的支持者,作为国家精英主导了土耳其的政治经济生活;正义与发展党的精英阶层正是依靠他们的支持而蝉联执政,并逐渐控制了政府、议会和司法机构。正义与发展党通过宪法修正案逐渐强化对司法机构的控制,以 2010 年宪法修正案为例,宪法修正案通过改变最高法官与检察官委员会的成员遴选机制,将司法系统而不仅是法官任命权置于政府控制之下,此举不仅严重削弱了司法部门的权力,而且赋予政府更多影响司法的权力,显然是对议会制原则的背离。再以 2017 年宪法修正案为例,旨在实现总统制的宪法修正案进一步强化了总统权力,导致立法机构、司法机构的权力进一步弱化,规定总统拥有无条件解散议会和议长的权力,规范议会对政府监督的程序和职责范围,规定总统作为行政首脑有权就国内和国际政策在议会发表演讲,有权决定国内安全政策,有权在未经大国民议会批准的情况下任命和解聘高级公职人员,可以不经大国民议会任命而签署行政命令……根据代议制原则,作为民选机构的议会本应是国家最高权力机关,但在执政实践中却逐渐出现了行政权凌驾于立法权之上的趋势,从而在一定程度上使议会成为为政府政策合法性"背书"的机构。代议制民主完全背离了其设计者的初衷,不再是为"人民利益"代言的民主机构,而是越来越成为为少数"精英"服务的政策工具,在所谓"精英民主"的道路上越走越远。② 精英民主论的坚持者约瑟夫·熊彼特等认为,由于普通民众对政治缺乏兴趣和能力,而政治精英在政治上具有相对优越性,因此理应由那些对政治和其他公共事务感兴趣并具备一定才能的精英来治理国家。③ 表面上看似乎不无道理,但当精英将民主作为工具时便会带来更多问题。民主只是一套制度性的程序,即政治家竞取领导权的一种

---

① 张国清、何怡:《西方社会的治理危机》,《国家治理》2017 年第 12 期。
② 李靖堃:《欧洲民主制度之困:合法性与有效性危机》,《人民论坛·学术前沿》2017 年第 7 期上,第 51 页。
③ 参见[奥]约瑟夫·熊彼特《资本主义、社会主义与民主》,吴良健译,商务印书馆 2009 年版。

过程；民主原则仅仅意味着政府的权力应交给那些获得了更多选票的人。民主的目标不再是把决定政治问题的权力授予全体选民，而是"民主政治就是政治家的统治"。由此可见，该理论将少数政治精英而不是人民大众作为政治过程的核心和支配力量，选民只有选择精英的权利，而没有实施统治权的权利。也就是说，民众只有在投票时拥有"民主"权利，投票结束之后民众就不能再对国家决策发挥任何影响。① 实际上，"选举政治是西方式民主模式的关键环节，通过众多的程序性和技术性设置，依靠选举进入议会的政党与政治精英组成在既定任期内执掌国家权力的政府。这既是现实中代议制民主模式的理想逻辑，同时隐含了精英治国的民主理念。其基本假设是，通过一种正确选举方法选择出的有能力、负责任的政治精英可以更好地对国家或地区事务实施公正有效的管理"②。"西方代议制民主模式的危机加剧了西方国家常设性制度机构与偶然性全民公投，充斥着焦虑敌意的民众与自私傲慢的精英群体之间的裂痕。"③

全民公投作为民众对政治精英长期忽视其需求的一种"反抗"而蔚然兴起。近年来，全民公投成为解决政治危机、地区冲突和民族矛盾的常规手段，并被全球多数国家所接受。安东尼·吉登斯指出，"全球化向下的压力不仅仅带来不同于传统投票程序的民主形式的可能性，同时带来必要性"，通过公投这样一种民主实验，政府和公民之间可以"再次建立更直接的联系"。④ 还有学者指出："全民公投为政治异议行为者提供了一种大众反抗的媒介，通过直接的大众干预正当化以及在恰当时候取消宪法断裂行为。"⑤ 所以全民公投已成为当今世界较为普遍的政治现象。实际上，全民公投是一种极端的民主方式，并不是法治国家的正常行为。而且民主只是选举政权的方式，并不承担改善民众生活水准之类的责任。

---

① 李靖堃：《欧洲民主制度之困：合法性与有效性危机》，第 51 页。
② 郇庆治：《当代西方政党政治的三重危机》，《人民日报》2017 年 7 月 2 日，新华网，http://www.xinhuanet.com//world/2017-07/02/c_129645434.htm。
③ 郇庆治：《当代西方政党政治的三重危机》，《人民日报》2017 年 7 月 2 日，新华网，http://www.xinhuanet.com//world/2017-07/02/c_129645434.htm。
④ Anthony Giddens, *The Third Way: The Renewal of Social Democracy*, Malden: Polity Press, 1998, p. 75.
⑤ [英] 史蒂芬·蒂尔尼：《谁的政治宪法？全民与全民公投》，翟志勇译，《北京航空航天大学学报》（社会科学版）2015 年第 2 期。

况且，民主没有放之四海皆准的实践模式，借民主之名推行全民公投也会带来诸多问题。西班牙《世界报》曾指出："公投成为执政精英无力巩固权力、推动计划或需要烟幕弹时的一种逃避方式。"① 正义与发展党可谓土耳其政治舞台上将全民公投利用得淋漓尽致的政党，全民公投给其带来的影响和挑战也是需要我们关注的。

一方面，全民公投作为代议制民主的重要补充，有效地突破了1982年宪法所确立的框架，但凸显了意识形态分歧和社会力量分化，增加了正义与发展党的执政困境。土耳其共和国成立后，通过一系列世俗化改革实现了现代民族国家的政治建构，凯末尔主义作为官方意识形态被写入国家宪法体系中，但是精英与民众的二元对立和官方思想意识与民众文化认同的相对疏离导致土耳其现代化进程中普遍存在世俗主义与伊斯兰主义的对立。土耳其启动多党民主制后，伊斯兰主义力量日趋活跃，伊斯兰主义者在政治和道德领域以复兴伊斯兰文化的名义参与国家政权和民众道德价值的重塑；军方和司法机构以国家政治秩序的维护者自居，极力捍卫凯末尔主义的国家主导意识形态地位，先后四次以抵制伊斯兰主义威胁和维护凯末尔主义主导地位为名发动军事政变，以使国家重回世俗主义的发展轨道。土耳其政坛长期存在左右翼分野，存在以共和人民党、民主左翼党为代表的中左政治力量和以正义党、祖国党、正确道路党和正义与发展党等为代表的中右政治力量。正义与发展党政府成立后，伊斯兰主义与世俗主义的斗争、左右翼政治量的分野加剧。作为凯末尔主义的捍卫者，军方认为具有深厚伊斯兰背景的正义与发展党有隐匿的政治目的，因而在2002年以来的五次大选中通过支持反对党来抗衡正义与发展党，并采取一系列行动干预其执政实践：2007年反对居尔竞选总统，导致2007年大选的提前进行和全民直选总统的宪法修正案的出台；2008年，军方授意宪法法院取缔正义与发展党；2010年，军方发动民众抗议政府逮捕涉嫌"大锤计划"的军方高官，导致2010年宪法修正案对军方和司法机构的重塑，并以全民公投方式获得通过；2011年，军方以总参谋长联合海陆空三军统帅总辞职的方式抗议检察机关对众多现役和退役军官的调查；2016年，军方试图发动政变推翻正义与发展党统

---

① 《披着民主外衣　政客逃避责任　欧洲各国遭遇危机爱搞公投》，《参考消息》2016年3月9日第10版。

治，导致埃尔多安总统实施国家紧急状态和对国家军警、司法和传媒机构的清洗，并制定旨在实施总统制的宪法修正案以全民公投方式获得通过。包括正义与发展党在内的执政党通过突破1982年宪法框架的一系列宪法修正案逐步弱化军方的政治地位：2001年宪法修正案将司法部部长和副总理吸纳入国家安全委员会以降低其中的军官比例；2004年宪法修正案废除总参谋长对高等教育委员会成员的任命权，取缔国家安全法院，废除税务法庭对军队进行审计的宪法障碍等；2010年宪法修正案取消军方的部分司法豁免权，重塑宪法法院和最高法官和检察官委员会等；2017年宪法修正案限制和取缔军事法院，将更多军事案件纳入国家司法体系中……对军方和国家权力机构的控制不仅体现了土耳其国家治理的新动向，而且暗含了世俗主义与伊斯兰主义的博弈。由于部分宪法修正案未能在议会层面获得通过，所以执政党通过诉诸全民公投以裁定宪法修正案，进一步以民主名义排斥军方和凯末尔主义政党的政治地位。"但以全民公投为代表的直接民主方式似乎也不是解决合法性问题的良方，除了技术上的操作难度过大、决策过程过于冗长等问题，与代议制民主一样，全民公投也存在着代表性与合法性不足的问题。更有甚者，在公投结果与议会意愿相悖的情况下，还会引发民主合法性来源的冲突。"[①] 所以说，在正义与发展党打着"保守的民主"旗号复兴伊斯兰传统和构建地区大国地位时，其与凯末尔世俗主义及其追求的"回到我们自然的合理的限度中去"与脱亚入欧的外交传统形成鲜明对比，2013年一场源于塔克西姆广场改造的环保运动演变成为反政府抗议活动，表面原因是民众抗议政府强行改造塔克西姆广场和对埃尔多安政府的不满，深层因素则是世俗主义者与伊斯兰主义者之间的利益碰撞。伴随着2016年未遂军事政变的被镇压和军队及政府传媒机构被清洗，凯末尔主义者遭遇严重危机，但土耳其社会中基于伊斯兰主义与世俗主义的冲突仍将继续。

作为后发现代化国家，土耳其从传统社会向现代社会的转型过程中，自上而下的现代化改革伴随着精英与民众之间的二元对立，凯末尔政权的一党制统治具有精英政治的鲜明特征。随着民主化进程的发展和城市化进程的推进，广泛的政治动员和民众的政治参与在一定程度上弥合了

---

① 李靖堃：《欧洲民主制度之困：合法性与有效性危机》。

精英与民众的独立、中心与边缘的沟壑，但社会的分化和社会间的阶层流动仍在进行，伴随着意识形态的差异而形成的左右翼政治力量的分野延续至今，但中左政治力量的相对弱化导致 20 世纪 80 年代以来的土耳其政坛主要由中右政治力量掌控，祖国党、正确道路党、繁荣党的依次执政和民主左翼党、共和人民党的反对党地位以及偶尔参与联合政府的现实导致民众基于意识形态的社会分化日趋明显，历次大选中民众支持率的分散即为明证。21 世纪以来，尽管正义与发展党在历次大选中保持持续攀升的民众支持率和一党执政的绝对优势，但并不能忽视社会裂痕广泛存在的现实。2007 年全民公投的支持率是 68.95%，2010 年全民公投的支持率是 58%，2017 年全民公投的支持率仅仅是 51.4%，这些公投结果说明有三分之一甚至近一半民众未能实现其政治诉求。公投强调"少数服从多数"原则，但极端情况下，某一决议可以"50%+1%"的比例通过公投，2017 年宪法修正案的通过即为例证，近一半反对该决议的人却要承担公投的后果，这对反对该决议的人是不公平的。所以，由少数人投票决定国家的前途并不符合民主的本意。① 美国的詹姆斯·麦迪逊、亚历山大·汉密尔顿等人在为美国宪法的辩护中指出："在共和国里极为重要的是，不仅要保护社会防止统治者的压迫，而且要保护一部分社会反对另一部分的不公……如果多数人由一种共同利益联合起来，少数人的权利就没有保障。"② 在处理涉及主权、民族和宪法等复杂议题时，作为直接民主的公投很少设置"是"和"否"以外的选项，其结果是将政治意见分化为两个对立的阵营，容易导致族群对立、社会撕裂。全民公投结果反映了土耳其不同社会阶层、不同政治派别、不同宗教群体之间的民意分歧，也是近年来土耳其国内政治、经济、宗教、民族等领域矛盾激化的缩影。对于正义与发展党政府而言，应该尽快采取措施修补社会阶层分化和社会裂痕，以化解这部分民众的不满，否则土耳其社会有可能进一步撕裂，正义与发展党的执政实践将遭遇更多掣肘。

另一方面，全民公投体现了较为广泛的民众政治参与和权利分享，但促使执政者以民主名义推行独裁统治，形成了民主与威权的悖论。正义与发展党上台以来，通过多次修改宪法突破 1982 年宪法对建构土耳其

---

① 参见曲兵《对"全民公投"的再思考》，《史学集刊》2017 年第 3 期。
② ［美］亚历山大·汉密尔顿、约翰·杰伊、詹姆斯·麦迪逊：《联邦党人文集》，程逢如、在汉、舒逊译，商务印书馆 2009 年版，第 307 页。

新模式的限制,当宪法修正案未能获得议会通过时便诉诸全民公投,利用民众手中的选票为其政治决策提供合法性证明。但实际上,全民公投从来都不是解决复杂问题的最好方案,往往沦为大国博弈或政党斗争的工具,公投还容易被有野心的政客或政党操弄。① 正义与发展党上台后,借助全民公投一步步排斥反对党对其统治地位的质疑,排斥司法和立法机构对行政权力的限制,推动从议会制向总统制的转变,从而实现权力的高度集中,这在上述宪法修正案出台过程及全民公投实践中可见一斑。埃尔多安以"加入欧盟、促进民主"的名义启动2010年宪法公投后宣称,"公投结果表现了变化的力量和意愿,是民主政治的胜利"②。尽管此次修宪公投遭到反对党共和人民党和军方的反对,但得到西方社会的认可。欧盟扩大委员会专员史蒂芬·富勒(Stefan Fule)指出,全民公投结果是"迈向正确方向的一步","但提供其他急需的改革"是必要的,特别是在宗教和言论自由领域。③ 奥巴马总统在全民公投后致电埃尔多安总理,祝贺其带来土耳其民主政治的活力和实现正义与发展党的胜利。白宫发言人此后指出,"(奥巴马)总统在公投结果出来后承认土耳其民主的活力"④。2011年后,由于中东变局的影响和叙利亚政治动荡的渗透,土耳其爆发塔克西姆广场抗议行动。2013年12月,土耳其警察和司法部门联合发起"反腐风暴",埃尔多安通过改组内阁化解执政危机。2014年8月,埃尔多安当选总统后试图通过操纵正义与发展党控制的议会推行总统制。埃尔多安总统在2015年大选之前宣称正义与发展党应该在即将到来的议会选举中获得绝对多数以实现从议会制向总统制的转变。然而,腐败丑闻和埃尔多安的强权引发了一系列政治震荡,导致正义与发展党在2015年6月大选的相对失利,尽管正义与发展党于11月再次赢得大选而单独组阁,但面对复杂的政治局势而进一步强化集权,积极推行总统

---

① 参见曲兵《对"全民公投"的再思考》。
② "Turkish Premier: Democracy Won in September 12 Referendum", *Today's Zaman*, 24 September 2010, http://www.todayszaman.com/news-222560-turkish-premier-democracy-won-in-september-12-referendum.html.
③ "Western Powers Back Turkish Referendum Results", *Hurriyet Daily News*, 13 September 2010, http://www.hurriyetdailynews.com/default.aspx?pageid=438&n=western-powers-back-turkish-referendum-results-2010-09-13.
④ "Western Powers Back Turkish Referendum Results", *Hurriyet Daily News*, 13 September 2010, http://www.hurriyetdailynews.com/default.aspx?pageid=438&n=western-powers-back-turkish-referendum-results-2010-09-13.

制和新宪法，导致2016年7月军事政变的发生。埃尔多安总统立即动员民众走上街头支持民选政府，挫败军事政变图谋，随即宣布国家处于紧急状态，并对军警和司法传媒机构进行清洗，这在一定程度上破坏了民主与法治原则。埃尔多安和正义与发展党政府通过修改1982年宪法来为实现总统制和维持正义与发展党的执政优势铺平道路。2017年宪法修正案对土耳其民主政治产生了重要影响。在修宪公投之前，"一些人害怕修宪公投的通过会导致土耳其滑向威权主义。……如果土耳其人批准了扩充行政权力的宪法修正案，土耳其国家的紧急状态将会无限期持续下去"①。诸多西方媒体和土耳其国内的反对派将此次修宪公投视为埃尔多安总统推行威权主义、建立个人"独裁"和推动伊斯兰化的重要步骤。欧洲安全与合作组织则发布报告，明确质疑公投结果，认为此次公投是在缺少自由的"不平等平台"上进行的。②专栏作家弗里达·吉蒂斯（Frida Ghitis）在美国有线电视新闻网（CNN）发表评论称："土耳其的民主制度在今天死亡，（此次公投）将使土耳其更少民主、更加分裂和更具宗教倾向……埃尔多安，一个充满个人魅力、威权倾向的、有着伊斯兰目标的民粹主义领导人已经成为国家深度分裂的焦点，此次公投将使那些分裂更为激烈和动荡。"③尽管上述言论有失偏颇，但我们可以想见的是，修宪公投通过后，埃尔多安总统的权力将进一步加强：2019年宪法修正案实施后，埃尔多安不仅可以参选，而且不出意外的话将连任两个任期共十年，担任国家领导人直至2029年年底。他将领导控制议会多数议席的政党，掌控立法和行政机构，进而通过任命宪法法院、最高法官与检察官委员会的多数成员来巩固其统治地位，权力之间的制衡被打破。所以说，旨在实现民主的全民公投却带来权力的高度集中，民主与威权的悖论不言而喻。

我们在讨论民主政治时还必须明白，形式上的民主、程序上的合法并不能保证结果的完全公正。土耳其民众反对总统制的过程就体现了这

---

① Polat Urundul, "Erdogan's Referendum: Expanding Executive Powers in Turkey", February 9, 2017, http://www.e-ir.info/2017/02/09/erdogans-referendum-expanding-executive-powers-in-turkey/.

② 转引自新华社《修宪公投通过 内外矛盾难平》，2017年4月18日，人民网，http://world.people.com.cn/n1/2017/0418/c1002-29219613.html。

③ Frida Ghitis, "Turkey's Democracy has Died", April 17, 2017, http://edition.cnn.com/2017/04/16/opinions/turkey-election-less-democracy-opinion-ghitis/index.html.

一点。2015年2月3日，共和人民党极力反对总统制，该党领导人科勒迟达奥卢称，只要他的党存在，总统制就不会存在；① 2月4日，埃尔多安在总统府对土耳其商人和手工业者联合会（the Confederation of Turkish Tradesmen and Craftsmen）成员说："我们将寻求一部新宪法和总统制，因为我们相信土耳其需要一个根本性的改变。"② 同日，总理达武特奥卢在接受土耳其电视台采访时称，有一种观点认为总统会催生威权主义。证据是什么？那些有点政治和政治学知识的人都知道在总统制和议会制下都能实施民主。③ 所以说，正义与发展党通过修宪公投来证明其政治诉求的合法性，而我们不难预料，在其操控下的大国民议会通过一部有助于埃尔多安个人专权的土耳其新宪法也并非不可能。尽管新宪法的制定将触及土耳其共和国的立国原则和历史经验的制度化安排，其顺利出台并不容易，但不排除埃尔多安和正义与发展党再次付诸全民公投。所以在法治框架下对全民公投进行必要的限制和约束对于民主化进程中的国家来说非常必要。由于民主看重程序性，法治体现制约性，我们可以通过法治手段防堵民主程序的漏洞。正如有学者所言，"民主要解决的是统治的合法性或正当性问题，法治要解决的是统治之优良与低劣的技艺问题"④。只有这样，才能避免出现全民公投实践中民主与威权的悖论倾向的出现。就全世界而言，全民公投是一种可以被政府提出和控制的策略手段，通过某种方式绕过法院和立法机关来确保行政机关的议题。但是，全民公投只是对代议制民主的一种制约和补充，它从来都不是解决复杂问题的最好方案，更不是唯一方案。在现代政治体系中，代议制机构仍然是民主的宪法制定或变革的核心。所以，当全民公投被用来制定或重新制定宪法时，我们必须警惕执政者通过操控草率和无知的选举者对特别提议进行投票来实现其政治目标，并保证全民公投是在保证公民参与

---

① "US System too Limiting for Turkey: President", February 4, 2015, http://www.hurriyetdailynews.com/us-system-too-limiting-for-turkey-president.aspx?pageID=238&nid=77916&NewsCatID=338.

② "US System too Limiting for Turkey: President", February 4, 2015, http://www.hurriyetdailynews.com/us-system-too-limiting-for-turkey-president.aspx?pageID=238&nid=77916&NewsCatID=338.

③ "US System too Limiting for Turkey: President", February 4, 2015, http://www.hurriyetdailynews.com/us-system-too-limiting-for-turkey-president.aspx?pageID=238&nid=77916&NewsCatID=338.

④ 高全喜：《民主何以会失败？——一个转型国家的忧思》，《读书》2014年第11期。

和权利分享的前提下进行的。现代政治构建的核心是保障政府的权力有限,政府的运作受种种宪章性法律所制约,因而政府官员的行政自由裁量权并非是无限的和任意的,实行法治下的政府行政运作和社会治理,这也决定执政党及其政府不能无限行使宪法赋予的全民公投权。

2. 民粹主义的兴起带来的挑战。全民公投背景下,全民政治参与的激情导致直接民主、大众民主的出现,"与传统代议制民主相背离的大众民主潮流愈演愈烈,似乎有突破几百年来西方民主模式的趋势,即民粹主义"①。在全球化背景下,财富的分散与流动、知识的传播与匀质分布、等级制度的解体和社会走向扁平化、权力的下移等成为必然趋势,不断上涨的权利预期与精英主义之间的裂缝和张力越来越大,民粹主义作为一种意识形态、社会运动和政治策略,在西方代议制民主面临危机的情况下迅速兴起。② 从凯末尔时代以来,土耳其的国家身份就被两种力量撕扯,一种是存在于城市精英阶层和军队的世俗的、西方化的土耳其人,另一种是存在于偏远乡村和小城镇的、固守伊斯兰传统的土耳其人,他们在土耳其现代化进程中展开激烈的博弈。边缘社会阶层向权力核心的过渡,借助民主选举而掌控国家政权是民粹主义兴起的重要表现。正义与发展党的社会基础主要包括安纳托利亚中东部的农村、中小城镇居民,还包括城市化运动中新兴的、虔诚的中产阶级,以及欧洲的土耳其移民,他们是民粹主义的主要支持者。正义与发展党正是借助这些民众支持而连续赢得议会选举和总统选举,并借助全民公投实现从议会制到总统制的过渡,执政党借助民众意愿实现制度安排和政治规则,依托全民公投赋予新制度、新规则以合法性基础。土耳其实现总统制的宪法修正案的出台过程即为明证,2007 年、2010 年、2017 年的宪法修正案在全民公投中获得通过,所以说基于民粹主义背景的全民公投对于土耳其政治制度转型意义重大。

民粹主义诉诸直接民主,强调全体群众的普遍参与,把"全体人民"当作所有行为的唯一合法性源泉,这就要求在全社会实行一种广泛的政治动员,最广泛地把全体平民纳入统一的政治过程之中。这是推行民粹主义政治实践的一个前提条件,但这一前提条件的实现过程却是一个十

---

① 李靖堃:《欧洲民主制度之困:合法性与有效性危机》。
② 丛日云:《从精英民主、大众民主到民粹化民主——论西方民主的民粹化趋向》,《探索与争鸣》2017 年第 9 期。

分危险的过程，稍有不慎，民粹主义就会流变为权威主义或助长政治专权。① 实际上，"民粹主义希望强硬的富有魅力的领导人出现，以传达普通民众的心声和保障他们的利益。民粹主义者对于主张权力制衡和保护少数权利的自由民主或代议民主充满怀疑，他们支持大众民主、直接民主的政治体制，并寄希望于魅力领袖来激发普通民众的政治热情，使得疏离于政治的平民大众被纳入政治进程之中"②。埃尔多安正是借助所谓大众动员、草根政治、全民公投而成为奇理斯玛式领袖，实现了从议会制到总统制的转变。尽管民粹主义体现了国家的政治动员和全民的普遍政治参与，但当执政党借助民粹主义运动实现国家政治体制转变时，也引发了关于其合法性、权威性的思考。以全民公投为例，关于宪法修正案的全民公投结果不仅反映土耳其不同社会阶层、政治派别、宗教群体之间的民意分歧，也是近年来土耳其政治、经济、宗教、民族等领域矛盾激化的缩影。所以，对于正义与发展党政府而言，应该尽快采取措施修补社会阶层分化和社会裂痕，以化解部分民众的不满和担忧，否则可能导致土耳其社会的进一步撕裂。而且，2015 年 6 月议会选举，正义与发展党失去单独组阁的绝对多数优势，2017 年修宪公投以微弱多数获得通过，再加上 2018 年总统选举的微弱优势，正义与发展党议席未能突破大国民议会半数席位，都说明埃尔多安和正义与发展党的执政优势趋于弱化，土耳其民粹主义的激情还能持续多久，显然也很难预料。"对于转型时期的国家建设来说，民粹主义的破坏性在于，它可能是民主崩溃和法治危机的根源之一，是阶级对立、精英与大众尖锐对抗的根源之一，它的非理性和不宽容会破坏民主政治的文化与价值基础。"③ 这显然也适用处于政治社会转型中的土耳其。

3. 土耳其政党政治遭遇的挑战。正义与发展党的执政实践面临诸多危机，导致政党政治遭遇诸多挑战。一方面，正义与发展党为捍卫"一党独大"的执政优势而强化社会控制，引发民众的不满。政党政治作为现代政治制度的重要载体，从西方国家扩展到全世界。土耳其的政党政治经历共和人民党一党制国家威权到多党制联合政府更迭频繁再到共和

---

① 俞可平：《全球化时代的民粹主义》，《国际政治研究》2017 年第 1 期。
② 林红：《民粹主义：概念、理论与实证》，中央编译出版社 2007 年版，第 49 页。
③ 林红：《驯服民粹：现代国家建设的漫漫征程》，《社会科学论坛》2013 年第 11 期。

人民党一党独大的政治实践。共和人民党一党制的威权统治与凯末尔民族国家构建过程中形成的党国合一政治体制相关联，多党制的政治实践与"二战"后土耳其加入西方阵营的历史经历相适应，正义与发展党的一党独大局面则是21世纪以来土耳其政治发展的逻辑必然。20世纪80年代以来，尽管1982年宪法对政党政治做出诸多限制，但政党与选举制度的地位和作用更加重要，国家对政党的管理更加规范，宪法和法律对政党的地位、作用、职能、活动规则等做出明确规定，一系列宪法修正案的实施释放了政党政治的活力：1987年宪法修正案旨在恢复1980年军事政变后被取缔政党领导人参与政治活动的权利；2002年宪法修正案旨在清除针对埃尔多安的参政禁令，并为其当选总统铺平道路；2008年宪法修正案则是提高宪法法院取缔政党的门槛，所以土耳其政党政治逐渐趋于成熟，政党的社会基础更加广泛，代表性更加充分，诸多政党成为政治舞台的重要力量。

在宪政体制下，宪法为政党上升为执政党提供了两条主要路径：一是选举制度，二是议会制度。政党依靠这两条途径可能拥有议会多数议席，政党首领则可能成为总统或政府首脑。正义与发展党正是借助宪政制度的活动空间登上政治舞台，并蝉联执政至今。自2002年以来，正义与发展党连续六次赢得大选而单独执政，诸多学者将其称作"选举霸权"[①] 抑或一党独大的政治体制[②]。正义与发展党上台以来确实为推动民主化进程而出台了一系列改革措施，但就实质而言，正义与发展党通过修改宪法来排斥军方在国家政治生活中的地位、转移国内矛盾以为其争取斗争主动权；通过保障和扩大民众政治权利以扩大选举基础和吸引民众支持；通过重塑司法、行政和立法权力来为埃尔多安当选总统和实行总统制铺平道路，所以说其改革实践更多基于执政党利益而非宏观的民主政治，改革成效也大打折扣。而且，土耳其政党制度中的"10%门槛限制"是其民主制度不完善的重要标志，不仅将那些在大选中未能超过

---

① 参见 Ceren Lord, "The Persistence of Turkey's Majoritarian System of Government", *Government and Opposition*, Vol. 47, No. 2, 2012, p. 237; E. Fuat Keyman, "The CHP and the 'Democratic Opening': Reactions to AK Party's Electoral Hegemony", *Insight Turkey*, Vol. 12, No. 2, 2010; E. Fuat Keyman, "Modernization, Globalization and Democratization in Turkey: The AKP Experience and its Limits", *Constellations*, Vol. 17, No. 2, 2010。

② Ali Çarkoğlu, "Turkey's 2011 General Elections: Towards a Dominant Party System?" *Insight Turkey*, Vol. 13, No. 3, 2011.

10%支持率的小党阻止在议会之外，而且保障了正义与发展党掌控议会多数席位。在 2002 年、2007 年、2011 年、2015 年、2018 年、2023 年大选中，正义与发展党分别获得 34.28%、46.70%、49.91%、49.4%、42.6%、49.3%的支持率，相应获得 363 个、341 个、327 个、316 个、295 个、322 个议席。正义与发展党为了保持其一党独大的政治地位，从未触及饱受诟病的"10%门槛限制"。另外，正义与发展党的宪法修正案并没有弥补 1982 年宪法缺乏监督这一弊端。由于缺乏有效的监督机制，1982 年宪法经常遭到总统、宪法法院和执政党的违背，在 2007 年总统选举危机、2008 年正义与发展党几被取缔的诉讼中都有国家管理机构违宪的表现，本应为宪法监督对象的国家管理机关却拥有监督宪法实施的权力，而正义与发展党的宪法修正案并没有提及这一弊端。再比如在 2010 年、2017 年宪法修正案中，正义与发展党借着法治之名对宪法法院和最高法官与检察官委员会进行重塑，排斥司法机构对执政党的腐败调查，赋予总统发布行政命令等权力，不禁使人怀疑其能否真正将权力关进制度的笼子里。

正义与发展党在执政实践过程中日趋威权，特别是旨在颠覆正义与发展党政府的"埃尔盖内孔事件"大白天下后，大批军方领导人、官员和公职人员被捕。"埃尔盖内孔事件"不仅清除了推翻正义与发展党政府的政变可能性，而且终结了土耳其军方干预和控制政治生活的野心。2011 年 2 月，正义与发展党逮捕调查"埃尔盖内孔事件"的几名记者，引发对其日趋威权的质疑。正义与发展党借助修改宪法排除军方对国家政权的觊觎，渡过民众的政治抗议危机和司法机构对政府腐败的审查，破除 2015 年议会选举波折的威胁，成功挫败军事政变的图谋，借助国家紧急状态和政治清洗促进从议会制到总统制的转变，形成了其他政党无法撼动的执政优势。正义与发展党政府加强了对媒体及舆论的监管和控制，接管了《扎曼日报》《今日时代报》、世界新闻通讯社等反对派媒体；通过扩大反恐法的适用范围压制言论自由，严格审查和过滤异见与异议。2015 年 3 月，正义与发展党政府通过了《网络监视法》，允许警察在没有法庭命令的情况下进行搜查和逮捕，允许警方在 48 小时内不经法庭命令窃听或监视嫌疑人的网络活动，这就为未遂政变后大规模清洗提供了依据。正义与发展党政府还进一步强化舆论控制，例如，在 2014 年 7 月至 12 月，土耳其向推特（Twitter）提出了 477 项删除内容的请求，是其他国家的5倍多，比上半年增长156%。① 长期监禁、侵犯公平审判权、示威活动中警察力量过大、媒体力量的压力，以及正义与发展党领导层日趋保守的言论都表明土耳其的民主赤字不断上升，其民主特征也大打折扣。尤其是在埃尔多安当选总统后，日趋强化"执政党国家"特征：（1）多党竞争下的一党长期执政；（2）执政党主导国家发展，但需通过竞选和法律的渠道；（3）执政党培养本党党员进入国家、政府和其他组织，控制人事任命；（4）文官中立；（5）大量的支部（协会）和外围组织。② 埃尔多安借助全民公投将宪法修正案付诸实践，逐渐打击异己力量以强化个人集权，成为历史上最具实权的总统，但也逐渐偏离民主化轨道，走向个人威权政治。正义与发展党强化政府对国家和社会的控制，巩固和维护执政党的权威与合法性，进而强化了一党独大的执政格局。土耳其"一党独大"的政党体制的确立，促使正义与发展党强化对政治议程的控制，通过将本党成员安排在关键岗位而左右整个官僚系统，将政党意识形态转化为某种超越党派歧见的价值，政党组织与国家机器之间的界限变得越来越模糊。土耳其"一党独大，多党并存"的威权主义模式是根据现实需要而做出的选择，虽然保障了政治发展所必需的稳定秩序，但破坏了民主政治需要的监督制约原则，必将留下危机隐患。

另一方面，反对派对执政党的不满加剧了社会危机，正义与发展党应对不力造成2019年地方选举的相对失利。正义与发展党执政以来的历次选举赢得了其他政党不可比拟的优势，"执政党在取得国家政权后，一般都会运用国家权力机关极力维护执政党的意识形态，而尽量打压或减少其他政党意识形态对于民众的影响"③。但进入议会的反对党也对执政党形成严峻挑战。正义与发展党一党独大的政治体制导致处于主导党地位的政党因执政地位牢固而容易自满；反对党缺乏撼动其主导地位的力量。主导党自满导致国家官僚机构成为主导党政府的办事机构，政党与国家机关融为一体很容易导致腐败和滥用权力问题的出现，执政党的故步自封和定位不清导致党内竞争性派别的产生和党内斗争的加剧，最终

---

① Gönül Tol, Emma Hjerno, "Turkey's General Elections 2015: High Stakes at Home and Abroad", June 2, 2015, https://www.mei.edu/publications/turkeys-general-elections-2015-high-stakes-home-and-abroad.
② 张冬冬：《比较视野下的政党组织——成员形态研究》，第115页。
③ 周敬青等：《中外执政党治党与理政研究论纲》，第26页。

将损害主导党的执政优势和地位。正义与发展党通过自我定义为保守民主政党和中右翼政党而与之前的伊斯兰政党划清界限;同时凭借入盟进程主导的政治和经济改革获得持续的民众支持而拥有"选举霸权"。正义与发展党在执政期间大力削弱军队和司法机构的政治作用,反对党的力量完全无法与之抗衡。过大的权力不可避免地带来腐败问题,2013年年底的腐败丑闻就是明显的例子,带来前所未有的执政危机。

自2002年以来,共和人民党、民族行动党、库尔德人民民主党等作为议会中的主要反对派,他们通过选举政治、修宪政治、宗教文化实践给执政党带来严重挑战。如上文所言,无论是2007年由总统选举引发的宪法危机,还是2010年、2017年针对宪法修正案全民公投的抵制,以及推行总统制的不同意见,都和共和人民党的参与密不可分。民族行动党严厉指责正义与发展党的分离主义倾向,批评其导致土耳其凝聚力的分化;指责正义与发展党弱化土耳其民族主义或突厥主义特征,认为其经济与社会政策正在摧毁土耳其文化传统和民族特征;批评正义与发展党政府的内部腐败,指责其通过政治庇护体制制造了新的富人阶层。[①] 埃尔多安则指责民族行动党未能倾听保守民众的诉求,指出民族行动党与凯末尔主义支持者合作,公开向坚持民族主义立场的选民献媚,"民族行动党不再是真正的民族主义政党"。[②] 尽管民族行动党在宗教文化领域与正义与发展党立场接近,在2015年以来的历次选举中支持正义与发展党,并与其结成选举联盟帮助其赢得议会多数席位,但也并非可靠盟友。2017年10月25日,民族行动党成员、前内政部部长米拉尔·阿克谢内尔(Meral Akşener)宣布成立好党,以"土耳其将会变好"为口号,承诺将改变土耳其政治环境。该党随之参加2018年总统选举和议会选举,加入议会反对党阵营。

2019年,土耳其举行总统制以来的首次地方选举,埃尔多安和正义与发展党认为能够延续2018年大选的绝对优势,结果却出人意料。共和人民党候选人埃克雷姆·伊马姆奥卢(Enkrem Imamoglu)以微弱优势战胜耶尔德勒姆,夺得伊斯坦布尔的市长职位,正义与发展党失去了包括

[①] Gökhan Bacık, "The Nationalist Action Party in the 2011 Elections: The Limits of Oscillating between State and Society", *Insight Turkey*, Vol. 13, No. 4, 2011, pp. 178-179.

[②] Gökhan Bacık, "The Nationalist Action Party in the 2011 Elections: The Limits of Oscillating between State and Society", p. 180.

伊斯坦布尔、安卡拉在内的大城市控制权，可谓执政以来遭遇的最大失败。正义与发展党随后申诉伊斯坦布尔选举过程违规，最高选举委员会同意重新进行选举，耶尔德勒姆再次以45∶54的投票结果惜败伊马姆奥卢，正义与发展党失去了对伊斯坦布尔的控制。埃尔多安宣称："这些选举不仅仅是市政选举，这是对我们生存的投票。"① 伊马姆奥卢的获胜表明，伊斯坦布尔的民众已经通过选票表达对正义与发展党统治的不满和对变革的期望。欧洲外交关系委员会高级研究员阿斯利·艾丁塔斯巴斯（Asli Aydintasbas）宣称，"失去伊斯坦布尔将意味着正义与发展党失去一个重要收入来源，包括政党补贴、建筑合同和对亲政府媒体的资金支持"②。以伊斯坦布尔为例，该市亲政府企业的租金一直是政府的重要收入来源，反对党有机会对执政联盟的营收网络进行改组，在公开招标、建筑许可、土地分配等方面获得决策权。不过，正义与发展党已经开始推动在地方政府层面进行权力的重新分配，以限制反对党力量，并保持中央政府在地方财政政策上的话语权。2019年地方选举结果为正义与发展党敲响了警钟，表明民众对其支持态度已经发生变化。尽管反对党在意识形态上存在差别，但他们基于抵制埃尔多安继续执政的共同目标而形成统一阵营，甚至包括亲库尔德的人民民主党和右翼民族主义的好党等对立的政治派别。随着共和人民党在地方选举中获得巨大成功，反对党联盟的凝聚力正在不断增强。但在2023年的总统选举和议会选举中，反对党仍未能撼动埃尔多安和正义与发展党的执政优势。未来，埃尔多安和正义与发展党的执政实践仍然面临诸多挑战，所以说延续选举优势和强化执政权力仍将是其考虑和应对的核心议题。

二 经济发展模式的危机

近年来，随着经济快速增长和市场全球化，全球金融风险和不确定性增加，资本主义国家普遍面临经济发展模式失衡、宏观经济政策失灵、经济结构失调等危机，市场经济危机的实质是国家治理危机，是资本主义私有制纵深发展的必然结果，处于自由市场经济变革中的土耳其也概

---

① "Erdogan's AKP Battles for Major Cities in Turkey Local Election", March 27, 2019, https://www.yahoo.com/news/erdogans-akp-battles-major-cities-turkey-local-election-002738009.html.

② 转引自《土耳其执政党尴尬二连败：反对派扩大优势赢得伊斯坦布尔市市长重选》，搜狐网，http://m.sohu.com/a/322589316_313745。

莫能外。

  1. 正义与发展党政府的经济举措失误。正义与发展党延续了 20 世纪 80 年代以来的自由市场经济改革，私有化、市场化和自由化是其新自由主义的核心战略，呈现过分信任市场的局面。埃尔多安上台不久即启动大规模的私有化计划，在事关国民经济命脉的重要行业，如银行、电信、能源、交通、工业和教育、医疗、住房等公共服务领域推进了私有化，埃尔多安的私有化实际上是安纳托利亚地区新中产阶级与伊斯坦布尔传统资产阶级抢夺国有企业的战争，也是正义与发展党强化执政基础的重要手段。正义与发展党上台以来，私有化收入在 2003—2015 年超过 600 亿美元，相当于 1980 年以来所有私有化收入总和的 90%。这是正义与发展党在其网站上炫耀的"政绩"。① 正义与发展党的私有化举措在短时间内拉动了经济的快速发展，但也加剧了社会分化，大规模的私有化导致大批工人、农民或失业，或陷入贫困，国内贫富差距加大，社会矛盾尖锐。再加上官方货币金融政策失误，导致通货膨胀加剧，民众生活更加艰难。极大的贫富差距造成社会动荡，土耳其多次爆发大规模抗议示威，反对私有化改革、两极分化和政治腐败。埃尔多安政府积极采取措施化解社会危机：一方面从私有化进程的国家收益中拿出一小部分救助下层民众，通过其社会组织来给民众发放食品、燃料和提供免费医疗等，埃尔多安的选举优势依靠的是经济上的斐然成就和受惠选民的支持，但近一半的民众支持率表明其政策未能惠及所有民众。另一方面对民众抗议行动进行严酷镇压，对军方力量、政治反对派、市民社会组织和劳工组织等进行控制，这进一步加剧了社会矛盾。

  正义与发展党对外资的过于倚重是造成经济危机的重要原因。依靠国际货币基金组织和国际资本的支持，土耳其走出了 2000 年经济、金融危机的困境，所以埃尔多安对外资的依赖贯穿执政实践中。2003 年，美国发动伊拉克战争，促使大量国际投资从中东其他国家转向土耳其，私有化运动吸引了不少国际资本的流入，金融、农业、工业和服务业等纷纷引入外资。"在国际金融垄断资本治下的世界体系，第三世界国家如果完全放开市场，任由国际资本收购本国产业，成为其金融附庸、产业附

---

① 转引自宋丽丹《"7·15"政变是土耳其新自由主义改革的必然后果》，2016 年 12 月 29 日，中国社会科学网，http://www.cssn.cn/gj/gj_hqxx/201612/t20161229_3363871_6.shtml。

庸，必将陷入越发展越衰弱的怪圈，因为它的利润最为丰厚的部门必将为国际资本控制，并成为其养料来源。"① 在全球流动性充裕、金融利率相当低，里拉指定的资金池相对较浅、借贷成本相对较高的环境下，土耳其的公司倾向于使用美元和欧元等外币借贷。由于忽视汇率风险而导致一些公司过度借入外币，导致土耳其经济表面上呈现"繁荣"景象，却削弱了土耳其经济抵御外部冲击的耐受力而隐藏着深层的危机。2002—2014 年，土耳其对外国资本过于欢迎和宽容的做法导致里拉被高估至 60% 左右，经常账户赤字大幅扩大。再加上埃尔多安政府将大量国际资本投入基础建设，而非基础工业产业的扩充，使得土耳其根基不固，经济泡沫严重。在政治因素的驱动下，土耳其在经济泡沫的道路上渐行渐远，埃尔多安推动"在土耳其兴建全球最大的机场""伊斯坦布尔运河工程"，并建立壮观的总统府和宗教建筑等。在这些巨大工程的背后，则是土耳其政府欠下的巨额债务。截至 2018 年，土耳其外债总额占国内生产总值的比例为 56.7%。②

近年来，复杂的国内和国际局势也对土耳其经济产生了重要影响。2013 年 5 月的盖齐公园抗议事件、2013 年 12 月的"司法"政变企图、2015 年库尔德工人党暴力行动、2016 年 7 月 15 日的未遂政变等，迟滞了土耳其推动经济发展和提高效率所必需的"结构性"改革。2016 年未遂政变对土耳其经济的影响较为明显。正义与发展党政府在 2017 年扩大信贷担保基金（The Credit Guarantee Fund）的范围，避免未遂政变企图带来的负面影响，推出一揽子经济刺激计划，试图通过盘活信贷市场来支持房地产业和放宽中小企业融资渠道，但信用评级机构标准普尔和穆迪（S & P and Moody）仍下调了土耳其的等级。就国际社会而言，在经历了多年的极度宽松和"非常规"货币政策之后，美联储逐步收紧货币政策，这在一定程度上把投资者从土耳其等发展中国家赶走，投资者对新兴市场情绪的恶化对土耳其经济产生了负面影响。由于对外来资本的倚重过大和结构性储蓄降低，土耳其在 2013 年、2017 年两度被国际评级机构评为"脆弱五国"之一。2018 年以来，特朗普政府强势推进贸易保护主义，

---

① 转引自宋丽丹《"7·15"政变是土耳其新自由主义改革的必然后果》，2016 年 12 月 29 日，中国社会科学网，http://www.cssn.cn/gj/gj_hqxx/201612/t20161229_3363871_6.shtml。

② Nurullah Gür, Mevlüt Tatliyer and Şerıf Dılek, "The Turkish Economy at the Crossroads: The Political Economy of the 2018 Financial Turbulence", *Insight Turkey*, Vol. 21, No. 4, 2019, p. 153.

作为新兴经济体代表的土耳其承受巨大压力。所以说,在自由竞争的市场机制下,尤其是互联网经济模式的兴起,资本主义社会的劳动组织方式发生了巨大改变,导致社会资源过度向金融领域集中,虚拟经济和实体经济投资比例被打破,导致国内经济结构失调,最终酿成货币危机。遭受货币危机冲击后,财政部部长贝拉特·阿尔巴伊拉克宣布新经济方法和新经济一揽子计划(The New Economic Approach and New Economic Package),旨在通过修复部分损害来重新平衡经济以实现宏观经济稳定,而这首先是将通货膨胀率和经常账户赤字降至合理水平。新经济方法和新经济一揽子计划是一个中期动态计划,一方面宣称将一如既往地保持有助于降低通货膨胀率、经常项目赤字和经济再平衡的财政纪律;另一方面旨在通过富有远见、高度选择性或有效和目标明确的经济政策,为土耳其经济发展所需的结构转型播下种子,这些政策将大力支持战略性和高附加值产业。[1]

土耳其经济本来就存在严重的系统性风险,埃尔多安的经济政策一直存在致命问题,在正义与发展党陷入政治斗争的情况下,土耳其政府越发没有可能集中精力促使经济增长,其经济政策逆向选择的概率越发提高。加之土耳其这些年在国际政治中极度滥用其地缘枢纽地利,由此与联合国安理会几乎所有常任理事国都发生过龃龉,有些还是涉及对方国家主权和领土完整的大问题;还与本地区几乎所有大国都发生了剧烈的矛盾冲突,结果必然是大大压缩了该国在爆发经济金融危机时获取强有力外援的操作空间。

2. 正义与发展党政府应对货币危机不力。土耳其经济是典型的外向型经济,主要进口原油、天然气、化工产品、机械设备和钢铁等,主要出口农产品、食品、纺织品、服装、车辆及零配件等,呈现"出口也高度依赖进口"的尴尬局面。2008年以来,欧债危机和希腊债务危机使土耳其的出口市场增长乏力,土耳其2010—2017年的贸易逆差不断扩大,2017年的贸易逆差达到1395亿里拉,比2016年增长85%。对外贸易逆差占国民生产总值的比重不断增大,2015年为3.7%,2016年为3.8%,2017年骤然提高到5.5%,加剧了经济危机的风险。[2] 实际上,正义与发

---

[1] Nurullah Gür, Mevlüt Tatliyer and Şerıf Dılek, "The Turkish Economy at the Crossroads: The Political Economy of the 2018 Financial Turbulence", p. 152.

[2] 转引自魏敏《土耳其里拉危机的成因及其启示》。

展党上台后,在推行经济迅速发展的同时,主要从财政、货币、贸易等领域加强对经济的调控。一是启动了两阶段的货币改革:2005年1月1日发行"新里拉"纸币和"新库鲁斯"硬币,变更货币单位;2009年1月1日发行新货币"土耳其里拉"和"库鲁斯"硬币,取代"新里拉",币值的稳定为经济发展提供前提。二是严格金融监管制度。2012年6月,正义与发展党政府提请议会通过《资本市场法(第6362号法令)》修正案来规范和监督资本市场,保护投资者的权益。2013年6月20日,通过《支付服务和电子货币机构支付和安全结算系统法(第6493号法令)》修正案,规范和监督支付、证券转让和结算系统,监控金融市场等。由于埃尔多安总统坚信"高利率是罪恶之母",认为高利率必然导致高膨胀,所以在经济过热的情况下,中央银行需要通过调高利率加以调控,而埃尔多安总是公开要求银行保持低利率,强调高利率导致通货膨胀,主要通过低利率来刺激经济增长,引发经济的表面繁荣而实际上危机重重。埃尔多安还片面追求经济发展的高速度,"埃尔多安政府宽松的货币政策,利用大规模投资和大型项目的建设创造就业机会,促进经济快速增长的举措,使土耳其始终存在经济过热的风险,很容易引发推动型通货膨胀。高通胀成为土耳其的社会常态,同时加大了利率作为宏观经济调节工具的重要性"[①]。

土耳其经济高速增长期结束后,正义与发展党政府本应顺势推动产业链升级,进行结构性改革,提高劳动生产率,以实现持续性发展。但由于国内政治矛盾激化,加上埃尔多安推行总统制,要确保选举胜利需要维持经济高速发展以争取选票,因此采取不计代价的刺激政策,如压低利率,放宽信贷,鼓励民众消费,扩大政府支出,投资铁路、机场、运河、能源通道等基础设施,在国内资金严重不足、贸易常年逆差的情况下,融资大部分来自外部借款尤其是短期外债,导致国际社会热钱涌入、企业负债率畸高、通货膨胀严重、生产成本飙升,债务状况恶化,货币贬值严重,偿债能力堪忧。耶尔德勒姆出任总理以来,制定了新经济政策以稳定经济形势,降低通货膨胀率,提高就业率,但是2017年以来,土耳其货币里拉下跌已难以抑制。2018年前五个月,美元兑换里拉

---

① 魏敏:《"埃尔多安经济学"和总统制下土耳其经济走向——从中央银行独立性的视角》,《土耳其研究》2018年第1期。

的比率从 3.75 增长到 4.9，8 月份兑换率一度攀升到 7.22，最终降到 6 以下。① 尽管埃尔多安号召民众不要兑换外汇，但收效甚微。2018 年，面对 CPI 远远高于通货膨胀率而造成的经济过热状态，埃尔多安总统继续坚持低利率的强硬政策，宣称"我是利率的敌人"②，并将被普遍认为可以解决经济困境的前政府成员——副总理穆罕默德·希姆谢克（Mehmet Simsek）和财政部部长纳茨·阿格巴尔（Naci Agbal）排除在新政府之外，任用其女婿贝拉特·阿尔巴伊拉克担任财政部部长，引发贬值的里拉再度暴跌，土美两国的政治摩擦也加剧了里拉危机。土耳其国内和国际形势影响其制定行之有效的国际政策，总统制下的首次选举提前进行，土耳其与美国围绕布伦特牧师不断升级的争端，不仅影响了国内经济秩序的稳定，而且加剧了投资者对土耳其经济环境的担忧；再加上埃尔多安总统对中央银行货币政策的掣肘，加息受阻，一再贻误时机导致通货膨胀率持续上升，使土耳其里拉在短期内成为贬值幅度最大的货币之一。土耳其虽实施了紧急管制措施，但未能止住下跌趋势。里拉危机既是对土耳其经济最严峻的考验，更是总统制下对埃尔多安执政与治理能力的严峻挑战。埃尔多安积极采取各种化解危局的措施，向欧洲国家、俄罗斯和中国等大国寻求政治支持，与卡塔尔等国签署货币互换协议，建立双向货币交易机制。

由于美联储连续加息，国际资本向发达经济体回流，新兴市场国家融资成本上升，债务情况恶化，土耳其也不能幸免。里拉危机与美国的经济制裁密切相关，但目前来看土美双边关系并无突破性进展。即使埃尔多安最终迫于压力缓和了与美国的关系，仍需应对金融状况恶化、投资者信心不足、经济管理不善等多重问题，尚无破解"中等收入陷阱"难题的有效措施。大体而言，正义与发展党所遭遇的经济危机与埃尔多安强化个人威权的整体趋势相一致。近年来，土耳其经常账户和财政在近年来出现大量赤字，埃尔多安为了维系其选举优势，强化对中央银行的控制，任命其女婿担任财政部部长并分管央行工作，以便于推行其金

---

① Nurullah Gür, Mevlüt Tatliyer and Şerıf Dılek, "The Turkish Economy at the Crossroads: The Political Economy of the 2018 Financial Turbulence", p. 135.

② Kim Sengupta, "The Turkey-Erdogan Crisis is the First Geopolitical Disaster in a while that isn't Actually Trump's Fault", 14 August 2018, https://www.independent.co.uk/voices/turkey-financial-economic-crisis-lira-erdogan-trump-us-row-a8491141.html.

融和货币政策,这严重降低了里拉的货币信誉,造成 2008 年金融危机以来土耳其里拉兑美元汇率最为严重的危机。实行总统制后,埃尔多安对经济的控制权进一步加大,调整政府组织架构,将土耳其央行归口财政部管理,亲自任命央行行长、副行长和货币委员会主席,俨然成为经济政策无可置疑的最高决策者,必然影响土耳其的经济和金融政策走向。而且,土耳其外贸对美国和俄罗斯的严重依赖也注定一旦对方实行经济制裁将会对土耳其经济产生严重影响。另外,土耳其经济体量在全球经济体系中虽然不算大,但当前新兴市场债务风险日益凸显,全球经济增长预期不良,一旦爆发严重经济金融危机,传染其他国家,特别是其他新兴市场的概率不可低估,这才是土耳其经济潜在影响最大之处。①

3. 正义与发展党政府无法绕过"中等收入陷阱"。和诸多后发现代化国家相似,土耳其在 20 世纪 80 年代推行新自由主义市场经济改革,用出口导向发展战略取代进口替代经济模式,加速经济私有化和自由化,这在提升土耳其经济活力、融入全球市场的同时,造成对外部市场和资本的严重依赖,酿成世纪之交的经济危机。正义与发展党上台后,随着撤销贸易壁垒而大力发展对外贸易,积极推行自由经济发展计划,土耳其经济进入健康稳定且高速发展的轨道,长期保持 8% 的年均经济增长率,以世界第 17 大经济体地位跻身 G20 之列,由此进入中等收入国家行列。魏敏指出,"正义与发展党执政前十年强劲的经济增长,与土耳其开放的金融体系和严格的金融监管制度息息相关。安全的金融环境使土耳其成为中东地区外商直接投资(FDI)目的地国家之一,里拉也成为收益率最高的核心新兴市场货币。国际资本的自由流入为土耳其经济发展注入了大量资金。埃尔多安政府通过投资医疗保健、基础设施和教育项目建立了坚实的民意基础"②。2011 年,时任总理的埃尔多安提出"2023 年愿景"目标,即到 2023 年土耳其共和国成立百年之际,跻身世界十大经济体行列。这既是土耳其经济发展目标,也奠定了后续经济政策的基调。在这种政策指导下,土耳其银行业增长迅速,信贷额占 GDP 的比例从 1980—2002 年的平均 18% 变为 2002 年的 13.3%、2010 年的 45.3% 和

---

① 参见梅新育《土耳其地方选举或成 2019 新兴市场危机起点》,《第一财经》2019 年 4 月 18 日。
② 魏敏:《"埃尔多安经济学"和总统制下土耳其经济走向——从中央银行独立性的视角》。

2018 年的 64.7%。作为这些发展的结果，金融业增长了 287%，2002—2018 年，金融业占 GDP 的总额从 2.6% 上升到 4.2%。① 银行业在资本充足率、不良贷款率、信贷组合多元化水平和盈利能力等诸多关键指标上也明显增强。所以正义与发展党政府推行加大基础设施投资，实施低利率和依赖外来投资的经济政策以加速经济发展。由于严重依赖外来资本，土耳其经济的脆弱性不断加深，加速私有化使国家经济遭到严重削弱，同时腐败、贫富分化和失业率上升等社会问题日趋严重。这些问题在 2012 年之前被高速增长所掩盖，但在 2012 年经济增长放缓后，经济与社会矛盾日趋凸显。② 受周边局势动荡、欧洲债务危机外溢效应等因素影响，土耳其遭遇通胀高企、失业增加、赤字增长、出口下降、货币贬值、腐败猖獗，经济增长持续疲软，陷入由于创新能力匮乏、金融体系脆弱、经济结构和发展方式陈旧等造成的"中等收入陷阱"。

由于过去十年高度动荡的全球经济和金融形势，许多国家，如土耳其面临宏观经济问题，包括长期以来经常账户赤字居高不下与两位数通胀率再度出现。经历 2016 年的停滞后，土耳其经济在 2017 年的增长超过其潜力，导致经常账户赤字增加。由于土耳其在很大程度上依赖外部能源和中间产品，因此在经济高速增长时期经常账户赤字有所增加。由于里拉贬值以及农业和食品供应链的一些结构性问题，进口中间产品成本增加，导致 2017 年通胀率温和上升。2018 年，"在里拉危机之后，土耳其的风险溢价正在上升。土耳其的信用违约互换（CDS）在 2018 年 2 月 1 日达到 166 个基点，在 5 月 1 日达到 199 个基点，在 8 月 1 日晚上达到创纪录的 334 个基点——高于上午的 321 个基点。风险溢价上升意味着土耳其在试图向外国债权人借款时将面临更高的利率。土耳其未来 12 个月的外部融资需求达到 2300 亿美元，其中包括 1800 亿美元用于偿还外债，500 亿美元用于弥补其巨额经常账户赤字。因此，如何确保所需资金以及控制融资成本成为非常重要的问题，此次危机加剧了埃尔多安政权的困境。"③ 如何突破"中等收入陷阱"将是实现总统制后的埃尔多安和正义

---

① Nurullah Gür, Mevlüt Tatliyer and Şenf Dılek, "The Turkish Economy at the Crossroads: The Political Economy of the 2018 Financial Turbulence", p. 136.
② 刘中民：《土耳其里拉暴跌背后的深层次危机》，《中国社会科学报》2018 年 9 月 13 日。
③ 转引自魏敏《"埃尔多安经济学"和总统制下土耳其经济走向——从中央银行独立性的视角》。

与发展党政府着力化解的难题。在后金融危机时期，全球经济秩序的轴心正在缓慢而稳定地从自由主义转向保护主义，这种模式的转变为经济发展创造了一个更为友好的环境，国内产业在这种环境中得到保护和支持，这为土耳其摆脱里拉危机和实现经济发展提供了有利条件。当前，土耳其经济需要实现以制造业为中心的结构转型，消除经常账户赤字，优先发展具有高出口潜力的高附加值产品和行业，只有这样才能真正摆脱"中等收入陷阱"。

三 少数民族问题带来的挑战

土耳其并不是一个同质的社会，凯末尔民族主义的排他性导致国家认同问题很难解决。土耳其出于加入欧盟的需要而提升少数民族地位含有应景的成分，官方则将处理非穆斯林少数民族事务视为外交部责任存在错位的认识。土耳其仍然面临库尔德人需要平等权利与合法认同、阿拉维派需要社会认同和非穆斯林亟待提升地位和处境等问题。尽管正义与发展党政府通过"民主开放"政策赋予这些群体更大的生存空间和权利自由，但复杂的国内国际形势导致"民主开放"政策未能贯彻到底。土耳其当前的社会危机是凯末尔主义旨在创造单一的民族认同的结果，正义与发展党所面临的多元文化危机集中体现在库尔德人、非穆斯林少数民族和其他宗教信众的政治社会诉求方面。正义与发展党政府面对社会阶层流动性减弱、机会不平等加剧、公民地位和身份固化、社会分裂和隔阂深化，如何构建真正的民族、国家和公民认同则是摆在面前的首要问题。

首先，《洛桑和约》对土耳其少数民族的限定带来少数民族问题。1923年7月24日，凯末尔政权与国际社会签署的《洛桑和约》第37—45条特别规定了宗教信仰自由、少数民族地位以及权利保护等问题，是新生的土耳其共和国处理少数民族问题的纲领性文件，旨在捍卫新生的土耳其共和国的民族独立、国家主权和领土完整。尽管《洛桑和约》对少数民族权利进行了规定，但并没有明确规定哪些群体属于少数民族，这就为土耳其官方肯定亚美尼亚人、希腊人和犹太人的少数民族地位、否定其他宗教派别提供了可能。直到今天，土耳其对少数民族的界定还仍然基于《洛桑和约》的立场，官方仍然仅仅承认亚美尼亚人、希腊人和犹太人为少数民族，对其他非穆斯林少数民族则不予承认。《洛桑和约》是基于20世纪初的民族主义认同和概念界定的国际协定，其更多基于政治民族主义的架构将土耳其的民族问题简单化。随着民族主义的发展和现代化的推进,现今对于民族和宗教的认识都呈现新特征,根据当前国际民族学界的共识,不仅境内的其他非穆斯林群体,而且库尔德人和阿拉维派都应该被界定为少数民族,所以土耳其应该超越《洛桑和约》来重新界定国内的少数民族,并赋予非穆斯林少数民族真正的民族权利与宗教自由。令人欣慰的是,时任教育部部长的尼迈特·丘布克丘(Nimet Çubukçu)在接受《扎曼日报》(Zaman)采访时曾指出:"《洛桑和约》涉及极少的少数民族权利。我们不能仅仅停留在这种框架下的人权哲学之内。现在是 21 世纪,我们处于一个完全不同的世界。"① 这体现了官方层面的立场变化。

土耳其作为中东民主化程度最高的伊斯兰国家,在法律层面给予公民广泛的权利和自由。但到目前为止,官方并不愿意给予《洛桑和约》所承认的非穆斯林少数民族所有权利,更不用说其他未被承认的非穆斯林少数民族,因为官方对国家安全的考虑要远远大于对少数民族事务的考虑。在一个穆斯林占多数的国家,历史上伊斯兰教与异教徒的冲突主宰了诸多穆斯林的心理认同。在穆斯林看来,非穆斯林少数民族是天生的他者,先天的离心倾向使其不可能捍卫民族共和国的利益,其只是土耳其本土的局外人。比如,2004 年 11 月,土耳其政府宣称由于军方和国家安全委员会的反对,重新开放哈尔基神学院的动议被无限期延长,理由是希腊正教徒对土耳其的疆域完整构成潜在的安全威胁。② 显然这是一种主观臆想。如果不能改变这种根深蒂固的观念,非穆斯林少数民族将不可能真正享受民主化的成就,也就不可能享受真正的民主权利和自由。所以,土耳其针对少数民族的界定要突破《洛桑和约》的概念范畴,改变对于非穆斯林少数民族的排他性认识,这也是正义与发展党的"民主开放"政策能够继续推进的关键所在。

其次,凯末尔主义的历史局限性导致少数民族问题复杂化。凯末尔主义作为新生的土耳其共和国的主导意识形态,旨在创建一个现代的、

---

① Nimet Çubukçu, "Anxieties Over Minorities Must Be Eliminated", Agos, Retrieved February 21, 2010, http://www.agos.com.tr/eng/index.php?module=news&news_id=1441&cat_id=1.

② Elizabeth H. Prodromou, "Turkey between Secularism and Fundamentalism? The 'Muslimhood Model' and the Greek Orthodox Minority", *The Brandywine Review of Faith & International Affairs*, Spring 2005, p. 19.

统一的民族国家，其最重要的原则是民族主义、平民主义和世俗主义，在实践过程中呈现出强烈的排他性特征。在奥斯曼帝国和民族独立战争的年代，凯末尔曾经承认伊斯兰教的价值和地位。凯末尔在1920年大国民议会中的报告中指出，当有关"土耳其或伊斯兰教将成为政府的原则"的问题再次被提出来时，我将重申两点。今天有目的地来到这里组成大国民议会的诸位，有土耳其人、切尔克斯人、库尔德人以及拉兹（Laz）人，都包含着伊斯兰元素，是一个真正的集会。这个大国民议会所代表的目的和我们努力挽救的权利、生活、荣誉和辉煌，不仅关乎伊斯兰教的某一元素，他们属于涵盖伊斯兰诸元素的大众。我们知道这即是事实。……我们的民族疆界经过南部的伊斯肯德伦（Iskenderun），再向东包括摩苏尔（Mosul）、苏莱曼尼亚（Sulaymaniyah）和基尔库克（Kirkuk），实际上在基尔库克的北部有土耳其人和库尔德人，我们没有区分他们。相应地，我们民族国家所努力保护和捍卫的不仅仅是某一元素，而是伊斯兰教不同因素的综合体。① 这个重要的言论非常清晰地表明，在新的民族国家形成过程中，土耳其人和库尔德人被视为在共同的文化框架下同等的民族实体。土耳其共和国成立后，大国民议会继承奥斯曼帝国以宗教信仰划分民族归属的传统。在《洛桑和约》中，多数派和少数派的区别基于宗教信仰和语言传统，对非穆斯林少数民族的宗教、教育和其他文化与公民权利给予明确保护。同样，阿塔图尔克在多个场合的讲话中都提到伊斯兰教的统一性力量。1924年宪法的第88条强调被视为公民的土耳其民众，不分宗教和种族，都称作土耳其人。一位议员反对"土耳其民众不分民族和种族都称作土耳其人"，认为在社会中还有非穆斯林少数民族，称他们为土耳其人是不合适的。对他和那些持有相似观点的人而言，需要有一种方式界定土耳其公民权且不将这些非穆斯林纳入土耳其人的范畴。最终的解决方案是在条款中加入三个词"被视为公民"（as regards citizenship）。② 尽管这被视为库尔德人没有被排斥于公民权之外，当前区分"土耳其作为公民权和土耳其作为地位而不仅仅是公民权"也带来诸多问题，一方面将非穆斯林少数民族排斥出公民权的实践，另一

---

① Levent Köker, "A Key to the 'Democratic Opening': Rethinking Citizenship, Ethnicity and Turkish Nation-State", p. 55.
② Levent Köker, "A Key to the 'Democratic Opening': Rethinking Citizenship, Ethnicity and Turkish Nation-State", p. 55.

方面为实现库尔德人的强迫同化政策铺平道路。

随着民族主义者的胜利，新生的土耳其共和国通过法律法令和同化政策来淡化库尔德人的存在。1924年3月3日，颁布法令取缔所有的库尔德学校、组织、出版物、宗教团体和麦德莱斯（medresehs）——大部分库尔德人接受教育的最后来源。1925年，赛义德谢赫叛乱被镇压后，库尔德人大批被驱逐到土耳其西部，这一举动旨在通过稀释库尔德人口达到加速同化的目的。不过，也有学者对此持不同意见，梅廷·海珀指出："土耳其国家并未对库尔德人诉诸强迫性的同化政策"，因为国家的缔造者认为，一个世纪后，土耳其人和库尔德人，特别是后者都将经历一个文化互渗的过程，或者是自愿地逐渐消失其文化独特性，或者是无意识地同化过程。[①] 在20世纪30年代共和人民党的文件中，民族主义被界定为创建一个现代民族国家，其基本目的是在保持土耳其社会的特性与独立认同的同时，基于发展与进步的步调与其他文明国家保持一致。民族国家在凯末尔主义者看来就意味着政治存在、语言、起源和种族、历史和道德的统一。这对民族统一的界定并不能反映社会历史现实，旨在为新生的土耳其共和国创造合法性基础。作为一个萌生于多种族和多宗教帝国母体的现代国家，土耳其共和国极力使用国家强力来形成新的民族认同。从一定意义上说，凯末尔主义是一种国家强力推行的缺乏民族文化的民族主义。从共和国建立到现在，凯末尔主义作为国家的主导意识形态的地位并未根本改变，土耳其宪法明确规定任何与凯末尔主义相违背的思想或观念都不能得到保护。[②] 凯末尔主义作为立国纲领显然为土耳其独立发展做出了重要贡献，但其甫一亮相，狭隘的民族主义和极端的世俗主义就遭到广泛质疑，种族民族主义的排他性使其试图组建单一的土耳其民族国家，否定其他民族的存在；极端世俗主义的偏执性使其努力建立建构现代世俗国家，排斥了宗教在国家和社会的作用。这种人为的割裂与简单的一刀切使其存在诸多弊端和问题，也引起广泛质疑与反对，曼德勒斯·克纳（Menderes Çınar）指出："凯末尔模式……没

[①] Metin Heper, *The State and Kurds in Turkey: The Question of Assimilation*, Houndmills, UK and New York: Palgrave Macmillan, 2007, p. 6.

[②] Michael M. Gunter, "Turkey: The Politics of a New Democratic Constitution", *Middle East Policy*, Vol. XIX, No. 1, Spring 2012, p. 120.

有承认和认识到社会的异质属性。"① 当前基于凯末尔主义的法律和政治体系将多元主义视为冲突和战争的潜在原因，对安纳托利亚分裂的恐惧导致土耳其官方不承认《洛桑和约》之外的其他少数民族，使其遭受不公正对待。随着土耳其民主化进程的发展和正义与发展党"土耳其模式"的建立，诸多社会力量呼吁清除凯末尔主义对社会的影响，当前正义与发展党与共和人民党的权力博弈就体现了针对凯末尔主义的存废之争。在全球化背景下，一个基于多元政治和社会的民主文化应该与政治与司法体系转化相并行，所以说土耳其应该在突破凯末尔主义框架的基础上推行强调文化间对话、个人差别与命运共同体意识的民主制度，只有这样，非穆斯林少数民族和穆斯林宗教少数派才能获得真正的权利与自由。所以，土耳其必须弱化凯末尔主义对国家发展方向的影响，构建基于民族共同体意识的全新国家认同。

最后，少数民族的国家认同问题是解决少数民族问题的关键。在共和国的形成年代里，凯末尔主义者以土耳其特质的形式创建了一种新的民族认同，需要压制所有的非土耳其认同，以使土耳其特质超越其他的认同基础。② 这种单一的认同与现代化背景下的多元主义国家认同相悖。"多元主义"是近年来活跃于西方学术界、政治界的一种政治和社会理论，也是当今西方国家解决文化融入问题的主要方式。1994 年欧洲委员会制定的《保护少数民族框架公约》（Framework Convention for the Protection of National Minorities）指出，"一个多元的、真正民主的社会不仅尊重宗教少数派的种族、文化、语言或宗教认同，而且创造了能够使他们表达、保持和发展这种认同的合适环境"③。面对着社会多元主义的现实，特别是全球民主浪潮的兴起以及超国家的多元民主的形成同步，土耳其民族主义遭遇挑战，但土耳其军方、宪法法院等仍然是其坚定的捍卫者，

---

① Menderes Çınar, "The Justice and Development Party and the Kemalist Establishment", in Ümit Cizre ed., *Secular and Islamic Politics in Turkey: The Making of the Justice and Development Party*, p. 120.

② Fuat Keyman, "Articulating Citizenship and Identity, the 'Kurdish Question' in Turkey," in F. Keyman and A. Icduygu eds., *Citizenship in a Global World: European Questions and Turkish Experiences*, London: Routledge Global Governance Series, 2005, p. 272.

③ 转引自 William Hale, "Developing the Democratic Identity: Turkey's Search for a New Constitution", in Shane Brennan and Marc Herzog eds., *Turkey and the Politics of National Identity: Social, Economic and Cultural Transformation*, p. 48.

取缔库尔德政党和"民主开放"政策陷入停滞即为明证。就当前而言，土耳其少数民族文化和生活方式没有受到足够的重视；从长远来看，如果社会群体多元共处存在困境，一些少数民族和社会群体要么被边缘化，要么面临被其他主流民族或社会群体同化的危险；再加上难民问题的出现超出了一国的界限而使危机具有了国际性特征。当然，过于强调文化认同将会导致对政治、经济和社会不平等的刻意回避，使得族群分化、文明冲突并没有得到解决；本土民众与难民、外来移民的对立尚未找到有效治理的办法；让具有不同文化背景、不同宗教信仰的不同种族的社会成员在同一个国家或社区和谐共处，也将成为国家社会治理的一大难题。目前，土耳其正在从平等如一的"同质的国家认同"向基于新宪政司法体系的"有差异的平等"的"多元民主"过渡，[①] 这将给土耳其少数民族提供更大的机会空间。不过，尽管正义与发展党政府公开宣称其丰富的多元性和其推进民主的意愿，但其威权政治的发展趋向使其民主化宣言大打折扣，多元主义加剧社会分化趋势。

目前，大多数国家奉行基于族裔认同的民族主义，尽管土耳其的民族划分以宗教信仰为依据，但具有鲜明的族裔色彩。在全球化背景下，诸多国家将创建公民民族主义的认同作为化解民族国家冲突和提升少数民族地位的重要方法。有学者指出："在公民的模式中，民族被看作公民的地域性共同体，它是由共同的法律和共享的公共文化以及民间宗教联结起来的，民族主义的动力在于用一套共享的符号、神话、记忆，在民族领土范围内将公民共同体团结起来，并将其融合在一种可以认同的文化共同体中。"[②] "通过周而复始地在其祖国的一个政治共同体内举行亲情仪式，民族拥有凝聚力，并开始崇拜自身，使它的公民感受到集体认同的威力与温暖，引导他们提高自我意识和社会反思力。"[③] 土耳其官方也认识到这一点，认识到统一只有通过平等的公民权原则才能实现，其通过将土耳其所有公民置于同等的根基之上来解决国内的少数民族问

[①] Seyla Benhabib and Türküler Isiksel, "Ancient Battles, New Prejudices, and the Future Perspectives: Turkey and the EU", *Constellations*, Vol. 13, No. 2, June 2006, p. 230.

[②] 安东尼·D. 史密斯：《全球化时代的民族与民族主义》，龚维斌、良警宇译，中央编译出版社2002年版，第129—130页。

[③] 安东尼·D. 史密斯：《全球化时代的民族与民族主义》，龚维斌、良警宇译，第187页。

题。① 正义与发展党政府推出公民民族主义来遏制库尔德人的离心倾向和维系非穆斯林少数民族的认同感，强调土耳其境内平等的公民权而弱化土耳其民族主义的主导地位。公民民族主义认同是现代政治发展的方向，其以民主、多元和开放为特征改变了此前泾渭分明的政治民族主义认同。虽然这样的认同还处于建构的过程中，但随着现代化进程的推进，认同于民主国家的土耳其非穆斯林少数民族将会实现真正的政治参与和政治权利分享，这将意味着享有真正的民主与自由。所以说，土耳其必须建构基于公民身份的民族共同体意识，促进少数民族实现对国家的真正认同。而且，考虑到凯末尔主义在国家意识形态领域的主导地位，不管执政的正义与发展党如何设想，土耳其必须找到一个办法来更新其宪法认同，因为土耳其社会的发展必须反映政治现实，这是解决土耳其少数民族问题的关键。

四 外交危机的深度影响

美国学者亨廷顿曾经把土耳其称作"无所适从的国家"，这主要体现在土耳其外交实践中。正义与发展党上台初期，基于战略纵深和软实力外交原则，坚持东西方平衡的外交定位，增加东方国家在其外交布局中的分量，并提出"与邻国零问题"的睦邻外交政策。近年来，随着自身实力的日趋提升、西方国家的相对衰退、中东局势和地缘政治格局的剧烈变动，土耳其从基于软实力的理想主义向运用硬实力的道德现实主义过渡。谨慎、理性的"新奥斯曼主义"逐渐演变为狂热、冒进的"新奥斯曼主义"，"如果说帝国视野和文化多元是'新奥斯曼主义'的两根支柱，随着正发党执政地位的日益稳固，无论是在国内政治还是在对外政策中，'新奥斯曼主义'强调'文化多元和共存'的一面黯然褪色，而'帝国视野和大国野心'和强调'伊斯兰世界的团结'的一面则日益突出。"② 这凸显了新奥斯曼主义视域下埃尔多安和正义与发展党政府的政治野心。埃尔多安曾对土耳其内外政策进行全面阐释，"土耳其正在成为一个真正的全球大国"，"土耳其必须在叙利亚占有一席之地"，"未来与欧洲的关系将逐步摆脱问题期"，"相信美国迟早会改变对土耳其的矛盾

---

① 参见 Sule Toktas, "Citizenship and Minorities: A Historical Overview of Turkey's Jewish Minority", *The Journal of Historical Sociology*, Vol. 18, No. 4, December, 2005, pp. 394-429。

② 张向荣:《"新奥斯曼主义"：历史嬗变与影响》。

政策"，"与俄罗斯的各领域关系得到快速发展"，"耶路撒冷是土耳其和穆斯林世界的红线"等。① 2018 年以来，土耳其为谋求地区大国地位、争夺地区主导权、解决国内库尔德问题和难民问题等多重目标四面出击，一度在大国关系和地区局势中处于有利的地位，但在巴以问题、叙利亚问题、穆斯林兄弟会问题、库尔德问题、"伊斯兰国"问题、利比亚问题上与多方存在冲突，所以积极冒进的外交政策给正义与发展党的政治治理带来一定挑战。

1. 叙利亚危机及其衍生问题给正义与发展党执政带来挑战。2011 年以来的中东局势动荡将叙利亚拖入危机乃至内战的境地，东西方国家积极卷入叙利亚危机而使其成为政治博弈的战场，叙利亚内战甚至被视为俄罗斯和土耳其的代理人战争（proxy war）。② 美国对叙利亚库尔德人的支持也使得局势更加复杂。土耳其、俄罗斯、美三国基于不同的政治立场分别支持"自由叙利亚军"、巴沙尔政权和库尔德武装力量，这就造成一定程度的政治对抗。土耳其基于经济和能源利益的需要而对叙利亚政府的态度发生变化，土耳其与伊朗、俄罗斯的能源合作使其与后者一起开展针对叙利亚战后重建的政治安排。埃尔多安总统曾经宣称："没有俄罗斯的参与不可能找到叙利亚问题的解决方法。"③ 2016 年 8 月 20 日，土耳其总理耶尔德勒姆宣布与伊朗、沙特、美国、俄罗斯合作解决叙利亚危机，允许巴沙尔在叙利亚政治过渡进程中发挥作用，承认叙利亚政府的合法地位。土耳其在以俄美主导的叙利亚重建工作中处于被动地位。尽管在国际社会多方斡旋之下，国际社会多次促成有关解决叙利亚问题的和谈④，但是，和平之路仍可谓一波三折。由于土耳其政府长期奉行推翻巴沙尔政权和打击库尔德武装的叙利亚政策，导致土耳其在叙利亚问题上与俄罗斯、美国、叙利亚陷入严重政治对立和外交纷争。为缓解土耳其在叙利亚政策中的尴尬境地，土耳其试图拉拢俄罗斯以扩大其在叙利亚重建工作中的影响力。2017 年 1 月，土耳其、俄罗斯和伊朗三国围

---

① 参见邹志强《土耳其的外交政策走向及困境》，《中国社会科学报》2019 年 6 月 13 日第 3 版。

② Şener Aktürk, "Toward a Turkish-Russian Axis? Conflicts in Georgia, Syria, and Ukraine, and Cooperation over Nuclear Energy", p. 19.

③ "Erdogan Goes to Russia: Turkish Leader Seeks to Mend Fences with Kremlin", August 8, 2016, https://www.rferl.org/a/russia-turkey-erdogan-visit-putin-petersburg/27908642.html.

④ 叙利亚危机和谈主要包括日内瓦和谈、阿斯塔纳会谈、索契峰会等。

绕叙政府军和主要反对派武装停火问题共同举行阿斯塔纳和谈。阿斯塔纳会谈从停火、交换战囚、建立四个"冲突降级区"到建立叙利亚民族和解委员会，取得了重大的成果。但就像俄罗斯政治学家马卡尔金所言："虽然各方想保证在叙利亚建立最起码的一个稳定的政治架构的意愿是存在的，但随之而产生的另一个问题是，这种架构是否能够长久。毫无疑问，此次三方会议达成的协议是政治解决叙利亚问题迈出的重要一步，但是通往叙利亚全面和平之路并不平坦。"①

2018年以来，"伊斯兰国"组织大势已去，叙利亚的战场格局和权力均势发生改变，政府军、反对派和"伊斯兰国"组织三方转化为政府军和反对派两方，土耳其越境反恐的借口消失，但仍然试图掌握叙利亚问题的主导权。2018年1月20日，土耳其在得到俄罗斯的默许②下以维护国土安全为旗帜发动"橄榄枝行动"，进军阿夫林地区，宣称要清除库尔德"恐怖分子"。虽然此次行动扩大了土耳其在叙利亚北部地区的影响力，也削弱了库尔德武装力量，但仍然无法改变土耳其在叙利亚战后重建问题上的被动局面。2018年4月14日黎明，美国、英国、法国以"叙利亚政府使用化学武器"为名对叙利亚首都大马士革发动了空袭。土耳其为获得在叙利亚战后重建的地位，作为以叙利亚反对派捍卫者自居的土耳其表示支持美国的行动，向美国开放领空，并表示可以向美国军队提供军事基地。尽管土耳其在叙利亚政策上的底线从驱逐巴沙尔降为维护叙利亚领土完整，坚决反对库尔德人自治和独立，也不再为叙利亚政治解决谈判设置硬性条件，但是土耳其继续以反恐为名打击叙利亚库尔德武装的选择将可能承担与美国和俄罗斯关系恶化的风险，美俄也都将库尔德问题作为制衡土耳其的工具以阻遏其在中东地区坐大。目前，土俄两国关于巴沙尔政权去留的根本性矛盾并未真正化解，对叙利亚未来政治安排仍存在根本性分歧。尽管建立叙利亚冲突降级机制和倡议阿斯塔纳和谈，但土耳其仍支持"自由叙利亚军"武装进攻叙利亚政府军和

---

① 本报驻俄罗斯记者张晓东、本报驻埃及记者韩晓明：《叙利亚和平进程出现"窗口期"》，《人民日报》2017年11月24日第21版。

② 在2017年俄罗斯国防部部长与土耳其参谋长在伊斯坦布尔会谈结束之后，俄罗斯同意土耳其使用叙利亚部分领空，为土耳其在阿夫林空袭提供便利条件；在土耳其"橄榄枝行动"开始前，俄罗斯宣布从阿夫林地区撤军，而最重要的原因是土耳其进军阿夫林并没有对俄在叙军事产生威胁，反而在打击美国支持的库尔德武装有利于俄罗斯和叙利亚政府军。

开展越境打击库尔德武装的行动，而俄罗斯与库尔德民主联盟党的亲密关系①也是土俄政治互信的重要障碍。2018年的阿夫林行动和2019年的"和平之泉"行动都得到俄罗斯的默许甚至支持，普京总统秘书德米特里·佩斯科夫曾经指出，俄方就土耳其在叙利亚的"和平之泉"军事行动与土方保持密切接触。② 土耳其与美国关系由于对叙利亚政策的优先方向不同而产生冲突。土耳其旨在推翻巴沙尔政权和打击、遏制叙利亚库尔德武装，认为正是巴沙尔政权和叙利亚内战催生了"伊斯兰国"组织，而美国则优先关注消灭"伊斯兰国"组织，以防止恐怖主义扩散。美国主要依赖叙利亚库尔德民主联盟党作为打击"伊斯兰国"组织的主要地面力量，进而干预叙利亚危机，而土耳其则认为库尔德民主联盟党作为库尔德工人党的境外分支对土耳其安全构成威胁。土美对库尔德民主联盟党的政治目标和未来政治地位分歧严重，由此产生信任危机，导致土美关系在2018年的触底。土耳其与美国、俄罗斯的关系成为其深陷叙利亚危机中难以把握的外部因素，美国和俄罗斯作为叙利亚未来政治安排的主要力量，其与土耳其的双边关系也影响其在叙利亚战后重建中地位和角色作用的发挥，进而影响土耳其与未来叙利亚政府的关系走向。2019年，"和平之泉"军事行动及其后续举措，包括停火协议和所谓"安全区"的划定，是在叙利亚政府军已具有绝对优势的前提下进行的，也将对土耳其产生现实和后续影响。军事行动使叙利亚局势更为复杂，经济更为破败，无疑加剧了叙利亚战后重建困难和民众的苦难。"和平之泉"军事行动直接导致数十万叙利亚民众为躲避战乱逃离家园，英德法等欧洲国家强烈谴责土耳其的军事行动。土耳其与欧盟围绕叙利亚难民的争端还会继续，难民问题政治化酿成土欧外交摩擦，这也进一步导致土耳其入盟谈判的停滞和其与欧盟诸国矛盾的加深。

世界大国针对叙利亚未来走向的地缘政治博弈在短时间内难以获得缓解和协调，叙利亚境内各方政治势力因实力局限和受到不同大国支持而陷入僵持，难以统一，叙利亚仍然面临社会分裂、政权脆弱、政府低能、安全匮乏、经济贫困的局面。在"后伊斯兰国时代"，叙利亚反政府

---

① 库尔德民主联盟党在莫斯科设有办公室，俄罗斯向其提供武器，叙利亚库尔德和土耳其库尔德政党领导人曾相继访问莫斯科。俄罗斯甚至支持库尔德人参加日内瓦谈判。
② 《俄方就"和平之泉"军事行动保持密切接触》，新华网，2019年10月16日，http://www.xinhuanet.com/world/2019-10/16c_1210313140.htm。

武装中叙利亚库尔德武装军事实力最强，将在叙利亚问题政治谈判中占有举足轻重的地位，而且其对巴沙尔政权的态度颇为暧昧，叙利亚库尔德武装也就成为美俄博弈中竞相争取的对象。目前，土耳其已经改变推翻巴沙尔政权的强硬政策，承认叙利亚政府在过渡政治安排中的作用，但最终无论巴沙尔去留，土耳其不但没有能力改变大国一致的结果，更没有能力实现重塑叙利亚政治秩序的宏愿，这与其叙利亚内战以来强势介入叙利亚危机所追求的政治目标相去甚远。土耳其还会基于难民问题和库尔德问题卷入世界大国的地区政治博弈，并与叙利亚重建政府讨价还价，这不排除矛盾的升级和冲突的发生。俄罗斯支持的政府军、美国支持的库尔德力量和土耳其支持的反政府武装，由于其代理人之间的冲突使叙陷入割据和分裂状态，未来将继续加剧局势动荡。目前来看，叙利亚危机的解决将会是一条漫长而曲折的道路。它不仅需要域外大国的互动，还需要地区大国的介入，在互动和介入中寻找各方的共同点，并兼顾各方利益，从而实现共赢。① 土耳其目前仍然无法做到独立外交，未来仍需"东西兼顾"，既要保持与美欧的传统战略同盟关系，还需维持和俄罗斯的关系，以平衡来自美欧的外交压力。当前由于美俄主导了叙利亚局势和未来政治安排，土耳其在解决叙利亚问题中影响有限，土耳其的叙利亚政策未来有被边缘化的风险。因此，土耳其在叙利亚重建问题上能否达成既定目标依然面临着严峻的挑战。

2. 中东库尔德问题及其外溢效应引发的外交困境短期内难以解决。长期以来，土耳其将境内和邻国的库尔德武装视为威胁。土耳其库尔德工人党本来就与伊拉克、叙利亚境内的库尔德武装关系密切，任何一国库尔德武装力量壮大，土耳其都将其视为威胁，越境打击即为常态，而美国和俄罗斯对库尔德武装的支持又加剧了土耳其处理库尔德问题的困难。伊拉克战争爆发后，萨达姆政权的垮台和伊拉克国内局势长期不稳为境内库尔德武装发展提供了机遇，伊拉克库尔德人乘机坐大。在 2018 年 3 月和 6 月，土耳其军队两次对伊拉克库尔德武装进行越境打击。叙利亚内战爆发后，由于以美国为首西方支持叙利亚反政府军，库尔德武装获得发展机会，在打击"伊斯兰国"军事行动中叙利亚库尔德人作为美国的反恐盟友迅速崛起。2016 年和 2018 年，土耳其针对叙利亚库尔德

---

① 李国富：《展望解决叙利亚危机的前景》，《当代世界》2016 年第 5 期。

武装进行了代号为"幼发拉底河盾牌"和"橄榄枝"的越境打击行动。2018年1月，美国宣布协助叙利亚库尔德人建立"边境安全部队"，导致土耳其愤而直接出兵并占领阿夫林地区，成功削弱了库尔德人的影响力。随着叙利亚政府军的节节胜利，土耳其宣称叙利亚事务不能没有土耳其的参与。6月，土美达成所谓"曼比季和平进程路线图"，库尔德武装撤出曼比季，土耳其与美国达成了联合巡逻叙利亚曼比季地区的协定，与俄罗斯达成协议成功阻止了伊德利卜战役。9月，在解决伊德利卜问题之后，埃尔多安多次表态将在幼发拉底河东岸采取军事行动，对美国施压。2018年年末，特朗普宣布从叙利亚撤军，但之后其撤军立场有所反复，引起土耳其的不满，直到2019年9月才最终确定。土耳其要求在叙利亚北部建立由其主导的"安全区"计划遭到美国反对。

2019年10月9日夜，土耳其军队越境进入叙利亚北部，展开代号为"和平之泉"的军事行动，美国表态"不支持、不参与"，默许土耳其军队打击和消灭叙利亚库尔德武装。面对土耳其的进攻，叙利亚库尔德武装被迫选择与叙利亚政府军和解，以放弃大规模控制区为代价来换得政府军的支持。在美国内外的压力下，土美经过商谈宣布土方暂停在叙利亚军事行动5天，以让库尔德武装撤离土耳其寻求在叙利亚边境设立的"安全区"。10月21日，美国国务卿蓬佩奥宣布，美土双方达成在叙土边境叙利亚一方划定全长444千米、纵深32千米，总计1.5万平方千米由土耳其军队控制的安全区，以换取土耳其方面的永久性停火。最终经过美国、俄罗斯的干预和斡旋，实现了土耳其与叙利亚库尔德武装之间的停火。① 土耳其打击库尔德武装所采取的强势外交政策使得周边国家非常恐惧。一个明显与俄罗斯接近、与北约若即若离的盟国都不会使北约成员国放心，因此，北约诸国也会利用库尔德问题来钳制土耳其。目前，土耳其不可能根本解决库尔德问题，由此产生的新矛盾和新问题也对正义与发展党的外交实践形成严峻挑战。

3. 中东地区问题频发给正义与发展党执政实践带来诸多不确定性。土耳其是中东地区颇具影响力的地区大国，但不是具有主导地位的大国，在北约内部是作为英国、法国、美国、德国等国的小伙伴地位存在，这是具有大国雄心的埃尔多安所不能满足的，所以土耳其在中东地区热点

---

① 此部分参考《"和平之泉"能否带来地区和平》，《中国青年报》2019年10月31日。

问题上多方出击，继续致力于塑造自身的地区大国地位和扩大国际影响力。

一是土耳其高调批评以色列，强化其巴勒斯坦代言人、伊斯兰领袖和巴以争端调停者的形象。埃尔多安强烈谴责以色列与美国，多次公开抨击以色列是"恐怖主义国家"，降低与以色列的外交关系，并组织召开伊斯兰国家合作组织特别峰会，呼吁联合国和国际社会采取行动。

二是土耳其继续加强与伊朗的合作关系，明确反对美国退出伊核协议和重启对伊朗的全面制裁，拒绝切断与伊朗之间的经贸关系，并批评美国退出伊核协议破坏地区稳定。

三是针对卡塔尔断交危机，土耳其与卡塔尔保持密切互动和战略合作，两国的准盟友关系愈益凸显。

四是土耳其借助卡舒吉事件和巴以冲突赢取地缘政治优势。2018年10月爆发的沙特记者卡舒吉失踪事件在一定程度上影响了土耳其与美国、欧盟及沙特的关系，使土耳其在地缘政治中获得更为有利的地位和话语权。土耳其在巴以问题上的积极高调言行为其在伊斯兰世界赢得了更大声誉。2019年3月和5月，土耳其还在周边海域举行名为"蓝色国土2019"和"海狼—2019"的大规模军事演习，展现争夺东地中海地区油气资源和地区影响力的强硬姿态，也凸显了其作为地区大国的优势。[①]

在中东地区，土耳其改变"零问题外交"战略而采取积极干预的行动主义，积极介入阿以冲突而与以色列交恶，参与中东国家的政治转型，支持叙利亚反对派颠覆巴沙尔政权，出兵阿夫林地区争夺叙利亚重建的主导权，与埃及、沙特、叙利亚等地区大国的矛盾不断加剧，与伊朗尽管暂时修好，也很难想象前景是否乐观……这体现了土耳其持续"回归中东"并争夺地区霸权，同时游走于大国之间，试图按照自身利益塑造对其更为有利的国际格局的努力。但是土耳其与欧盟、美国之间矛盾重重，在中东地区，库尔德人势力的壮大成为其心腹之患，外交困境并未得到根本改观。可以说，土耳其因为形势误判和具体的外交政策失误而陷入重重危机，这也使其在中东地区的处境愈益微妙。在东西方关系上，埃尔多安与美国之间因库尔德问题和"引渡葛兰"问题而龃龉不断，与

---

① 此部分参考邹志强《土耳其的外交政策走向及困境》，《中国社会科学报》2019年6月13日第3版。

欧盟因反恐和难民问题分歧而导致入盟进程停滞不前。西方大国对土耳其政治体制变革反应谨慎消极，对埃尔多安再次当选总统后会将土耳其带向何处持质疑态度，这与此前历次大选后的态度形成鲜明对比。埃尔多安的新政府将欧洲事务部并入外交部体现了其入盟立场，美国对土耳其的经济制裁引发里拉危机，但由于土耳其很难摆脱美国盟友、北约成员国等身份的羁绊，这决定了其在未来与欧美诸国关系也不可能一帆风顺。土耳其与俄罗斯的双边关系起伏体现了外交被动，为凸显大国地位击落俄罗斯战机导致双边关系触底，面对西方在叙利亚问题上侵蚀其现实利益时又不得不与俄罗斯修好，能源利益与政治利益的捆绑使得土俄关系面临诸多隐患。目前，埃尔多安已成为土耳其历史上足以与凯末尔媲美的领导人，在中东强调共同的历史记忆和伊斯兰认同，在中亚强调突厥人相同的种族和语言基础，在巴尔干强调曾经的文明共处和欧洲国家的历史认同，努力与东南亚、东亚、拉美和非洲等国建立密切联系，以增加其与欧盟、美国、俄罗斯等国家讨价还价的筹码，体现了埃尔多安和正义与发展党的大国抱负，但实际上却远远超出其国家实力和承受能力。土耳其与诸多国家的关系危机凸显其外交政策的频频失误，未来"无所适从的国家"处境将更为突出。

第三节　正义与发展党同军方的权力博弈

自晚期奥斯曼帝国以来，军队在政治舞台拥有独特的权力、地位和影响。土耳其共和国成立后，按照现代西方政治模式重塑国家权力机制，但军方仍然在国家政治生活中占据突出地位。阿塔图尔克支持军方从政治中分离，认为军官参与政治的唯一方式是辞去军职而成为文官，但坚持认为军方是唯一有能力且不贪腐、能够信任的组织，这不仅为1960—1997年的四次军事政变提供了理论根据，而且造成了土耳其长期存在"文官治国、军人监政"的政治治理模式。尤其是1980年军事政变以来，军方通过国家安全委员会主导文官政府，颁布宪法赋予自身特定的政治、经济和司法权力，以打击库尔德分离主义和伊斯兰主义为由维持在国家机构中的存在，甚至通过"后现代政变"将以繁荣党为首的民选政府推下台，凸显其在维护国家稳定和秩序、应对民族分离主义和伊斯兰主义挑战方面的重要作用。正义与发展党上台后，宣称支持世俗主义和奉行"保守的民主"，推行满足入盟要求的民主化改革，逐步弱化军方政治和法律地位，军方与文官政府关系呈现典型的阶段性特征。本书试以时间为序，分为 2002—2006 年的相互克制阶段、2006—2012 年的正面对峙阶段和 2012 年以来军方的消极反抗阶段来探析军方与文官政府的关系。正义与发展党在五次任期内针对军方采取不同政策，军方与文官政府的权力博弈也是执政党需要应对的政治危机之一。

一　正义与发展党和军方的相互克制

2002—2006 年是希勒米·厄兹柯克（Hilmi Özkök）担任总参谋长①的四年任期期间，正义与发展党和军方之间保持脆弱的平衡关系，双方对彼此之间的冲突保持相对克制。土耳其学者厄赛尔·艾丁乐（Ersel Aydınlı）指出，近年来土耳其文官—军队之间的关系发生转变。文官政治家不但获得权力与声望，而且将军们也看到军方影响力的收缩。② 正义与发展党和军方之间由过去的敌对关系转变为协作关系，土耳其文军关系比以往任何时候都更倾向于民主模式。③ 正义与发展党通过多次修改宪法极大地削弱和限制了军方的政治权力，使其无法赤裸裸地干预政治。正义与发展党以欧盟标准为依据的司法政治改革极大地削弱了军队的政治权力，文官和军方在诸多问题上保持一定的克制与合作，军方在关键问题上能够作出一定的让步，这推动了文官—军队关系模式朝文官控制军队的方向发展。

首先，军方和正义与发展党政府极力维持脆弱的平衡关系。总参谋长希勒米·厄兹柯克与前任胡赛因·基夫里克奥卢（Huseyin Kivrikoglu）将军的行事风格不同，后者认为政治伊斯兰是国家面临的主要威胁，指出"上万名位于各个层次的公共官员暗中破坏了国家，他们占据各省市

---

① 总参谋长（Chief of General）是土耳其军方最高领导人，其职位低于总理却高于各部部长。土耳其总参谋长通常四年一任，在任期届满的 8 月底任命新的总参谋长。理论上，总参谋长由将军委员会（Turkish General Staff）选举，由总统批准任命。实际上，一般由到届总参谋长提名总参谋长候选人，总统履行程序性的审批工作，总参谋长大多数时候由陆军总司令接任。

② Ersel Aydınlı, "Civil - Military Relations Transformed", *Journal of Democracy*, Vol. 23, No. 2, January 2012, p. 100.

③ 参见 Metin Heper, "The Justice and Development Party Government and the Military in Turkey", *Turkish Studies*, Vol. 6, No. 2, June 2005。

的核心职位,正在破坏国家的世俗基础"①。这与1997年后现代政变后军方整肃伊斯兰力量的基调相一致。厄兹柯克担任总参谋长后,反对将土耳其世俗主义和伊斯兰主义对立起来。尽管他坚持凯末尔主义的思想,但认为凯末尔主义只是提供了一般性的指导原则而非具体的行事规范,所以不必亦步亦趋地模仿和照搬;指出应该重新解释凯末尔主义,根据社会形势的变化制定相应的政策。现代化最重要的是思维方式的改变和充分运用趋利避害的头脑和思想。② 厄兹柯克甚至对此前军事政变形式表示怀疑,认为应该采取一种更加民主的解决方法。"发生在1960年5月27日、1971年3月12日和1980年9月12日的军事政变难道就是成功吗?显然不是!如果他们是成功的,那些禁止参与政治活动的政治家就不可能重返政治舞台而成为土耳其共和国的总理或总统,这表明军事干预并非是一个万全之策,从现在开始我们应该更加相信人民的判断。"③ 厄兹柯克还认为,爱国主义并非军方的专利,这是土耳其人共同的精神财富;指出宗教可以在个人、群体和国家层面发挥重要作用,也就是说虔诚的人可以追求世俗的政治,这样他就尊重人民的宗教信仰和喜好,只要不是为了实现政治目的就可以被容忍。④

在2002年大选前夜,有记者问厄兹柯克将投票支持哪个政党时,他回答道:"这个问题你不应该针对我的军人身份来问,我不想对政治发表任何评论,我们的士兵应该以公民身份而非士兵身份来投票。"⑤ 2002年正义与发展党获得选举胜利后,厄兹柯克在答记者问时说:"我们是根据民主原则进行选举的……这样的结果体现了民众的意愿,我也尊重这样的选择。"⑥ 不过,他仍然对正义与发展党发出如下警告:军方继续保护

---

① Stephen Vertigans, *Islamic Roots and Resurgence in Turkey: Understanding and Explaining the Muslim Resurgence*, p. 77.
② Metin Heper, "The Justice and Development Party Government and the Military in Turkey", in Ali Carkoglu and Barry Rubin eds., *Religion and Politics in Turkey*, p. 75.
③ Metin Heper, "The Justice and Development Party Government and the Military in Turkey", p. 75.
④ Metin Heper, "The Justice and Development Party Government and the Military in Turkey", p. 75.
⑤ Metin Heper, "The Justice and Development Party Government and the Military in Turkey", p. 76.
⑥ Metin Heper, "The Justice and Development Party Government and the Military in Turkey", p. 76.

共和国免受各种威胁特别是激进主义和分离主义的侵袭，"（1997年）2·28决议是在某些方面过度发展的结果，如果这种事件继续发生，结局将不会有任何区别"①。这反映了以厄兹柯克为代表的军方立场并未根本改变。

厄兹柯克尽力说服正义与发展党领导人而非简单地将军方的意愿强加给他们，如果政府各部和军方对某一政策的意见不一致，厄兹柯克尽力解决这种分歧，军方有时甚至在政府各部的要求下改变其决定。如军方曾计划邀请伊朗的参谋长到土耳其，当外长居尔指出这次访问有可能遭致美国的误解时，军方放弃了该计划。在塞浦路斯问题上，正义与发展党支持联合国秘书长安南以及"安南计划"——主张在塞浦路斯建立一个双地区联邦共和国，塞浦路斯的希腊族和土耳其族共同分享权力。军方认为这一旦成为事实，不仅可能削弱土耳其军方在塞浦路斯的存在，而且其掌控塞浦路斯未来走向的能力也将大大缩小。2003年1月，陆军总司令阿亚塔·亚尔曼（Aytaç Yalrnan）公开宣称，"联合国的安南计划是不可接受的，因为其将导致暴力，威胁土耳其的利益及其在岛屿的安全"②。然而到2004年1月，当穆罕默德·阿里·塔拉特（Mehmet Ali Talat）成为北塞浦路斯共和国总统时，国家安全委员会表示支持安南计划，军方和政府达成一致。针对美国取道土耳其进入伊拉克境内，军方和正义与发展党也保持相对一致。2004年3月1日，大国民议会就政府允许美国军队进入土耳其，土耳其军队进入伊拉克的动议进行表决，结果以三票的微弱优势否决了该动议，军方和政府表示接受。美国外交部部长沃尔福威茨指责土耳其军方未能发挥领导角色作用时，厄兹柯克宣称军方仅仅是给政府而非议会提供建议。在正义与发展党执政初期，军方和政府在相当多的问题上都能保持一致，二者之间都呈现出一种轻松的、和谐的关系，这与前任的严密监视形成鲜明的对比。

军方深信埃尔多安不可能偏离世俗主义的预设轨道，但他们却担心厄兹柯克作为一名虔诚的穆斯林并不能真正理解正义与发展党对土耳其未来发展所带来的威胁。尽管厄兹柯克不希望和正义与发展党产生冲突，

---

① Metin Heper, "The Justice and Development Party Government and the Military in Turkey", p. 78.

② Ayşe Aslıhan Çelenk, "The Restructuring of Turkey's Policy towards Cyprus: The Justice and Development Party's Struggle for Power", *Turkish Studies*, Vol. 8, No. 3, 2007, p. 356.

但这并不表明其在捍卫凯末尔主义方面比其前任做得少,他努力寻求一种更加谨慎的战略以使凯末尔的世俗主义免受威胁。军方和正义与发展党政府之间的最大冲突在于军方强烈支持凯末尔的世俗主义,怀疑正义与发展党有建立伊斯兰国家的隐匿的政治目的,这也是2007年以后双方冲突的主要理由。2006年12月5日,一位将军在接受采访时表示,"如果祖国陷入危难,军队能够拯救她。但如果军队陷入危难中,谁能够拯救我们?"① 这说明军方和正义与发展党政府之间的矛盾并没有消失,但只不过在可以控制的范围内,能够避免赤裸裸的军事政变发生。

其次,正义与发展党政府尽量避免与军方发生摩擦。正义与发展党政府对军方采取小心而谨慎的态度,在制定政策和措施时尽量避免引起军方的反感。梅廷·海珀认为,正义与发展党避免采取军方极力反对的各项举措。② 当部分军官因空难而牺牲时,埃尔多安立即给厄兹柯克发去慰问唁电。③ 当军方对正义与发展党议员表示批评时,埃尔多安也积极支持军方。2003年7月,当正义与发展党议员讨论是否特赦恐怖组织中的未实施恐怖行为的成员时,埃尔多安强调说:"你们的决策必须与国防委员会保持一致。"④ 由此可知,正义与发展党极为尊重军方的选择。在土耳其是否向伊拉克派军问题上,外交部部长居尔做出如下评论,军方对此事件的看法是极为重要的,然而这并不意味我们会将最终的决策权交给军方,因为做出最终决策的必将是政府,不了解军方在此问题上的态度也是不合适的。⑤ 无论是在居尔还是在埃尔多安担任总理期间,都强调政府和军方要保持必要的接触,来共同解决敏感的问题。但是在某些时候,正义与发展党也发出文官政府地位高于军方的信号,埃尔多安、居尔、塞米尔·齐切克(Cemil Çiçek)都发表过类似的看法。埃尔多安曾经认为,尽管1924年宪法的相关条款规定军方在国家政治生活中扮演重

---

① Ersel Aydinli, "A Paradigmatic Shift for the Turkish Generals and an End to the Coup Era in Turkey", *The Middle East Journal*, Vol. 63, No. 4, 2009, p. 594.

② Metin Heper, "The Justice and Development Party Government and the Military in Turkey", p. 222.

③ Metin Heper, "The Justice and Development Party Government and the Military in Turkey", p. 81。

④ Milliyet, July 23, 2003. 转引自 Metin Heper, "The Justice and Development Party Government and the Military in Turkey", p. 81。

⑤ Milliyet, September 8, 2003. 转引自 Metin Heper, "The Justice and Development Party Government and the Military in Turkey", p. 81。

要角色,但只有出现政治真空时,军方才干预政治;当文官势力衰落时,军方的政治功能才能得以发挥。但现在的政府得到 66% 选民的支持,这样军方就失去了干预政治的机会和条件,这样的情景在厄扎尔时代曾经出现过。① 居尔认为军方与政府的立场正在趋同,政府也针对此问题重新进行抉择。② 齐切克认为,国家安全委员会不应该成为争斗的场所,也不应该成为滋生争端的地方,一般来说,在国家安全委员会的会议上文官向军方报告政策和纲领以获得后者支持和认可。宪法明确了谁应该对谁负责,作为部长,其向议会负责,而非向国家安全委员会负责。国家安全委员会是一个宪政平台,每个人都可以表达自己的观点,而非要求大家在所有的问题上都保持一致,由国家安全委员会做出的决议是全体成员的结晶。③ 当厄兹柯克召开新闻发布会指出军方对政府的某些政策表示困惑时,居尔做出如下回答,在一个民主国家每个人都可以表达自己的观点,土耳其武装力量成员也可以表达观点,因为他们也是土耳其的公民,但他们应该在公开场合表达自己的观点,一旦军方的不满被广泛关注,那么大家都会认为或许国家将面临又一次的政治危机。④ 同样,当国家安全委员会秘书长图赛尔·科林奇(Tuncer Kilinc)将军公开表达对某些改革议案不满时,正义与发展党的副主席麦哈迈特·富阿特(Mehmet Firat)说:"这些不满应该在国家安全委员会会议上讨论,然后提交政府,国家安全委员会的秘书长无权站在自己的立场上批评这些改革方案。"⑤ 当然正义与发展党政府也考虑到通过精简人员结构和人员渗透来扩大其在军方的影响,双方在人事安排和职位分配等方面也有矛盾,但这不属于军方与政府之间的专有矛盾,因为多种力量的协调是任何一个政府都必须面临的问题。面对美国攻打伊拉克,土耳其公众持反对态度,大部分正义与发展党成员及其支持者都深受反美和穆斯林统一情绪激发,

---

① Metin Heper, "The Justice and Development Party Government and the Military in Turkey", p. 81.

② Metin Heper, "The Justice and Development Party Government and the Military in Turkey", p. 81.

③ Milliyet, April 29, 2003. 转引自 Metin Heper, "The Justice and Development Party Government and the Military in Turkey", p. 82.

④ Hurriyet, May 27, 2003. 转引自 Metin Heper, "The Justice and Development Party Government and the Military in Turkey", p. 82.

⑤ Milliyet, May 20, 2003. 转引自 Metin Heper, "The Justice and Development Party Government and the Military in Turkey", p. 82.

但是正义与发展党政府却倾向于考虑军方的反应。同样,军方不愿意通过参战而向文官政府施加压力,因为这将损害其在国内的声望。

关于头巾禁令,总参谋长厄兹柯克和总统塞泽尔不允许正义与发展党政府有任何放松的余地。2002年11月20日,塞泽尔总统前往布拉格参加北约组织的一次峰会,正义与发展党政府发言人布伦特·阿林奇及其戴头巾的妻子前往机场送行。对于军方而言,戴头巾的妇女参加国家仪式是对世俗主义的挑战。于是,11月28日,高层军官在厄兹柯克的带领下对布伦特·阿林奇发出无声的警告:前往其在议会的办公室默默停留三分钟后离开。此举在土耳其传媒界引起轩然大波,许多媒体刊载了将军们无声抗议的照片,这在一定程度上安抚了军方那些怀疑厄兹柯克不愿和正义与发展党发生冲突的人。2003年4月23日,当军方发现由布伦特·阿林奇和其戴头巾的妻子联合做东庆祝祖国独立与儿童节时,军方高层和塞泽尔总统都选择庆祝会时离开,阿林奇的妻子为了避免进一步冲突也选择离开。随后,冲突的阵地转移到总统府:塞泽尔总统拒绝邀请那些有戴头巾妻子的正义与发展党议员。作为妥协,正义与发展党领导人包括埃尔多安和居尔在诸多场合选择将妻子留在家中,例如在欢迎美国总统布什及其夫人时,埃尔多安的妻子并没有在正式场合出现。尽管这看似是微不足道的事情,实际上却是双方关于世俗主义和保守主义的分歧,也是正义与发展党政府是否要取消头巾禁令的试金石。在2003年10月的国庆日纪念活动中,塞泽尔总统拒绝邀请正义与发展党中那些妻子戴头巾的议员参加,结果导致广泛抵制。2004年3月8日,塞泽尔总统在国际妇女节的庆典上指出,"头巾问题是源于民主而产生的,然而头巾问题却给土耳其民主进步带来极其不利的影响……我们不会容忍一些政党以保护公民权利的名义利用宗教和信仰自由,只有世俗主义才是宗教和信仰自由的真正捍卫者"[1]。5月5日,军方就头巾问题警告正义与发展党政府:"请不要忘记,如今的土耳其武装力量还像过去一样团结和统一,军队一直都是世俗、民主的土耳其共和国的捍卫者,并时刻准备为伟大祖国而战斗。"[2] 7月,修改后的刑法要对那些禁止戴头巾女生进入大学的人进行惩罚,此举被司法部部长齐切克阻止,以避免与

---

[1] Muammer Kaylan, *The Kemalist: Islamic Revival and the Fate of Secular Turkey*, New York: Prometheus Books, 2005, p.444.

[2] Gareth Jenkins, "Symbols and Shadow Play: Military-JDP Relations, 2002-2004", p.199.

军方发生直接冲突。10月29日，在建国80周年的国庆宴会上，塞泽尔总统公开拒绝邀请那些妻子戴头巾的议员，导致正义与发展党议员联合抵制该次宴会。虽然事后总统解释道："这是共和国的招待会，而非是我个人举行的宴会，共和国的世俗主义原则是不能违背的。"① 但也说明二者针对分歧所采取的立场和态度。总体而言，在正义与发展党执政初期，文官政府和军方之间小心维持彼此之间的平衡，通过限制军方的政治参与排斥其在国家政治中的主导地位，但军方对国家伊斯兰倾向的警醒也使得正义与发展党小心贯彻其伊斯兰政策和措施，二者之间利益与政治趋向的迥异决定了其内在矛盾的不可妥协性与必然性。

最后，军方与正义与发展党对诸多问题的分歧也为正面冲突埋下了伏笔。正义与发展党上台执政后，主要是利用入盟改革快速地削弱军队权力：取消了国家安全法院中的军事法官，将国家安全委员会定义为顾问机构，改变国家安全委员会秘书长由将军担任的惯例而由文官担任，将国家安全委员会的例会从一个月一次改为两个月一次。2003年，军方在最高广播电视委员会的代表被废黜。2004年首次由文官担任的国家安全委员会秘书长上任，强调任命国家安全委员会下层官员的程序应该更加透明，导致国家安全委员会在总人员数下降25%的情况下文官人员的比例上升。2004年5月，议会修改宪法第160条，将军方代表从高等教育委员会中清除，高等教育委员会负责监管大学和任命校长，军费支出受民事法庭（The Civilian Court of Accounts）审查，国防工业署长（SSM）之职改由文官担任，后该署被划归国防部顾问处。2006年通过的法律修订规定，文职人员在和平时期的军事犯罪由司法部门审理。这都大大压缩了军方的权力空间，引起军方的不满。

2002—2006年，军方对正义与发展党在国家治理方面的诸多行为保持克制，但涉及伊斯兰主义和库尔德分离主义，军方却态度鲜明地表明立场。在2002年11月10日将军委员会发布的第一份纪念阿塔图尔克的书面报告中，厄兹柯克宣称军方将抵制共和国的每一种威胁，特别是激进主义和分离主义。2003年秋，正义与发展党政府和军方围绕伊玛目—哈提普学校产生冲突。伊玛目—哈提普学校是土耳其培养教职人员的职业学校，由于国家不能为该校的毕业生提供足够多的教职，所以许多毕

---

① Muammer Kaylan, *The Kemalist: Islamic Revival and the Fate of Secular Turkey*, p. 419.

业生尤其是不能担任教职的女生选择在神学院和其他高等院校继续深造，而土耳其法律规定，伊玛目—哈提普学校毕业生的大学录取分数远远高于普通考生。于是正义与发展党政府酝酿关于该学校的改革措施，以使其毕业生更容易进入大学。2003年9月9日，陆军总司令阿亚塔·亚尔曼将军会见大学校长商讨反对改革方案的策略。在2003年10月14日的新闻发布会上，副总参谋长伊尔凯尔·巴什布（İlker Başbuǧ）质疑教育改革的动机，指出每年有25000名伊玛目—哈提普学校的毕业生，但仅仅有2500名继续在神学院深造，而宗教事务局每年从新毕业的学生中雇用的教职人员也仅仅为5500名。① 塞泽尔总统指出，允许伊玛目—哈提普学校毕业生进入大学的法令违法了世俗主义的原则。正义与发展党政府最终决定延迟改革。2004年，军方和正义与发展党政府针对"伊玛目—哈提普学校的毕业生是否享有平等地进入高等学校学习的机会"再次发生激烈摩擦。正义与发展党政府宣称应保证伊玛目—哈提普学校毕业生和其他高中毕业生享有同等的入学资格，并通过了相关宪法修正案，规定在国家举办的大学入学考试中，伊玛目—哈提普学校的毕业生和其他高中毕业生享有同等的入学资格，宪法修正案由教育部部长尤西恩·塞利克（Juseyin Celik）在5月初公布。军方指出，该宪法修正案旨在破坏世俗教育的原则，警告说："武装力量对土耳其共和国作为民主、世俗和法治国家属性的立场与态度在过去、现在和将来都不会改变。没有人可以质疑或误解土耳其武装力量在这个方面的看法和态度。"② 军方和其他世俗机构认为，该宪法修正案旨在简化那些对政治伊斯兰复兴同情的骨干分子向文官政府机构渗透的程序，从而实现国家的伊斯兰化。其他军方成员认为，这些伊玛目—哈提普学校旨在确立共和国的伊斯兰基础，而这是违反共和国世俗主义原则的。③ 厄兹柯克指出，这一宪法修正案违背了土耳其法律原则和精神，因为法律规定伊玛目—哈提普毕业生只能

---

① Gareth Jenkins，"Symbols and Shadow Play：Military-JDP Relations，2002-2004"，p. 199. 另见 Gareth Jenkins， "Continuity and Change：Prospects for Civil-Military Relations in Turkey"，p. 350。

② Gareth Jenkins，"Continuity and Change：Prospects for Civil-Military Relations in Turkey"，p. 350.

③ Metin Heper，"The Justice and Development Party Government and the Military in Turkey"，p. 78.

从事宗教职业，如果进入世俗领域，将会损害国家的世俗基础。① 埃尔多安则回应说，此举是为了解决国家面临的特殊问题，而非与公众的需求相悖。"没有人可以对民众意愿施加压力。如果他们这样做，他们将会看到议会的反应；如果议会代表民众的意愿，其决议应该得到所有人的尊敬。"② 教育部部长尤西恩·塞利克也指出：伊玛目—哈提普学校学生只占高中学生总数的1.5%，因而即使他们都支持政治伊斯兰复兴，也不可能对世俗民主国家构成威胁。③ 宗教事务局副局长麦赫迈特·戈尔梅兹（Mehmet Gormez）指出，伊玛目—哈提普学校并非仅向学生灌输宗教知识，相反作为职业学校，他们主要是为了培养学生的传统文化素质，难道大家能够否认伊斯兰教是我们文化的重要组成部分吗？议会最终于5月13日通过了该宪法修正案并提交塞泽尔总统批准，但塞泽尔总统在5月28日以其与世俗主义原则相悖为由予以否决。在军方和总统的双重反对下，正义与发展党政府最终收回该草案。7月3日，埃尔多安承认"作为一个政府，我们没有做好付出代价的准备"④。由于正义与发展党占有议会绝对多数，要想通过这个宪法修正案本不是难事，总统也不可能忤逆执政党意愿，但考虑到可能的冲突和麻烦，埃尔多安政府对此采取搁置态度，这反映了军方对正义与发展党的制约。

库尔德问题也影响了正义与发展党政府和军方的关系。正义与发展党为满足入盟需要而赋予少数民族和宗教少数派诸多权利，但军方认为这将使土耳其的领土完整遭受威胁。当正义与发展党政府为加入欧盟而发布一揽子的协调方案时，军方最初表示批评，但又宣布支持土耳其加入欧盟。这种矛盾的态度说明他们不愿意接受他们政治角色的改变和库尔德政策的改变。针对库尔德工人党对游客恐怖袭击的升级，正义与发展党政府同意通过在东南部实施社会、经济和文化措施来打击恐怖主义，这并不表示军方和政府在库尔德问题上冲突的终结。2005年8月，埃尔多安访问迪亚尔巴克尔时承认土耳其存在库尔德问题，国家过去在库尔

---

① Metin Heper, "The Justice and Development Party Government and the Military in Turkey", p. 78.
② Gareth Jenkins, "Symbols and Shadow Play: Military-JDP Relations, 2002-2004", p. 200.
③ Hurriyet, May 7, 2004. 转引自 Metin Heper, "The Justice and Development Party Government and the Military in Turkey", p. 83。
④ Gareth Jenkins, "Symbols and Shadow Play: Military-JDP Relations, 2002-2004", p. 200.

德问题上存在错误。此举遭到厄兹柯克将军的激烈反应,"土耳其面临的最大问题是诉诸恐怖主义的分裂运动"[①]。2006年6月,正义与发展党政府似乎意识到这一点,通过的新反恐法加强了对恐怖主义行动的惩罚,引入对宣传恐怖主义的新闻工作者的惩罚。尽管如此,二者之间的矛盾升级将不可避免。

二 正义与发展党和军方的正面对峙

2007年以来,正义与发展党经过第一个任期的励精图治,在政治、经济、文化和外交领域都取得了较为突出的成就,为巩固执政党权力和地位、提升埃尔多安的权威、弱化军方和反对派的挑战奠定了基础,但权力巩固的过程遭到军方的抵制,所以此间正义与发展党和军方展开了激烈的正面对抗,执政党通过修改宪法和操纵新闻调查、司法审查进一步压缩军方的权力空间。

首先,军方发动"E备忘录政变"引发宪法危机,正义与发展党通过修改宪法延续执政优势。为了抵制强硬的亚希尔·比于克阿纳特担任总参谋长,正义与发展党政府于2006年夏天通过电子邮件、传真等来抗议其犹太血统。8月初,塞泽尔总统给厄兹柯克和埃尔多安写信,建议他们立即同意任命比于克阿纳特为总参谋长以平息所有纷争。几天后,伊尔凯尔·巴什布被任命为陆军总司令,比于克阿纳特被任命为总参谋长。8月28日,厄兹柯克与比于克阿纳特的交接仪式得到111家电视台现场直播。比于克阿纳特上任后立即宣称:保护共和国的基本原则不是国内政府事务,而是军方的职责。[②] 9月底,土耳其陆海空总司令各自发表评论宣称土耳其面临伊斯兰主义的威胁。10月的军事学院学术研讨会上,比于克阿纳特警告土耳其的世俗民主受到伊斯兰主义的威胁,"土耳其没有人说世俗主义应该被重新界定吗?难道不是那些人占据国家高位吗?难道不是阿塔图尔克的意识形态正在遭受攻击吗?"[③] 2007年2月14日,比于克阿纳特访问华盛顿时指出:"土耳其是一个民主的、世俗的、社会

[①] Ümit Cizre, "The Justice and Development Party and the Military: Recreating the Past after Reforming it?" in Ümit Cizre ed., *Secular and Islamic Politics in Turkey: The Making of the Justice and Development Party*, p. 155.

[②] Gareth Jenkins, "Continuity and Change: Prospects for Civil-Military Relations in Turkey", p. 353.

[③] Zeyno Baran, *Torn Country: Turkey between Secularism and Islamism*, p. 60.

的、统一的国家,没有任何力量可以使土耳其偏离该轨道,也从来不会。土耳其共和国是阿塔图尔克创立的,共和国将坚持其奠基原则,直到时代的终结。"① 这一方面在于抚慰国内的世俗主义者,另一方面也是对正义与发展党政府的警告:不能偏离凯末尔的世俗主义轨道。

正义与发展党政府和军方的权力争端在 2007 年总统选举和议会选举中趋于白热化。由于塞泽尔总统任期届满,埃尔多安作为执政党领导人可以援引先例竞选总统,但其伊斯兰背景遭到军方和其他世俗主义者的反对,所以正义与发展党推出相对温和的居尔担任总统候选人。尽管如此,军方仍然声称如果居尔当选总统,土耳其的世俗性将会受到损害。2007 年 4 月 27 日,军方在其网站上发表言论,语气强硬地表示要坚决捍卫世俗主义原则,要与共和国的敌人决战到底。这就是所谓的"E 备忘录政变"。总参谋长比于克阿纳特宣称,如果正义与发展党继续任命居尔担任总统候选人,将不排除发动军事政变的可能。② 该备忘录遭到司法部部长塞米尔·齐切克的激烈攻击,指出总参谋部应该对总理负责,在一个以法治为基础的民主国家,总参谋部反对政府是不可想象的。隐含在"E 备忘录"里的威胁也遭到正确道路党和祖国党甚至共和人民党的反对,宣称总统选举问题应该通过民主方式解决。③ 在军方的强大压力下,宪法法院判决第一轮总统选举投票无效,居尔被迫退出总统选举。正义与发展党将原定于 11 月举行的议会选举提前到 7 月举行,希望凭借强大的民众支持来抗衡军方和其他反对派。在 7 月 22 日大选前,总参谋长比于克阿纳特宣称,一些敌对势力正试图有计划地"腐蚀"世俗体制,因而军队不要忘记阿塔图尔克的教诲:"创建共和国的人,也要维护它。"④ 不过,正义与发展党再次以绝对优势赢得了议会选举而获得单独组织政府的机会。"E 备忘录政变"表明,大部分土耳其人并不希望军方成为政治的一部分。所以在 8 月的总统选举中,尽管比于克阿纳特发表了措辞强硬的讲话,指出一些敌对势力正试图有计划地"腐蚀"世俗体

---

① Gareth Jenkins, "Continuity and Change: Prospects for Civil-Military Relations in Turkey", p. 353.

② Gareth Jenkins, "Ergenkon, Sledgehammer and the Politics of Turkish Justice: Conspiracies and Coincidences", *Middle East Review of International Affairs*, Vol. 15, No. 2, June 2011, p. 3.

③ Turkish Daily News, 29 August 2007. 转引自 William Hale and Ergun Özbudun, *Islamism, Democracy and Liberalism in Turkey: The Case of the AKP*, p. 91。

④ 薛巍:《土耳其新任总统居尔》,《三联生活周刊》2007 年第 34 期,2007 年 9 月 20 日。

制，土耳其军队绝对不会被背叛行为所打倒，但军方最终接受了居尔担任总统的现实。不过，军方拒绝参加新总统的宣誓仪式以示不满，这也损害了其在民众中的形象。鉴于军方的强硬态度，正义与发展党和居尔都放低姿态，埃尔多安明确表示，新政府将捍卫国家的世俗政体和民主体制，还表示将以阿塔图尔克为榜样，为全体土耳其人服务。居尔在就职演讲中宣称，将保持中立和遵守共和国已经颁布的规章制度，将支持世俗政权和政教分离，独立于各政党保持中立。2008年1月30日，当正义与发展党和民族行动党联手向大国民议会提交取消头巾禁令的提案时，比于克阿纳特将军宣称，土耳其社会的所有人都清楚知道军方在该问题上的立场，明确表现出对执政党施加压力的倾向。① 这充分说明军方和正义与发展党政府之间的矛盾深化。

其次，正义与发展党发起埃尔盖内孔组织调查，进一步排挤军方势力的政治影响。2007年6月12日，土耳其人沙菲奇·伊亚特（Şevki Yiğit）致电特拉布宗省民兵总部，称其在之前租住的公寓天花板上发现C4爆炸物和手榴弹。民兵向伊斯坦布尔警察局提交报告，警察搜查公寓后发现27枚手榴弹，警察带走了租客阿里·伊吉特（Ali Yiğit）和房主麦赫迈特·德米尔塔什（Mehmet Demirtaş），这一发现标志着埃尔盖内孔②组织系列调查的开始。③ 埃尔盖内孔组织由20世纪90年代的苏苏尔卢克丑闻衍生而来，是具有极端民族主义色彩的恐怖主义组织。该组织以凯末尔主义为指导，成员并不主要来自军方，还得到诸如库尔德工人党等极端组织的支持。组织由两大机构组成，即被称为六大细胞组织的"秘密机构"和以"活动集团"（Lobby）著称的外围机构。④ 该组织成员与土耳其的极端民族主义者、积极世俗主义者结成同盟，通过暗杀、爆炸等方式制造社会混乱，造成文官政府执政不力现象，以为军方干预政

---

① William Hale and Ergun Özbudun, Islamism, *Democracy and Liberalism in Turkey*: *The Case of the AKP*, p. 93.

② "埃尔盖内孔"来自中亚阿尔泰山传说，一头灰色母狼带领后来成为土耳其民族的部落翻越重重高山从埃尔盖内孔山谷来到西方，这个神话中的母狼及山谷成为民族主义的强有力象征，激发了现代土耳其人与他们祖先联系纽带的深深自豪感，所以埃尔盖内孔组织具有强烈的民族主义倾向。

③ Markar Esayan, "Ergenekon: An Illegitimate Form of Government", *Insight Turkey*, Vol. 15, No. 4, Fall 2013, pp. 29-40.

④ *Today's Zaman*, 22 September 2008. 转引自朱传忠《土耳其正义与发展党研究》，第235页。

治创造机会。土耳其检察机构宣称，埃尔盖内孔组织的短期目标是开展活动和制造混乱，以削弱政府权威和扰乱公共秩序，最终目的是在获得民众认可后通过非法干预方式接管政府。控告书列出埃尔盖内孔组织的四阶段行动战略：准备、组织、在城乡地区的恐怖主义行动、内战，旨在获得国家控制权，以从内部瓦解现行统治秩序。

埃尔盖内孔组织的活动大致分为两类，即暴力恐怖活动和政变图谋。前者主要是针对政见歧异人士的暗杀行动：2006年，特拉布宗罗马天主教牧师安东尼奥·萨托罗（Antonio Santoro）被埃尔盖内孔成员暗杀身亡。穆斯塔法·厄兹比勒吉（Mustafa Özbilgin）法官因头巾禁令被杀。2007年1月19日，亚美尼亚裔记者哈兰特·丁克被暗杀。2007年5月，几个青年人在马拉塔亚谋杀3名基督徒。① 而政变图谋则包括：（1）"金发女郎"行动。在2004年4月24日塞浦路斯公民公投前，厄莱纳科准将、前陆军司令阿亚塔·亚尔曼、前空军司令易卜拉希姆·弗尔特纳（İbraham Fırtına）和阿塔图尔克思想协会的主席赛纳·厄尔耶古（Şener Eruygur）图谋发动代号为"金发女郎"的政变。（2）打击复兴主义行动方案（Action Plan to Fight Reactionaryism），第三军总司令和埃尔津詹的首席检察官是该计划的领导人。（3）牢笼行动方案（Operation Cage Action Plan），该计划由海军上校埃尔詹·科雷杰泰普（Ercan Kirectepe）筹划，要对土耳其的非穆斯林进行暗杀，在少数派街区放置爆炸物，以加大政府压力。

自2007年6月12日到2009年6月4日，土耳其警方对伊斯坦布尔、安卡拉、阿达纳、伊兹密尔、马拉塔亚、埃斯基谢希尔、科尼亚、开塞利、梅尔辛、艾拉兹、萨姆松、凡城、马尔马拉、布尔萨、科尼亚、埃拉泽、巴士曼、斯兰纳科等省进行调查和搜捕行动，缴获手榴弹、爆炸物、手枪、武器和炸药、秘密文件等，陆续逮捕涉案人员近300名，包括现役和退役军官、律师、记者、大学教授、政党领导人、工会领导人、高级警官、市民社会组织领导人等，拉开了"世纪审判"的序幕。针对埃尔盖内孔组织的第一份起诉书公布于2008年7月10日，长达2455页的起诉书指控86名嫌疑人作为恐怖主义组织成员激发民众武装反抗土耳其政府。起诉书认为，埃尔盖尼孔是一个统一协调的、等级分明的组织，应该对土耳其过去20年间的每一次政治暴力行动负责。起诉书进一步认

---

① Markar Esayan, "Ergenekon: An Illegitimate Form of Government", p. 29.

为该组织正在控制国内的每一个军事组织,从马克思主义革命人民阵线(The Marxist Revolutionary People's Liberation Party/Front)到库尔德工人党,再到以土耳其真主党(Turkish Hizballah)著称的伊斯兰组织。

起诉书并没有提供有关埃尔盖内孔组织真实存在的证据,而且表述有夸大不实之嫌。例如在 81 页,指控埃尔盖内孔组织计划制造化学和生物武器,利用出售所获得的高收益来资助和控制全世界范围内的每一个恐怖主义组织。但起诉书得到亲正义与发展党媒体特别是《扎曼日报》的赞扬,隶属葛兰运动的传媒反复报道埃尔盖内孔事件中被调查者的"证据",并驳斥那些质疑该案件的人。从 2008 年年底到 2009 年,数百名嫌疑犯在证据不足的情况下仍然被拘押,包括学者、记者、退休的警察、现役和退伍军人、医生、商人、女演员、慈善工作者、政治家等,人们更加怀疑调查埃尔盖内孔组织的真正动机。2009 年 3 月 8 日的第二份起诉书长达 1909 页,指控 56 人加入埃尔盖内孔组织。2009 年 7 月 19 日的第三份起诉书长达 1454 页,指控另外 52 人隶属该组织。第二、三份起诉书仍未能提供令人信服的证据,表明被指控者是埃尔盖内孔组织成员,而且越来越多的证据表明采用了非法手段开展有关埃尔盖内孔组织的调查。例如,第三份起诉书的第 188—189 页载有一份 2008 年 12 月的窃听电话记录,通话发生在埃尔盖内孔事件嫌疑人马赫麦特·哈贝拉(Mehmet Haberal)教授和曾任正义与发展党政府内务部部长的阿布杜拉提夫·申纳(Abdulatif Sener)之间,双方主要讨论了最近一次在西班牙的家庭度假情况,但起诉书发布在正义与发展党的支持者认为阿布杜拉提夫·申纳建立反对党的时刻。① 从 2008 年 7 月 25 日到 2010 年 3 月 1 日,检察机关调查了埃尔盖内孔组织的暗杀和政变图谋后,依据刑法和反恐法对涉嫌犯罪者提起诉讼,被判处监禁的达到 731 人。2013 年 8 月 15 日,在经历 600 多次庭审和 22 项指控后,伊斯坦布尔第 13 高等刑事法院针对埃尔盖内孔组织作出最后判决,认定其为"恐怖主义组织",275 名被告人中 21 人被撤销指控,推迟对 4 名逃犯的判决,3 名被告在审判过程中去世;法院最终判决的 247 名被告人中,193 名被认定为"恐怖主义组织成员",2 名被认定是"恐怖主义组织领导人",32 名被判"阴谋推翻政府"。前总参谋长伊尔凯尔·巴什布被指控阴谋推翻政府,加

---

① Gareth Jenkins, "Ergenkon, Sledgehammer and the Politics of Turkish Justice: Conspiracies and Coincidences", pp.4-5.

入恐怖主义组织，拥有爆炸物，非法获取个人信息，窃取国家秘密文件等。① 曾任副总参谋长的哈桑·伊古兹（Hasan Igsız）、武装部队情报部门（JİTEM）创始人威利·库切克（Veli Küçük）、武装部队总司令秦纳·厄尔耶古（Şener Eruygur）、爱琴海军区司令努赛特·塔斯德伦（Nusret Tasdelen）、总参谋长伊斯迈尔·帕金（Ismail Pekin）等被判处不同刑期的监禁。

埃尔盖内孔组织调查引起土耳其国内外的广泛关注。埃尔盖内孔组织调查内容广泛，起诉书中充满未经查实的证据和前后逻辑冲突等，以致许多观察家认为该调查是一场针对反正义与发展党力量的调查行动。还有研究表明，正义与发展党是该调查的推动者，因为正义与发展党支持者认为埃尔盖内孔组织与"深度国家"密切相关，此次调查审判揭露了历史上多个"幕后"行动网络。② 埃尔多安总理是埃尔盖内孔组织调查的坚定支持者，称自己是"国家检察官"，"调查结束时黑暗会被点亮"。③ 库尔德民主社会党认为，调查重点并不在于捏造埃尔盖内孔组织或正义与发展党的表现，而是聚焦土耳其民主化，不废除包括埃尔盖内孔在内的国家所有帮派组织，就不可能在土耳其建立真正的民主。④ 而时任共和人民党主席巴伊卡尔则反对针对埃尔盖内孔组织的调查和指控，认为这是执政党强化自身执政地位的举措。2009 年 7 月，巴伊卡尔称"正在发生的（对埃尔盖内孔的审判）并非民主秩序的结果，正义与发展党正在企图缔造其'黑暗国家'"。⑤ "如果埃尔多安是埃尔盖内孔的检察官，我就是它的代理律师。"⑥ 民主左翼党认为，没有证据证明埃尔盖内孔组织的恐怖主义身份，而正义与发展党试图影响司法部门以压制异议和批评。这说明执政党和反对党关于该问题的分歧。

军方在埃尔盖内孔组织的处理上采取和正义与发展党政府的合作态

---

① Markar Esayan, "Ergenekon: An Illegitimate Form of Government", p. 29.
② H. Akin Ünver, "Turkey's 'Deep-State' and the Ergenekon Conundrum", *Policy Brief*, No. 23, April, 2009, p. 11, https://www.mei.edu/publications/turkeys-deep-state-and-ergenekon-conundrum.
③ H. Akin Ünver, "Turkey's 'Deep-State' and the Ergenekon Conundrum", p. 21.
④ H. Akin Ünver, "Turkey's 'Deep-State' and the Ergenekon Conundrum", *Policy Brief*, No. 23, April, 2009.
⑤ *Hurriyet Daily News*, 4 July 2009.
⑥ H. Akin Ünver, "Turkey's 'Deep-State' and the Ergenekon Conundrum", p. 12.

度，总参谋长允许搜查军队场所和文件，但也极力维护军方利益。2009年4月，关于"反对复兴主义行动方案"调查中发现弹药，巴什布声称土耳其不存在军方埋葬的武器和弹药，该方案旨在污蔑土耳其军队。马尔卡尔·埃萨彦（Markar Esayan）认为，对埃尔盖内孔组织的审判带来一系列新进展，为新土耳其的到来铺平了道路。毫无疑问，基于这一历史性案件，军队失去了对文官政治的控制，土耳其几乎消除了军事政变的危险。① 而阿金·于纳夫（H. Akin Ünver）则认为，调查对象是军队、情报界、行政部门、学术界、传媒界和庞大的市民社会网络的一部分，是土耳其历史上的最重要法律进程。② 不管如何，埃尔盖内孔组织调查导致部分军方人员被监禁，这进一步压缩了军方干预政治的空间。很多土耳其观察家认为，埃尔盖内孔组织调查事件演变成为一场针对正义与发展党和葛兰运动反对者的政治行动。③ 关于埃尔盖内孔组织调查的最终目的和真相还有待于相关档案的解密。不过，就在埃尔盖内孔组织调查和审判过程中，"大锤政变"曝光在世人面前，标志着军方和正义与发展党政府对抗进入新阶段。

最后，正义与发展党政府借助"大锤行动"，进一步挤压军方的政治空间。根据相关资料，一种说法是，2010年1月，一名土耳其黑客侵入军方电脑，发现一份由5000页文字资料和48小时录音资料组成的名为"第五次政变"的文件。政变计划代号为"大锤行动"（Operation Sledgehammer）④，资料所有者是陆军前副司令埃尔津·萨贡（Ergin Saygun）。于是他们主动联系《塔拉夫报》（Taraf），该报编辑将资料交给埃尔多安

---

① Markar Esayan, "Ergenekon: An Illegitimate Form of Government", p. 40.
② H. Akin Ünver, "Turkey's 'Deep-State' and the Ergenekon Conundrum", Policy Brief, No. 23, April, 2009, https://www.mei.edu/publications/turkeys-deep-state-and-ergenekon-conundrum.
③ Zeyno Baran, Torn Country: Turkey between Secularism and Islamism, p. 81.
④ "大锤行动"计划出现在2002—2003年，制定了两套方案，计划动用12万军队。第一套方案是由空军司令易卜拉欣·弗尔特纳（Ibrahim Fırtına）组织在爱琴海击落己方战机并嫁祸希腊，挑起希土冲突和长期以来因塞浦路斯问题而持续酝酿的民族情绪，暴露现任政府在国家安全上的无能；第二套方案是在两座清真寺制造爆炸，引发社会混乱，趁机给政府扣上极端伊斯兰主义的帽子，博取国际社会对政变的同情。政变开始后，军方将迅速解散议会，逮捕居尔和以埃尔多安为首的正义与发展党高级官员，遣散内阁，成立以军人为首的临时政府，控制媒体，占领安卡拉、伊斯坦布尔及伊兹密尔等战略要地，实行宵禁。由于该计划周密且详尽，所以立刻引起埃尔多安政府的注意，并由此牵连出120多名土耳其中高级军官。

总理。另一种说法是，2010年1月20日，《塔拉夫报》著名记者穆罕默德·巴莱苏（Mehmet Baransu）声称一名未透露姓名的军方成员向他提供了一个手提箱，里面有2229页文件、19张数据光盘和10个录音带，其中跟政变图谋有关的所有材料都存在一张光盘上。①《塔拉夫报》向民众详细披露这一爆炸性新闻并将相关材料提交给正义与发展党。2月21日，埃尔多安连夜下令逮捕包括埃尔津·萨贡在内的49名高级军官，其中包括已经退休的军方要员。

"大锤行动"计划被公开后，舆论一片哗然。军方宣称所谓的"大锤行动"只是军队演习预案之一，类似于在所有其他北约国家进行的战争游戏场景讨论，并不是政变计划。尽管奥登·奥内克（Özden Örnek）②也加以否认，公众仍然相信军方在2002—2003年策划了一场政变……其被叫停的原因可能是总参谋长厄兹柯克将军不支持它，也可能缺乏来自不同部队的支持。③正义与发展党政府立即展开调查并采取相应措施。2月22日，土耳其警方在安卡拉、伊斯坦布尔、伊兹密尔等8个城市先后逮捕了52名高级军官，包括前副总参谋长赛甘、陆军前司令阿亚塔·亚尔曼、空军前司令易卜拉欣·弗尔特纳、海军前司令奥登·奥内克、特种部队前总指挥埃金·阿兰（Engin Alan）等21名退役将军以及31名现役军官。2月24日，土耳其非军事法院迅速对被捕军官提起刑事诉讼，罪名是阴谋发动军事政变。同时，埃尔多安政府宣布粉碎了一场蓄谋已久的军事政变。面对文官政府的咄咄逼人之势，军方也不甘示

---

① Gareth Jenkins, "Ergenkon, Sledgehammer and the Politics of Turkish Justice: Conspiracies and Coincidences", p. 3.

② 2007年3—4月，周刊杂志 Nokta 公开了据称是奥登·奥内克上将的日记，其在2003年8月至2005年8月期间担任海军司令。根据披露的日记，奥登·奥内克和陆军司令阿亚塔·亚尔曼、空军司令易卜拉欣·弗尔特纳以及武装警察部队总司令赛纳·厄尔耶古都不信任厄兹柯克，怀疑其是正义与发展党政府的傀儡。这四位高级军官讨论一个名为"金发女郎"（blonde girl）的计划，打算首先赢得媒体支持，然后得到大学校长支持，鼓励他们将学生推到大街上以创造一种危机的氛围，使得军事政变合法。该计划的最初目的显然是为了阻止安南计划，随着塞浦路斯问题的缓和，这个计划就失去了市场。然而，根据笔记，奥登·奥内克并没有放弃，他准备了名为"月光"（Moonlight）的第二个政变计划得到其他高层军官的支持。到2006年8月，这四位高级军官全部退休离开武装部队。参见 William Hale and Ergun Özbudun, *Islamism, Democracy and Liberalism in Turkey: The Case of the AKP*, p. 89。

③ Mehmet Ali Birand, "Hilmi Özkök: Ne Vardır Ne Yoktur Derim", *Milliyet*, 9 July 2008. 转引自 William Hale and Ergun Özbudun, *Islamism, Democracy and Liberalism in Turkey: The Case of the AKP*, p. 89。

弱。2月28日，在军方的支持下，大批民众走上街头游行，示威抗议政府对军方人员的逮捕，军方甚至派出坦克来支持游行。埃尔多安政府不得不作出妥协，释放部分嫌疑人。一个月后，首批被逮捕的军方人员仅有9名在押，其他人通过各种途径获得释放。4月5—6日，正义与发展党政府在全国14个省再次展开行动，拘捕104人，其中包括9名此前被释放的军人。

由于"大锤行动"计划主要在亲正义与发展党媒体上报道，伴随着调查和审判的推进，民众对政变阴谋产生了怀疑。能够证明行动计划的代号为11的光盘数据显示，其所有内容于2003年3月5日一次性读写到光盘上，而且没有后续的添加、删除或更改。然而光盘上的文件存在许多错误和记载不准确的地方，特别是年代错误。这就说明该光盘有可能是伪造的。2010年12月6日，根据一份匿名举报，调查人员突袭了位于马尔马拉海格尔库克（Golcuk）的土耳其海军基地，发现了另一批文件和光盘，宣称新证据证明政变计划是确实存在的，然而来自格尔库克的材料仍然充满错误和失真事实。例如，其中一份文件提到一艘海军舰艇在2003年成为土耳其舰队的一部分，而其实际上直到2005年才真正加入舰队。当越来越多的矛盾出现在格尔库克文件中时，2011年4月27日，根据另一个匿名举报，警方突袭了一位名叫哈坎·布尤克的退休空军上校位于埃斯基谢希尔（Eskisehir）的家，宣称发现更多的和"大锤行动"相关的文件，这些文件也存在许多错误和矛盾之处。例如，其中的一份文件根据警方的报告，最后一次保存时间是2003年4月5日，其中包括引用"现行"的《武装部队人事法》（Armed Forces Personnel Law）。然而，引用的段落包括了直到2005年6月15日才做出的修正条款。①

尽管如此，有关"大锤行动"的有疑问的证据并没有影响其判决。2011年12月21日，法院开始审理涉嫌参与"大锤行动"的187名被告，地点设在伊斯坦布尔锡利夫里监狱（Silivri Prison）。土耳其检察机关以涉嫌推翻政府为由先后对许多现役和退役的军官进行调查，包括陆军前司令阿亚塔·亚尔曼、陆军前副司令埃尔津·萨贡、第一军前司令员切特·多安（Çetin Doğan）、海军前司令奥登·奥内克、空军前司令易卜拉

---

① Gareth Jenkins, "Ergenkon, Sledgehammer and the Politics of Turkish Justice: Conspiracies and Coincidences", p. 7.

欣·弗尔特纳、特种部队前总指挥埃金·阿兰和国家安全委员会前秘书长舒克鲁·萨瑞夏克（Şükrü Sarıışık）被判处20年监禁。到2011年7月，223名现役和退休军官被指控于2003年阴谋发动政变，在审判结束之前，包括10%以上的现役军官和将军在内的共177人被拘留。7月29日，检察机关再次以涉嫌利用网络攻击政府的罪名逮捕包括爱琴海陆军总指挥官在内的22名高级军官，这一事件成为军方高层集体辞职的导火索。数小时之后，总参谋长厄舍克·科沙内尔（Işık Koıaner）以及陆海空司令集体宣布辞职，用这种消极的方式来抗议政府逮捕现役军官的行为。科沙内尔在其"告别信"中明确表达了对政府的不满："我已经不可能继续留在这个职位。因为我作为总参谋长，已经没有能力维护部下的权利。"① 辞职之前，科沙内尔曾建议总理埃尔多安在8月1日召开的最高军事委员会会议上晋升一批高级军官，但是遭到埃尔多安的强烈反对，理由是这些军官涉嫌参与谋划军事政变。军方领导层集体辞职让正义与发展党政府措手不及。埃尔多安总理和居尔总统连夜开会进行紧急磋商，任命唯一没有辞职的军方领导人——武装警察部队总司令内杰代特·厄泽尔为陆军司令，并代理总参谋长职务。最高军事委员会在四个成员缺席的情况下任命总参谋长。为了表明姿态，内杰代特·厄泽尔将2007年的E备忘录从总参谋部网站上撤除。显然，在这场权力博弈中，埃尔多安政府不仅占据上风，而且达到了借势打压军方力量的目的。土耳其由埃尔盖内孔组织引发的审判引起国内外广泛关注，有人认为用于指控军方发动政变的"大锤行动"计划证据漏洞表明，由"大锤行动"引发的审判其实是埃尔多安政府自导自演的，是为了赢得大选提前营造声势。但不论是埃尔多安政府主动还是被动应对，都产生了削弱军方权力的效果。不过，在经历2013年夏天塔克西姆广场抗议行动和2013年12月的腐败指控后，埃尔多安政府于2014年6月19日释放"大锤行动"的全部被告人，希望借此与军方和解，共同应对葛兰运动的威胁。

埃尔盖内孔事件调查和"大锤行动"是土耳其文官地位提升的转折点，正义与发展党政府进一步强化了对军方力量的控制，明确规定那些被怀疑参与上述事件的军方成员不能被提升，他们或者被政府解职或者退休；涉嫌泄露该案件的官员也被任命到边缘岗位。在2010

---

① 昝涛：《土耳其两种精英的对决》，《世界知识》2011年第16期。

年的最高军事委员会会议上，埃尔多安总理没有提升 11 名被民事法院审判涉嫌参与"大锤行动"计划的将军，而是将其任命到不同岗位。在 2014 年的最高军事委员会会议上，他们和那些涉嫌参与埃尔盖内孔事件的将军一起被列入退休名单。① 大体而言，针对上述事件的处理给土耳其军队带来前所未有的冲击，大批现役和退役军官被投入监狱，使得军方的地位和声望大大下降，也导致可任用的军官的缺乏。处于第三个任期的正义与发展党通过不断修改宪法一步步压缩军方的政治空间；军方也通过支持反对党和诉诸宪法法院实施绝地反击。当土耳其因为塔克西姆广场改造而爆发持续骚乱时，有人宣称"将军将拯救我们"，这只是土耳其部分民众的愿望而已，但也说明军事政变在土耳其政治舞台仍然存在可能性。恰如阿里·卡拉斯曼诺格卢（Ali Karaosmanoğlu）所言，"尽管土耳其民众不受军方观点的影响，而投票支持军方最不喜欢的政党，但他们认为军方是抵御内部和外部威胁的最强大的、唯一的合法保障。"②

三 军方对正义与发展党的消极反抗

中东变局以来，土耳其军方和文官政府的权力博弈朝着有利于文官政府的方向倾斜。这是正义与发展党通过修改宪法积极推进西方式民主改革的结果，因为武装力量从政治领域的撤离是西方国家判断民主的重要标准，毕竟军人干预"违反任何公认的官场准则，破坏政治秩序的完整性与合法性基础"。③ 正义与发展党借助权力日趋巩固和威权政治日益强化，进一步压缩军方的政治空间；军方也通过联手反对党和诉诸宪法法院寻求更大权力空间，甚至与葛兰运动联合制造了 2016 年未遂政变，体现了土耳其军方与文官政治博弈的新动向。

一方面，正义与发展党积极重塑军方机构，排斥军方的政治权力。正义与发展党的宪法修订与法律改革导致军人自主权在 21 世纪趋于下降。2001 年的宪法修正案保证文官占国家安全委员会的绝对多数，降低国家安全委员会决议为咨议级别。2003 年，解除国家安全委员会秘

---

① Mehtap Söyler, *The Turkish Deep State: State Consolidation, Civil-Military Relations and Democracy*, p. 179.
② Kamıl Yilmaz, "The Emergence and Rise of Conservative Elite in Turkey", p. 130.
③ ［美］塞缪尔·P. 亨廷顿：《变化社会中的政治秩序》，王冠华等译，生活·读书·新知三联书店 1989 年版，第 221 页。

书长对收集信息和文件的垄断，取缔其大规模的行政和监督权力，允许文官被任命为国家安全委员会秘书长。2006年，政府成立安全事务总局（The General Directorate of Security Affairs）以取代国家安全委员会秘书长的职能。2010年，政府在内务部下设立公共秩序和安全副秘书长（The Undersecretariat for Public Order and Security）以协助危机管理。正义与发展党在2010年宪法修正案赋予民事法庭审判军方的反宪政秩序权力，取缔军事法院审判文官的权力，改变了宪法法院和最高法官与检察官委员会的人员构成与工作程序；取消总参谋长和军方司令官的豁免权，赋予宪法法院审判他们违法行为的权力，促使军方在政治司法领域的自治层次从极高降到中等。2010年提交总参谋部的建议还提出，完全取消海岸安全司令部，其所属人员、车辆和楼房划归由内务部成立的边境保卫总局，进一步将军事力量置于文官政府统治之下。同年，正义与发展党政府首次审查国家安全政策文件，并在此后将其置于优先位置。2010年12月，大国民议会通过新的审计法，以抵制腐败和确保军事开支的透明度。根据新法，审计署成立安全部门监督处，将对军队餐厅、军人之家等单位的财务情况进行检查。这些改革显然触及了军队的部分正式机构和法律特权。在2013年2月制定新宪法的过程中，四个政党同意总参谋长对总理而非国防部负责。但由于制宪委员会未能进一步达成一致，所以该提议并未生效。需要指出的是，即使总参谋长附属于国防部，该部成员主要由附属于总参谋部的军人组成，拥有防卫和安全专业知识的文官缺乏直接影响文官对防御政策实施的决定权，国防部必须彻底重塑。就像西班牙前防务部长所言，没有民主巩固，军人不可能对文官负责。① 2014年10月，达武特奥卢总理宣布有关国内安全的一揽子计划，规定武装部队和海岸警卫队平时归属于内务部，战时服从陆军和海军的指挥。武装部队司令级别降为中将，武装部队机构成为政府的守卫力量；武装部队总司令退出国家安全委员会。武装部队一旦变成政府的保卫力量，就不具备独立行动的可能。而且，武装部队司令部如果归内政部指挥，库尔德问题就会朝着正义与发展党设想的解决方案更进一步。因为一直是由武装部队和军队同时在东南部地区执行反恐任

---

① 转引自 Mehtap Söyler, *The Turkish Deep State: State Consolidation, Civil-Military Relations and Democracy*, p. 179。

务，而现在根据法律规定，军队采取行动之前必须得到各省省长批准，因此军队的行动受到限制，其在东南部的影响逐渐削弱。另外，由于议会通过了缩短服役时间的法律，导致军队大幅减员。在宣布服兵役时间从 15 个月减少为 12 个月后，土耳其武装部队人员从 70 万人减少到 58 万人，减少将近 12 万人。① 经过一系列的宪法修正案，军方逐渐偏离国家政治权力中心，但仍然允许在职业—政治—司法延续性方面施加决定权。

2014 年，埃尔多安经过全民直选当选总统导致其更不愿意保证军方的自主性，军方在决定国内安全方面的自主权层次下降为中级，所以军方对正义与发展党政府以及埃尔多安的不满逐渐升级。埃尔多安总统强化个人集权的同时，继续限制军方力量，尤其是葛兰运动成员向军队中的渗透引起正义与发展党政府的不满。坚持凯末尔主义的军方与坚持伊斯兰主义的葛兰运动的联手决定了其联盟基础的脆弱性。2016 年 7 月未遂政变之前，亲正义与发展党的报纸上充斥着忠诚于葛兰运动的军队可能会遭遇清洗或被迫退役的报道。"意识到他们的时间不多了，阴谋家决定发动一个神风式的政变（a kamikaze-style coup）。"② 就文军关系而言，目前土耳其完全实现了文官对军队的民主统制和制度控制，军队干预政治的正式制度机制已经被完全废除。因此，学者认为，作为限制军队权力的结果，新土耳其的第二特征是双重主权或"平行政府"在土耳其的终结。③ 但必须指出的是，土耳其军队依然能够通过一些非正式机制表达其对政治的关注和重大事件的立场。④

另一方面，2016 年未遂军事政变的发生不仅是军方和文官政府权力博弈的表现，更是正义与发展党与葛兰运动盟友破裂的产物。随着 2013 年针对正义与发展党政府的腐败调查和埃尔多安加强威权统治，军方对执政党的不满与葛兰运动的反抗行动相结合，这就为 2016 年军事政变的发生提供了可能性。按照土耳其传统，最高军事委员会在每年 8 月都会与总统、总参谋长会面，决定军方高层的提拔、退休或停职。在 2016 年

---

① 转引自李智育《正发党执政期间土耳其民主巩固研究 2002—2014》，第 199 页。
② Behlul Özkan, "Turkey's Kamikaze Coup Attempt: Why Now and What Next?" *Huffington Post*, July 18, 2016, http://www.huffingtonpost.com/behlal-azkan/turkey-coup_b_11033324.html.
③ M. Hakan Yavuz ed., *The Emergence of a New Turkey: Democracy and the AK Parti*, p. 16.
④ 朱传忠：《土耳其正义与发展党研究》，第 242 页。

军事政变前的两周，亲政府的报纸充斥着对忠于葛兰运动的军方力量将会遭遇清洗或强迫退休的报道，所以军方决定发动一场军事政变以扭转目前局面，但与以往军事政变不同的是，这次政变仅得到部分军方力量的支持，埃尔多安依靠民众支持迅速挫败政变图谋，后续的清洗行动实现了镇压军方力量和葛兰运动的双重目的。

2016年7月15日，土耳其总参谋部的部分军官控制了国家电视台和交通要道，女主播蒂珍·卡拉斯向电视观众口播一份政变军人起草的声明，一个自称"国家和平委员会"的军人团体在声明中宣称军队已经接管政权，将在全国范围实行宵禁并实施军事管制法，政变策划者甚至宣称占领飞机场和武装部队总部，使用战斗机轰炸议会、情报部门和特种警察部队的总部。军事政变旨在推翻埃尔多安和正义与发展党的统治，目标指向正在马尔马里斯度假的埃尔多安。埃尔多安在特种部队到达之前离开了酒店，并利用社交媒体及时发声，号召民众走上街头抗议政变，"夺回民主的所有权和国家主权"，指斥在美国宾夕法尼亚州的法图拉·葛兰是此次政变的幕后策划者，因为葛兰运动成员参与到此次政变中。7月16日，军事政变被平息。政变未遂的原因非常复杂，大体可概述如下：一是政变并未得到军方的充分支持。总参谋长，陆、空、海军和武装警察部队总司令拒绝签字，政变发动者从野战部队获得的支持极其有限。大部分军队仍然忠诚于埃尔多安，拒绝支持政变。伊斯坦布尔第一军指挥官乌米特·杜达（Umit Dündar）将军打电话给埃尔多安，建议他到伊斯坦布尔以便得到适当的保护。乌米特·杜达将军也在政变之夜在电视上揭露政变是非法的，并告知公众最高指挥官已经被扣押为人质。除了库尔德民族党外，几乎所有反对党都和埃尔多安站在一起捍卫文官政府。二是政变组织者缺乏明确计划和目标性，埃尔多安迅速化解危机。政变组织者没有统一的权力移交计划，也没有提出任何政治诉求来寻得国内外的支持，他们只是设法控制了国家电视台和部分桥梁、交通要道。他们或许缺乏足够的力量，或许忽视了征用其他广播网点，包括那些私营的广播网点。结果，这些媒体允许埃尔多安动员民众反对政变。他成功地使用私人电视台的视频通话呼吁民众采取行动，并将政变发动者界定为葛兰运动成员，这也赢得了世俗反对派的支持。各行各业的民众涌上街头直面坦克，协助执政当局逮捕发动政变的士兵。教职人员也加入对政变的抵制行动中，他们在清真寺用扩音器号召民众捍卫民主和秩序。

民众对未遂政变的反应为各党派派别挺身而出捍卫民主提供了共同的基础。三是政变的时机选择不合适。2016 年的土耳其并没有面临严重的政治危机或经济困难，相反，经过 2015 年两次大选后的洗礼，民众更加意识到稳定的重要性，所以不会轻易选择支持根本性的秩序改变。经过后续调查发现，发动政变的军官阶层为上校，未能得到军方高层的支持，而且在警方逐渐控制局势时，叛乱军人平静地交出武器而承认政变失败的结果，这不免引人怀疑是正义与发展党自导自演的阴谋。[①] 在多种力量的联合努力下，军事政变迅速被镇压，正义与发展党政府随之展开大规模的清洗行动，5 名将军和 29 名上校被解除职务，2839 人涉嫌参与政变被捕，2745 名法官被解职、拘捕，这样的清洗持续了相当长的时间。8 月 17 日，正义与发展党政府颁布命令，开除 2000 余名警察、数百名军人，解散信息和通信技术局，埃尔多安总统任命武装部队新领导人。9 月 2 日，正义与发展党政府宣布解除 8000 名安全人员、2000 多名教师、520 名教职人员职务。9 月 13 日，土耳其司法部以未遂政变的幕后主使为由，要求美国引渡法图拉·葛兰。2018 年 5 月 21 日，土耳其西部伊兹密尔省法院判处 104 名 2016 年未遂政变涉案人员终身监禁。在 104 名被告中，21 人因在政变中企图杀害总统埃尔多安而被额外判处 20 年监禁。至此，正义与发展党完成了对未遂政变的全部处理工作。

虽然葛兰本人极力否认参与未遂政变，但大量证据表明政变由其核心追随者发动。被卷入政变的 1/3 军方领导人认为组织者花费大量的时间和精力准备，并长时间地保守计划秘密，这不免令人想起未实施的"大锤行动"计划，葛兰运动成员向警察和军事机构的渗透也为其提供了有力的佐证。警察局局长哈内菲·阿夫吉（Hanefi Avcı）曾撰写著作记述葛兰运动成员在警察机构中的渗透程度，他因此被判入狱而名誉扫地。未遂政变后的许多证词也证明了葛兰运动向军方力量的渗透情况。总参谋长胡卢西·阿卡尔（Hulusi Akar）的助理列文·图尔坎（Levent Türkkan）中校曾证明自己是葛兰运动的一员，并详细描述其被军方内部

---

① 此部分参考 M. Hakan Yavuz and Rasim Koç, "The Turkish Coup Attempt: The Gülen Movement vs. the State", *Middle East Policy*, Vol. XXIII, No. 4, Winter 2016, pp. 142-143。

的葛兰网络招募和支持的过程。① 许多反对政变的军队指挥官被带到阿克涅空军基地（Akıncılar Airbase），而这里则被视为未遂政变的司令部。许多视频录像显示，至少有几名穿着便装的葛兰运动成员进入阿克涅空军基地和安卡拉总部。穆罕默德·阿库阿拉（Mehmet Akçara）是未遂政变中最重要的非军方嫌疑人，是在7月15日挟制军方人质的穿制服的指挥官之一。有证据表明，他在企图接管政府时与葛兰运动成员过从甚密，所以说组织军事政变的核心力量与葛兰运动的高级成员联系密切。然而，许多西方观察者并不愿意接受葛兰运动主导政变的提法，一些人甚至声称政变是由埃尔多安自导自演的骗局。一些学者和政界人士认为，埃尔多安希望借助政变来为其威权统治提供合法性基础。在更多的细节被披露之前，关于2016年的未遂政变仍然存在众多疑问，但可以确定的是，此次未遂政变体现了军方内部的分裂和对正义与发展党政府、埃尔多安总统的不同态度。就目前而言，土耳其军方在未来无外乎三个走向：一是演变成为亨廷顿的理想化了的职业军人；二是遭受未遂政变打击而弱化国家机器功能逐渐依附于执政党；三是中下级军官借助时机发动军事政变。对此，我们拭目以待。正义与发展党和埃尔多安借助挫败政变的有利时机积极推动宪法修订，加速了从议会制到总统制的转变，强化了对国家权力和社会的控制，自上而下地解除了军方的制度性参与，从而为土耳其的民主巩固和意识形态塑造创造了重要条件。

所以说，在正义与发展党执政前期，政府与军方维持一种脆弱平衡关系，但随着正义与发展党统治地位的巩固，政府在与军方的关系中越来越处于主导地位，在激烈的斗争中军方的政治空间逐渐缩小。2016年的未遂军事政变体现了土耳其内部的深层危机，经过宪法修订和权力重塑，主流的军方逐渐被纳入正义与发展党所确立的制度体系中，而军方力量的内部分化及葛兰运动和正义与发展党关系破裂造成了这次军事政变的仓促发生，尽管政变最终被镇压，也带来关于土耳其文官与军方关系的诸多思考。正义与发展党迅速终结2016年军事政变，并在军方内部进行政治清洗，促使武装力量受埃尔多安控

---

① "Top Turkish Commander's Aide Admits Allegiance to Gülenists", *Hürriyet Daily News*, July 20, 2016. 转引自 M. Hakan Yavuz and Rasim Koç, "The Turkish Coup Attempt: The Gülen Movement vs. the State", *Middle East Policy*, Vol. XXIII, No. 4, Winter 2016, p. 143。

制。尽管军方通过支持反对党和诉诸宪法法院实施绝地反击,但成效甚微;2016年未遂政变的结果也表明军方缺乏广泛的社会支持,因为"随着政治参与范围的扩大,作为一种政治行动技巧的政变,其实用价值也跌落了"①。所以说,在土耳其政治民主化进程中,激烈的政治斗争中不排除军方在未来有可能再次干预政治,就中下级军官发动军事政变的风险而言,现在比2011年之前高出很多。这将是正义与发展党政府和埃尔多安总统在未来的执政实践中需要关注的问题。

---

① [美]塞缪尔·P. 亨廷顿:《变动社会中的政治秩序》,第209页。

结语　关于正义与发展党执政模式的思考

正义与发展党的执政实践是全球化背景下后发展国家政治转型、经济转轨和文化创新的典型个案，突出的执政成就和相对稳定的局势在中东地区独树一帜，因而引起学术界、传媒界和政界的广泛关注，诸多学者将其冠以"土耳其模式"或"土耳其新模式"来进行广泛讨论。在20世纪的中东政治舞台上，土耳其经历了探索政治发展道路的艰难历程，从基于凯末尔主义的"土耳其模式"向基于伊斯兰+民主的"土耳其新模式"的过渡，为不同历史时期的中东诸国现代化模式提供了模板。正义与发展党所代表的"土耳其新模式"是历史的产物，其实践过程体现了伊斯兰教与民主的辩证关系，不仅在一定程度上为中东诸国的政治转型提供了重要参考，而且其探索政治发展道路的经验教训也给其他国家提供了重要启示和借鉴。

一　正义与发展党的执政实践与"土耳其新模式"构建

正义与发展党的执政实践呈现阶段性特征：中东变局之前实现土耳其政治、经济、文化和外交领域的显著改变，促使更多民众分享改革发展红利，证明了伊斯兰教与现代民主的相容；中东变局之后，正义与发展党放慢改革步伐，"随着正发党日益确立其威权统治，民主制却被打上了工具主义和多数主义的标签，成为土耳其政治发展的悖论"[①]，"当埃尔多安的个人化统治在国内日益确立时，土耳其的国际地位和形象却呈现下降趋势，这在一定意义上反映了伊斯兰和民主的悖论"[②]，引发了学术界关于正义与发展党执政模式和制度转型的诸多思考。

1. "土耳其新模式"的历史必然及其内涵。国内外的研究成果表明，土耳其模式大致表现为基于凯末尔主义的"土耳其模式"和整合伊斯兰

---

① 刘义：《埃尔多安"新土耳其"论与"土耳其模式"的危机》，第8页。
② 刘义：《埃尔多安"新土耳其"论与"土耳其模式"的危机》，第12页。

主义与民主的"土耳其新模式"。昝涛指出,"土耳其的发展道路作为一种模式大致可以分为两个阶段/形态:一是凯末尔主义的激进世俗化;二是以世俗民主制度为基础的温和伊斯兰主义。"① 土耳其共和国缔造者凯末尔确定"土耳其模式"的基本框架,将凯末尔主义的六大基本原则作为立国之基和主导意识形态,成为共和人民党执政模式的理论基础。土耳其现代化进程并没有突破凯末尔主义的基本框架,伊斯兰主义兴起和正义与发展党的"保守的民主"理念尽管体现了时代的要求,但其所创立的新模式是在前一种模式发展演变的基础上延伸而来,是在世俗化国家的前提下,代表伊斯兰主义与世俗主义、传统文化与现代政治力量的各种力量交往互动的结果。王林聪认为,"土耳其模式"是历史发展的产物,先后存在两个版本。旧版本是凯末尔时代的世俗威权政治作用下的"土耳其模式",新版本则是埃尔多安时代的教俗力量作用下的产物。"土耳其历史的发展重塑并改变着土耳其模式的内涵,并形成了埃尔多安时代的新版'土耳其模式',即奉行消极世俗主义、民主化、市场经济和对外自主性,强调尊重宗教传统价值观。新版'土耳其模式'是土耳其教俗力量较量的产物,具有一定的民主政治属性,显示出土耳其伊斯兰主义温和化以及伊斯兰与民主可以相容的特点。"② 基于上述对正义与发展党执政理念和实践的分析,可以指出"土耳其新模式"与正义与发展党和自上而下的公民、宽容行动相联系,区别于极端伊斯兰主义自下而上的革命形式;基于坚持市场导向催生的经济发展张力和包括新生的保守的商业阶层在内的软实力。所以众多学者将"土耳其新模式"归结为正义与发展党领导下的虔诚穆斯林、民主的政府和成功的经济三者混合物。大体而言,正义与发展党所创立的"土耳其新模式"是长期以来历史发展的矛盾复合体,其所创立的民主范式尽管不成熟,却是伊斯兰世界最发达的民主制度之一,极力实现地区和全球、神圣和世俗、伊斯兰教和政治以及理性和道德伦理四对关系之间的平衡,是全球理念、地区特性和实际国情有机结合的尝试。

2. "土耳其新模式"证明伊斯兰教与民主的相容。长期以来,一种普遍流行的观点认为,伊斯兰教"认主独一、安拉至上"的政治价值观、

---

① 昝涛:《"土耳其模式":历史与现实》,第10页。
② 王林聪:《"土耳其模式"的新变化及其影响》,第82页。

"教俗合一"的政治模式与民主基本原则是不相容的;伊斯兰教作为一种教俗合一、族教混同的政治文化以承认安拉的绝对主权、先知的权威、国家的有限主权为特征,孕育了以政治宗教化和宗教政治化为终极目标的政治体制,这种体制向社会领域的渗透则体现为宗教对国家、社会、群体和个人的主宰,在政治上则内化为对真主代理人即统治者的无条件服从,伊斯兰教义中的这种绝对权力和无条件服从否定了对权力进行分割和制衡的理念,从而也否定和扼杀了公众政治参与意识。所以说民主制与真主主权相冲突,伊斯兰教与民主不相容。其实,伊斯兰教的舒拉原则以及隐含在伊斯兰传统中的协商观念直接体现着民主内涵。一位埃及思想家认为,"舒拉在伊斯兰教中是给民众选择统治者及其副手和代表的民主权利,是实行思想、意见和反对的自由的民主"[1]。当代伊斯兰思想家循着这样的分析思路得出结论说:伊斯兰统治是与民主相容的。拉什德·戈诺迟(Rashid Ghanouchi)指出,"多元主义的议会民主"是将真主的沙里亚法付诸实践的理想工具。[2] 这些思想家还认为,"民主是伊斯兰政府制度的精神,尽管他们反对人民主权的哲学设想……因为《古兰经》要求穆斯林通过相互协商处理事务,并赋予代表机构以特权……舒拉和领导人的选择也必须基于普通穆斯林的自由意愿"[3]。作为一种政治制度,民主出现并成熟于西方世界,其产生和发展具有西方特殊的历史文化和社会经济条件,当西方式民主被嫁接到别的国家时,出现水土不服在所难免。"西方人把现代民主传授给了世界,然而政治文化的发展却倾向于本土化而不是普世化,各种民族特色的'民主'将成为未来的主流。"[4] 土耳其从奥斯曼帝国后期的有限民主到凯末尔政权的威权统治,再到多党民主制的发展历程表明,政治现代化和民主化是土耳其政治发展的目标,其间虽时有反复,但现代化、民主化是其立足世界并在现代世界利益斗争中取胜的首要条件和基本手段。

---

[1] 转引自刘中民《当代中东民族主义与伊斯兰教关系评析》,《阿拉伯世界研究》2007年第3期。

[2] John O. Voll, "Islam and Democracy: Is Modernization a Barrier?" *Religion Compass*, Vol. 1, No. 1, 2007, p. 174.

[3] Mumtaz Ahmad, "Islamic Political Theory: Current Scholarship and Future Prospects", in Mumtaz Ahmad ed., *State Politics and Islam*, Indianapolis, IN: American Trust Publications, 1986, p. 4.

[4] 丛日云:《当代世界的民主化浪潮》,天津人民出版社1999年版,第16页。

一些学者认为，当前土耳其的经历是伊斯兰主义成功整合进民主的表现。① 在土耳其教俗力量较量过程中，伊斯兰主义者一方面通过民主、合法选举等渠道表达其诉求，另一方面自身也在发生变化，从封闭保守向务实开放以及温和化转化。在这种背景下，伊斯兰主义者成为推动民主化的重要力量，而世俗精英成为阻碍民主化进程的力量。"具有宗教倾向的民主力量则是按照欧洲的准则推进政治改革，凯末尔主义者则抵制这种变化。"② 雅乌兹指出，土耳其代表思考伊斯兰行动主义转型和伊斯兰与民主互动的新路径。③ 王林聪指出，新版"土耳其模式"的重要性在于伊斯兰与民主的相容趋势，土耳其伊斯兰主义的温和化趋势，土耳其国家发展定位的自主性倾向。④ 这体现了"土耳其新模式"的特征。正如詹姆尔·德特默所言，"土耳其是一个充满了对立和否定的矛盾体。许多断层线把这个国家分隔开来——新土耳其和旧土耳其的对立，库尔德人与土耳其人的对立，支持现代化的人与凯末尔现实主义者之间的斗争"⑤。这是摆在正义与发展党面前的现实问题。正义与发展党的前三个任期，"土耳其新模式"非常成功，正义与发展党确立选举霸权和一党独大优势，但土耳其自身所固有的政治与社会矛盾并未解决，民主政治尚未完全成熟、经济成就有待巩固发展、外交战略因地区形势遭遇重大挑战，文武关系、政教关系与民族问题仍然影响政治发展和社会稳定。随着土耳其面临的各种矛盾深化和政治治理危机加深，埃尔多安的威权政治趋向又提供了保守主义与民主相容的反例，这对"土耳其新模式"的示范效应形成了掣肘。

3. "土耳其新模式"的示范效应及其局限性。20世纪中期以来，经历"二战"洗礼和深受冷战影响的中东诸国纷纷探索现代化发展模式，这包括以埃及、叙利亚和伊拉克为代表的基于阿拉伯民族主义主导意识形态的发展模式，也包括以沙特、伊朗等为代表的基于伊斯兰主义主导伊斯兰形态的发展模式，还包括以土耳其、以色列为代表的整合民族文

---

① Graham E. Fuller, "Turkey's Strategic Model: Myths and Realities", *Washington Quarterly* 27, No. 3, Summer 2004, pp. 51–64.

② Seymen Atasoy, "The Turkish Example: A Model for Change in the Middle East?" *Middle EastPolicy*, Fall 2011, Vol. XVIII, No. 3, p. 91.

③ M. Hakan Yavuz, *Secularism and Muslim Democracy in Turkey*, p. 45.

④ 王林聪：《"土耳其模式的"新变化及其影响》，第93页。

⑤ 转引自彭树智《文明交往论》，陕西人民出版社2002年版，第371—372页。

化和西方思想意识的发展模式。在苏联解体后，其加盟共和国出现改革和民主化问题时，《经济学家》宣告土耳其是"伊斯兰之星"，是中亚共和国的模板。① 21世纪以来，中东诸国的政治发展和美国构建大中东民主计划的尝试给中东地区带来新挑战，尤其是2011年以来中东变局带来中东地区的政治动荡、重塑和转型，诸多中东国家陷入危机，正义与发展党在遵循传统价值观的基础上寻求现代化发展路径的可行性，所以国内外诸多学者纷纷探讨土耳其模式的新变化，"土耳其新模式"的形成及其示范效应。居尔曾经指出，在奥斯曼帝国解体和中东民族主义兴起之后，阿塔图尔克建立民族国家和现代经济的经历一度被视为中东地区的范本，另一个土耳其模式——温和的伊斯兰教的经历或许将为地区国家提供灵感。② 格雷厄姆·富勒指出："基于近年来发展的突出现实，土耳其成为一个真正的范例，将为中东地区提供相当大的吸引力。"③ 早在2004年12月欧盟正式启动土耳其入盟谈判的新闻发布会上就有阿拉伯记者提出这样的观点——土耳其成为阿拉伯世界的改革模板。一位记者认为，学习土耳其的经验是可能的，这将意味着改革能够在一个伟大的伊斯兰国家内部发生；另一位记者指出，土耳其模式所提供的示范与本·拉登所主张的（方向）形成鲜明对比。④ 一位叙利亚学者指出，传统上鄙视土耳其的主流阿拉伯伊斯兰主义者，也看到当代土耳其政治伊斯兰的演变和成熟——以民主与和平的方式掌权，应该作为阿拉伯世界失败的政治伊斯兰效仿的模式。⑤ 鉴于正义与发展党执政十余年的突出成就，阿拉伯世界将具有伊斯兰主义倾向的正义与发展党上台执政却又支持世俗主义的现象看作重要而成功的"土耳其试验"，……土耳其的这种试验对于伊斯兰国家来说是一种模式。⑥

---

① "Star of Islam: A Survey of Turkey", *The Economist*, December 14, 1991.
② Abudullah Gül, "Turkey's Role in a Changing Middle East Enviroment", *Mediterranean Quarterly*, Vol. 15, No. 1, 2004, p. 6.
③ Graham E. Fuller, "Turkey's Strategic Model: Myths and Realities", *The Washington Quarterly*, 2004, Vol. 27, No. 3, p. 51.
④ Kemal Kırışcı, "Turkey's 'Demonstrative Effect' and the Transformation of the Middle East", *Insight Turkey*, Vol. 13, No. 2, 2011, p. 34.
⑤ Sadik Al-Azm, "Islam and Secular Humanism", in Sadik Al-Azm, *Is Islam Secularizable?: Challenging Political and Religious Taboos*, Berlin: Gerlach Press, 2014, pp. 17-18.
⑥ Meliha Benli Altunisik, "The Turkish Model and Democratization in the Middle East", *Arab Studies Quarterly*, Vol. 27, No. 1/2, Winter/spring 2005, pp. 57-58.

中东变局发生后，中东地区和学术界关于土耳其新模式的讨论更为热烈。由土耳其经济和社会研究基金会（The Turkish Economic and Social Studies Foundation）在七个阿拉伯国家开展的问卷调查表明，超过61%的调查者认为土耳其是阿拉伯世界的示范。考虑到一些人长期以来认为土耳其的世俗制度阻止其成为一个示范，这个结果显得特别重要。63%的调查者认为"土耳其是民主与伊斯兰教共处的成功例子"①。突尼斯伊斯兰复兴党领导人拉希德·加努什（Rashid al-Ganouchi）和穆斯林兄弟会的缔造者哈桑·班纳的孙子塔里格·拉马丹（Tariq Ramadan）都强调土耳其作为阿拉伯世界转化的示范或例子的重要性。② 一些伊斯兰激进组织也深受土耳其正义与发展党示范效应的影响而逐渐趋于温和。2012年1月，"土耳其模式"甚至被列为"多哈辩论"（The Doha Debates）首期电视节目的辩题："土耳其是否为阿拉伯世界提供了一种好的模式？"换言之，"土耳其模式"是否能为转型中的阿拉伯国家所效仿？土耳其因其世俗民主、经济繁荣和国际影响力不断增强，被许多人视为伊斯兰世界令人鼓舞的事情，土耳其作为一种"模式"显示了对民主的渴求。③ 于是，其他穆斯林民主政党纷纷表示要效仿土耳其。2011年2月，拉希德·加努什接受土耳其《今日扎曼》采访时宣称，土耳其的民主实践是突尼斯的榜样，突尼斯应当仿效"土耳其模式"。④ 同年10月7日，在伊斯坦布尔召开的"阿拉伯之春"研讨会上，拉希德·加努什再度称赞土耳其是展现伊斯兰教与民主相容的典范。⑤ 同样，摩洛哥正义与发展党主席阿卜杜拉·本·基兰在当选总理之后表示，该党赞赏"世俗伊斯兰"的"土耳其模式"，并希望未来十年在摩洛哥也能出现同样的模式，摩洛哥正义与发展党同样也能够取得成功。⑥ 时任总统居尔也宣称，"就其民主世俗体

---

① Kemal Kırışcı, "Turkey's 'Demonstrative Effect' and the Transformation of the Middle East", *Insight Turkey*, Vol. 13, No. 2, 2011, p. 36.
② Tariq Ramadan, "Democratic Turkey is the Template for Egypt's Muslim Brotherhood", http://www.huffingtonpost.com/tariq-ramadan/post_1690_b_820366.html.
③ Francis Ghilès, "New Deal for Arab People", *Insight Turkey*, Vol. 14, No. 1, 2012, p. 21.
④ "Al-Ghannushi Says Turkey's Democracy a Model for Tunisia", http://www.todayszaman.com, 2011-02-23.
⑤ "Ghannushi: Turkey is a Model that Merges Islam and Democracy", http://www.todayszaman.com, 2011-10-07.
⑥ "Morocco's New PM Looks to 'Turkish Model' for New Government", http://www.today-szaman.com, 2011-12-01.

制和当前的文化认同而言,土耳其已经成为全世界的模板。我认为我们应该以这种责任意识行事"①。

正义与发展党倡导的"土耳其新模式"是该国历史进程的产物,是在特定条件下逐步形成的一种发展路径,尽管这种独特的发展模式并不能被其他中东国家所复制,但有选择地模仿抑或借鉴有助于推进中东诸国的现代化进程。中东诸多国家领导人也认识到,尽管土耳其新模式是温和化、实用主义、良治以及伊斯兰、民主和现代性之间趋同的缩影,但并不能照搬。摩洛哥政府发言人穆斯塔法·哈利夫(Mustafa Khalfi)强调两国之间的差异,指出土耳其的世俗主义和摩洛哥国王宗教合法性的差异,两者决定伊斯兰主义之间的不同互动表现和各自国家的现有秩序。② 摩洛哥政府司法部部长穆斯塔法·拉米德(Mustafa Ramid)亦声称,"在土耳其,伊斯兰参照系能够在一个完全世俗的天花板下运行。而在摩洛哥,我们生活在伊斯兰宪法(第3和第41条)和伊斯兰天花板下。然而,事实上,实践是世俗的。国家拥有宗教参照,我党亦拥有伊斯兰参照"③。埃及自由与正义党的议员埃萨姆·埃连(Essam El-Erian)称,世俗主义是"埃及人中间的非常坏的概念","我们不需要这一概念"。④ 尽管这是对正义与发展党世俗主义的误读,但也表明其对土耳其世俗主义的态度。不过,需要说明的是,中东诸多国家存在着许多共同特征:世俗主义遗产、军方的突出地位、威权主义、腐败、种族冲突和严重的经济问题,土耳其能够克服这些障碍实现持续稳定发展,无疑对处于转型中的中东国家具有重要的借鉴意义。

二 正义与发展党的制度转型与"土耳其新模式"危机

正义与发展党已经连续六次赢得大选,其执政实践大致可以2011年中东变局为分界线划分为两个阶段。前三个任期的突出成就和探索整合了伊斯兰与民主的尝试,形成了正义与发展党的选举霸权。刘义指出,

---

① Paul Kubicek, "Debating the Merits of the 'Turkish Model' for Democratization in the Middle East", *Alternatives: Turkish Journal of International Relations*, Vol. 12, No. 3, Fall 2013, p. 67.

② Feriha Perekli, "The Applicability of the 'Turkish Model' to Morocco: The Case of the Parti de la Justice et du Développement (PJD)", *Insight Turkey*, Vol. 14, No. 3, 2012, pp. 85-108.

③ Feriha Perekli, "The Applicability of the 'Turkish Model' to Morocco: The Case of the Parti de la Justice et du Développement (PJD)", p. 92.

④ Halim Rane, "An Alternative to the 'Turkish Model' for the Emerging Arab Democracies", *Insight Turkey*, Vol. 14, No. 4, 2012, pp. 50-51.

"埃尔多安在土耳其政坛上的持续性统治更多地被解读为一种'特殊现象',即具有后凯末尔主义、后西方、后威斯特伐利亚特征的'新土耳其'","达武特奥卢对'新土耳其'的内涵作出系统阐释,指出其主要包括三个重要概念:强势民主、活力经济和积极外交"。[①] 2011年以来,正义与发展党统治之下的"新土耳其"实现制度转型,确立总统制政体可谓其执政实践的突出特征。土耳其从议会制到总统制的转变过程逐步确立新威权主义的政治模式,强化埃尔多安的个人集权。总统制实现以来的党内危机、2016年的未遂政变、国内的民族宗教文化危机和外交困境都宣告"土耳其新模式"陷入严重危机,伊斯兰教与民主的整合遭遇困境,其示范效应也大打折扣。

第一,正义与发展党通过修改宪法逐步巩固一党独大的政党体制,但总统制确立过程伴随着执政党通过大规模滥用国家权力来剥夺政治公平性的倾向。自正义与发展党上台以来,土耳其在政治、经济和外交领域都取得突出成就,其发展道路被推崇为可供中东其他国家效仿的"土耳其新模式",成为伊斯兰世界谋求政治发展的借鉴对象。正义与发展党借助选举制度的机会空间连续六次赢得大选而单独执政,具备霸权型政治体制的基本特征。[②] 一方面,正义与发展党建构"保守的民主"政治话语,吸引了土耳其政治光谱的中右政党、传统伊斯兰政党和部分库尔德力量,通过复兴伊斯兰文化举措得到边缘社会群体的支持,通过加入欧盟和建构民主秩序而得到穆斯林中产阶级的认可,所以在土耳其多党竞争的选举框架下,为其连续执政赢得了合法性基础。但是随着执政优势的强化,执政党裹挟民意的倾向愈益明显,投票率的下降和无效票的增多即是民众无声抗议的表现,反对党对投票结果的公正性质疑愈益增多。正义与发展党利用国家权威对现行宪法体系进行有选择的修订,以捍卫其执政优势。正义与发展党上台以来确实为推动民主化进程出台了一系

[①] 刘义:《埃尔多安"新土耳其"论与"土耳其模式"的危机》,第4页。
[②] 曾庆捷认为,霸权型政党体制必须符合以下几个标准:第一,国家的行政首脑和立法机关应当由多党竞争选举的方式产生;第二,执政党至少已经连续赢得了四次全国性的多党选举,或在多党选举的制度下已经连续执政20年以上;第三,在该党的统治下,选举竞争的自由度和公平性未能满足民主国家所要求的最低标准,这些标准包括自由组党、自由言论、普选权的授予、自由投票、公平计票、保证选举结果的权威性等。参见曾庆捷《霸权型政党体制的起源模式及其政治后果》,《复旦学报》(社会科学版)2018年第1期,第170页。本书接受该观点,并以此为基础来探索正义与发展党所建立的霸权型政党体制。

列宪法修正案，但就实质而言，正义与发展党通过修宪排斥军方在国家政治生活中的地位、转移国内矛盾以为其争取斗争主动权；通过重塑司法、行政和立法权力来为埃尔多安当选总统和实行总统制铺平道路，所以说其修宪实践更多基于执政党利益而非实现民主政治的考量。比如在2010年、2017年的修宪实践中，正义与发展党借着法治之名对宪法法院和最高法官与检察官委员会进行重塑，排斥司法机构对执政党的腐败调查，赋予总统发布行政命令等权力，破坏权力制衡原则，因而使人怀疑其能否"真正将权力关进制度的笼子里"。

正义与发展党借助国家权力来镇压军方和反对派力量，借助政治清洗和国家紧急状态来维持其执政优势。正义与发展党政府借助修宪排除军方对国家政权的参与，弱化国家安全委员会的地位和作用，挫败军方旨在推翻颠覆政府的"大锤行动"，对参与1980年军事政变、埃尔盖内孔事件、"大锤行动"的军方高层进行审判，弱化了军方在土耳其的政治地位。正义与发展党借助自我改组渡过2013年的反腐调查和塔克西姆广场民众抗议危机，终结与葛兰运动的盟友关系，对土耳其警方和司法部门进行政治清洗来排斥异己。正义与发展党政府以涉嫌领导武装恐怖组织、非法持有武器、资助恐怖活动、从事恐怖活动宣传、制造民众对立与矛盾、丑化国家军队和安全机构、歧视总统等罪名对包括共和人民党主席、人民民主党主席在内的148名议员发起司法调查。2016年未遂军事政变后，埃尔多安宣布国家进入紧急状态，许多公职人员在没有得到正当调查的情况下被免职，并对教育、司法、情报和警察等诸多国家机构的公职人员进行清洗。国家紧急状态一直持续到2018年的议会选举和总统选举。直到今天，埃尔多安总统对未遂政变参与者的逮捕和审判仍在持续，这不仅导致反对派和西方国家对选举结果的质疑，而且也引发诸多政治力量对正义与发展党强化霸权型政党体制的怀疑。正义与发展党在非正常的政治秩序下完成从议会制到总统制的转变，尽管体现了后发现代化国家政治发展所需要的稳定前提，但又存在滥用国家权力谋取执政党利益的嫌疑，还破坏了民主政治需要的监督制衡原则，必将给未来的政治危机埋下伏笔。

第二，正义与发展党的总统制植根威权政治的传统，而且土耳其总统制的独有特征决定了其威权政治倾向。作为后发现代化国家，土耳其曾积极效仿西方政治模式建立议会制、政党制和选举制等现代政治制度，但军人在国家政治生活中的重要地位使其积极通过军事政变来影响现代化进程，从而使土耳其的政治制度带有浓重的威权政治痕迹。"在个人独裁变得高度政治化的军方、中低级的官员通常具有成熟的政治观点或政治意识形态，他们对失去的权力和地位愤愤不平，并感到来自新民主政治中活跃的或占支配地位的势力的威胁。因此，他们常常从事各种政治活动，旨在推翻新的民主政权或迫使其领导成员或政策发生变化。当然最具戏剧性的政治活动是军事政变或政变企图。"① 土耳其军方以捍卫凯末尔主义和国家政治秩序为名，先后发动四次军事政变推翻民选政府，逐步建立和巩固军方监管下的宪政秩序和政治体制。1982 年宪法产生于军人对国家权力的掌控和对政治秩序的重塑，所以 1982 年宪法在建构国家政治秩序的同时，具有捍卫军方特权和保证军方对国家政治体制监护的显著特征。因为军人干政会破坏政治秩序的完整性和合法性基础，所以排斥军人威权是土耳其民主政治发展的目标之一。正义与发展党上台后，积极通过修改宪法来削弱军方地位：提升国家安全委员会中文官比例以削弱军方在国家权力机构中的影响力，满足以哥本哈根标准为借口缩减军方的政治职能和限制军方对政治的干预，通过总统直选绕过军方对埃尔多安当选总统的抵制，取消军人的司法豁免权以说明军事政变对民主政治的破坏作用等，这些举措逐步削弱了军方管理政治和操控政权的功能，从而挫败了军方的"大锤行动"和 2016 年的军事政变，导致军方不再是威胁民主政治的力量。但是，正义与发展党通过修改宪法弱化军人威权的同时，通过实现总统制逐渐强化埃尔多安的个人权力，进而从军人威权政治走向总统制威权政治。正义与发展党政府推行的总统制带有鲜明的土耳其特征，总统既是行政首脑也是国家首脑，其在行政、司法领域的主导地位将使立法、行政和司法系统之间缺乏相互制约监督，所以诸多学者认为，土耳其形成了一个缺乏制衡和监督的"党派总统制"。批评者认为，这种总统制模式并没有先例可循，由于土耳其总统制设定的总统和议会由民众选举且任期固定，且拥有相互中止的权力，但二者的权力旨在解决危机而非冒着危险相互终止和走向同时选举，所以存在政策分歧升级时制度僵化或陷入僵局的危险。"寻求相互终止的必要性不是意味着制度的覆灭，而是意味着大部分民主制度中普遍存在的公

---

① ［美］塞缪尔·P. 亨廷顿：《第三波——20 世纪后期民主化浪潮》，第 150 页。

众裁决。"① 但实际上制约总统制优势的充分发挥。

威权政治崛起固然意味着从言论自由到组织政党、投票自由等公民权利遭受不同程度的侵害,但对那些渴望平均分配国民财富的普通民众来说,生活自由、经济自由也许比政治自由更紧要,所以土耳其民众正是出于对秩序的向往而支持埃尔多安的总统制构想。"作为后发展国家现代化初级阶段的政治选择,新权威主义的要旨在于通过强制性的政治整合维持社会秩序,以达到发展经济、促进社会进步的目的。作为一种政治实践,新权威主义的优势在于它提供了一种社会变迁过程的可控性,其特点是实行经济发展优先战略,以民族主义聚合社会共识;低度政治参与,以精英主义的行政权力结构作为权威统治的基础……这种低参与度的体制有助于保障改革启动期所需要的政治稳定,然而却无法避免权力配置封闭性所造成的政治腐败和权力失范。"② 弗朗西斯·福山也宣称,一个秩序良好的社会需要三个构成要素:强政府、法治和民主负责制,认为在进入现代化转型阶段,应先建立强势政府而不是民主制度,尚未建立有效统治能力就进行民主化的政府无一例外会遭受失败。③ 正义与发展党的执政实践验证了上述结论。埃尔多安领导的正义与发展党连续六次赢得大选,成为足以媲美凯末尔的奇里斯玛式领袖:埃尔多安将领导控制议会大多数议席的政党,掌控立法和行政机构,通过任命宪法法院、最高法官与检察官委员会的成员而控制司法权力,权力之间的监督制衡被打破,但新总统制下的埃尔多安总统和正义与发展党政府如何有效惩治政治腐败、应对权力失范、化解反对派的挑战和维护政治秩序的稳定则是其面临的时代命题。霸权型政党体制不仅远离其一再标榜的草根传统和背景,而且政治秩序趋于相对稳定后,民众对权利和自由的追求必然提上日程。

第三,土耳其总统制的确立得益于民粹主义运动的兴起,但民粹主义背景下的政治转型未能真正解决政治分立、阶层分化和民族宗教矛盾

---

① Ahmet İyımaya, "Turkey's Proposed Presidential System: An Assessment of Context and Criticisms", *Insight Turkey*, Vol. 18, No. 4, 2016, p. 38.
② 李炳烁:《新权威主义、立宪政体与东亚法治转型》,《法制与社会发展》2009年第2期。
③ 参见[美]弗朗西斯·福山:《政治秩序与政治衰败:从工业革命到民主全球化》,毛俊杰译,广西师范大学出版社2015年版,第19—34页。

尖锐的现实问题。正义与发展党作为伊斯兰政治力量和中右翼政治力量整合的产物，其社会基础主要包括安纳托利亚中东部的农村、中小城镇居民，城市化运动中新兴的、虔诚的中产阶级，以及欧洲的土耳其移民，代表了社会草根阶层对公平秩序和多元主义的追寻，是土耳其民粹主义的主要载体。正义与发展党上台执政之初，以加入欧盟为名颁布一系列宪法修正案，涉及对公民权利和自由的保护，这提升了宗教少数派和少数民族的地位，因而赢得广泛的社会支持。正义与发展党正是借助这些民众支持而连续赢得议会选举和总统选举，并借助全民公投实现从议会制到总统制的过渡，2007年、2010年、2017年的宪法修正案在全民公投中分别获得68.95%、58%和51.4%的支持率。全民公投是一种宪政体制下的常态制度，公决对象包括新宪法制定、宪法修订和重大的国家政策等。① 正义与发展党通过全民公投实现政治体制变革，然而这仅仅是为了解决政治危机而采取的非常规性措施，因为全民公投只是对代议制民主的一种制约和补充，它从来都不是解决复杂问题的最好方案，更不是唯一方案。在现代政治体系中，代议制机构仍然是民主的宪法制定或变革的核心。所以，当全民公投被执政党用以强化执政优势时，我们必须警惕执政者通过操控草率的和无知的选举者对特别提议进行投票来实现其政治目标，并保证全民公投是在保证公民参与和权利分享的前提下进行。现代政治构建的核心是保障政府的权力有限，政府的运作受宪法制约，因而实行法治下的政府行政运作和社会治理也决定执政党及其政府不能无限行使宪法赋予的全民公投权。而且，由少数人投票决定国家前途并不符合民主的本意，还给人一种合法的"多数人暴政"的印象，这也导致部分民众对全民公投通过的总统制合法性产生质疑。

埃尔多安存在将民主简化为选举的倾向，他以民粹主义处理选举政治的方式是以牺牲公民权利和自由，权力制衡监督为代价的。埃尔多安的统治表面上体现为选举民主，背后却是威权政治和民粹主义的逻辑。因此，随着民主的日益被工具化，政治专制的倾向逐渐凸显。这已不再是伊斯兰教和世俗主义的问题，而是土耳其的政治文化问题。从这个意义上来说，埃尔多安的威权化体现了对凯末尔主义政权模式的延续。② 不

---

① 廉思：《当代全民公决制度的类型研究》，《环球法律评论》2008年第5期。
② 参见刘义《埃尔多安"新土耳其"论与"土耳其模式"的危机》，第13页。

可否认，正义与发展党借助民众意愿实现制度安排和政治规则，依托全民公投赋予新制度、新规则合法性基础。尽管埃尔多安执政初期通过修改1982年宪法赋予民众更多民主权利和自由，在合宪程序下弱化军方政治地位，但随着执政优势得以巩固，对军方政治力量的审判镇压、对葛兰运动力量的清洗、对非穆斯林少数民族和宗教少数派权利自由的压制、对库尔德问题和解进程的迟滞等，都进一步导致族群分离和社会分裂。土耳其近年来大选结果和全民公投结果反映了土耳其不同社会阶层、政治派别、宗教群体之间的民意分歧，也是土耳其政治、经济、宗教、民族等领域矛盾激化的缩影。2016年未遂军事政变后，埃尔多安宣布国家进入紧急状态，在全国范围内开展一系列清洗行动，对库尔德人聚居的东南部省份的106名地方官员进行全面调查，包括人民民主党主席萨拉赫丁·德米尔塔什和菲根·玉克塞克达格在内的12名人民民主党议员，使得执政党与库尔德人的矛盾进一步激化。对于埃尔多安总统和正义与发展党政府而言，完成制度转型后应尽快采取措施修补社会阶层分化和社会裂痕，以化解部分民众的不满和担忧，否则土耳其社会可能进一步撕裂，政治发展将遭遇更多挑战。

第四，"土耳其新模式"在总统制时代面临诸多挑战。实际上，针对"土耳其新模式"的热度既体现了学术界对土耳其政治发展模式的反思，又说明处于变局中的中东诸国寻求效仿对象的迫切性，但土耳其从议会制到总统制的转变、执政理念与实践的调整以及自身的动荡也说明"土耳其新模式"并不是成熟的发展模式，在时代变迁中处于不断的调适和自我完善的过程中，国内学者也意识到"土耳其新模式"的局限性和过渡性特征。[①] 当前，正义与发展党的多项"变革政治"陷入停滞，执政党亦未能摆脱"腐败魔咒"，陷入腐败丑闻和执政危机，反对党、军方力量、库尔德力量等派别对政府的反抗此起彼伏，他们在世俗主义、民族主义、伊斯兰主义和外交政策方面存在明显的分歧，这不仅影响土耳其官方意识形态的重构，而且影响正义与发展党执政模式的未来走向。正义与发展党经过宪法修订，实现了权力重塑和制度重构，总统制的实施将为土耳其出台一部新宪法提供重要政治基础。借用王林聪的结论，新

---

① 王林聪：《"土耳其模式"的新变化及其影响》，第96页。

宪法的制定将是判断"土耳其模式"走向定型的重要标志。①"土耳其新模式"的发展趋向也有赖于新宪法的出台。

由于正义与发展党在执政过程中面临诸多困境,"土耳其新模式"本身也遭遇诸多挑战。一是"土耳其新模式"本身的缺陷。雅乌兹认为,把土耳其作为伊斯兰民主样板是有问题的,土耳其实验不可能在其他穆斯林国家复制。土耳其依然没能彻底解决有关将政治伊斯兰融入体系的多个重要问题。② 所以王林聪指出,正义与发展党塑造的"民主模式"具有不确定性和模糊性。③ 二是"土耳其新模式"深受国内政治局势的影响。如前文所述,正义与发展党在执政实践中遭遇诸多挑战,凸显土耳其当前的危机。就其本质而言,这种危机主要源自民主化进程的深层次问题,既是如何使民主制度的良性运行以避免多数人暴政的问题,又是如何保障边缘群体与少数群体的权利和自由的问题。目前,正义与发展党的一党独大趋势和埃尔多安的威权倾向大大降低了土耳其达成社会共识和构成政治妥协的能力,从社会治理和良性发展的角度来看,这是极其不利的,土耳其社会和政治的两极分化将很可能葬送"土耳其新模式"。如果正义与发展党能够改变其威权政治倾向,采取更具调和性的执政风格,强化与政治反对派及市民社会组织合作,将促使土耳其建立起良好的政治氛围,从而推动土耳其的自由民主制度走向成熟。三是土耳其经济的发展现实也影响"土耳其新模式"的实施效果。当前,土耳其在自由市场经济发展战略取得巨大成绩的同时,对外依附性逐渐增强,亦受到全球经济形势的影响,2008年国际金融危机和2018年里拉危机对土耳其的冲击即为明证。"土耳其新模式"的基础是经济快速增长和高度繁荣,如果土耳其经济出现问题,其未来发展也会受到影响。四是西方国家对"土耳其新模式"的质疑也影响其实施效果。土耳其在平衡东西方外交战略实施过程中,西方国家对"土耳其新模式"的质疑从未停止,这不仅表现出根深蒂固的西方中心主义和排斥土耳其加入欧盟的倾向,还表现在对土耳其发挥地区大国角色的抵制。随着土耳其自主外交战略的进一步推进,其在可预见的将来与西方的冲突仍会不断上演,"土耳其

---

① 王林聪:《"土耳其模式"的新变化及其影响》,第96页。
② M. Hakan Yavuz, *Secularism and Muslim Democracy in Turkey*, p. 115.
③ 王林聪:《论正义与发展党执政下的土耳其"民主模式"》,第20页。

新模式"仍然会遭遇更多挑战。

正义与发展党的执政模式强调,在现行的政治民主框架范围内既保持伊斯兰的传统价值观念,又整合现代政治科学文化观念,领导民族在保持甚至是重塑伊斯兰价值的同时,实现国家的民主、自由、富裕、繁荣和现代化,这无疑将对对于阿拉伯主义和西方主义有所动摇的普通民众具有广泛的吸引力,必将使中东诸国突破现行的政治框架而走向基于传统文化的现代化之路。正义与发展党政府逐步突破1982年《宪法》对民主政治的限制和对公民权利的阻滞,建立更为自由公正的法治体系,现代西方国家经典民主结构中的议会制度、政党制度、选举制度等逐步巩固,总统制从理论变为现实,民众政治参与范围逐步扩大,民众的权利地位得以提升。但是,正义与发展党借助执政实践来强化执政优势和威权统治,背离了"适当和适时的宪法修改的重复及其成果的积累也是促成规范宪法形成的必要条件",也使得土耳其的政治制度转型面临诸多挑战。可以想见的是,修改宪法仍将是正义与发展党和埃尔多安未来执政实践中的重要主题,民主问题、精英选择和修宪话语权等将是未来探索土耳其政治发展的关键因素,土耳其政治转型的完成还有很长的路要走,"土耳其新模式"面临的新挑战层出不穷。但我们相信,土耳其将会在政治制度转型的过程中吸收全人类的共同智慧和普遍经验,通过试错和纠错的交替践行,走出一条适合本国国情的政治发展道路。

三　正义与发展党探索政治发展道路及其启示

土耳其经过近百年对政治发展道路的艰难探索,到正义与发展党执政时期,逐渐建立了相对成熟的政治体系:宪政体系愈益巩固,政党制度和选举制度日趋完备,政府制度趋于稳定,意识形态建设更加符合本国国情,但土耳其的政治发展道路仍然面临多重挑战:历史遗产依然是影响制度更新的重要因素,制度合法性仍面临诸多危机,政治动荡使国家政治体制面临运转失灵的风险,建立稳定的民主政治尚需时日。土耳其长达80年的政治发展道路探索历程是中东国家的典型代表,从早期的全盘西化到如今整合传统文化与现代理念的现代化探索之路,将为中东诸国的现代化路径选择提供有益的经验,其成败得失将给众多发展中国家以借鉴和启示。

1. 理解土耳其政治发展道路,需要将其置于历史发展的长河中来考察,建立现代政治制度需要消除传统政治文化中的负面因素。尽管以凯末尔为首的土耳其共和国的缔造者极力隔断与奥斯曼帝国过去的联系，但是深化于民众心底的伊斯兰文化信仰和民族认同都直接影响着土耳其精英分子现代化道路的选择。"有着真正民主头脑的土耳其人，包括大多数伊斯兰主义者，都能够认识到土耳其共和国与奥斯曼帝国在历史、文化与社会生活等方面的沿袭关系是如此紧密，以至于要想解决当代土耳其的许多与文化心理相关的问题时，都需要与奥斯曼帝国的过去相融通。"① 所以奥斯曼帝国的政治传统、民族认同和文化思想意识对土耳其政治发展产生了重要影响。

首先，土耳其的威权政治传统源于奥斯曼帝国的政治制度，军人干政和威权政治造成政治发展的曲折反复。奥斯曼突厥人皈依伊斯兰教后，在蒙古征服的压力下，逐渐迁居小亚细亚地区，完成从部落到国家的过渡，实行君主制的政治统治和奉行家族世袭的继承原则。随后，奥斯曼帝国苏丹通过对东南欧基督教世界的圣战和对伊斯兰世界的征服建立横跨欧亚非三大洲的大帝国，在拜占廷、阿拉伯和波斯帝国传统的基础上形成具有鲜明特色的封建军事政治体系。苏丹是奥斯曼帝国的最高领导人，拥有政治、经济、军事和宗教大权，尤其是攻陷马木鲁克王朝僭取哈里发称号后，成为伊斯兰世界的哈里发、伊斯兰三大圣城的庇护人和"真主在大地上的影子"。奥斯曼帝国分别建立以大穆夫提和大维齐尔为代表的宗教和世俗政治体系来保障帝国的良性运转，军事制度和行政制度的交互融合使其具有浓厚的军事封建帝国特征。近代以来，资本主义崛起裹挟而来的坚船利炮冲击了东方的古老文明，奥斯曼帝国传统政治秩序无以为继。奥斯曼帝国囿于传统文明和思想意识的束缚而呈现发展的颓势，苏丹中央集权式微、蒂玛制度难以为继、民族主义意识萌生以及穆斯林内部离心倾向……帝国内部的开明人士为挽救危机自上而下推行现代化改革和构建现代政治体系，这包括塞里姆三世、艾哈迈德二世和坦齐马特改革以及青年奥斯曼党的宪政尝试和青年土耳其党的宪政革命，强化中央集权则是现代化改革和宪政革命的重要目标，军人在国家政治生活中的特殊地位也成为土耳其政治生活的显著标志。在土耳其现代化进程中，军方以凯末尔主义和国家秩序的捍卫者自居，作为"超政府力量"拥有较高政治地位，先后发动四次军事政变推翻民选政府，并

---

① Kemal H. Karpat ed., *Ottoman Past and Today's Turkey*, Leiden: E. J. Brill, 2000, p. ⅷ.

建立军方监管下的宪政秩序和政府体制，这与奥斯曼帝国的军人传统不无关系。从晚期奥斯曼帝国军人阶层演化而来的凯末尔主义者，依靠个人权威和御用政党逐渐建立威权政治体制。这种党国合一的威权政治体制使民族国家能够较为彻底地摆脱西方统治而赢得完全独立，并在相当长时间内捍卫国家统一和民族独立，但对国家利益的高度强调使民众的个人权利遭到限制，政党的社会基础逐渐弱化，党国合一的政治体制逐渐让步于多党议会制，但威权政治仍然是其政治生活中的潜在因素。经历几十年的民主化实践，正义与发展党凭借强大的执政优势再次实现国家权力的高度集中，呈现新威权主义政治的典型特征。显然土耳其要实现民主政治的充分发展，必须消除威权主义传统的影响。

其次，土耳其的民族主义意识植根于晚期奥斯曼帝国的民族主义运动，土耳其民族主义的排他性造成旷日持久的民族问题。奥斯曼帝国的苏丹们依靠军事扩张和宗教动员实现穆斯林对国家政权的强力控制，伊斯兰主义成为强化帝国认同的意识形态，借助米勒特制度维系庞大的多民族、多宗教大帝国。近代以来，在西方民族主义思潮影响下，奥斯曼帝国境内的非穆斯林地区纷纷独立，奥斯曼主义应运而生。"奥斯曼主义是一种期望创建奥斯曼民族，并以此达到对奥斯曼帝国的认同，从而维护这个帝国统一的民族主义思想。"① 阿拉伯主义的离心倾向导致哈米德二世的泛伊斯兰主义兴起，"随着奥斯曼帝国的衰落，其注定要沿着教派/族裔的边界发生分裂，才能适应民族主义时代的要求，也注定了泛伊斯兰主义在民族主义时代难以取得实际效果"②。这导致宣扬突厥人语言、文化和历史的土耳其民族主义在 20 世纪初的兴起，一方面试图通过语言的同化和民族的整合实现民族认同，另一方面通过民族主义将西方文明和本土文化相调和，以实现文明的过渡。土耳其民族主义在本质上是要人为地建构均质性的文化认同，进而建构出单一的民族认同，据此建立西方意义的民族国家，这就解构了多民族的奥斯曼帝国，"从奥斯曼主义、泛伊斯兰主义、土耳其主义到凯末尔主义，最终实现了土耳其的重生"③。凯末尔民族主义的排他性使其试图组建单一的土耳其民族国家，

---

① 苏闻宇：《浅谈"奥斯曼主义"思潮变异及衰亡的原因》，《世界民族》2011 年第 1 期。
② 昝涛：《现代国家与民族建构：20 世纪前期土耳其民族主义研究》，第 61 页。
③ 田瑾：《略论奥斯曼帝国晚期社会文化领域的现代化改革——以文明交往为视角》，《西北大学学报》（哲学社会科学版）2014 年第 2 期。

尽管根据《洛桑和约》和米勒特传统承认犹太人、希腊人和亚美尼亚人的少数民族地位，但却否认占人口20%的库尔德人作为独立民族的存在，称其为"高山土耳其人"。库尔德人为争取独立的民族权利开展各种形式的反抗斗争，从暴力反抗到武装内战，成为影响土耳其国内政治治理的重要难题。突破狭隘的民族主义框架，建构多元主义的民族认同则是解决土耳其民族问题的关键。

最后，土耳其的世俗主义与伊斯兰主义源于奥斯曼帝国世俗与宗教的二元并立，伊斯兰复兴运动促进整合传统文化与现代政治理念的"土耳其新模式"的形成。奥斯曼帝国统治者结合阿拉伯帝国的宗教、法律和政治惯例，拜占庭与萨珊帝国的治国观念，中亚细亚的草原传统以及"加齐"理想，建立世俗政治体系与教界权力体系并立的教俗合一的政治体制。凯末尔政权通过效仿西方国家的世俗化改革将帝国晚期的现代化改革推向顶峰，最终建立国家控制宗教的世俗主义的主导意识形态。在凯末尔威权政治时期，伊斯兰教的蛰伏状态体现了官方的强力控制和民众建设新国家的热情，一旦民族国家建构的任务完成，宗教作为传统文化的内核就开始发挥作用。在伊斯兰复兴的大潮中，被凯末尔改革排斥在权力之外的民众阶层逐渐被纳入现代政治体系，他们先后组建一系列伊斯兰政党参与土耳其的选举政治，并促进土耳其—伊斯兰一体化意识形态的形成。这说明伊斯兰传统强大的社会动员作用，其借助宗教形式否定传统政治模式进而扩大民众的政治参与和实现民众的权力分享，并进一步促进了政治的发展。如今，正义与发展党建构"土耳其新模式"的努力仍然基于悠久的民族历史传统，其将现代政治理念与伊斯兰文化传统相调和的尝试，追根溯源体现了对奥斯曼帝国传统的坚守，埃尔多安强调重现奥斯曼帝国的辉煌。博那·图纳姆认为，"传统的反对社会力量的归属感和共同的目标不仅推动了国家内部的协商能力，而且也提升了国家和社会之间协商的能力。国家和宗教活动家之间基本性的一致是政治多元主义和竞争性政治的前提。"① 这不仅指明土耳其未来的发展方向，也说明了奥斯曼帝国传统对土耳其政治发展道路的影响。

2. 土耳其的政治发展路径说明发展中国家需遵循社会稳定优先原则和稳步渐进的民主化探索过程。在包括土耳其在内的后发现代化国家中，

---

① Berna Turam, *Between Islam and the State：The Politics of Engagement*, p. 143.

民主化的初期阶段一般采取威权主义政体，凯末尔威权政治体制即为明证。凯末尔通过自上而下的世俗化改革，借助国家强力重塑权力机构，强化共和人民党一党执政局面，民众参与国家建设的热情冲淡了对政治参与和权利自由的向往。凯末尔政权的合法性在很大程度上基于实现民族独立的政绩，但一旦民族独立任务完成，威权政体带来的政治僵化，以及随之而来的贪污腐败、官商勾结、裙带关系等最终导致国家经济增长乏力、社会问题无法解决，使政府依赖政绩建立起的政权合法性受到质疑。利普塞特指出，合法性是指"政治体系有能力培育并维续这样的信念：即现存的政治制度是最适合于社会需要的"，"一个特定的民主制度的稳定性……依赖于政治体系自身的有效性和合法性"。① 凯末尔改革自上而下的精英性特征决定了凯末尔主义者不能真正实现其统治合法性，以其政策和纲领动员民众或整合多种族的民众，所以，凯末尔政权陷入合法性危机。第二次世界大战后，土耳其部分政治精英认为，民主就是"一种提供法定机会可定期更换施政官员的政治体制，以及由居民中尽可能多的人通过对竞选政治职位者的选择来影响重大决定的一种社会机制"②。开启多党民主制选举突破了凯末尔议会共和制的框架。土耳其启动多党制后并未真正实现民众的广泛政治参与，精英与民众的对立并未得到真正弥合，两极格局的对立反而引起国内意识形态的激烈对抗，这表明了土耳其照搬西式民主的不适应性。格尔的"相对剥夺感"理论认为："每个人都有某种价值期望，而社会则有某种价值能力，即使大众的价值期望获得满足的能力。当社会变迁导致社会的价值能力小于个人的价值期望时，人们就会产生相对剥夺感。相对剥夺感越大，人们造反的可能性就越大，造反行为的破坏性也越强。"③ 当国家精英拒绝民众参与政治决策过程时，相对的政治剥夺或政治参与危机将会发生。西德尼·维巴认为，政治参与指的是平民或多或少地以影响政府人员的选举及他

---

① Seymour Martin Lipset, "Some Social Requisites of Democracy: Economic Development and PoliticalLegitimacy", *The American Political Science Review*, Vol. 53, No. 1, 1959, p. 86.
② ［美］利普赛特：《政治人：政治的社会基础》，刘钢敏等译，商务印书馆1993年版，第29页。
③ 转引自赵鼎新《社会与政治运动讲义》（第二版），社会科学文献出版社2012年版，第78页。

们采取的行动为直接目的而进行的合法活动。① 政治参与的扩大是政治现代化的重要标志，也是衡量一个国家政治发展的重要标准。当民众的政治参与得不到满足时，政治参与危机就会发生。亨廷顿对发展中国家现代化进程分析后指出，造成其政治动荡和政治衰败的原因在于，这些国家在现代化的过程中，社会急剧变革，各种社会集团被动员起来迅速参与政治，而它们的政治体制发展滞后，低水平的政治制度化不能够提供合法的足够的政治参与渠道来满足政治参与的要求，结果必然发生政治动荡和骚乱。② 所以，在回应日趋增长的政治参与压力时，土耳其政府为了维持统治将会变得更加威权或操纵选举，军方也以捍卫国家秩序为名发动政变而建立军人掌权的威权政府，这就限制了民众政治参与的空间。

20 世纪 80 年代以来，伴随着"第三波"国家进入民主巩固阶段，土耳其民主政治呈现突破 1982 年《宪法》监护框架趋于相对巩固阶段。民主巩固并不是简单的民主制度的维持，而是民主制度所引导的政治行为者的准则与规范的巩固，包括宪政机制、表达机制、行为与支持民主的市民文化的巩固。③ 1982 年《宪法》基于 1980 年军事政变后军人掌权的历史，所以宪法及其主导的选举法和政党法都带有限制民主权利的显著特征。历届民选政府通过修改宪法，一步步弱化宪法对民主政治的监护，进一步巩固政治权威和强化政府执政能力。尽管正义与发展党的一党独大和埃尔多安的集权行为广为诟病，但是巩固政治权威并不意味着实行专制统治，而是要建立以理性和法律为合法性基础的现代政治权威，以弱化政治动荡造成的对民众权利自由以及政治参与的限制。而且，土耳其通过修宪加强保护公民权利，如建立保护儿童、老年人等群体权利的宪法机制，扩大基本权利、建立公众参与机制、扩大少数族裔权利等。目前，土耳其通过建立以总统制为核心的政治体制，完善和强化新权威主义下的宪政体制，应对军人政变和伊斯兰极端势力的威胁，使土耳其从中东变局的社会动荡中逐步走向政局稳定。由此可见，土耳其的政治发展与许多发展中国家一样具有"强人政治"的特点。土耳其新权威政治体制的建立，背后折射出广大发展中国家普遍面临的民主政治及其现

---

① ［美］诺曼·H. 尼、西德尼·维巴：《政治参与》，载［美］格林斯坦、波尔斯比编《政治学手册精选（下卷）》，商务印书馆 1996 年版，第 290 页。

② ［美］塞缪尔·P. 亨廷顿：《变化社会中的政治秩序》，王冠华等译，第 12 页。

③ 李路曲：《当代东亚政党政治的发展》，学林出版社 2005 年版，第 81 页。

代化进程相伴而出现的社会稳定难题。与欧美等发达国家先完成民族国家建构再推进政治民主化不同，土耳其等众多发展中国家在独立后，民族国家建构和民主化进程同步推进，使这些国家不仅面临着体制转型摩擦的内在矛盾，而且面临着民族问题、恐怖主义渗透、外部势力干政等诸多影响社会稳定的外在负面影响，因此它们的民主政治即现代化发展道路更为复杂。这些国家在政治发展过程中，坚持稳定优先原则，高度重视社会稳定，积极而谨慎地进行民主化探索。可以想见的是，土耳其一旦建立起以理性和法律为合法性基础的现代政治权威，政府的动员和执行能力将大大提高，政治发展也将走上有利于实现民主政治的快车道。

3. 土耳其政治发展道路的探索过程证明，只有植根本土国情和现实需要，才能真正实现国家的政治发展和建立民主政治。历史前进的每一步都离不开政治发展道路的选择；政治发展道路的生成逻辑有其自身的客观规律，体现着历史发展和民众意志的选择；探索适合本国国情的政治发展道路，是政治制度民主化发展的关键。一个国家选择什么样的政治发展道路，既不是哪个人或群体的主观意志可以左右的，也不是哪个政党或政治力量可以决定的；政治精英在选择政治发展道路时，绝对不是凭空想象，而是受到该国在政治上占主导地位的社会力量的影响，并在历史文化传统和全人类文明成果的基础上做出历史的选择。发展道路从本质上讲是一种价值取向，土耳其经历了从传统国家向现代民族国家、从议会制向总统制、从一党制向多党制的转变，从本质上说，向民主制度过渡是土耳其政治发展道路的价值取向。尽管埃尔多安的集权倾向和对葛兰运动的清洗遭到广泛质疑，但正义与发展党通过修订宪法赋予民众更为广泛的权利和自由，强调司法独立地位，接纳国际公认的民主原则，体现了对民主制度的坚定立场。土耳其在现代化进程中，经历了建国初期完全认同西方文明的凯末尔改革，到"二战"结束后效仿西方国家的多党民主制政治实践，再到整合伊斯兰文化传统与现代西方政治理念的土耳其新模式的构建，所以在同外来文化融合的过程中如何保持本民族政治文化特性并促使本民族政治文化向更高层次的发展是摆在土耳其人面前的重要问题。尽管中东变局以来，风景独好的土耳其似乎是动荡中的各国谋求政治民主变革的模板，但政治文化的异质性和发展道路的差异性使其究竟能给中东其他国家提供多少经验借鉴很难做出客观评价。

20世纪早期的学术界关于发展中国家政治发展的主流观点认为，政治发展是一个从传统到现代转变的普遍的、必然性的过程，所有国家都要遵循这种模式。市场经济的引擎一旦启动，随之而来的便是中产阶级的成长，工人、农民和社会大众的政治动员，从而导致社会和政治变迁，其发展趋势是走向更高水平的多元民主政治。这一单线的、可预测的普世性发展过程的最终产品是令人愉快的民主和自由公正的社会。① 作为现代化进程的重要组成部分，土耳其的政治民主化进程主要表现为对西方政治民主模式的模仿，照搬西方宪法和制度框架确立三权分立国家政权形式和多党民主制的政治模式，但舶来的现代化模式造成水土不服和传统价值体系的瓦解，这使得精英与民众之间的沟壑、城市与乡村之间的差距、主流意识形态与民众信仰的二元对立成为现代化进程中无法化解的难题，民主表象之下威权政治盛行，军人和文官争斗频繁，矛盾集聚而形成一系列危机：认同危机、合法性危机、渗透危机、分配危机和参与危机，进而导致土耳其政治动荡和社会发展停滞。20世纪90年代以来，土耳其出于化解危机的需要，开始探索整合伊斯兰文化传统与现代西方政治理念的土耳其新模式，尽管该模式目前还面临一系列挑战，但带来的社会多元主义和民主倾向也顺应了土耳其政治发展的潮流。土耳其的政治发展道路实践表明，由于国情和政治发展水平的差异，不同国家的政治民主化发展并非千篇一律，也不可能套用某种固定模式。一些发展中国家长期经济落后、政治动荡的原因是与其初始制度和历史传统分不开的，在一个缺乏民主基础的发展中国家，要推进政治现代化、建构稳定的民主制，需要克服和跨越民主先发国家所没有过的一系列政治、社会和文化障碍，需要创造和培植让外来的、移植的民主赖以生长的基本条件。诺斯的路径依赖原理②对政治发展理论的价值在于：它促使人们重新审视对非西方的本土性文化、制度传统和发展模式的研究，使寻求

---

① ［美］霍华德·威亚尔达编：《非西方发展理论——地区模式与全球趋势》，董正华、郑振清译，北京大学出版社2006年版，第1—2页。

② 路径依赖指的是一种制度一旦形成，不管是否有效，都会在一定时期内持续存在，就好像进入一种特定的"路径"，制度变迁只能按照这种路径走下去。路径依赖有不同的方向，一种是良性的状态，就是某种初始制度选定之后，其报酬递增促进经济发展，其他相关制度安排向同样方向配合，导致有利于经济增长的进一步的制度变迁；另一种是恶性状态，就是某种制度的轨迹形成之后，初始制度的报酬递增消退，开始阻碍经济发展，那些与这种制度相关的制度安排和组织为了自己的既得利益而尽力维护它，此时社会陷入无效制度，进入"锁定"状态。

单一政治发展模式的努力转向对具有多元本土发展模式可能性的探讨。土耳其的实践证明，一味地迷信西方民主思想、机械地照搬西方民主模式并不能解决政治民主化的问题，只能造成严重政治后果，而探索本国政治发展之路才是正确的选择。

综观土耳其共和国成立近百年来发展史，其一直探索有利于推进国家现代化的政治发展道路。从议会制到总统制、从世俗主义到调和伊斯兰主义与世俗主义、从一党制到多党制再到一党独大制的过渡，以实现国家建构、法治和民主之间的平衡，这不仅体现了历史的发展，也反映了民众的选择。土耳其共和国成立后，奉行"脱亚入欧"战略，在实践西方政治发展理论的基础上，坚信从传统社会到现代社会，从发展中国家到发达国家，只能有一种发展模式，即西方国家所经历过的发展道路和西方式的民主政治。土耳其的政治发展道路体现了对西方国家发展模式的模仿，但由于发展过程中面临现代民族国家构建、现代化发展与民主制度化等多重任务，出现民族国家的同质化建构对民族文化多元性的压制，进而形成旷日持久的库尔德问题和伊斯兰主义问题，所以政治发展过程伴随着动荡、冲突和曲折反复，引发世界对西方政治发展理论的质疑和思考。直到今天，土耳其的政治现代化道路仍然处于探索过程中，民选政府被中止、公民权利被侵犯、人身自由被限制、反对派遭清洗、言论自由被禁止还不时出现，这就从根本上损害了土耳其的民主政治，所以土耳其需要通过进一步改革和创新以破解和消除制度的脆弱性和缺陷，提高制度的效率和执行能力，真正整合传统文化与现代政治理念，只有这样，才能构建稳定的现代民主政治。这既是土耳其未来政治发展的方向，更是土耳其为其他发展中国家提供的重要启示借鉴。

我们坚信选择一条适合自己国情的政治现代化道路是一种创新，而绝不是机械的模仿。"政治发展不是不顾自身传统的发展，而是基于各国历史传统、社会文化状况，有利于各国政治稳定、经济发展、文化繁荣的发展……正确的做法应该是正视各国各自的传统，以传统为基础……创造性地走出各国自己的政治发展之路。"[①] 习近平主席指出："设计和发展国家政治制度，必须注重历史和现实、理论和实践、形式和内容的有

---

① 竹森：《当代政治发展研究衰落探因》，刘军宁等主编《自由与社群》，生活·读书·新知三联书店1998年版，第267页。

机统一。要坚持从国情出发、从实际出发，既要把握长期形成的历史传承，又要把握走过的发展道路、积累的政治经验、形成的政治原则，还要把握现实要求、着眼解决现实问题，不能割裂历史，不能想象突然就搬来一座政治制度上的'飞来峰'。政治制度是用来调节政治关系、建立政治秩序、推动国家发展、维护国家稳定的，不可能脱离特定社会政治条件来抽象评判，不可能千篇一律、归于一尊。"[1]"世界上不存在完全相同的政治制度，也不存在适用于一切国家的政治制度形式。'物之不齐，物之情也。'各国国情不同，每个国家的政治制度都是独特的，都是由这个国家的人民决定的，都是在这个国家历史传承、文化传统、经济社会发展的基础上长期发展、渐进改进、内生性演化的结果。"[2] 上述论述不仅是对中国特色政治发展道路的高度概括，而且对于其他发展中国家也具有重要的启示意义，这同样适用于土耳其的政治发展道路选择，说明各国在发展道路选择方面需要坚持"道路自信"。人类社会发展经验也一再告诉我们，作为社会发展重要组成部分的政治发展，选择什么样的发展道路，直接影响国家的前途和命运。中国的政治发展道路证明，世界各国的现代化发展道路具有多样性，每个国家都可以基于自身的历史与文化，适当吸收国际经验，逐步创造出具有国别特色的现代化发展道路。由此，在探索政治发展道路方向问题上，土耳其既要尊重和体现自身政治发展的内在规律，又要正视和应对政治发展所处的特定环境；既要善于吸收和借鉴人类文明成果，又要立足本国的历史传统，积极推进民主政治的制度和系统化建设，走自主务实的政治发展道路。

---

[1] 习近平：《习近平谈治国理政》（第二卷），外文出版社 2017 年版，第 285—286 页。
[2] 习近平：《习近平谈治国理政》（第二卷），第 286 页。

参考文献

一 中文文献

(一) 中文著作

哈全安、周术情:《土耳其共和国政治民主化进程研究》,上海三联书店 2010 年版。

昝涛:《现代国家与民族建构:20 世纪前期土耳其民族主义研究》,生活·读书·新知三联书店 2011 年版。

李秉忠:《土耳其民族国家建设和库尔德问题的演进》,社会科学文献出版社 2017 年版。

刘中民:《民族与宗教的互动:阿拉伯民族主义与伊斯兰教关系研究》,时事出版社 2010 年版。

王长江主编:《政党政治原理》,中央党校出版社 2009 年版。

王林聪:《中东国家民主化问题研究》,中国社会科学出版社 2007 年版。

王彤主编:《中东国家政治制度》,中国社会科学出版社 2005 年版。

张冬冬:《比较视野下的政党组织——成员形态研究》,上海人民出版社 2018 年版。

周淑真:《政党和政治制度比较研究》,人民出版社 2001 年版。

朱传忠:《土耳其正义与发展党研究》,社会科学文献出版社 2018 年版。

(二) 译著

[英] 艾伦·韦尔:《政党与政党制度》,谢峰译,北京大学出版社 2011 年版。

[英] 伯纳德·刘易斯:《现代土耳其的兴起》,范中廉译,商务印书馆 1982 年版。

[美] 戴维森:《从瓦解到新生:土耳其的现代化历程》,张增健、刘

同舜译，学林出版社 1996 年版。

［意大利］G. 萨托利：《政党与政党体制》，王明进译，商务印书馆 2006 年版。

［美］塞缪尔·P. 亨廷顿：《变化社会中的政治秩序》，王冠华等译，生活·读书·新知三联书店 1989 年版。

（三）中文论文

1. 期刊论文

安娜、徐卉：《土耳其的宗教自由与基督徒——以正义与发展党执政时期为例》，《世界宗教文化》2015 年第 1 期。

安维华：《土耳其经济转型改制的成就与不足》，《世界经济》1993 年第 10 期。

毕健康：《土耳其国家与宗教——凯末尔世俗主义改革之反思》，《西亚非洲》2009 年第 2 期。

曹鹏鹏、韩隽、王乐：《总统制下土耳其大选：多视角分析》，《亚太安全与海洋研究》2019 年第 1 期。

陈德成：《土耳其的多党制半总统制政体》，《西亚非洲》2000 年第 2 期。

邓红英：《土耳其外交转型析论》，《现代国际关系》2010 年第 10 期。

厄·奥尔汉卡兹：《土耳其：新自由主义政策的失败及其替代方案》，《国外理论动态》2003 年第 3 期。

郭长刚：《多变中的不变：当前土耳其局势分析》，《人民论坛·学术前沿》2018 年第 10 期（上）。

哈全安：《土耳其共和国政党政治的演变》，《南开学报》（哲学社会科学版）2010 年第 5 期。

李秉忠、吉喆：《埃尔多安时代土耳其的国家治理及西方的误读》，《欧洲研究》2018 年第 2 期。

李秉忠、［英］菲利普·罗宾斯：《土耳其埃尔多安政权的强势治理及其脆弱性》，《现代国际关系》2016 年第 11 期。

李秉忠、涂斌：《埃尔多安时代土耳其外交的转型及其限度》，《西亚非洲》2018 年第 2 期。

李秉忠：《"土耳其模式"刍议》，《欧洲研究》2012 年第 5 期。

李游、韩隽:《土耳其修宪转向总统制的动因及影响》,《国际论坛》2018年第6期。

刘义:《伊斯兰教、民族国家及世俗主义——土耳其的意识形态与政治文化》,《世界宗教文化》2015年第1期。

刘义:《埃尔多安"新土耳其"论与"土耳其模式"的危机》,《阿拉伯世界研究》2017年第1期。

刘中民:《从相对疏离到权力竞逐——土耳其与沙特阿拉伯争夺地区领导权的逻辑》,《世界经济与政治》2019年第8期。

马细谱:《新奥斯曼主义与土耳其外交战略布局》,《人民论坛·学术前沿》2016年第3期。

敏敬:《转型时期的政治与宗教:土耳其—伊斯兰合一论及其影响》,《北方民族大学学报》(社会科学版)2014年第1期。

盛睿:《土耳其世俗化进程中的中产阶层功能分析》,《阿拉伯世界研究》2014年第2期。

唐志超、张瑞华:《迷失在中东漩涡中的大国梦——土耳其内政外交现实困境》,《当代世界》2015年第12期。

田文林:《土耳其战略转型及其局限》,《现代国际关系》2010年第9期。

王凤:《政治体制变革下土耳其首次大选及政策走向》,《当代世界》2018年第8期。

王林聪:《论正义与发展党执政下的土耳其"民主模式"》,《西亚非洲》2009年第8期。

王林聪:《"土耳其模式"的新变化及其影响》,《西亚非洲》2014年第2期。

魏敏:《土耳其里拉危机的成因及其警示》,《人民论坛·学术前沿》2018年第10期(上)。

杨玉龙:《土耳其阿莱维问题的历史演变及其和解进程》,《阿拉伯世界研究》2019年第1期。

余磊:《图尔古特·厄扎尔拯救土耳其的经济专家》,《世界经济与政治》1987年第5期。

昝涛:《"土耳其模式":历史与现实》,《新疆师范大学学报》(哲学社会科学版)2012年第2期。

昝涛：《延续与变迁：当代土耳其的政教关系》，《西亚非洲》2018年第2期。

张向荣：《"新奥斯曼主义"：历史嬗变与影响》，《新疆社会科学》2018年第2期。

郑东超：《论土耳其埃尔多安政府的外交政策》，《阿拉伯世界研究》2012年第5期。

朱传忠：《土耳其正义与发展党的保守民主理念与政治改革探析》，《西亚非洲》2015年第4期。

2. 学位论文

李智育：《正发党执政期间土耳其民主巩固研究》（2002—2014），博士学位论文，北京外国语大学，2015年。

苏闻宇：《土耳其周边外交的特征与演进逻辑》，博士学位论文，华东师范大学，2018年。

杨晨：《土耳其的宗教、政党与政治——以伊斯兰政党的兴起为中心》，博士学位论文，上海大学，2017年。

俞海杰：《土耳其正义与发展党意识形态研究》，博士学位论文，上海外国语大学，2018年。

二 英文文献

（一）英文著作

Ahmet T. Kuru and Alfred Stepan eds., *Democracy, Islam, and Secularism in Turkey*, New York: Columbia University Press, 2012.

Ali Arslan, *Who Rules Turkey: The Turkish Power Elite*, Berlin: LAP LAMBERT Academic Publishing, 2011.

Ali Çarkoğlu and Barry Rubin, *Religion and Politics in Turkey*, London and New York: Routledge, 2006.

Ali Çarkoğlu and Ersin Kalaycıoğlu, *The Rising Tide of Conservatism in Turkey*, New York: Palgrave Macmillan, 2009.

Ali Çarkoğlu and Ersin Kalaycıoğlu, *Turkish Democracy Today: Elections, Protest and Stability in an Islamic Society*, London and New York: I. B. Tauris, 2007.

Ali Çarkoğlu and William Hale eds., *The Politics of Modern Turkey: Critical Issues in Modern Politics*, London: Routledge, 2008.

Angel Rabasa, F. Stephen Larrabee, *The Rise of Political Islam in Turkey*, Santa Monica: Corporation, 2008.

Arda Can Kumbaracibaşi, *Turkish Politics and the Rise of the AKP: Dilemmas of Institutionalization and Leadership Strategy*, New York: Routledge, 2009.

Banu Eligür, *The Mobilization of Political Islam in Turkey*, New York: Cambridge University Press, 2010.

Berna Turam, *Between Islam and the State: The Politics of Engagement*, Stanford: Stanford University Press, 2007.

Berna Turam ed., *Secular State and Religious Society: Two Forces in Play in Turkey*, New York: Palgrave Macmillan, 2012.

Birol Yeşilada and Barry Rubin eds., *Islamization of Turkey under the AKP Rule*, London and New York: Routledge, 2011.

Bora Kanra, *Islam, Democracy, and Dialogue in Turkey: Deliberating in Divided Society*, Farnham, Burlington: Ashgate, 2009.

Çarkoğlu Ali and Ersin Kalaycıoğlu, *The Rising Tide of Conservatism in Turkey*, New York: Palgrave Macmillan, 2009.

Cengiz Ersin and Paul Kubicek eds., *Democratic Consolidation in Turkey: Microand Macro Challenges*, London and New York: Routledge, 2016.

Cengiz Gunes, *The Kurdish National Movement in Turkey: from Protest to Resistance*, New York: Routledge, 2012.

Cenk Ozbay, Maral Erol, AysecanTerzioglu and Z. Umit Turem eds., *The Making of Neoliberal Turkey*, Farnham: Ashgate Publishing Company, 2016.

Cihan Tuğal, *The Fall of the Turkish Model: How the Arab Uprisings Brought Down Islamic Liberalism*, London: Verso, 2017.

David Shankland, *The Alevis in Turkey: The Emergence of a Secular Islamic Tradition*, London and New York: Routledge, 2003.

E. Fuat Keyman and Sebnem Gumuscn, *Democracy, Identity, and Foreign Policy in Turkey, Hegemony through Transformation*, New York: Palgrave Macmillan, 2014.

Ergun Özbudun, *Contemporary Turkish Politics: Challenges to Democratic*

Consolidation, Boulder: Lynne Rienner Publishers, 2000.

Ergun Özbudun and Ömer Faruk Gençkaya, *Democratization and the Politics of Constitution-Making in Turkey*, Budapest: General European University Press, 2009.

Evangelic Axiarlis, *Political Islam and the Secular State in Turkey: Democracy, Reform and the Justice and Development Party*, London: I. B. Tauris, 2014.

F. Michael Wuthrich, *National Elections in Turkey: People, Politics, and the Party System*, New York: Syracuse University Press, 2015.

Fuat E. Keyman, *Remaking Turkey: Globalization, Alternative Modernities, and Democracies*, Lanham: Lexington Books, 2007.

Gareth Jenkins, *Context and Circumstance: The Turkish Military and Politics*, New York: Oxford University Press, 2001.

H. Akin Ünver, *Turkey's Kurdish Question: Discourse & Politics Since 1990*, London and New York: Routledge, 2015.

Huri Türsan, *Democratisation in Turkey: The Role of Political Parties*, Brussels: P. L. E. Peter Lang, 2004.

İsmet Akça, Ahmet Bekmen and Barış Özden, *Turkey Reframed: Constituting Neoliberal Hegemony*, London: Pluto Press, 2014.

Jenny B. White, *Islamist Mobilization in Turkey: A Study in Vernacular Politics*, Seattle: University of Washington Press, 2002.

Kemal İnal and Güliz Akkaymak, eds., *Neoliberal Transformation of Education in Turkey: Political and Ideological Analysis of Educational Reforms in the Age of AKP*, New York: Palgrave Macmillan, 2012.

Kohei Imai, *The Possibility and Limit of Liberal Middle Power Policies: Turkish Foreign Policy toward the Middle East during the AKP Period (2005-2011)*, Lanham: Lexington Books, 2018.

Kurt Hanson ed., *Turkey's Central Role in the Middle East, Evolving Global Ties, and U. S. Relations*, New York: Nova Science Publishers, 2014.

Mehmet Bardakci, Annette Freyberg-Inan, Christoph Giesel, Olaf Leisse, *Religious Minorities in Turkey: Alevi, Armenians, and Syriacs and the Struggle to Desecuritieze Religious Freedom*, London: Palgrave Macmillan,

2017.

Mehmet Odekon, *The Costs of Economic Liberalization in Turkey*, New Jersey: Lehigh University Press, 2005.

Mehmét Yaşar Geyikdaği, *Political Parties in Turkey: The Role of Islam*, New York: Praeger, 1984.

Mehtap Söyler, *The Turkish Deep State: State Consolidation, Civil-Military Relations and Democracy*, London and New York: Routledge, 2015.

Merve Kavakci Islam, *Headscarf Politics in Turkey, A Postcolonial Reading*, New York: Palgrave Macmillan, 2010.

M. Hakan Yavuz, *Islamic Political Identity in Turkey*, New York: Oxford University Press, 2003.

M. Hakan Yavuz ed., *The Emergence of a New Turkey: Democracy and the AK Parti*, Salt Lake City: University of Utah Press, 2006.

M. Hakan Yavuz, *Secularism and Muslim Democracy in Turkey*, New York: Cambridge University Press, 2009.

Muammer Kaylan, *The Kemalist: Islamic Revival and the Fate of Secular Turkey*, New York: Prometheus Books, 2005.

Raymond Hinnebusch and Özlem Tür eds., *Turkey-Syria Relations: Between Enmity and Amity*, Farnham: Ashgate, 2013.

Rubin Barry and Ali Çarkoglu eds., *Religion and Politics in Turkey*, Routledge, 2005.

Sabri Sayari and Yilmaz Esmer eds., *Politics, Parties, and Elections in Turkey*, Boulder: Lynne Rienner Publishers, 2002.

Shane Brennan and Marc Herzog eds., *Turkey and the Politics of National Identity: Social, Economic and Cultural Transformation*, New York: I. B. Tauris, 2014.

Simten Coşar & Gamze Yücesan-Özdemir eds., *Silent Violence: Neoliberalism, Islamist Politics and the AKP Years in Turkey*, Ottawa: Red Quill Books Ltd., 2012.

Tahir Abbas, *Contemporary Turkey in Conflict: Ethnicity, Islam and Politics*, Edinburgh: Edinburgh University Press. 2017.

Thomas Jeffrey Miley and Federico Venturini eds., *Your Freedom and*

Mine: *Abdullah Öcalan and the Kurdish Question in Erdogan's Turkey*, Montréal: Black Rose Books, 2018.

Umat Azak, *Islam and Secularism in Turkey: Kemalism, Religion and the Nation State*, New York: I. B. Tauris, 2010.

Ümit Cizre ed., *Secular and Islamic Politics in Turkey: The Making of the Justice and Development Party*, New York: Routledge, 2008.

Ümit Cizre ed., *The Turkish AK Party and its Leader: Criticism, Opposition and Dissent*, London and New York: Routledge, 2016.

Umut Özkirimli ed., *The Making of a Protest Movement in Turkey: Occupygezi*, New York: Palgrave Macmillan, 2014.

William Hale and Ergun Özbudun, *Islamism, Democracy, and Liberalism in Turkey: The Case of the AKP*, New York: Routledge, 2010.

Yıldız Atasoy, *Islam's Marriage with Neoliberalism: State Transformation in Turkey*, New York: Palgrave Macmillan, 2009.

Zeyno Baran, *Torn Country: Turkey between Secularism and Islamism*, Stanford: Hoover Institution Press, 2010.

Ziya Öniş and F. Şenses, *Turkey and the Global Economy: Neo-liberal Restructuring and Integration in the Post-Crisis Era*, London and New York: Routledge, 2009.

(二) 英文论文

Ahmet T. Kuru, "The Rise and Fall of Military Tutelage in Turkey: Fears of Islamism, Kurdism, and Communism", *Insight Turkey*, Vol. 14, No. 2, 2012.

Ahmet Yildiz, "Political-Religious Discourse of Political Islam in Turkey: The Parties of National Outlook", *The Muslim World*, Vol. 93, April, 2003.

Alev Çınar, "The Justice and Development Party: Turkey's Experience with Islam, Democracy Liberalism and Secularism", *International Journal of Middle East Studies*, Vol. 43, No. 3, 2011.

Ali Çarkoğlu, "The Turkish Party System in Transition: Party Performance and Agenda Change", *Politics Studies*, Vol. 46, No. 3, 1998.

Alper Y. Dede, "The Arab Uprisings: Debating the 'Turkish Model'",

Insight Turkey, Vol. 13, No. 2, 2011.

Bayram Ali Soner and Şule Toktaş, "Alevis and Alevism in the Changing Context of Turkish Politics: The Justice and Development Party's Alevi Opening", *Turkish Studies*, Vol. 12, No. 3, 2011.

Burhanettin Duran, "The Experience of Turkish Islamism: Between Transformation and Islamism", *Journal of Balkan and Near Eastern Studies*, Vol. 12, No. 1, 2010.

Canan Balkir, "The July 2007 Elections in Turkey: A Test for Democracy", *Mediterranean Politics*, Vol. 12, No. 3, 2007.

Cengiz Sandar, "The Kurdish Question: The Reasons and Fortunes of the 'Opening' ", *Insight Turkey*, Vol. 11, No. 3, 2009.

David Ghanim, "Turkish Democracy and Political Islam", *Middle East Policy*, Vol. 16, No. 1, Spring 2009.

David Shankland, "Islam and Politics in Turkey: The 2007 Presidential Elections and Beyond", *Internatonal Affairs*, Vol. 83, No. 1, 2007.

Devrim Yavuz, "Testing Large Business's Commitment to Democracy: Business Organizations and the Secular-Muslim Conflict in Turkey", *Government and Opposition*, Vol. 45, No. 1, 2009.

Derya Özkul, "Alevi Opening and Politicization of the Alevi Issue During the AKP Rule", *Tukrish Studies*, Vol. 16, No. 1, 2015.

Diren Çakmak, "Pro-Islamic Public Education in Turkey: The Imam-Hatip Schools", *Middle Eastern Studies*, Vol. 45, No. 5, September 2009.

E. Fuat Keyman, "Modernization, Globalization and Democratization in Turkey: The AKP Experience and its Limits", *Constellations*, Vol. 17, No 2, 2010.

E. Fuat Keyman, "The CHP and the 'Democratic Opening': Reactions to AK Party's Electoral Hegemony", *Insight Turkey*, Vol. 12, No. 2, 2010.

Emad Y. Kaddorah, "The Turkish Model: Acceptability and Apprehension", *Insight Turkey*, Vol. 12, No. 4, 2010.

Ersel Aydinli, "A Paradigmatic Shift for the Turkish Generals and an End to the Coup Era in Turkey", *Middle East Journal*, Vol. 63, No. 4, Autumn 2009.

Ersin Kalaycoğlu, "Politics of Conservatism in Turkey", *Turkish Studies*, Vol. 9, No. 2, June 2008.

Feriha Perekli, "The Applicability of the 'Turkish Model' to Morocco: The Case of the Parti de la Justice et du développement (PJD)", *Insight Turkey*, Vol. 14, No. 3, 2012.

Gareth Jenkins, "Continuity and Change: Prospects for Civil–military Relations in Turkey", *International Affairs*, Vol. 83, No. 2, 2007.

Gareth Jenkins, "Ergenkon, Sledgehammer and the Politics of Turkish Justice: Conspiracies and Coincidences", *Middle East Review of International Affairs*, Vol. 15, No. 2, June 2011.

Gokhan Cetinsaya, "Rethinking Nationalism and Islam: Some Preliminary Notes on the Roots of 'Turkish–Islamic Synthesis' in Modern Turkish Political Thought", *The Muslim World*, Vol. LXXXIX, No. 3–4, July–October 1999.

Gül Berna Özcan and Hasan Turunç, "Economic Liberalization and Class Dynamics in Turkey: New Business Groups and Islamic Mobilization", *Insight Turkey*, Vol. 13, No. 3, 2011.

Gürcan Koçan and Ahmet Öncü, "Citizen Alevi in Turkey: Beyond Confirmation and Denial", *Journal of Historical Sociology*, Vol. 17, No. 4, December 2004.

Hakkı Taş, "Turkey from Tutelary to Delegative Democracy", *Third World Quarterly*, Vol. 36, No. 4, 2015.

Haldun Gulap, "Political Islam in Turkey: The Rise and Fall of Refah Party", *The Muslim World*, Vol. XXXIX, January 1999.

Hasan Kösebalaban, "Globalization and the Crisis of Authoritarian Modernization in Turkey", *Insight Turkey*, Vol. 11, No. 4, 2009.

İhsan Yilmaz, "State, Law, Civil Society and Islam in Contemporary Turkey", *The Muslim World*, Vol. 95, April 2005.

İhsan Yilmaz, "Muslim Democrats in Turkey and Egypt: Participatory Politics as a Catalyst", *Insight Turkey*, Vol. 11, No. 2, 2009.

Ilter Turan, "Unstable Stability: Turkish Politics at the Crossroads?" *International Affairs*, Vol. 83, No. 2, 2007.

Kamil Yilmaz, "The Emergence and Rise of Conservative Elite in Turkey", *Insight Turkey*, Vol. 11, No. 2, 2009.

Kerem Karaosmanoğlu, "Reimagining Minorities in Turkey: Before and After the AKP", *Insight Turkey*, Vol. 12, No. 2, 2010.

Kerem Öktem, "Being Muslim at the Margins: Alevis and the AKP", *Middle East Report*, No. 246, Spring 2008.

M. Hakan Yavuz & Nihat Ali Özcan, "The Kurdish Question and Turkey's Justice and Development Party", *Middle East Policy*, Vol. 13, No. 1, March 2006.

M. B. Altunışık & L. G. Martin, "Making Sense of Turkish Foreign Policy in the Middle East under AKP", *Turkish Studies*, Vol. 12, No. 4, 2011.

Mehmet Bardakci, "The Alevi Opening of the AKP Government in Turkey: Walking a Tightrope Between Democracy and Identity", *Turkish Studies*, Vol. 16, No. 3, 2015.

Meliha B. Altunişik, Lenore G. Martin, "Making Sense of Turkish Foreign Policy in the Middle East under AKP", *Turkish Studies*, Vol. 12, No. 4, December 2011.

Meliha B. Altunisik, "The Turkish Model and Democratization in the Middle East", *Arab Studies Quarterly*, Vol. 27, No. 1/2, Winter/Spring 2005.

Menderes Cinar, "Turkey's Transformation under the AKP Rule", *The Muslim World*, Vol. 96, No. 1, January 2006.

Metin Heper, "The Justice and Development Party Government and the Military in Turkey", *Turkish Studies*, Vol. 6, No. 2, June 2005.

Metin Heper, and Şule Toktaş, "Islam, Modernity, and Democracy in Contemporary Turkey: The Case of Recep Tayyip Erdogan", *The Muslim World*, Vol. 93, No. 2, April 2003.

Metin Heper, "Islam, Conservatism and Democracy in Turkey: Comparing Turgut Özal and Erdoğan", *Insight Turkey*, Vol. 15, No. 2, 2013.

M. Hakan Yavuz and Nihat Ali Özcan, "The Kurdish Question and Turkey's Justice and Development Party", *Middle East Policy*, Vol. 13, No. 1, March 2006.

M. Hakan Yavuz and Rasim Koç, "The Turkish Coup Attempt: The

Gülen Movement vs. the State", *Middle East Policy*, Vol. 23, No. 4, December, 2016.

Michael M. Gunter, "Turkey: The Politics of a New Democratic Constitution", *Middle East Policy*, Vol. 19, No. 1, March 2012.

Müftüler-Baç, Meltemand Keyman and E. Fuat, "The Era of Dominant-Party Politics", *Journal of Democracy*, Vol. 23, No. 1, January 2012.

Murat Borovali and Cemil Boyraz, "The Alevi Workshops: An Opening Without an Outcome", *Turkey Studies*, Vol. 16, No. 2, 2015.

Nergis Canefe, "Turkish Nationalism and Ethno-Symbolic Analysis: The Rules of Exception", *Nation and Nationalism*, Vol. 8, No. 2, 2002.

Nicholas Danforth, "Ideology and Pragmatism in Turkish Foreign Policy: From Atatürk to the AKP", *Turkish Policy Quarterly*, Vol. 7, No. 3, 2008.

Nurullah Gür, Mevlüt Tatliyer and Şerıf Dılek, "The Turkish Economy at the Crossroads: The Political Economyof the 2018 Financial Turbulence", *Insight Turkey*, Vol. 21, No. 4, 2019.

Ödül Celep, "Turkey's Radical Right and the Kurdish Issue: The MHP's Reaction to the 'Democratic Opening' ", *Insight Turkey*, Vol. 12, No. 2, 2010.

Önder Aytac, "The Democratic Initiative and the Kurdish Issue in Turkey in Turkey since 2009", *Turkish Policy Quarterly*, Vol. 9, No. 1, 2009.

Özlem Kayhan Pusane, "Turkey's Kurdish Opening: Long Awaited Achievements and Failed Expections", *Turkish Studies*, Vol. 15, No. 1, 2014.

Ruşen Çakır, "Kurdish Political Movement and the 'Democratic Opening' ", *Insight Turkey*, Vol. 12, No. 2, 2010.

Ryan Kennedy, Matt Dickenson, "Turkish Foreign Policy and Public Opinion in the AKP Era: Has there been a Shift in the Axis?" *Turkish Policy Quarterly*, Vol. 11, No. 3, January 2012.

Şakir Dinççahin, "A Symptomatic Analysis of the Justice and Development Party's Populism in Turkey, 2007-2010", *Government and Opposition*, Vol. 47, No. 4, 2012.

Şener Aktürk, "Toward a Turkish-Russian Axis? Conflicts in Georgia,

Syria, and Ukraine, and Cooperation over Nuclear Energy", *Insight Turkey*, Vol. 16, No. 4, 2014.

Seymen Atasoy, "The Turkish Example: A Model for Change in the Middle East?" *Middle East Policy*, Vol. 18, No. 3, Fall 2011.

Seyyed Vali Reza Nasr, "The Rise of 'Muslim Democracy'", *Journal of Democracy*, Vol. 16, No. 2, 2005.

S. Sayari & A. Hasanov, "The 2007 Elections and Parliamentary Elites in Turkey: The Emergence of a New Political Class?" *Turkish Studies*, Vol. 9, No. 2, 2008.

Sule Toktas, "Citizenship and Minorities: A Historical Overview of Turkey's Jewish Minority", *The Journal of Historical Sociology*, Vol. 18, No. 4, December 2005.

Sultan Tepe, "Turkey's AKP: A Model 'Muslim-Democratic' Party?" *Journal of Democracy*, Vol. 16, No. 3, 2005.

Talha Kose, "Between Nationalism, Modernism and Secularism: The Ambivalent Place of 'Alevi Identity'", *Middle Eastern Studies*, Vol. 49, No. 4, 2013.

Talha Köse, "Rise and Fall of the AK Party's Kurdish Peace Initiatives", *Insight Turkey*, Vol. 19, No. 2, 2017.

Yilmaz Ensaroğlu, "Turkey's Kurdish Questionand the Peace Process", *Insight Turkey*, Vol. 15, No. 2, 2013.

Ziya Öniş, "Conservative Globalism at the Crossroads: The Justice and Development Party and the Thorny Path to Democratic Consolidation in Turkey", *Mediterranean Politics*, Vol. 14, No. 1, 2009.

后　记

　　三年前的今天，曾提笔为本书作跋；三年后的今天，再次为后记补缀，真的是出人意料的巧合。孟冬时节的沈阳，窗外已是白雪皑皑，窗户上薄薄的冰晶似乎宣告明天的温度将会更低。不过，恬淡的思绪和寒冷季节的相遇也相映成趣。

　　时间真的是世上最无情的东西，但在时间和耐心的等待里总会深藏着一份暖意。犹记得三年前，我为国家社科基金项目结项书稿和相关结题材料忙得焦头烂额，也对能否结项感到紧张和不安。2020年4月30日，当我刷新全国哲学社会科学工作办公室的网页时，赫然看到"优秀"的字样，不免错愕窃喜，惴惴不安的心终于落地。感谢课题组成员的大力支持和无私付出，尤其是河南科技大学的朱传忠博士，他的博士学位论文及专著为本课题提供了重要的资料支撑和观点支持。刘辉、刘志华、孙亮和赵凯也投入颇多，确保了本课题的顺利完成。刘辉是我的研究生同学，对我的支持和帮助不言而喻；志华作为我的同门师弟兼挚友，对我的帮助自不待言；我的硕士研究生孙亮、赵凯也积极参与课题研究，做出不可或缺的贡献。还要感谢成长中的自己，矢志不移的坚持才能保证书稿完成和顺利结项。更要感谢国家社科基金项目的结项评审专家，他们的认可和支持为我的阶段性研究画上了一个圆满的句号。

　　2020年开始的新冠疫情改变了世界，影响了每个人的生活。面临诸多不确定性，埋头修改书稿成为我最好的选择。从5月到11月，我对结项书稿进行了较大规模删减；后续又对书稿进行了详细的修改完善，才得以当前的样貌呈现。在键盘上敲完最后一个字，我掩卷深思，不免感慨万千。2000年秋季，西北大学中东研究所向我敞开怀抱，可敬可爱的老师带我进入中东研究的大门，使我从此遨游在新知识的海洋。南开大学的三年博士培养，使我的学术视野更加开阔且多元，学术探究之路正式开启。辽宁大学相对宽松的学术氛围使我能够安心学术并完成《中东政党政治的演变》《伊斯兰主义与现代化的博弈——基于土耳其伊斯兰复兴运动的个案研究》《土耳其正义与发展党执政理念及实践研究》，三部作品见证了我在不同时期的学术思考和成长，也激励我继续怀揣学术梦想砥砺前行。

已过不惑之年的我对亲情、友情有着越来越深的感悟。遥想当年，父母"高瞻远瞩"地送我外出求学，我才能走出偏远的农村，一步步实现儿时梦想；而今距离的阻隔只能在虚拟空间体察彼此的温暖，唯愿岁月安然，芳华依旧。感谢我的爱人，转眼已是二十年，我们携手并肩走过风风雨雨，终于迎来期盼已久的岁月静好。感谢我的女儿，忙碌的我总是忽略她的成长，不经意间她已头角峥嵘而成为我的"保护神"。

最后，还要感谢所有给予我帮助、指导和支持的师长和朋友，他们在不同时段给予我思想启迪和支持帮助，使我在学术探索的道路上不再孤单。更要感谢李庆红老师——我探索学术规范的领路人和把关者，她的严谨细致和精益求精使三部书稿得以完美呈现。

寥寥如上，是为记。

李艳枝
2023 年 11 月 26 日于沈阳